学术著作

中国抗战大后方出版史

主　　编：周　勇
副 主 编：陈兴芜
撰　　稿：苏朝纲　王志昆　陈初蓉

重庆出版集团　重庆出版社

图书在版编目(CIP)数据

中国抗战大后方出版史/苏朝纲,王志昆,陈初蓉撰稿.—重庆：重庆出版社,2015.8

ISBN 978-7-229-09676-2

Ⅰ.中… Ⅱ.①苏… ②陈… ③王… Ⅲ.出版事业—文化史—中国—1937~1945 Ⅳ.①G239.296

中国版本图书馆CIP数据核字(2015)第069538号

中国抗战大后方出版史
ZHONGGUO KANGZHAN DAHOUFANG CHUBAN SHI

主编 周 勇 副主编 陈兴芜
撰稿 苏朝纲 王志昆 陈初蓉

出 版 人：罗小卫
责任编辑：曾海龙
责任校对：何建云
装帧设计：重庆出版集团艺术设计有限公司 陈 永 吴庆渝

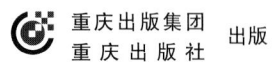

重庆出版集团
重庆出版社 出版

重庆市南岸区南滨路162号1幢 邮政编码：400061 http://www.cqph.com
重庆出版集团艺术设计有限公司制版
自贡兴华印务有限公司印刷
重庆出版集团图书发行有限公司发行
E-MAIL:fxchu@cqph.com 邮购电话：023-68809452
全国新华书店经销

开本：740mm×1030mm 1/16 印张：36.5 字数：559千
2015年8月第1版 2015年8月第1次印刷
ISBN 978-7-229-09676-2
定价：73.50元

如有印装质量问题，请向本集团图书发行有限公司调换：023-61520678

版权所有 侵权必究

《中国抗战大后方历史文化丛书》

编纂委员会

总 主 编：章开沅
副总主编：周 勇

编 委：（以姓氏笔画为序）
山田辰雄　日本庆应义塾大学教授
马 振 犊　中国第二历史档案馆副馆长、研究馆员
王 川 平　重庆中国三峡博物馆名誉馆长、研究员
王 建 朗　中国社科院近代史研究所副所长、研究员
方 德 万　英国剑桥大学东亚研究中心主任、教授
巴 斯 蒂　法国国家科学研究中心教授
西村成雄　日本放送大学教授
朱 汉 国　北京师范大学历史学院教授
任　　竞　重庆图书馆馆长、研究馆员
任 贵 祥　中共中央党史研究室研究员、《中共党史研究》主编
齐 世 荣　首都师范大学历史学院教授
刘 庭 华　中国人民解放军军事科学院研究员
汤 重 南　中国社科院世界历史研究所研究员
步　　平　中国社科院近代史研究所所长、研究员
何　　理　中国抗日战争史学会会长、国防大学教授
麦 金 农　美国亚利桑那州立大学教授
玛玛耶娃　俄罗斯科学院东方研究所教授

陆大钺	重庆市档案馆原馆长、中国档案学会常务理事
李红岩	中国社会科学杂志社研究员、《历史研究》副主编
李忠杰	中共中央党史研究室副主任、研究员
李学通	中国社会科学院近代史研究所研究员、《近代史资料》主编
杨天石	中国社科院学部委员、近代史研究所研究员
杨天宏	四川大学历史文化学院教授
杨奎松	华东师范大学历史系教授
杨瑞广	中共中央文献研究室研究员
吴景平	复旦大学历史系教授
汪朝光	中国社科院近代史研究所副所长、研究员
张国祚	国家社科基金规划办公室原主任、教授
张宪文	南京大学中华民国史研究中心主任、教授
张海鹏	中国史学会会长，中国社科院学部委员、近代史研究所研究员
陈　晋	中共中央文献研究室副主任、研究员
陈廷湘	四川大学历史文化学院教授
陈兴芜	重庆出版集团总编辑、编审
陈谦平	南京大学中华民国史研究中心副主任、教授
陈鹏仁	台湾中正文教基金会董事长、中国文化大学教授
邵铭煌	中国国民党文化传播委员会党史馆主任
罗小卫	重庆出版集团董事长、编审
周永林	重庆市政协原副秘书长、重庆市地方史研究会名誉会长
金冲及	中共中央文献研究室原常务副主任、研究员
荣维木	《抗日战争研究》主编、中国社科院近代史研究所研究员
徐　勇	北京大学历史系教授
徐秀丽	《近代史研究》主编、中国社科院近代史研究所研究员
郭德宏	中国现代史学会会长、中共中央党校教授
章百家	中共中央党史研究室副主任、研究员
彭南生	华中师范大学历史文化学院教授
傅高义	美国哈佛大学费正清东亚研究中心前主任、教授

温贤美　四川省社科院研究员
谢本书　云南民族大学人文学院教授
简笙簧　台湾国史馆纂修
廖心文　中共中央文献研究室研究员
熊宗仁　贵州省社科院研究员
潘　洵　西南大学历史文化学院教授
魏宏运　南开大学历史学院教授

编辑部成员（按姓氏笔画为序）

朱高建　刘志平　吴　畏　别必亮　何　林　黄晓东　曾海龙　曾维伦

总　序

章开沅

我对四川、对重庆常怀感恩之心，那里是我的第二故乡。因为从1937年冬到1946年夏前后将近9年的时间里，我在重庆江津国立九中学习5年，在铜梁201师603团当兵一年半，其间曾在川江木船上打工，最远到过今天四川的泸州，而起程与陆上栖息地则是重庆的朝天门码头。

回想在那国破家亡之际，是当地老百姓满腔热情接纳了我们这批流离失所的小难民，他们把最尊贵的宗祠建筑提供给我们作为校舍，他们从来没有与沦陷区学生争夺升学机会，并且把最优秀的教学骨干稳定在国立中学。这是多么宽阔的胸怀，多么真挚的爱心！2006年暮春，我在57年后重访江津德感坝国立九中旧址，附近居民闻风聚集，纷纷前来看望我这个"安徽学生"（当年民间昵称），执手畅叙半个世纪以前往事情缘。我也是在川江的水、巴蜀的粮和四川、重庆老百姓大爱的哺育下长大的啊！这是我终生难忘的回忆。

当然，这八九年更为重要的回忆是抗战，抗战是这个历史时期出现频率最高的词语。抗战涵盖一切，渗透到社会生活的各个层面。记得在重庆大轰炸最频繁的那些岁月，连许多餐馆都不失"川味幽默"，推出一道"炸弹汤"，即榨菜鸡蛋汤。……历史是记忆组成的，个人的记忆会聚成为群体的记忆，群体的记忆会聚成为民族的乃至人类的记忆。记忆不仅由文字语言承载，也保存于各种有形的与无形的、物质的与非物质的文化遗产之中。历史学者应该是文化遗产的守望者，但这绝非是历史学者单独承担的责任，而应是全社会的共同责任。因此，我对《中国抗战大后方历史文化丛书》编纂出版寄予厚望。

抗日战争是整个中华民族(包括海外侨胞与华人)反抗日本侵略的正义战争。自从19世纪30年代以来,中国历次反侵略战争都是政府主导的片面战争,由于反动统治者的软弱媚外,不敢也不能充分发动广大人民群众,所以每次都惨遭失败的结局。只有1937年到1945年的抗日战争,由于在抗日民族统一战线的旗帜下,长期内战的国共两大政党终于经由反复协商达成第二次合作,这才能够实现史无前例的全民抗战,既有正面战场的坚守严拒,又有敌后抗日根据地的英勇杀敌,经过长达8年艰苦卓绝的壮烈抗争,终于赢得近代中国第一次胜利的民族解放战争。我完全同意《中国抗战大后方历史文化丛书》的评价:"抗日战争的胜利成为了中华民族由衰败走向振兴的重大转折点,为国家的独立、民族的解放奠定了基础。"

中国的抗战,不仅是反抗日本侵华战争,而且还是世界反法西斯战争的重要组成部分。

日本明治维新以后,在"脱亚入欧"方针的误导下,逐步走上军国主义侵略道路,而首当其冲的便是中国。经过甲午战争,日本首先占领中国的台湾省,随后又于1931年根据其既定国策,侵占中国东北三省,野心勃勃地以"满蒙"为政治军事基地妄图灭亡中国,独霸亚洲,并且与德、意法西斯共同征服世界。日本是法西斯国家中最早在亚洲发起大规模侵略战争的国家,而中国则是最早投入反法西斯战争的先驱。及至1935年日本军国主义通过政变使日本正式成为法西斯国家,两年以后更疯狂发动全面侵华战争。由于日本已经与德、意法西斯建立"柏林—罗马—东京"轴心,所以中国的全面抗战实际上揭开了世界反法西斯战争(第二次世界大战)的序幕,并且曾经是亚洲主战场的唯一主力军。正如1938年7月中共中央《致西班牙人民电》所说:"我们与你们都是站在全世界反法西斯的最前线上。"即使在"二战"全面爆发以后,反法西斯战争延展形成东西两大战场,中国依然是亚洲的主要战场,依然是长期有效抗击日本侵略的主力军之一,并且为世界反法西斯战争的胜利做出了极其重要的贡献。2002年夏天,我在巴黎凯旋门正好碰见"二战"老兵举行盛大游行庆祝法国光复。经过接待人员介绍,他们知道我也曾在1944年志愿从军,便热情邀请我与他们合影,因为大家都曾是反法西斯的战士。我虽感光荣,但却受之有愧，因为作为现役军人，未能决胜于疆场，日本就宣布投降了。但是法国老兵非常尊重中国，这是由于他们曾经投降并且亡国，而中国则始终坚持英勇抗战，并主要依靠自己的力量赢得最后胜利。尽管都是"二战"的主要战胜国，毕竟分量与地位有所区别，我们千万不可低估自己的抗战。

重庆在抗战期间是中国的战时首都，也是中共中央南方局与第二次国共合作的所在地，"二战"全面爆发以后更成为世界反法西斯战争远东指挥中心，因而具有多方面的重要贡献与历史地位。然而由于大家都能理解的原因，对于抗战期间重庆与大后方的历史研究长期存在许多不足之处，至少是难以客观公正地反映当时完整的社会历史原貌。现在经由重庆学术界倡议，全国各地学者密切合作，同时还有日本、美国、英国、法国、俄罗斯等外国学者的关怀与支持，共同编辑出版《中国抗战大后方历史文化丛书》，这堪称学术研究与图书出版的盛事壮举。我为此感到极大欣慰，并且期望有更多中外学者投入此项大型文化工程，以求无愧于当年的历史辉煌，也无愧于后世对于我们这代人的期盼。

在民族自卫战争期间，作为现役军人而未能亲赴战场，是我的终生遗憾，因此一直不好意思说曾经是抗战老兵。然而，我毕竟是这段历史的参与者、亲历者、见证者，仍愿追随众多中外才俊之士，为《中国抗战大后方历史文化丛书》的编纂略尽绵薄并乐观其成。如果说当年守土有责未能如愿，而晚年却能躬逢抗战修史大成，岂非塞翁失马，未必非福？

2010年已经是抗战胜利65周年，我仍然难忘1945年8月15日山城狂欢之夜，数十万人涌上街头，那鞭炮焰火，那欢声笑语，还有许多人心头默诵的杜老夫子那首著名的诗："剑外忽传收蓟北，初闻涕泪满衣裳！却看妻子愁何在？漫卷诗书喜欲狂。白日放歌须纵酒，青春作伴好还乡。即从巴峡穿巫峡，便下襄阳向洛阳。"

即以此为序。

庚寅盛暑于实斋

（章开沅，著名历史学家、教育家，现任华中师范大学东西方文化交流研究中心主任）

序

王仿子

  1937年到1945年的抗日战争,是在中国共产党倡导的抗日民族统一战线旗帜下,以国共两党合作为基础,工农商学兵各界各族人民、各民主党派、抗日团体、社会各阶层爱国人士和海外侨胞广泛参加的一次全民族的战争,是近代一百多年来中国人民反对外敌入侵第一次取得完全胜利的民族解放战争。抗日战争的胜利成为了中华民族由衰败走向振兴的重大转折点,为国家的独立,民族的解放奠定了基础。抗日战争这段历史在中国近代史上占有特殊重要的地位。抗日战争大后方出版史是抗日战争史的重要组成部分。

  20世纪的最后十年,为编撰《中国抗日战争时期大后方出版史》,重庆出版社在组织工作和实际工作中给予了人力物力财力的大力支持。他们的编撰人员还直接与我通信,交换意见。该书出版后,王益[①]同志说:"这为中国文化做了一件大好事。"

  现正当抗日战争胜利70周年来临之际,此书经修订,书名改为《中国抗战大后方出版史》,并列入《中国抗战大后方历史文化丛书》。新书基本保持了原著风格,由于吸收了本世纪以来各地出版史研究的最新成果并调整结构、拓宽领域,从而使内容更加全面、系统、丰富,可喜可贺!

2015年3月21日
时年99岁于北京

(王仿子,中国出版工作者协会原副主席、中国印刷技术协会原理事长)

[①] 王益,时任新闻出版署特邀顾问、新闻出版署党史资料征集工作领导小组组长。

目 录

总序 ·· 章开沅 1

序 ·· 王仿子 1

概述 ··· 1

第一章 全面抗战,抗战出版物风起云涌 ································ 11
一、武汉——抗战初期的出版中心 ·· 11
二、广州——沟通海外的枢纽 ·· 59
三、长沙——活跃的图书发行据点 ·· 77

第二章 坚持抗战,促进西南西北出版业的发展 ······················ 92
一、桂林——空前繁荣的战时文化城 ····································· 92
二、昆明——骤然兴起的战时文化重镇 ································· 133
三、战时贵阳出版业的大发展 ·· 170
四、战时成都的出版业 ··· 190
五、战时西安的出版业 ··· 233
六、战时兰州的出版业 ··· 244
七、暴起暴落的迪化出版业 ··· 253
八、战时西康、青海、西藏的出版业 ··································· 258

第三章 重庆——中国战时的出版中心 …… 286
一、云集重庆的出版机构 …… 287
二、战时重庆的主要期刊 …… 303
三、战时重庆的图书出版 …… 319
四、爱国义卖　献书献金 …… 387
五、抗战大后方出版业的编辑、印刷与发行 …… 394
六、艰苦卓绝、奋斗不息的大后方出版业 …… 418
七、抗战时期学术奖励 …… 431
八、关于战时书刊审查 …… 439

第四章 抗战胜利复员期间的大后方出版业 …… 458
一、艰难的复员 …… 459
二、复员期间的书刊出版 …… 463
三、复员期间出版界的重要活动 …… 468

附录一　中国抗战大后方出版纪事年表 …… 477
附录二　中国抗战大后方出版人物简介 …… 503

后　记 …… 569

概 述

中国的出版机构和出版物,历来集中在一些大城市,特别是一些沿海城市。1937年抗日战争爆发前,全国出版中心在上海。上海的商务印书馆、中华书局、世界书局三家每年出版物要占同期全国出版物总册数的一大半。据王云五的统计,1934年,三家出版3786册占全国出版6197册的61%;1935年,三家出版5752册占全国出版9223册的62.36%;1936年,三家出版6717册占全国出版9438册的71.16%。三年间三家出版物的平均数5418册则占同期全国出版物平均数8286册的65.38%[1]。在教科书的编辑出版上,上海几家出版社的垄断程度尤高,这是和商务、中华等历史悠久,资本雄厚,可以组织权威的编审机构分不开的。据1932年的统计,商务供应全国教科书的十分之六,中华供应十分之三。正中书局在南京成立以后,也进入了教科书的供应市场,不过,在当时六大教科书供应商中排名末尾,前五家分别是商务、中华、世界、开明、大东,都是上海的书局。[2]

1937年7月全面抗战爆发后,国民政府迁都重庆,全国出版中心西移。随着战事的转进,中国政府,主要经济、文化、教育、出版机构和大批的科学家、文学家、艺术家、编辑出版家,几经向内疏散和集中,直至1945年8月日本投降,抗战胜利,于1946年5月还都复员。

---

[1] 王云五:《十年来之中国出版业》(中国文化建设协会《十年来之中国》,1937年)。
[2] 《正中书局档案》,中国第二历史档案馆藏。

一

1937年7月7日,日本帝国主义者以制造卢沟桥事变为起点,发动了妄图灭亡全中国的侵略战争。卢沟桥中国军队奋起抵抗,中国全国性抗战开始。7月8日,中共中央发出《中国共产党为日军进攻卢沟桥通电》,指出只有全民族实行抗战,才是中国的出路,号召全国人民、军队和政府团结起来,筑成民族统一战线的坚固长城,抵抗日寇的侵略。8月13日,日本侵略军向上海闸北进攻,14日,国民政府发表自卫抗战声明,15日,蒋介石发布全国总动员令。9月22日,国民党中央通讯社发表了《中共中央为公布国共合作宣言》,23日,蒋介石发表谈话,指出团结御侮的必要,事实上承认了中国共产党在全国的合法地位。中共的《宣言》和蒋介石的谈话的发表,宣告国共两党重新合作的实现,标志着以国共合作为主体的抗日民族统一战线的形成。在抗日民族统一战线旗帜下,以国共合作为基础,工农商学兵各界各族人民、各民主党派、抗日团体、社会各阶层爱国人士和海外侨胞广泛参加,开始进行中国近现代历史上空前规模的全民族的解放战争。

到这年底,抗战不过半年,平津早已沦陷,上海、南京相继失守,国民政府宣布迁都重庆,当年国民政府、国民党中央即有部分直属机构迁到重庆开始办公,而大多数主要职能部门,则首先向武汉集中。当时武汉实际上成了指挥中枢的领导中心。1937年10月,八路军驻武汉办事处成立。12月在武汉成立中共中央长江局,旋即与中共中央代表团合并,对外称中共中央代表团,对内称长江局。同时,众多的出版机构也从上海等地分别迁到武汉、广州、长沙等地。

从抗战爆发到武汉撤退,是为抗战初期。随着战局的变化,一大批文化要人、新闻出版名人,如邹韬奋、郭沫若、钱俊瑞、张仲实、全仲华、胡绳、柳亚子、杜重远、薛暮桥等相继到达武汉,一些上海、南京的出版单位也竞相迁来武汉,一时间,武昌,特别是汉口陡添了三四十家出版机构。1937年9月,正中书局营业部从上海迁到武昌,11月在汉口成立正中书局总办事处。生活书店、读书出版社、新知书店、开明书店也在这年年末迁到汉口;接着张静庐主持的上海杂志公司、顾颉刚的通俗读物编刊社、国民政府的独立出版社都先后迁汉。1937年12月和1938年1月，中国共产党主办的《群众》周刊和《新华日报》相继在汉口创刊，这是中国共产党的报刊书籍第一次在国民党统治区公开出版发行。加上商务、中华、世界、正中、大东、开明、生活等书局原有在武汉的分支机构，以及武汉本地的亚新地学社、华中图书公司、扬子江出版社、海燕出版社、战时出版社、复兴出版社、现代出版社等，据不完全统计，当时武汉共有出版社达63家[①]，武汉成为抗战初期的出版中心。1937年7月至1938年10月，武汉共有期刊180种[②]。战时武汉出版新书550种[③]。战时武汉出版图书有两个显著的特点：一是有关抗战的图书众多，另一是马克思列宁主义著作开始大量出版。

上海、天津等沿海城市沦陷后，广州成为沟通海外的枢纽。广州的出版业原本比较发达，抗日战争全面爆发后，它远离战场，直到1938年10月日军在大鹏湾登陆，在这一年多的时间内，广州及广东各地政局比较稳定，市面也比较繁荣。加上比较宽松的政治环境和交通、印刷条件诸方面的便利，吸引了上海、南京等地的不少出版机构、报刊、著作家和出版工作者来到广州。他们大多是将他们办的报刊带到广州出版，也有在广州创办新的出版机构和报刊，如夏衍将《救亡日报》移至广州出版，并在广州创办南方出版社作为报社出版书刊的一个工作部门。由巴金主持成立文化生活出版社广州分社，立即恢复抗战开始刊行的《烽火》周刊（后改旬刊），同时出版由靳以主编的《文丛》月刊。上海、南京一带不少著名的出版社、书局在广州开设了分支机构，如上海的上海杂志公司、北新书局、良友图书公司、美华书局等等。继生活书店广州分店之后，读书出版社、新知书店也在广州设立分店。据不完全统计，从七七事变到广州失守前夕这一年多的时间内广州有出版机构71家[④]。出版图书161种[⑤]。

---

① 叶再生著：《中国近代现代出版通史》，华文出版社，2002年1月，第95页。
② 转引自叶再生：《中国近代现代出版通史》，华文出版社，2002年1月，第100页。
③ 《湖北出版史料》第3辑，第50页。
④ 据《广东省志·出版志》统计，广东人民出版社，1997年12月。
⑤ 据《抗日战争时期出版图书联合目录》统计，四川省中心图书馆委员会编印。

这一时期广州在书刊印刷方面有着比武汉、重庆等地优越的条件,一是印刷设备有一定的基础,广州是现代化铅活字排版机械化印刷技术传入中国最早的一个港口;二是纸张来源比较丰富,当时广州日产50吨纸的造纸厂已建成,又可以从香港进口。因此,除为广州书刊印刷出版外,还为一些外地书刊印刷出版。比如茅盾主编的《文艺阵地》,该刊称创刊于武汉,实际上只在汉口注册,而编辑印刷工作均在广州进行。当年《新华日报》在粤港所销报纸也是将纸版航空运来广州翻印的。

在平、津、沪、宁相继沦陷之后,长沙一时成为战略要地。中共湖南省工委和以徐特立为代表的八路军驻湘通讯处与以张治中为主席的湖南省政府合作,迅速形成了团结抗战的局面,也为抗战文化、出版事业的发展创造了良好的环境。于是,大批文化人云集长沙,抗日的群众团体纷纷建立,抗日的报刊纷纷创办;图书出版由抗战前无一家专业出版社增至多家;发行机构更为普遍,发行范围更为广泛。从1937年7月至1938年10月,集中市区的计有专业出版社7家;兼营报刊、图书出版的社团、学校近10家;发行机构80多家;期刊80多家(不含机关刊、校刊)、报纸30多家。①

抗战初期长沙的7家专业出版社都是从上海、南京等地迁入的。上海商务印书馆总管理处原拟设于长沙,曾一度派去部分编辑人员并建立了一个印刷厂,出版了"抗战小丛书"20多种,出版有《东方杂志》《教育杂志》等,还出版了该馆若干重版书。另6家迁入的是三一出版社、抗敌救亡出版社、中国战史出版社、战术出版社、正气出版社、战时出版社。它们出书不多,但主要内容是宣传抗日救亡的,如朱德、彭德怀等著的《抗敌的游击战术》(抗敌救亡出版社),萧劲光著的《实用游击战术》(战术出版社),梁中铭编绘的《抗敌正气画集》(正气出版社)等。当时还有一些团体和学校出版了部分图书和抗战小册子。如国立戏剧学校出版了抗战剧本8种,中华平民教育促进会出版了"农民抗战丛书"50多种。中国诗艺出版社出版了"中国诗艺丛书"9种等。

---

① 《抗战时期的长沙出版业》(湖南省新闻出版局史志办提供)。

长沙原有《实业杂志》等期刊10多种。抗战爆发后,上海的《教育杂志》、《出版月刊》,南京的《中央周刊》、《防空月刊》,北平的《中国地质学会志》,武昌的《新社会》以及其他地方出版的期刊,都迁移到了长沙。抗战初期长沙新创办期刊100多种,如湖南全省人民抗敌后援会、中苏文化协会湖南分会等团体,分别创办了《抗敌》、《抗战》、《杀敌旬刊》、《抗战文化》、《中苏》、《湖南妇女》等机关刊物。它们一致宣传抗日救亡,报道抗战消息,探讨抗战问题。

1938年11月12日长沙发生"文夕"大火,出版业损失惨重,出版机构有的迁往重庆、桂林,也有许多出版机构转移到湖南各县。

二

1938年10月日军侵占广州、武汉以后,抗日战争逐步转入战略相持阶段。抗战初期迁到武汉等地的主要出版机构和文化人又向重庆、桂林、昆明等地作了第二次的大转移,促进了文化相对滞后的整个西南西北大后方出版业的发展。其中,桂林、昆明两地,由于这期间出版业迅猛发展,分别被誉为"战时文化城"和"战时文化重镇"。

桂林地处广西东北部,交通方便,是中原、华东联结西南、华南的战略要地,又是通向香港和东南亚的门户。桂林是当时广西省会和新桂系军政机关的所在地。抗战前,桂林的出版业欠发达,只有省政府几个业务部门的编辑出版机构出版相关书刊,另外有5家民营书局,业务以销售图书文具为主,所办报刊也很少。在全面抗战开始,中共提出抗日民族统一战线的特定形势下,桂系一直主张抗日,它也怕日寇入侵广西。为了扼制国民党中央势力的渗透和抵抗日军,它表示愿意和中共合作,开始实行开明政治,招贤纳士,网罗人才,以稳定广西政治,加强抗战建设事业。

中共利用国民党中央和地方政权之间的矛盾,采取争取新桂系与其合作的政策。早在广州、武汉沦陷前周恩来就曾派了一批党员和动员一些民主人士去桂林,开展抗日民族统一战线工作和文化活动。如王鲁彦、熊佛西在桂创办文艺杂志,戏剧家欧阳予倩担任了广西省艺术馆馆长。周恩来曾亲自向新桂系主要负责人之一的白崇禧商谈,在桂林建立八路军驻桂林办事处,以加强与他们的联系和合作,得到了白的首肯。以李克农为处长的八路军驻桂林办事处,对内又是中共中央南方局的一个派出机构。广州、武汉失守后,为了《救亡日报》在桂林复刊,周恩来和郭沫若曾一起拜会李宗仁和白崇禧,也得到了李、白的支持,并资助开办费。在此前后,中共领导下的生活书店、读书出版社、新知书店和中共在新闻出版界的骨干胡愈之、茅盾、夏衍、范长江、邵荃麟、徐雪寒等人和在他们影响下的许多出版单位和大批文化人先后来到桂林。

上海、广州、武汉沦陷后,沦陷区大批人员内撤至桂林。这一时期,集结在桂林的作家、艺术家、翻译家、编辑出版家等文化人数以千计,其中知名人士如郭沫若、茅盾、巴金、夏衍、胡愈之、叶圣陶、陶行知、千家驹、李四光、田汉、柳亚子、欧阳予倩、范长江、徐悲鸿、熊佛西、司马文森、艾芜、冯乃超、黄新波、张安治、王鲁彦、赵家璧、孟超、张铁生、宋云彬、傅彬然、华应申、徐雪寒等不下一二百人。外地大批出版社、杂志社迁来桂林,当地的各派政治力量、各类社团,以及来桂林的学术单位、社团和文化人又新办了不少出版社、杂志社。从1938年底到1944年夏秋之间近6年的时间内,桂林成为空前繁荣的战时文化城和出版基地。据统计,抗战时期桂林共有大小出版社、书店178家(仅有名称,其他情况不详的几十家未计入),出版图书2000多种;在桂林复刊和创办各种期刊280多种[①]。到1943年7月,桂林已有大小印刷厂109家,其中大型书刊印刷厂有8家,排字能力每月达3000万~4000万字,生产用纸最盛时每月在1.5万令;兴旺时每月出版图书40种[②]。知名的编辑出版家赵家璧曾经这样说过:一个时期中国的"精神粮食——书,有80%是由它(指桂林)出产供给的。所以说桂林是文化城,不如说它是出版城更来得适当","假如以中国出版业的发展而言,桂林的这一阶段是值得大书特书的"。[③]

云南地处西南边陲,与内地交通极为不便。战前商旅往来,要乘滇越铁

---

① 龙谦、胡庆嘉编著:《抗战时期桂林出版史料》,漓江出版社,1991年1月。
② 《桂林简史》208页。
③ 赵家璧:《忆桂林——战时的"出版城"》,上海《大公报》,1947年5月18日。

路,绕道安南,经河内、海防至香港,然后转航上海、广州。抗战军兴,昆明成为后方的后方。随着一些大城市的陷落,一些出版单位、大专院校和学术团体先后迁至昆明,不少文化界、编辑出版界、教育界和工商界人士,也纷纷汇集昆明。由于战时军事、经济的需要,滇黔公路和滇缅公路先后通车,昆明遂成为大后方的经济、文化重镇。加上云南地方统治势力,对国民党中央势力深入云南存有戒心,有时与蒋介石为首的国民党中央和南京国民政府的某些政策和举措貌合神离,虚与委蛇。有段时间政治上比较宽松。因此,战时昆明的民主空气比较浓厚;中国共产党和民主党派与学生运动的结合,促进了民主运动的发展,特别在抗战中后期,形成了汹涌澎湃的民主运动,时人称为"民主堡垒",文化和出版事业也骤然兴盛起来。

抗日战争前,云南只有商务印书馆云南分馆、中华书局昆明分局、务平堂、邺架轩、文雅堂、东方书店、云岭书店、新滇书局、昆明书局等12家书局(店),主要业务是经售上海、南京、北平等地出版的新旧书刊,规模一般都不大,除最大的商务、中华分别有职工25人、22人外,其余的多者三五人,大多数仅一位职工。自从抗战以来,生活书店、上海杂志公司、开明书店、新知书店、读书生活出版社、正中书局等陆续在昆明设立分支机构。云南大学从1937年起在该校教务处设出版组。北京大学、清华大学、南开大学迁到昆明组成西南联合大学,西南联大设有文聚社等出版社。孙起孟在昆明开办进修出版教育社,李公朴创办北门书屋和北门出版社。中共地下党开办康宁书店、高原书店和《新华日报》昆明营业处等等。由于北大、清华、南开、同济等大学及一些研究单位、学术团体、出版单位先后迁昆,一时学者、专家、文化人、出版家云集,各种抗日救亡团体纷纷建立,各种期刊竞相创刊,这些刊物大都具有一定的学术性和鲜明的战斗性,如《图书季刊》、《同济医学》、《国文月刊》、《文聚》、《西南边疆》、《边疆人文》、《南方》、《战歌》、《战时知识》、《今日评论》、《当代评论》、《民主周刊》等。据不完全统计,1942年,昆明共有出版社、书店73家,印刷厂(所)70多家。抗战时期,昆明出版图书300多种;昆明原有的和新创办的期刊,总计150种左右。

与此同时,贵阳、成都、西安、兰州、迪化(今乌鲁木齐)等地的出版业也都有相当的发展和提升。

三

重庆是西南重镇，长江上游的物资集散中心，水陆交通较为方便，出版业原有一定基础。抗战爆发，1937年11月20日国民政府公开发表《移驻重庆宣言》，12月1日国民政府开始在重庆办公。1938年10月武汉撤退前夕，国民党驻武汉党政机关全部移驻重庆，到1938年底国民政府军事委员会迁驻重庆，重庆成为国民政府战时首都。从而，重庆成为全国政治、经济、文化中心，也是全国出版中心。1939年1月13日，中共中央南方局在重庆正式成立。南方局在周恩来的主持下，进行了艰苦而卓有成效的工作。中国著名高等学府、科研院所、新闻出版机构和文化艺术团体相继移往重庆，全国主要的著作家、科学技术专家、翻译家、编辑出版家也云集重庆。先后迁入重庆地区的有南京中央大学、上海交通大学、上海复旦大学、国立政治大学、武昌中华大学、女子师范学院、乡村建设学院、社会教育学院、江苏医学院、上海医学院等高等院校达31所之多，还有中央研究院、中央图书馆、中央电影制片厂、中国艺术剧社、中央通讯社、中央广播电台、《中央日报》、《扫荡报》、《新华日报》、《大公报》、《时事新报》等学术文化新闻机关也先后迁到重庆。全国七大书局中有商务、中华、正中、世界、大东、开明六家的总管理处迁渝，文通书局也先后在重庆设立分局和编辑所。国民党中央所属六家书店：正中书局、中国文化服务社、独立出版社、青年书店、拔提书店和国民图书出版社，或是外地迁渝或是在渝新建的。中共领导的外地内迁和在渝新建的出版机构有生活书店、读书出版社、新知书店、中国出版社等。还有新华日报馆，它不仅编印报纸，同时出版书刊，既是中共在全国公开合法的新闻机构，又是出版发行机构。1943年，以生活书店、读书出版社、新知书店为核心的中小民营出版单位在重庆成立"新出版业联合总处"，后创办联营书店，每半月公布新书一次，其总数常在每月三四十种，与当时正中书局和商务印书馆的出书量形成三足鼎立之势。

战时重庆出版业最鼎盛的时期，大致是在1942至1944年，出版社、书店总数在150~180家,印刷厂、店一般也在150家左右,最多时竟有250多家。这段时期图书和杂志的出版,据中央图书杂志审查委员会的调查统计,1942年全年重庆出版了各类图书1292种,占同期全国图书出版总量的33.3%;出版各类杂志220种,占同期全国出版总量的28.6%。又据统计,1943年1月至6月,重庆出版了各类图书878种,占同年全国出版总数2247种的39.07%;出版了杂志178种,占同期(1943年上半年)全国杂志出版总数574种的31.01%。这个统计数字,与这年10月重庆市图书杂志审查处代处长陆并谦提供的材料是一致的。陆在这年的10月称:"1943年3—8月,重庆出版图书1974种,杂志534种,约占全国出版物的三分之一。"

这些统计材料证明,重庆是抗日战争时期全国的出版中心,集中出版单位之多,出版书刊之多,占全国首位。

抗战时期,重庆出版界对动员人民参加抗日民族解放战争和普及教育、积累文化起了重要的作用。在众多的出版物中,虽然有相当一部分是专为国民党统治服务的,不乏宣传反共反人民的读物,但深受广大人民群众欢迎的还是宣扬爱国抗日、倡导民主进步的书籍。而其中一些著名专家、学者、教授的作品,不仅在当时产生了巨大影响和作用,而且至今仍成为传世佳作,如郭沫若的《屈原》、《甲申三百年祭》,翦伯赞的《中国史纲》,茅盾的《腐蚀》,老舍的《四世同堂》,夏衍的《法西斯细菌》等等。此外,其他如诗歌、小说、杂文、剧本、戏剧、电影等,也是日新月异,层出不穷。所有这些,共同汇集成了著名的"中国抗战文艺"而载入史册。

四

1945年8月15日,日本宣布无条件投降,中国人民八年艰苦抗战终于赢得最后胜利。

由于大后方的出版业的主力,除文通书局外,大部分是因抗战而内迁的。新建立的出版社亦大都是随内迁作家的到来而兴办的,因此,抗战胜利后,出版社和作家纷纷复员东返,曾是出版中心的渝桂等地的出版工作即趋沉寂。1945年8月至1946年5月为从战争状态转入平时状态的复员阶段。大后方出版界或者关门歇业,买舟东下;或者就地调整,精简改组,从而书刊出版相应收缩。同时,根据形势的发展,出版界积极参与了向政治协商会议进言等一系列重要的社会活动。

1945年至1946年这段时间,大后方出版了部分具有一定学术价值,或是具有某种趋向性的哲学、历史、政策、时事或文化教育等方面的出版物。如:商务出版有:陈寅恪著《隋唐制度渊源略论稿》、顾实著《汉书艺文志讲疏》、彭国栋著《岳飞评传》、连横著《台湾通史》等。中华出版有:西门宗华著《苏联经济发展》、李洁非著《美国与太平洋》、张之毅著《新疆之经济》等。开明书店出版有:吴祖光著《风雪夜归人》、茅盾著《清明前后》、叶圣陶著《文章例话》、吕叔湘著《文言虚字》等。重庆生活、读书、新知三家书店的联合生产部用"人民出版社"的名义出版《人民丛刊》;爱泼斯坦等著《毛泽东印象》、罗烽著《新社会的新教师》、政论集《反对内战》、李普著《解放区的民主生活》等。

在1945年至1946年这段时间内,大后方仍有不少刊物继续在重庆、成都、贵阳、昆明等地出版或创刊。如:《抗战文艺》出至1946年5月终刊。《群众》月刊、《中山》半月刊、《文化先锋》、《文艺先锋》等出至1946年6月东迁。《民主周刊》在昆明出至1946年7月,被迫停刊。《东方杂志》、《中苏文化》出至1946年10月,分别迁往沪、宁。中华论坛、民主世界、民宪、宪政、东方杂志、中学生、新中华、文化周报、再生等杂志社1945年9月至12月,出版"十大杂志"《联合增刊》共6期。中原、文艺、希望、文哨等杂志社在1946年1月至5月,出版"四杂志"《联合特刊》共5期。1946年1月,《科学与生活》(月刊)和《人物杂志》在重庆创刊。

第一章 全面抗战,抗战出版物风起云涌

一、武汉——抗战初期的出版中心

武汉位居中国中部,是素称"九省通衢"的要地,经济、文化较为发达。1937年12月13日南京失守,国民政府军、政、经济机关大部迁至武汉。政治中心的转移,使文化出版中心也随之转移。战前在武汉以出版书刊为主的出版机构不下于15家。抗战初期在武汉创办的和从上海、南京、西安等地迁来的大约有48家。据不完全统计,从"七七"抗战爆发到1938年10月25日武汉撤退,战时武汉的出版机构共有63家之多,武汉成为抗战初期的出版中心。

(一)主要出版机构

1. 战前原有的出版机构

抗日战争爆发时,武汉原有的出版机构到抗战初期仍在营业的主要有下列15家:武昌舆地学会——亚新地学社、商务印书馆汉口分馆、中华书局汉口分局、汉口圣教书局、上海广益书局汉口分局、世界书局汉口分局、生活书店汉口分店、开明书店汉口分店、大东书局汉口分局、华中图书公司、儿童书局汉口分局、江汉印书馆、武昌益善书局、正中书局武昌批发处、光明书局。

2. 抗战初期迁入的和新建的出版机构

抗战初期,先后从外地迁入的出版机构有9家,它们是:上海的生活书

店、读书出版社、新知书店、上海杂志公司、黎明书店、战时大众知识出版社；南京的正中书局、独立出版社；西安的通俗读物编刊社。

抗战初期，武汉地区新建的出版机构有39家，其中在武汉创办的有5家：中国出版社、新华日报社（图书课）、扬子江出版社、海燕出版社、三户图书印刷社；在武昌创办的有1家：武昌战争丛刊社；在汉口创办的有33家：大众出版社、全民出版社、群力出版社、大路书店、战时出版社、抗战知识社、战时文化出版社、汉口新演剧社、中国农村合作出版社、民族复兴出版社、中国空军出版社、星星出版社、祖国书店、现代出版社、新中国出版社、大时代书店、汉口天马书店、汉口新汉出版社、汉口火炬出版社、汉口人民书店、汉口海南出版社、汉口第一步书店、汉口教育书店、新生图书公司、亚新书店、群力书店、世界出版社、复兴出版社、自强出版社、民族解放社、新时代出版社、战时读物编译社、汉口明日出版社。

3. 主要出版社选介

这里，介绍抗战初期武汉部分主要的出版社如下：

武昌舆地学会——亚新地学社 武昌舆地学会创建于光绪二十四年（1898），以印地图书刊为业，初仅2台手摇4开落版石印机，存世12年。1905年成立亚新地学社，创办人湖南新化邹永煊（焕庭）。抗战前后，业务鼎盛。武汉沦陷前，内迁至湖南新化。代表性出版物有《大中华民国分省图》，截至抗战胜利前，约出版300多种地图出版物，一直经营至1953年1月与国内14家私营地图社合并，成为私私合营的私营"地图出版社"。

正中书局 1931年10月10日陈立夫创设于南京，局址在鼓楼黄泥岗。1933年成为国民党党营书局，总局设在南京杨公井。抗战军兴，于1937年11月暂迁汉口，成立总办事处，指挥全国各分支局所业务。至此，已设立9个分支局、8个代理分局、6所特约同行。9个分支局是：重庆、上海、武昌、汉口、长沙、贵阳、桂林、宜昌、万县。8个代理分局是：成都、广州、昆明、温州、宁波、汕头、丽水及美国旧金山。6所特约同行是：福州、建瓯、台州、赣州、常德、衡阳。

武汉沦陷前迁至重庆，抗战胜利后复员回南京。

独立出版社 系南京国民政府官办出版社，1928年成立于南京，后又设立于上海。以出版时事政治读物为主,也出版社会科学和文艺书刊。1937年底从南京迁汉口。在汉期间出了不少书。主要出版有:蒋中正著《领袖抗战言论集》、林森等著《党国先进抗战言论集》、汪精卫等著《领袖·政府·主义》、蒋中正等著《战时教育论》,以及《汪精卫先生抗战言论集》、《建党与建国》、陶希圣等著《中国国民党的新阶段》以及《抗战文献》(独立出版社编)、《抗战法令》、《我们的外蒙古》等40多种。在1938年4—7月,编辑和出版有"战时综合丛书"第一和第二辑。每辑有20种有关抗日的书籍。其《例言》称:"出版本丛书主旨在阐扬抗战建国言论,并供从事训练及宣传工作的人员参考"。独立出版社出版的书籍,均交正中书局等官办书店销售。

武汉陷敌前,独立出版社迁至重庆。

上海杂志公司 是一家以发行杂志为主的机构,后来增加了出版书刊的业务。1934年5月张静庐创办于上海。经理张鸿志,编辑部主任金则人。抗日战争爆发后,总公司迁汉口,在交通路38号设分公司,又先后在广州、长沙、桂林、重庆等地设分公司。1938年10月武汉沦陷时,转移至长沙、桂林,抗日战争胜利后,复员回上海,在原址复业,并重建了汉口、长沙等各地分公司。

上海杂志公司迁汉后出版和发行的杂志有:《人世间》、《译文》、《读书生活》、《语文》、《作家》、《中流》、《小说月报》等;出版了不少丛刊和丛书,有"大时代文库"、"大时代丛书"、"战地报告丛刊"、"抗战戏剧丛刊"、"战士生活丛刊"、"游击队小丛书"等。这些丛刊丛书中,包括有崔嵬著《八百壮士》、田汉著《最后的胜利》、洪深著《飞将军》、刘白羽著《八路军将领》、安娥著《高粱红了》、宋之的著《民族万岁》、萧红著《呼兰河传》、老舍著《火车集》、艾青著《他死在第二次》等。张静庐编辑了《西线血战》、《东战场》等抗战史料专集。

新中国成立后,上海设出版部,专门从事出版工作。汉口分公司则与广益书局、长江书店、青藜书局、泰和书局、大文堂书局合并为汉口通俗图书发行公司。1956年并入武汉市新华书店汉口分店。

生活书店 1932年7月1日在上海正式成立,它是由《生活》周刊社发展而成的。生活书店开始设编辑部、经理部、出版部及营业部、会计部。编辑部由邹韬奋负责，经理部由徐伯昕负责。1936年5月，将原汉口特约发行所改为生活书店汉口分店，经理是严长庆，店址在汉口交通路37号。1937年11月，上海沦陷，生活书店总店撤至汉口，与汉口分店合一。12月，邹韬奋离沪，经香港辗转来到武汉。

生活书店初到汉口时，有"黑白丛书战时丛刊"和"战时大众知识丛书"出版了数种。在汉口创刊的新丛书有："战时社会科学丛书"、"问题与答案丛刊"、"新知识初步丛刊"、"抗战中的中国丛刊"、"中国文化丛刊"、"西北战地服务团丛刊"等，分别出版多种。总店迁汉后，继续出版的有《抗战》、《世界知识》、《妇女生活》、《战时教育》、《新学识》、《读书与出版》6种刊物。后来，《抗战》与《全民周刊》合并为《全民抗战》。增出新刊《文艺阵地》与《国民公论》两种。武汉撤退前，《新学识》与《读书与出版》停刊。

抗战前生活书店只有武汉、广州两处分店，徐伯昕等到武汉后，即积极筹备，陆续派人到西安、重庆、长沙、成都、桂林、贵阳、南昌、昆明、福州、常德、金华、衡阳、柳州、南宁、宜昌、恩施、万县、玉林等地开设分店，连同香港、新加坡分店，总共55处（其中粤汉撤退前成立30余处）。这是生活书店发行网大发展的时期，各地分支店的成立，总的都是在极为艰难的情况下筹建的。香港和新加坡这两个分店的建立，对沟通海内外的消息，向侨胞进行抗日宣传、传播党的声音，都产生了积极的影响。

读书出版社　读书出版社，原名读书生活出版社，1936年创办于上海。它的前身是李公朴和柳湜、艾思奇、夏征农等于1934年11月创办的《读书生活》半月刊。1935年底开始将《读书生活》上的文章编辑成书，后来才开始组稿或接受投稿而出书。

从1937年1月起，黄洛峰任经理。10月下旬，黄洛峰率赵子诚、徐逸带了一批书籍和纸型，坐民船由内河到镇江，再改乘去武汉的轮船。10月底，

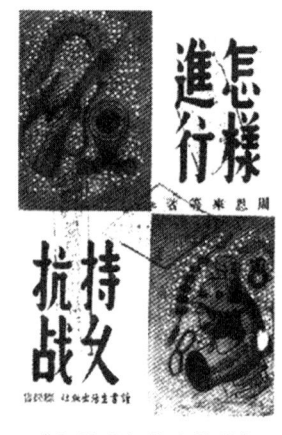

《怎样进行持久抗战》
周恩来等著

船过南京,还在途中尚未到达武汉之时,南京已经陷于敌手。

1937年12月读社到汉口。从上海运到汉口的几十箱书籍还算好销,卖了钱又可以出书了。于是在不到一年之中,出版了20多本书。首先是《怎样进行持久抗战》,这是在大后方公开出版的第一本周恩来、叶剑英等人的论著。先后经售和发行了《群众》周刊、《抗战文艺》、《战时青年》、《战时文化》、《新演剧》等期刊。从1938年4月起,读社先后在广州、贵阳、桂林、成都、昆明等地建立了分社,后来又在香港设立办事处。

新知书店 1935年秋以集资合作形式在上海创办新知书店,钱俊瑞为理事长,徐雪寒、华应申负责业务,姜君辰主持编辑工作。

1937年年底,经过千辛万苦,朱执诚(朱希)把一批书经长江运到武汉,华应申、王益把另一批书经海道运到广州。王益就留在广州设分店,华应申又疏运部分书籍到武汉。1937年底,在武汉恢复出版发行业务。

新知书店在汉口先后出版了一批社科读物和一些抗战的小册子。薛暮桥在罗琼协助下,也把《中国农村战时特刊》从南昌迁到武汉,由新知书店出版。在武汉短短的八九个月,是新知书店大发展时期。这一时期,中共长江局建立中国出版社,全权委托新知书店办理。同时先后在丽水、金华、襄阳、长沙、常德、衡阳设新知书店分店。

新知书店从汉口撤退时,由钱岐运送图书于1938年10月22日随同新华日报社乘"新升隆"轮西航去渝,在湖北嘉鱼县燕子窝(今属洪湖县)被敌机轰炸,钱岐以身殉职。

中国出版社 1938年春中共长江局决定建立中国出版社,作为党在大后方以民办企业的面目出现的出版机构,以区别于党的公开宣传机关《新华日报》和《新华日报》的出版部。中国出版社的出版发行任务由新知书店承担。长江局指定凯丰领导这两个机构的工作:凡用中国出版社名义出版的书籍,原稿一律由凯丰审阅签发后交新知书店印制,新知书店多以"中国出版社出版,新知书店总经售"的形式出版发行,支付稿酬,一概充作新知书店的出版资金,长江局不再另外拨款。所以说,中国出版社和新知书店实际上是一套人马,两块招牌。

武汉期间曾出版有《共产党宣言》(成仿吾、徐冰合译)等数十种书。武汉沦陷后,中国出版社迁重庆和桂林。

新华日报馆(图书课) 抗战初期创办的《新华日报》,是中国共产党第一次在全国公开发行的机关报。它是国共两党第二次合作的产物。1938 年 1 月 11 日,《新华日报》在汉口创刊,社长潘梓年,总经理熊瑾玎,第一任总编辑华岗。新华日报馆不仅编印报纸,同时出版书刊,它既是公开合法的新闻机构,又是出版发行机构。出版发行马列主义著作,中共中央领导人著作以及共产党的政策、言论和文件等。新华日报营业部内设图书课,专门经营图书期刊。

《新华日报》创刊号

1938 年《新华日报》在汉口创刊刚一个月,即 2 月 12 日便刊出《新华日报馆、群众周刊社刊行新群众丛书启事》:为适应读者需要,除将新华日报与群众周刊所载之各种重要文章,陆续刊行单行本外,并特约专家著译各种有助抗战知识之书籍,编为《新群丛书》由新华日报馆发行。新华日报馆在汉口近十个月的时间,公开出版发行了各类图书 40 余种。其中新群丛书 18 种。

1938 年 10 月 25 日,《新华日报》迁重庆出版。

扬子江出版社 扬子江出版社是中共湖北省委办的出版机构,1937 年下半年创办于武汉,社址在汉口中山大道清芬二路。负责人是李实、张光年。主要的工作人员还有安光荫、曾霞初。该社具有编辑、印刷和发行能力,但重要的书稿得经长江局审查才能出版。1938 年上半年,中共湖北省委宣传部和新知书店商定,将扬子江出版社并交新知书店,并由中共地方党委协作,由新知书店在湖北襄阳增设分店,以便武汉撤退后,能配合中共鄂西北的宣传工作。

在存在的约一年时间内,扬子江出版社共出版了 20 多种书籍,主要有:

陈绍禹著《抗日民族统一战线的新发展》，李富春等著《军队政治工作纲要》，彭雪枫著《游击队政治工作教程》，陈毅著《农村工作讲话》，马骏著《抗战中的陕北》，尤基著《游击队基本动作教程》，李实著《宣传·组织·武装》、《陕北的群众动员》，光未然著《街头剧创作集》，以及《十年来的中国共产党》等。

海燕出版社 华侨青年俞鸿模在汉口独资创办的出版社。1938年，俞鸿模从印度尼西亚回国参加抗日救亡工作，2月间到达延安，艾思奇鼓励他到汉口办出版社，进行抗日救亡宣传，并介绍给黄洛峰与潘梓年。4月，俞来到汉口，在黄洛峰的帮助下，立即开始筹建工作。创办的资金由俞在印尼的四哥支援。在江汉一路联保里32号租了楼上两间房间作为社址。海燕出版社大致成立于1938年的五月间。出版的第一本书是张执一撰写的《抗战中的政党和派别》，还出版了杂志《新演剧》半月刊新一卷第一、二、三期。

海燕出版社，1938年9月中旬迁桂林。在桂林停业后，俞鸿模到上海恢复时，改名海燕书店。1951年3月，与群益等同业合并成立新文艺出版社。

三户图书印刷社 由冯玉祥出资创办，1938年春夏成立于武汉，全部业务委托王倬如（曾任冯机要秘书）负责，由王任经理，全厂职工约60余人，设有2台对开印刷机、1台圆盘机及各号铜模、铜字等。取名"三户"，寓意于《史记》"楚虽三户，亡秦必楚"之说，意在抗战必胜。冯玉祥办三户图书印刷社是受了周恩来的启发。该社以印刷和销售宣传抗战的书刊为主，除出版《抗到底》、《抗战画刊》外，还大量印刷《论持久战》和《新华日报社论集》和冯玉祥著《我的生活》、《民众救国问答》、《救国必读》、《抗日的模范军人》、《抗日游击战术回答》等。1938年10月武汉沦陷时停业，后迁桂林，继续出版。

黎明书局 1930年，由上海复旦大学一批教授创办于上海。董事长王世颖，总编辑孙寒冰，副总编辑伍蠡甫，总经理侯厚培。抗战爆发后迁汉口，局址在汉口江汉路联保里。该局创办有《文摘》（孙寒冰主编1937年1月出版），出版有吕振羽著《中国政治思想史》，夏衍著《血写的故事》（1938年3月出版），以及《国共合作与抗战前途》、《中国战时经济》、《行进中的新四军》、《中国的西北方》等数十种图书。在汉期间，曾派员至重庆、长沙、广州等地建立分店。

通俗读物编刊社　燕京大学教授、中国历史学家顾颉刚于"九一八"事变后,在北平创办"三户书社",1934年7月改称通俗读物编刊社,顾颉刚任社长,采用通俗的形式,编印新内容的小册子,以达到宣传抗日救国的目的。"七七"事变发生,通俗读物编刊社连夜编印了《血战卢沟桥》5万册,向全市军民散发。该社先后迁归绥、西安,1937年12月由西安迁至武汉。

编刊社在武汉时期的领导人,社长顾颉刚,副社长徐炳昶、段绳武,均为兼职。社内主持工作的是编辑部主任王日蔚、研究部主任赵纪彬。编刊社当时本身只有编写力量,无力经营出版发行业务。经与生活书店达成协议,编刊社先交书稿50种,由生活书店出版发行,以后按月提供10种书稿。按照协议,第一批书很快就在武汉出版。该社于1938年3、4月间还出版一套《通俗读物文集》丛书共25种。副社长段绳武,是位热爱通俗读物的军人,在武汉得到周恩来支持,后被陈诚任命为后方勤务部政治部主任,陆军中将衔,主管全国伤兵工作,成立伤兵教育委员会,以他每月500元的办公费,大量编绘和印制小册子、连环画,使编刊社的工作人员有了用武之地。1938年10月,编刊社从武汉迁往重庆。

(二)主要期刊

1. 期刊分类统计及名录

据现有资料统计,1937年7月至1938年10月,武汉共有期刊180种。[①]

抗战初期武汉期刊分类统计表

1937年7月—1938年10月

类别	数量	所占百分比	备注
政治、时事(抗日)类	78种	43.33%	
军事类	6种	3.33%	
经济科技类	8种	4.44%	

[①] 转引自叶再生著:《中国近代现代出版通史》,华文出版社,2002年1月,第100页。

续表

类别	数量	所占百分比	备注
教育文化类	13 种	7.22%	
文艺戏剧类	27 种	15%	
宗教类	2 种	1.11%	
侨务类	3 种	1.67%	
工农通俗类	7 种	3.90%	
青年类	8 种	4.44%	
妇女儿童类	9 种	5.00%	
一般评论综合类	16 种	8.90%	
其他和不明类	3 种	1.66%	
合计	180 种	100%	

如以主办的背景分，则党派办的刊物，占有很大比例，大致统计是：

中国国民党主办的刊物有 16 种，中国共产党主办的刊物有 14 种，其他党派主办的刊物有 4 种，国民政府军事委员会系统主办的刊物有 6 种，国民政府系统主办的刊物有 8 种，救国会、抗敌后援会等社团主办的刊物有 14 种，一般社团主办的刊物有 100 种。刊物名称及有关情况，分别见相关各表。

中国国民党主办的刊物

1937 年 7 月—1938 年 10 月·武汉

刊名	刊期	性质	创刊、停刊日期	主编	主办单位	备注
民意周刊	周	政治	1937.12 创刊于汉口，1938.9 迁渝出版，1941.8 停刊	陶希圣	国民党	
血路	周	政治	1938.1.15 在汉创刊，1938.7.23 出至 26 期。1938.8.27 第 27 期起改在重庆出版	王龙章	国民党	
中山周刊	周	政治	1938.2.1 创刊于汉口，1938.7 停刊 1938.11 在渝复刊，复刊时改为半月刊。1939 年改为月刊，1944.7 停刊	邹明初	国民党	
战斗周刊	周	政治	1937.12 迁汉	方秋苇	国民党	
创导	半月	政治	1937.5 创刊于南京，同年 11 月迁汉，武汉失守前停刊	姚宝贤	国民党	

续表

刊　名	刊期	性质	创刊、停刊日期	主编	主办单位	备　注
前途杂志	旬	政治	1933.1 在南京创刊，月刊。1938.1 迁汉，改旬刊，后迁渝。1939.4 停刊	刘炳藜	国民党	
国　魂	旬	政治	1938.3.1—1941	陈石泉	国民党	
民　心	周	政治	1938.3—	易君左	国民党	
荡　寇	十日	政治	1938.4.5—7		国民党	
黄埔月刊	月	政治	南京失守前迁武汉	邓季雨	国民党	
时事月刊	月	政治	1929.11 创刊于南京，1937.12 迁汉，1938 迁沪，1939 迁渝，1944.10 停刊		国民党	后改为半月刊
武汉青年	周	青年	1938.9.5—10	陈　涛	三青团	
青年月刊	月	青年	1935.10 创刊于南京，1938.1 迁汉，后迁渝，1943.8 停刊	王平陵	国民党	
妇女共鸣	半月	妇女	1929.3 创刊于上海，后迁南京，1938.1 迁汉，旋迁渝，1944.12 停刊	陈逸云	国民党	
华侨先锋	半月	侨务	1938.3.5 创刊于武汉，曾迁香港、重庆，抗战胜利后迁宁，1946.12 停刊，9 月复刊，1948.9 终刊		国民党中央海外部	
民族诗坛	月	诗词	1938.5 创刊于汉口，后迁渝，1945.12 停刊	卢冀野	独立出版社	

中国共产党主办的刊物
1937 年 7 月—1938 年 10 月·武汉

刊　名	刊期	性质	创刊、停刊日期	主编	主办单位	备　注
群众周刊	周	政治	1937.12.11 创刊于汉口，1938.12.25 在渝续刊	潘梓年 许涤新	共产党	
战斗旬刊	旬	政治	1937.9.18—1938.5，共出 22 期	孔罗荪、冯乃超等	共产党	
抗　战	三日	政治	1937.8.19 创刊于上海，1937.12 迁汉，1938.7 与《全民周刊》合并	邹韬奋	共产党	合并后改名《全民抗战》

续表

刊名	刊期	性质	创刊、停刊日期	主编	主办单位	备注
全民抗战	三日	政治	1938.7.7—1941.2	邹韬奋 柳湜	共产党	1938年10月15日起,改在重庆出版
世界知识	半月	时事	1934.9创刊于上海,1938.1迁汉,后迁广州、香港,1941.12停刊。1945.12在上海复刊	金仲华	共产党	
战时青年	半月	抗日	1938.1创刊于武汉 1940.12在重庆停刊	何仲觉	生活书店发行	自2卷1期迁渝改月刊,1940.9恢复半月刊
新学识	半月	综合	1937.2.5创刊于上海,同年10月迁汉。1938.7.15终刊	徐步 史枚	生活书店发行	共出版27期
新闻记者	月	新闻	1937.6创刊于上海,1938.4迁汉,后迁重庆,1941.4停刊	范长江	生活书店发行	
大众的文学	半月	文艺	1938.1.20	叶籁士 林曦	生活书店发行	
战地	半月	文艺	1938.4.1创刊于汉口,后迁内地,1940.3停刊	丁玲 舒群	上海杂志公司总经销	
文艺阵地	半月	文艺	1938.4.16创刊于汉口,后迁香港、重庆,1942.11出至7卷4期停刊	茅盾	生活书店	
自由中国	月	综合	1938.4创刊于汉口,8月停刊,1940.11在桂林复刊,1942.5停刊	臧云远 孙陵	自由中国社	
新演剧	半月	戏剧	1937.5.5创刊于上海,旋即迁汉,1938.6停刊,1940复刊,不久终刊	章泯 葛一虹	海燕出版社	
抗战戏剧	半月	文艺	1937.11.16创刊于汉口,1938武汉失守前停刊	田汉 马彦祥 洪深	汉口华中图书公司	

其他党派主办的刊物
1937年7月—1938年10月·武汉

刊　名	刊期	性质	创刊、停刊日期	主编（编者）	主办单位	备　注
再　生	月	政治	1932.5创刊于北平。1938.7.7迁汉口。1939在渝复刊。1946.3迁沪。1949.4停刊	孙斯鸣	国家社会党机关刊	4卷1期改半月，1940年改旬刊，迁沪后改周刊，1948年设广州版
国　光	旬	政治	1938.3创刊于长沙，5月迁武昌，7月停刊	左舜生	中国青年党机关刊	
抗战行动	旬	政治	1938.2.1创刊于汉口，同年7月停刊	麦朝枢	第三党机关刊	
抗战向导	周	政治	1938.4.3—7	张涤非 叶　青	托派	

军事委员会系统主办的刊物
1937年7月—1938年10月·武汉

刊　名	刊期	性质	创刊、停刊日期	主编（编者）	主办单位	备　注
前　敌	周	军事	抗战初期		军委会政治部第三厅	
中国空军	旬	军事	1938.2.11—	丁布夫	中国空军出版社	
大侠魂	双周	军事	1932创刊于南京，1938.1第7卷1期起迁汉，旋迁重庆，1941停刊	安若定	南京铸魂学社	
抗敌新闻	抗战		1938.8.5创刊于汉口	王向予	军委会政治部第三厅	
士　兵	周	军事	1938创刊于武汉		军委会政治部第三厅	
抗战军人	半月	抗战	1938.5创刊于汉口，武汉撤退后又出了几期，1939停刊		汉口抗战军人半月刊社	
军人魂		军事	抗战初期	刘公武		
前线画报	旬	军事画报	抗战初期		前线画报社	

国民政府系统主办的刊物

1937年7月—1938年10月·武汉

刊　名	刊期	性质	创刊、停刊日期	主编（编辑）	主办单位	备注
经理月刊	月	经济	1935.7创刊于汉口，武汉失守前迁渝，1940.9停刊		国民政府	
华侨动员	半月	侨务	1938.3.5创刊于汉口，后迁渝，1940.4停刊		国民政府侨务委员会	
教育通讯	周	教育	1938.3创刊于汉口，后迁重庆，1944曾停刊，1946.3在沪复刊	陈礼江	正中书局	1949.1终刊
教育短波	旬	教育	原在南京创刊，1938.3迁汉	朱启贤	国民政府教育部	
内政研究月报	月	综合	1935.11创刊于南京，1938迁武昌		国民政府内政部	出特刊一期
农友月刊	月	农村	1933.10—1938.12		中国农民银行总行	
人人看	周	通俗	1938.5—7	黄百克	汉口教育部第一社会教育工作团	
湖北教育通讯	半月	教育	1938.9		武昌湖北省政府教育厅	

救国会、抗敌后援会等社团主办的刊物

1937年7月—1938年10月·武汉

刊　名	刊期	性质	创刊、停刊日期	主编（编者）	主办单位	备注
全民周刊	周	政治	1937.12.11—1938.7	李公朴 柳湜	汉口全民周刊社	
反攻	半月	抗日	1938.5创刊于武汉，后迁渝，1945.5停刊	张佐华	东北救亡总会宣传部	
反侵略	半月	抗日	1938.9.3创刊于汉口，旋迁重庆，1942.6停刊		国际反侵略运动大会中国分会	初为月刊，后改为半月刊

续表

刊名	刊期	性质	创刊、停刊日期	主编（编者）	主办单位	备注
国民公论	十日	抗日	1938.9.11创于汉口,旋迁渝,1940迁桂林。1941.2停刊	张仲实	救国会刊物	
抗战通讯		抗日	抗战初期	抗宣二队	抗宣二队	
抗战	半月	抗日	1937.4创刊于汉口,同年10月停刊		汉口战时出版社	
新青年	周	抗日	1938.1—		青年救国团	
游击队	半月	抗日	1937.8—12		武汉大学学生抗敌后援会	
妇女生活	半月	妇女	1935.7创刊于上海,1938.1迁汉,1938.12.1改重庆出版,1941.1停刊	沈兹九	救国会刊物生活书店刊行	初为月刊,3卷起改为半月刊
戏剧新闻	周	文艺	1938.5.15创刊于汉口,旋内撤,1939.1停刊	吴漱予	中华全国戏剧界抗敌协会	
抗战文艺	周	文艺	1938.5.4创刊于汉口,在汉共出20期。1938.10.8在渝续出	姚蓬子	中华全国文艺界抗敌协会	
弹花	半月	文艺	1938.3创刊于汉口,后迁重庆,1940.9停刊	赵清阁	全国文艺界抗敌协会筹备处	
抗战漫画	半月	抗日	1938.1创刊于汉口,后迁内地,1940.11停刊		汉口漫画宣传队	
回教大众	半月	宗教	1938.2.25创刊于汉口,同年6月停刊,1939.1在重庆复刊,同年12月停刊	沙蕾	中国回民救国协会	

一般社团主办的刊物

1937年7月—1938年10月·武汉

刊　名	刊期	性质	创刊、停刊日期	主编（编者）	主办单位	备　注
大时代	周	政治	1937.12.21创刊于汉口—1938.6	孟十还	汉口大时代社	
民族战线	周	抗日	1937.11.8创刊于武昌—1938.5	孟宪章	武昌民族战线社	
政　论	半月	政治	1938.1.5创刊于汉口,自18期起迁重庆,1938.12停刊			原半月刊,7期起改旬刊
抗　战	周	抗战	1937.9.11—	杨公骥 段公爽	抗战周刊社	
奋　勉	周	政治	1938.2.16创刊于汉口—7	杨执 韦楫	汉口奋勉周刊社	
民　主	半月	政治	1938.6.4—	彭文应	民主半月刊社	
抗　战	十日	抗日	1937.12迁汉	司徒德	抗战十日刊社	
国民参政论坛	半月	政治	1938.7.7创刊于汉口,8月停刊	张真吾	汉口国民参政论坛社	
国民谠论	旬	政治	1938.7.7—8	伍叔傥	武昌国民谠论社	
东北周刊	周	政治	1937.11—1938.7		汉口东北周刊社	
复　苏	旬	政治	原创刊于南京,1938.4.15迁汉		江苏省救济失业青年委员会	
新社会	旬	综合	1938.7.5创刊于武昌,旋迁长沙,出一期停刊		武昌新社会旬刊社	
战地半月	半月	综合	1938.4.10—6	蒋弼	汉口战地半月刊社	
辛　报	半月		1938.1—2	苏凤 桑榆	汉口华中图书公司	
民　众	五日	综合	1937.12.1	叔世 苏骥	汉口华中图书公司	

续表

刊名	刊期	性质	创刊、停刊日期	主编（编者）	主办单位	备注
奋斗	周	综合	1937.11—1938.6		汉口奋斗周刊社	
大风	旬	综合	1938.3	简又文	宇宙风社	
报国	半月	抗日	1938.4.1—6		汉口报国半月刊社	
铁血评论	半月	抗日	1938.6.25—7	聂克刚	汉口铁血评论社	
民族革命	半月	政治	1938.8.16		民族革命半月刊社	
西南导报	月	政治	1938.5创刊于汉口，2卷2期起迁渝。1939.7停刊		汉口导报社	
中华论坛（英文）	周	政治	1938.2.19—	郭斌佳	中国国际联盟同志会	
展望	周	政治	1938.2—	韩德培		
每周评论	周	评论	1938.3—		汉口时代日报社	
前导	半月	政治	1938.4		汉口前导书局	
政治周报	周	政治	1938.3—7		武昌政治周报社	
祖国	五日	文艺	1937.11	罗烽等	汉口祖国五日刊社	
祖国半月	半月	政治	1938.3		汉口祖国五日刊社	
国民专刊		综合	1938.7		汉口通俗读物编刊社	
呼声	半月	政治	1937.10—11	鲁明建	汉口呼声半月刊社	
务本周刊	周			周大缙		
前线	半月	抗日	1938.7——武汉失守前内撤，1939.9停刊	张葆思	汉口前线社	1939.1改为旬刊

续表

刊　名	刊期	性质	创刊、停刊日期	主编（编者）	主办单位	备　注
战　友	七日	抗日	1937.10—11	谢励	汉口战友七日社	
社会经济月报	月	经济	1934.1创刊于上海，1938.1迁汉，8月迁渝，1939.2停刊		社会经济调查所	
航海杂志	月	经济	1935.3创刊于上海，1937.11迁汉，1938.6停刊		汉口中国航海学社	
汉口商业月刊	月	经济	1934.1—1935.12 1936.6复刊，1938.4停刊		汉口市商会	
建设评论	月	经济	1935.10—1937.10	欧阳涤尘	武昌建设评论社	
世界政治	半月	时事	1937.1创刊于南京，1938.6迁汉出版，3卷9期起迁渝出版，1945.1停刊，1948.4在南京复刊，8月终刊	朱家骅	中国国际联盟同志会编，后改联合国中国同志会编	初月刊，后改半月刊
世界展望	半月	时事	1938.3.25—5		汉口华中图书公司	
国际周报	周	时事	1938.5.10	樊仲云	黎明书局	
时事类编	半月	时事	1933.8创刊于上海，1935.2迁南京，1937.12迁汉，1938.6迁渝出版，1942.1终刊		中山文化教育馆	1937.9改称时事类编特刊
战时日本	半月	政治	1938.8.1创刊于汉口，后迁广州、香港、桂林、昆明、重庆等地出版。1942.1终刊	宋斐如	留日学生战时日本研究会	
外　论	三日	时事	1938.7—8		汉口中外文化服务社	
集　纳	周	时事	1937.12.19创刊于上海，1938.2.19出至1卷9期停刊。随即办刊人物携文稿等并入已迁汉口的《世界知识》	宜闲（1卷3期起改为即宗汉）		《集纳》是《世界知识》的姊妹刊物，共出9期
时与潮	半月	时事	1938.4创刊于汉口，后迁重庆，1946.2后停刊，同年12月在上海复刊。1949.2终刊	金长佑等	时与潮社	

续表

刊　名	刊期	性质	创刊、停刊日期	主编（编者）	主办单位	备　注
救中国	周	抗日	1937.10 创刊于汉口，1938.1 停刊，不久在宜昌复刊，1938.11 迁渝	胡绳	武汉救中国社	
中国农村	月	农村	1934.10 创刊于上海，1937.8 迁南昌，1938.1 迁汉，后迁桂林，1943.8 停刊	薛暮桥	中国农村经济研究会	第4卷起改为半月刊，第5卷改回月刊
战时乡村	旬	农村	1938.1 创刊于武昌，4月停刊	孔庚 邓初民	武昌湖北战时乡村工作促进会	
农村工作	月	农村	1935.8—1937.11		武昌中国农村合作出版部	
好男儿	旬	通俗	1938.3.15—5	王家树	好男儿社	
青年前线	旬	抗日	1938.1.10—8	彭文凯	汉口青年会	
青年情报	周	青年	1938.5.1		武昌青年情报社	只出3期
青协	旬	青年	1938.5		汉口青协旬刊社	
湖北学生	月	青年	1935 创刊于武昌，1938.7 停刊		湖北各县旅省学生励进会联会	
学生生活战时特刊	半月	青年	1938	夏学周		
战时妇女	旬	妇女	1937.9.28—1938.1	王汝琪	汉口战时妇女出版社	
妇女文化	月	妇女	1937.3 创刊于南京，同年12月16日迁汉，1939.2 停刊	苏雪林 徐闾瑞	妇女文化月刊社	2卷起改为半月刊
妇女前哨	半月	妇女	1937.11 创刊于汉口，1938.1 停刊	子岗 宋元	汉口上海杂志公司	
少年先锋	半月	少年	1938.3.5—8	茅盾 叶圣陶	汉口大众书局	

续表

刊　名	刊期	性质	创刊、停刊日期	主编（编者）	主办单位	备　注
抗战儿童	旬	少儿	1938.4.25	胡玉麟	儿童书局出版	
小战士	旬	少儿	1938.5.5—1938.6	周　苏	群力书店	
中国儿童	月	少儿	1937.10 创刊，1938.1 迁汉	张道藩		
侨　胞	半月	侨务	1938.8.16—	袁心德		
战时教育	旬	教育	1937.9 创刊于上海，陶行知主办，同年 11 月迁汉，武汉沦陷前迁渝，1945.5 停刊	戴白韬 刘季平 王洞若	生活教育社主编，生活书店刊行	由《生活教育》改名《战时教育》
战时文化	半月	文艺	1938.5.28 创刊于汉口，同年 11 月迁重庆，1939.4 停刊	张申府	读书生活出版社	
今论衡	半月	教育	1938.4.15 创刊于武昌，同年 7.15 迁桂林出版，12 月停刊		科学教育社	今论衡社
经　世	半月	综合	1937.1 创刊于南京，1938.1 迁汉，1938.9 迁重庆		经世半月刊社	原半月刊，后改季刊
科学的中国	半月	科学	1933.1 创刊于南京，1938.1 迁汉，1938.9 迁渝		汉口中国科学化运动协会	
中苏文化	半月	文化	1936.5 创刊于南京，1937.12 迁汉，1938.8.19 迁渝，1946 年复员回南京	侯外庐 王昆仑	中苏文化杂志社	
文化消息	旬	文化	1938.3.1—？		汉口文化消息社	出 3 期
前卫文化	旬	文化	1938.6 创于汉	稽文甫 傅非白	汉口华中图书公司	
湖北教育	旬	教育	1933.9—12，曾停刊，1937.7 复刊，1939.6 停刊		湖北省教育厅	初为月刊，1937.3 改为旬刊，1939.1 改半年刊
湖北省民教月刊	月	教育	1936.9—1938.5		湖北省民众教育馆联合体	
文化新闻	周	文化	1937.12	彭　涛	文化新闻社	
英文自修大学	月	教育	1938.6 创刊于汉口		汉口华中图书公司	

续表

刊名	刊期	性质	创刊、停刊日期	主编（编者）	主办单位	备注
七月	周	文艺	1937.9.11创刊于上海，出至3期。同年10月16日迁汉，改为半月刊，期号另起，到1938.7.1在汉共出18期	胡风	生活书店	后迁重庆改为周刊
拉丁化研究	月	文化	1938.2—5		武昌大众文学社	
抗到底	半月	抗日文艺	1938.1.1创刊于汉口，后内迁，1939.11停刊	王向辰（老向）	冯玉祥主办，三户书社发行	
时调	半月	诗歌	1937.11创刊于汉口，1938.10出到5期停刊	穆木天 蒋锡金	生活书店	
五月	丛刊	诗歌	1938.4.17创刊于武汉，出版3期停刊	穆木天	全国诗歌作者协会	
抗战电影	月	电影	1938.4.13	唐纳	抗战电影社	
战歌	周	歌曲	1937.10创刊于汉口，出至8期，1938.5迁渝，1940.4停刊		中国作曲者协会	重庆版改为半月刊
诗时代		诗	1938.9	杨力	诗时代社	
艺术信号	十日	文艺	1938.5	魏孟嘉	艺术出版社	
文艺战线	旬	文艺	1937—1938	胡绍轩	武昌文艺战线社	
哨岗	半月	文艺	1937.9	丽尼等		
笔锋	旬	文艺	1936.4创刊于武昌，1937.9停刊		武昌湖北笔者联合会	1937.1改为半月刊
艺风	周	文艺	1937		汉口艺风出版社	
战斗画报	周	抗日	1937.1.8—12	宋一痕	汉口战斗画报社	
抗战画报	旬	抗日	1938.1在武昌创刊，后迁渝，1941年停刊	赵望云	抗战画刊社	1940.1改为月刊
抗战漫画	五日	抗战	1937.12.20—1940.11	张东平等	全国漫画家协会	

续表

刊　名	刊期	性质	创刊、停刊日期	主编（编者）	主办单位	备　注
海潮音	半月	宗教	1920.3 创刊于杭州，战时迁汉，后迁重庆、北平、上海、南京，1949.7 停刊，后在台湾复刊		南京海潮音社	
救　护	半月	抗日	1938.4 创刊于汉口，8月停刊		汉口救护社	出版11期
战　斗	旬	抗日	1937.9 创刊于武昌，1938.5 停刊		武昌战斗旬刊社	
武大学生	双月	青年	1937.4—6 1937.11 复刊		武昌武汉大学	
抗　战	周	抗日	1937.10—1938.3		汉口河山学社	
战　斗	旬	抗日	1937.9.18 创刊于武汉，1938.5 停刊	冯乃超		
中国青年	月	青年	1937.6—1938 出至2卷8期	杨锦昱	武昌中国青年社	
民族战线周刊	周	抗日	1937.11—1938.5		武昌民族战线社	
东　北	周	政治	1938.2	庄语		
舞台与银幕	周	文艺	抗战初期	萧小野		
戏剧月刊	月	文艺	抗战初期		汉口蚂蚁社	
文　艺	月	文艺	抗战初期	胡绍轩		
农村合作	月	农村经济	抗战初期			
新阵线	旬	综合	抗战初期	张扬		
天文台	半周	评论	抗战初期	陈孝威		
文艺月刊	月	文艺	1938.1			
半月文摘	半月	综合	1937.1 创刊于上海，1938.1 迁汉，1938.10 迁渝	孙寒冰	复旦大学文摘社	1938年起，改为《文摘》战时旬刊
工　友	半月	工人	1938.2		工友社	

续表

刊　名	刊期	性质	创刊、停刊日期	主编（编者）	主办单位	备注
中国留法比瑞同学学会刊	不定期	综合	1938.8	毛庆祥		
新民族		政治	1938.3	罗家伦		
政　论	半月	政治	1938.2	何前笙		
大家唱		歌曲	1937.10	曾昭正等		
天　明			1937.10	谢　励		
华　报	半月	综合	1937.12	宓季芳		
抗战经济	旬	经济	1937.11	邓沧玉		

2. 主要期刊选介

上面介绍了战时武汉在失守前1937年7月—1938年10月仅仅1年零4个月创办和迁汉的180种刊物，当然这还不是全部，实际数量还要超过这个数字。现在简要介绍一下其中一些主要的期刊。

《群众》周刊　是中共中央在抗日战争时期公开出版的机关刊物。《群众》周刊于1937年12月11日在汉口创刊，它比《新华日报》的出版还早一个月。

《群众》，16开本，刊头"群众"二字为魏碑体，选自龙门古阳洞。《群众》由长江局领导，社长兼主编为潘梓年，副主编许涤新，后继的主编有华岗、章汉夫、许涤新、乔冠华、戈宝权等。创刊时社址在汉口成忠路53号，1938年3月迁汉口府西一路149号，8月迁府东五路150号。发行所设在汉口交通路31号。由读书生活出版社总经售，新昌印书馆印刷。

《群众》周刊

《新华日报》在发刊词里说："在争取民族生存独立的伟大的战斗中，作一个鼓励前进的号角。""尽其所能为巩固与扩大抗日民族统一战线而效力。"①《群众》的编辑方针，同《新华日报》毫无二致，差别就在于《群众》是党刊，是理论性的刊物，它要更多地从马克思列宁主义出发，要更多地从理论的角度出发，帮助广大读者理解抗日战争的正义性，理解抗日战争胜利的必然性，而同时，还要从理论的角度出发，去批判当时一切不利于抗战以致破坏抗战的各种反动谬论。"②《群众》经常刊载中共中央文件和领导人的文章，并刊载马克思主义理论工作者关于哲学、历史学、经济学、文学艺术方面的研究成果。

《群众》早期是在长江局领导下，当时长江局的书记是王明，周恩来是副书记。长江局设有党报委员会，领导《新华日报》和《群众》周刊。党报委员会的主席由王明兼任。因此，《群众》在这个时期，既发表了许多正确的文章，作了许多有利抗战，有利于抗日民族统一战线，宣传中共方针政策的文章，也贯彻了王明的"今日的中心问题是一切为了抗日，一切经过抗日民族统一战线，一切服从抗日"的政策主张。③

1938年10月22日，《新华日报》社、《群众》周刊社及八路军办事处部分人员，在李克农、潘梓年率领下，乘"新升隆"轮沿长江撤往重庆。23日下午3时许，在湖北嘉鱼县燕子窝（今属洪湖县）遭日机轰炸扫射，《新华日报》社和《群众》周刊社潘美年等16人，八路军办事处的8人，新知书店钱岐，共25人殉难。《群众》在武汉出第2卷第11期，自1938年12月25日起迁至重庆出版，续出第2卷第12期，由中共中央南方局领导。

《抗战》三日刊④　1937年7月31日，"七君子"邹韬奋和其他6位救国会领袖一起被释放出狱。韬奋经过短期奋力筹备，即于1937年8月19日在上海创办《抗战》三日刊。由邹韬奋主编。在创刊号上表明其"内容力求适合抗战紧急时期的需要"，虽仅16开12版，每逢3、6、9号出刊，却能迅速及

---

①《新华日报》，1938年1月11日。
② 周恩来与《群众》副主编许涤新的谈话，《新中华报》，1939年8月1日。
③ 王明在中共中央政治局会议上的发言记录，1938年12月9日。
④《抗战》"三日刊"，实际上该刊只逢月之3（及13、23）、6（16、26）、9（19、29）日出版，每旬出3期，每月出9期而非10期。

时地反映国内外形势的发展并作出评述,又注意反映人民大众在抗战期间的迫切要求。设社论、时评、战局一览、随笔、答读者问等栏目。主要撰稿人有邹韬奋、金仲华、潘汉年、胡愈之、钱俊瑞、张仲实、张志让、章乃器、杜重远、张宗麟等;宋庆龄、沙千里、冯玉祥、郭沫若、沈雁冰等也为该刊撰写过不少文章或诗作。为动员广大民众投入抗日战争,树立必胜信心,抨击妥协投降谬论,《抗战》做了不少工作。

《抗战》三日刊　邹韬奋主编　　《抵抗》三日刊

由于租界当局干预,"为了适应错综复杂的斗争形势,《抗战》三日刊第7期(1937年9月9日)起到29期(1937年11月23日),除照常大量印发内地销售外,部分改用《抵抗》三日刊的名义在上海发售"。① 从1937年12月23日第30期起迁汉口出版。

在汉期间,刊物的版式、宗旨、栏目仍如在上海时,仍由邹韬奋主编。编委为邹韬奋、沈钧儒、胡绳、张仲实、艾寒松。因为消息灵通、论说精辟、文字洗练,各方面人士都争相购阅。该刊在汉最高每期发行数曾达到10万份,行销海内外,是抗战初期发行量最多的一份刊物。

---

① 详见苏朝纲撰:《解开〈抗战〉和〈抵抗〉刊名的疑团》,文载《出版史研究》第一辑,中国书籍出版社,1993年10月。

1938年7月3日出至第86期停刊,7月7日,《抗战》三日刊与《全民周刊》合并,改为《全民抗战》。

《全民周刊》 救国会刊物,1937年12月11日创刊于汉口。社长沈钧儒、发行人李公朴。编委会由沈钧儒、李公朴、柳湜、王昆仑、张申府、张志让、钱俊瑞、张仲实等组成。李公朴、柳湜主编。社址在汉口交通路31号。

该刊在《本刊的使命》中宣布:"我们希望全民是动员全民族全民抗战的播音台"。①《全民周刊》是综合性的刊物,

《全面周刊》与《全民抗战》

以反映抗日战争的全面情况为刊物的使命。以政治问题为主,也涉及经济、社会、文化,甚至个人的生活。设有社论、短评、报告、论文、时事解说、信箱等栏目。

1937年12月,原在上海的由邹韬奋主编的《抗战》三日刊迁到武汉出版,由于这两个刊物性质相似,部分编委也相互交叉,因此,于1938年7月7日《全民周刊》和《抗战》三日刊合并,合并后的刊名为《全民抗战》三日刊。

《全民周刊》1937年7月出版至第2卷第5期,其第1卷出了25期,共出版了30期。

《全民抗战》 为《抗战》三日刊和《全民周刊》合并而成,1938年7月7日创刊于汉口。为三日刊,逢3、6、9日出版。编委会由沈钧儒、邹韬奋、柳湜、张仲实、艾寒松、胡绳等组成。主编为邹韬奋、柳湜。发行所设在汉口交通路63号。

---

① 《全民周刊》创刊号,1937年12月11日。

创刊号发表《全民抗战的使命》一文,阐明了合并的原因和主旨,称:合并是"为了充实力量,对抗战作更大贡献起见",是为了"集中双方的力量,发挥双方的优点",并称:"三日刊是日报与杂志性的中性刊物,具有新闻与杂志两种特点。本刊今后在时事方面力求保持新鲜趣味,但以系统的供给新闻为原则,而在其他方面,却要发挥杂志本身的特点。"内容大致有:社论、专论、三日时事解说、报道和评论、特稿、专题讨论、抗战知识、抗战工作讨论和经验交流等。

《全民抗战》是战时武汉的一种影响较大的抗日刊物,它在宣传团结抗日,提高民众对持久战的认识,分析战局的发展,传授抗战知识等方面发挥了很好作用,深受读者欢迎,发行量最高时达30万份,发行地区遍及广州、重庆、昆明、长沙、西安、成都、桂林、梧州、南昌、贵阳、兰州、上海租界、香港等地。

《全民抗战》在战时武汉出版到1938年10月3日,出版了29期和《保卫大武汉》特刊2期。由于战事关系迁到重庆出版。1938年10月15日在重庆续出第30期,并改为5日刊。从1939年5月13日出版的第70号起改为周刊。曾先后出版战地版和通俗版,以便利前线战士和一般群众阅读。皖南事变后,于1941年2月22日出至第157期被国民政府查封。

《民意》周刊 系国民党主办的刊物,1937年12月15日创刊于汉口。编辑人陶希圣、叶溯中、杨公达。发行部在汉口花楼街16号。该刊内容以讨论国际问题为主,也经常发表有关抗战的政治、军事、经济等问题,曾发表批评美国的《不卖军火给日本比说话有效》的专文[1]和批评国联无能的"将为国联撞丧钟呢?还是奏凯歌"的文章[2]。该刊主张抗日,宣传为前方抗日将士服务。但经常发表文章,宣传以三民主义统一中国,1938年初,积极呼应《扫荡报》《血路》《抗战与文化》等报刊,大肆鼓吹"一个领袖、一个主义、一个党",反对在平等的基础上进行国共合作,宣称:"十万人的共产分子,对二百万人的国民党"不存在联合的问题[3]。

---

[1] 《民意》周刊第36期,1938年8月17日。
[2] 《民意》周刊第5期,1938年1月12日。
[3] 《民意》周刊第19期,1938年4月20日。

该刊在汉口出版至第 36 期,自 37 期 1938 年 8 月 24 日迁至重庆出版,1941 年 8 月终刊。

《血路》周刊 国民党主办刊物,1938 年 1 月 15 日创刊于汉口,社长陶百川、发行人杨坚。该刊主张抗日,为抗日做了不少宣传工作。经常就一些抗战问题,举行笔谈会,邀请国共两党及其他党派领袖人物和各方学者撰文或转载其他报刊有关文章进行讨论。先后参加笔谈的有蒋介石、冯玉祥、周恩来、陈绍禹、汪精卫、叶青、范长江、范寿康、陶希圣、孔祥熙、翁文灏、马寅初、章乃器、胡秋原、金仲华等等。这些笔谈涉及团结抗日、军事、政治、外交、经济、文化等多方面的问题,代表了各党各派各方专家学者的意见,也反映抗战初期国共合作、团结抗日的良好政治局面,但该刊也积极宣传国民党的方针政策,1938 年一、二月间,该刊和《扫荡报》、《武汉时报》、《抗战与文化》、《民意》周刊等,连篇累牍地发表文章、社论等,鼓吹"一个领袖,一个主义,一个党",一瞬间"三个一"的政治主张甚嚣尘上,公然主张"今天国民党外的一切党派,都没有存在的理由"。[①] 公然污蔑陕甘宁边区是封建割据,红军虽改易旗帜却不服从中央,国民党外存在其他党派影响了中国的政治统一。[②] 后经中共抗议,表面上这种宣传减少了,但反民主、逆潮流的一党专政的政策未变,顽固地坚持"一个领袖,一个主义,一个党"的结果,使国民党日益脱离了时代,脱离了群众和舆论监督,孤立了自己,也使党内滋长了骄横腐败,堵死了自己发展的道路。

该刊在武汉出至 1938 年 7 月 23 日第 26 期后迁到重庆,同年 8 月 27 日在重庆续出第 27 期。

《抗战文艺》 系中华全国文艺界抗敌协会会刊,1938 年 5 月 4 日在汉口创刊。16 开本,初为三日刊,自第 5 期起改为周刊,由天马书店、读书出版社、新知书店联合发行部总经售。《发刊词》阐明了其主旨,称:"在震天动地的抗战的炮火声中,必须有着和万万千千的武装健儿一齐举起了大步的广大的文艺的队伍;笔的行列应该配布于枪的行列,浩浩荡荡地奔赴前敌而去!

---

① 叶青:《关于政治党派》,《血路》第 2 期,1938 年 1 月 22 日。
② 《扫荡报》社论,1938 年 2 月 10 日。

满中国吹起进军的号声,满中国沸腾战斗的血流,以血肉为长城,拼头颅作爆弹,在我们钢铁的国防线上,要并列着坚强的文艺的堡垒。"《发刊词》号召全中国的文艺工作者,"为着强固文艺的国防,首先强固起自己营阵的团结,清扫内部一切纠纷的摩擦,小集团观念和门户之见,而把大家的视线一致集注于当前的民族大敌。其次把文艺运动和各部门的文化的艺术的活动作密切的机动的配合,谋均衡的普遍的健全的发展"。发刊词提出了"文艺的大众化运动"的口号,

《抗战文艺》
全国文艺界抗战协会会刊

称:"我们要把整个的文艺运动,作为文艺的大众化运动,使文艺的影响突破过去的狭窄的知识分子的圈子,深入于广大的抗战大众中去!"[①]

《抗战文艺》是文艺界统一战线性质的抗日刊物,编委成员包括全国主要城市的文艺界代表。有33人:王平陵、田汉、安娥、朱自清(昆明)、朱光潜(成都)、老向、老舍、吴组湘、宋云彬、周文(成都)、成仿吾(延安)、郁达夫、胡风、胡秋原、茅盾(香港)、徐炳昶、姚蓬子、冯乃超、夏衍、陈西滢、张天翼(长沙)、舒群、阳翰笙、叶以群、叶绍钧(重庆)、适夷、郑伯奇(西安)、郑振铎(上海)、穆木天、蒋锡金、钟天心(广州)、丰子恺、孙罗荪等,由姚蓬子主编。内容分论文、小说、通信、报告、漫画、歌谣、文艺简报等。社址在汉口中山路永康里20号。1938年8月,中华全国文艺界抗敌协会迁至重庆,《抗战文艺》在8月13日出了第2卷第4号后,也随之迁渝。

留在武汉的编委冯乃超、孙罗荪、叶以群、罗烽等于9月17日起又在武汉出版了4期《抗战文艺·武汉特刊》,坚持到武汉沦陷时才停刊。计《抗战文艺》在武汉共出版了20期。

《抗战文艺》迁渝后,于1938年10月8日在重庆续出第2卷第5号,仍

---

① 《抗战文艺发刊词》,《抗战文艺》第1卷第1号,1938年5月4日。

为周刊。从第4卷起改为半月刊,第6卷起改为月刊。出至第10卷第6号1946年5月终刊,连武汉时在内,共计出版了74期和武汉特刊4期。

《国民公论》 旬刊,救国会刊物,1938年9月10日创刊于汉口。发行人是胡愈之,主编为张仲实。发刊词《批判的精神,建设的精神》,主张批判一切不利于抗日的言论和行动。《国民公论》在武汉只出版了2期,即因形势关系,迁重庆出版,1939年起改为半月刊,1940年又从重庆迁桂林出版。至1941年2月出至第5卷第1期后被迫停刊。该刊从创刊到终刊,一共出版了49期。

《文艺阵地》 半月刊,编辑兼发行人茅盾,1938年4月16日创刊于武汉。由汉口生活书店总店发行。《发刊辞》提出:"我们现阶段的文艺运动,一方面须要在各地多多建立战斗的单位,另一方面也需要一个比较集中的研究理论、讨论问题、切磋观摩——而同时也是战斗的刊物。文艺阵地便是企图来适应这需要的。"《文艺阵地》是综合性的刊物,但其宗旨是:"拥护抗战到底,巩固抗战的统一战线"。① 该刊在第一期提出了一个紧急的动议,需要展开一个抗战文艺运动。建议认为"抗战文艺活动还

《文艺阵地》创刊号
茅盾主编

处在一种自然发生的状态中,还不曾转化为一个抗战文艺运动"。要求展开一个抗战文艺运动,制订一个正确的工作纲领,"这不仅不会阻碍我们文艺运动的发展,而且只有加强它,使它跃过自然发生的阶段,而成一个巨大的运动"。② 由于时局的关系,武汉失守前迁重庆、香港出版,出至第7卷第4期1942年11月终刊。

《世界知识》 半月刊,1934年9月在上海创刊。先后担任主编的有胡

---

① 《发刊辞》,《文艺阵地》第一期,1938年4月16日。
② 周行:《我们需要展开一个抗战文艺运动——一个紧急的动议》,1938年4月16日。

愈之、张仲实、钱亦石、钱俊瑞、金仲华等。该刊出版意图在用马克思列宁主义观点,分析和论述国际政治、经济形势。胡愈之在创刊词里阐明了宗旨,宣称"中国是世界的中国","我们的后面是坟墓,我们的前面是整个世界。怎样走上世界的光明大道上去,这需要勇气,需要毅力,——但尤其需要知识"。《世界知识》一出版就受读者欢迎,销行好几万,对读者增进国际知识,关心世界大势,发扬国际主义精神,都起了不小的作用。

抗日战争爆发后,《世界知识》始终坚持在抗日宣传阵地上。1938年1月,《世界知识》从上海迁汉口出版,主编金仲华。在武汉出版了12期。1938年7月迁广州,在广州出了3期。1938年8月,《世界知识》撤到香港。1941年12月,日军陷香港,《世界知识》被迫停刊。1945年12月在上海复刊,1950年1月迁北京。

《中国农村》 月刊,1934年10月在上海创刊,薛暮桥主编。该刊是中国共产党领导的中国农村研究会的机关刊物,是全国性的乡村工作指导刊物,以研究农村经济讨论乡村工作为宗旨,任务是"彻底地明了农村生产关系和这些生产在殖民地化过程中的种种变化"。1937年8月第3卷8期迁南昌,出战时特刊。自1937年第4卷起改为半月刊。1938年第5卷1期起改回月刊。1938年1月迁武汉出版。战时特刊主要"研究战时乡村问题,讨论战时乡村工作",

《中国农村》创刊号

有评论、论文、通讯、读者园地等栏目。在3月出版的第10期里,发表了董必武的《民众武装动员的几个问题》,徐特立的《关于武装农民问题》。武汉沦陷,1938年11月迁桂林。迁桂林后,千家驹为主编。1943年8月23日,《中国农村》出版了第8卷11期后,被国民政府查封。

《抗敌新闻》 周刊,为国民政府军委会第三厅主办,1938年8月5日创刊于汉口。编辑兼发行人王向予、陈北鸥,编辑委员有张申府、于毅夫、钱俊瑞、陈楚云等。由生活书店代售。该刊采用杂志形式,专门报道抗战新闻,直接送前方战士,进行抗战宣传和教育。《抗敌新闻》还曾在鄂东战地发行了"战地版",深受前方将士欢迎。

《战时教育》 旬刊,其前身是陶行知主办的《生活教育》。《生活教育》半月刊,1934年2月创刊于上海。抗日战争爆发后,于1937年9月改为《战时教育》,旬刊,由上海生活教育社编辑和发行。自第1卷第6期1937年11月5日迁武汉出版。编辑人白桃(戴白韬)、刘季平、王洞若等。该刊在武汉时发起组织抗战教育研究会,后又组织全国战时教育协会。《战时教育》就成为该会的机关刊物。《战时教育》主张教育要为抗战中心服务,要向民众进行抗战教育。武汉沦陷前迁重庆出版,仍为旬刊。自第4卷第5期起改为半月刊。

《战时教育》出至第9卷第2期1945年5月停刊。

《自由中国》 月刊。1938年4月1日创刊于汉口,编辑人臧云远、孙陵,发行人张云溪,社址在汉口江汉路联保里16号。由《自由中国》社发行,新知书店经售。编委会阵营庞大,有延安的周扬、西安的郑伯奇、广州的夏衍、重庆的沈起予、晋南的梦回、晋北的白朗、徐州的北鸥、香港的杨朔。都是知名的左翼作家。凯丰、潘梓年、陈伯达、周扬、艾思奇、阳翰笙、成仿吾、丁玲、郭沫若、何干之、老舍、臧克家、刘白羽等,都是刊物的经常撰稿人,创刊号发表有郭沫若的《抗战以来文艺的特征》和《抗战与文化》,艾思奇的《哲学的现状和任务》,第2号发表有杨朔的《毛泽东特写》和贺绿汀的《游击队歌》,第10号上丁玲的《彭德怀速写》以及长篇连载《长征的故事》等十分引人注目,产生了很大的影响。为此该刊曾被认为"一般文化与文艺的权威刊物"。

《自由中国》于1938年8月出了第3期后停刊。1940年11月,在桂林复刊,出至新的2卷2期,1942年5月停刊。

《抗到底》 半月刊,系爱国将领冯玉祥资助,由老舍、老向(王向辰)于1938年1月1日创刊于汉口。编辑人老向,发行人君文,由汉口华中图书公司总经售。该刊积极宣传长期抗战,冯玉祥几乎每期都发表一、二首所谓"丘八诗",如《可爱的伤兵》、《丁树本》、《上海游击队》等,深受读者欢迎。为了使士兵和一般群众都能看懂,该刊从第5期起出版了"抗日通俗文艺专号",同时还出版《抗战画报》(旬刊)和《抗战十日刊》。

《抗到底》在武汉陷落前迁重庆出版。汪精卫投降叛国后,《抗到底》出版了"讨汪特刊"。1939年11月停刊。共出版了26期和"讨汪特刊"一期。

《今论衡》 半月刊,1938年4月15日创刊于武昌,系武昌科学教育社编辑和发行。汉口自由西报印务部印刷。社址在武昌云架桥21号。其发刊词称:今论衡的言论态度是:"论贵是而不务华,事尚然而不高合"。① 其编辑方针是:"甲、提倡科学的思想;乙、提倡教育之科学的改造;丙、提倡集体的与理智的生活态度;丁、提倡为国服务的精神;戊、对国家实际问题作建设的讨论;己、研究抗战期间精神总动员之方法,以发扬民族复兴之自信心"。②

1938年7月15日第六、七合刊迁到桂林出版。社址在桂林环湖东路13号。出至第2卷第3期,1938年12月停刊。

(三)战时武汉的图书出版

1.抗战必胜的谠言论著

在中国现代史上,抗日战争是以国共两党合作为基础,工农商学兵各界、各族人民、各民主党派、抗日团体、社会各阶层爱国人士和海外侨胞广泛参加的一次全民族抗战,是一百多年来中国人民反对外敌入侵第一次取得完全胜利的民族解放战争。中国共产党及其领导的抗日军民是全民族抗战的中流砥柱。抗战时期的言论和舆论,尽管情况复杂,斗争剧烈,但起主导作用的仍是团结抗战,争取民主。它的范围应该包括中国共产党及其领导人发表的重要文献和讲话,国民党及其领导人(主要是在抗战初期)发表的重要文件和讲话,各民主党派、群众团体以及各界代表人物的重要声明、电函,报刊上的重要文章,各种有利于推动抗战、促进民主的重要著作,等等。现在仅列举数例如下:

1937年7月8日,卢沟桥事变发生的第二天,中国共产党中央委员会发出《中国共产党为日军进攻卢沟桥通电》,向全国人民呼吁:"平津危急!华北危急!中华民族危急!只有全民族实行抗战,才是我们的出路";号召"全

---

① 《代发刊词》,《今论衡》第1卷第1期,1938年4月15日。
② 《代发刊词》,《今论衡》第1卷第1期,1938年4月15日。

中国同胞、政府与军队,团结起来,筑成民族统一战线的坚固长城,抵抗日寇的侵略! 国共两党亲密合作抵抗日寇的新进攻!""全国上下应该立刻放弃任何与日寇和平苟安的希望与估计。"①

7月15日,中共代表周恩来等将《中共中央为公布国共合作宣言》交给蒋介石,强调"在民族生命危急万状的现在,只有我们民族内部的团结,才能战胜日本帝国主义的侵略"。《宣言》并向全国同胞提出奋斗的总目标:争取中华民族之独立自由与解放;实现民权政治;实现中国人民之幸福与愉快的生活。同时,中共中央郑重声明:愿为彻底实现孙中山先生的三民主义而奋斗;取消中华苏维埃政府,改称特区政府;取消红军番号,改编为国民革命军;在特区内实行彻底的民主制度和停止以暴力没收地方土地的政策。② 中共中央认为,它应当成为抗日战争时期国共两党合作的政治基础。

在全国抗日救亡运动不断高涨和共产党倡议国共合作抗战的情况下,蒋介石于7月17日在庐山发表谈话说:"如果战端一开,就是地无分南北,年无分老幼,无论何人,皆有守土抗战之责,皆应抱定牺牲一切之决心。"但这时他还没有完全放弃对日媾和的幻想,仍想把卢沟桥事变限制在"地方事件"的范围内。到了平津被日军占领并猛烈进犯上海,形势日趋紧张的时候,国民政府外交部才于8月14日发表声明,宣称"中国为日本无止境之侵略所逼迫,兹已不得不实行自卫,抵抗暴力"。③

8月22日至25日,中共中央在陕北洛川召开中央政治局扩大会议。会议通过毛泽东起草的《中国共产党抗日救国十大纲领》。其要点是:1.打倒日本帝国主义;2.全国军事的总动员;3.全国人民的总动员;4.改革政治机构;5.抗日的外交政策;6.战时的财政经济政策;7.改良人民生活;8.抗日的教育政策;9.肃清汉奸卖国贼亲日派,巩固后方;10.抗日的民族团结。④ 这是实行全面抗战路线的纲领,它把实行抗日同争取民主紧密地结合起来,争取抗日

---

① 中央档案馆编:《中共中央文件选集》第十一册,中共中央党校出版社,1991年,第274、275页。
② 《周恩来选集》上卷,第76—77页。
③ 《国民政府自卫抗战声明书》,1937年8月14日。
④ 《毛泽东选集》合订本,第326—328页。

民族解放战争朝着有利于人民胜利结局的方向发展。

在共产党催促下,国民党中央通讯社于9月22日发表了《中共中央为公布国共合作宣言》。23日,蒋介石发表谈话,指出团结御侮的必要,事实上承认了中国共产党在全国的合法地位。中共的《宣言》和蒋介石谈话的发表,宣告国共两党重新合作的实现,标志着以国共合作为主体的抗日民族统一战线的形成。国民党最高领导人承认第二次国共合作,实行抗日战争,是其"安内攘外"政策的大转变。国民党当时是执政党,拥有两百万军队。国民党当时的政策转变,对抗日战争的展开有着重要意义。

以国共两党合作为主体的抗日民族统一战线形成后不久,毛泽东在《国共合作成立后的迫切任务》中指出:这"将对于打倒日本帝国主义发生决定的作用"。"中国是否能由如此深重的民族危机和社会危机中解放出来,将决定于这个统一战线的发展状况"。[1] 并向国民党当局系统地提出了巩固和扩大统一战线的各种建议,说明国民党只有从根本上改变过去的统治政策,恢复孙中山三民主义的革命精神,方能适应抗日战争的需要。

第二次国共合作的实现,受到了全国人民、各民主党派和爱国民主人士的热烈欢迎,也推动了抗日民族统一战线的发展。著名的国民党左派领袖宋庆龄异常兴奋地表示:"中共宣言和蒋委员长谈话都郑重指出两党精诚团结的必要。我听到这消息,感动得几乎要下泪。"[2] 11日,她再次发表声明指出:"共产党是一个代表工农劳动阶级利益的政党。孙中山知道没有这些劳动阶级热烈支持与合作,就不可能顺利地实现完成国民革命的使命。……国难当头,应该尽弃前嫌。必须举国上下团结一致,抵抗日本,争取最后胜利。"[3]

1937年11月20日,在上海失陷、南京危急的紧急形势下,国民政府正式发表移驻重庆宣言,指出:"国民政府兹为适应战况,统筹全局,长期抗战起见,本日移驻重庆。此后将以最广大之规模,从事更持久之战斗。"[4] 国民政府主席林森于1937年11月26日抵达重庆。12月1日,国民政府开始在重庆

---

[1] 《毛泽东选集》合订本,第335页。
[2] 宋庆龄:《国共统一运动感言》,载《抵抗》三日刊第12号,1937年9月26日。
[3] 宋庆龄:《关于国共合作的声明》,见《为新中国奋斗》,第109页。
[4] 《国民政府移驻重庆宣言》,1937年11月20日。

办公。国府军事指挥中心和行政院主要部会迁往武汉。

1938年3月29日至4月1日,国民党在武汉召开临时全国代表大会,通过《中国国民党抗战建国纲领》,作为国民政府在抗战时期的施政方针。内容分总则、外交、军事、政治、经济、民众运动、教育七项。在其条文中提出了一些有积极意义的政策,如规定:"联合一切反对日本帝国主义侵略之势力,制止日本侵略,树立并保障东亚之永久和平";"否认及取消日本在中国领土内以武力造成之一切伪政治组织及其对内对外之行为";"组织国民参政机关";"严惩贪官污吏";"对于言论、出版、集会、结社当以合法之充分保障"等。这些条文体现了国民党抗战初期政治上的进步倾向,虽然国民党方面并未认真执行这些条款,而且不久又逐渐采取反共反人民的政策,但这个纲领的公布,在当时毕竟是有益于抗战事业的。

抗战爆发后,中国人民所关心的主要问题,是抗日战争的前途如何,怎样才能坚持抗战和争取抗战的胜利。在抗日战争的前途问题上,当时存在着"亡国论"、"速胜论"以及轻视游击战争的错误论调。在国民党营垒中,有人说:"中国武器不如人,战必败","再战必亡";也有人说:"只要打三个月,国际局势一定变化",幻想英美援助,苏联出兵,战争即可速胜。在共产党内,一些人也有轻敌思想,以为依靠国民党二百万正规军就可使抗战速胜。党内党外都有人轻视游击战争,而把希望寄托于正规战争,以为靠正规战就能速胜,游击战无助于取得胜利。这些论调,引起了人们思想的混乱。针对各种错误议论,中国共产党在洛川会议上提出了抗日持久战的独立自主的山地游击战争的战略方针。在这前后,朱德、张闻天、周恩来等相继发表文章,从不同角度论证了抗日战争的持久性,强调了游击战争的战略地位。朱德还撰写了《抗日游击战争》一书,宋庆龄也发表了《中国不亡论》。从卢沟桥事变到1938年5月,抗日战争已经进行了10个月。为了总结全国抗战的经验,批评当时流行的关于抗日战争的错误思想,进一步阐明中国共产党关于抗日战争的战略方针和争取抗战胜利的正确道路,毛泽东集中中国共产党全党的智慧,写了《论持久战》和《抗日游击战争的战略问题》两篇重要的军事理论著作。

1938年5月,毛泽东在延安发表《论持久战》和《抗日游击战争的战略问题》。6月21日,汉口《新华日报》发表了《抗日游击战争的战略问题》,却没有发表《论持久战》。7月初,中共中央致电长江局,要求在《新华日报》上刊登《论持久战》,但作为长江局书记,新华日报董事会董事长的王明竟借口文章太长,不予刊登。随后,中共中央再次致电长江局,要求在《新华日报》分期刊登,王明等仍不同意。后来以"新群丛书"第15种出版了《论持久战》的单行本,并多次重版。

《论持久战》明确指出:抗日战争是持久的,最后胜利属于中国。毛泽东深刻地揭示了中国抗日战争必须经过持久抗战取得胜利的客观根据。他指出:"中日战争不是任何别的战争,乃是半殖民地半封建的中国和帝国主义的日本之间在二十世纪三十年代进行的一个决死的战争。"①在这场战争中,中日双方存在着互相矛盾的四个基本特点:第一,日本是个帝国主义强国,中国是个半殖民地半封建弱国;第二,日本的侵略战争是退步的、野蛮的,中国的反侵略战争是进步的、正义的;第三,日本战争力量虽强,但它是个小国,人力、军力、财力、物力均感缺乏,经不起长期的战争,中国是个大国,地大、物博、人多、兵多,能够支持长期的战争;第四,日本的非正义战争在国际上是失道寡助的,中国的正义战争却是得道多助的。第一个特点决定了日本的进攻能在中国横行一时,中国不能速胜,中国抗战不可避免地要走一段艰难的路程。后三个特点决定了中国不会亡国,经过长期抗战,最后胜利属于中国。

《论持久战》科学地预见到抗日持久战争将经过战略防御、战略相持、战略反攻三个阶段。明确指出,通过三个阶段,在双方的力量对比上,中国必将由劣势到平衡到优势,而日本则必将由优势到平衡到劣势。其中,战略相持

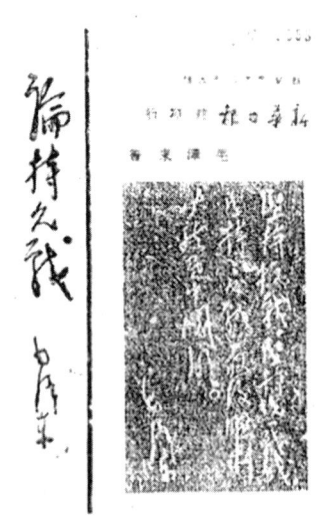

《论持久战》
毛泽东著

---

① 《毛泽东选集》第二卷,第415页。

阶段的时间将相当长，遇到的困难也将最多，然而它是整个战争转变的枢纽。这个阶段中，我们的作战形式主要是游击战，而以运动战辅助之。这个阶段的战争是残酷的，但是游击战争能够胜利。速胜论者不知道战争力量的竞赛，在战争双方的力量对比没有起一定变化以前，就要举行战略的决战是没有根据的。"中国将变为独立国，还是沦为殖民地，不决定于第一阶段大城市之是否丧失，而决定于第二阶段全民族努力的程度。如能坚持抗战，坚持统一战线和坚持持久战，中国将在此阶段中获得转弱为强的力量。"[1]

《论持久战》强调"兵民是胜利之本"，"战争的伟力之最深厚的根源，存在于民众之中"。指出争取战争胜利的唯一正确道路是充分动员和依靠群众，实行人民战争。

《论持久战》是中国共产党领导抗日战争的纲领性文献，它不仅指明了必须持久抗战才能取得最后胜利的前景，并且提出了一整套动员人民群众，在持久战争中不断削弱敌方的优势，生长自己的力量，以夺取最后胜利的切实可行的办法。

当抗日战争开始不久，许多人对战争将如何发展还不甚明了的时候，《论持久战》在人们面前那样清晰而有说服力地描绘出战争发展全过程的完整蓝图，回答了人们头脑中存在的种种问题。一篇论著具有如此强大的说服力和震撼人心的力量，在历史上是少有的。以后抗日战争的实践，充分证明《论持久战》的预见是完全正确的，是符合实际情况的。

2. 丛书丛刊出版情况

抗战初期武汉的图书出版业，由于抗战的需要，以出版各种"丛书"为最有特色。各种"丛书"虽然由许多出版社分别编辑出版，但却都是围绕着抗日救亡这个大主题，而自然形成了一个门类齐全、规模宏伟的"抗战丛书"的大整体。"抗战丛书"的出版，在宣传动员和教育群众中发挥了巨大的作用，在出版历史上也有它的重要意义。据初步调查编纂，丛书丛刊出版的情况[2]大致是：

---

[1] 《毛泽东选集》第二卷，第433页。
[2] 转引自叶再生著：《中国近代现代出版通史》，华文出版社，2002年1月，第126—127页。

新华日报社和群众周刊社编辑出版"新群丛书"。"'新群丛书'是从新华日报、群众周刊两个刊物所收稿件——发表过的或未经发表的零篇或整部的——选出来的,取名'新群'是希望能成为中华民国新群众的滋养物。""编辑这个丛书的目的,和编印日报、周刊一样,在于巩固团结,有助抗战,争取最后的胜利。""新群丛书"在汉共版图书 18 种。

生活书店在抗战时期以"积极开展内地文化工作,大量供给抗战救亡读物"为己任。生活书店在汉口出版和再版的各类丛书多起。其中如:"救亡文丛"对抗日救亡各个方面的问题进行阐述,在汉出版 14 种;"黑白丛书战时丛刊"由钱俊瑞主编,以论述各方面抗战工作为主,在汉出版 25 种;"世界知识丛书"及"世界知识战时丛刊",金仲华主编,出版各种介绍国际知识,剖析国际问题的读物,在汉出版 7 种;柳湜主编的"战时社会科学丛书",是一套适合知识分子阅读的中级读物,在汉出版 5 种;"问题与答案丛书",是一套用简单明了的文字,解答抗战期间国内外各项重要问题供大众阅读的初级读物,由邹韬奋、金仲华、张仲实、艾寒松组成编委会,商定选题后约请专家撰写,在汉出版 10 种;"抗战中的中国丛书",范长江主编,主要是反映我军民英勇抗敌事迹的战地通讯和报告文学,在汉出版 8 种;"中国文化丛书",周扬、艾思奇主编,稿件均来自延安,执笔者均为中共和八路军中的高级干部,是水平较高的一套丛书,在汉出版 7 种;"大众抗敌剧丛"在汉出版 2 种;"国难资料丛刊",在汉口再版 1 种;丁玲主编"西北战地服务团丛书",在汉出版 8 种;白桃主编"战时大众知识丛书",在汉出版 8 种;"青年自学丛书"在汉再版 4 种;抗战教育研究会主编"战时教育丛书",在汉出版 1 种;"研究苏联的四大要籍"、"大众读物丛书"、"战时教育丛书"、"军事技术丛书"等在汉共出版 16 种;王真等编"通俗读物甲种",在汉出版 3 种;"通俗读物乙种"在汉出版 1 种;通俗读物编刊社编"战时通俗读物甲种"在汉出版 1 种;通俗读物编刊社编、王真主编"战时通俗读物乙种"在汉出版 2 种。

扬子江出版社出版的"实践文库"、"实践丛书",在汉出版 4 种;新知书店出版的"战时问题丛书"在汉出版 3 种;胡绳主编的"救中国通俗小丛书"在汉出版 4 种;上海杂志公司出版的"大时代文库"在汉出版 12 种;"大时代丛书"在汉出版20种;"战地报告丛书"在汉出版10种;"战士生活丛书"在汉出版1种;"游击队小丛书"在汉出版5种;"抗战戏剧丛书"在汉出版3种;"日本问题研究丛书"在汉出版6种;华中图书公司出版的"抗战丛书"在汉出版7种;"抗战戏剧丛书"在汉出版6种;汉口大众出版社出版的"抗战动员丛刊"在汉出版6种;"抗战戏剧丛书"在汉出版5种;"民族革命战争丛书"在汉出版4种;"抗战建国丛书"、"中苏文化杂志社丛书"在汉出版的各1种;汉口全民出版社在汉出版的"民众抗战知识丛书"9种,"少年抗战丛书"1种;汉口天马书店在汉出版有"救亡建国理论丛书"2种;战争丛刊社在汉出版有"战争丛刊"11种,"抗战戏剧丛书"1种;汉口光明书局在汉出版有"民族解放丛书"12种;星星出版社在汉出版有"抗战报告丛书"4种;武昌通俗读物编刊社在汉出版有:"通俗读物文集"25种、"大众读物乙种"2种。

此外,独立出版社在汉出版有:"战时综合丛书"第一、二辑各20种。汉口时代日报社在汉出版有胡秋原编"时代日报丛刊"4种,"祖国社战时丛书"2种。汉口战时文化出版社在汉出版有"战时文化丛书"6种。汉口民族复兴出版社在汉出版有"民族复兴丛书"1种。汉口明日出版社在汉出版有"明日丛书"1种;汉口战斗书报社在汉出版有"抗战丛书"1种;汉口战时出版社在汉出版有"战时丛书"1种;汉口新演剧社在汉出版有"战时戏剧丛书"(又名"战时演剧丛书")3种;武昌日本问题研究社在汉出版有"日本问题研究丛书"1种;武昌益华报社在汉出版有"益华丛书"2种;汉口中国出版社在汉出版有"列宁丛书"1种。

3. 战时武汉出版的图书

抗战初期武汉出版的图书,据《湖北省志·新闻出版(下)》的不完全统计有550种,由于时间已经过去70多年,而且几经战乱,有些图书已散失泯没,所以实际数量会超出此数。战时出版的图书有两个显著特点:一是抗战的图书众多,另一是马克思列宁主义著作开始大量出版。

这里辑录的书目,包括单行本和丛书丛刊中的图书。凡列入某丛书的图书,均在书名后标出丛书的简称。如"新群丛书"简称"新群",即:新群丛书(新群)。照此类推:救亡文丛(救亡),黑白丛书和黑白战时丛刊(黑白),世界知识丛书和世界知识战时丛刊(世知),战时社会科学丛书(战时社科),问题与答案丛刊(问答),抗战中的中国丛书(抗战),中国文化丛书(文化),青年自学丛书(青年),战时大众知识丛书(战时大众),西北战地服务团丛书(西北战地),政治时事与社会科学丛书(时事与社科),战时戏剧丛书(战时戏剧),救中国小丛书(救中国),战时问题丛书(战时问题),战时综合丛书(战时综合)等等。尽管所列书目只是那些图书单行本和丛书丛刊的部分代表,但却真实地反映了当时各方面奋起抗战的热情和抗战读物蓬勃发展的态势。

抗战初期武汉出版的书目

(1937年7月—1938年10月)

《我们怎样打退敌人》(新群)　朱德著,汉口出版

《日本特务机关在中国》(新群)　谢远达编著,汉口新华日报社1938年出版

《军队的参谋工作》(新群)　苏联法尔佛洛默夫著、鲸布译,汉口新华日报社1938年出版

《欢迎世界学联代表团特辑》(新群)　汉口新华日报社编著,汉口新华日报社1938年出版

《我们对于保卫武汉与第三期抗战问题的意见》　周恩来著,1938年"新群丛书"以单行本在汉出版

《抗日游击战争的战略问题》　毛泽东著,1938年6月"新群丛书"以第11种在汉发行单行本

《抗日游击战争》　朱德著,1938年7月"新群丛书"以第12种发行单行本

《彭徐抗战言论集》(新群)　彭德怀、徐向前、徐东海、彭雪枫著,汉口新华日报社1938年出版

《论持久战》　毛泽东著,1938年"新群丛书"以第15种在汉口发行单行本,同年三户图书印刷社也曾出版

《论目前抗战形势》　周恩来著,1938年10月"新群丛书"以单行本在汉再版

《新华日报社论》第一、二、三、四、五集(新群)　汉口新华日报社1938年出版

《新华通讯集》第一集(新群)　陆诒等著,汉口新华日报社1938年出版

《论抗日民族统一战线的发展、困难及其前途》　博古著,1938年"新群丛书"以单行本在汉出版

《中国不亡论》(救亡)　宋庆龄著,生活书店1938年1月再版

《抗日战争与救亡工作》(救亡)　钱俊瑞著,生活书店1938年汉口出版

《抗战与外交》(救亡)　胡愈之著,生活书店1938年汉口出版

《抗战与民众运动》(救亡)　沙千里著,生活书店1938年6月汉口初版

《抗战与乡村工作》(救亡)　薛暮桥著,生活书店1938年5月汉口初版

《抗战前途与游击战争》(救亡)　郭化若等著,生活书店1938年6月汉口初版

《抗战中的军事与外交》(救亡)　金仲华著,生活书店1938年5月汉口初版

《抗战与国防经济建设》(救亡)　马哲民等著,生活书店1938年6月汉口初版

《抗战与青年训练》(救亡)　张志让等著,生活书店1938年6月汉口初版

《民众动员论》(救亡)　李公朴著,生活书店1938年汉口出版

《全面抗战论》(救亡)　潘汉年著,生活书店1938年汉口出版

《战时知识青年的修养与任务》(黑白)　满力涛著,抗战初期汉口出版

《战时的宣传工作》(黑白)　刘群著,抗战初期汉口出版

《战时的儿童工作》(黑白)　张宗麟著,1937年10月汉口再版

《战时的妇女工作》(黑白)　罗琼等著,抗战初期汉口出版

《战时的文化工作》(黑白)　张崿等著,黑白丛书社发行,1937年10月版

《战时的农民运动》(黑白)　孙冶方著,抗战初期汉口出版

《战时的金融工作》(黑白)　骆耕漠著,黑白丛书社发行,1937年10月版

《救亡工作中的干部问题》(黑白)　石础著,生活书店1938年汉口出版

《论抗战期中的文化运动》(黑白)　宰木著,黑白丛书社1938年1月汉口再版

《战时文艺通俗化运动》(黑白)　司马文森著,黑白丛书社1938年4月汉口再版

《战时的财政问题》(黑白)　骆耕漠著,黑白丛书社1937年12月汉口再版

《怎样做内地工作》(黑白)　石础著,上海黑白丛书社1937年12月汉口版

《内地工作的经验》(黑白)　柳乃夫著,黑白丛书社1937年12月汉口再版

《侦查汉奸的方法》(黑白)　蔡力行著,黑白丛书社1938年1月汉口再版

《怎样清除汉奸》(黑白)　童振华著,黑白丛书社1937年12月汉口再版

《怎样争取最后的胜利》(黑白)　李公朴著,生活书店1938年汉口出版

《不做亡国奴》(黑白)　白曦著,生活书店1938年汉口出版

《中日问题讲话》(世知)　世界知识社编,生活书店1937年11月汉口3版

《动荡中的欧洲》(世知)　〔美〕路易·斐雪著,宾符译,生活书店1938年2月汉口再版

《援助中国的世界反侵略运动》(世知)　于苇著,抗战初期汉口出版

《日本的透视》(世知) 〔英〕F.欧脱莱女士著,董之学译,1937年11月汉口再版

《日本人民的反战运动》(世知) 宋斐如著,抗战初期武汉出版

《苏联红军是怎样成长的》(世知) 抗战初期武汉出版

《紧急时期的世界与中国》(世知) 钱亦石著,抗战初期汉口出版

《外国人眼中的中日战争》(世知) 宾符等译,生活书店1938年汉口出版

《各国作家论析两年来的中日战争》(世知) 世界知识社编,生活书店1938年汉口出版

《从旧世界到新世界的外蒙》(世知) 傅于琛著,生活书店1938年汉口出版

《西班牙的新军队是怎样建立的》(世知) 〔英〕贝茨著,金仲华译,汉口生活书店1938年4月初版

《军部财阀统治下的日本》(世知) 雷生译,生活书店1938年汉口出版

《宣传技术读本》(战时社科) 曹伯韩著,生活书店1938年5月汉口初版

《国际现势读本》(战时社科) 张仲实著,生活书店1938年6月汉口初版

《组织工作读本》(战时社科) 廖庶谦著,生活书店1938年6月汉口初版

《三民主义读本》(战时社科) 许涤新著,生活书店1938年7月汉口初版

《抗战建国纲领问答》(战时社科) 史枚、曹狄秋著,生活书店1938年汉口出版

《我们要不要承认意大利吞并阿比西尼亚》(问答) 张铁生著,汉口生活书店1938年4月初版

《英意协定有什么影响》(问答) 杜若君著,汉口生活书店1938年4月初版

《究竟有没有侵略阵线与和平阵线》(问答) 董维健著,汉口生活书店1938年5月初版

《法国为什么常发生阁潮》(问答) 何云著,汉口生活书店1938年5月初版

《国际主义与民族主义是否冲突?》(问答) 胡绳著,汉口生活书店1938年6月初版

《在抗战时期能否实行民主?》(问答) 曹伯韩著,汉口生活书店1938年6月初版

《抗战可以同时建国吗?》(问答) 凌青著,生活书店1938年汉口出版

《英国外交到何处去》(问答) 杜若君著,汉口生活书店1938年汉口出版

《沦亡的平津》(抗战) 长江、小方等著,汉口生活书店1938年1月初版

《淞沪火线上》(抗战) 胡兰畦等著,汉口生活书店1938年2月初版

《卢沟桥到漳河》(抗战) 长江、小方等著,汉口生活书店1938年3月版

《在火线上》(抗战) 冰莹著,汉口生活书店1938年2月初版

《抗战中的西北》(抗战) 徐盈著,生活书店1938年3月汉口初版

《徐州突围》（抗战）　徐州突围委员会编,汉口生活书店 1938 年 7 月初版

《瞻回东战场》（抗战）　长江、罗平等著,生活书店 1938 年汉口出版

《东线的撤退》（抗战）　胡兰畦等著,生活书店 1938 年汉口出版

《鲁闽风云》（抗战）　徐盈等著,汉口生活书店 1938 年 3 月初版

《津浦北线血战记》（抗战）　臧克家著,汉口生活书店 1938 年 5 月初版

《在西战场》（抗战）　张庆泰著,抗战初期汉口出版

《中国革命史》（文化）　洛甫著,生活书店 1938 年汉口出版

《三民主义概论》（文化）　陈伯达著,生活书店 1938 年出版

《抗战与军队政治工作》（文化）　李富春等著,生活书店 1938 年 4 月汉口初版

《抗日军队中的政治工作》（文化）　罗瑞卿著,生活书店 1938 年汉口出版

《抗日游击战争的战术问题》（文化）　郭化若、周纯全等著,生活书店 1938 年汉口出版

《抗日民族统一战线教程》（文化）　凯丰著,生活书店 1938 年 6 月汉口初版

《思想方法论》（青年）　艾思奇著,生活书店 1937 年 11 月汉口 4 版

《怎样研究政治经济学》（青年）　柳湜著,生活书店 1937 年 11 月汉口再版

《资本主义发展的不平衡论》（青年）　吴清友著,生活书店 1937 年 11 月汉口再版

《中国化的辩证法》（青年）　艾思奇著,生活书店 1938 年汉口出版

《读书的方法与经验》（青年）　王任叔著,生活书店 1938 年汉口出版

《怎样写报告文学》（青年）　周钢鸣著,生活书店 1938 年汉口出版

《怎样学习诗歌》（青年）　穆木天著,生活书店抗战初期汉口出版

《大众军事知识》（战时大众）　陶晓光编,生活书店抗战初期汉口出版

《大众防空知识》（战时大众）　马昌实著,生活书店抗战初期汉口出版

《大众化学战争知识》（战时大众）　钱乐华编,生活书店抗战初期汉口出版

《大众防毒知识》（战时大众）　抗战初期汉口出版

《救护知识》（战时大众）　抗战初期汉口出版

《大众兵器知识》（战时大众）　白桃著,生活书店 1938 年汉口出版

《一颗未出膛的子弹》（西北战地）　丁玲著,抗战初期汉口出版

《河内一郎》（三幕剧）（西北战地）　丁玲著,汉口生活书店 1938 年 7 月初版

《怎样进行持久战争》（时事与社科）　周恩来、叶剑英等著,读书出版社 1938 年汉口出版

《游击队政治工作概论》（时事与社科）　彭雪枫著,汉口读书生活出版社 1938 年 3 月初版

《抗战教育的理论与实践》(时事与社科)　李公朴著,汉口读书生活出版社 1938 年 5 月初版

《游击战教程》(时事与社科)　明凡著,汉口读书生活出版社 1938 年 9 月初版

《战时演剧论》(战时与戏剧)　葛一虹著,汉口新演剧社 1938 年初版

《国旗飘扬》(三幕剧)(战时与戏剧)　罗烽著,汉口战时戏剧丛书社 1938 年 6 月初版

《生路》(独幕剧集)(战时与戏剧)　章泯著,新演剧社主编、出版,1938 年 5 月初版

《血》(独幕剧)(战时与戏剧)　章泯著,新演剧社主编出版

《台儿庄》(三幕剧)(战时与戏剧)　王莹等集体创作,锡金等执笔,贺绿汀作曲,汉口读书生活出版社 1938 年 6 月初版

《抗日的英雄》(救中国)　傅平著,汉口新知书店 1938 年 3 月初版

《法国民族解放斗争史》(救中国)　曹伯韩著,新知书店 1938 年 3 月汉口出版

《老百姓穷苦的原因》(救中国)　陈逸园著,新知书店 1938 年 6 月汉口出版

《中华民族解放斗争史》(救中国)　华善学著,新知书店 1938 年 9 月汉口初版

《战时乡村工作》(战时问题)　薛暮桥著,新知书店 1938 年 2 月初版

《战时交通政策》(战时问题)　陈晖著,汉口新知书店 1938 年 5 月初版

《怎样动员妇女》(战时问题)　罗琼著,新知书店 1938 年汉口出版

《怎样做战地工作》(战时问题)　吴大焜著,新知书店 1938 年汉口出版

《领袖抗战言论集》(战时综合)　独立出版社 1938 年汉口出版

《党国先进抗战言论集》(战时综合)　林森等著,独立出版社 1938 年汉口出版

《抗战文献》(战时综合)　独立出版社 1938 年汉口出版

《抗战中各国外交动向》(战时综合)　周鲠生等著,独立出版社 1938 年汉口出版

《抗战形势发展图解(1)》　金仲华编著,汉口生活书店 1937 年 12 月初版

《抗日游击战术问答》　冯玉祥著,汉口生活书店 1938 年 2 月初版

《论反帝统一战线》　王明著,汉口中国出版社 1938 年 2 月初版

《周恩来同志论抗战诸问题》　抗战初期汉口出版

《抗战教育论》　张佐华著,汉口生活书店 1938 年 4 月初版

《六十年来的中日关系》　张健甫著,生活书店 1937 年 8 月上海初版,11 月武汉再版

《后方民众的总动员》　胡绳著,汉口生活书店 1937 年 10 月初版

《婚姻·子女·继承》(法律讲话)　沙千里著,生活书店 1937 年 10 月上海初版,1938 年 5 月汉口再版

《怎样干救亡工作》　张道平编著,生活书店 1938 年 4 月汉口初版

《怎样做瓦解敌军工作》 蔡前著,生活书店1938年4月汉口初版

《抗战中的中国国民党》 陈仲道编,汉口生活书店1938年5月版

《三月政治局会议的总结》 陈绍禹(王明)著,汉口中国出版社1938年5月初版

《国防经济讲话》 石西民著,汉口生活书店1938年6月初版

《农村工作讲话》 陈毅著,抗战初期汉口出版

《村庄连环堡垒自卫战》 方振武著,汉口生活书店1938年7月版

《抗日民族统一战线论》 侯外庐著,汉口生活书店1938年7月版

《战地服务工作与经验》 柳乃夫著,汉口生活书店1938年7月版

《战时的日本经济》 彭迪先著,汉口生活书店1938年7月初版

《新中国论》 王明著,汉口中国出版社1938年9月初版

《苏联革命与中国抗战》 胡愈之编,汉口生活书店1937年12月版

《给救亡同志的公开信》 钱俊瑞著,汉口生活书店1938年2月版

《救亡工作的理论与实践》 钱俊瑞著,抗战初期汉口出版

《吴玉章抗战言论选集》 吴玉章著,汉口中国出版社1938年6月初版

《保卫华北的游击战》 刘清扬等著,汉口生活书店1938年7月版

《激变》 邹韬奋著,汉口生活书店1938年7月出版

《王明救国言论选集》 王明著,汉口中国出版社1938年7月出版

《抗战言论集》 宋庆龄、郭沫若著,抗战初期汉口出版

《日本大陆政策之真面目》 上海生活书店1937年10月初版,11月汉口生活书店再版

《日货在世界市场》 孙怀仁、娄壮行著,1937年11月汉口再版,生活书店总经售

《抗战到底》 蒋中正讲,生活书店1938年5月汉口再版

《抗日救国政策》 陈绍禹(王明)著,汉口生活书店1938年3月初版

《盛世才与新新疆》 杜重远著,抗战初期汉口出版

《苏联新宪法研究》 张仲实著,抗战初期汉口出版

《日本的经济能否持久作战》 抗战初期武汉出版

《日本侵华简史》 抗战初期武汉出版

《战时儿童教育》 黎明等著,汉口生活书店1938年8月初版

《当前日本的危机》 抗战初期武汉出版

《大众资本论》 王右铭著,汉口生活书店1938年7月初版

《火烧丁家庄》 方白著,汉口生活书店1938年8月初版

《黄河北岸》 田涛著,抗战初期武汉出版

《在汤阴火线》　曾克著,抗战初期武汉出版

《木刻画刻制过程》　肇野著,汉口生活书店1938年9月初版

《文学修养的基础》　〔苏〕伊佐托夫著,沈起予、李兰译,生活书店1937年11月汉口再版

《马克思主义的基础》　彭汉文编译,上海社会科学研究社初版,1938年5月汉口重印

《共产党党章》　汉口中国出版社1938年8月出版

《共产党党章——一九二八年中国共产党第六次代表大会提出的草案》　汉口中国出版社1938年8月初版

《马恩论中国》　马克思、恩格斯著,方乃宜译,汉口中国出版社1938年3月初版

《什么是列宁主义》(七册)　列宁、斯大林著,文维城编译,汉口中国出版社1938年3月初版

《从空想的社会主义到科学的社会主义》　恩格斯著,汉口新汉出版社1938年4月初版

《什么是马克思主义》(即《卡尔·马克思》)　列宁著,未署译者,汉口中国出版社1938年3月初版

《史的唯物论》(即《社会主义从空想到科学的发展》)　恩格斯著,汉口新汉出版社1938年5月初版

《论妇女、女工和农妇》　列宁著,汉口中国出版社1938年5月初版

《论民族革命问题》　马克思等著,李铁冰编译,汉口火炬出版社1938年出版

《苏联青年生活和斗争》　〔苏〕科萨列夫著,汉口中国出版社1938年5月初版

《宣言》　马克思、恩格斯合著,汉口人民书店1938年出版

《民族问题大纲》　焦敏之编译,读书生活出版社1938年6月汉口初版

《国际外交战争》　〔法〕塔布衣夫人著,薛遐龄译,汉口新知书店1938年9月初版

《恩格斯及其事业》　曼努意斯基著,王唯真译,汉口1938年初版

《列宁的故事》　周真璜译,汉口新知书店1938年4月再版

《列宁的生平》　杜德著,江明译,汉口新知书店1938年4月初版

《俄国怎样打败了拿破仑》　〔苏〕伊凡诺夫等著,张仲实编译,汉口生活书店1938年2月初版

《反战反法西斯斗争的当前问题》　〔保〕季米特洛夫著,汉口中国出版社1938年4月出版

《列宁主义问题》(上、下卷)　斯大林著,汉口中国出版社1938年4月、7月出版

《斯大林言论选集》　斯大林著,汉口中国出版社1938年5月初版

《列宁选集》(第7卷)　列宁著,汉口中国出版社1938年7月出版

《共产党宣言及党章》　汉口中国出版社1938年9月出版

《左派幼稚病》　列宁著,纪华译,汉口中国出版社1938年1月出版

《共产党宣言》　马克思、恩格斯著,成仿吾、徐冰译,汉口中国出版社1938年8月出版

《空想的及科学的社会主义》(即《社会主义从空想到科学的发展》)　恩格斯著,吴黎平译,1938年6月汉口初版

《法兰西内战》　马克思著,1938年汉口出版

《国际联盟》　〔苏〕V.浩尔瓦支基著,贝叶译,1938年10月汉口初版

《文件》　〔苏〕L.班台莱耶夫著,夏懿译,上海生活书店1937年12月初版,1938年3月汉口再版

《抗战教育论》　张佐华著,汉口生活书店1938年4月初版

《在西班牙》　张铁生著,汉口生活书店1938年7月初版

《向太阳》　艾青著,抗战初期汉口出版

《被日寇囚系半载记》　王研石著,汉口生活书店1938年8月初版

《陕甘宁边区的民众运动》　抗战初期武汉出版

《太行山边》　抗战初期武汉出版

《战地书简》　姚雪垠著,抗战初期汉口出版

《飞将军》　洪深著,抗战初期汉口出版

《鲁北烟尘》　石光著,抗战初期汉口上海杂志公司出版

《旧关之战》　宋之的著,汉口生活书店1938年2月初版

《游击中间》　刘白羽著,抗战初期汉口出版

《西战场上》　抗战初期武汉出版

《战地日记》　周立波著,抗战初期汉口出版

《随军西征记》　廉臣著,汉口生活书店1938年3月初版

《前夜》　阳翰笙著,抗战初期汉口出版

《抗战诗选》　郭沫若著,抗战初期汉口出版

《顺民》(抗战剧本)　崔嵬、王震之著,汉口生活书店1938年5月初版

《死里求生》(抗战独幕剧)　洪深、徐萱执笔,乡村救亡演剧宣传团集体创作,汉口生活书店1938年5月初版

《自由魂》　夏衍著,抗战初期汉口出版

《从军记》　臧克家著,汉口生活书店1938年6月初版

《卢沟桥》 田汉著,抗战初期汉口出版

《魔窟·新官上任》(四幕剧) 陈白尘著,汉口生活书店1938年10月初版

《在北线》 碧野著,抗战初期汉口出版

《东战场上》 抗战初期武汉出版

《新从军日记》 冰莹著,抗战初期汉口出版

《木头人》(傀儡戏) 王逸著,汉口生活书店1938年7月初版

《人同此心》 老舍著,抗战初期汉口出版

《捉拿汉奸》(街头活报剧) 王逸著,汉口生活书店1938年7月版

《八路军出马打胜仗》 杨晋豪著,汉口生活书店1937年12月出版

《通俗读物论文集》 顾颉刚等著,汉口生活书店1938年10月初版

《抗战歌曲集》 冼星海著,抗战初期汉口出版

《东洋鬼子怀鬼胎》 石开等著,汉口生活书店1938年7月初版

《周县长守滕县》 尚达著,汉口生活书店1938年7月初版

《闹东京》 穆木天著,汉口生活书店1938年9月初版

《战地歌声》 劫夫等著,生活书店1938年9月汉口初版

《慕新亚反正》 石鸣著,汉口生活书店1938年9月初版

《北方的原野》 碧野著,抗战初期武汉出版

《大战临沂》 王鸿麻作词、王建铎绘图,汉口生活书店1938年7月初版

《抗战小学教育》 杭苇等编著,汉口读书生活出版社1938年4月初版

《给予者》 集体创作,东平执笔,汉口读书生活出版社1938年1月初版

《晋察冀边区印象记》 立波著,汉口读书生活出版社1938年6月初版

《陕行纪实》 楚云著,汉口读书生活出版社1938年7月初版

《八百壮士》 崔嵬著,抗战初期武汉出版,读书生活出版社1938年6月初版

《经济学初级读本》 胡绳修正,汉口新知书店1938年9月初版

《动员纲领与动员法令》 陈传钢编,汉口新知书店1938年7月版

《战时国文教材》 秦柳方编,汉口新知书店1938年8月初版

《战时的军人服务》 刘良模著,汉口新知书店1938年5月初版

《抗战大鼓词》 穆木天著,汉口新知书店1938年3月初版

《冯玉祥诗歌近作集》 冯玉祥著,汉口三户图书社1938年4月初版

《保卫武汉》 李力编,汉口三户图书社1938年6月出版

《抗日三字经》 老向著,侯子步等绘图,三户图书社1938年3月汉口初版

《民族革命的游击战抗战经验谈》 项英等著,金则人编,汉口自强出版社 1938 年 3 月出版

《解放中的妇女大众》 石孟良编,汉口自强出版社 1938 年 5 月版

《活跃的新西北》 田影编著,汉口自强书店 1938 年 3 月初版

《空中英雄(空军战斗员自述)》 孙桐岗等著述,季风编,汉口自强书店 1938 年 3 月初版

《抗战独幕剧选(二集)》 啸龚编,汉口大众出版社 1938 年 4 月版

《抗战时令歌谣》(上下册) 江敉著,汉口大众文化丛书社 1938 年 10 月初版

二、广州——沟通海外的枢纽

广州的新闻出版业原本比较发达,它是中国大陆最早向外开放的一个城市,也是现代化铅活字排版机械化印刷术传入中国的最早的一个港口。上海开埠后,全国的出版中心开始逐步移向上海。抗日战争爆发,津沪等沿海城市失守后,广州成为沟通海外的枢纽。大批学者、文化人士从上海转移到广州,如郭沫若、茅盾、巴金、夏衍等,他们经办的期刊、报纸和出版机构,也随之迁到广州,使广州的出版业得一时的繁荣。

广州邻近香港,商务印书馆在"八一三"后,决定将总管理处暂迁长沙,在香港和上海分设两个办事处。为了供应方便,后来以香港作为暂时基地,自 1937 年 10 月 1 日恢复出版新书,到太平洋战争发生之日,除了出版许多战前尚未出齐的大部分丛书外,每日至少还能维持一种新书之出版,而没有一日间断,太平洋战争发生后,商务的出版重心转移到重庆。[①]

中华书局于 1939 年夏在香港九龙筹建了一个以印造课本为主,印装配套年产 5 万令的铅印厂。"八一三"抗战军兴,中华书局总经理陆费逵又将设在上海静安寺路(今南京西路)的全部印钞设备、物资和有关职工移到港厂。从此,中华港厂的主要业务是印钞部分,印书部分除继续供应课本外,其他出版物不多。

---

① 《岫庐八十自述》(台湾),第 239—244 页。

抗战初期,商务印书馆、中华书局及其他在港出版机构的出版物,都从广州转销内地,直至广州沦陷。

与此同时,上海孤岛的各种出版物也经广州运往内地。1937年11月上海失守后,租界成为孤岛。但是,因为纸价低廉,来源不致断绝,且印刷装订精良,一切条件都比内地为优,从成本上打算,由上海印造运至内地还是比内地印造来得合算,特别是无时间性的书籍和大量重版的书籍都归上海排印。这在一定的时期,一定的范围,对大后方出版业起到了造货基地的作用。比如《资本论》(全译本)、《西行漫记》、《鲁迅全集》等重要著作,都是抗战初期在上海印制出版转运内地的。

读书出版社经过精心策划,在孤岛上海印制出版了中国第一部马克思巨著《资本论》中文全译本。1937年上半年,读书出版社同译者签订约稿合同,并将整个出版社新筹资金4000元的一半即2000元,拨为出版《资本论》的专用款,每月给郭大力、王亚南两位译者各80元作为预支

读社《资本论》全译本
精装本三卷,平装本三卷五册

稿费使用,以保证译稿按时完成。抗战爆发后,《资本论》的出版仍按计划继续进行。译者一边翻译,一边用航空信纸誊清,再以航空挂号信件寄给在武汉的黄洛峰,由黄再分批妥寄给上海的郑易里。全部译稿都由郑易里用日译本校阅一遍,又请章汉夫对照英文校阅部分译稿。并特派熟悉情况,通晓业务的内行万国钧从内地专程绕道返回上海,协助郑易里完成这部巨著的印刷出版任务。1938年8月31日,《资本论》第一卷在上海出版,第二卷、第三卷相继问世。这部拥有200万字的三大卷精装本巨著,第一版共印3000部,计9000册。发往内地的《资本论》共2000部,即6000册,分装了二十大木箱,由轮船运往香港,再经广州发往桂林、重庆。10月中旬,第一批《资本论》二十大箱运到了广州,正赶上了广州沦陷,在兵荒马乱中,全部遭受损失。黄洛峰

立即电告上海再印 2000 部,并将上海剩下的 1000 部除留一部分满足上海读者需求外,其余先改用"小批量"办法分若干次发往广州湾(即湛江)转海防(越南)再转桂林、重庆。历尽艰辛,终于将三大卷《资本论》中文全译本献给了读者。

抗战初期,胡愈之离沪前创办的"复社"出版了《西行漫记》和《鲁迅全集》。1937 年 12 月间,胡愈之从斯诺处得到一本伦敦戈兰茨公司刚出版的 Red Star Over China 一书;这是一个西方记者冲破国民党重重封锁,进入陕甘宁边区采访到的第一手资料。胡愈之积极组织翻译出版。在当时的政治气候下,用原名《红星照耀中国》是不能出版的。为了掩护,就命名《西行漫记》。找不到合适的出版社,就自己办,临时想了个"复社"的名字。"复社"对外没有地址,以后写了个假地址,香港皇后大道。其实,"复社"就设在胡愈之和胡仲持的家里。1938 年 2 月 10 日,《西行漫记》正式发行。一本 30 万字的书稿从翻译、编排、印刷到出书,前后不到 2 个月,至 4 月 10 日再版,10 月 10 日三版,11 月 10 日四版,连初版,一年出 8000 册,这样的速度,在出版史上真是个奇迹。1938 年 7 月,用"鲁迅纪念委员会"名义出版的《鲁迅全集》,具体工作是由"复社"做的。所需资金最重要的集资办法是发售预约券。普及本预售一部 8 元,精装纪念本每部预售 100 元,以盈补亏。1938 年 4 月下旬,胡愈之带上预约书券首程赴港,再经广州到达武汉。很快就销出 100 多部精装本预约书券,如孙科、邵力子等,都一人订购 10 部。

广州沦陷之前,广州已有日产 50 吨纸的造纸厂,同时又可以从香港进口纸张,这里印刷条件比较便利,成本低廉,除了为本市出版单位提供服务,也代为外地寄来的书稿和纸型造货。

(一)主要出版机构

据统计,从七七事变到广州失守前夕一年多时间内广州有出版机构 71 家[①]。其中主要出版社、书局,除中华书局广州分局、大东书局广州分局、北新

---

① 据《广东省志·出版志》统计,广东人民出版社,1997 年 12 月。

书局广州分局外,尚有：

救亡呼声社出版部 这是广东最早成立的群众救亡团体。1937年8月14日成立于广州。社长谌小岑、邹优瑞（邹仓）为总务部负责人,黄泽成为研究部负责人,邓明达为出版部负责人。出版有机关报——《救亡呼声》。

抗战教育实践社编译委员会和出版部 1937年11月21日成立于广州,钟天心发起和组织,尚仲衣主持实际工作。

广东文化界救亡协会 1937年12月4日成立,主要成员有谌小岑、钟天心、邓明达、虞焕年、龙世雄、古子坚、蒲风、欧阳山等人。

诗歌出版社 原创建于青岛。1937年底,诗人蒲风重建于广州。无固定社址,主要活动在广州市广德路25号中国诗坛社社员黄宁婴家。也无经费,出书采取作者自费,但主要方式是采取预约购书的募捐形式募集出书费用。广州沦陷后迁梅县继续出版诗集。

南方出版社 1938年7月在广州创办,夏衍领导。该社是救亡日报社出版图书和杂志的一个工作部门。《救亡日报》系上海文化界救亡协会的机关报。创刊于1937年8月24日。郭沫若任社长,夏衍任总编辑。《救亡日报》在沪于1937年11月22日出至86号,被迫停刊。1938年1月1日《救亡日报》在广州复刊,广州复刊号为87号。1938年10月21日在广州停刊。广州沦陷,《救亡日报》撤至桂林,继续出版。

救亡出版社 中共广东省委主办,由省委宣传部长饶彰风暗中领导。

文化生活出版社广州分社 文化生活出版社于1933年在上海成立,吴朗西任总经理,巴金任总编辑。1937年"八一三"后,从上海部分撤退到广州,由巴金主持成立广州分社,立即恢复抗战开始时刊行的《烽火》,由茅盾、巴金两人主编,同时又出版了《文丛》,由靳以主编。这两个刊物未出到两期,广州惨遭敌机轰炸,不久沦陷,文生社又撤退到桂林。

中山日报社出版部 《广州中山日报》,国民党广东省党部机关报。原名《广州民国日报》,创办于1923年,1936年改名《广州中山日报》。社址在广州光复中路79号。该报出版部出版有胡春冰著《抗战文艺论》、陈思成的《怒吼之中国》、萧依明《国家高于一切》等书。

广州战时儿童教育社　主要出版有关战时儿童教育图书,社址广州宝华路耀华坊西。出版有林兰、杨晋豪主编的《战时儿童丛书》,收有《战时儿童独幕剧》、《战时儿童国语选》、《战时儿童常识问答》等12种图书。

广州上海杂志公司　战时从上海迁来,曾出版有"战地生活丛书",收有刘白羽著《游击中间》,丁玲、奚如著《西北战地服务团戏剧集》等。

继生活书店广州分店之后,读书出版社、新知书店也在广州设立分店。1937年底,华应申、王益等把一批书从上海经海道运到广州,王益就留在广州设立新知分店担任经理。此外广州的出版社尚有广东省银行研究室(后迁曲江)、广东省政府秘书处编译室(后迁曲江)、中山大学出版部、战时新闻编译社、离骚出版社、美华书局(汉民路)、前进书局(汉民北路)、新生活出版社、统一出版社(惠爱路)、晨光出版社、黄浦出版社、武学书馆、战时青年出版社、新群出版社、新生出版社、战时读物编译社、战情汇编社、胜利出版社广州分社、华兴书局、新生书局、湖海书局、登云阁、武学书店、天香书屋、启蒙书店、时敏书局等。

(二)主要期刊

抗战初期是广东期刊继五四时期、大革命时期之后,又一次大发展时期。这时,共产党和民主党派的刊物,得在广东全境公开发行,民办期刊也有很大的发展。从七七事变到广州失守前夕这一时期广州的主要期刊有:

1.国民党党政军所办刊物

《广东财政月刊》　由广东省财政厅创办,1917年4月创刊于广州。自1939年5月起迁曲江出版,又出了45期,于1943年1月停刊。

《广州市政公报》　1921年创刊,是当时中国唯一的一份市政公报,一直刊行到1938年10月广州陷落,历时17年。

《广东省政府公报》　三日刊。1929年7月创刊,由广东省政府秘书处编。自131期起改为旬刊,465期起改为日刊,720期起又改回三日刊。980期起改为周刊。1944年出至1005号停刊。1945年复刊,自复刊11期起改为半月刊,自复刊35期起改由省政府新闻处编。1948年5月出至复刊后的

68期终刊。

《新广东》 月刊,陈济棠治粤期间广东最重要刊物之一。1933年1月创刊,主要栏目有:论著(内容包括国内外政治、经济以及文化教育等,以广东经济建设为重点),一个月来本省要政述评,国内外经济情报,以及专载、文艺、图片等,具有极高的史料价值。

1938年"两广事变"陈济棠下台时停刊,共出41期。

《广东军医杂志》 月刊,1937年3月创刊于广州,同年8月出至1卷6期停刊。

《广东义务教育》 月刊,由广东省教育厅义务教育委员会主办。1937年6月创刊,1938年1月停刊,出了6期。

《广东省银行月刊》 由广东省银行经济研究室编,1937年7月创刊,主要栏目有:经济理论方面的论述,广东各行业及各市县经济状况的调查报告,各种经济统计资料,银行业务工作报告,广东经济大事日志和经济法令等。1937年9月出至1卷3号停刊,1946年3月复刊,1947年12月终刊,该刊详细记录和分析了这些时期广东经济的主要情况,富有史料价值。

《广东经济建设月刊》 广州经济建设月刊社出版,1937年7月创刊,1938年4月出至第5期停刊。

《战时社会与教育》 周刊,广州市社会局非常时期服务团宣传组出版。1937年8月创刊,同年11月停刊,共出14期。

《新粤》 周刊,综合性刊物,1937年创刊于广州,1938年10月出至3卷2期,因广州沦陷而停刊。2卷自1938年起改为半月刊,3卷起改为月刊。此刊后在曲江复刊。

《黄花岗》 旬刊,1938年2月创刊于广州,同年9月出至2卷5号停刊。

《轴心》 旬刊,1938年二三月间创刊,同年10月出至20期停刊。

《统一战线》 旬刊,1938年3月创刊于广州,同年8月出至17期停刊。

2. 中共所办刊物

《抗战大学》 半月刊,统一出版社出版,1937年11月1日创刊于广州。由中共党员温京(阳光、陈华)创办并主编,得到中共广东省委负责宣传工作的饶彰风(蒲特,笔名追光)的支持,曾派员协助温进行编辑工作。该刊积极宣传持久抗日、抨击汉奸言论,介绍延安军政大学,号召青年到敌后打游击,它在宣传抗日,介绍中共政策方面起了积极作用。1938年10月中旬出至2卷3期停刊,在广州共出了13期,后在香港复刊,又出了3期停刊。

《武装》 月刊。1938年3月创刊于广州。同年5月停刊。共出3期。

《劳动周报》 1938年3月创刊于广州,同年10月出至2卷8期停刊。此刊影响较大,销路较广。

《十日文萃》 救亡日报社主办,1938年9月20日创刊于广州。出3期后迁桂林。出至1卷12期1940年1月后曾休刊,1940年7月复刊。1940年12月出了新的2卷3期停刊。

3. 民主党派、社团和个人所办刊物

《宇宙风》 半月刊,1935年9月创刊于上海,林语堂、陶亢德编辑。上海陷落后,于67期1938年4月起迁广州出版。又因广州不守,于78期起迁桂林出版。140期起迁回广州出版,1947年8月终刊,先后出版了152期。

《新生路》 月刊,1936年12月创刊于广州。1938年广州陷落前迁曲江继续出版。1949年10月出至18卷1期停刊。在广州,这是持续出版时间最长的一个刊物,先后13年,共出版103期。

《广州诗坛》 不定期刊,1937年初创刊,由蒲风主编。七七事变后,上海等地文人云集广州,该刊遂改组为《中国诗社》月刊,仍由蒲风主编。

《南针》 周刊,1937年7月中下旬,由广东一些知名人士组成的"广州现代出版有限责任公司"出版,实际是由"中华民族解放行动委员会"李伯球等发起组织。主要栏目有:我们的话、论坛、时评、国际时事、各地通讯、特载、转载、文艺等。该刊在阐发抗日救亡理论,号召民众奋起抗日和宣传进步思想方面起了积极作用。由于该刊组成人员包括许多党派,观点相左,1938年2月出至2卷13期停刊。其后,李伯球等第三党人士利用《南针》的基础,于1938年2月改出《抗战农村》。

《救亡呼声》 旬刊,救亡呼声社机关刊物。1937年8月创刊于广州,1938年9月出至3卷7期停刊。

《呐喊》—《烽火》 《呐喊》周刊，1937年8月25日创刊于上海，系文学社、中流社、文季社联合刊物。创刊献词《站在各自的岗位》高呼："和平，奋斗，救中国！我们用血淋的奋斗来争取光荣的和平！同胞们，站在各自的岗位，向前警戒！一百二十分的坚决，一百二十分的谨慎！"自第二期改名《烽火》，署编辑人茅盾，发行人巴金。《烽

《呐喊》创刊号和《烽火》第 13 期

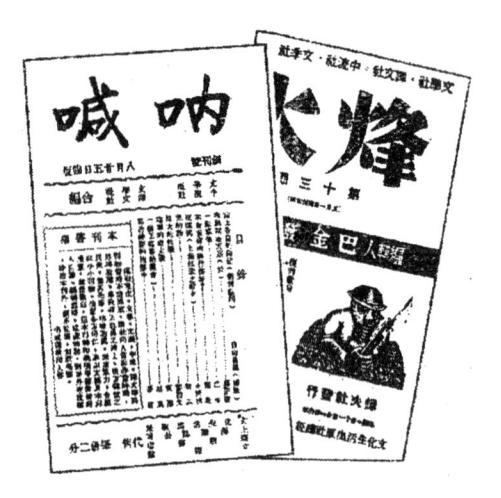

火》创刊号于 1937 年 9 月 5 日出版。1938 年 4 月迁广州，同年 5 月 1 日在广州续出第 13 期，署名改编辑人巴金，发行人茅盾。出至 20 期 1938 年 11 月停刊。还出版"烽火小丛书"，第一部是巴金著《控诉》，第二部是靳以著《我们的血》。

《新战线》 周刊，1937 年 12 月创刊于广州。是广州沦陷前最著名的一份刊物。由国共两党人员和其他党派的知名人士组成编委会。由广州宏艺印务局印刷，新知书店总经售。主要内容有论文（专家学者为抗日战争出谋划策而撰写的文章），广东抗日救亡运动动态，抗战形势分析，以及以抗日救亡为中心的文艺创作。1938 年 8 月出至 2 卷 3 期停刊。

《十日文摘》 广州十日文摘社编行，1938 年 1 月创刊，出至 64 期停刊。

《新战线》创刊号

《抗战农村》 半月刊，冯和法、李伯球等主办，1938 年 2 月创刊于广州，同年 8 月出至 1 卷 6 期停刊。

《华侨战线》 半月刊，广州华侨抗敌运动总会主办，1938 年 3 月创刊，同年 10 月停刊，出至 1 卷 12 期。

《文艺阵地》 半月刊,茅盾主编,1938年4月16日创刊。该刊称创刊于武汉,但编辑和印刷工作,实际上是在广州进行的。该刊后来迁重庆、香港出版。1942年11月出版至7卷4期停刊。

《见闻》 半月刊,广州宇宙风社出版。林撼庐主编,1938年8月创刊,同年10月停刊,出5期。

4. 大专院校、学术机关所办刊物

《岭南科学杂志》(Lingnan Science Journal) 岭南大学创办的自然科学英文期刊。原名《岭南农事半周刊》(英文),以刊登农林方面的科研成果为主。1922年12月创刊于广州。1928年第5卷起改现名,年出1卷4期。刊载自然科学各方面的论著。广州沦陷北迁,抗战期间及战后曾数度停刊,1951年12月终刊,共出版23卷,系国内出版时间最长的英文期刊之一,在国内外具有一定影响。

《农声》 旬刊,广州国立中山大学农学院1923年5月创刊。自115期1931年起改为月刊,广州沦陷前迁坪石出版。自229期1943年起改为双月刊,1944年2月出至232期停刊。该刊为中国农学科学方面有影响的刊物。

《民俗》 广州国立中山大学语言历史研究所民俗学会编,原名《民间文艺》,周刊,1927年1月创刊于广州。1928年3月改刊名为《民俗》,由钟敬文、容肇祖、刘万章等主编。该刊主旨在收载民间的故事、传说、谜语、谚语、歌谣及各民族的社会习俗和风尚,也刊载民俗学研究文章。在我国民俗刊物中占主导地位,对该学科的宣传、普及和发展起了重要作用,并培养了一批民俗工作者。1933年6月出至123期曾一度停刊。1936年9月复刊,并改为双月刊,卷期另起,1943年底出至新的2卷8期停刊。1983年上海书店曾将此刊影印出版。

《岭南学报》 著名社会科学期刊,岭南大学1929年12月创刊于广州。原为季刊。抗战时期出至6卷4期停刊。1947年复刊,卷期续前,年出2卷。1952年出至12卷1期停刊。早期除刊载社会科学方面的论著外,还发表自然科学,主要是农学和林学方面的著述。从第5卷起成为社会科学杂志,不收自然科学,收录范围以文学和史学论述为主涉及人文科学各个方面。

《广东国民大学校刊》 周刊,广州国民大学于 1930 年 11 月创刊,1938 年 6 月出至 26 卷 11 期停刊。1939 年 11 月在曲江复刊,1941 年 1 月终刊,在这期间又出版了 21 期。

《中山医报》 广州中山大学医学院 1936 年创刊。1937 年出至第二卷停刊,1948 年复刊。

《大地》 月刊,广州中山大学地质学会主办,1937 年 1 月创刊,同年出至 1 卷 7 期停刊。1940 年在曲江复刊,卷期续前,出至 2 卷 6 期停刊。

《广大学报》 半年刊,广州大学出版委员会出版,1937 年 4 月创刊,旋即停刊。1944 年在曲江复刊,出 1 期又停刊。1949 年 3 月再度复刊。

《土壤与肥料》 季刊,广州中山大学农学院主办,1937 年 5 月创刊,同年 9 月停刊,出了 3 期。

《广大计政》 半月刊,广州大学计政训练班主办。1938 年创刊,自第 7 期起改为月刊,1941 年 1 月出至第 7 卷 3 期停刊。1946 年 10 月复刊,至 1949 年 5 月出至新的 3 卷 5 期终刊。

5. 学生办、学校办刊物及其他

《大路》 周刊,广州中山大学大路周刊社编,1937 年 10 月创刊于广州。1938 年 1 月出至 1 卷 9 期停刊。

《民族解放》 半月刊,1938 年 1 月创于广州,2 月停刊,出 4 期。

《抗战行动》 半月刊,1938 年 1 月创刊于广州,同年 3 月出至 1 卷 6 期停刊。

《大时代》 月刊,1938 年 1 月创刊于广州,同年 3 月停刊,出 2 期。

《抗日青年》 半月刊,1938 年 1 月创刊于广州,同年 5 月出至 1 卷 6 期停刊。

《大众生路》 周刊,1938 年 1 月创刊于广州,同年 8 月出至 3 卷 4 期停刊。

《苦斗》 旬刊,1938 年 2 月创刊于广州,同年 9 月出至 2 卷 9 期停刊。

《民族前卫》 1938 年由广州民族革命前卫社出版,出了 2 期。

(三)战时广州的图书出版

抗战初期广州出版书目[①]

(1937—1938)

类	书名	编著者	出版单位及出版年月
政治、党派	统一战线下党派问题	毛泽东等著	广州时事新闻编译社 1938 年版
	党义科讲义	邓慰梅编	中央陆军军官学校广州分校 1937 年版
	周恩来邓颖超最近言论集	周恩来、邓颖超	离骚出版社(广州)1938 年版
	现阶段的青年运动	陈铭枢著	晨光出版社(广州)1938 年版
	国家高于一切	萧依明编	广州中山日报社 1938 年版
	九国公约会议与远东和平	萧依明编	广州中山日报社 1938 年版
	怒吼之中国	陈恩成著	广州中山日报社 1938 年版
	民众组织训练辑要	陈景农编	广州美华书局 1937 年版
	确定外交政策的重心	缪培基著	广州大中工业社 1938 年版
	盛世才与新新疆	杜重远著	广州生活书店 1938 年版
	打回南京去	林森	广州民团周刊社 1938 年版
抗战、军事	抗战与民众	沙千里著	读书出版社 1938 年版
	市民毒气防护要览	萧冠英著	广州中山大学 1938 年版
	抗日必胜论	张凡夫著	广州培英印书局 1937 年版
	联合兵种之指挥与战斗	(德)昔卑特著	中央陆军军官学校广州分校 1937 年版
	崩溃中的日本经济实况	孙筱默、陈希藩编著	广东省银行经济研究室 1938 年版
	生活在空袭中	殷作损著	广州中山日报社 1938 年版
	非常时期之军事知识	陈沐编	中华书局广州分局 1937 年版
	军事学大意	龚厥民编	中华书局广州分局 1938 年版
	孙子		中华书局广州分局 1938 年版
	防空常识	军事委员会委员长南昌行营编	中华书局广州分局 1938 年版

[①] 本书目辑自叶再生著:《中国近代现代出版通史》,华文出版社,2002 年 1 月,第 292—308 页。

续表

类	书名	编著者	出版单位及出版年月
抗战、军事	陆军军队内务规则	军事委员会委员长南昌行营编	中华书局广州分局1938年版
	军语释要	军事委员会委员长南昌行营编	中华书局广州分局1938年版
	未来将才之陶养	胡兰著、王光祈译	中华书局广州分局1938年版
	航空与国防	陶叔渊编	中华书局广州分局1938年版
	青年军事训练教程	厉尔康等编	中华书局广州分局1938年版
	宪兵服务须知	军事委员会委员长南昌行营编	中华书局广州分局1938年版
	战地救护常识	郭培育著	中华书局广州分局1938年版
	纪效新书	（明）戚继光撰，南昌行营编	中华书局广州分局1938年版
	新武器与未来大战	林克多编译	中华书局广州分局1938年版
	化学战争	沈星五著	中华书局广州分局1938年版
	毒气战争与防御法	华汝成编	中华书局广州分局1938年版
	通信教范草案摘要	军事委员会委员长南昌行营编	中华书局广州分局1938年版
	防毒常识	军事委员会委员长南昌行营编	中华书局广州分局1938年版
	伪装与遮蔽须知		广东省防空协会1937年版
	民间防空之消防	南京防空学校编译	广东省防空协会1937年版
	防空避难室之设备	南京防空学校编译	广东省防空协会1937年版
	防空常识		广东民族抗日自卫团统帅委员会1938年版
	战费筹集方法论	朱仁安著	广州鸿昌印务局1938年版
	步兵操典教育图解	枕戈编	广州武学书店1938年版
	红军是怎样锻炼的——我的红军生活回忆	李光著	广州抗日旬刊社1938年版
	攘倭先烈传	罗香林著	广州民族文化研究室1938年版
	英日战争预测	彭起益编	广州战时读物编译社1938年版
	民众武装论	李华卿著	广州启蒙书店1937年版

续表

类	书名	编著者	出版单位及出版年月
抗战、军事	目前抗战中的几个主要问题	叶剑英讲	广州统一出版社1938年版
	收获与教训	廖承志等著,何秋萍编	广州救亡出版社1938年版
	持久抗战与组织民众	郭沫若等著,何秋萍编	广州救亡出版社1938年版
	中日战争的新阶段	陈绍禹等著	广州中心出版社1938年版
	中国全面抗战记	黄河清、杨通贤编	广州战情汇编社1938年版
	怒吼了华南	李萍编	胜利出版社广州分社1938年版
	兽军兽行	江馥泉编	广州救亡日报社1938年版
哲学	大众哲学	艾思奇著	读书出版社1938年版
	修养的原理和方法	廖淑伦著	培英印务局1937年版
法律、法规	商事法概论	任启珊编	中山大学1937年版
	广东省保甲法令汇编	广东省民政厅编	广州中英印务局1937年版
	军人惩罚法令摘要	军事委员会委员长南昌行营编	中华书局广州分局1938年版
科学技术、医学卫生	工程构造原理	方棣棠编	中山大学1937年版
	国立中山大学医学院病理学研究概览	中山大学医学院病理学研究所编	广州宏业印刷局1937年版
	粤北乳源瑶人调查报告	杨成志著	中山大学1938年版
	欧洲考察记初编	萧冠英著	中山大学1937年版
实业、经济	琼崖实业问题	陈元桂撰	培英印务局1937年版
	广州市立银行的新使命	江英志编	登云阁1937年版
	广东米荒与救济	符泽初编	广州新生月刊社1937年版
	中国近代经济史	陈安仁著	广州前进书局1938年版
	广东农村之救济及建设问题	陈安仁著	大东书局广州分局1937年版
	中国国有铁路之外债问题	陈宪章著	广州文英印务局1937年版
	财政学纲要	姚傅淦著	广州天海学社1937年版
	战时地方财政与土地整理	张宝策编	广州地政季刊社1938年版

续表

类	书名	编著者	出版单位及出版年月
农林、畜牧	家鸡之解剖	汪荔编	中山大学1937年版
	琼崖农业概况调查报告	中山大学农学院推广部编	中山大学出版部1937年版
	海南岛热带作物调查报告	林永昕编	中山大学农学院1937年版
	高要县农村概况调查	杨贻书著	中山大学农学院1937年版
	土壤学	邓植仪、彭家元著	中山大学农学院1937年版
	农艺论丛	张农、张和邻编	中山大学农学院1937年版
	广东橙果之形态组织及其成分之比较	温文光等编	中山大学农学院1937年版
	广东粮食问题	黄菩生著	广州东成印务局1937年版
文化、教育	士兵识字课本	军事委员会委员长南昌行营编	中华书局广州分局1938年版
	潮州丛著初编	饶宗颐著	广州市立中山图书馆1938年版
	文化学论文集	黄文山著	广州中国文化学会1938年版
	抗战与文化	许宏著	广州民族文化研究会1938年版
	解决几个小学行政的实际问题	罗宗堂编	广州文光印务馆1937年版
	民众学校概论	黄棠著	广州文光印务馆1937年版
	初中生理卫生	黎国昌著	广州天香书屋1937年版
	战时中学音乐教材初集	梅耐寒编	广州乐谱社1938年版
	(新增)幼学故事琼林		广州华兴书局1938年版
	幼学故事琼林	(清)程元升著	广州华兴书局1938年版
	战时初中文选(第二、三册)	赵景深编	北新书局1938年版
	诗经篇章句字的统计	汪灼然编	广州湖海书局1937年版
	(汉译)平面几何学	郑启正、陈湛銮译	广州美华书店1937年版
	直接法实用画法几何	苏熊瑞著	广州时敏书局1937年版
	战时儿童国语选	林兰、杨晋豪主编	广州战时儿童教育社1938年版
	战时儿童常识问答	林兰、杨晋豪主编	广州战时儿童教育社1938年版

续表

类	书名	编著者	出版单位及出版年月
文化、教育	战时儿童分类作文	林兰、杨晋豪主编	广州战时儿童教育社1938年版
	战时儿童书信	林兰、杨晋豪主编	广州战时儿童教育社1938年版
	战时儿童抗日故事	林兰、杨晋豪主编	广州战时儿童教育社1938年版
文学、艺术	死里求生	洪深、徐萱著	读书出版社1938年版
	岭云海日楼诗十三卷	（清）丘逢甲著	中山大学出版部1937年版
	包身工	夏衍著	离骚出版社（广州）1938年版
	敌兵阵中日记	夏衍、田汉编译	离骚出版社（广州）1938年版
	抗战文艺论	胡春冰编	广州中山日报社1938年版
	妇人书简	普雷沃斯特（Pre-vost. M）著，李劼人译	中华书局广州分局1938年版
	大波	李劼人著	中华书局广州分局1938年版
	人心	（法）莫泊桑著，李劼人译	中华书局广州分局1938年版
	马丹波娃利	（法）弗洛贝尔（Flaubert. G）著，李劼人译	中华书局广州分局1938年版
	史姑娘	（法）霍夫曼（Hoff–mann. E. T. A）著，毛秋白译	中华书局广州分局1938年版
	达哈士孔的狒狒	（法）都德（Daudet A.）著，李劼人译	中华书局广州分局1938年版
	在祖国的原野上	须旅编	广州战时青年出版社1938年版
	重逢	丁玲著	广州战时文艺小册子刊行社1938年版
	未死的兵	（日）石川达三编，夏衍译	广州南方出版社1938年版
	最后的吼声	温流著	广州诗歌出版社1937年版
	抗战三部曲	蒲风（黄日华）著	广州诗歌出版社1937年版
	咆哮	素庵（李全基）著	广州诗歌出版社1937年版

续表

类	书名	编著者	出版单位及出版年月
文学、艺术	奴隶的歌	李青鸟著	广州诗歌出版社 1937 年版
	可怜虫	蒲风著	广州诗歌出版社 1937 年版
	总动员	雄子著	广州诗歌出版社 1937—1938 年版
	普式庚诗钞	蒲风、叶可根合译	广州诗歌出版社 1937—1938 年版
	现代中国诗坛	蒲风著	广州诗歌出版社 1938 年版
	1937 7/7—1938 1/1	雷石榆等	广州诗歌出版社 1938 年版
	血的歌	零零著	广州诗歌出版社 1938 年版
	战士的歌	克锋著	广州诗歌出版社 1938 年版
	解放集	克锋、青鸟著	广州诗歌出版社 1938 年版
	真理的光泽（明信片）诗集	蒲风著	广州诗歌出版社 1938 年版
	在我们的旗帜下	蒲风著	广州诗歌出版社 1938 年版
	自由的歌唱	零零著	广州诗歌出版社 1938 年版
	敌军战记	夏烈编译	广州新群出版社 1938 年版
	活着的兵队	（日）石川达三著，张十方译	广州文摘社 1938 年版
	一个美国人的塞上行	（美）史诺著	广州新生活出版社 1938 年版
	抗战歌声	一鸣编	广州新生活出版社 1938 年版
	战时儿童独幕剧	林兰、杨晋豪主编	广州战时儿童教育社 1938 年版
	战时儿童新诗歌	林兰、杨晋豪主编	广州战时儿童教育社 1938 年版
文字、语言	训导之普通话	詹宪慈纂	广州中山大学 1938 年版
	语言学	岑麒祥编	广州中山大学 1938 年版
	公文研究	程守仁著	中华书局广州分局 1938 年版
	字体明辨	谭正璧编	中华书局广州分局 1938 年版
	基本字汇	庄泽宣编	中华书局广州分局 1938 年版
	虚字使用法	宋文翰编	中华书局广州分局 1938 年版
	学生作文指导	俞焕斗编	中华书局广州分局 1938 年版
	论说文范	谭正璧编	中华书局广州分局 1938 年版

续表

类	书名	编著者	出版单位及出版年月
文字、语言	叙述文范	谭正璧编	中华书局广州分局1938年版
	初学英语文法	陆贞明编	中华书局广州分局1938年版
	语言学	岑麒祥编	广州心声社1938年版
	中国文法新编	林侠子著	广州浩然书屋1937年版
历史、方志	惠州西湖志十三卷首一卷	张友仁著	培英印务局1937年版
	南华小志	隋斋居士著	登云阁1937年版
	太平天国洪天王家世考	罗香林编	广州市立中山图书馆1937年版
	德奥合并成功史	曹懋唐编译	广州新生书局1938年版
	南朝诸王的复国运动(二册)	徐安仁编	广州时代动向社1938年版
	清远县志二十一卷	吴凤声、余榮谋监修，朱汝珍总纂	广州亚东印务局1937年版
地理、游记	苏莱曼东游记	(阿拉伯)苏莱曼著	中华书局广州分局1938年版
出版、版本	馆藏善本图书题识	何多源编撰	广州岭南大学1937年版
	广东研究参考资料叙录史地篇初篇	李景新编	广州岭南大学1937年版
	战时经济参考书目	何多源编	广州岭南大学1938年版
	海南岛参考书目	何多源编	广州大学图书馆1937年版
其他	救饥汇编		广州蔚兴印刷厂1937年版
	华侨社会生活与教育		广州华侨问题研究社1937年版
	古今人物别名索引	陈德芸著	广州岭南大学1937年版
	太平洋的两岸	周信铭著	广州岭南大学1937年版
	狼兵狼田考	罗香林著	广州市立中山图书馆1937年版
	明季杭州登楼社考	朱侠著	广州市立中山图书馆1937年版
	我生活的回忆	陈安仁著	广州前进书局1938年版
	力之流	方豪达著	广州明天社1938年版

上述书目，当然不是抗战初期广州出书的全部。实际数字会超过此数，但基本上已反映了一些实际情况。试分类列表，加以简析。

抗战初期广州出书分类

（1937—1938）

书　类	种　数	百分比
政治、党派	11	6.8%
抗战、军事	40	24.8%
哲　学	2	1.2%
法律、法规	3	1.9%
科学技术、医学卫生	4	2.5%
实业、经济	8	5%
农林、畜牧	8	5%
文化、教育	19	11.8%
文学、艺术	35	21.7%
文字、语言	12	7.5%
历史、方志	6	3.7%
地理、游记	1	0.6%
出版、版本	4	2.5%
其　他	8	5%
合　计	161	100%

由上表可大致看出，由于特殊的政治环境，广州在抗战初期（1937—1938）出版的政治书籍，与重庆等地相比，显得并不很多，国共两党在这方面的争论也较平缓。当时广州出书的重点在军事类，1937—1938两年中，广州出版的有关抗战、军事类的书有40种，占这两年广州出书总数161种的24.8%，即出版四本书中就有一本书是关于抗战的，其内容主要着重在宣传长期抗战、防空、防毒及战地常识、青年军事训练等方面，同时也出版了大量的文学、艺术类书，占了出书总数的21.7%，这类书的主题也着重在宣传持久抗战，抨击敌人暴行，歌颂抗日英雄等方面。

三、长沙——活跃的图书发行据点

抗战初期,在平、津、沪、宁相继沦陷后,长沙一时成为战略要地,受到各方的重视,长沙出版业一度兴盛。上海、南京等地的出版社、书店及其所办刊物,有相当部分迁到长沙。在中共湖南省工委和以徐特立为代表的八路军驻湘通讯处与以张治中为主席的湖南省政府合作抗战的形势下,大批文化人云集长沙,纷纷出书办刊。从1937年7月至1938年10月,市区计有专业出版社7家;兼营报刊、图书出版的社团、学校近10家;发行机构80多家;期刊80多家(不含机关、校刊)、报纸30多家。[①]

1938年11月12日晚,岳阳沦陷,国民党驻长沙守军官员惊惶失措,纵火烧毁了长沙市区,是为震惊中外的"文夕"大火。不少书店在大火中化为灰烬,长沙出版业大伤元气。大的书局、社团如商务、中华、世界、湘芬等纷纷撤出长沙。上海鸿文、广益、锦章、会文堂、文善等古旧书店纷纷停业或倒闭。留下的一些书店,除经销一些书刊和文具外,已无力从事出版工作。

(一)主要出版机构

抗战初期,在长沙的出版机构,除商务印书馆、中华书局、世界书局外,从上海、南京等地迁入的有:三一出版社、抗敌救亡出版社、中国战史出版社、正气出版社。

1937年"八一三"后,上海商务印书馆总管理处原拟迁设长沙,并于当年12月派来部分编辑人员;另抽调54名职工到长沙建立了一个印刷厂。商务印书馆在长沙出版了多种书籍。

当时还有一些社团、学校出版过图书和期刊,它们是:湖南文化界抗敌后援会、中苏文化协会湖南分会、中华平民教育促进会、国立戏剧学校、中国诗艺出版社等。

---

① 《抗战时期的长沙出版业》(湖南省新闻出版局史志办提供)。

(二) 主要期刊

据统计,从1937年7月7日到1938年底,湖南全省新创办的期刊有100多种,其中1937年下半年创办的期刊40多种,1938年上半年创办的60多种[①]。抗战初期长沙的部分主要期刊有:

1. 外省迁入的期刊

《东方杂志》 月刊(半月刊),是民国时期出版时间最长,具有相当影响的一份大型综合性期刊。抗战时期《东方杂志》言论始终坚持抗战,研究争取胜利的战略。商务印书馆1904年3月创刊于上海。1932年1月因"一二八"事变停刊,同年10月复刊。1937年8月因抗日战争又停刊。1938年1月迁长沙复刊,同年11月迁香港。1941年12月因太平洋战争爆发再度停刊,1943年3月迁重庆复刊。1947年1月迁回上海。1948年12月终刊,历时45年。共出版44卷828期,临时增刊4期,东方副刊一种[②]。

《教育杂志》 商务印书馆1909年创刊于上海,首任主编陆费逵,1938年迁长沙出版。

《出版月刊》 本刊原名《出版周刊》,商务印书馆1924年创刊于上海,1937年因"八一三"沪战爆发停刊,同年10月《出版周刊》复刊,改为月刊,取名《出版月刊》。新的《出版月刊》第1号于1937年10月16日创刊于上海,不久迁至长沙继续出版。《出版月刊》于1941年8月停刊,这期间出了47期。如从《出版周刊》创刊起计算,则总计出版了698期。

《新社会》 1938年7月5日创刊于武昌,旋迁长沙,出一期停刊。

《东方杂志》早期封面

---

① 《湖南省志第二十卷新闻出版志·出版》,第99页。
② 1944年11月创,32开。由旅英学者20余人编辑,主要译介国外书刊报章上的最新言论,其中自然科学文章约占四分之一。1947年1月停刊,共出版20期。

《防空月刊》 原创于南京，1938年迁长沙。

2. 长沙新创期刊

《中央周刊》 国民党中央党部主办的政治刊物。1938年7月在长沙创刊，同年9月第一卷第5期起迁重庆出版。历任编辑有陶百川、张文伯等。该刊自称是国民党"最高理论指导刊物"，以政治的、知识的、趣味的、青年的、斗争的五点为编辑方针。设有时事点评、论著、党务消息、海外通讯、青年信箱等栏目。经常刊载孙中山、蒋介石言论，抗战建国方案及研究国内外政治、经济、文化教育等文章。

《抗敌》 湖南省人民抗敌后援会1938年创刊于长沙。

《抗战文化》 湖南省文化界抗敌后援会1938年创刊于长沙。

《杀敌旬刊》 长沙学生抗敌后援会1937年12月创刊于长沙。

《中苏》 中苏文化协会湖南分会1938年创刊于长沙。

《湖南妇女》 湖南妇女慰劳自卫将士会创刊于长沙。

《前进》与《民族呼声》 《前进》，周刊，1937年9月18日创刊于长沙，每期16～32页。社长曹国枢，总编辑萧敏颂。《民族呼声》，十日刊，1937年10月创刊于长沙。罗滨荪、杨荣国、冯秀藻、赵藩生、梁宜苏、邓克生等先后主持编辑和经理工作。这两家刊物办刊宗旨为坚持团结抗战和宣传中共的政策和主张。《前进》出至第12期，《民族呼声》出至第8期，便停止单独刊行，于同年12月24日合出《民族呼声·前进联合周刊》，出了3期停刊。

《火线下》 三日刊，1937年11月12日创刊于长沙，黎澍、杨隆誉、唐文燮主办。1938年元月，出至20期停刊。同年3月与《民族呼声》合并，出《联合》旬刊，约出7期于这年5月下旬停刊。

（三）战时长沙的图书出版

据不完全统计，抗战八年各出版社在湖南编辑出版的图书达1780多种[①]。这里辑录了抗战初期长沙出版的部分书目。

---

① 《中国抗日战争时期大后方出版史》，重庆出版社，1999年10月，第370页。

抗战初期长沙出书简目

(1937—1938)

类	书名	编著者	出版单位及出版年月
哲学、宗教	历史哲学教程	翦伯赞著	长沙商务印书馆1938年版
	中国哲学史大纲(上卷)	胡适著	商务印书馆1938年10月3版
	论语与儒家思想(国学小丛书)	车铭深著	长沙商务印书馆1938年版
	孟子(学生国学丛书)	缪无援选注	长沙商务印书馆1938年再版
	荀子哲学纲要(国学小丛书)	刘子静著	长沙商务印书馆1938年再版
	两宋思想述评	陈钟凡著	长沙商务印书馆1938年再版
	群众心理与群众领导	张九如著	长沙商务印书馆1938年3版
	中国哲学史补	冯友兰著	长沙商务印书馆1938年再版
	弟子职集解一卷	(清)庄述祖撰	长沙商务印书馆1937年12月版
	弟子职正音一一卷	(清)王筠撰	长沙商务印书馆1937年12月版
	弟子职注一卷	(清)孙同元撰	长沙商务印书馆1937年12月版
	大学疏义不分卷	(宋)金履祥撰	长沙商务印书馆1937年12月版
	儿童心理学	萧孝嵘等著	长沙商务印书馆1938年10月3版
	服务与修养(中)	赵宗预	长沙商务印书馆1937年6月10版
	服务与修养(下)	赵宗预	长沙商务印书馆1937年10月9版
	古今注三卷	(晋)崔豹著	长沙商务印书馆1937年12月版
	海槎除录一卷	(明)顾阶撰	长沙商务印书馆1938年10月版
	海涵万象录一卷	(明)黄润玉撰	长沙商务印书馆1938年10月版
	海樵子一卷	(明)王崇庆撰	长沙商务印书馆1938年1月版
	海沂子五卷	(明)王文禄撰	长沙商务印书馆1938年10月版
	国教真相	(叙利亚)爱勒吉斯尔著;马华译	长沙商务印书馆1938年1月版
	焦氏易林四卷	(汉)焦延寿撰	长沙商务印书馆1937年版
	经节要一卷	(晋)皇甫谧撰;(元)杜思敬节抄	长沙商务印书馆1938年12月版
	科学家与宗教(上册)	江道源	长沙商务印书馆1938年版

续表

类	书名	编著者	出版单位及出版年月
哲学、宗教	客问一卷	(明)黄省曾撰	长沙商务印书馆1938年10月版
	琅琊漫抄摘录一卷	(明)文林撰	长沙商务印书馆1938年版
	廉矩(不分卷)	(明)王文神妙著	长沙商务印书馆1939年12月版
	留清日札摘抄四卷	(日)田艺衡撰	长沙商务印书馆1938年1月版
	论语笔解一卷	(唐)韩愈;李翔撰	长沙商务印书馆1938年10月版
	人类理解论(1、2)	(英)洛克著;关琪桐译	长沙商务印书馆1938年7月版
	实证主义概观	(法)孔德著;萧赣译	长沙商务印书馆1938年版
	守溪笔记一卷	(明)王鏊撰	长沙商务印书馆1938年版
	松窗寤言摘录一卷	(明)崔铣撰	长沙商务印书馆1938年10月版
	随笔兆一卷	(宗)洪迈撰	长沙商务印书馆1938年1月版
	天仙真诀一卷		长沙商务印书馆1938年7月版
	西洋哲学史	(美)梯利(Thilly. F)著;陈正模译	长沙商务印书馆1938年7月初版
	玄机通一卷	(明)仇俊卿撰	长沙商务印书馆1938年10月版
	易图一卷	(明)田艺蘅撰	长沙商务印书馆1938年1月版
	尹文子直译	陈仲荄	长沙商务印书馆1938年版
	郁离子微一卷	(明)刘基撰	长沙商务印书馆1938年1月版
	周易本义考不分卷		长沙商务印书馆1937年12月版
政治、法律	怎样战胜日本	长沙抗敌文学会编	长沙印务馆1938年印刷
	抗战的前途	吕振羽著	湖南文化界抗敌后援会训练部1938年印
	张主席言论第一、二集	张治中著	湖南省政府秘书处1938年印
	中国抗战与国际	宪志编	长沙同文印刷公司1938年印刷
	现代捷克斯拉夫政治(现代政治丛书)	吴克刚编著	长沙商务印书馆1938年版
	现代土耳其政治(现代政治丛书)	戴望舒编著	长沙商务印书馆1938年版

续表

类	书名	编著者	出版单位及出版年月
政治、法律	如何发动农民	谢扶雅、曹日昌、周荣德编辑	中华平民教育促进会1938年5月发行 长沙国光印刷公司印刷
	伟大的中华(农民抗战丛书)	中华平民教育促进会编	1937—1938年长沙版
	我们的国策(农民抗战丛书)	中华平民教育促进会编	1937—1938年长沙版
	我们的国力(农民抗战丛书)	中华平民教育促进会编	1937—1938年长沙版
	蒋委员长(农民抗战丛书)	中华平民教育促进会编	1937—1938年长沙版
	倭寇有什么力量(农民抗战丛书)	中华平民教育促进会编	1937—1938年长沙版
	九一八以前的中日关系(农民抗战丛书)	中华平民教育促进会编	1937—1938年长沙版
	从九一八到卢沟桥事变(农民抗战丛书)	中华平民教育促进会编	1937—1938年长沙版
	戚继光平倭寇(鼓词)(农民抗战丛书)	中华平民教育促进会编	1937—1938年长沙版
	勾践雪耻(农民抗战丛书)	中华平民教育促进会编	1937—1938年长沙版
	田单复国(农民抗战丛书)	中华平民教育促进会编	1937—1938年长沙版
	卜式输财救国(农民抗战丛书)	中华平民教育促进会编	1937—1938年长沙版
	血战居庸关(农民抗战丛书)	中华平民教育促进会编	1937—1938年长沙版
	刘永福(农民抗战丛书)	中华平民教育促进会编	1937—1938年长沙版
	死守宝山城(鼓词)(农民抗战丛书)	中华平民教育促进会编	1937—1938年长沙版
	闸北壮士(农民抗战丛书)	中华平民教育促进会编	1937—1938年长沙版

续表

类	书名	编著者	出版单位及出版年月
政治、法律	今日之国联(农民抗战丛书)	中华平民教育促进会编	1937—1938年长沙版
	今日之美国(农民抗战丛书)	中华平民教育促进会编	1937—1938年长沙版
	抗战中的国际关系(农民抗战丛书)	中华平民教育促进会编	1937—1938年长沙版
	东北(农民抗战丛书)	中华平民教育促进会编	1937—1938年长沙版
	十年来我国的新建设(共10册)(农民抗战丛书)	中华平民教育促进会编	1937—1938年长沙版
	后防(剧本)(农民抗战丛书)	熊佛西著	1937—1938年长沙版
	战歌(剧本)(农民抗战丛书)	杨林彬著	1937—1938年长沙版
	电线杆子(剧本)(农民抗战丛书)	周彦著	1937—1938年长沙版
	生死关心(剧本)(农民抗战丛书)	周彦著	1937—1938年长沙版
	流亡曲(叙事诗)(农民抗战丛书)	席征庸著	1937—1938年长沙版
	战地血花(农民抗战丛书)	席征庸著	1937—1938年长沙版
	抗战时期的民众教育	段辅尧著	湖南省立第二民众教育馆1937年印行
	中苏关系的过去与未来(中苏小丛书)	吕振羽著	中苏文化协会湖南分会主编1938年长沙版
	从苏联到联苏(中苏小丛书)	曹伯韩著	1938年长沙版
	抗日战争中的中苏问题(中苏小丛书)	陈逸因著	1938年长沙版
	商事法概要	王孝通编	长沙商务印书馆1938年版
	战时适用法规概要	徐百齐等	长沙商务印书馆1938年版

续表

类	书名	编著者	出版单位及出版年月
政治、法律	警察法总论	郑宗楷著	长沙商务印书馆1938年版
	抗战与国际公法	汪馥炎著	长沙商务印书馆1938年版
	日本侵略中国小史①	李洁西编著	长沙商务印书馆1938—1939年版
	世界大势	吕朋著	长沙商务印书馆1938—1939年版
	和平统一与全面抗战英雄	黄雨青编	长沙商务印书馆1938—1939年版
	总动员浅说	童翼编著	长沙商务印书馆1938—1939年版
	长期抗战与最后胜利	李小青编者	长沙商务印书馆1938—1939年版
	作战概说	苏民编著	长沙商务印书馆1938—1939年版
	游击战概说	苏民编著	长沙商务印书馆1938—1939年版
	战时的军需	苏民编著	长沙商务印书馆1938—1939年版
	兵器图说	刘维宜、孙惠道编	长沙商务印书馆1938—1939年版
	陆军常识	刘维宜、孙惠道编	长沙商务印书馆1938—1939年版
	海军常识	刘维宜、孙惠道编	长沙商务印书馆1938—1939年版
	空军常识	刘维宜、孙惠道编	长沙商务印书馆1938—1939年版
	空袭与防空	张茂永编著	长沙商务印书馆1938—1939年版
	警备与消防	吕朋编著	长沙商务印书馆1938—1939年版
	战时的宣传	吕朋编著	长沙商务印书馆1938—1939年版
	战时人民的义务	吕朋编著	长沙商务印书馆1938—1939年版
	战时的教育	夏锦涛编著	长沙商务印书馆1938—1939年版
	战时的消费统制	夏锦涛编著	长沙商务印书馆1938—1939年版
	战时的粮食	薛暮桥著	长沙商务印书馆1938—1939年版
	战时财政和金融	符灿炎著	长沙商务印书馆1938—1939年版
	我们的抗战领袖②	潘公展著	长沙商务印书馆1938年版
	抗战与民众组织	徐则骧著	长沙商务印书馆1938年版
	抗战与民众训练	陈端志著	长沙商务印书馆1938年版

① 以下20册系商务印书馆编的"民众战时常识丛书"。
② 以下20册系莫萱元主编的"抗战小丛书"。

续表

类	书名	编著者	出版单位及出版年月
政治、法律	抗战与国际形势	樊仲云著	长沙商务印书馆1938年版
	抗战与太平洋问题	程伯轩著	长沙商务印书馆1938年版
	抗战与敌国之现势	莫萱元著	长沙商务印书馆1938年版
	抗战与经济统制	张素民著	长沙商务印书馆1938年版
	抗战与财政金融	周宪文、孙礼榆著	长沙商务印书馆1938年版
	抗战与民族工业	杨智著	长沙商务印书馆1938年版
	抗战与农村经济	许性初著	长沙商务印书馆1938年版
	抗战与社会问题	陈端志著	长沙商务印书馆1938年版
	抗战与保甲运动	陈高佣著	长沙商务印书馆1938年版
	抗战与军事常识	杨虎著	长沙商务印书馆1938年版
	抗战与防空	张裕良著	长沙商务印书馆1938年版
	抗战与防毒	周尚著	长沙商务印书馆1938年版
	抗战与间谍	黄敬斋著	长沙商务印书馆1938年版
	抗战与后援工作	陶百川著	长沙商务印书馆1938年版
	抗战与救护工作	庞京周著	长沙商务印书馆1938年版
	抗战与救济事业	张秉辉著	长沙商务印书馆1938年版
	抗战与公用事业	徐佩璜著	长沙商务印书馆1938年版
	抗战与新闻事业	王新命著	长沙商务印书馆1938年版
	抗战与教育	袁哲著	长沙商务印书馆1938年版
	抗战与美术	朱应鹏等	长沙商务印书馆1938年版
	抗战与戏剧	田汉等	长沙商务印书馆1938年版
	抗战与电影	姚苏凤著	长沙商务印书馆1938年版
	抗战与游艺	周寒梅著	长沙商务印书馆1938年版
	抗战与歌曲	仲子通著	长沙商务印书馆1938年版
经济、统计	湖南粮食生产调查	张人价编述	湘米改进委员会粮食调查委员会1938年印制
	安化之茶业	刘凤文编	前后湖南第三农事试验场1937年印
	日本之战时资源	孙志橙著	长沙商务印书馆1938年版

续表

类	书名	编著者	出版单位及出版年月
经济、统计	日本之公债消化力	孙志橙著	长沙商务印书馆1938年版
	日本战争贸易政策	符灿炎编著	长沙商务印书馆1938年版
	美国经济史	熊士经编著	长沙商务印书馆1938年版
	工业簿记	（日）吉田良三著；陈家瓒译	长沙商务印书馆1938年版
	实用官厅会计	吴尊	长沙商务印书馆1938年版
	最近日本之国际收支	孔志澄	长沙商务印书馆1938年版
	审计学教科书	潘序伦、顾询著	长沙商务印书馆1938年版
	战时经济学	（英）弼古著；徐宗士译	长沙国立编译馆、商务印书馆1938年5版
	战时农村经济动员	高叔康著	长沙艺文研究会1938年6月初版
	战争与财政	柏登	长沙商务印书馆1938年再版
	中国工业化的途径	吴景超	长沙艺文研究会1938年版
	德、意、日三国最近之银行业	中国银行经济研究处	长沙商务印书馆1938年再版
军事	晋北游击战争纪实	林彪等著；刘雯编	战时出版社1938年再版 长沙大伦印刷厂印刷
	鲁南会战记	徐公达、张子健、冯秀山、赵群著	长沙中国战史出版社1938年版
	抗敌游击战术	朱德、彭德怀等著	长沙抗敌救亡出版社1938年版
	实用游击战术	萧劲光著	长沙战术出版社1938年版
	自卫与侵略	史国纲著	长沙商务印书馆1938年版
	兵役（战时常识丛书）	徐百齐、吴鹏飞著	长沙商务印书馆1938年版
	空袭与防空	邹文耀编	长沙商务印书馆1938年版
	国民防空必读	江晓因、周会同编校	长沙商务印书馆1938年9月4版
	化学战争	谭勤余	长沙商务印书馆1938年3月再版
	科学战争	（日）川特多实二著；蔡弃民译	长沙商务印书馆1938年5月4版
	战时安全设备	唐凌阁	长沙商务印书馆1938年3月再版

续表

类	书名	编著者	出版单位及出版年月
文化、教育	湖南社会教育概况	湖南省教育厅编	长沙湘中印务馆1937年印
	抗战时期的民众教育	段辅尧著	湖南省立第二民众教育馆1937年印
	长沙广播无线电台概况		长沙广播无线电台1937年编印
	论爱国主义教育	徐特立著	长沙1938年印制
	改造中的欧洲教育	程国政著	长沙商务书馆1938年版
	幼稚园常识	孙艳秋等编著	长沙商务书馆1938年版
	乡村教育的经验	刘百川编著	长沙商务书馆1938年版
	学习心理(北大师范丛书)	(美)科尔文著;黄公觉译	长沙商务书馆1938年3版
文学、艺术	小招隐山馆甲子诗编十卷 谈艺四卷	王礼培著	长沙湖南船山学社1937年印行
	小招隐山馆甲子诗编十卷	王礼培著	长沙湖南船山学社1937年印行
	抗敌正气画集第一集	梁中铭编画	长沙正气出版社1938年版
	暴日兽行纪实画	梁中铭编绘	长沙正气出版社1938年版
	秘密文件(抵抗社丛书之一)	郑延谷著	长沙抵抗社1937年印行
	炸药	王思曾著	1937年国立戏剧学校印行于长沙
	反正	冼群著	1937年国立戏剧学校印行于长沙
	觉悟	李庆华著	1937年国立戏剧学校印行于长沙
	流亡者之歌	谷剑尘著	1937年国立戏剧学校印行于长沙
	疯了的母亲	骆文宏著	1937年国立戏剧学校印行于长沙
	折桥	谢重开著	1937年国立戏剧学校印行于长沙
	杀敌报国	张道藩著	1937年国立戏剧学校印行于长沙
	抗战歌词		1937年湖南省立民众教育馆编印于长沙
	爱国诗选(第1—4册)	江静之选注	长沙商务印书馆1938年版
	词藻四卷	(清)彭孙通撰	长沙商务印书馆1937年12月版

续表

类	书名	编著者	出版单位及出版年月
文学、艺术	丹麦短篇小说集	（丹麦）安徒生等著；金桥、淡秋选译	长沙商务印书馆1938年版
	范文正公文集九卷	（宋）范仲淹撰	长沙商务印书馆1937年12月版
	古今名人游记选	杨荫深、黄逸之合选注	长沙商务印书馆1938年版
	南翁梦录一卷	（安南）黎澄撰	长沙商务印书馆1938年1月版
	诗传孔氏传一卷	（周）端木炀撰	长沙商务印书馆1938年10月版
	文评一卷	（明）王世贞	长沙商务印书馆1939年12月版
	惠然草（诗）①	潘惠然著	长沙黑白出版部1937年版
	释放（散文）	林野著	长沙黑白出版部1937年版
	烬（长篇小说）	虹羽著	长沙黑白出版部1937年版
	秋虫（长篇小说集）	戈金著	长沙黑白出版部1937年版
	白兰花的季节（散文）	黄仪著	长沙黑白出版部1937年版
	囚徒（短篇小说集）	黑巴著	长沙黑白出版部1937年版
	袈裟与盛远（短篇小说集）	华朋著	长沙黑白出版部1937年版
	雨中（诗）	岫云著	长沙黑白出版部1937年版
	地狱的儿女们（短篇小说集）	路丁著	长沙黑白出版部1937年版
	震吼（剧本）	彭尼著	长沙黑白出版部1937年版
	暴日兽行纪实画	梁中铭编绘	长沙正气出版社1938年9月再版
语言、文字	湘音查字	李旦编	长沙锦文印务馆1937年印刷
	广韵校勘记	周祖汉著	长沙商务印书馆1938年版
	新著国语文法	黎锦熙编	长沙商务印书馆1938年9版
历史、地理	中国现代史料简编	章东岩辑	长沙和济印刷公司1937年印刷 长沙明明书店发行
	张江陵年谱	杨铎著	长沙商务印书馆1938年版
	本国地理	曹玉麐	长沙商务印书馆1938年9月版,修订本

① 以下系长沙黑白社编"黑白丛书"10种,金城图书公司印刷。

续表

类	书名	编著者	出版单位及出版年月
历史、地理	本国地理	何祖泽	长沙商务印书馆1938年3月8版
	本国地理	周宋康	长沙商务印书馆1938年版
	本国史	吕思勉	长沙商务印书馆1938年7月8版，改订本
	朝鲜纪事及其它两种	（明）倪谦	长沙商务印书馆1937年12月版
	朝鲜志上下卷	（朝鲜）（佚名）撰	长沙商务印书馆1937年12月版
	抚安东夷记	（明）马文升撰	长沙商务印书馆1938年10月版
	顾亭林先生年谱四卷附录	（清）张穆编	长沙商务印书馆1937年12月版
	国琛集二卷	（明）唐枢撰	长沙商务印书馆1938年10月版
	海录注	（清）谢清高口述；（清）杨炳南笔授；冯水钧注释	长沙商务印书馆1938年版
	黑鞑事略不分卷	（宋）彭大雅撰；（宋）徐霆疏证	长沙商务印书馆1937年12月版
	黄昆圃先生年谱三卷	（清）顾镇编	长沙商务印书馆1937年12月版
	继世纪闻六卷	（明）陈洪汉撰	长沙商务印书馆1938年1月版
	江西地图说一卷	（明）赵来怒撰	长沙商务印书馆1938年10月版
	抗战丛刊（第1、2、3、4、5、6辑）	郑光昭	长沙商务印书馆1938年版
	李宗仁将军传	张公达	长沙商务印书馆1938年版
	礼记训义择密八卷	（清）江永撰	长沙商务印书馆1937年12月版
	列朝盛事不分卷	（明）王世贞撰	长沙商务印书馆1937年12月版
	南洋史纲要	李长傅	长沙商务印书馆1938年版
	平汉录一卷	（明）宋濂撰（一题童录钗）	长沙商务印书馆1938年1月版
	平夷赋一卷	（明）赵辅撰	长沙商务印书馆1938年版
	前闻记一卷	（明）祝允明撰	长沙商务印书馆1938年10月版
	续吴先贤赞十五卷	（明）刘凤撰	长沙商务印书馆1938年10月版
	中国分省图	刘季辰绘制	长沙商务印书馆1938年5月修正4版

续表

类	书名	编著者	出版单位及出版年月
历史、地理	中国社会史料丛钞（甲集）（上中下）	瞿宣颖纂	长沙商务印书馆1937年12月版
	中日实力的比较	沈洁西著；吕金录校订	长沙商务印书馆1938年版
	朱德传	伊兰编译	长沙抗敌救亡出版社1938年1月初版
	张鼓峰事件鸟瞰	王中枢编	长沙商务印书馆1938年版
	本国史	周景濂著	长沙商务印书馆1937年4月5版
	长沙火灾纪实	张公达著	湖南政府宣导处1938年编印
	抗日名人传略	刘雯编	长沙上海书店1938年版
	中国上古中古文化史	陈安仁著	长沙战时出版社1938年再版
	中国近代史	蒋廷黻著	长沙商务印书馆1938年版
	"国难丛书"第一辑		1937年湖南排印本，计6种
	南渡录第一卷	（宋）辛弃疾撰	
	甲申传言录	（明）钱䫄撰	
	扬州十日屠杀记一卷	（明）王秀楚撰	
	嘉定屠城惨史一卷	（清）朱子素撰	
	乙酉海虞被兵记一卷	（清）王孙简撰	
	中东战纪辑要	袁青萍选辑	
自然科学	高中三角指导书	陈毅生编	长沙商务印书馆1938年版
	威斯两氏大代数	萧文灿译	长沙商务印书馆1938年版
	数值三角法	陈怀书、黄锡祺编	长沙商务印书馆1938年版
	理化常数要览	林笛梅编	长沙商务印书馆1938年版
	动物学	周建人、刘纪编	长沙商务印书馆1938年版
	自然科战时补充教材	宋建勤编著	长沙商务印书馆1938年版
	物理学	柳大维编	长沙商务印书馆1938年版
	实用生物统计法（大学丛书）	王绶著	长沙商务印书馆1938年版
	初级物理实习讲义	丁燮林著	长沙商务印书馆1938年版

续表

类	书名	编著者	出版单位及出版年月
自然科学	普通物理学(大学丛书)	萨本栋著	长沙商务印书馆1938年7版
	苏联科学(苏联小丛书)	包玉珂译	长沙商务印书馆1938年再版
	毒气侦检大纲	(瑞士)司徒定格著；韩组康译	长沙商务印书馆1938年版
	膨胀的宇宙	(英)爱丁虹著；曹大同译	长沙商务印书馆1938年版
	饮料水标准检验法	方乘编	长沙商务印书馆1938年版
应用技术	工程专册	唐凌阁编	长沙商务印书馆1938年版
	工程材料	李冰编译	长沙商务印书馆1938年版
	投资算术	凤信编著	长沙商务印书馆1938年版
	四川省之桐油	张肖梅、赵循伯编著	长沙商务印书馆1938年版
	会计数学	李鸿寿、莫启欧译编	长沙商务印书馆1938年版
	养鸡法	王言纶、刘大坤编	长沙商务印书馆1938年版
	养牛法	龚厥民编	长沙商务印书馆1938年版
	铁道工程学	凌鸿勋编著	长沙商务印书馆1938年版
	铸钢学	(美)哈尔著；王怀琛译	长沙商务印书馆1938年版
	煤造汽油法	徐宝鼎编	长沙商务印书馆1938年版
	毒气防御及治疗法(医学小丛书)	顾学裘著	长沙商务印书馆1938年版

第二章 坚持抗战,促进西南西北出版业的发展

一、桂林——空前繁荣的战时文化城

桂林素以"山水甲天下"闻名于世,又以历史文化名城为世人称道,抗日战争时期则以文化城享有盛誉。

桂林地处广西东北部,交通方便,是中原、华北联结西南、华南的战略要地,又是通向香港和东南亚的重要门户。桂林是当时广西的省会,是桂系李宗仁、白崇禧、黄旭初的政治中心。由于历史的原因,桂系与蒋介石集团之间存在着不少矛盾。在全国抗战开始,中共为了争取桂系的支持,以便把桂林建成支援前线抗日的后方基地,对桂系采取了合作态度。

1938年10月下旬,广州、武汉相继沦陷。原先从平津、上海等地集中在上述两市的文化工作者分别往重庆、桂林撤退,东北、华北、华东各沦陷区的大批文化人先后汇集桂林。据统计,当时集结在桂林的文化出版界人士有1000多人,其中闻名全国的有200多人[①]。外地的出版社、书店和印刷厂纷纷迁往桂林,文化人又集资兴办了一批出版发行机构,使桂林的出版发行和印刷机构林立,盛况空前。正因为这一时期的桂林文人荟萃,人才济济,出版事业繁荣昌盛,从而被誉为"文化城",蜚声中外。

从1938年10月到1944年秋桂林疏散前,桂林成为空前繁荣的战时文

---

① 《桂林文化城概况》,第1页。

化城和出版基地。据统计,抗战时期桂林共有大小出版社、书店178家,出版图书2000多种;在桂林复刊和创办各种期刊280多种[1]。印刷厂最兴旺的1943年有109家,其中书版厂8家,排字能力每月可达3000万~4000万字,生产用纸每月最高可达15000令。兴旺时每月出版图书40种[2]。对比抗战前后,真可说是盛极一时了。

(一)主要出版机构

抗战时期桂林的出版机构包括有:

1. 中共领导和影响的出版机构

如生活书店桂林分店、新知书店、读书出版社桂林分社、桂林文化供应社、新华日报桂林营业处、南方出版社、石火出版社、学艺出版社、文学编译社、耕耘出版社、远方书店、实学书局、大公书局、华华书店、三户图书社、新光书店等。

2. 国民党(含新桂系)所办出版机构

正中书局、拔提书店、青年书店、中国文化服务社广西分社、民团周刊社及建设书店、国防书店、前导书局、乐群社文化部、军用图书社、军民书店、胜利出版社广西分社等。

3. 政府行政部门所办出版机构

广西大学出版社、广西省政府教育厅编写组、广西省政府统计处、广西省政府秘书处编译室、广西建设研究会编辑委员会编译室、广西省地方行政干部训练团编审股、广西省民政厅、广西省建设厅、广西省工商局、广西省矿务局、广西省农林局、广西省民众教育馆等。

4. 社团和文化人所办出版机构

开明书店、白虹书店、商务印书馆桂林分馆、中华书局桂林支局、上海杂志公司、文化生活出版社、海燕出版社、前线出版社、科学出版社、大时代书局、创作出版社、华侨书店、远东书局、读写出版社、大地图书公司、诗创作社、

---

[1] 龙谦、胡庆嘉编著:《抗战时期桂林出版史料》,漓江出版社,1999年1月。
[2] 《桂林简史》,第208页。

万有书局、立体出版社、光明书局、骆驼出版社、现实出版社、华岳出版社、良友复兴图书公司、大东书局桂林分局、伊甸出版社、学文出版社、铭真出版社、大地出版社、南天出版社、会文堂书局、文献出版社、北新书局、黎明书局办事处、世界书局桂林分局、龙门联合书局、真实书店、亚光舆地学社、典雅书局、军民书店、胜利出版社广西分社、新生书店、桂海书局、唐文南书局、唐文华书局、强华书局、二酉书店、民强书局、大华图书公司、读者书店、东方图书公司、大公书店、天下书店、大千书局、新时代书局、华中图书公司、金马出版社、儿童出版社、民歌出版社、黑白出版社，等等。

这里，简要介绍抗战时期桂林部分主要出版机构。

生活书店桂林分店 1938年3月15日，生活书店在桂林设立分店，地址：中山南路182号。负责人先后是诸祖荣、卞祖纪、孙明心、邵公文等。生活书店总管理处为了加强各分店领导，1939年1月设立东南、西南管理区，西南管理区即设立在桂林，由诸度凝任主任，并在桂林组稿、编辑、出版新书。店务会议等由管理处与分店合并举行。为加强编审工作，1939年3月，成立了编审委员会桂林分会，胡愈之兼任分会主席，委员有张铁生等。桂林为当时西南地区的造货中心，许多书是在桂林排版印刷，然后分运西南各地发行，或由桂林供给纸型，在外地印刷。如毛泽东著《论持久战》、叶剑英著《武汉广州沦陷后的抗战新形势》等书；也有一些书刊是由外地供给纸型，在桂林印行，如《妇女生活》、《战时教育》等杂志，是由重庆供给纸型，在桂林印发给西南和东南两管理区各分店的；《世界知识》、《文艺阵地》则分别由香港和上海寄来纸型，然后翻印供书的。1940年8月，因区内分支店不复存在，区管理处遂撤销。1941年皖南事变后，生活书店桂林分店于2月12日亦被迫停业。后以三户图书社和学艺出版社的名义在桂林继续出版进步读物。

新知书店 1938年9月决定由武汉迁往桂林，12月1日在桂西路35号正式开业。新知在桂林设总管理处和分店，总经理徐雪寒往来于重庆桂林间，而长住重庆；副总经理华应申兼分店经理主持工作。接着，增设了辰溪、宜山、柳州、昆明等分店，并和读书出版社合作，在贵阳建立读新书店。金华分店派出朱晓光去新四军皖南军部设置随军书店，向战地供应书报。王益从广州撤到桂林,被派回到上海重建办事处,恢复组稿、出版和发行业务。该店又先后派俞鸿模、张朝同建立了香港办事处,主要翻印中国出版社的书籍,特别是延安的《解放》杂志,向港澳及东南亚一带供应。

新知书店在桂林出版的书以政治理论读物为主,也出过少量文艺读物和少儿读物。1939年冬,在中共湖南省委所办的《观察日报》被封闭后,将其印刷厂迁桂林,由桂林文化供应社、生活书店桂林分店和新知书店共同盘了下来,三家合股组成西南印刷厂。

1941年皖南事变后,新知书店被迫停业。新知在大后方只剩下重庆一个分店。新知书店在桂林留一办事处,由周德炎负责。以后陆续以远方书店和实用书店的名义设二线书店,继续坚持出版发行工作。

读书出版社桂林分社 1938年冬在桂林成立,负责人刘麟。社址在桂西路阳家巷2号,后在桂西路17号设立门市部。该社主要发行总社在重庆出版的新书,同时担任部分再版任务。一些书稿如艾思奇的《大众哲学》和《哲学选辑》,艾思奇、吴黎平的《科学历史观教程》等,都是由总社组稿寄来桂林排印出版的。1941年皖南事变后被迫停业。不久,又以新光书店名义重新开设二线书店。

新华日报桂林营业处 新华日报桂林营业处,1938年12月在桂林开办,它的前身是新华日报广州分馆,广州沦陷后迁到桂林。经理先后是张尔华、陈晃,地址在桂西路26号。

新华日报桂林营业处的主要任务是发行重庆出版的《新华日报》、《群众》、马列主义著作和中共领导人著作等。同时还发行俄文书刊,如《联共(布)党史简明教程》、《列宁选集》、《文学月刊》、《真理报》、《文学报》等,都是通过该处在桂林发行的。皖南事变之后,国民党虽然不敢公开封闭新华日报桂林营业处,但报纸和图书的正常发行受到很大影响。该处却通过邮购和其他伪装的办法来坚持发行工作。

文化供应社 1939年10月在桂林成立,它既是出版机构,又是发行机构。为适应抗战形势发展的需要,1939年度由胡愈之设计并与进步文化人联合广西地方人士发起,倡议集资成立文化供应社股份有限公司,推胡愈之、陈此生、陈劭先负责筹备,同年10月22日正式成立,李任仁为董事长,陈劭先为社长,设总务、编辑两部,由陈此生、胡愈之分任部主任。1940年随着业务发展的需要,又增设了出版部和营业部,由宋云彬、赵晓恩分任部主任,并建立了自己的印刷厂——建设印刷厂。1940年10月胡愈之被派去香港转新加坡工作后,编辑部主任由傅彬然继任。先后担任编辑的有曹伯韩、王鲁彦、宋云彬、姜君辰、林山、操震球、杨承芳、邵荃麟、林涧青、杜麦青、莫一庸、欧阳文彬等。该社筹备于施家园,公司建在丽君路,总发行所及门市部在桂西路35号,在太平路8号还有一办公处。

文化供应社以出版通俗读物为主,也出版一些理论学术著作和青少年读物。文化供应社从1939年10月成立到1944年夏自桂林撤退止的近5年中,共出版了2种期刊《文化杂志》和《新道理》,15套丛书(丛刊),其中通俗读物2套:"文化室图书"、"通俗文库";青少年读物4套:"青年知识丛书"、"青年自学指导手册"、"青年文库"和"少年文库";时事读物2套:"时事问题丛刊"、"世界大战丛刊";教育方面4套:"初中精读文选"、"中学略读文选"、"国民教育丛书"、"中国近百年史丛书";文学方面2套:"文学创作丛刊"、"学术丛刊";还出版了一套"大学用书"。还出版了一些学术著作,如:邓初民著《中国社会史教程》、张健甫著《中国近百年史教程》、姜君辰著《社会学入门》、艾芜著《文学手册》、丰子恺著《艺术修养基础》、谷施范著《新水浒》,等等。

桂林文化供应社的出书总数,据估计为600多种[①]。在战争环境下,一个只有40多人的出版社,这个成绩是很大的。同时,他们还运用地方行政力量,发动广西全省基层组织普遍建立起文化室,购备这些书刊,开展宣传教育活动。随后这些书刊,逐渐扩大到其他各省。这在向群众灌输进步思想,提高大众文化水平方面,具有深远的意义。

1941年皖南事变后,文化供应社为掩护新知等一些进步出版单位和进步人士的撤退做了不少工作。文化出版社掩护新知书店有计划地撤退,并接办

---

① 据龙谦、胡庆嘉编著:《抗战时期桂林出版史料》,漓江出版社,1999年1月。

新知书店桂西路门市部,扩大出版范围和发行业务。

三户图书社 由冯玉祥出资办的一家出版社,1938年8月由武汉迁至桂林,后与生活书店合办。三户图书社经理先后为王倬如、李连成、汪允安、贺尚华。该社办有印刷厂(三户印刷厂)。社址在桂林中山北路186号,1943年迁至中山北路107号。

1941年皖南事变后,生活书店被迫停业,大部分人员及图书转入三户图书社,主要业务即由三户接办,并派贺尚华任三户图书社经理,派汪允安任三户印刷厂厂长。

三户图书社主要出版文艺类图书,与生活书店合办后继承了生活书店的出版方针,出版了很多进步图书,如周钢鸣著《文艺创作论》、田汉著《秋声赋》(五幕剧)、碧野著小说《肥沃的土地》;又如艾青著《诗论》、臧克家的长诗《向祖国》,田间的诗《给战斗者》、严人杰的诗《小鹰》等。该社还出版丛书,如胡风主编的"世界文学译丛",其中有卢那察尔斯基著、何凝译的《解放了的唐·吉诃德》,杰克·伦敦著、周行译的《马丁·伊登》,契可夫著、鲁迅译的《坏孩子和别的奇闻》,托尔斯泰著、周览译的《安娜·卡列尼娜》,苏·丹青科著、茅盾译的《文凭》,肖霍洛夫著、立波译的《被开垦的处女地》,以及阿明译的《爱的囚徒》,穆木天译的《巴尔扎克短篇集》。另一套由艾芜编的"创作丛书",收有沙汀著《群力》、王西彦著《乡井》、艾芜著《冬夜》、葛琴著《伴侣》等。该社还总经售当时的七大杂志:王鲁彦编《文艺杂志》、熊佛西编《文学创作》、吴存养编《广西妇女》、翻译杂志社编的《翻译杂志》、温致义编的《现代英语》、图书印刷月报社编的《图书印刷月报》、潘序伦主编的《立信会计》。

三户图书社在桂林一直经营至1944年秋大疏散时结束。

文化生活出版社 1938年10月广州沦陷,文化生活出版社辗转撤退到桂林后即在桂林、重庆、成都三地设办事处,经营出版发行业务。而以桂林为造货基地,并设总管理处,由巴金兼管,社务由吴文林负责。住址在桂林东江福隆街32号之6。1943年迁至中山北路西一里6号。该社经营至1944年秋疏散去重庆,抗战胜利后回上海复业。

文化生活出版社以出版文学创作和世界文学名著为主。由巴金主编的"文化生活丛书"、"良友文学丛书"、"文学小丛书"、"译文丛书",都先后在桂林初版和重版,品种近百种。巴金在桂林主编的另一套丛书"文学丛书",收有艾芜的短篇小说《逃荒》,巴金的散文集《旅途通讯》、《黑土》,沈从文的散文集《昆明冬景》,艾青的诗《大偃河》等二十余种。

文化生活出版社还曾在桂林出版《文丛》半月刊,巴金特地撰写了二篇《写给读者》,分别作为卷头语。指出:"这本刊物是在敌机接连的狂炸中编排、制型、印刷的",中间"经历了不少的艰辛"。还谈到冒险出版《文丛》的目的:"可以作为对敌人暴力的一个答复:我们的文化是任何暴力所不能摧毁的","物质的损坏并不能摧毁一个城市的抗战精神,正如刊物的停刊与撰稿人的死亡也不能使我们的抗战的信念消灭","我们的文化与我们的土地和人民永远存在","我们的文化也是烧不尽的"。

上海杂志公司 1938 年底迁至桂林市开业,地址在桂西路 8 号,经理张静庐。该公司经营图书出版和发行业务。

上海杂志公司以出版文学、戏剧读物为主,也出过一些理论著作。文学方面出版有郑伯克主编的《每月文库》,收有萧红的长篇小说《呼兰河传》、短篇小说《旷野的呐喊》,臧克家的长诗《淮上吟》,艾青的诗集《他死在第二次》,任钧的诗集《后方小唱》;老舍的短篇集《火车集》;端木蕻良的短篇集《风陵渡》等。还有译作如高尔基的《英雄的故事》、《我的童年》、《爱的奴隶》等。戏剧方面有陈白尘的《乱世男女》、《秋收》,章泯的《黑暗的笑声》,洪深的《包得行》,于伶的《大明英烈传》,田汉的《江汉渔歌》等。戏剧理论书有田禽祥的《新演技手册》、《戏剧演出教程》,刘露的《舞台技术基础》,葛一虹的《战时戏剧政策》,陈白尘的《戏剧创作方法》等。该公司出版的理论著作,如艾思奇的《新哲学论集》、以群译的《苏联作家论》(苏·塞维林著)等。

上海杂志公司在桂林经营至 1944 年秋疏散时结束。

开明书店 1938 年底,开明书店在桂林设立总办事处,由范洗人负责。开始主要依靠上海总店运来的纸型,大量重印畅销书,供应内地发行。1941年 5 月以后,上海与内地交通完全隔绝,开明在桂林设总管理处,以范洗人为总经理,重新组织董事会,宋云彬、傅彬然等任董事。编译所设在重庆,由叶圣陶主持(叶赴渝前,设"开明书店编译所成都办事处",叶为主任),有许多书稿在桂林印刷出版。开明书店桂林分店经理陆联荣,门市部设在桂林环湖北路17号。

开明书店以出版文学作品、青年读物和各种教材为主。文学作品有茅盾的《子夜》、《虹》、《三人行》、《幻灭·动摇·追求》,巴金的《家》、《春》、"爱情三部曲"、《灭亡》、《新生》、《海的梦》、《梦与醉》等长篇小说。另外,出了一套"开明短篇小说集",收入了茅盾、巴金、鲁彦、靳以、王统照、周文等人的作品,出版有散文、随笔,收入有茅盾的《速写与随笔》、巴金的《海行杂记》、叶绍钧的《未厌居习作》、夏丏尊的《平屋杂文》、靳以的《猫与书简》、施蛰存的《灯下集》、蹇先艾的《城下集》、冰心的《往事》等。

开明书店还出版了好几套丛书,如"开明青年丛书"、"开明文学新刊"、"开明少年科学丛书"、"开明少年英文丛书"、"开明青年英语丛书"、"苏联少年科学丛书"、"英文时事丛刊"、"中学生杂志丛刊"等。其中"开明青年丛书",内容不但包括有社会科学方面,还包括有自然科学方面,其种类多,范围广,很有它的特点。在教材方面出版了"开明大学丛书"、高中教本、初中教本,以及开明中学讲义、开明活页文选等。

1944年秋桂林疏散,开明书店总管理处迁至重庆;一部分撤退到桂东昭平县。抗战胜利后部分人员回桂林,设办事处于太平路,主要发行开明版教科书和各科参考书,经营至1949年桂林解放。

前导书局 1937年6月开业,局址在桂林市中山南路178号,负责人先后为黄溢椿、赵淑君。该书局出书范围较广,以政治、军事、史地、文艺为主。政治方面出版有宋庆龄著《中国应何以自存》,刘选萃、何建勋编《政治经济学——世界名著缩印丛刊》,刘栋译《日本与远东》,舒沛泉编《中日全面战争》第一册;军事方面有丁作韶著《兵役手册》,铮子撰《江阴血战》,(美)斯屯著、常林主编《明天的战争》;史地方面有陈树霖主编《嘉定三屠》、《南渡》;文艺方面有明天著、萌芽木刻的《春恋曲》,舒沛泉主编的《新文选》第一、二册,(美)摩根著、曾育群译《孤岛遇险记》,陈树霖主编《我的学生生活》、《我的店员生活》等。还刊行有《前导》周刊。

民团周刊社和建设书店 民团周刊社和建设书店是抗战期间广西省营最大的专业出版机构。民团周刊社1937年7月创办于南宁,由《民团周刊》改组而成。不久该社办了建设书店,为民团周刊社的下属机构,其任务主要是经售周刊社出版的书刊,有时也以建设书店的名义出书。1939年民团周刊社和建设书店迁至桂林,社址和店地皆在桂西路9号。建设书店迁至桂林后,原在南宁的书店改为分店。民团周刊社的负责人为钱实甫,编辑部主任先后为亢真化、梁上燕。书店经理由钱实甫兼,另有钟星云专职经理业务。其内部机构有编辑、发行、财务、资料诸部门。

民团周刊社的出版任务,主要是出版教育和辅导乡镇村街基层行政人员的书籍,以提高这方面读者的认识和工作能力,同时报道和宣传广西和桂军抗战情况,以及广西当局有关抗战的言论。该社的作者大多为新桂系要人,如李品仙、夏威、蒋卉、西敏、潘景佳、陈良佐、邱昌渭、雷宾南、卢显能、韦永成、梁明政,以及钱实甫、亢真化、梁上燕、冯璜等。出版丛书、丛刊是该社出书的一大特色,内容主要是政治、社会、建设、教育诸方面,自然科学和文学艺术类较少。主要丛书、丛刊有"焦土丛书"、"基本认识丛书"、"基层建设丛书"、"常识丛书"、"纪念丛书"、"民团丛书"、"地方自治丛书"、"县政丛书"、"国民基础教育丛刊"等。每种丛书、丛刊所辑册数不同,多则数辑数十种,如"焦土丛书"共6辑60册,少则一辑数册不等。该社还出版了不少桂系首脑人物的著作,如李宗仁著《民族复兴与焦土抗战》、《三民主义在广西》;白崇禧著《白健生先生三自政策与广西》、《民族出路与青年出路》、《乡镇村街长应有的修养》等;黄旭初著《广西建设之理论与实践》、《中国建设与广西建设》等。

注重网点建设是民团周刊社和建设书店的又一特点。它先后在全省66个县的县城建立有发行点136处,在乡镇建立网点50户。并在四川、陕西、安徽、福建四省建立有总售处,在广东、江西、浙江、湖南、湖北、云南、贵州、甘肃等省建立特约经销处、代销处或试销处130多户。

民团周刊社和建设书店经营至1944年秋大疏散时结束。

广西省政府编译委员会 1937年8月4日建立。1940年6月改为编译室,隶属于省政府秘书处。该处的任务是从事广西省公报和施政记录的编制和编辑;"广西建设丛书"的编辑;外国书报的翻译和编辑;省政府消息及建设成绩的发布;重要政令及领袖言论的阐述等等。该室成立后出版图书28种,其中黄旭初言论集6种,它们是:《怎样长期抗战》、《广西建设应走的路线》、《改良社会要从健全乡村做起》、《国民基础教育与广西建设》、《如何推行新政》、《青年学生应有的修养》。"广西建设丛书"4种:《广西人事行政》、《广西对外贸易统计》、《广西特种教育》、《广西国民中学教育》;民族英雄传记5种:《袁崇焕传》、《唐景崧传》、《苏元春传》、《冯子才传》、《刘二传》;"政治动员丛书"3种:《怎样应付敌人》、《国民月会演讲材料》、《战时紧急法令》。其他单行本有:《战时民众读本》、《莅桂名人演讲集》、《学术演讲集》、《广西历代大事记年表》、《民元至民十九年广西大事记》、《战时国民经济建设概要》、《档案管理法》、《广西省政府合署办公经过概要》、《人事行政之管理与实施》、《抗战建国手册》等。此外,还编辑出版有期刊2种。

青年书店 三青团所办,1940年成立,店址在桂林市中山南路165号,后迁至桂西路107号。经理王菊犹。出版有何炯编《忠勇事迹》第一辑,陈伯康著《日本研究》,邬翰芳著《日本国力的剖视》,(日)蜡山正道著、何炯译《行政学原理》等。

该店于1944年秋桂林大疏散时结束。

国防书店 1941年1月皖南事变后,生活书店桂林分店被广西当局限期停业。1941年4月1日,国民党文化宣传部门就在生活书店桂林分店原址桂林市中山南路182号开办了国防书店,经理为黄兴中。该店是出版军事国防类书刊的专业书店,先后出版有陈孝威著《会师东京》、陆士伟著《战时的铁路运输》、李灵芝编著《战时公路交通》、王一蛟著《农仓经营概要》、陈忠浩著《欧战中的国际关系一瞥》、程晓华著《现代战争理论与实际》、刘为章著《闪电战概论》、金极著《国防科学原理》、黄先明著《日本间谍在中国》、王世昭著《思想的国防》、吴石编《兵学辞典粹编》等。该店还编有《国防周刊》(程晓华主编)。国防书店于1944年秋桂林大疏散时结束。

中国文化服务社广西分社 1941年4月建立,社址在桂西路17号,经理符浩。这是国民党中央为加强在广西的宣传阵地而建立起来的一家国民党文化机构。这个社忠实执行了国民党的方针和一系列政策,出版积极鼓吹国民党中央精神的小册子和书籍。曾出版和重印了洪鼎钟著《政治节操问题》、汪怀书编著《苏联研究教程》、梁漱溟著《朝话》(1942年8月2版)和庄泽宣著《现代读书之技术》,等等。并积极推销蒋介石著《中国之命运》等一类图书。该店于1944年秋桂林紧急疏散时结束。

新光书店 1941年1月皖南事变后,读书出版社桂林分社被迫停业。1941年秋,范用从重庆辗转到桂林,用张汉卿的别名"张敏"向桂林市社会局领得一新光书店营业执照,店址在桂林市中山北路91号之4,1943年迁太平路22号。新光书店继承读书出版社业务,曾出版艾芜著《秋收》,奥斯特洛夫斯基著、王语今译《在暴风雨里所诞生的》,张谔绘、蒋逢美刻的画集《旧阴谋新花样》;重印了艾思奇的《大众哲学》,高尔基的《海燕》、《高尔基二三事》、《高尔基与中国》,契诃夫的《草原》,左拉的《萌芽》,马克思、恩格斯的《科学艺术论》和《鲁迅创作方法及其他》,以及"学习生活小丛书"、"文学月报丛书"等。

新光书店在桂林营业至1944年秋桂林大疏散时,一部分人撤至重庆,一部分人去贺县八步镇,与远方书店、三户图书社联合组成兄弟图书公司,抗日战争胜利后,兄弟图书公司迁广州。

学艺出版社 1941年4月建立,社址在桂林市桂西路棠梓巷20号,1943年迁中山路119号。负责人赵德林(赵筠)、方学武。学艺出版社和文学编辑社的任务是重版原生活书店的出版物和书稿,并在桂林新组稿件出书。曾用过学艺出版社、文学出版社、自学书店、新少年出版社四个名称出书。两年多时间,学艺等4个出版社共出书40多种。用学艺出版社名称出版的有《怎样做肥皂》,《珠算速算法》,《飞机模型制造》,《第七名逃犯》(徐迟译),普希金著的《复仇艳遇》,《铲形皇后》(普希金名著选集),吕荧著的《普希金论》,欧阳山著的《战果》,茅盾著的《劫后拾遗》,邹韬奋著的《事业管理与职业修养》,吴泽著的《中国社会发展史》,平心著的《青年的修养与训练》,曾施宝著的《世界科学名人传》等。用文学出版社名称出版的有托尔斯泰著的

《安娜·卡列尼娜》，萧洛霍夫著的《被开垦的处女地》，高尔基著的《海燕》、《三人》《给青年作家》，富曼诺夫著的《夏伯阳》，法捷耶夫著的《我是劳动人民的儿子》，卢那察尔斯基著的《外国作家研究》，杰克·伦敦著的《马丁·伊登》，邹韬奋著的《革命文豪高尔基》，刘健庵著的《高尔基画传》，艾芜著的《漂泊杂记》，姚雪垠著的《M站》，碧野著的《三次遗嘱》，雪峰著的《鲁迅论及其他》，沈起予著《文学修养的基础》等。用自学书店名称出版或重印的有华岗著的《社会发展史纲》，以群著的《文学基础知识》、《文学与生活》，茅盾著的《创作的准备》，起孟著的《写作方法入门》，沈起予著的《怎样阅读文艺作品》等。用新少年出版社名称出版的有胡愈之著的《书的故事》，张志渊著的《鹰和它的奴隶们》，还有班台莱耶夫著的《表》、《文件》等。

学艺出版社等在桂林经营至1944年秋桂林大疏散时结束。

华华书店 1942年春成立，店址在桂林市环湖北路24号楼上。经理孙怀琮，总编辑胡仲持。该店是一家没有门市部的出版社，主要经营图书出版和批发邮购业务。该店的创办是为了安排从被日寇占领的香港撤退到桂林的《华商报》的一部分职工，由原生活书店桂林分店负责人孙明心委托其侄子孙怀琮出面组织建立。

华华书店以出版文艺书刊、教育、儿童读物为主，曾出版茅盾著名长篇小说《霜叶红似二月花》，胡仲持主编的《文艺辞典》，高尔基著、程之译的《我的旅伴》和葛一虹译的《带枪的人》。儿童读物和教育方面，曾编辑出版了一套陈鹤琴主编的"新儿童文学丛书"，收有贺宜的童话《野小鬼》、《凯旋门》、《金铃子》、《雪人》，韦向的《小爱国者》，王子才的《蝌蚪变青蛙》等。还出版有陈鹤琴著《家庭教育》、《我的半生》、《活教育的教学原则》、《儿童故事》等，还编辑出版了由戴自俺、孙怀琮、陈啸天等编纂的《国民教师手册》等。

由于当时不易申请到期刊登记证，该店采用出书的形式，不定期地出版文艺读物，称作"新文学连丛"，先后出版有《孟夏集》、《雪山集》、《红叶集》，收有郭沫若、夏衍、邵荃麟、骆宾基、孟超、立波、华嘉等人的小说和文章。

1944年秋桂林大疏散时，华华书店迁重庆，抗日战争胜利后迁上海，并在桂林、杭州设分店。桂林分店于1947年1月正式营业，1949年8月被国民政府查封。

文光书店 1943 年 3 月创办,出面任经理的是陆梦生,实际负责人先后为陆联棠、汪允安。店址在桂林市三多路 23 号。该店是文化供应社处在被国民党中央"收购"的紧急情况下,为准备退路,保存文化阵地,布置文化供应社的中共党员邵荃麟、赵晓恩等筹资另行开设的一个出版机构。

文光书店以出版文学读物和学校参考用书、工具书、小学各科补充教材等为主。文学书方面出版有"世界文学名著译丛",内包括(俄)陀斯妥耶夫斯基著、邵荃麟译的《被侮辱和被损害的》,(俄)陀斯妥耶夫斯基著、宜闲译的《白痴》,葛洛斯基曼著、林陵译的《不朽的人民》,瓦希列夫斯卡著、林举岱译的《在乌克兰的草舍中》等等。单行本出版有茅盾著的《见闻杂记》,丰子恺著的《画中有诗》、《音乐初阶》,SY 的《不自由的故事》,曹朴的《国学常识》等。该店出版的金端苓编绘的《第二次世界大战参考地图》甚受读者欢迎,曾多次再版重印。

文光书店在桂林经营至 1944 年秋,桂林疏散时迁到重庆,抗战胜利后又迁上海。

(二) 主要期刊

1. 期刊发展进程

战前,桂林期刊很少。根据现在掌握的资料,1935 年仅见 2 种期刊创刊,一是启文印务局的《月牙》半月刊,另一是省立桂林初级中学出版的《桂初中校刊》。1936 年 10 月省会从南宁迁至桂林后,创刊的期刊多了 2 种。1937 年随着抗日热潮的逐步兴起,期刊的创刊,也有较大幅度的增加,这年创刊了 17 种。近一半是学生界、文化界抗日救亡社团办的,其次是政府机关创办的专业刊物。

1938 年是桂林开始形成文化城的一年,从年初起外地迁入的和本地创办的期刊,就以猛烈的速度增加着,这一年创办了 36 种,比战前十多年加上战后 1937 年 7—12 月的总数多得多。内容方面虽然还是以抗日救亡为主,但已从初期的抗议、批驳、动员,进入深层次,内容更广泛更深入了。

1939—1943年是桂林文化城文化出版活动最繁荣的5年,从期刊创刊来看,1939年创刊43种,1940年进入高峰,达到54种,1941年为45种,1942年稍有下降,但仍有35种,1943年再度上升,至43种。1944年2月广西图书杂志审查处升格扩充,对出版物的控制更加严厉,加之日寇近逼,这年期刊,只创刊5种,6月以后,桂林开始疏散,11月桂林陷落,所有期刊纷纷停刊,桂林结束了"文化城"的历史时代①。

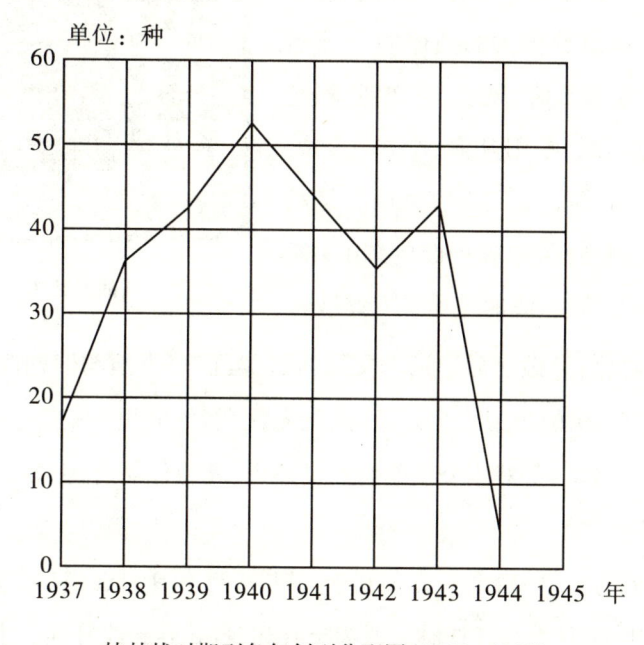

桂林战时期刊各年创刊分配图(1937—1945)

2. 主要期刊选介

《全面抗战》 周刊,1938年1月5日创刊,全面抗战周刊社编辑,负责人曾育群,第五路军总政训部出版。该处原编辑出版《创进》和《正路》两种期刊,抗战爆发后停刊,为适应抗战的需要改出《全面抗战》,内容有评论、国际问题谈话、战地通讯等。

《战时艺术》 1938年3月创刊于桂林,是抗战早期国防艺术社(属第五路军总政治部)创办的综合性刊物,主编为司徒华,生活书店特约经售。1938

---

① 叶再生著:《中国近代现代出版通史》第三卷,华文出版社,2002年1月,第187—190页。

年12月29日,桂林象鼻山社址被敌机炸毁,不得不暂时停刊,后于1939年5月在普陀山重建社址复刊。首期发表李文钊《战时艺术》一文,明确提出:"在现时代里,艺术应当是'战斗的'、'大众的',这伟大的时代……必然要产生伟大的艺术;伟大的艺术是担负着伟大的使命的。"该刊作者主要有欧阳予倩、凤子、李文钊、陈迩冬、丽尼、黄药眠、欧阳凡海、李桦、章泯、臧克家、廖行健等。该刊内容突出的是戏剧理论和戏剧创作,如廖行健的《田汉谈战时戏剧》,欧阳予倩的三幕剧《青纱帐里》及《〈青纱帐里〉改编后记》,李文钊的《〈梁红玉〉上演与旧剧改良》,舒群的剧本《没有祖国的孩子》,另外还有《曙光》、《青纱帐里》、《夜光杯》、《古城的怒吼》、《飞将军》等戏剧公演的剧照及述评,其他作品有诗、歌曲、木刻画、翻译作品等。

《战时艺术》

《中国农村》 1934年1月创刊于上海,1937年9月迁南昌,1938年1月迁武汉,同年11月1日迁桂林。原为半月刊,自6卷起改月刊。主编原为薛暮桥,迁桂林后改为千家驹,新知书店发行。抗战期间为使农业生产适应抗战需要,发动、组织和训练农民积极抗战。该刊设有短评、专论、工作讨论、农村通讯、农村巡礼、农村文艺、读者论坛、农村调查、农民运动、读者通讯、土地问题、世界(主要是苏联)农村报道、游击区根据地农村介绍、本刊特写、时论等专栏。发行遍及桂、黔、浙、川、湘、滇等省区,还到达晋、绥、沪等华北华东省市和国外菲律宾苏联等地。1943年8月23日出版了8卷11期后,被国民党政府查封,第10期因稿件被省图书审查委员会扣留而缺。

《国民公论》(桂林版) 1938年创刊于汉口,1938年12月迁桂林、重庆,分两地出版,是抗战前期国统区影响较大的综合半月刊。编辑为千家驹、胡愈之、张铁生、张志让、姜君辰。该刊桂林版由桂林科学印刷厂印刷。1940年

8月后该刊均在桂林出版,生活书店总经销,重庆、桂林国民公论社发行,全国有30个经销点。办刊缘由:"只有在相互坦白直率地批评的基础上面,才能建立起真正巩固的统一战线,这样的统一战线,才是长久的,同样地在抗战中,我们必须有建设的精神,建设的主要意义,是改善旧的,创造新的。"(创刊词《批判的精神、建设的精神》)主要撰稿人为全国各地知名专家、学者和作家,内容有国内外政治、军事、经济局势述评和通讯报道,中共领导人讲话如毛泽东《第二次帝国主义战争的讲演提纲》、周恩来《中日战争之政略与战略问题》等,还有大量文艺作品,尤以诗歌小说为主,如司马文森的《大时代的小人物》、《南线》,王鲁彦的《我的喇叭》,艾青的《街》,穆木天的《给小母亲》等。此外还有杂文、随笔、报告文学。1941年1月皖南事变后被政府当局查封。

《十日文萃》 是《救亡日报》的文艺副刊,1938年创刊于广州,刚出三期即因广州沦陷随救亡日报社迁桂林,于1939年1月1日在桂林出版1卷4期,社长兼发行人郭沫若,编辑林仰山(林林),南方出版社总经售。因印刷困难经常脱期,出至第9期停刊,1940年7月7日复刊,改为由十日文萃社编,并扩充版面,印数突破5000份。该刊有国际、政治、经济、文化、小说等内容,但以文艺创作和文艺理论为主。政治方面较有影响的文章为叶剑英的《广州武汉沦陷后的抗战局势》,叶厥孙的《周恩来谈抗战的回顾与前瞻》;文艺创作方面有巴金的散文《广武道上》、《从广州出来》、《民富渡上》,华嘉的报告文学《南浔线上》,鹿地亘的《和平村记》,萧三的长诗《礼物》等;文艺理论有丁玲的《真》,茅盾的《关于〈新水浒〉》,郭沫若的《坚定信念与降低生活》等;其他还有冼星海的《我学习音乐的经过》,徐治平的《孩子剧团所走过的路程》等。

《中学生》 1930年创刊于上海,上海沦陷后曾停刊,1939年5月在桂林复刊,1941年10月改为月刊。主编叶圣陶,实际由宋云彬、傅彬然编辑,陆联棠发行,发行所为桂林开明书店。该刊是适合中学生和知识青年阅读的综合性刊物,主旨是希望"用文化和智慧的光辉,消灭世界上野蛮与疯狂的侵略者",希望能通过办此刊物,使中学生努力追求文化与智慧,树立民族利益超过一切的思想。把学习、工作、生活紧密结合起来。主要撰稿人为当时著名政治、经济、文化教育、艺术界的学者专家。该刊内容非常丰富,并随形势的发展增减变动,开辟有"卷头语",根据时局变化和青年关心的问题由叶圣陶、宋云彬、曹伯韩、秉仁、傅彬然撰写有针对性的短论;另外有张铁生主笔的"哲学讲话"、"时事瞭望台",千家驹主笔的"中国战时经济讲座",方牧主笔的"抗战地理讲话",曹伯韩主笔的"精神文化讲话",傅彬然主笔的"学习心理讲话"、"半月时事讲话",张天翼主笔的"门外哲学讲座",叶圣陶主笔的"国文随谈",吕叔湘主笔的"文言虚字浅谈"等。此外,还有文学创作作品。1944年6月桂林疏散后迁重庆。该刊在中学生和知识青年中很有影响。

《新音乐》(桂版) 1939年12月创刊于桂林,是抗战时期国内主要音乐杂志之一。主编李绿永(李凌)、林路,编委:天风、沙梅、吕骥、安娥、盛家伦、赵沨,发行人刘麟,立体出版社发行。皖南事变后由科学书店总经售。自第3卷起由李凌和赵沨在重庆编辑,在桂林印刷发行。1943年出版第5卷后停刊,抗战胜利后在上海复刊。主要撰稿人有全国知名音乐家、作家。该刊编辑侧重歌咏运动的推动和新音乐教育的建立,内容有音乐理论、国内外乐坛动态、音乐家介绍、世界名曲介绍、歌曲等。重要论文有冼星海、吴沨的《歌曲创作讲话》,李绿永的《略论新音乐》、《论音乐的民族形式》,赵沨的《论音乐的现实主义》,冼星海的《民歌与中国新兴音乐》、《我学习音乐的经过》、《现阶段中国音乐的几个问题》,刊登的歌曲有金泯、向隅作的《红缨枪》,李绿永的《军民进行曲》,寒光、冼星海作的《生产大合唱》。该刊很重视民歌,还注意介绍外国音乐和世界名曲,常刊登音乐知识和音乐讲座、问答,特设立"新音乐奖金"以鼓励群众性音乐创作。另外还编辑出版了《新音乐歌集》,纪念聂耳。

《广西妇女》 1940年2月25日创刊于桂林,是抗战时期大型妇女月刊,由广西省新生活运动促进妇女工作委员会主办,月刊社社长郭德洁,主编先后为黄波拉、黄存养,编辑有胡翼南、黄慧珠等。该刊创刊目的是"为了征集各方面对妇女参加抗战建国工作的意见,检讨我们的工作以及加强妇女工作的力量"。主要撰稿人有新桂系党政要人郭德洁、程思远、梁寒操、黄旭初等和一批进步文化人。该刊的内容,主要有指导、研究妇女运动的论文、短评、随感,妇女问题讨论,妇女工作动向报道,妇女工作经验体会,妇女知识和文艺作品等。该刊深受妇女欢迎,不少家庭妇女向该刊提问或倾诉个人思想遭遇,有不少有志者还投身到抗战斗争中。该刊有中共党员参加编辑,曾大量发表进步人士文章,对推动妇女抗战运动产生较大影响。1943年10月省政府以"节约纸张"为由令其停刊。

《野草》 1940年8月创刊于桂林,是抗战时期全国著名的杂文月刊,编辑为夏衍、孟超、聂绀弩、宋云彬、秦似等,发行人陆风祥,桂林科学书店总经售,科学印刷厂印刷。《救亡日报》曾评论该刊:"创办之主旨,乃欲以最大限度应用杂文的力量,促进民主运动,笔调注重活泼与趣味,诚抗战以来尚未多见的杂文刊物。"主要作者阵容强大,可以说,该刊动员了一批老作家,培养了一批青年作家。该刊内容大致分为时政杂谈、文艺创作、文艺理论、翻译作品和漫画木刻,最突出的是杂文,影响较大的如聂绀弩的《韩康的药店》,揭露了国民党独裁、专制的黑暗统治。该刊在反法西斯、反投降,批判"战国策"谬论的斗争中较为集中地发表了系列文章。和当时中共主办的《群众》、《新华日报》副刊等相呼应,产生了很大影响。该刊共出29期,开始时每期印3000册,后来增至1万多册。1943年9月底,省政府当局以"节约纸张"为由令其停刊。

《野草》创刊号
夏衍、秦似主编

《戏剧春秋》 1940年11月创刊于桂林,是抗战时期国内有影响的大型戏剧月刊。主编兼发行人田汉,编辑有欧阳予倩、夏衍、许之乔、杜宣、洪深等。该刊创办的缘由和方针是"为了克服抗战以来戏剧方面存在的不少缺点,如戏剧理论的贫乏"、"剧本的恐慌"、"联系与领导的缺乏"等,取名"春秋"意即戏剧批评。内容是"整理介绍一些适合我们抗战需要的戏剧理论","对于目下所有的剧作依着一个实际抗战戏剧工作者的见地尽批评介绍之劳"，"每期都发表几个剧本"，"注意各方面戏剧工作者的实际报告,和足以使我们思索和欢喜的各种通讯"。该刊发表过不少受欢迎的作品,如夏衍的《冬夜》,廖沫沙的《命令反攻》,欧阳予倩的《战地鸳鸯》,田汉的《岳飞》,郭沫若的《高渐离》,洪深的《回到祖国》。理论文章有田汉的《关于抗战戏剧改进的报告》,茅盾的《旧形式、民间形式与民族形式》,夏衍的《抗战戏剧三年间》,周钢鸣的《关于历史剧的创作问题》等;还介绍苏联的戏剧活动及戏剧理论,报道各地戏剧活动开展情况;该刊还登载以戏剧春秋社名义召开的几次座谈会记录,如《戏剧的民族形式座谈会》、《历史剧问题座谈》、《〈国家至上〉、〈包得行〉演出座谈记录》、《抗战中的儿童戏剧座谈记录》等,广泛交流演艺界的经验体会,促进谅解,加强团结,及时指导了抗战戏剧运动的开展。1942年10月30日被省政府当局以"节约纸张"为由勒令停刊。

《文化杂志》 1941年8月10日创刊,桂林文化供应社编辑出版,叶苍岑、邵荃麟先后主编,发行人陈劭先,科学印刷厂印刷。1943年5月后停刊,共出16期,据记载第3期销售量达1万份。邵荃麟执笔的代发刊词《我们对于现阶段文化建设的意见》提出了办刊的方针和指导思想。自邵荃麟任主编后更明确提出"在全人类保卫其文化的伟大战争中,任何国家之文化,决不能脱离反法西斯这一基本方向而单独发展"。"文化的任何部门,必然而且必须与反法西斯这一总任务相配合,始获得真实的内容",本杂志"自应把握这一基本原则,作为今后编辑总的方针"。该刊是"综合性的学术杂志,以自由研究的态度介绍批评讨论各项学术思想,提高研究风气,以期促进学术中国化理论现实化的运动,而为建立民族新文化尽一部分责任"。初期的内容以学术文化为主。第二期后改为以学术研究与创作为主。自2卷1期起又改为增加论著的篇幅,着重对一般具体问题的分析阐述;减少文艺篇幅,增加一般轻松活泼的作品。该刊每期都有几篇围绕反法西斯战争的政论文和几篇关于自然科学及广西建设的文章,还有文艺创作和文化通讯等。影响较大的是邵荃麟的《对于当前文化界的若干感想》、《论新人道主义》等。

《文艺生活》 1941年9月15日创刊于桂林,是抗战后期桂林及西南地区较有影响的大型文艺月刊。司马文森主编,文献出版社出版发行。该刊是皖南事变后文艺处于低潮时创刊的,目的是在"致力于文艺抗战工作",编辑方针"在于加强抗战文艺作品的创作,多发表一些反映抗战现实的文艺作品,注重作家和作品的研究,介绍一些好的翻译作品"(《发刊词》)。该刊主要刊登文艺作品,内容有小说、散文、通讯、翻译作品、新书评介等。较有影响的作品有:艾芜的《轭下》,王西彦的《命运》,邵荃麟的《多余的人》、《新居》,沙汀的《三斗小麦》、《圈套》,司马文森的长篇小说《雨季》,田汉的五幕剧《秋声赋》。该刊还刊登反映八路军和敌后游击队生活的作品,如王鲁彦的《一双鞋子》和碧野的《前进》。译文有苏联作家的作品,如《齿轮》、《小兄弟》、《苏德战争》特辑等。该刊发表各种座谈会记录,如《1941年文艺运动的检讨》。还以出版纪念鲁迅先生逝世5周年和郭沫若50寿辰特辑方式,指导当时抗战文艺运动。因省政府当局刁难,该刊常常不能正常出版,1943年8月30日被查封。

《文艺杂志》 1942年1月创刊于桂林,是抗战时期国内外都有影响的大型文艺月刊。由巴金提议创办,王鲁彦主编。1卷5期起因王鲁彦病重,先后由王西彦、端木蕻良主编。覃英发行,桂林文艺出版社出版,大地图书公司、三户图书社先后经售。它是在皖南事变后国民党统治区文艺运动处于低潮,文化市场中市侩主义抬头的情况下创办的,它坚持了抗战文艺进步方向,在读者中有较大影响。它的创刊宗旨是"抗战以来,我们文艺工作者和千千万万的同胞在一起,无论在前方后方,都受着敌人大炮飞机的威胁,在这样不宁静的生活中,我们不但没有畏缩,却愈加勤奋,只想以国民的身份,多对国家尽一点责任,有助于抗战,多用自己的笔,忠于自己所从事的工作"(王鲁彦《给读者》)。该刊设有专论、小说、报告、散文、诗歌、剧本、童话、翻译及作品研究等栏目,尤以小说为主,如茅盾的《过封锁线》和《闪击之下》,巴金的《还魂草》和《某夫妇》,王鲁彦的《陈老奶》和《千家村》,艾芜的《逃难中》、《突围后》和《故乡》,端木蕻良的《科尔沁旗草原》(第二部),沙汀的《奈何天》,张天翼的《金鸭帝国》,易巩的《杉寮村》,王西彦的《风雪》和《古屋》等较有名;理论文章则以张天翼的《读〈儒林外史〉》,姚雪垠的《创作漫谈》,臧克家的《谈灵感》影响较大;剧本有老舍的《大地龙蛇》,李健吾的《草莽》,以群的《姐妹》;翻译作品以苏联小说居多。由于国民党政府的刁难和经济上的困难,该刊常常不能按时出版。1944年3月停刊,共出3卷15期。

3. 主要期刊一览

战时桂林的主要期刊有:

《广西统计季刊》 前身是《统计月报》,广西省统计局1935年5月创刊于南宁,1937年3月改现名,在桂林出版,1940年7月出至第14期停刊;1941年1月改为《广西统计月刊》出版,1942年12月出至2卷12期又停刊。1943年6月,又以《广西统计季刊》出版,仅出一期,因经费缺乏而停刊,直至1946年6月才恢复《广西统计季刊》的出版,又出版了11期,于1948年约3月间终刊。

《知由》旬刊 桂林学院知由旬刊社编,1937年4月25日创刊,9月出至第15期停刊。

《建设汇刊》 年刊,广西省政府建设厅农林管理处编,1937年8月创刊,出至第2辑1938年停刊。

《时代动向》 桂林广西留日同学会主办,1937年8月16日创刊。

《新艺术》 广西版画研究会主编,1937年9月3日创刊,其前身为《时代艺术》。

《抗战半周刊》 桂林广西各界抗敌后援会主办,1937年11月27日创刊。

《歼敌》 旬刊,广西学生抗敌后援会编,1937年12月11日创刊,共出3期,于1938年1月停刊。

《火炬》 半月刊,广西大学文法学院编,1937年12月12日出版,只出了一期。

《生路》 半月刊,桂林前导书店出版,1937年12月出版,出2期。

《广西省政府公报》 1934年1月创刊,原周刊,至1937年11月改为日刊,1945年11月改为周刊,1949年8月停刊。

《全面抗战》 周刊,由第五路军总政训部全面抗战周刊社编辑,周育群主编。1938年1月5日创刊,生活书店发行,其前身为《创进》及《正路》。

《克敌》 周刊,广西各界抗日后援会主办,龙振济编辑。1938年3月12日创刊,同年11月出至38期停刊。

《战时艺术》 半月刊,1938年3月创刊于桂林,出至第3卷第3期,1939年5月停刊。该刊由第五路军总政治部国防艺术社宣传部主办,司徒华主编。

《阵中画报》 1938年初创刊,阵中画报社出版,梁中铭主编。

《文化》 半月刊,桂林乐群社文化部主办,1938年3月29日创刊,出至第5期停刊。

《大众文化》 半月刊,大众文化出版社出版,粟寄沧编辑,1938年2月创刊,同年3月出至1卷3期停刊。

《今论衡》 半月刊,1938年4月创刊于武昌,后迁桂林,由桂林科学教育社出版,正中书局经售。1938年12月出至2卷3期停刊。

《月华》 旬刊,1929年创刊于北平,1938年4月迁桂林,回民救国协会编辑,后迁重庆。1942年后曾停刊。1946年复刊,1947年迁回北平,并改为月刊。

《拾叶》 桂林拾叶社出版,陈迩冬主编,1938年6月1日创刊。

《黎明》 旬刊,桂林美术学院黎明旬刊社编,1938年7月1日创刊,同年11月出至14期停刊。

《会计丛报》 月报,广西省政府会计处主办。1938年9月创刊,1948年出至63期停刊。

《时论分析》 1938年9月创刊,初创时为半月刊,后改月刊,出至1943年2月第54期停刊。广西建设研究会主办。

《敌国舆情》 不定期刊,1938年由广西建设研究会编译室(后为编辑委员会)编辑。共出版5期。

《西南工合》 月刊,中国工业合作协会西南办事处出版,1938年10月创刊,1940年出至第2卷停刊。

《中央研究院地质研究所简报》 不定期刊,由地质研究所与广西省建设厅合编,1938年创刊,共出5期。

《广西农民银行》 半月刊,广西农民银行农村经济研究室编,1938年10月16日创刊,出至2卷8期(1940年5月)停刊。

《五月》 半月刊,由五月文化社编辑,1938年5月16日创刊。

《中国农村》 月刊,中国农村经济研究会编,由陈翰笙、薛暮桥、千家驹等主编。1934年10月创刊于上海。1937年8月后迁南昌、汉口,1938年5月迁桂林,11月复刊,续出第5卷第1期。自4卷起改为半月刊,迁桂林后又改回月刊。

《华大桂声》 月刊,桂林华中大学桂声社编辑,1938年10月1日出版,1939年9月出至2卷3期停刊。

《建设研究会会务汇刊》 不定期刊,陈劭先、李任仁主编。广西建设研究会出版。1938年创刊,同年12月出至第3期停刊。

《动员》 周刊,第五路军政治部编。1938年10月创刊,1939年4月5日改由广西绥靖主任公署编,中间曾有数期改为半月刊。

《文丛》 原为文艺月刊,1937年3月创刊于上海,靳以主编。1938年迁广州出版第2卷,并改为半月刊出至2卷3期迁桂林,同年12月续出2卷4期,在桂林出了三期,第3卷迁重庆出版。

《东方战友》 半月刊,后改为月刊,东方战友社主办,李斗山主编。1939年1月创刊,1942年4月停刊,共出32期。

《朝鲜义勇队通讯》 旬刊,1939年1月21日创刊于桂林,1940年5月第34期迁重庆,改名《朝鲜义勇军》,并改月刊。

《建设研究》 月刊,广西建设研究会主办,陈劭先、李任仁主编,1939年3月15日创刊,自第9期起改为季刊,1944年6月停刊。出至第10卷第1期。

《战时日本》 半月刊,1938年8月在武汉创刊,后迁广州、香港,1卷4期起迁桂林。1卷6期后又迁昆明、重庆等地。1942年1月停刊。

《行政与训练》 月刊,后改季刊,广西省地方行政干部训练团主办,1939年春创刊。

《逸史》 半月刊,桂林逸史社主办,龙振济、吴彦文等编辑。1939年4

月 25 日创刊,自 1941 年 7 月 1 卷 12 期起改为月刊,旋停刊。

《教育与民众》 月刊。1929 年 5 月创刊于无锡,南京中央大学区立民众教育院劳农学院编印。自 2 卷起改由江苏省立教育学院编印,9 卷 1 期 1939 年 4 月迁桂林出版。1941 年 6 月出至 10 卷 10 期停刊。1946 年 12 月在无锡复刊。1948 年 7 月出至 12 卷 4 期终刊。

《成师校刊》 月刊,北平成达师范学校主办。原名《成师月刊》,1934 年 4 月创刊于北平,1939 年 3 月迁桂林。1942 年 10 月出至 7 卷 1 期停刊。

《中学生》 月刊,上海开明书店于 1930 年 1 月创刊于上海,叶圣陶主编。1937 年停刊,1939 年 5 月迁桂林复刊。后迁重庆,胜利后迁回上海。1952 年迁北京,改由中国青年出版社出版,"文化大革命"时停刊,后复刊。现仍在出版。

《中央周刊》(桂林版) 桂林扫荡报编辑,1939 年创刊。

《少年战线》 半月刊,1939 年 5 月 1 日创刊于桂林。陆洛主编,桂林新知书店发行。2 卷起改为月刊,1940 年出至 3 卷 5 期停刊。

《广西教育通讯》 半月刊,广西省教育厅主办,1939 年 5 月 1 日创刊,1941 年 6 月出至 3 卷 8 期停刊。

《工作与学习·漫画与木刻》 半月刊,1939 年 5 月 16 日创刊,新知书店发行。1939 年 9 月间终刊,共出 6 期。

《干部生活》 月刊,广西地方建设干部学校主办,1939 年 6 月 17 日创刊。

《抗战文化》 半月刊,桂林乐群社文化部主办,1939 年 7 月 7 日创刊。

《宇宙风》乙刊(桂林版) 半月刊,上海西风社主办,林憾庐、林语堂、陶元德编,1939 年 3 月创于上海,旋迁桂林,1941 年 11 月停刊,共出版 56 期。

《宇宙风》 半月刊,后改月刊,宇宙风社主办,林憾庐、林语堂先后主编。1935 年 9 月创刊于上海,67 期起迁广州,1939 年夏 78 期起迁桂林出版。140 期迁回广州。1947 年 8 月出至 152 期停刊。

《建军》 半月刊,国民党桂林行营特别党部建军半月刊社出版,1939 年 8 月创刊。

《教育与文化》 月刊,广西教育会主办,1939年8月25日创刊,自3卷2期起改季刊,1943年12月出至5卷1期停刊。

《西南工合之友》 月刊,中国工业合作协会西南区办事处主办,1939年10月10日创刊于湖南邵阳,第2期迁桂林出版,1940年7月出至8期停刊。

《西南儿童》 六日刊,后改半月刊,西南儿童报社出版,陆静山编辑。1939年6月5日在桂林出版,1943年8月下旬被查封。

《抗战儿童画报》 半月刊,1939年10月10日创刊,厦门儿童救亡剧团主办。

《抗战时代》 半月刊,桂林广西绥靖主任公署政治部主办,周振纲主编,1939年10月1日创刊。自2卷1940年起改月刊,1942年7月出至5卷6期停刊。

《每日新歌选》 新音乐出版社出版,新知书店总经销。林路主编。1942年初停刊,1946年4月在上海复刊。

《前线》 前线出版社出版,孙陵主编,韦贽唐、王皓等编辑,1939年11月1日创刊。

《党务通讯》 半月刊,后改月刊。中国国民党广西省执行委员会秘书处主办,1939年8月2日创刊,1940年4月改出《党讯》。

《国际反侵略运动》 1939年创刊。

《工余生活》 旬刊,后改半月刊,广西省政府职员工余进修社编,1939年11月1日创刊。

《广西大学周刊》 广西大学出版社出版,1931年10月创刊于梧州,1936年9月出至10卷9期停刊。1939年12月在桂林复刊,出至1946年12月停刊。

《西南青年》 半月刊,后改月刊。三青团广西支部编辑出版,西南青年社经售,程思远主编,1939年12月创刊。出至2卷8期1941年11月停刊。

《十日文萃》 1938年9月创刊于广州,由救亡日报社编印。编辑林林,出三期后迁桂林。1939年1月1日在桂林续出1卷4期,出至1940年1卷12期后休刊。1940年7月复刊,改由十日文萃社编。

《七七青年》 广西省学生抗敌后援会出版,1939年创刊。

《广西青年通讯》 广西青年通讯社出版,1939年创刊。

《内地通讯》 新华日报社桂林营业处,1939年创刊,1940年6月出至50期停刊。

《汉民》 汉民中学出版,创刊于1939年。

《民意》 1939年创刊。

《顶点》 诗月刊,1939年6月创刊,艾青、戴望舒主编,在桂林编辑,署桂林新诗社出版,在香港印刷,现仅见创刊号一册。

《音乐阵线》 半月刊,林路主编,1939年12月24日创刊,救亡日报社发行。

《广西卫生通讯》 月刊,广西省政府民政厅卫生部主办,1940年1月创刊。1943年6月出至4卷6期停刊。

《每月新歌选》 月刊,新音乐出版社出版,林路编辑。1940年1月1日创刊,新知书店、六艺书店发行。

《音乐与美术》 月刊,广西省立艺术师资训练班音乐与美术月刊社编辑,张安治、徐杰民主编。1940年1月1日创刊,1942年11月出至3卷11期停刊。

《新音乐》 月刊,1940年1月1日创刊于桂林,李凌、赵沨、林路主编,立体出版社出版。自第3卷起由李凌和赵沨在重庆编辑,在桂林印刷发行。1943年出至第5卷后停刊。

《漫画木刻月选》 中华全国漫画木刻界抗敌协会编辑,南方出版社出版,1940年1月创刊,只出了一期。

《笔部队》 16开大型文学半月刊,1940年1月创刊于桂林,孙陵编辑,前线出版社出版,生活书店经售。该刊以沟通前后方文化为宗旨,倡导作家到前线体验生活,军人拿起笔杆搞创作,实行"笔杆枪杆化与枪杆笔杆化"。

《乐群》 半月刊,乐群社文化部编,乐群出版社于1940年1月创办。

《文化通讯》 月刊,文化供应社编印,1940年2月1日创刊,1944年4月出至32期停刊。1945年复刊,改由文化通讯社编印,出至复刊后的1卷8

期(1946年1月)停刊。

《采访与写作》 半月刊,国际新闻社采访部编,1940年2月8日创刊。

《活力》 月刊,桂林省保安司令部活力月刊编委会,1940年2月15日创刊,黄照熹主编。

《诗》 月刊,桂林诗社出版,周为、胡明树、婴子、韩北屏、鸥外鸥、洪遒先后编辑。1936年9月在桂平创刊油印本,1939年11月暂停刊。1940年2月迁桂林出版,改为铅印,公开发行。1943年2月出至3卷6期停刊。

《国际新闻通讯》 周刊,国际新闻社于1940年创刊,黄药眠主编。1940年5月国际新闻社被迫关闭,该刊随即停刊,共出88期。

《广西妇女》 月刊,广西新生活促进委员会妇女工作委员会编辑,广西妇女社出版,黄存养主编,黄波拉编辑,1940年2月创刊,1943年10月出至3卷8期停刊。

《中国诗坛》 月刊,由中国诗坛编委会出版,蒲风、雷石榆编辑,1937年8月在广州创刊,后停刊。1940年3月在桂林复刊后又停刊,1946年在广州复刊。

《东线文艺》(桂林版) 东线文艺社出版,殷梦萍、张煌编辑,1940年3月1日创刊。

《抗战文艺》(桂林版) 中华全国文艺界抗敌协会桂林分会主办,1940年3月1日创刊。

《合作同工》 半月刊,广西省政府建设厅合作事业管理处主办,1940年3月15日创刊,1944年4月停刊。1946年复刊。

《桂师月刊》 广西省立桂林师范学校主办,1940年3月创刊,12月停刊,共出了12期。

《广西农业通讯》 月刊,广西省政府农林管理处主办,1940年4月1日创刊,7卷1期起改季刊,1948年7月出至7卷2期停刊。

《军民合作周刊》 广西军民合作总站主办,1940年4月15日创刊。

《建设干部》 旬刊,广西地方建设干部学校主办,1940年4月15日创刊。

《海军建设》 月刊,原名为"海军整建",1940年4月创刊于桂林。1942年3月停刊。

《山程》 桂林文学集林社编,1940年4月出版,只出了1期。

《漫木月刊》 由漫画宣传队和木刻协会主办。1940年创刊。

《新中国戏剧》 月刊,新中国戏剧社编辑,桂林前线出版社1940年6月1日创刊,左军主编,7月停刊,出了2期。

《文化线》 半月刊,新知书店出版,欧阳文彬编,1940年6月1日创刊,同年12月停刊,出6期。

《国文月刊》 昆明西南联合大学国文系编(在昆明),开明书店出版(在桂林)。1940年6月创刊,1944年6月后迁重庆,1947年7月迁上海。1949年8月停刊。

《桂林市政府公报》 旬刊,桂林市政府主办。1940年6月创刊,1943年2月出至42期停刊。1947年1月复刊,1949年1月终刊。

《新道理》 旬刊,桂林文化供应社发行,曹伯韩、林山、温涛等先后主编。1940年7月创刊,1944年4月停刊。1946年复刊并为月刊,1947年7月终刊。

《野草》 月刊,宋云彬、夏衍、秦似等编辑。1940年8月20日创刊于桂林,1944年1月被查封。1946年10月在香港复刊,1948年8月停刊。

《新文化》 月刊,桂林新文化月刊社编辑,1940年9月1日创刊,1941年1月出至1卷5期停刊。

《广西大学土木通讯》 广西大学土木工程学会编,1940年创刊。

《青年生活》 月刊,桂林青年生活社主办,林植主编,1940年10月创刊,1946年6月停刊。

《戏剧春秋》 月刊,田汉、欧阳予倩、洪深等主编,桂林戏剧春秋月刊社出版。1940年11月1日创刊,1942年10月被广西省政府勒令停刊。

《木艺》 月刊,中华全国木刻界抗敌协会桂林分会编,黄新波、刘建庵主编,1940年11月1日创刊,1941年1月停刊,出2期。

《自由中国》 月刊,自由中国社出版,1938年创刊于汉口。1940年11

月迁桂林复刊,孙陵主编。1942年5月停刊。

《文协》 旬刊,中华全国文艺界抗敌协会桂林分会主办,艾青主编,1940年12月1日创刊。

《现世间》 月刊,巫佩韦、莫乃群等编辑。1940年12月10日创刊,1941年2月停刊。

《狮子吼》 月刊,广西佛教会狮子吼月刊社主办,释巨赞、释道安主编,1940年12月15日创办。该刊系佛学、政治时事、文学的综合性月刊,出版12期后停刊。

《前锋》 半月刊,国民党广西省党部主办,桂林前锋社编辑,1940年12月15日创办,1943年6月停刊。该刊出版12期后停刊。

《广西教育研究》 月刊,广西教育研究所编辑,1941年1月1日创刊,卢显能主编。出至6卷2期1944年6月休刊。1946年1月在南宁复刊。

《广西兵役通讯》 月刊,广西军管区政治部主办,1941年1月创刊。

《广西银行月报》 广西银行总设计室编,1941年1月创刊,1942年停刊。

《政工导报》 广西绥靖主任公署政治部主办,1941年创刊。

《宣传报导》 广西省党部宣传科主办,1941年创刊。

《国民教师》 月刊,广西省立桂林师范学校编辑,戴自安主编,1941年4月1日创刊,1942年1月停刊,出10期。

《复兴医药杂志》 月刊,复兴医药杂志社主办,张子英编辑,1941年4月1日创刊,1944年1月停刊。

《半月文艺·半月新诗》 半月刊,力报社主办,聂绀弩、彭燕郊编,1941年4月15日创刊。

《广西合库通讯》 半月刊,广西合作金库研究室编,1941年4月16日创刊,1942年12月停刊,共出40期。

《少年之友》 月刊,少年之友社主办,容又铭、尤明、陈情等主编,1941年4月20日创刊,1944年6月出至4卷3期停刊。

《湘桂工合》 月刊,桂林中国工业合作协会湘桂区办事处编,1941年4

月创刊,1943年6月停刊。

《国防周刊》 国民党新桂系所办,为国际、政治、经济、军事、学术、文艺的综合性刊物。社长兼主编程晓华,1941年5月4日创刊,国防书店印行。1943年7月起充实内容,改为月刊,刊名改为《国防》,1944年1月出至7卷4期停刊。

《妇女岗位》 月刊,桂林市妇女会主办,1941年5月创刊,1942年3月停刊,共出8期。

《文艺新哨》 月刊,桂林文艺新哨社主办,1941年6月15日创刊,徐向东、吴凤楼、罗洛汀等编辑,2卷1期起由吴凤楼主编。1942年10月停刊。

《诗创作》 月刊,桂林诗创作社主办,胡危舟、陈迩冬、阳太阳等编辑,1941年6月15日创刊,1943年3月停刊,出19期。

《新工人》 月刊,桂林新工人月刊社主办,蒋士亦主编,1941年6月创刊,1943年2月停刊。

《小文章》 半月刊,桂林小文章社编,李斗山编辑。1941年6月创刊,同年11月停刊。

《文化杂志》 综合性学术杂志。1941年8月10日创刊,桂林文化供应社编辑出版,叶苍岑、邵荃麟先后主编。1943年5月后停刊,共出16期。

《国民教育指导月刊》 广西省政府教育厅主办,1941年8月创刊,1948年12月停刊,共出6卷。

《艺术新闻》 艺术新闻社出版,焦菊隐、司马文森、李文钊等编辑,1941年9月9日创刊,后被查封。

《文艺生活》 月刊,1941年9月15日创刊,司马文森主编,文献出版社出版。1943年9月1日被查封,1946年在广州复刊。

《小春秋》 三日刊,桂林小春秋报社编,1941年9月创刊,1942年4月停刊,共出60期。该刊是一种文摘性的刊物。

《基层建设》 半月刊,桂林建设书店出版,亢真化、梁上燕编辑。1941年10月10日创刊,1944年5月出至5卷2期停刊。

《党义研究》 半月刊,桂林建设书店出版,钱实甫等编辑,1941年10月

10 日创刊。

《科学画报》 月刊,1933 年 8 月由中国科学社创办于上海。1941 年 10 月 10 日在桂林发行桂林版,并设编辑部,杨孝述主编。

《广西医刊》 季刊,广西省立医学院校友会主办,何笕章等编辑,1941 年 11 月 21 日创刊,1943 年 12 月停刊,出了 2 卷。

《妇工通讯》 广西新生活运动促进委员会妇女工作委员会文化组编。1941 年 11 月创刊。

《广西省立医学院周刊》 1941 年 11 月创刊,1943 年出至 87 期停刊。

《中国工业》 月刊,桂林中国工业合作研究所编,张锡昌、陈翰笙主编,1942 年 1 月 15 日创刊,1946 年 7 月出至 35 期停刊。

《文艺杂志》 月刊,1942 年 1 月 15 日创刊,桂林文艺出版社出版。王鲁彦主编,1 卷 5 期起因王鲁彦重病,先后由王西彦、端木蕻良主编。1944 年 3 月出至 3 卷 15 期停刊,1945 年 6 月在重庆复刊。

《音乐知识》 月刊,音乐知识社甄伯蔚、薛良等编辑,桂林立体出版社出版。1942 年 1 月 16 日创刊,1944 年 4 月停刊。

《振导月刊》 国民党的理论性刊物。1942 年 1 月 20 日创刊于桂林。建国书店发行。

《学术研究》 月刊,桂林中央军事政治学校第六分校学术研究月刊社编,1942 年 1 月 31 日创刊,同年 2 月停刊。

《创作月刊》 桂林现代出版社出版,张煌主编,1942 年 3 月 15 日创刊,1943 年 1 月 31 日被政府勒令停刊。

《桂林青年》 桂林中华基督教青年会编辑,1942 年 2 月创刊,只出一期。

《科学知识》 月刊,科学知识社出版,曹元钧编辑,科学书店总经售。1942 年 3 月创刊,1944 年 1 月停刊。

《文学译报》 月刊,蒋璐、伍孟昌、秦似、庄慈等编,桂林文献出版社出版,1942 年 5 月 1 日创刊,1943 年 9 月出至第 2 卷 6 期停刊。

《半月文萃》 萧聪主编,桂林立体出版社出版,1942 年 5 月创刊,1944

年 6 月出至 3 卷 3 号停刊。1946 年 1 月复刊，3 月停刊。

《文学报》 孙陵、聂绀弩、骆宾基等先后主编，1942 年 6 月 20 日创刊，1943 年 8 月 23 日被国民党查禁。

《中央畜牧兽医汇报》 季刊，由农林部中央畜牧实验所出版。1942 年 7 月创刊于桂林，2 卷 1 期迁四川荣昌。1945 年迁上海，翌年迁南京。

《国文杂志》 月刊，叶圣陶主编，国文杂志社出版，1942 年 8 月 1 日创刊于桂林。1944 年 5 月 3 卷 2 期后曾停刊。1945 年 4 月在重庆复刊，1946 年 2 月出至 3 卷 6 期停刊。

《文学创作》 月刊，熊佛西主编，桂林文学创作社编辑出版，1942 年 9 月 15 日创刊，1944 年 6 月出至 3 卷 2 期停刊。

《青年文艺》 月刊，后改双月刊，桂林青年文艺社编辑出版，葛琴主编，白虹书店发行。1942 年 10 月 10 日创刊，1944 年 10 月迁重庆出版，1945 年 2 月停刊。

《新儿童》 半月刊，黄庆云主编，1941 年 6 月创刊于香港，香港沦陷后停刊。1942 年 10 月 10 日在桂林复刊出第 2 卷，1944 年 6 月出至 8 卷 6 期后因桂林疏散停刊。

《人世间》 半月刊，封凤子、周钢鸣、马国亮主编。1942 年 10 月 15 日创刊于桂林。1944 年 5 月 2 卷 1 期后停刊，1947 年 3 月复刊，并改为月刊。

《新市政·新建筑合刊》 原名"新市政"，年刊，由中国新建筑社桂林分社出版，1942 年 10 月创刊，1943 年 2 期起迁重庆出版。

《广西企业》 季刊，广西企业公司董事会主办，1942 年 11 月创刊，1944 年 4 月出至 2 卷 2 期停刊。

《妇女之友》 广西新生活运动促进会妇女工作委员会于 1942 年 12 月创办。

《广西省立桂林师范学院院刊》 月刊，1942 年 12 月创刊，1943 年 6 月停刊，共出 7 期。

《旅行杂志》 季刊，1927 年 3 月创刊于上海，后改月刊。自 16 卷 7 期 1942 年起迁桂林。自 18 卷 4 期起迁重庆，1946 年起迁回上海。1952 年迁北京,1955 年起改名《旅行家》。

《星期导报》 星期导报社编。1943 年 1 月 1 日创刊。

《实业之友》 月刊,1943 年 1 月 1 日创刊于桂林,夏孟辉主编,文化供应社发行,1944 年 6 月停刊。

《机工通讯》 月刊,国立广西大学机械工程学会主办,1943 年 1 月创刊,1944 年 4 月停刊。

《现代英语》 月刊,温致义主编,桂林现代外国语文出版社出版,1943 年 1 月 15 日创刊,1944 年 6 月停刊,翌年 6 月在重庆复刊。

《驿运界》 月刊,桂林驿运界月报社出版,陈晖编辑,1943 年 2 月 1 日出版,后改名《驿刊》。

《编审通讯》 广西省党部宣传处编,1943 年创刊。

《无线电通讯》 双月刊,桂林中央无线电器材厂编辑出版,1943 年 3 月 15 日创刊,1944 年 3 月停刊。

《时与潮文艺》(桂林航空版) 双月刊,1943 年 3 月创刊于重庆,随后发行桂林航空版。

《自学》 月刊,曹伯韩编辑,桂林自学杂志社出版,1943 年 4 月创刊,1944 年 6 月停刊。

《广西文献集刊》 不定期,钱实甫、朱荫龙等编辑,广西文献委员会出版,1943 年创刊。

《艺丛》 月刊,孟超主编,桂林集美书店出版。1943 年 5 月创刊,7 月停刊。

《明日文艺》 月刊,陈占元主编,桂林明日文艺社出版,创刊于 1943 年 5 月,同年 11 月停刊。

《大千杂志》 月刊,1943 年 6 月 15 日创刊于桂林,陈迹冬主编。1944 年 10 月出至 6 期停刊。1946 年 7 月在汉口复刊,期数另起。

《广西统计通讯》 月刊,广西省政府统计处出版,1943 年 6 月创刊,1948 年 10 月停刊,共出 32 期。

《时代知识》 月刊,桂林时代知识社于 1943 年 6 月创刊,1944 年 8 月停刊,出至 2 卷 3 期。

《新文学》 月刊,1943年7月15日创刊,萧铁主编,桂林新文学杂志社出版,1944年5月停刊。

《文学杂志》 月刊,孙陵主编,桂林大地图书公司出版,1943年7月出版,同年11月停刊。

《新工商》 月刊,1943年7月创刊,1944年1月停刊,共出6期。

《翻译杂志》 月刊,1943年9月创刊于桂林,翻译杂志社出版,1944年5月出至2卷1期停刊。

《正谊》 周刊,卜绍周编辑,为宣扬三民主义的综合刊物,原创刊于南京,后停刊。1943年9月19日在桂林复刊,1944年6月出至3卷8期停刊。

《国民》 月刊,桂林国民杂志社1943年10月10日创刊,同年12月停刊,出3期。

《图书印刷月报》 桂林市书业工会出版,1943年10月创刊于桂林,12月停刊。

《广西邮工》 月刊,广西邮务工会1943年10月创刊,1944年5月后停刊。1946年10月复刊,1947年4月终刊。

《广西青年》 广西三青团青年月刊社主办,其前身为《西南青年》,1939年12月创刊。1943年11月改名为《广西青年》。1944年10月后撤出桂林,1945年12月在桂林复刊,1947年1月停刊。

《广西建设季刊》 广西省政府建设厅主办,1943年12月创刊,1946年10月停刊。

《当代文艺》 月刊,熊佛西主编,桂林当代文艺社出版,1944年1月1日创刊,6月停刊。

《儿童生活》 1944年1月1日创刊于桂林。

《读书月报》 桂林文风图书杂志社主办,1944年1月创刊,同年7月停刊,共出7期。

《金字塔》 月刊,金字塔月刊社编,1944年6月1日创刊。

《儿童漫画》 月刊,儿童漫画社编辑,现代书局出版,创刊于1944年6月10日。

(三)战时桂林的图书出版

1. 数量、发展过程和特点

《中国近代现代出版通史》著者叶再生根据胡庆嘉所编的《抗日战争期间桂林文化城出版图书目录》,经过少量增删和微调后统计的书目总数为1997种①。

战时桂林图书分类统计

类别	种数	百分比
哲学	52	2.6%
历史、地理	142	7.1%
经济、建设	153	7.7%
政治、社会学	255	12.8%
法律	26	1.3%
军事	61	3.0%
文化、教育	123	6.2%
语言、文字	86	4.3%
文学、艺术	995	49.8%
科技、医学卫生	104	5.2%
合计	1997	100%

从上面的图书分类中可以看出一个特点:桂林城出版的图书中最多的是文学、艺术类,约占出书总数的50%;政治类的书出版得并不多,政治和社会学的书加起来仅占12.8%;如果我们进一步查阅一下书目还可发现在政治、社会学类的255种书中,只有两本论帝国主义的书,一本是1939年由新知书店出版的列宁著、吴清友译的《帝国主义论》,另一本是文化供应社出版的千家驹著的《帝国主义是什么》,还有一本《政治经济学》,是作为世界名著缩本丛书中的一本出版的。此书是苏联Leontcev A著,由刘选萃、汤建勋编,前导书局于1937年7月出版。此外,从哲学类和经济、建设类的200多种书也未

---

① 叶再生著:《中国近代现代出版通史》第三卷,华文出版社,2002年1月,第206—210页。

发现明显宣传共产主义和阶级斗争一类的红色书籍。相反地,在政治、社会学类书目中有大量有关三民主义的书,有《三民主义》(孙文著)、《三民主义辞典》(冯家勋编)、《三民主义行政论》(雷殷著)、《三民主义的科学研究法》(何名忠著),以及《总理遗教》(广西省地方行政干部训练团编)、《总理遗教六讲》(蒋中正著)、《总理遗教与广西建设》(黄旭初讲)等。1943年3月出版了蒋中正撰写的《中国之命运》(拔提书店出版)和宣传、解释《中国之命运》好几本书,而陈伯达等评论《中国之命运》的书籍,则未见在桂林出版。还出版了大量的《总裁言论选辑》、《总裁训词集》,以及李宗仁、白崇禧、黄旭初等人的言论集、讲演集。

与抗战中的上海孤岛、武汉、重庆、成都、昆明相比,战时桂林的上述出书特点是桂林独有的。这是在抗战的形势下,当时控制广西的新桂系采取联合共产党、抗衡国民党做法的结果,也是中共联合、团结、争取新桂系对桂林文化城政策的反映。

图书年度统计

现在再来看战时桂林图书出版的发展过程,我们将上述1997种图书,从出版年份方面进行进一步的分析。1997种图书中已查明出版年份的有1755种,占总数1997种的87.9%,因此可以认为这种分析是有代表性的,是可信的。

1755种注明出版年份的书籍,按年份分,其结果如下:

战时桂林出书年度统计

年度	种数	百分比
1937	59	3.3%
1938	92	5.2%
1939	94	5.3%
1940	223	12.7%
1941	201	11.5%
1942	380	21.7%
1943	510	29.1%

续表

年度	种数	百分比
1944	173	9.9%
1945	23	1.3%
合计	1755	100%

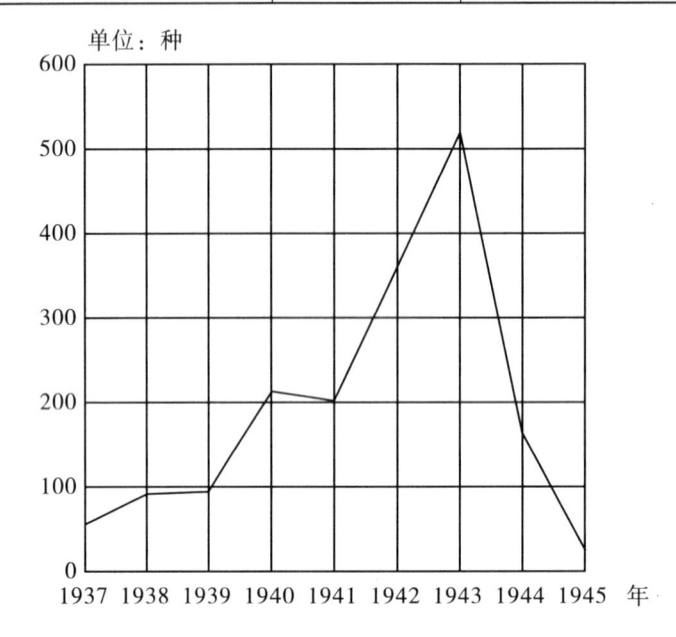

桂林图书各年出版分配图(1937—1945)

上述各年图书出版的情况及其曲线图所示，自1939年起图书出版数量开始上升，到1941年呈直线上升姿态，1942—1943年间达到高峰，但由于多种原因旋即下降，1944年跌至1940和1941年的水平，桂林文化出版城衰落了。1944年3月9日，《大公报》(桂林版)发表社评《物价与文化》。社评称："'行行有饭吃，著书必饿死'已成为冷酷的事实。"社评要求："对于图书审查制度过严，学人物质生活之清苦，出版界资金周转之困难，邮递寄费之过重，政府则应尽力为之解除，以示其扶植文化之至意。"同年5月29日重庆《新华日报》发表《桂林文化城衰落了》一文，称："向来称为文化城的桂林，近来文化事业已经非常衰落，一年前的情形是每月新书出版，总有40多种，如今只剩一半，甚至一半都没有了。以前每种新书，第一版总需印3000本以上，如今最多只印 1500 本。物价高涨,成本抬高,资金枯竭,购买力低,运输困难,加上图书审查严紧和捐税的负担,已经使文化事业气息奄奄。"到了这年的 9 月,桂林开始紧急疏散,许多出版机构、文化人、编辑出版人纷纷撤离桂林,故到了 1945 年猛跌至最低点,图书出版总数已低于抗战前水平。

2. 繁荣的文艺市场①

繁荣的文艺市场是组成桂林文化出版城的灵魂。不仅所出书籍占了战时桂林所出书籍一半左右,而且丛书、成套书众多。那几年桂林编辑出版了丛书 60~70 种,其中文艺丛书就有 50 多套,240 多种。如文艺生活丛书、现代长篇小说丛书、文学丛书、野草丛书、文学丛刊、七月文丛、七月诗丛、文学创作丛书、艺术新丛、新中国丛刊、大地文艺丛书、今日文艺丛书、戏剧春秋丛刊、创作文丛、漫画木刻丛书、世界文学名著丛书、当代世界名著丛书、良友文学丛书、翻译丛书、西洋作家丛书、当代文丛,等等。

编辑出版的文学、艺术类图书门类齐全,长中短篇小说、诗歌、音乐、戏剧、散文、杂文、童话、木刻、漫画、艺术新闻、文艺研究、战时文艺、抗战文化等应有尽有,而且不乏传世佳作和世界名著,长篇小说如茅盾的《霜叶红似二月花》、巴金的《火》、端木蕻良的《科尔沁草原》、艾芜的《山野》、司马文森的《雨季》、萧红的《呼兰河传》等等。现将一些主要的文艺作品举例如下:

主要文艺作品举例

文章作法	夏丏尊、刘薰宇著	科学书店 1942 年版
文言虚字	吕叔湘著	开明书店 1944 年 3 月版
文艺辞典	胡仲持主编	华华书店 1944 年 5 月版
乱世男女	陈白尘著	桂林上海杂志公司 1940 年版
利娜	巴金著	文化生活出版社 1943 年 2 月版
稻草人	叶绍钧著	科学书店
愁城记	夏衍著	文献出版社 1943 年 8 月版
寄小读者	冰心著	开明书店 1944 年版

---

① 本小节的内容均转引自叶再生著:《中国近代现代出版通史》第三卷,华文出版社,2002 年 1 月,第 211—215 页。

江汉渔歌	田汉著	六艺书店1940年4月版
谭嗣同书简	欧阳予倩选辑	文化供应社1943年11月2版
洪流	靳以著	文化生活出版社
边城	沈从文著	开明书店1943年9月版
诗论	艾青著	三户图书社1941年9月版
阅读与写作	夏丏尊、叶绍钧著	科学出版社
追	张天翼著	开明书店1943年11月版
海底梦	巴金著	开明书店1941年10月桂林版
落日	萧乾著	良友复兴图书印刷公司1943年7月版
车厢社会	丰子恺作	良友复兴图书印刷公司1943年5月版
喜酒	邵荃麟著	白虹书店1942年版,作者书房1943年版
大明英烈传	于伶著	上海杂志公司1942年12月2版
曹禺戏剧集(日出、蜕变)	曹禺著	文化生活出版社1942年12月桂林初版
抗战诗歌集	冯玉祥著	三户图书社1939年初版,1941年2版
忠王李秀成	欧阳予倩著	文化供应社1942年9月修订2版
播种者	骆宾基著	大地图书公司1943年版
风雨同舟	田汉、洪深、夏衍著	集美书店1942年5月版
"民族形式"商兑	郭沫若著	南方出版社1940年8月版
淮上行	臧克家著	上海杂志公司1940年5月版
为祖国而歌	胡风著	南天出版社
杜鹃花	聂绀弩著	文化供应社1942年版
泥土的歌	张志让著	今日出版社1943年5月版
母与子	陈原著	诗创作社1942年版
中国戏曲史	焦菊隐著	戏剧春秋社
玄武门之变	宋云彬著	开明书店1944年6月版
给青年的十二封信	朱光潜著	开明书店1942年10月2版
修辞学发凡	陈望道著	开明书店1940年版
江南曲	王统照著	文化生活出版社1940年版
游击中间	刘白羽著	上海杂志公司1940年版
从东北来	孙陵著	前线出版社1940年版

马恩科学文化论	欧阳凡海编译	读书生活出版社 1941 年版
鲁迅诗集	鲁迅著、奚名编	白虹书店 1941 年版
小城的故事	张俊祥著	文化生活出版社 1941 年版
黑字二十八	宋之的、舒群著	正中书局 1942 年版
故事新编	鲁迅著	文化供应社 1942 年再版
中国文学论集	郑振铎著	开明书店 1942 年版
复活	夏衍著	美学出版社 1943 年版
清明时节	张天翼著	生活书店 1943 年版
原野	曹禺著	文化生活出版社 1943 年版
忆	巴金著	文化生活出版社 1943 年版
子夜	茅盾著	开明书店 1943 年版
倪焕之	叶绍钧著	开明书店 1943 年版
二十九人自选集	中华全国文艺界抗敌协会桂林分会编	远方书店 1943 年版
十年	鲁彦、老舍等著	开明书店 1943 年版
死去的太阳	巴金著	开明书店 1943 年版
中国文学史	刘大白著	开明书店 1943 年版
还乡记	何其芳著	工作出版社 1943 年版
袖珍音乐辞典	林路编著	立体出版社 1943 年版
木刻史	石岩著	雅典书屋 1944 年版

战时桂林编辑出版的文学、艺术作品、翻译作品占了很大的比例,向中国读者介绍了许多世界名著和著名的文学艺术家。这些著作主要有:

出版的名著举例

歌德与斐多汶	(法)罗曼·曼兰著、梁宗岱译	明日文艺社 1941 年版
莫扎特	拨拉希著、沙蒙译	集美书店 1942 年 8 月版
普式庚论	卢娜卡尔斯基等著、吕荧译	远方书店 1943 年 4 月版
悲多汶传	(法)罗曼·罗兰著、陈占元译	明日出版社 1944 年版
革命文豪高尔基	邹韬奋译	文化供应灶 1942 年版
拜伦传	(日)鹤见佑辅著、陈秋子译	远方书店 1943 年 5 月版
三人	(苏)高尔基著、黄源译	学艺出版社 1943 年版

死魂灵	（俄）果戈理著、鲁迅译	生活出版社、文化供应社 1942 年版
夏伯阳	（苏）富曼诺夫著、黄嘉德译	文学出版社 1942 年 11 月桂林初版
不朽的人民	（苏）葛罗斯曼著	文光书店 1944 年版
孤鹰遇险记	（美）摩根著、曾育群译	前导书局 1937 年 10 月版
马丁·伊登	（美）杰克·伦敦著、周行译	文学编译社 1943 年 12 月版
维娜丝与亚当尼	（英）沙士比亚著、曹鸿昭译	大时代书店 1943 年 3 月版
爱的囚徒	（俄）托尔斯泰著	科学书店 1943 年版
红袜子	（俄）契柯夫等著、林焕平译	科学书店 1943 年版
处女地	（俄）屠格涅夫著、巴金译	文化生活出版社 1944 年 5 月版
解放了的唐·吉诃德（九幕话剧）	（苏）卢那察尔斯基著、何凝译	文学编译社 1943 年版
解放了的普罗米修斯（四幕诗剧）	（英）雪莱著、方然译	雅典书屋 1944 年版
幻灭第一部、第二部	（法）巴尔扎克著、穆木天译	耕耘出版社 1944 年 2 月版
奥尼金	（俄）普式庚著、更生夫译	丝文出版社、文人出版社 1942 年 9 月版
安娜·卡列尼娜上、中、下册	（俄）托尔斯泰著、宗玮译	文汇书店（1943 年 6 月）、文学出版社（1944 年 4 月）
被开荒的处女地	（苏）肖洛霍夫著、立波译	文学出版社 1943 年版
带枪的人	（苏）包哥廷著、葛一虹译	华华书店 1942 年 7 月版
大卫高柏菲尔自述	（英）迭更司著、许天虹译	文化生活出版社 1943 年版
奴隶船	（德）海涅著、雷石榆译	文汇书店 1943 年 8 月版
从暴风雨里所诞生的	（苏）奥斯特洛夫斯基著、王语今译	新光书店 1942 年版
夜未央	（波）廖抗夫著、巴金译	
双城记	（英）C. 迭更司著、许天虹译	文化生活出版社 1941 年 5 月版
恶魔	（苏）高尔基著、鲁迅译	文化合作事务所 1941、1942 年版
人鼠之间	（美）斯坦培著、秦似译	远方书店 1942 年版
静静的顿河	（苏）肖洛霍夫著、金人译	光明书店 1943 年版
茶花女	（法）小仲马著	立体出版社 1943 年版

初恋	(苏)屠格涅夫著、丰子恺译	开明书店1943年版
两兄弟	莫泊桑著、刘列文译	文化生活出版社1944年版
柔密欧与幽丽叶	莎士比亚著、曹禺译	文化生活出版社1944年版

二、昆明——骤然兴起的战时文化重镇

云南地处西南边陲,与内地交通极为不便,战前属于封闭型社会。1937年"七七"抗战爆发,昆明成为后方的后方。由于一些大城市相继沦陷,许多大专院校、学术团体纷纷南迁,文化界、教育界、出版界、工商界人士汇集昆明。随着滇黔公路和滇缅公路通车,昆明成为大后方经济文化重镇。抗战期间,人才荟萃,民主空气活跃,使昔日昆明文化落后的旧貌为之一新,昆明的文化出版业呈现了蓬勃发展的景象。

(一)主要的出版社、书店

战时昆明的主要出版社、书店有:

商务印书馆云南分馆 1916年开设。馆址在昆明光华街165号。为云南规模最大、影响最广的发行企业,从上海、香港、重庆、桂林等地进货。赵廷璧、龙兆炎先后任经理,职工最多时达25人。该馆发行的中、小学教科书,在中华书局昆明分局建立前的十多年间垄断了昆明和云南绝大部分教科书市场。

除教科书外,古籍、工具书和各类杂志也占领了云南各地市场的较大份额。

中华书局昆明分局 1929年建立。局址先在劝业场,后迁正义路,续迁光华街。杨世华、项再清、钱正化先后任经理。1942年时职工22人。它发行的中小学教科书与商务并驾齐驱,也发行部分语言文字和社会科学书籍。

云岭书店 1933年创办。私营独资企业,经理帅济博。该店主要经营新亚、华中图书公司图书。雇职工5人。

生活书店昆明分店 1938年5月正式营业,店址在昆明华山南路。杨义

方、毕子桂、孟汉臣、薛迪畅先后担任经理。主要业务是销售生活书店及读书出版社、新知书店出版的书刊。1941年2月被封闭。

上海杂志公司昆明分公司 1938年7月设立,经理张鸿飞,地址在武成路173号,主要业务是销售本版书籍、画报、杂志等,雇有职工7人。

开明书店昆明分店 1938年9月建立,店址先在武成路225号,后迁云瑞西路,再迁光华街。经理先后为卢芷芬、吕无璋。该店以推销本版书为主。其"活页文选"、《爱的教育》、《木偶奇遇记》很受读者欢迎。林语堂编《开明英语读本》的市场占有率远超过其他书店所发行的各种英文教科书。《二十五史》、《二十五史补编》、《十三经索引》等,也深受读者欢迎。

亚东图书馆昆明办事处 1938年建立,经理华一鸣,地址在承华圃7号。该店只批售本版书,不设零售门市。

新知书店昆明分店 1939年初建立,经理张朝同,后为诸宝懋。主要销售本版书,兼售生活、读书等出版社的书刊。发行了大量列宁和斯大林的著作和苏联出版的文艺书籍。皖南事变后被迫停业。

读书出版社昆明分社 建立于1939年上半年,经理郑权。主要业务是销售本版及生活书店、新知书店出版的书刊。该店销售的艾思奇著《大众哲学》和张仲实主编的自学丛书和马列主义经典著作、苏联文艺书在青年中很有影响。

世界书局昆明分局 成立于1930年7月1日,经理俞雨庭。除销售本版书刊外,还经营神州、启明、复兴地学社等的图书。

正中书局云南分局 系国民党党营书店。1938年在昆明设代理分局,1940年8月正式设分局于昆明光华街86号。冯仰之、浦政缵、于广生、刘荫杜先后任经理。这是昆明较大的一家书店,职工最多时达16人。图书以社会科学类、文化教育类居多。孙中山的《三民主义》、《三民主义建国方略》、《三民主义建国大纲》,蒋中正的《中国之命运》,陈立夫的《唯生论》为该店重点销售图书。是云南中小学教科书的发行大户。

金马书店 1941年设立于昆明,系独资经营,经理庄重,主要经售文化生活、亚东、宇宙等书店图书,最多时雇职工6人。

云南文化服务社　即中国文化服务社云南分社,系国民党云南省党部主办。1941年成立,经理李幹、甘汝棠,社址在华山南路99、100号,以经销中国文化服务社出版的书刊为主,并经营文具用品。职工8人,是昆明较大的一家书店。

华侨书店　由华侨集资于1941年4月建立,店址在华山南路90号,经理马杨生,职工6人,经售中国文化服务社和独立出版社的书刊。

进修出版教育社　中华职业教育社云南分社　领导人孙起孟,于1942年9月18日创办,资金是集股而成的。社址在昆明福照街204号。该社以出版职业教育教材为主,还出版"进修丛书"及《离离草》、《从赫尔利到马歇尔》等。同时设进修书店,经理先为毛仁学,后为胡毓忠。除经售自己出版的书外,还发售其他一些进步书刊。"进修"的职工大都是进步青年,还有部分地下党员,他们积极参加了昆明的民主运动。1947年11月"进修"曾被查封,经理被关押。后虽得以继续经营,但因形势的险恶,不久后又最终停业。

北门书屋与北门出版社　1942年12月,李公朴在昆明创立北门书屋,后又创立北门出版社。地址在昆明北门街97号。

北门书屋创办,资金名义上是集股,实际上是靠文化界、工商界人士以各种方式提供的,并得到昆明地下党的协助。书屋的房屋是昆明市商会会长李琢庵无偿租与的。楼上为李住所,临街一间约20平方米的房间为店铺。上海杂志公司昆明公司、进修出版教育社、华侨书店、康宁书店在货源上给予大力帮助,以三折或四折批书,售出后结账,卖不完退货。没雇职工,全靠李夫人张曼筠和王健张罗。书屋销售进步书,深受各大学师生欢迎。

1943年底,在北门书店的基础上成立北门出版社。由李公朴主持,约请楚图南、闻一多、赵沨、张光年、曾昭抡、潘光旦等十余人组成编辑部,由张光年具体负责编辑部工作。北门出版社除公开出版书刊,还秘密印刷发行中共中央毛泽东和其他一些领导人的著作,那时昆明生活、读书、新知书店已被国民党当局查封,北门出版社的作用,就显得更加重要。它曾在抗战胜利后秘密翻印了毛泽东的《论联合政府》、《新民主主义论》,朱德的《论解放区战场》等书,北门出版社还出版了不少有关反对独裁,要求民主一类的书,还出版了曾昭抡主编的《民主增刊》。对昆明的民主运动和学生运动起了积极的促进作用。这些都引起了独裁当局的极度不满。

李公朴是早年"七君子"之一，又是著名的社会活动家，他经常在家里举行各种集会，如宪政座谈会、时事讨论会、学术交流会、民盟小组会、妇女联系会、诗歌朗诵会、音乐欣赏会等等。因此，他的家，北门书屋、北门出版社自然成了文化人聚会的地方，外地来的民主人士和文化人将北门书屋作为联络点和中转站，将此誉为传播民主潮流的"民主之家"。

1946年7月11日，在光天化日之下，李公朴被暴徒刺杀，为民主事业献出宝贵的生命，北门书屋、北门出版社停业。从1942年12月北门书屋建立到1946年7月，总共三年零七个月，北门出版社共出图书约35种，丛刊、杂志5种（详目见本书第163—167页）。这为数不多的图书能在两年多的时间里出版发行，在当时的环境下实属不易，特别是内容适合实际需要，因而对大后方的抗日救亡运动和文化教育事业，产生了积极的影响。正如李公朴常说的，"书中自有知识屋，书中自有栋梁材"。[①]

群意书店 1943年3月建立，店址在华山西路104号，经理王治平，主要业务是经营各种杂志和时文，雇职工7人。

人文书店 1943年5月开设，经售桂林、重庆等地图书杂志，经理曾式文，店址晓东街，盛时雇职工5人。

康宁书店 为中共昆明地下党所办，1944年8月开业，资金在支持进步文化事业的工商界人士和工作人员中募集。书店主持人是孙仲宇和周行。书店业务表面上和其他书店一样，暗中却在销售《新华日报》，毛泽东的著作和延安来的文艺书，如《李有才板话》、《王贵与李香香》等。门市上不能公开陈列的书则通过可靠人士或中共党内人士发售至省内各地。书店还设有邮购部和租书部。

书店以"风云出版社"名义，先后出版发行了《苏联外交政策史论》、《毛泽东同志的青少年时代》等等，以及《活页歌篇》、《茶馆小调》等小册子。

---

① 《云南出版史志资料》第7辑，第1—9页。

该店也是中共地下党的联络点之一。1950年春,昆明和平解放,8月经中共决定,该店完成历史任务,宣布结束业务。

新光图书社　1943年11月开业,店址在武成路50号。经理陈启毅,职工5人,经售重庆文信书局及桂林等地图书。

光华书店　1943年1月开张,经理张世椿,职工5人,店址在光华街45号,主要业务经售图书杂志,也出售些文具。

大中国社昆明办事处　1944年成立,经理宋石于,职工5人,主要业务为出版并经营书刊销售。

云南大学出版组　云南大学,早在私立东陆大学时,即设有出版室。1934年改称云南省立云南大学时改设出版课。1937年起,该校在教务设出版组。经常直接用"云南大学"的名义出版书刊。

西南联大文聚社　抗日战争爆发后,北京大学、清华大学、南开大学迁长沙,1937年8月合并成立长沙临时大学。1938年4月再迁至昆明,更名国立西南联合大学。西南联大设有文聚社等出版社出版书刊,或者以下属研究机构的名义出版各自的成果。抗战胜利后,回迁复校。

求真出版社　李公朴于1944年在昆明创办,它实际上是北门出版社的一个副牌社。出版有曾昭抡著《大凉山夷区考察记》、伍元启著《战时经济、物价与金融》和《昆明九教授对于物价经济问题的呼吁》。该社还邀请潘光旦、曾昭抡主编"求真各科补充读本",陆续出版。

(二)主要期刊

抗战军兴,北大、清华、南开、同济等大学及一些研究单位、学术团体、出版单位先后迁昆,一时学者、专家、文化人、出版家云集,各种抗日救亡团体纷纷建立,各种期刊就像雨后春笋样竞相创刊,据不完全统计,抗战期间,仅昆明一地,原有的和新创办的期刊,总计不下150种,其中主要的有:

《图书季刊》　国立北平图书馆《图书季刊》编辑部编印,1934年创刊于北平。系前国际联盟世界文化合作中国协会与国立北平图书馆合办。由后者在北平编辑,由世界文化合作中国协会(地址:上海法租界霞飞路1836号)

负责在上海出版。年出4期,分中英文本和中英文合订本三种。编辑部由谢礼士、翟孟生、曾觉之、顾子刚、向达(1卷4期起改为贺昌群)5人组成。内容分专论、新书之批评与介绍、学术界消息、西书华译目录、国内重要杂志论文索引等。

全面抗战爆发后,一度停刊,嗣因学术界之要求,于1939年3月在昆明复刊。卷期另起,前加"新"字。1942年,因印刷等困难,又停一年。自新4期1943年起迁重庆续刊,体例如旧。在昆明出版期间,主任编辑袁同礼,编辑张敬、陈贯吾、万斯年、吴可读、徐家璧、颜泽霡,特约编辑向达、王重民、王育伊,发行李照亭(中文本)、钱守训(英文本)。昆明版期间撰者有顾廷龙、傅增湘、向达、王重民、李根源、吴晓铃……

抗战胜利后迁回北平、上海继续出版。1948年12月出至第9卷停刊。

《国立清华大学土木工程学会会刊》 系不定期刊,1932年6月创刊于北平。自第5期1939年4月迁至昆明出版。后因经济困难,停刊4年后才出了第6期。该刊宗旨是以沟通校友消息,并以各校友研究及实际经验之所得,报告于校友之前。内容有论著、母系学程表、母校消息、级史、母校现任教师名录、同学录、毕业会员录等,第5期在昆明时的总编辑为李漠炽。自第9期起迁回北平继续出版。

《同济医学季刊》 同济大学医学院1931年3月创刊于上海。出至7卷2期因七七事变而停刊。后学校迁昆明,于1940年3月复刊,期数续前,即7卷3期。内容有著述、公共卫生、临床报告、译述等。

抗战胜利,该刊随校迁回上海继续出版。1951年12月出完第10卷,自1952年起,改以年计期数。出至1952年卷第12期终刊。

《云南基督教青年会会刊》 云南基督教青年会主办,非定期刊物,视情况若干年印发一次。创刊于1921年,抗战期间继续出版,1949年后停刊。该刊内容主要是刊载会务情况、经费开支、基督教义,有时也刊载一些孙中山理论。

《气象月报》 系云南省立昆明科学馆测候所编刊。1936年1月创刊。内容主要是报道观测记录,月天气概况与气象纲要,以及气压、气温、地面地内温、云量、绝对湿度、相对湿度、云状与云向、风向及风速、雨量，逐日气象平均要素、能见度、各项气象要素，逐日变迁图、风向图等。所有数据，全部制成图表。

1946年5月出至11卷5期停刊。该刊1—4卷，每卷12期，第5卷起曾改为季刊，第6—8卷每卷1期，第9卷起又改四月刊，第9—10卷每卷12期，第11卷出5期，共出版84期。

《云南建设月刊》 昆明云南省政府建设厅主办。本刊原名《云南建设周刊》，1929年7月创刊，1930年3月出至38期，一度中断；1935年续刊，以新1号起另计期数，至1936年出至新51号。1937年1月改为月刊并改本名。期数又另起。本刊以促进建设事业，介绍科学常识为主旨。内容有：图表、论著、专载、法规、公牍、报告、调查、工程、纪录、统计、文艺、中外要闻、附件诸栏。有时刊行专辑，如新1卷第4和5号为"棉业专号"。1945年1月，改由建设厅建设计划委员会编，期数又另起。但只出版了2期就停刊。

《教育与科学》 不定期刊，系云南省教育学会、云南科学研究社、云南省教育会联合主办的刊物，其主旨在教育科学化，应用科学来促进教育。本刊由昆明云南教育与科学编委会编辑，编委会委员有熊庆来、姜亮夫、方国瑜、徐继祖、张宗舜等。内容有短评、教育科学论著、教育科学、文艺、教育动态与文化消息和书刊介绍、插画等。

1937年3月创刊于昆明，1941年出至第1卷第10期，因会址遭敌机炸毁，被迫中断出版。1946年8月，续出第2卷第1期。1949年12月出至第2卷第9期终刊，先后出版了19期。

《南方》 中共云南省工委用非党名义公开登记出版的刊物，后经中共南方局批准为云南地下党党刊。1937年10月创刊，初为月刊，从2卷10期起改为半月刊，后又改为月刊。创办时由陈

云南地下党机关刊《南方》

方(李立贤)、龙显寰负责,自第 2 期起改由李剑秋负责并编辑。所有组稿、编辑加工、送审、发排、校对、发行、筹措经费事,全由李一人办理。陈当时的掩护职业是政府机关职员,因而绝大部分工作是在晚上进行的。从 1938 年 2 卷 10 期后,地下党才派赵国徽、刘璧华等 5 人帮助搞发行。1940 年又派任孝逮协助李工作。

《南方》的宗旨在宣传抗日救亡。内容有社论、时事、评论、战地通讯、救亡通讯、书刊介绍、读者信箱等。由于内容丰富,形式多样,深受读者欢迎。第 1 期发行 500 份,以后逐步增加,最多时达 3500 份。

"皖南事变"后,政治环境恶化,审查加严,纸张来源又困难,李剑秋等应变疏散,《南方》杂志于 1941 年 1 月 15 日出至 3 卷 12 期停刊。共出版 36 期。

《歼倭冲锋半月刊》 留日同学战时服务团出版股编辑,昆明正中书局出版。1938 年 1 月 15 日创刊。该刊宗旨在抗日救亡。内容主要有时评(着重分析研究国际形势与外交)、论文(着重论述如何推动各种群众组织,投入抗日活动,以及研究国际问题,战时新云南的建设等);文艺(以多种文艺形式激发群众的抗战热情)。

《西南周刊》 1938 年创刊于昆明。发行人龙秉灵(龙云表弟),主编彭祖佑(地下党员,后叛变)和马子华。该报以"宣传抗敌救亡,提高民族文化为主旨"。内容有时事、评论、电影戏剧、文学创作、历史掌故、小品杂文等。为该刊撰稿的有不少是西南联大和云南大学的教授。楚图南为该刊写杂文,几乎每期一篇,对当时国民党的政治和社会现象加以抨击,言论犀利、文风辛辣,深受读者欢迎。该刊曾风行一时,大约出版了三四十期停刊。

《新动向》 学术性刊物,1938 年 6 月 15 日创刊于昆明。旬刊,后改半月刊。其发刊词称:"我们处着现代的时代,无论从世界思想潮流方面来看,从中国思想过程方面,却有许多刻不容缓,急需解决的问题。这些问题的解决,是中国知识阶级不可逃卸的责任。……我们希望这一个刊物,能够作中国思想界公共交换意见的机关。"设有译文、外论选辑、时论、专载、文艺、通讯、书评、国内外一旬、大事述记等栏目,并有插图和漫画。撰稿人中多为著名学者和教授。

1944年7月出至4卷3期停刊。

《战时知识》 1938年6月10日创刊于昆明，发行人徐茂先是爱国民主人士。该刊是在省教育厅长、云南日报常务董事龚自知支持下，由徐出面组织的，实际编辑工作由冯素陶、刘惠之、徐茂先、唐登岷等人负责（刘、唐皆中共地下党员）。经费由省教育厅拨给。该刊的宗旨在："提高文化水准，阐明正确理论，分析国内外时事，增进后方民众对于抗敌前途的认识，加强民众抗战的情绪，贡献青年以正确的修养和学习的资料，而对各项实际设施，作极恳挚忠诚的建议。"该刊半月刊，16开本，由生活书店发行。

该刊坚持抗战，宣传民主，在当时云南知识分子中有较大影响。刊物在国民党当局的压力下被迫停刊。

《战歌》 一种诗歌刊物，月刊，第2卷起改为不定期。1938年8月2日创刊于昆明。《战歌》主要为反映前方（特别是晋察冀边区）战斗的诗。多为叙事诗，也有不少反映前线或沦陷区战斗的诗，还有一些反映大后方，反映战时人民生活和精神面貌的诗，也有讽刺汪精卫叛国投敌的诗。许多作者都是20世纪三四十年代的著名作家。茅盾曾在《文艺阵地》2卷3期上作文介绍《战歌》，说她是"闪耀在西南天角的诗星"。

《战歌》出至2卷3期1941年1月停刊。

《诗刊》 1938年8月16日创刊于昆明，雷石瑜、罗铁鹰主编，原拟月出一期，未果。自第2期起改为不定期刊。该刊发表的诗论、创作、译作等作品，主题大多结合抗战，曾出"九一八特辑"、"通俗诗歌专号"等专辑和"战歌丛书"，经常为《诗刊》撰稿的有：溅波、罗铁鹰、雷石瑜、彭慧、穆木天、马子华等。茅盾、老舍等也曾为该刊写过稿。1941年出至2卷2期停刊，共出8期。

《警钟》 1938年创刊于云南边域缅宁（现临沧），曾在昆明印刷出版。系由双江简师学生彭桂萼和其缅宁同乡青年丘原明、邱振声、彭述先、虞际唐、周钟龙等人所组织的"警钟社"所主办。"警钟社"是青年学生为研究学术，发展文化，宣传教育边疆民众，激发其抗日救亡热情而组织的一个学术性社团。

《警钟》为季刊,其经费除缅宁县政府下拨一部分外,靠社员及热心公益的人士捐助。社长及发行人邱振声,编辑主任兼主编彭桂曹,由于负责人工作和居住分散,难以集中,仅靠通信联系,故编辑校对、设计发行等工作,全靠彭一人负责。《警钟》为文艺性刊物,内容有反映抗日救亡和有关边疆情况的论文、诗歌、报告文学、散文、速写、通讯、杂文、墙头小说等。由于经费困难,稿子发表后不付稿费,仅赠以刊物。1945 年抗战胜利后,因社员星散,该社停止活动,《警钟》也停刊。

《警钟》季刊自 1938 年创刊至 1945 年秋,共出版了 6 期刊物和四本丛书:彭桂萼诗集《边疆的军笳》、《怒山的风啸》,罗铁鹰的《诗论集》和诗集《海滨夜歌》。

《西南边疆》 学术性月刊,1938 年 10 月创刊于昆明,发表文章中有很多是作者亲临边疆调查、考察的第一手材料,并附有照片,是研究西南边疆问题的很有价值的资料。撰稿人大多是边疆问题专家。虽系月刊,但经常延期,实际成为不定期刊。1944 年 6 月停刊。

《益世周报》 原为天津《益世主日报》,七七事变后停刊。经改组后,1938 年 10 月 10 日在昆明复刊,并改本名。复刊词称刊物的宗旨是"允充为抗战期中的一般斗士的精神食粮,现代最优良的报导"。内容分为:一、专论栏,有宗教、哲学、社会、政治、经济各门类有价值的论著;二、译文栏,有关我国各种建设,或与军政外交有重大影响的文件;三、社论选文,选登《益世周报》有价值的社论;四、抗战文艺,有关前方、后方各种创作、小品或笔记,而能兴奋国民心理的;五、通讯选文,择优选登海内外各大都市以及各战线极富有价值的通讯;六、每周大事记,有系统地叙述与评论一周国内外的一切大事。1939 年 4 月出至 2 卷 16 期停刊,先后共出版 28 期。

《文化岗位》 中华文艺界抗敌协会云南分会主办,经费表面上是会员捐助,实际上是中共地下党资助的。1938 年冬创刊,32 开本,每期约七八万字,原定月刊,实际上为不定期刊。该刊主旨有二:一、抗日救亡,二、宣传民主运动,为创造民主的新文艺而奋斗。主编采轮流制,主编过该刊的有张子斋、唐登岷、张天虚、杨季生、杨亚宁、马子华、杨东明等,内容有通讯、诗歌、散文、报告、速写、小说、翻译、论述等,曾出版过鲁迅逝世三周年特辑。1940年12月出至2卷2期停刊。1941年皖南事变后,昆明文协工作一度停顿,1944年5月恢复工作,《文化岗位》也复刊,不久改为《西南文艺》。

《今日评论》 这是抗战期间影响较大的综合性刊物,昆明今日评论社刊行,创刊于1939年1月1日,周刊。内容有国际、政治、经济、社会、教育、语文、文艺、通讯等八类。撰稿者几乎全是西南联大、云南大学、中山大学等校的教授,如冯友兰、钱端升、叶公超、朱自清、潘光旦、陈岱孙、陆侃如、沈从文等。各种观点的文章兼收并蓄,蔚为大观。有些稿件是从抗战前线和边疆寄来的通讯;也有有关云南经济建设和社会调查的论著。每期卷首有"时评",综论国内外大事,卷末有本期撰者介绍和文章简介。

1941年4月出至5卷14期停刊。

《青年公论》 半月刊,青年公论出版社编辑,1939年1月15日创刊于昆明。创刊号有毛泽东的题词:"全国青年团结起来为驱除日寇建设三民主义的新中华民国而斗争！敬颂青年公论社"。发刊词称,其主旨是站在抗战文化岗位的前哨,为民族的前途而努力,为三民主义而奋斗,以青年英勇的姿态,前进的观点,正确的立场,检讨抗战与革命的理论与实际,分析世界的现势与动向,阐明一般学术思想,以及研究现实的诸多问题,如青年问题、边疆问题、妇女问题、民众问题等。内容以有关抗战的论著为主,设有时评、论述、青年阵地、信箱等,间有木刻和插图,撰者多为国民党显要人物和著名学者,如陈立夫、蒋百里、胡适、裴存藩等。

1939年11月停刊,共出版6期。

《文化周报》 《时事新报》是白渝迁昆明后所出版的 张周报。1939年2月8日创刊。其宗旨是"启迪社会文化,增强抗战力量"。内容主要分为:一、国防问题,在日寇侵略下如何去巩固垂危的边地;二、学术问题,如何探讨西南的秘密和发扬西南的文化;三、社会问题,研究社会制度的性质与范围,如何促进中国境内民族文化的提高和促进民族团结和睦等。总编辑吴晗,副总编辑方国瑜、王碧玲。

1943年7月停刊。

《新民画报》 云南省立昆华民众教育馆主办，1939年2月1日创刊，负责人方树梅，每周出4开画报一张。"以号召民众走上抗敌救国的大道，才会获得光明为宗旨"。内容有：一、每周谈话；二、抗战建国；三、诗歌；四、歌曲；五、民族英雄故事及连环画；六、后方人民生活情况及抗战知识；七、护理卫生药物保健常识等。1945年8月停刊。

《战国策》 系战国策哲学派办的刊物，1940年4月1日，由战国策编辑社创刊于昆明。半月刊，是包括哲学、政治及文艺的综合性刊物。创办人是西南联大教授陈铨、林同济等。发刊词描述其主旨为："鉴于国势危殆，非提倡及研讨战国时代之'大政治'无以自存自强，而'大政治'例循'唯实政治'及'尚力政治'。'大政治'而发生作用，端赖实际政治之阐发，与乎'力'之组织，'力'之驯服，'力'之运用。本刊有如一'交响曲'，以'大政治'为'力母题'，抱定非红非白，非左非右，民族至上，国家至上之主旨，向吾国在世界大政治角逐中取得胜利之途迈进。"

该刊宣传当时的中国"是又一度'战国时代'的来临"[1]，主张战争决定一切，衡量一切，离开战争，一切都毫无价值；主张弱肉强食，宣扬唯意志论和英雄史观，"意志是宇宙人生的泉源，是推动一切的力量"[2]。认为支配人类一切的，是权力意志，只有少数"英雄是人类意志的中心"[3]。当时在哲学界、思想界引起了争论，史称这派的哲学观点为"战国策派"。

为该刊撰稿的除陈铨、林同济外，还有沈从文、曾昭抡、费孝通、贺麟、朱光潜、雷海宗等。作者之间的观点不尽相同，有不是"战国策派"的，即使属"战国策派"，意见也不尽一致。

《战国策》出版至第17期于1941年7月停刊。该刊在17期宣布停刊，并预告将在重庆刊行《战国》附刊。

《战国》附刊 1941年12月3日在重庆创刊，周刊，署昆明国立云南大学政治系战国编辑部编辑，至1942年7月1日停刊，共刊行31期。

---

[1] 林同济：《战国时代的重演》。
[2] 陈铨：《叔本华的贡献》。
[3] 陈铨：《论英雄崇拜》。

《建国学术》 昆明中国学术研究会主办,1940年5月10日创刊,1944年1月停刊,共出版5期。该刊以研究中国学术,发扬固有文化为宗旨,发刊词阐述他们主张:"今研究中国学术,当以历史眼光,整理旧学;以社会眼光,创获新学,其考古及发明新理,皆当以适应现代生活为基准,破碎支离,漫衍无当者,当以不合时代而摒弃之。"并"采取欧美之长,并洗炼固有文化之精英,互相阐发,融会贯通,以确立文化建设之基础"。该刊多哲学论著,撰者有李根源、云龙、侯曙苍、杨秉礼等。

《云南教育周报》 云南省教育厅机关报,周刊,4开一张,1940年5月21日创刊。该刊以贯彻《国民教育实施纲领》为宗旨。是研究教育理论、推动教育发展的学术性刊物,主要内容有:教育言论、批评和建议,教育状况的调查和研究,各级学校动态及学生学习和生活情况的了解和分析,教育法规及统计等。

1945年10月停刊。

《清真铎报》 这是一本伊斯兰教专刊,1940年6月创刊于昆明,月刊。主旨在宣传伊斯兰教义,崇正道,而清来源,并改良教授,普及教育,复兴伊斯兰文化。内容有撰述、翻译、选载、正教易行录、杂俎、会议纪要、诗歌、书翰、要闻等。1948年3月停刊,共发行36期。

《云南青年》 月刊,三民主义青年团云南支团部宣传组编辑发行。1940年7月创刊。宗旨是阐扬总理遗教、总裁言论、抗战建国与新生活运动纲领,并以三民主义之立场研讨社会经济等问题。内容有论述、译述、国内人物小传及轶事、短篇文艺等。

1941年10月出至2卷5期停刊。

《国文月刊》 由昆明西南联合大学师范学院国文系编辑,浦江青主编,朱自清、罗庸、魏建功、余冠英、郑婴为编委。1940年6月16日在昆明创刊,开明书店出版。自第3期至40期,由余冠英主编。自41期1946年3月起,改由开明书店编印,编辑者为夏丏尊、叶圣陶、郭绍虞、朱自清、黎锦熙、周予同、吴淑湘。曾先后在曲江、桂林、重庆等地出版,自48期1947年7月迁至上海出版。1949年8月出至82期停刊。

刊物主旨在促进国文教学和提高青年语文能力,内容主要是介绍语文学和文学的基本知识,辅导青年写作,并选登一些学生作文和教师的范文。还设有书报评介、答问、通讯等。撰稿人皆系教育界知名学者,所刊文章深入浅出,深受青年读者欢迎。

《国文月刊》
西南联大国文系编辑

《笕桥月刊》 系空军专刊,1940年9月1日创刊于昆明,内容有:一、空军学术,包括战略、战术、典范、飞行技术、航空机械、兵器、参谋业务、组织行政、航空法规、空军教育、通讯、气象、航空医学等;二、空军情报,包括世界空军动态及各国航空事业发展信息;三、空军史料,包括中国空军建军史、空军军官学校史、各国空军发展史、航空名人传记、轶事等;四、防空学识、防空部队之组织及战术、民众防空常识等;五、空军生活;六、空军文学和创作,如小说、戏剧、诗歌等;七、书评;八、图照漫画等。这些内容每期酌情选登。

1941年8月停刊,共出7期。

《诗与散文》 起初是由几位喜爱文艺的青年集资创办,1940年10月10日创刊于昆明。杨绍廷为发行人,并负责社务,吴敏、刘光武、张桢炳、杨其苍、廖靖华、龙显球为编委,龙显球任主编。刊物发行后,受到各界重视和广大青年的欢迎。但不久,发生了困难,有些合作者或因升学离开了昆明,或因生活所迫,无法再参加工作,能坚持工作的只剩二三个人。加上皖南事变后,生活书店、读书出版社等被封,该刊也被大量没收,书款无法收回,以致难以维持。这时生活书店负责人突然写信托人送到杨绍廷家中,表示愿将全部书款结清归还,这使杨感到大为意外,也感到损失由他们完全负责不太合理。①经过联系,生活书店还是坚持将全部刊款付给杨,并语重心长地说:"我们一

---

① 杨绍廷:《〈诗与散文〉、"天野社"、"新云南丛书社"》,《云南出版史志资料》第三辑,1989年6月。

两天就离开昆明,希望你们的刊物继续办下去。"①后来楚图南又介绍西南大学的同学胡越来主持编辑工作,楚本人还抽业余时间为该刊审查稿件和组稿,这个刊物才得以继续办下去,后来昆明华侨书店成立后,又承担了该刊物的发行工作。

读者的爱护,朋友们的支援和关心,使刊物逐步成长起来。

《诗与散文》 一直坚持出版到抗日战争胜利。由于它的言论为国民党所不满,支持者和撰稿人中又大多系民主人士,1946年10月出至3卷5期,昆明市政府,竟以"不能按期出版"的莫须有罪名,强迫它停刊。1951年曾复刊,改刊名为《诗歌与散文》,发行人仍为杨绍廷、主编为普梅夫。1953年终刊。

《当代评论》 综合性学术刊物,昆明西南联大、当代评论社出版,1941年7月7日创刊于昆明。周刊。该刊内容丰富,讨论的问题广泛,是一份兼容并蓄,各抒己见,广纳各家言论的园地,内容包括政治、军事、法律、经济、文化教育、文学、艺术、语言文字、书评、边疆通讯诸方面。撰者多为西南联大、云南大学的知名教授,如费孝通、潘光旦、贺麟、伍启元、曾昭抡、闻家驷、罗莘田、王赣愚等。

本刊曾一度在重庆印刷,后又回到昆明印行。1944年3月出至4卷10期停刊。

《文聚》 纯文艺刊物,西南联大文聚社发行,原为半月刊,第2期起改为月刊,但仍不能按期出版,遂改为不定期刊。1942年2月16日创刊,发行人李典、越汝,编辑林元、马尔俄。撰稿人有沈从文、施蛰存、卞之琳、朱自清、李广田、罗莘田、冯至、何其芳、靳以、袁水拍等人。1943年12月因故停刊,1945年1月1日复刊,续出2卷2期,社长改由余国安担任,编辑不变,不久因故停刊。

《边疆人文》 西南联大南开大学文学院边疆人文研究室编印。1942年,云南省政府准备修筑石屏至佛海的铁路,以接通滇越铁路,打开国际通

---

① 杨绍廷:《〈诗与散文〉、"天野社"、"新云南丛书社"》,《云南出版史志资料》第三辑,1989年6月。

道。铁路筹委会委托南开大学黄钰生和冯柳猗教授调查沿线少数民族地区的社会经济、人文地理、民情风俗、语言文化等情况。为此南开大学文学院遂组织了"边疆人文研究室"和调查队,对哈尼、彝、苗、布衣、傣、纳西等民族的语言、民俗、社会经济、地理等进行了调查。并于1942年8月创办了《边疆人文》这个刊物。

《边疆人文》 分甲、乙两种。甲种是语言人类学专刊,乙种是综合性的双月刊。甲种专刊先后出版了3集,第一集是邢公畹的《远洋寨仲歌记音》(布依族),第二、三集是高华年的《黑彝语法》、《黑彝语中汉语的词的研究》,乙集出了三卷共16期。出到第三、四期合刊时,抗战胜利,南开大学迁回天津,刊物最后一期编定于昆明,出版却移至天津了。

《人文科学学报》 中国人文科学社主办。人文科学社系昆明西南联大、云南大学和其他大学教授和一些研究所的研究员于1940年8月联合组织的一个学术团体。总社设在昆明。《人文科学学报》创刊于1942年6月,宗旨在研究人文科学,半年刊。内容有学术论文、札记、书评等。1945年出至2卷1期停刊。

《金碧旬报》 1942年12月创刊,综合性刊物。主编罗铁鹰。创刊号第一篇文章即是李公朴的《民主与自由》,第二期又发表了刘思慕的《论当前国际时事》,内容都尖锐批评了国民党当局。设有论述、时评、诗歌、小说等栏。撰稿人有冯至、李广田、阿垅、雷石榆、王西增、弋矛等。

此刊只出版了4期即停刊。

《文林》 1943年1月1日创刊,半月刊。朱应庚、董家禄主编。其"发刊词"称:本刊"以拓张教化领域,促进文化建设,推广社会服务为鹄的。而在学术方面,希望做到为鉴赏与批评的媒介;社会方面,尽量提供社会生活的方针;青年方面,着重人格的建立,以及学问的探讨"。内容有言论、小知识、散文、诗歌、杂谈、疑问解答、风土人物、生活问题、云南民族问题研究等。该刊在"言论"和"杂谈"中,时有抨击时政,触怒当局,因而被迫于是年6月在出了第12期后停刊。

《黎明》 半月刊。1943年2月3日创刊,昆明黎明社刊行,李何林、张钟麟编辑。系统文艺刊物,以反映人民困苦和抨击社会黑暗面为主。内容有文艺、文史、文选、影剧巡礼和点滴等栏。1944年5月出版至20期时,改为从第6卷第1期计期数,但只出了一期即停刊。

《伊斯兰学报》 昆明伊斯兰文化学会编辑。昆明伊斯兰文化学会成立于1938年11月,后得云南穆斯林的经济支援,于1943年4月创办了此刊物。《伊斯兰学报》,季刊。内容着重在伊斯兰文、史、哲专题之研究及伊斯兰学术信息之报道。何时停刊不详。

《自由论坛》 月刊,自由论坛社编辑,1943年2月15日创刊。社长郭相卿。该刊标榜立论"自由",内容包括政治、经济、社会、教育、文艺各门类。本刊撰稿人大多是大学教授。1945年3月出至5卷5期停刊。

《医学常识》 不定期刊,1943年5月16日创刊,系医学常识类刊物。内容以医学理论与应用技术有关者为主,也介绍一些医药卫生保健常识,设有社中人语、论述、短评、漫谈、内科常识、药物介绍、家庭药库、医药逸闻、医事消息、文摘、信箱等栏。发行至1944年10月停刊,共出版了7期。

《枫林文艺》 不定期的文艺丛刊,枫林社编辑,1943年7月7日创刊于昆明。邱晓松、魏荒弩编辑。内容主要是诗与散文,兼及文艺短评、杂文、通讯、随笔、翻译作品等,作品大多反映中国人民在抗日战争中的斗争、生活。李广田、闻一多等人曾大力支持该刊的编辑和出版。主要撰稿人有李广田、常任侠、卞之琳、端木蕻良、冯至等。迫于形势,该刊于1944年5月出版至第6期后宣布停刊。停刊后迁至重庆,改刊名为《诗文学》,重新登记出版。并编辑出版了《诗文学丛刊》。

《战斗月报》 系中共云南地下党出版的秘密刊物,油印。内容主要刊登中共中央文告、中共负责人著作、延安《解放日报》社论,以及延安及八路军、新四军控制区情况报道。由姚黎民(原新华日报编辑)、严达负责编辑和刻印工作,刘浩负责全面工作。经费由地下党员和民主人士捐款。1943年8月创刊,每期发行500多份。为便于保密,预防敌人破坏,自1944年4月起改为秘密翻印中共单项文件或文献,不再以刊物形式出现。地下党并派了两个地下党员设法进入昆明"大中印刷厂"当排字工人,秘密利用工厂的设备铅印发行。曾排印过《学习与时局》、《组织起来》、《文化工作中的统一战线》、《在延安文艺座谈会上的讲话》、《整风文献》等多种文件。1944年11月,因故停刊。

《工业生活》 由昆明工业界从业人员组织的昆明工业生活社编辑,杨耀珖主编。1943年12月25日创刊,月刊。自1945年3月20日第6期起改为半月刊,宗旨为:报导各地工业实况,检讨中国工业现状,促进中国工业之发展,并介绍国内外工业之动态及各地工业职工之生活。设有小言、专载、论述、生活、工业报导、工业常识、工业文献拔萃及工业动态等栏,自第4期起增辟"工业信箱"栏,特聘专家解答读者提出的有关工业管理和技术方面的问题。"论述"栏着重对云南工业之调查和研究,"生活"栏对云南矿工生活介绍颇详。

1945年12月出至2卷4期停刊。

《建国导报》 学术性刊物,侯用一主编,1943年12月25日创刊于昆明,原定半月刊,后改月刊,延期严重,实际为不定期刊。本刊以提倡学术文化,改善社会风气,研究建国问题,提供建国方案,推进建国大业为宗旨。内容有学术论著、建国理论、建国方案、时事问题、社会调查、文艺作品、书报评价、各地通讯等项,特邀撰稿人多名家,如楚图南、吴宓、曾昭抡、张奚若、贺麟、冯友兰、伍启元、吴晗等。1946年3月出至3卷4期停刊。

《高原文丛》 由北门书屋编印,昆明高原书店发行,不定期刊。编辑郑明轩。1944年2月1日创刊。文丛内容主要为音乐、诗歌及一般文艺作品,地方色彩较浓,在揭露法西斯本质同时,也宣传了一些马克思主义。该文丛只出了一期即停刊。

《社会周刊》 云南社会周刊社编发,1944年3月20日创刊于昆明,社长系国民党云南省党部委员陈廷碧,1947年9月后,改由范承枢担任。主编李伟中、范秋弘。周出4开小报一张。发刊词称:"我们创办本报的目的,除在阐扬本党主义、研究社会问题、报导社会行政、批评社会各种现象外,同时希望成为对一般读者日常生活方面有些补益的刊物。"内容包括有关社会问题的文艺、新闻、卫生常识、科学知识,以及各地动态、人物介绍、读者论谈等。

1948年9月停刊。

《评论报》 周刊,原名《群报》,后改本名。昆明评论报社编,1944年8月4日创刊。社址:昆明市如安街70号,每逢周三出4开小报一张,宗旨:"站在文化工作者和人民大众立场上,主持正义和爱护真理,为保卫文化和争取进步而大声呼吁,反抗一切腐败空虚的衙门作风,反抗贪污渎职的官僚和无恶不为的棍徒们的丑恶罪行。"内容有专论、每周时事述评、短论、青年生活信箱、文艺创作、随笔、诗歌、小说散文等。胡风、曾昭抡、吴晗、孙起孟、冯雪峰、袁水拍、尚钺等知名教授、作家等曾为该报写过文章,1946年2月停刊。

《民主周刊》 中国民主同盟云南省支部机关报。1944年12月9日在昆明创刊。罗隆基、潘光旦、吴晗、闻一多等先后任主编和社长,唐登岷、张子斋、马仲明等人参加了编辑工作。经常撰稿人有李公朴、楚图南、李文宜、曾昭抡、冯素陶、费孝通、闻家驷、尚钺、夏康农、张光年、张奚若等。该刊"认为抗日与民主,在目前的中国是不可分离的两种奋斗"。明确提出以"拥护民主与反法西斯"作为最高原则和奋斗目标。虽然它只是中国民主同盟的一个地方组织的机关刊物,但由于当时是民主同盟的第一个公开刊物,

《民主周刊》创刊号
民主同盟昆明支部机关报

民盟中央主张都从这里得到反映,同时写稿者不少是民盟的负责人和知名人士,因此受到各方面的重视,在大后方有着广泛的影响,特别是在知识界和中上层小资产阶级中拥有广大读者。每期发行四五千份,是当时发行量最多的刊物之一。内容有:时评、专论、译文、文艺、通讯、书评、一周时事分析、民主呼声等。

1946年"李闻惨案"发生后,《民主周刊》于8月2日出版第3卷第19

期,被迫停刊。先后共出版 71 期。①

《川滇、滇越铁路周刊》 国民党川滇、滇越铁路特别党部编印,1945 年 1 月 1 日创刊于昆明。其发刊词称:"两路特别党部有依照抗战建国纲领训练全路党员及职工之职责,……兹为更求增进两路员工间之联系,报道业务之状况及时事新闻,补充两路同人之精神食粮,……出版本刊。"内容以党务简讯与两路要闻为主,也发表一些论著和时事新闻。1946 年 9 月 1 日第 41 期起,改名为《昆明铁路周刊》。1948 年 1 月 1 日改为《川滇、滇越两路旬刊》,由两路秘书室主编,另计期数,同年出至 1 卷 44 期停刊。

《海鸥周刊》 是为纪念率师入缅、痛击日军的抗日爱国将领——国军第二百师师长戴安澜将军而办的一份刊物。创办人是戴扶青,刊名即取自戴将军之号。1945 年 5 月 26 日创刊于昆明。该刊发起人有于右任、冯玉祥、许世英、李根源、张治中、龙云(第一个在发起人名单上签字)、杨森、卫立煌、杜聿明、宋希濂、史良、褚辅成、梁寒操、郭沫若、曾昭抡、潘光旦等 100 多人,他们并为刊物赞助了大笔经费。曾昭抡撰写了《创办海鸥周刊缘启》,内称:"深愿为此立功异域为国增辉之名将留一永久纪念,……为继承将军遗志拟创办周刊一种,名曰'海鸥'。内容提倡忠义,意在匡救颓风,对于此次抗战史实,尽量予以收集各战场官兵民众及公教人员忠勇事迹,尤拟予以宣扬,俾一般后方民众得悉抗战力量所在。"该刊设编委会,编委兼撰稿人有曾昭抡、周新民、潘光旦、伍启元、蔡维藩、雷海宗、燕树棠等。

1945 年 5 月 26 日,恰逢戴安澜将军殉国三周年纪念日,《海鸥周刊》与读者见面了。创刊号在头版刊载了杜聿明撰《戴故师长记略》,是目前国内发现的戴安澜简历的最早记录。

1945 年 9 月,当《海鸥》出版了 20 期左右,因编委及主要撰稿人随西南联大北迁,再加经费困难而停刊。在戴扶青多方奔走下,并得到云南大学青年学生的协助,于 1947 年 5 月 5 日在昆明复刊,复刊后的《海鸥》仍为周刊,自 15 期起改成半月刊,20 期恢复为周刊,内容有社论、评述、诗歌、散文等,并

---

① 《新民主主义革命时期云南革命出版史料选编》,第 261—267 页、第 285—286 页。

有时事述评、名人印象录、墙内墙外、生活镜头、世界文化、文艺随笔等专栏。言论较复刊前激进,介绍苏联等社会主义国家,歌颂红军,介绍世界进步作家,抨击国民党当局政策,反映中共军事胜利的文章较多,曾多次受到云南警备总部的追查。1949 年 9 月,云南当局以"该刊多共区通讯,其言论方面一贯为共党宣传之倾向"的罪名查封。戴扶青仅以身免,逃脱了当局的逮捕。

1949 年 9 月 1 日,《海鸥》出版了复刊后的第 30 期被迫停刊。

《五华》 月刊,学术性刊物,昆明五华学院编,云南省立昆华图书馆出版。1945 年 6 月 15 日创刊,主编兼发行人于乃义。内容主要是讨论教育和文化问题、战后建设问题、民族道德问题,以及史地的译述和考述,还设有时评、文化新闻、书目、诗录、学生园地等栏。

1947 年起,以年计刊期。1947 年 6 月出至 1947 年第 6 期停刊。

《中法文化》月刊 昆明中法文化社刊印,发行人熊庆来,主编陈仓亚,1945 年 8 月 25 日创刊。该刊旨在交流中法文化,通过学术交流,促使中法两大民族由互相认识而互相了解,由互相了解而互相合作。内容设有论著、译述、文艺、科学研究。本刊所载有关中国文化的重要作品,都译成法文,寄巴黎出版。1946 年 7 月出至 1 卷 12 期停刊。

(三)战时昆明的图书出版

抗战军兴,大专院校、研究单位云集昆明,昆明成为后方文化重镇,出版业一时兴旺起来,与战时相比,书籍出版大为增加,以下辑录战时出版的主要书籍。

战时昆明书籍出版一览[①]

书名	编著者及出版单位	出版年月
战术学摘要	云南省公务人员训练委员会	1937 年 6 月初版
行军卫生	云南省卫生实验处编	1937 年 9 月初版
民众呼声(第一集)	昆明民众教育馆	1937 年 9 月 18 日初版

---

① 本目录主要依据《中国近代现代出版通史》第三卷第 499—511 页的资料辑录,参照《中国抗战大后方历史文献联合目录》补充。

续表

书名	编著者及出版单位	出版年月
公共卫生行政	云南全省卫生实验处丛书之十 姚寻源著	1937年10月初版
云大特刊	云南大学编辑委员会编辑	1937年初版
乌蒙纪年(四卷)	昭通萧瑞麟辑	1937年石印本初版
云南省第四次(二十五年)仓储积谷统计报告书	云南省民政厅主编	1937年崇文书局印
云南木棉之初步调查报告	云南省棉业处编	1937年初版
云南个旧附近地质矿务报告	丁文江遗著,尹赞勋整理,实业部地质调查所出版	1937年初版
民国二十五年度云南盐务统计	云南盐运使公署编	1937年初版
云南省政府二十四年度审计报告书	云南省政府审计处编	1937年初版
云南富滇银行农村业务股二十六年度业务报告书	云南富滇银行农村股编	1937年石印初版
云南概览	京滇公路展览筹备会云南分会	1937年初版(全书近百万字)
中国民族战史	中央军官学校第五分校	1937年初版
中国历史教程	中央军官学校第五分校	1937年初版
东亚史教程	中央军官学校第五分校	1937年初版
地理学教程	中央军官学校第五分校	1937年初版
地形学教程	中央军官学校第五分校	1937年初版
东亚地理	中央军官学校第五分校	1937年初版
经济学概念	中央军官学校第五分校	1937年初版
中国战时法规教程	中央军官学校第五分校	1937年初版
中国国民党史	中央军官学校第五分校	1937年初版
云南双江勐腊(美国浸信会教堂租借经过报告书)	彭桂萼撰	1937年初版
昭通汉金石	张连懋著　昭通中学	1937年石印
西南古物目略	张连懋著　昭通中学	1937年石印
回教诸国文化史	纳忠著	1937年初版

续表

书名	编著者及出版单位	出版年月
郑和家谱考释	李士厚，昆明正中书局	1937年增订再版
战车战术及防御战车法	中央陆军军官学校第五分校	1938年初版
现代经济问题	屈凤梧著 中央陆军军官学校第五分校	1938年初版
经济思想史	中央陆军军官学校第五分校	1938年初版
后方勤务	中央陆军军官学校第五分校	1938年初版
滇游指南	云南通讯社出版	1938年初版
当前中国总动员之理论与实施方案	游如龙著 开智公司印刷	1938年初版
政治讲议	中央陆军军官学校第五分校（即昆明分校）出版	1938年初版
筑城教程	中央陆军军官学校第五分校（即昆明分校）出版	1938年初版
三民主义教程	文圣举编 中央陆军军官学校昆明分校	1938年初版
政治概论	中央陆军军官学校昆明分校	1938年初版
民众呼声（第二集）	云南省立昆华民众教育馆	1938年初版
劈刺学理	中央陆军军官学校昆明分校	1938年初版
云南省二十五年度教育概况	云南教育厅编辑 云南开智印刷公司印	1938年初版
战时国际公法教程	中央陆军军官学校昆明分校	1938年初版
云南边地与中华民族国家之关系	临沧彭桂萼编	1938年初版
西南边域缅宁（边城丛书之六）	临沧彭桂萼编	1938年初版
倡种土靛纲要	云南省建设厅编	1938年石印初版
云南个旧锡务公司民国二十六年度营业报告书	个旧锡务公司	1938年石印初版
滇游指南	云南通讯社编　云岭书局刊印	1938年初版
昆明向导	赵平松编　编者刊行	1938年
昆明市概况		1938年8月

续表

书名	编著者及出版单位	出版年月
护理原理与实习	嘉乐、吴建庵译 云南卫生实验处	1938年初版
标准时制特刊(系书籍)	陈一得撰 昆明气象测候所	1938年初版
气象与迷信	吕蓬仙	云南省立昆明气象测候所1938年版
故宫敦煌两本王昫刊谬补缺切韵跋	方国瑜撰 云南大学	1938年初版
制纸工业	朱积煊 昆明中华书局	1938年
边地之边地	临沧彭桂萼撰	1939年初版
云南省建设厅蚕桑改进所印刷品第二号、第三号	常宗会撰	1939年7月初版
日本侵华简史	曹伯韩 昆明上海杂志公司	1939年3版
云南省棉业处二十七年份工作报告	云南省棉业处编	1939年初版
云南个旧锡务公司民国二十七年度与二十八年度上期营业报告书	云南锡务公司	1939年石印初版
云南各县地方财政委员会暂行规程		1939年初版
川桂公路昆明区要览	总务股编	1939年石印初版
云南省各县各设治局及各县佐距省程站一览表		1939年初版
滇缅交通线问题特辑	李生庄等编辑	1939年初版
滇缅铁道路线商榷文汇	云南道路研究委员会辑	1939年初版
浪游西南记	钱琴仙撰	1939年初版
国际政治	中央陆军军官学校昆明分校出版 云南开智印刷公司	1939年初版
中苏轴心与世界和平	陈复光著 云南日报社	1939年初版
现代科学侦查全书	杨瑞麟著 警官训练大队编	1939年初版
抗战豪歌集	李艺光编	1939年初版

续表

书名	编著者及出版单位	出版年月
步兵操典新草案第一部表解	中央陆军军官学校昆明分校	1939年初版
政治常识	西南运输人员训练所训育科编 昆明开智印刷公司铅印	1939年5月
悲鸿画集	徐悲鸿绘 昆明中华书局	1939年7月—10月影印本
西南边疆	云南昆明西南边疆月刊社	1939年10月
大众哲学	艾思奇 昆明读书出版社	1939年15版
实践与理论	艾思奇 昆明读书出版社	1939年版
新重庆	陈思红编 昆明中华书局	1939年版
犯罪学研究	孙维 昆明中华书局	1939年版
云南现行法规汇编续编	云南省政府编	1939年版
中国字之结构及其形母创说	蒋一前 识字教育社	1939年版
空军论	(法)阿雷坳著,张柳云译 昆明航空译刊社出版	1939年初版
世界经济学说要义	周宪文著 中华书局	1939年初版
算术问题解法指导	匡文涛 昆明中华书局	1939年初版
中等农业昆虫学	孙钺 昆明中华书局	1939年4版
惊婚记	(英)司各脱著,万以咸译 昆明中华书局	1939年初版
故事诗选	胡云翼 昆明中华书局	1939年9月再版
海南岛旅行记	田曙岚 昆明中华书局	1939年初版
河上风车	(英)爱略说著,朱基俊译 昆明中华书局	1939年初版
弥陀宝传全传	云南鑫文书局	1939年初版
云南气象谚语集	教育与科学编委会	1939年初版
一年之双江	李英辑 省立双师边地丛书之五	1939年初版
边政论丛第一集(战国丛书之一)	陈碧笙撰 太平洋出版社	1940年初版
云南省之自然富源	郭垣编著 正中书局	1940年初版

续表

书名	编著者及出版单位	出版年月
云南省经济问题	郭垣编著　正中书局	1940年初版
云南省建设厅稻麦改进所两年来工作鸟瞰	稻麦改进所	1940年油印本
新哲学大纲	（苏）米丁（M. Mutuh）等著，艾思奇、郑易里译　昆明北平国际文化社	1940年9版
礼经制度与汉代宫室	劳幹　西南联大	1940年初版
云南建水县之米	云南国民经济研究所编撰	1940年油印本
云南矿产志略	朱熙人、袁见齐、郭令智等撰　云南大学	1940年初版
昆明市之用煤与来源		1940年油印本
云南一平浪之煤炭		1940年油印本
云南盐务纪要	杨勋民编	1940年初版
昆明向导	甘汝棠编辑　云岭书店	1940年初版
第七七二团在太行山一带	卞之琳著　明日社出版部	1940年初版　被查禁
保甲须知	云南省民政厅编行	1940年初版
法律教程	中央陆军军官学校昆明分校　云南开智印刷公司印	1940年初版
悲剧及其他	高寒著　诗与散文社	1940年初版
国立云南大学十八周年纪念特刊	国立云南大学印行	1940年初版
中华职业教育社云南办事处一年来之工作报告	中华职业教育社云南办事处	1940年油印本
中国美术工艺	徐蔚南著	1940年初版
亚洲古兵器与文化艺术的关系	周纬著	1940年初版
中小学之理论与实践	袁昂撰	1940年初版
牛乳研究	顾学裘撰	1940年初版
慰劳信集	卞之琳著　昆明明日社	1940年初版　被查禁
抗战三周年	滇黔绥靖公署特别党部	1940年初版
云南合作事业委员会三年来之工作概况	云南合作事业委员会	1940年初版

续表

书名	编著者及出版单位	出版年月
云南省教育会第三届工作报告	云南省教育会	1940年初版
极乐草	徐傅霖编译 昆明中华书局(港印)	1940年初版
金发姬	徐傅霖编译 昆明中华书局	1940年1月9版
金苹果	徐傅霖编译 昆明中华书局(港印)	1940年1月9版
金色鸟	徐傅霖编译 昆明中华书局(港印)	1940年1月9版
九傀儡	徐傅霖编译 昆明中华书局(港印)	1940年1月9版
梨伯爵	徐傅霖编译 昆明中华书局	1940年1月11版
魔卵绿	徐傅霖编译 昆明中华书局	1940年1月9版
马尾案	徐傅霖编译 昆明中华书局	1940年1月9版
中华成语词典	吴廉铭编 昆明中华书局	1940年5月7版
社会科学小辞典	(日)神田丰穗著，徐汉臣译 昆明中华书局发行	1940年6月初版
辩证唯物主义入门	胡绳 昆明新知出版社	1940年6月版
木马谈	徐傅霖编译 昆明中华书局(港印)	1940年1月初版
蔷薇姬	徐傅霖编译 昆明中华书局	1940年1月9版
犬王子	徐傅霖编译 昆明中华书局	1940年1月9版
非澳两洲谈薮	陶菊隐 昆明中华书局	1940年初版
制革工业	朱积煊 昆明中华书局发行	1940年6月再版
尸报恩	徐傅霖编译 昆明中华书局(港印)	1940年1月9版
宋四灵诗	中华书局辑注 昆明中华书局	1940年初版
唐诗选	胡云冀 昆明中华书局	1940年初版
幸福花	徐傅霖编译 昆明中华书局	1940年初版

续表

书名	编著者及出版单位	出版年月
羊形男	徐傅霖编译 昆明中华书局(港印)	1940年1月9版
夜光剑	徐傅霖编译 昆明中华书局(港印)	1940年1月11版
硬壳王	徐傅霖编译　昆明中华书局	1940年1月9版
桶七儿	徐傅霖编译　昆明中华书局	1940年初版
小猫师	徐傅霖编译 昆明中华书局(港印)	1940年1月版
小人鼻	徐傅霖编译 昆明中华书局(港印)	1940年1月版
近代轶闻	陶菊隐著　昆明中华书局	1940年1月版
吃炭男	徐傅霖编译 昆明中华书局(港印)	1940年1月9版
断舌雀	徐傅霖编译　昆明中华书局	1940年1月版
恶战术	徐傅霖编译　昆明中华书局	1940年1月9版
大食童	徐傅霖编译 昆明中华书局(港印)	1940年
豆藤梯	徐傅霖编译 昆明中华书局(港印)	1940年1月10版
怪洋灯	徐傅霖编译　昆明中华书局	1940年1月9版
经济学辞典	周宪文主编　昆明中华书局	1940年再版
云南国民教育手册	云南省教育厅	1940年
中南非洲谈薮	陶菊隐编译　中华书局	1940年
黑学校	徐傅霖编译 昆明中华书局(港印)	1940年1月9版
黑足童	徐傅霖编译 昆明中华书局(港印)	1940年1月11版
黄金船	徐傅霖编译 昆明中华书局(港印)	1940年11版
摇动笛	徐傅霖编译 昆明中华书局(港印)	1940年1月11版

续表

书名	编著者及出版单位	出版年月
新西安	王望　昆明中华书局	1940年
杜少陵诗	沈归愚选　昆明中华书局	1941年1月4版
子墨子学说	梁启超著　昆明中华书局	1941年1月3版
音注黄山谷诗	(宋)黄庭坚著,曾涤生选,中华书局辑注	1941年1月3版
李太白诗	(清)沈归愚选　中华书局辑注,昆明中华书局	1941年1月4版
佛学研究十八篇附录四篇(上、下)	梁启超编　昆明中华书局	1941年4月3版
本草用法研究	周志林编　昆明中华书局	1941年9月
曾涤生文	王益吾选；中华书局辑注 昆明中华书局	1941年
流转的星辰	(英)泰思(J. H. Jeane)著,金克木译　昆明中华书局	1941年
云南省三十年度田赋征实物解答	云南省田赋管理处编	1941年初版
云南清丈概况	云南财政厅主编	1941年初版
做人与建国	蒋介石著,戴鸿荪、蒋骏编 昆明新星书店	1941年
云南农林植物研究所丛刊	云南农林植物研究所	1941年
云南农林植物研究所概况	云南农林植物研究所编	1941年
西畴县畴阳河两岸水利工程计划方略	杨显吾编 云南弥泸水利监督署	1941年油印本
云南计政概况	云南省财政厅编	1941年初版
云南财政人员训练(云南财政丛书之八)	云南省财政厅编	1941年初版
交通学教程	中央陆军军官学校昆明分校 云南开智印刷公司代印	1941年初版
性心理学	霭理士著,潘光旦译 云南经济委员会	1941年初版
(注释)历代女子诗选	李辉群　昆明中华书局	1941年

续表

书名	编著者及出版单位	出版年月
中国美术史	郑昶　昆明中华书局	1941年3版
云南经济	张肖梅撰辑 中国国民经济研究所	1942年初版
云南省三十一年度田赋征实并随赋购粮问题解答	云南田赋管理处编	1942年初版
云南南盘江水利监督署工务处盘江实勘报告书附图七幅		1942年石印本
云南农林植物研究所民国三十一年工作要要	云南农林植物研究所	1942年版
云南个旧锡业调查	苏汝江辑 国立清华大学国情研究所	1942年初
云南省政府历年办理建设事业资金一览表	云南省府秘书处	1942年初版
银行会计学	周绍溁编著　光华印书馆	1942年初版
习斗集	高寒著　天野社	1942年初版
大理喜洲访碑记	石钟撰 龙渊中学中国边疆问题研究会	1942年油印本
华山唱和集	剑川陈受慈辑印	1942年石印本
玉溪灵照寺悯众济禅师语录（二卷）	通湖弟子杨云锦、杨天锦、杨会锦印	1942年初版
苍雪大师南来堂诗集	王培孙校辑并印	1942年初版
法相因果观	陈维庚撰	1942年初版
竹密流水续集	陈维庚撰	1942年初版
写作进修读本（上、下册）	孙起孟　进修出版教育社	1942年
虚舫剩集（二卷）	方端友著,万嶟、万崑、万崇、万嵩等排印	1942年初版
滇八家诗选（八卷）	昆明王灿辑 大理董万川捐资印行	1942年初版
昭鲁水利工程志	张本钧编纂	1942年初版
反侵略战与国际问题（第1集）	刘震寰　中苏文化协会昆明分会出版委员会	1942年

续表

书名	编著者及出版单位	出版年月
拾零集	（苏）高尔基等著　昆明微波社	1942 年
写作进修课本一、二册	孙起孟、蒋仲仁、顾诗灵编著	1943 年初版
最新政府会计进修课本	吴崇泉编著	1943 年初版
中国古代社会经济论丛（一）	孙毓棠著	1943 年初版
西南边城（缅云师范丛刊之一）	彭桂蕊主编	1943 年初版
满园桃李（缅云师范丛刊之二）	彭桂蕊主编	1943 年初版
越南古史及其民族文化之研究	陈修和著 西南文化研究室	1943 年初版
卧雪堂联语（一卷）	袁嘉谷撰	1943 年初版
梅花唱和百首（二卷）	（明）杨慎、王廷表合撰 万崇、何汝珍、万嵩校印	1943 年初版
小鸥波馆词抄（六卷）	赵藩撰	1943 年石印
一棵老树	冯至等著　联大文聚社	1943 年初版
乡村师范讲演集	张静华著	1943 年初版
滇西经济地理	张印棠著 西南文化研究室	1943 年 7 月初版
滇西边区考察记	方国瑜著 西南文化研究室	1943 年 7 月初版
云南农村戏曲史	徐梦麟著 西南文化研究室	1943 年 7 月初版
云南省实施造林规则、云南省林业管理规则	云南省建设厅林务处编	1943 年 7 月初版
云南之木棉	张天放，云南经济农场协会 木棉推广委员会	1943 年版
芸心合编（二卷）	腾冲尹子章等撰	1943 年 7 月初版
茶之化学	泽村真著　商务印书馆	1943 年 7 月初版
永昌府文征	腾冲李根源编	1943 年 7 月初版
海之歌	赵沨编译　昆明北门书屋	1943 年
五月之歌——艺术综合性丛刊	赵沨、白澄主编　昆明北门书屋	1944 年
火箭炮与飞炸弹	曾昭抡著　北门出版社	1944 年初版

续表

书名	编著者及出版单位	出版年月
雷（诗集）	光未然著　北门出版社	1944年初版
阿细的先基（云南夷族长诗）	光未然著　北门出版社	1944年
枫叶集	高寒编译　北门出版社	1944年初版
丛莽中	马子华著　华侨书店	1944年初版
结婚（两幕喜剧）	果戈理著，魏荒弩译 华侨书店	1944年初版
怎样和肺病斗争	陈德献著　华侨书店	1944年初版
统计实务进修课本	刘坤阊编著 进修出版教育社	1944年初版
实用商业学进修课本	陈文、张英阁编著 进修出版教育社	1944年初版
文学进修读本	孙起孟、顾诗灵、蒋仲仁主编 进修出版教育社	1944年初版
莲山摆彝语文初探	罗常培、邢庆兰合撰 北京大学文史研究所	1944年石印本
道学读本	参一子著订　道学研究院	1944年初版
明清滇人著述书目	方树梅著 云大西南文化研究室	1944年12月初版
缅甸史纲	李田意等译 云大西南文化研究室	1944年12月初版
人民的呼声		1944年初版
建国秘要	保山张元养著	1944年初版
云南省户籍示范工作报告	云南环湖市户籍示范实施委员会 国立清华大学国情普查研究所	1944年
新的文学运动与新的文学观	沈从文著	1944年初版
婚变	雷石榆著　崇文印书馆	1944年初版
小学新课程标准	云南省教育厅印行	1944年初版
中华职业教育社云南办事处五年来工作纪要	中华职业教育社云南办事处	1944年5月版
从军乐	昆明中央日报社编印	1944年初版

续表

书名	编著者及出版单位	出版年月
边疆行政人员手册	江应梁编著 省民政厅边疆行政设计委员会编	1944年初版
大小凉山开发方案	江应梁撰 省民政厅边疆行政设计委员会编	1944年初版
门	曾卓 昆明诗文社	1944版
腾龙边区开发方案	省民政厅边疆行政设计委员会编	1944年初版
云南省各级办理仓储手册	云南省民政厅第四科主编	1944年初版
云南宾川龙公海治世平渠工程概略	宾祥水利监督署编	1944年初版
办理合作社承销食盐手册	云南省合作事业管理处编	1944年初版
英美之声	李其诚编撰 昆明幸福公司	1944年初版
昆明导游	黄丽生著 昆明中国旅行社	1944版
联大入学试题集解	联大云南同乡会编著	1945年初版
日本帝国主义的毁灭	江肇基编 昆明扫荡报社	1945年初版
苏联外交政策史论	林石父著 云风出版社	1945年初版
原子炸弹	杨西贫编 扫荡报总发行	1945年初版
决战	廖行超编译 天野社总发行	1945年初版
离离草(四幕剧)	夏衍著 进修出版教育社	1945年初版
孺孺草(四幕剧)	夏衍著 进修出版教育社	1945年1月
岁寒曲诵唱长诗	瞿白音 进修出版教育社	1945年
恩普沿边开发方案	云南省民政厅边疆行政设计委员会编	1945年初版
走向边疆	缅宁彭桂萼撰	1945年初版
云锡纪实	云南锡业公司编	1945年初版
云南省县银行暂行会计处管理规程	云南省财政厅编	1945年初版
云南省农村工矿展览会特刊	云南省农村工矿展览会	1945年
云南财政厅三十三年度工作报告	云南省财政厅编制	1945年油印本

续表

书名	编著者及出版单位	出版年月
昆明市四十六种重要物价	云南省经济委员会会计处编	1945年油印本
昆明九教授对于物价经济问题的呼吁	伍启元、林良桐、杨西孟等撰 求真社	1945年初版
中国的转机	张今译 远东出版社	1945年初版
人情与邦交	费孝通著 自由论坛社	1945年初版
云南的国防价值	普梅夫著 天野社	1945年初版
前进,中国兵	雷溅波著 华华书店	1945年初版
云南首义纪念感言	马伯安撰 太华印书馆	1945年初版
戴依夫人	巴尔扎克著,罗塞译 黎明社	1945年初版
诗法萃编	1945年云南省图书馆重版 光绪二十一年朴实斋刻本	1945年重印
重刻遗老陈翼叔先生全集	(明)陈佐才撰	1945年重订排印
后方的岗卫	长城书店	1945年初版
民主浅说	曹伯韩著 北门出版社	1945年初版
太极正宗源流(系尚武楼丛书之一)	吴志靖编著 北门出版社	1945年初版
保卫察里津	A.托尔斯泰著,曹靖华译 北门出版社	1945年
名曲解说	赵飒撰 北门出版社	1945年
高尔基传记小说	罗斯金 北门出版社	1945年
高尔基日记与随笔	白澄译 北门出版社	抗战期间出版
民主教育之路	李公朴著 北门出版社	抗战期间出版
抗战教育的理论与实践	李公朴著 北门出版社	抗战期间出版
野性的呐喊	李公朴著 北门出版社	抗战期间出版
巴尔扎克论	白澄译 北门出版社	抗战期间出版
文艺的民主问题	张光年、叶以群等 北门出版社	抗战期间出版
新艺丛刊	白澄、赵飒编 北门出版社	抗战期间出版
民主增刊	曾昭抡编 北门出版社	抗战期间出版

续表

书名	编著者及出版单位	出版年月
华北敌后——晋察冀	李公朴著　北门出版社	抗战期间出版
午夜的雷声	李公朴著　北门出版社	抗战期间出版
青年之路	李公朴、曾昭抡 北门出版社	抗战期间出版
离骚今译	光未然　北门出版社	抗战期间出版
苦味之杯	马思聪　北门出版社	抗战期间出版
母亲	高尔基　北门出版社	抗战期间出版
关于马思聪的提琴独奏会	新音乐（昆）社编印 北门出版社	抗战期间出版
学习与生活	北门出版社	抗战期间出版
孩子们（刊物）	王健编　北门出版社	抗战期间出版
民主文艺丛刊	光未然编　北门出版社	抗战期间出版
人民的歌	艾青撰　北门出版社	抗战期间出版
献给乡村的诗	艾青撰　北门出版社	抗战期间出版（1945年）
新时代的黎明	M.左琴柯著，葛一虹译 北门书屋出版	抗战期间出版
火中的缅甸	康朗著　北门出版社	抗战期间出版
裴多芬和他的九个交响乐	赵沨著　北门出版社	抗战期间出版
思想技巧和文艺创作	以群著　北门出版社	抗战期间出版
社会大学	李公朴、陶行知著 北门出版社	抗战期间出版
论持久战	毛泽东著　北门出版社	抗战期间出版
新民主主义论	毛泽东著　北门出版社	抗战期间翻印
论联合政府	毛泽东著　北门出版社	抗战期间翻印
论解放区战场	朱德著　北门出版社	抗战期间翻印
大凉山夷区考察记	曾昭抡著　求真出版社	抗战期间出版
战时中国的经济、物价与金融	伍启元著　求真出版社	抗战期间出版
王峙南义务政府主义	王峙南著　昆明图书馆	抗战期间出版
合作指导技术的实际问题	邹枋著　云南合作事业委员会	抗战期间出版
合作法令解释简编	云南合作事业委员会研究组	抗战期间出版

续表

书名	编著者及出版单位	出版年月
合作法规新编	云南合作事业委员会研究组	抗战期间出版
云南合作社纪实（第一集）	云南合作事业委员会研究组	抗战期间出版
边塞的军笳	彭桂萼著	抗战期间出版
海滨夜歌	罗铁鹰著	抗战期间出版
讨论集	罗铁鹰著	抗战期间出版
怒山的风啸	彭桂萼著	抗战期间出版
中国古代乐舞剧研究	常任侠撰	抗战期间出版
明日之青年	许晚成著　商务印书馆云南分馆	抗战期间出版
战火	雷溅波撰　救亡诗社	抗战期间出版
无声的炸弹	徐嘉瑞撰　救亡诗社	抗战期间出版
号角	穆木天撰　救亡诗社	抗战期间出版
在战争中歌唱	雷石榆撰　救亡诗社	抗战期间出版
澜沧江畔的歌	彭桂萼撰　救亡诗社	抗战期间出版
原野之马	罗铁鹰撰　救亡诗社	抗战期间出版
火之歌	罗铁鹰撰　救亡诗社	抗战期间出版
职业青年之学习与修养	孙起孟撰　进修出版教育社	抗战期间出版
生活的智慧	孙起孟撰　进修出版教育社	抗战期间出版
算术题解手册	廖伯华编撰　进修出版教育社	抗战期间出版
印度十大民族领袖	李晓等译　进修出版教育社	抗战期间出版
岁寒图	陈白尘著　进修出版教育社	抗战期间出版
合作登记讲义	百于溪等编　云南合作事业委员会	抗战期间出版
由农贷到合作金融	杨体仁著　云南合作事业委员会	抗战期间出版
中国之合作运动（英文本）	邹枋、顾彼得编　云南合作事业委员会	抗战期间出版
简易信用合作簿记	黄石编　云南合作事业委员会	抗战期间出版

续表

书名	编著者及出版单位	出版年月
合作经济论（上、下册）	佛格著，彭师勤译 云南合作事业委员会	抗战期间出版
特种合作的实际问题	瞿明宇著 云南合作事业委员会	抗战期间出版
合作金库的实际问题	邹枋著　云南合作事业委员会	抗战期间出版
云南合作年鉴	云南合作事业委员会研究组	抗战期间出版
大理古代文化史稿	徐嘉瑞著 云南大学西南文化研究室	抗战期间出版
僰民唱词集	张镜秋编写 云南大学西南文化研究室	抗战期间出版
泐史	李拂一撰 云南大学西南文化研究室	抗战期间出版
蛮书校注	向达撰　云南大学文法学院	抗战期间出版
玄奘大法师传校注	刘文典撰　云南大学文法学院	抗战期间出版
广韵声谱	方国瑜著　云南大学	抗战期间出版
文字朴识	姜亮夫著　云南大学	抗战期间出版
有清一代之中俄关系	陈复光著　云南大学	抗战期间出版
欧洲政治思想史	潘大逵著　云南大学	抗战期间出版
禄村调查	费孝通撰　云南大学	抗战期间出版
中国古代社会经济论丛	陈毓常撰　云南大学	抗战期间出版
大学英语（一）读本	陈福田编著　云南大学	抗战期间出版
大学英语（一）作文	徐锡良编著　云南大学	抗战期间出版
鸡足朝山记	费孝通著　云南大学	抗战期间出版
长河	沈从文著　文聚社	抗战期间出版
楚国的亡臣	冯至著　文聚社	抗战期间出版
日边集	李广田著　文聚社	抗战期间出版
探险队	穆旦著　文聚社	抗战期间出版
亨利第三与旗手	卞之琳著　文聚社	抗战期间出版
子午桥（小说集）	冯至著　文聚社	抗战期间出版
花柳病学	麦泽著，张连琪译	抗战期间出版

续表

书名	编著者及出版单位	出版年月
望云轩诗钟存略	袁嘉谷著	抗战期间出版
幻绿记传奇	云龙著	抗战期间出版
废墟诗词	刘治雍著	抗战期间出版
知希堂诗钞	王灿著	抗战期间出版
护国军纪实	邓子诚著	抗战期间出版
杯湖吟草	李鸿祥撰	抗战期间出版
九天一草庐诗稿	鲁元撰	抗战期间出版
人生最切要最根本的知识问答	左自箴撰	抗战期间出版
铁峰集（二册）	鲁道元	抗战期间出版
芸草合编	尹子章、尹梓鉴合撰	抗战期间出版
白霞诗词钞	李宝缉撰	抗战时期石印
说文说余稿	吴琨撰	抗战时期石印
居敬斋诗钞	简宗杰撰	抗战时期石印
蔡邵阳年谱	李文汉撰	抗战时期出版
红杏书屋吟草曲阳唱和集	林景泰撰	抗战时期出版
曲石续文录（四卷）	腾冲李根源编制	抗战时期出版
曲石诗录	腾冲李根源编制	抗战时期出版
近代滇人著述书目提要	晋宁方树梅编	抗战时期出版
晋宁诗文征	晋宁方树梅编	抗战时期出版
云南经济植物概论	俞德浚著 云南植物研究所	抗战时期出版

三、战时贵阳出版业的大发展

贵州省的出版业，原来并不发达。抗日战争爆发后，贵州成为大后方。不少学术团体、高等院校，如大夏大学迁至贵阳，浙江大学迁至遵义和湄潭，陆军大学、陆军步兵学校迁至遵义，交通大学唐山工学院迁至平越（今福泉县),湖南湘雅医学院迁至贵州,中央陆军测量学校、防空学校迁都匀,后广西大学也迁至榕江等,因此,随着抗日救亡运动的发展,贵州的出版事业亦有着较大的发展,而贵州的主要出版机构集中在贵阳。

(一)主要出版机构

1. 贵阳本地设立的公私出版机构

文通书局 系贵州近代出版业历史最久、规模最大的出版社,编辑出版了大量图书和刊物,对贵州文化教育事业的发展起了重要的作用,在全国文化出版事业中也有重要的影响。

文通书局系爱国商业家华之鸿、华问渠父子创办和经营。清光绪二十四年(1898)开始筹划创建,清宣统三年(1911)正式开工投产。为独资私营企业。

文通书局尽管创办较早,并备有从日本进口的全套铅印设备,但在战前,由于交通阻塞,社会不安,一直处境困难,无甚发展。1937年七七事变后,贵阳逐渐成为大后方的一个交通枢纽。平、津、沪、宁等许多出版机构和高等院校,纷纷撤至西南,一时西南地区人才济济。上海等地大出版社虽已迁至内地,编辑人才较多,但印刷机器却未能全部撤至内地;文通书局虽有较大的印刷能力,但素以印刷为主,缺乏编辑力量,出书不多。为了争取倚重难得的人才,发挥已有设备的潜力,文通书局主持人华问渠于1941年6月,将文通原有机构改组为总管理处,下设编辑、印刷、发行三所。华问渠任总经理,聘请贵州籍学者、上海大夏大学教授马宗荣为编辑所所长,黔籍著名文人谢六逸任副所长。聘请了竺可桢、苏步青、张奚若、曹禾风、蹇先艾等知名专家112人为编审委员。1941年10月10日创办了《文讯》月刊,由编辑所副所长谢六逸主编。

文通书局于1943年成为国定中小学教科书七家联合供应处单位成员之一,文通在七联处负担的供应任务占百分之三,其比例虽小,以全国性统计,为数颇可观。为履行供应责任,文通书局必须增设省外分支机构。首先设立驻渝办事处,主要任务是对教育部及七联同业的接洽,随即设立成都、重庆、昆明、贵阳四个分局。1946年又设立了上海、长沙、广州分局，至此已有7个分局。

1943年及1945年，编辑所正、副所长马宗荣、谢六逸先后病逝，改聘著名历史学家、复旦大学教授顾颉刚为所长，云南大学教授白寿彝为副所长。《文讯》改由著名诗人臧克家主持编辑。文通在抗战期间，出版书籍200多种，出版内容包括大学丛书和文学、史地、政治、社会、文化、教育、数学、理化、医学、卫生以及地方文献、中小学教科书、各种工具书和通俗读物等。刊物除《文讯》继续出版外，顾颉刚主编的原在中华书局出版的《文史杂志》也改为文通书局出版。

贵州文献征辑馆 系官办全省征集、编印地方文献编辑出版机构。1936年8月1日成立于贵阳，由1919年建立续修贵州通志局改组而成。其任务是："专任本省文献之征采编审及刊印丛书事宜。"馆长任可澄（志清），副馆长兼专任编审王蔬农，王病故后，由杨覃生（恩元）继任。专任编审陈衡山、聂尊吾、杨覃生。

抗战期间，文献征辑馆工作虽受战事和经费困难等影响，但未完全中断工作，在许多学者努力下，仍做了不少工作。主要有：

编印"黔南丛书" 始于1922年，其宗旨是："凡黔人之著作，及他省名人有关吾之记载，皆收辑付印。"前后编辑出版了6集，另编辑出版了《黔南丛书别集》1集，全书共70册，由文通书局印刷发行。

编纂民国《贵州通志》 始修于1919年，迄于1948年，前后历时30年。战时时断时续。全书分19个分志，105册，约800万字，印500册，由文通书局出版。

编辑出版《贵州文献季刊》 1938年5月30日创刊，1939年出二、三期合刊，1940年出版第4期时，改刊名为《贵州文献汇刊》。

编辑出版图书，抄录积存文献 该馆编辑出版了一批图书，如杨恩元《晋乘论再易稿》、凌惕安著《遵义夷牢溪谒墓记》等，全由文通书局出版。该馆洽购或抄录文献资料达数十种。如洽购有清程棫林《说文通例》未刊稿，抄录有明马士英《永城记略》原抄本等多种。杭州陷敌，文澜阁藏书运至内地，经教育部批准,该馆派员抄录黔省著作,编为《贵州史料第一集》。

1947年8月22日,文献征集馆改组为贵州省文献委员会,主任委员杨覃生。

机关团体、报社、各地修志机构以及私人著述刊刻或印刷出版 贵州省政府不仅出版法令法规类书籍,1940年还曾刊印《巢经巢文集》,该文集收著名贵州学者郑珍撰《经说》、《轮舆私笺》、《郑学录》、《诗钞》等18种著作,赵恺编订,铅印,共40册;省府各业务部门出版了不少业务书。除地方修志外,战时浙大著名学者张其昀等撰《遵义新志》,大夏大学社会学家吴泽霖、张国均等撰《定番县乡土调查报告》十三章。贵阳中央日报社出版《新贵州概论》及其他丛书,大刚报社和小春秋报社皆出版有丛书。一些小型、非专业出版社、期刊社、书店等有时也刊印一二种书。私人著述刊印是传统的做法。

2. 国内各大书局在贵阳的分支机构

早在民国初期,国内各大书局在贵州已设立了分支机构,他们的教科书和图书的发行量基本上占领了贵州的图书市场。本省的民营书店,除文通书局外,规模都较小。国内各大书局在贵阳的分支机构有:

商务印书馆贵阳分馆 1916年在贵阳小井坝设门市部,1929年在贵阳大十字设营业部。主要经营本馆出版的书刊,并兼营一些教育器材、文具等。1934年因贵阳不通公路,图书全靠邮运,经营成本太高,遂结束了分馆业务,委托文通书局代营,翌年贵阳通汽车,恢复了分馆工作。分馆设经理,先后担任经理的有毛契农、罗品杰、张渔滨等。

中华书局贵阳分局 1917年在贵阳设经销处,门市设在中华南路。首任经理凌惕安。主要经营本版书刊,兼营体育、文具用品。因交通不便,课本供应不及时,经营困难。1927年被迫暂停营业,改由文通书局经销。1937年七七事变后,京沪各地工商、文化机构纷纷内迁至黔,中华书局遂派员来贵阳建立分局。

贵阳新生活书店 系第二路军设在贵阳的"新生活俱乐部"所经营,1935年4月开张。主要业务是销售"新生活运动"及军事方面的书刊,也出售些政治、经济、历史方面的书刊。后来直接向上海、南京、武汉等大城市进货。

世界书局贵阳分局　1936年建立分局,门市部设中华中路,主要经营本版书刊,并兼营教育用品、测绘用品及文具等。图书品种较齐,其教科书深受教师、家长、学生欢迎,经营状况较佳。1950年5月被接管。

正中书局贵阳分局　抗战初期建立,门市部设在中华北路104号,专营本版书和杂志。在省内专县所在地设有经销、代销店。1949年11月,贵阳市军管会接收了该分局。

拔提书店贵阳分店　抗战初期建立,门市部在中华北路。除销售本版书如《唯生论与民生史论》等,也销售财会类书籍,兼营文具。1944年3月至6月,曾在贵阳创办《时代导报》周刊,共出11期。抗战胜利后,自行撤销。

开明书店贵阳分店　1938年前委托文通书局代售其书刊。1938年后在贵阳设分店,自行经营本版书刊及社科、文艺类书刊。店址设贵阳醒狮路,1947年分店结束。

生活书店贵阳分店　1938年4月1日设立。邵公文、周积涵任经理。该店与《新华日报》贵阳分销处和读新书店以及贵州省内各地进步书店相互配合,形成一个全省进步书报的发行网。1941年2月20日被当局查封。

新亚书店贵阳分店　1939年1月1日建立,先后设有两个门市部。主要业务为发行本版教科书、教学挂图和各种地图,所发行的出版物品种齐全,印刷精美,深受中小学教师欢迎。还发行《天方夜谭》、《鲁滨孙飘流记》等世界名著。

读新书店　是读书出版社和新知书店在贵阳联合经营的书店,从1939年2月开始营业到1941年2月被国民党当局查封,前后历时两年。读新书店的正副经理初由沈静芷和孙家林担任。1940年初沈静芷调桂林,改由孙家林和戴琇虹担任,戴琇虹调离贵阳,副经理改由曹健飞担任。当时读新书店发行的刊物如《解放》、《中国青年》和《中国妇女》等,都是在延安编辑,由新知和读社在国民党统治区用原纸型重印的。读新书店还发行读书出版社和新知书店出版的马恩列斯的著作,如《共产党宣言》、《资本论》、《帝国主义论》、《论"左派"幼稚病》、《论反对派》、《马恩论中国》和《联共(布)党史简明教程》等等。毛泽东的《论持久战》和《论新阶段》等著作,也都在读新书店公开发行。在一般政治理论读物中,最受读者欢迎的是艾思奇的《大众哲学》、胡绳的《辩证法唯物论入门》、薛暮桥的《经济学》和徐懋庸、何干之等集体编著的《社会科学基础教程》。这四本政治理论读物,十分畅销。

3. 贵阳主要的民营书店

贵阳的民营书店,除文通书局外,皆规模甚小,且兼营文具和体育用品。抗战时期主要的书店有:

文通书局贵阳分局 1927年10月建立。初期主要经营本版图书,代售各大书店书刊。抗战时期业务扩展,参加了全国七大书店组织的教科书联合出版发行处,每年春秋两季课本发行前举行征购活动和联谊活动,推展营业。当时发行的本版图书,如《莎士比亚全集》、《邱氏内科学》、《中国古代教育史》、《巴尔扎克全集》、"黔南丛书"等,深为读者欢迎,畅销一时。为扩展业务,文通书局又先后在遵义、成都、重庆、昆明、长沙、广州、上海设分局或销售机构,推销本版书刊。由于通货极度膨胀、时局不稳等多种原因,经营亏损,1949年起总管理处及各地分局相继停业,1952年8月,分局及印刷厂并入贵州人民印刷公司。

两仪生书店 1931年前后开业,门市部设在贵阳中华北路64号。初期以经营私塾发蒙课本为主,如《百家姓》、《三字经》、《增广贤文》等。书店从湖南邵阳运来木刻版本书籍,后逐步转向上海、武汉进货。战时书店毁于日机轰炸,被迫停业。

贵阳怡茂和书局 约创办于1930年,设在中华中路。初期主要从湖南邵阳贩运木刻版本《三字经》、《百家姓》、《女儿经》、《千家诗》、《声律启蒙》及旧小说唱本等在贵阳销售,后来转向上海进货,利用邮包,从上海广益书局、锦章书局、鸿文堂书局进货,业务逐渐扩大,并兼营文具。1939年2月店铺被日机炸毁,改在偏僻街道继续营业。抗日战争胜利后,贵阳人口锐减,物价飞涨,营业不振,改经营笔墨文具为主。

经文书店 系夫妻老婆店,以收购销售古旧书籍为主。初无铺面,1936年在中华西路97号开设铺面,正式开张。1937年起从上海邮购一些书刊,如鲁迅、巴金、茅盾、郑振铎、老舍等名家作品,在贵阳销售。1956年1月全市图书业公私合营时,并入新华书店贵阳支店。

正一印书馆 创办于 1942 年。店址在中华中路 128 号。经理赵芬,独资经营,有职工 2 人。专门经营会计用书,兼营各种账册,也经营部分学生用书和文具,1952 年停业。

(二) 主要期刊

抗日战争时期,是贵州期刊出版的大发展时期,其兴旺程度为历史所未见。据统计,"清末和民国时期,贵州省出版的期刊共有 359 种,其中清末 4 种,辛亥革命至'五四'运动前后 65 种,抗日战争时期 184 种,解放战争时期 106 种"[①]。由于历史的原因,有些史料已经泯灭,故实际种数会大于此数。按年份创刊种数占出版总数的百分比,见表。[②] 贵州期刊主要集中在贵阳。

战时贵州期刊历年创刊种数

年份	创刊种数	百分比
1937(7—12)	6	3.26%
1938	27	14.67%
1939	16	8.70%
1940	24	13.04%
1941	28	15.22%
1942	23	12.50%
1943	24	13.04%
1944	19	10.33%
1945(1—8)	17	9.24%
合计	184	100%

主要期刊如下:

《抗敌》 周刊,系贵州全省各界抗敌后援会主办。1937 年 5 月创刊于贵阳。自 18 期起改为月刊,48 期又改为半月刊。1941 年 11 月出至 96 期

---

① 据《贵州省志·出版志》,贵州人民出版社,1996 年 6 月。
② 统计的原始资料据《贵州省志·出版志》。

停刊。

《抗战教育》 周刊,贵阳教职员抗日救国会主办。1938年1月创刊于贵阳,同年6月停刊,出了24期。

《抗建》 半月刊,系中华文艺界抗敌协会贵州分会主办。1939年4月创刊于贵阳,1941年5月出至第3卷第2期停刊,共出版52期。

《文讯》 月刊,文通书局主办,1941年10月10日创刊。其创刊词称:抗战四年来已证明:"我们的城市遭受敌寇的破坏何止千百次,然而破坏以后,我们却有力量把它随即建设起来。至于我们的文化呢,在战争中不惟没有停滞,反而显出了它的特征。"并称:出版该刊的目的"在集思广益,刊载学术论著、文艺作品、名著提要、文化动态以及其他与出版事业有关的文字。同时借以披露本局的出版消息"。

本刊自6卷1期1946年起迁重庆,7卷1期起迁苏州,后又迁至上海。1948年12月出至9卷5期停刊。

《文讯》月刊

《兽医月刊》 陆军兽医学校主办,1936年10月创刊于南京,1938年迁湖南益阳,后又迁贵州安顺出版,1941年8月出至5卷9期停刊。

《贵州省农村合作委员会会务周刊》 1937年7月创刊于贵阳,1942年12月出至5卷50期停刊。

《贵州合作通讯》 月刊,贵州省合作事业管理处主办。1938年4月创刊,1947年12月出至第10卷第12期停刊。

《贵州文献季刊》 贵州省文献征辑馆主办,1938年5月创刊于贵阳。自第4期起改刊名为《贵州文献汇刊》,不定期刊,1949年1月出至第5期停刊。

《贵州教育》 半月刊,1938年10月创刊。自第2卷1940年起改为月刊,1948年6月出至7卷4期停刊,为贵州省教育厅主办。

《文史》 贵阳大夏大学文史研究室主办,1941年10月创刊,半月刊,但经常延期。1942年1月停刊,共出5期。

《贵阳医学院院刊》 月刊,1939年1月创刊,1943年6月出至53期停刊。1946年9月复刊,1950年3月终刊。这期间又出了复刊后的39期。

《贵州企业季刊》 贵州企业同仁总会主办,1942年10月创刊,1946年7月出至4卷1期停刊。

《兽医畜牧杂志》 季刊,贵州安顺陆军兽医学校兽医畜牧杂志社主办,1942年6月创刊,1948年6月停刊,出至6卷2期。

《贵州青年》 月刊,1943年1月创刊,1945年8月出至3卷2期停刊。

《新轨道》 国民党贵州党政军特别联席会主办。半月刊,1943年1月创刊于贵阳,同年10月出至第10期停刊。1945年10月复刊,1946年6月出至复刊后的第9期终刊。

《文风杂志》 贵阳国立贵州大学法律系主办,1943年12月创刊,月刊。1944年8月出至1卷6期停刊。

《贵州省政府公报》 贵州省政府秘书处编印,1926年10月创刊,至1927年4月出了22期。曾数度休刊。1929年11月至1932年2月出版了新的1—110期。1935年5月至1937年9月又出版了新的1—145期。1938年初至同年10月新出了39期。1938年10月至1941年12月,从新的1卷1期出至13卷169期。从创刊到这时已出版了485期。1942年1月至1949年11月终刊,又出了新的1卷1期至16卷12期。该公报刊期时有变动,原为旬刊,1930年改为周刊,1937年改为三日刊,1939年至1941年间改成周刊,1947年至1948年6月改为半月刊。自新16卷1949年又改成旬刊。

《抗敌画刊》 贵州省各界抗敌后援会编,1937年7月创刊,月刊。1938年11月出至第17期停刊。

《贵州学联》 贵州省学生救国联合会编印,1937年7月创刊,不定期刊。该刊领导权,实际由中共贵州省工委控制。曾刊载中共《抗日救国十大纲领》等重要文献。

《十日旬刊》 贵阳十日旬刊社编,由文艺界著名人士蹇先艾、齐同、王启树等主编。1938年1月创刊,同年5月出至第7期停刊。

《民先队报》　郎岱县民族解放先锋队编印。1938年2月创刊,半月刊,后改为月刊。1939年5月出至17期停刊。

《东亚先锋》　中、日文版,镇远卫城和平村军政部第二日俘收容所主办,长谷川敏主编。1943年9月创刊,双月刊。后改名《和平先锋》。1944年11月停刊,共出版4期。

《航建》　中国航空建设协会贵州分会主办,1938年3月创刊,旬刊,1942年起改为月刊。现见最晚的一期是1944年9月出版的171期。

《大夏周报》　大夏大学学生会主办,原名《大夏周刊》,1924年创刊于上海。战时学校迁贵阳,该刊自15卷1938年起迁贵阳出版。21卷1945年起又迁贵州赤水出版,23卷1946年起迁回上海出版。

《中华评论》　贵阳中华评论社出版,1938年10月创刊,半月刊。1940年3月出至3卷3期停刊。

《中国诗艺》　贵阳中国诗艺社主办,1939年1月创刊,1941年9月出至3卷9期停刊。

《精忠半月刊》　贵州精忠社主办,1939年2月创刊,25期后改为3卷1期计期号。1940年12月出至3卷5期停刊。

《军医通讯》　贵州陆军军医学校通讯社主办,1939年6月创刊。1946年11月出至67期停刊。

《防空》　原名《防空杂志》,1935年5月创刊于杭州,1卷3期1935年7月起改名《防空》,季刊,4卷5期1938年9月后曾停刊,1939年7月复刊,改回《防空杂志》原名。1947年8月出了复刊第23期终刊。

《步兵杂志》　陆军步兵学校主办,战前创刊于南京,抗战时期先迁湘潭,1939年迁贵州遵义出版。抗战胜利后迁回南京,1948年10月停刊。先后出版了79期。

《浙江大学校刊》　1930年2月创刊于杭州,周刊。1937年抗战爆发后停刊,这期间出版了272期。1938年在遵义复刊,期数另起。抗战胜利后迁回杭州继续出版,1947年9月出至复刊后的163期停刊。

《工程季刊》　浙江大学工程学会主办,1935年12月创刊于杭州,季刊。

抗战爆发后,出至 2 卷 1 期停刊。随校迁贵州遵义,1940 年在遵义复刊。1945 年出至 4 卷后迁返杭州。

《贵州省气象简报》 贵州省建设厅气象所编印,1941 年 1 月创刊,月刊。1945 年出至 59 期停刊。

《湘雅医学院院刊》 湘雅医学院主办,1941 年 5 月创刊于贵阳,双月刊,1943 年 12 月出至 3 卷 3 期。

《商学》 大夏大学商学会编辑出版,1941 年 5 月创刊于贵阳,月刊。1942 年出至 9 期。

《黔铎》 大夏大学黔灵学会主办,1942 年创刊于贵阳,月刊。1946 年 12 月出至 5 卷 4 期停刊。

《地方自治》月刊 分甲、乙两刊。甲刊 1941 年 7 月创刊于贵阳,次月创刊乙刊。甲刊于 1944 年 3 月出至 119 期停刊;乙刊于同年 11 月出至第 40 期停刊。

《贵州党务》 国民党贵州省执行委员会机关刊,1942 年 1 月创刊,月刊。现见出版至 12 期。

《兴仁青年》 贵州兴仁青年半月刊社出版,半月刊。1942 年 2 月创刊。1944 年 3 月出至第 51 期。

《逸文周刊》 贵阳逸文周刊社出版,1942 年 6 月创刊,1943 年 7 月出至 1 卷 43 期。

《毕节周报》 贵州毕节周报社出版,1942 年 8 月创刊,出了 4 期。

《西南风》 贵阳西南风社出版,1943 年 1 月创刊。初三日刊,21 期起改周刊。1944 年 1 月出至 36 期停刊。

《训练与服务》—《时代论坛》 月刊,1943 年 4 月创刊于贵阳,由训练与服务社编辑。自 3 卷 1 期 1944 年 4 月起改刊名为《时代论坛》,由时代论坛社编,卷期续前。1944 年 10 月出至 3 卷 6 期。该刊每卷出 6 期。

《星期》 贵阳星期报社编,周刊。1943 年 10 月创刊,1945 年 2 月出至 43 期。

《救护通讯》 贵阳中国红十字会总会救护总队部主办,1943 年 10 月创刊,半月刊。1945年8月出至44期。

《遵义党务》 遵义党务月刊社出版,1943年7月创刊。共出版8期。

《时代导报》 拔提书店贵阳分店出版,1944年3月创刊,周刊。同年6月出至1卷11期。

《新镇宁》 半月刊,新镇宁半月刊社出版,1944年5月创刊,1946年4月出至第56期。

《矿苗》 贵州大学主办,1945年3月创刊。刊期不详,出版了15期。

《现代医药杂志》 贵阳现代医药杂志社主办,1945年6月创刊,月刊。1949年7月出至40期。

《黔灵》 月刊,贵阳黔灵月刊社主办,1945年8月创刊,1948年3月出至3卷9期。

《大风》 贵阳大风月刊社主办,1945年8月创刊,1947年12月出至2卷9期停刊。

《新年代》 月刊,1944年7月创刊于贵阳,1945年4月出至第10期停刊。

(三)战时贵阳的图书出版

抗日战争时期,贵州的图书出版有着飞跃的发展。《贵州省志·出版志》(贵州人民出版社1996年6月版)辑录有《贵州历代图书目录(部分)》。《目录》收入民国时间贵州编印的图书746种。为了对比抗日战争时期出书的比例,出版通史著者叶再生以《目录》为原始资料,进行统计分析。为使统计的结果尽可能符合实际,叶将从战前延续至抗日战争时期,而无法区别究系战前出版抑或战时、战后出版者扣去,并将少数录白文通书局及其编辑所预告的书目不计入,则可比较的数字为民国元年(1912)到1949年国民党军队败退出大陆的38年中,共出版书籍676种[①]。其中抗日战争时期出版了207种。其分年出版情况,见表:战时贵州历年出书种数。

---

① 除上述说明外,丛书、丛刊统计其出版的品种数,不论其卷数,附录、附、目录不计为品种,别集亦计其出版的品种,不论其卷数。由于统计的方法稍有不同,故此总数与《出版志》的统计小有出入。

战时贵州历年出书种数

年份	出版数量	百分比
1937	3.5①	1.69%
1938	8	3.86%
1939	3	1.45%
1940	8	3.86%
1941	12	5.79%
1942	95	45.89%
1943	24	11.59%
1944	33	15.94%
1945	6.6②	3.18%
抗战期间	14	6.76%
合计	207	100%

从上述统计材料可以看出：抗日战争时期先后 8 年，从时间上说，只占 38 年的 21.05%，也就是说时间占了五分之一多点，而出书的比例却占了多达 32.7%，也即是说几乎三本书中就有一本书是在抗日战争时期出版的。我们可以这样说：抗日战争促进了原来出版业相当落后的边远省份贵州省出版业的大发展。发展的高峰期在 1942、1943、1944 年三年，据统计，自 1937 至 1945 年期间，共出版书籍 214 种，主要集中出版于贵阳，而这 214 种书中有 169 种即 81.64% 是文通书局一家出版的。③

---

① 1937 年全年出书 7 种，抗战时期取二分之一，为 3.5 种。
② 1945 年出书 10 种，取三分之二即 6.6 种为抗战期间出版。
③ 叶再生著：《中国近代现代出版通史》，华文出版社，2002 年 1 月，第 738—739 页。

主要书目[①]

类	书名	编著者	出版单位及出版年份
政治、社会、法令	贵州省单行法规汇编（第三辑）		文通书局1938年
	财政概要		1941年铅印本
	民政概要		1941年铅印本
	卫生人员手册	贵州省卫生处编	文通书局印刷
	社会教育法令汇编	贵州省教育厅编	1942年铅印本
	乡镇社区实施研究法	张少微著	文通书局1942年
	中国地方行政	马宗荣著	文通书局1942年
	检查官办案实用	毛家骥著	文通书局1942年
	党治下的警察	毛家骥著	文通书局1942年
	党义表解汇编	陈正江著	文通书局1943年
国际	演变中的远东国际政治	张宗绂著	文通书局1942年
	土耳其之建设	黎子跃译	文通书局1943年
	中逻关系史考	黎正甫著	文通书局1945年
军事	鸦片战争史实考	姚微元著	文通书局1942年
	陆海空军审判法刑法惩罚法浅释合刊	毛家骐著	文通书局1942年
	现代战争的艺术	赵敏求著	文通书局1944年
	中华民族御侮自卫文献	王德亮纂	文通书局1944年
	咸同贵州军事史	凌惕安编	民国影印本
文化、教育、卫生	贵州省医药卫生界二十年来之演进	范日新著	1938年铅印本
	大夏大学概况	贵阳大夏大学编	文通书局1941年
	乡村小学建筑与设备	〔美〕卜莱特·德勒斯拉著，王欲为译	文通书局1942年
	社会教育入门	马宗荣、蓝俶华合著	文通书局1942年
	社会教育原理与社会教育事业	马宗荣、蓝俶华合著	文通书局1942年
	国民教育行政	张传籍著	文通书局1942年
	中等公民教育之理论与实施	袁公为著	文通书局1942年

---

① 辑录自《贵州省志·出版志》，贵州人民出版社，1996年6月。

续表

类	书名	编著者	出版单位及出版年份
文化、教育、卫生	世界文化史源提要	〔清〕姚大荣撰	民国铅印本
	中国文化演进史观	陈安仁著	文通书局1942年
	明季哀音录	祝实明著	文通书局1942年
	自然与人生	穆勒原著,费培杰译	文通书局1942年
	图书分类法	〔美〕凯莱女士著 钱亚新译	文通书局1942年
	现代学术论丛	地方自治月刊社编	文通书局1943年
	师道征故	萧承慎著	文通书局1944年
	中国人口问题人口索引	陈述、苏汝红编	文通书局1944年
	中国新文学教程	胡绍轩著	文通书局1944年
小学教科书	文通高小算术教科书	薛元龙、薛元麟编	文通书局1943年
科技	数学的乐园	程竞芬编	文通书局1942年
	黔省柞蚕问题	顾青虹著	文通书局1942年
	中国农业史	陈安仁著	文通书局1942年
	农产制造法	邵寿岗编	文通书局1944年
	经济农场经营法	胡宏基著	文通书局1944年
	微分方程初步	陆子芬译	文通书局1944年
	民众营养	罗登义编	文通书局1944年
	恒星光谱学	戴文赛编	文通书局1944年
地理、日记、游记	贵州名胜古迹概说一卷	贵州文献征辑馆	1937年铅印本
	贵阳指南	航建旬刊编辑部	文通书局1943年
	黔行日记	（清）刘书年著	文通书局1942年
	归程日记	（清）刘书年著	文通书局1942年
	宦游纪略二卷	（清）高廷瑶撰	1943年铅印本
	贵定一览	徐实甫撰	民国铅印本

续表

类	书名	编著者	出版单位及出版年份
传记、家谱、族谱	遵义夷牢溪谒墓记一卷	凌惕安著	1937年铅印本
	贵州革命先烈事略一卷	平刚撰	1937年铅印本
	铜仁徐氏先世事略	徐承锦编	1939年铅印本
	莫贞定先生年谱一卷	万大章辑	1939年铅印本
	三忠合编四卷	胡长新校编	1940年铅印本
	郑子尹先生年谱	凌惕安编著	1941年铅印本
	周桐野汇志	龙汝钧编纂	1941年铅印本
杂史	花溪闲笔	吴鼎昌著	1941年铅印本
	黔东事变记要二卷	刘时范编述	1943年铅印本
	新贵州概观	贵阳中央日报社	1944年铅印本
	黔南之战	何毓昌编	1945年铅印本
民族	民族学论文集（第一辑）	吴泽霖主编	文通书局1940年
	炉山黑苗的生活	吴泽霖、陈国钧编	文通书局1940年
	内蒙古八旗概况	陈国钧著	文通书局1942年
文集	张文襄公全集七十二卷	（清）张之洞撰	1937年刻本
	都濡备乘	（清）杨宗瀛撰	文通书局1938年印行
	巢经巢文集八十六卷	（清）郑珍撰，赵恺编订	贵州省政府1940年铅印本
	训真书屋文存	黄国瑾著	1943年紫江朱氏刻本
	把芬庐存稿	（清）陈夔龙撰	民国铅印本
	把芬庐存稿续编三编四编	（清）陈夔龙撰	民国铅印本
	味静斋文存二卷	（清）徐嘉撰	民国铅印本
	寄苍楼集	（清）杨琼撰	民国铅印本
	梦痕集文二卷诗五卷	（清）胡为乐撰	民国铅印本
	崇实斋文稿	王和叔撰	民国铅印本
	温庐近著摘抄	黄齐生撰	民国铅印本
	宁江遗稿	陈云蔚编	民国铅印本
	蛰庐丛稿	邢端撰	民国铅印本
	谭黔	陈明远撰	民国铅印本
	黔雅五卷	许庄叔撰	民国贵阳刻本

续表

类	书名	编著者	出版单位及出版年份
文艺	平南传五卷	未著撰者	1937年铅印本
	卢冀野诗钞	卢前著	文通书局1942年
	曲海一勺	姚茫父著	文通书局1942年
	乡谈集	蹇先艾著	文通书局1942年
	给大时代的女儿	秦蕴芬著	文通书局1942年
	中兴鼓吹	卢前著,任中敏选	文通书局1942年
	台湾(五幕剧)	徐嘉瑞著	文通书局1943年
	百寿图	黄尧画	文通书局1943年
	倚石画册	陈倚石画	文通书局1943年
	金元戏曲方言考		文通书局1944年
	贵州名贤传	吴庆鹏主编	文通书局1944年
	我的戏剧生活	焦菊隐译	文通书局1944年
	二城故事(狄更斯全集之一)	狄更斯著,曹未风译	文通书局1944年
	时代伟人	王守文著	文通书局1944年
	垦殖集	祝实明著	文通书局1944年
诗词	沧洲诗剩一卷	(清)凌浩撰,凌鸿勋辑	1937年铅印本
	九天一草庐诗稿	鲁元撰	1937年铅印本
	曲石诗录一卷	李根源撰	1938年铅印本
宗教	明季滇黔佛教考	陈垣著	1940年铅印本
	圣学搜源		1945年铅印本
丛书、丛刊	中国文学概要	王世禄著	文通书局1941年
	中国古代教育史	马宗荣著	文通书局1942年
	中国通史(第一册)	蓝文征著	文通书局1942年
	普通教学法	斯菊野著	文通书局1942年
	中西教育家	王裕凯、朱克文编著	文通书局1942年
	公民教育概论	袁公为著	文通书局1942年
	中国训诂学概论	张世禄著	文通书局1942年
	灌溉与排水工程	邓祥之著	文通书局1942年
	经济学原理	王沿津著	文通书局1942年

续表

类	书名	编著者	出版单位及出版年份
	生理学实习指导	沈隽淇、李茂之合著	文通书局1942年
	大学国文(上下册)	贵阳师范学院国文学会编	文通书局1942年
	天文学	陈遵妫著	文通书局1943年
	西洋戏剧史	培林革著,殷炎麟译	文通书局1943年
	实用家畜产科学	王石斋著	文通书局1943年
	植物生理学	何家泌著	文通书局1944年
	欧美民主宪法	曹绍沪著	文通书局1944年
	清史大纲(中国近代史)	萧一山著	文通书局1944年
	(以上皆大学丛书)		
	实用诊疗要览	刘谷荪著	文通书局1941年
	邱氏最新内科学(上下册)	邱倬译著	文通书局1942年
丛书、丛刊	机械人行(生理学,上下册)	沈隽淇著	文通书局1943年
	法定传染病学	叶维法译	文通书局1945年
	(以上医学丛书)		
	实用实验诊断(公医丛书)	黄登彌著	文通书局1942年
	战地记者讲话(新闻学丛书)	卜少夫著	文通书局1942年
	新闻语汇(新闻学丛书之一)	戴广德编	文通书局1942年
	火的典礼(文艺丛书)	胡苏著	文通书局1942年
	英文里的中国字(语文学丛书)	佘坤珊著	文通书局1942年
	中上级英语救济法(语文学丛书)	费培杰著	文通书局1942年
	高中生物	顾文藻编	文通书局1942年
	高中国文	吴厌鹏编	文通书局1942年
	初中代数	刘质赈、卢梦生合编	文通书局1942年
	初中理化	杨明法、浦同烈合编	文通书局1942年
	高中化学	张瑞钰编	文通书局1942年
	解析几何	余文琴编	文通书局1944年
	(以上中学复习实验丛书)		

续表

类	书名	编著者	出版单位及出版年份
丛书、丛刊	我怎样通过大小凉山（边疆问题丛书）	梁瓯第著	文通书局1944年
	蒙古风土人物（边疆问题丛书）	陈志良著	文通书局1944年
	美国国防形势及战略	国民党中央宣传部国际宣传处编译	文通书局1942年
	美日两国海军实力之比较	国民党中央宣传部国际宣传处编译	文通书局1942年
	美国的海军	国民党中央宣传部国际宣传处编	文通书局1942年
	进展中的美国扩军计划	国民党中央宣传部国际宣传处编	文通书局1942年
	建设战后新世界	国民党中央宣传部国际宣传处编	文通书局1942年
	空军称霸时代	国民党中央宣传部国际宣传处编	文通书局1942年
	苏联之资源及远东国防	国民党中央宣传部国际宣传处编	文通书局1942年
	英国战时社会政治经济的改革	国民党中央宣传部国际宣传处编	文通书局1942年
	世界各国的石油资源	国民党中央宣传部国际宣传处编	文通书局1942年
	希特勒的新秩序	国民党中央宣传部国际宣传处编	文通书局1942年
	民族平等论（二辑之一）	国民党中央宣传部国际宣传处编	文通书局1943年
	（以上皆国际时事丛刊）		
	贵州苗夷歌谣（苗夷研究丛刊）	陈国钧辑	文通书局1943年
	贵州苗夷社会研究（苗夷研究丛刊）	吴泽霖、陈国钧等著	文通书局1942年
	中国文艺思想史（文艺丛刊之一）	［日］竹田著，顾树森译	文通书局1944年
	王阳明及其思想史（大教育家文库之一）	马宗英著	文通书局1942年

续表

类	书名	编著者	出版单位及出版年份
丛书、丛刊	仲夏夜之梦	[英]莎士比亚著,曹未风译	文通书局1942年
	第十二夜	[英]莎士比亚著,曹未风译	文通书局1942年
	微尼斯商人	[英]莎士比亚著,曹未风译	文通书局1942年
	暴风雨	[英]莎士比亚著,曹未风译	文通书局1942年
	凡隆娜二绅士	[英]莎士比亚著,曹未风译	文通书局1942年
	如愿	[英]莎士比亚著,曹未风译	文通书局1942年
	罗米欧与朱丽叶	[英]莎士比亚著,曹未风译	文通书局1942年
	马克白斯	[英]莎士比亚著,曹未风译	文通书局1942年
	汉姆莱特	[英]莎士比亚著,曹未风译	文通书局1942年
	冬天的故事	[英]莎士比亚著,曹未风译	文通书局1942年
	错中错	[英]莎士比亚著,曹未风译	文通书局1942年
	无事忙	[英]莎士比亚著,曹未风译	文通书局1942年
	(以上12种皆莎士比亚全集)		
志书	郎岱县访稿(六盘水地区志书)	葛咏谷等纂	1937年稿本
	开阳县志稿十三卷,末一卷	欧先哲修、钟景贤纂	1939年铅印本,4册
	息烽县志三十八卷	王佐等修、顾枞纂	1940年稿本,11册
	紫云县社会调查九章	刘国璋等编	1945年稿本
	(以上3种为安顺地区志书)		
	德江县志三卷	张礼纲修,田广心纂	1942年石印本
	玉屏县志资料二章	李世家纂	1944年油印本

续表

类	书名	编著者	出版单位及出版年份
志书	（以上铜仁地区志书）		
	兴仁县补志十五卷	葛天一修,王仰慕、霍录勤等纂	1943年稿本,8册
	晴隆县志六章	耿秋业修,钱开先纂	1943年稿本,2册
	册亨县乡土志略	杨国华编	1942年稿本
	（以上黔西南布依族苗族自治州志书）		
	荔波县志资料稿四篇	潘一志编	1944年稿本
	定番县乡土教材调查报告十三章	吴泽霖著	1939年抄本,6册
	三合县志略(今三都水族自治县)四十四卷	许用权修,胡嚣纂	1940年铅印本,4册
	（以上3种系黔西南布依族苗族自治州志书）		
	麻江县志二十卷	拓泽宗修,周恭寿、熊维飞纂	1938年铅印本
	剑河县志十二卷,首一卷	阮略纂修	1944年铅印本,2册
	（以上黔东南苗族侗族自治州志书）		

四、战时成都的出版业

成都作为四川的省会,出版规模历居全省之首。抗日战争爆发以后,重庆成为陪都,全国出版机构纷纷迁渝,成都仍不失为省内仅次于重庆的书刊出版中心。云集重庆的全国各大书局、出版社大都在成都设立分局或办事处。抗战期间成渝两地的出版业互相支持,紧密配合,为共同团结抗日,传承和发展中华文化做出了应有的贡献。

(一)主要出版机构

战时成都主要的出版机构有:

1. 民营出版机构

茹古书局　1931年,黄致祥、黄启富、黄鹤鸣兄弟三人在成都市学道街85号开设菇古书局。书局刻书一是自找底本,自行校勘、刻版、印售,其中有《济忠堂丛书》(重印时改名《茹古斋丛书》),包括《毛诗正韵》、《屈宋古音义》、《毛诗重言》、《毛诗双声叠韵》、《吴又陵中国国文书目》、《四库未收书目》、《文概》、《文微》、《章太炎中学国文选读书目》等三十多种三百余卷。二是买或租进书版印行。买进的书版有《初学记》、《元遗山诗》、《蜀中名胜记》、《姜氏医学丛书》、《王叔和脉诀》等七种。租版和接受委托的《松潘县志》、《茂州志》、《荣县志》、《荥经县志》、《名三县志》。三是代刻、代印、代售。计有《培风楼诗》、《青年学则》、《敏求斋遗书》、《维摩精舍丛书》、《涌橘芦诗存》、《建国大纲》、《述樵居士集》、《中华新韵》等。书局于1953年停业。

推十书局　为纪念刘咸炘,业主王首相1934年创办于成都市纯化街延庆寺内。书局专门刻印销售《推十斋丛书》,包括刘咸炘全部著作。1939年由于日本飞机轰炸,一度停业。1946年由陈华鑫、蓝汝均、罗体基三人承头恢复营业。书局自1937年以来共出版刘咸炘遗著二百余种,名曰《推十书》。作者以"推十"名其书斋和著作,大概有取许慎《说文》"士"字解为"推十合一"之意。1950年停业。

普益协社　1926年南充人冯月樵、甘焕明、伍玉章将原办之普益阅报室改名普益协社,初始出售上海左翼作家著作。1928—1929年经销上海开明书店版课本和图书,并改店名为成都开明书店。抗日战争中,冯月樵请叶圣陶夫妇等人编写语文、化学、物理和数学等课本并予以出版,解决了中学急需的课本。另外,还出版《国文活页文选》、《英文活页文选》等教学辅导读物。1942年恢复原名普益协社。成都解放后,冯月樵被选为成都市第一届人大代表,并于1950年2月参加川西教科书联合出版社。1956年加入公私合营成都书店。

成都北新书局　成立于1931年,经理穆伯庭,地址在祠堂街60号。1936年重印上海北新版《呐喊》、《彷徨》、《两地书》和20种升学指导书。抗日战争时期自编出版"升学指导丛书"27种以及巴金、茅盾、老舍、郭沫若等人著作8种。抗日战争胜利后仍以经销上海北新书局图书为主。1956年加入公私合营成都书店。

师亮出版社 1931年刘师亮创办成都随刊社丛书股份有限公司,地址在成都东城根街。1946年,经理刘钟灵更名"师亮出版社"。出版"随刊丛书":《师言谐稿》2—6集、《师亮时彦声律启蒙》全集、《师亮时彦声律启蒙拾遗》、《诗亮诗草》初集、《扫翠山房诗草》、《双清集》、《醉岳山房诗草》、《胭脂记》、《和邵兰女史题壁诗》、《汉留史》。何时停业不详。

华西协和大学出版部 1934年3月创办,主任苏继康(加拿大),是集编、印、发为一体的出版机构,主要为华西大学师生服务,出版该校所需之教材、讲义。成都解放后还继续存在了一段时间。

民间意识出版社 1934年创办,地址在成都文殊院巷12号。至1939年先后出版《四川匪祸科学记录》、《四川农村崩溃实录》、《贪污土劣与四川农村》、《川江航权丧失史要》、《四川人口动态研究》等图书四十多种。何时停业不详。

商务印书馆成都分馆 商务印书馆1903年在成都青石桥街建分馆,1927年迁春熙路北段,主要经营商务本版书刊。1950年2月,商务印书馆成都分馆参加"川西教科书联合出版社",印制出版中学教科书和师范用书。1952年并入中国图书发行公司成都分公司。

东方书社成都分社 东方书社1919年前后成立于济南,经理王畹荺。1939年在成都东大街与暑袜街口交会处建立分社,同年迁祠堂街17号。出版有顾颉刚著《汉代学术史略》、《现代西藏》,赵望云著《西北旅行画集》,廖冰兄编《中外木刻集》、《风萧萧》,张默生编著《老子章句新释》、《武训传》等书。1941—1947年出版图书数十种。1951年12月,成都分社与复兴书局等书店联合组成私营性质的"新川图书公司",后加入公私合营成都书店。

开明书店成都分店 1937年,开明书店协理范洗人率部分职工到重庆,筹资赶印一批教科书,并在成都出版了《察哈尔陷落的沉痛经过》、《民众动员的实施方案》、《抗战宣传大纲》等十种"救亡活页文选"。1939年建立成都办事处,1942年改为分店。成都分店设于陕西街106号,除出版中小学课本外,课外读物出版了经夏丏尊修正重版的《爱的教育》,该书很畅销,至1948年10月即印行了17版。

开明书店成都分店于1950年2月参加川西教科书联合出版社,1952年1月,并入中国图书发行公司成都分公司。

自力书局 1940年由李剑青、马乃奋、钱柳江、冯萍、陈裕祥等人集资建成,经理李剑青,地址成都古州龙桥街,1941年迁祠堂街孝天大楼。主要业务是批发和零售图书、文具,并为重庆立信会计图书用品社的特约经销处。1944—1947年出版图书《万字小字典》、《作文技法》、《母地》、《英国的民主》、《旧金山会议内幕》、《世界英文选》。

1950年2月参加川西教科书联合出版社,1951年李剑青主动将书店歇业,全部资产捐献给川西行署新闻出版处,本人转入川西行署新闻出版处工作。

龙门书局成都分局 龙门书局1930年由严幼芝创办于上海,1939年成立成都办事处,1940年改为成都分局。1942年在成都东御街设立龙门联合书局西南管理处,统辖内地各分支机构。龙门书局主要翻印出版外文大专教材和科技资料等。1945年抗日战争胜利后,撤销西南管理处,成都分局停业。

今日出版社 张履谦创办于1940年冬,地址在成都桂王桥东街48号。该社出版"今日丛书"多本,如孙霞龄等合编的《今日巴尔干半岛》、何伟发的《今日化学》、张履谦的《八十四个人》、王民风的《威远煤矿调查记》,傅光忠的《抗战八年大事记》和《波罗地海》、《滇湎路》、《大小凉山》等。画家张漾兮为这些书设计封面和绘制插图。1949年停业。

五十年代出版社成都办事处 五十年代出版社由金长佑主办,1941年1月成立于重庆新生路40号。1942年建成都办事处,地址陕西街138号。出版"五十年代翻译文库"、"世界大战插曲丛书"、"中苏文化协会研究委员会丛书"、"国际问题资料丛刊"等。抗日战争胜利后出版社迁北平,成都办事处于1945年加入成都联营书店。

大东书局成都分局 1945年8月,大东书局在成都祠堂街65号建立成都分局。出版有"社会科学提要丛书"、"现代学术丛书"、"中华法学丛书"、

"现代重要法规丛刊"、"司法行政部法官训练丛书"和《初中国文教本》、《初中本国历史教本》、《初高中水彩画》等。1951年10月成都分局停业。

2. 中共领导或支持的出版机构

生活书店成都分店 生活书店1932年7月由邹韬奋建立于上海。1937年11月建立生活书店重庆分店,1938年1月在成都设分店。1938年8月生活书店总管理处迁至重庆。生活书店出版宗旨是"促进大众文化,供应抗战需要,发展服务精神"。出版的图书主要以社会科学为主,兼及文艺和大众通俗读物、青年读物。生活书店成都分店地址在祠堂街156号,主要发行本版及新华版图书。1941年2月被国民党当局查封。

成都战时出版社 1938年3月成立于成都祠堂街33号,楼下设门市部,楼上为"星芒"通讯社。社长杨道生。该社成立之初曾出版了一些图书,据查到书名的有《"中国的坦能堡"台儿庄光荣战》、巴金等著《通讯与抗日战争》和蒲菲子著《血刃集》、恒励著《重见天日》(四幕剧)等书,因条件限制该社出书不多。所以致力于发行延安、上海、重庆和生活书店、读书出版社的进步书刊。如《论持久战》、《二万五千里长征》、《大众哲学》以及《解放》、《前哨》等周刊,《星芒》三日刊等。除零售外,还以邮购方式将进步书刊发行到周边各县和边远地区。1938年5月10日因《星芒》揭露成都天府中学校长萧寿眉散布投降论,压制教师宣传抗日,萧即煽动不明真相的学生以"诋毁校方言论"为由,捣毁了星芒社和成都战时出版社,并对该社一再威逼,迫使该社于1939年秋歇业。社长杨道生于1941年2月13日转移乐山工作途中,被国民党特务逮捕,同年6月3日被秘密杀害于成都沙河堡。

读书出版社成都分社 读书出版社1936年初创建于上海。1938年10月建立重庆分社,总社编辑部也移至重庆。读书出版社1936—1949年共出版丛书5套178种,其中社科和马列主义经典著作有37种。读书出版社成都分社成立于1939年7月1日,地址在祠堂街72号。成都分社没有出版任务,主要是通过门市部零售书籍,本版书也批发给成都各书店代销。成都分社有较丰富的书源,不仅有上海、桂林、重庆的出版物,更有苏联莫斯科版出版物,如《中国历史教程》、《大众哲学》、《联共(布)党史》、《新哲学大纲》等,都受到读者普遍欢迎。1940年10月,重庆新华日报社将毛泽东著《新民主主义论》印成单行本,秘密送到成都1000本,读社成都分社在地下党的领导和精心组织下,在一个星期天的上午突击公开发售,不到一个时辰,就胜利完成任务。1941年2月,被国民党当局查封。

莽原出版社 1941年春,由周鼎文、姚雪崖、张绍甫、祖天圣等人集资创立,地址在成都祠堂街185号。总编辑黄碧野,经理姚雪崖,对内则由周鼎文主持业务。莽原出版社以"宣传抗战,传播革命文化"为办社宗旨,集出版、发行为一体。曾出版王亚平主编的"莽原文丛",牧丁主编的"海星诗丛"和郭沫若、茅盾等著的《文艺新论》。1942年出版《哀河北》、《在战争中歌唱》、《莽原文讯》、《今天创作底道路》、《小报告一则》、《九年以后》、《只要命令一下叫我们出动》等书籍。此外还出版《莽原活页文选》。1943年夏,被国民党当局查封。

3. 国民党开办或支持的出版机构

世界书局成都分局 世界书局是仅次于商务印书馆、中华书局的大型出版机构,创办于上海。1928年在成都建立分局,地址在春熙路北段。世界书局成都分局曾出版小学教科书。分局主要业务为批发、零售世界书局版图书、教科书,还经营文具及办公用品。1950年3月,世界书局成都分局由成都市军管会接管。

正中书局成都分局 正中书局1931年10月10日创办于南京,是国民党党营出版机构,主要是编辑教科书、学术参考书以及整理中国古籍。1938年3月总管理处迁重庆。同年,重庆和成都分别建立分局。正中书局成都分局,地址在成都祠堂街,主要业务是发行国民党中宣部、国民党中央党部出版委员会编纂的各类书刊及教科书等。1950年1月,正中书局成都分局由成都市军管会接管。

中国文化服务社四川分社 中国文化服务社是国民党当局创办的一家大型出版发行机构,1935年成立于上海。1938年12月总社迁重庆,同时成立重庆分社。1942年在成都祠堂街建立中国文化服务社四川分社,1944年停业。

拔提书店成都分店 拔提书店1932年初由复兴社创办于南京,以出版军事书籍为主。1938年,拔提书店迁重庆。同年在成都建立分店,地址在西御西街85号,后迁祠堂街。拔提书店成都分店曾印行过刘仲容著《实用理则学》等书籍,主要是发行拔提书店本版书,1950年被成都市军管会接管。

成城出版社 1939年由国民党执行委员会直接投资开办于成都。经理姜尹学,地址成都石马巷19号。1946年并入成都快报社。

国魂书店 青年党主办,1938年开业,地址成都祠堂街121号,曾出版了一些书籍,影响极微,1941年停业。

(二)主要期刊

抗日战争初期,成都由于受国民党控制较弱,各地来川的进步文化人易于立足,加之共产党组织最早在这里恢复和重建,因此在成都刊物中,有许多是属于共产党领导或支持的。1942年春,国民党特务机关在成都制造"抢米事件",借此大肆逮捕共产党人,使共产党领导下的成都报刊业蒙受重大损失,沉寂达一年之久。直到太平洋战争爆发,中、美、英、苏的反法西斯联盟正式形成后,才有了新的转机,又有新的刊物创办。战时成都主要期刊有:

《大声》周刊 1937年1月17日在成都创刊,社长车耀先,发行人薛特恩,编辑周海文、胡绩伟。它是一份唤醒人民大众,宣传抗日救亡的重要刊物。辟有"通俗哲学"、"杂感"等专栏,文字通俗、犀利,富有战斗性。曾三次更名,四次被查封。4月15日,四川省会警察局借口"消息言论多不正确",勒令停刊。5月8日,车耀先采取边立案边出版的策略,以余路由作编辑兼发行人,更名为《大生》周刊重新出版。出版至第5期,被国民党当局以"更名出版,言论更为荒谬"为由,又一次下令查封。7月9日,

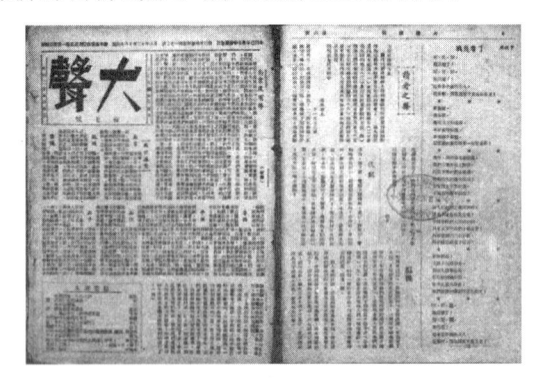

《大声》第七号书影
车耀先主编

该刊又更名为《图存》周刊出版,以"团结御侮,救亡图存"为己任。7月24日,出至第3期后,又被以"未经批准,违法出版"为借口而查封。11月5日,在车耀先的据理力争下,《大声》"姑准复刊",出版复刊号。1938年8月,《大声》周刊复刊后出版40期,再次被国民党当局无理查封。先后总共出版61期。

《新时代》(旬刊) 1937年3月创刊于成都。由当时中共地下党组织负责人张曙时任命甘树人具体筹办。编辑部设暑袜街时代村。发行人王文鼎,发行所设梓樟街31号。成都新新印刷公司承印。据"发刊词",该刊宗旨是为了(一)唤醒民众,(二)介绍救亡运动的理论,(三)研究实际工作,(四)介绍救亡情报。卢沟桥事变之后,该刊发表《中日战争之偶然性和必然性》、《怎样渡过这严重的难关》、《中华生存最后关头》等一系列文章,竭力宣传抗日,痛斥不抵抗主义,论证"唯全面抗战能救中国"。

《国难三日刊》 1937年8月创刊于成都。社长陈炯光,总编辑钟汝为,编辑部人员有王达非、游元亮、苏爱吾等。地址:东华门大有巷2号。是四川省内较有影响的抗日救亡刊物。参加编辑工作的均为中国共产党党员和进步人士。省内外发行,发行量最高达3万份。1937年11月被封。至1938年4月复刊,由刘东父任社长,赵普矩任总编辑,1939年6月自动停刊。

《金箭》月刊 1937年8月15日创刊于成都,属成都文艺工作者协会,主编陈照藜。该刊积极宣传抗日,"以文学之工作唤醒同胞,共匡大局"。每期5万字,分为论文、小说、诗歌、戏剧、杂文等栏目。每期发行在千份以上。出5期后即被迫停刊。

《救亡》周刊 1937年10月9日由"四川青年救国会"创刊于成都。主编熊复、吴德让。是四川大学学生积极宣传抗日救亡的舆论阵地。1938年5月改为《成都战时学生旬刊》,社长康乃尔,总编辑刘炎。辟有"短评"、"时事"、"分析专题"、"顾问"、"生活园地"、"文艺"等6个栏目。

《妇女呼声》 1937年10月10日创刊于成都。四川省妇女抗敌后援会机关刊物,以动员妇女参加抗日救亡运动为宗旨。编辑朱若华,特约撰稿人有沈兹九、罗琼、曹孟君、邓季惺等。出8期后,因人力财力不足而停刊。

《抗战星期刊》 1937年10月10日在成都创刊,编辑许伯超、谭辅之,发行人刘丕承,特约撰稿人张澜、张秀熟、毛一波、沙汀等。停刊时间不详。该刊先后发表《抗战是我们惟一的出路》(刘丕承)、《中国应当尽量运用自己的优点》(邹韬奋)、《到胜利的路——民生》(胡愈之)、《在九国公约会议开幕以前》(谭辅之)、《苏联能不能帮助我们》(胡愈之)等文章。

《工作》 1938年3月16日在成都创刊,创办人何其芳。何当时在成都石室中学任教,与在四川大学任教的朱光潜、卞之琳以及罗念生、方敬等商议,用轮流资助的方式创办,该刊为抗战文艺刊物。该刊是半月刊,主要刊登散文、杂文、随笔、通讯,偶尔也登载短篇小说。组稿、编辑、校对、发送等具体工作都由何其芳在教学之余承担。何其芳在刊物上曾发表《论工作》、《论本位文化》、《论周作人事件》等评论,以及广为传诵的诗歌《成都,让我把你摇醒》。《工作》共出8期,后因何奔赴延安而终刊。

《时事新刊》 1938年6月25日创刊于成都。社长张雪崖,总编辑王达非。编辑人员均来自《国难三日刊》。八开版小报。自编电讯,日发万余字。内容有国际国内政治形势和抗日军事形势。副刊每日发一短文,约几十字到一二百字。创刊后五个月中发行量达9000份。1940年3月成都"抢米事件"中该刊记者朱亚凡被捕杀害。刊物同时被封。

《文艺后防》 1938年7月10日创刊于成都。编辑刘盛亚、周文、王白野。成都战时出版社及省内外各大书店经售。八开版小报,逢十出版。共出9期,于1938年9月19日终刊。

《笔阵》 1939年2月16日创刊于成都,是中华全国文艺界抗敌协会成都分会会刊。叶圣陶、牧野主编,李劼人、萧军、陈翔鹤、曹葆华等11人为编委。最初每期8页,第13期起,篇幅增加到16页。该刊发表了会员的大量作品,还广泛

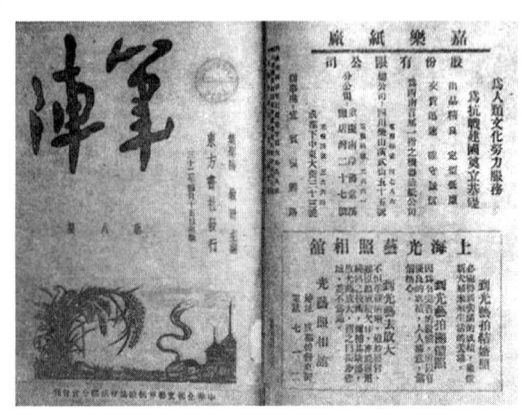

《笔阵》新8期书影

地介绍有关文艺知识,报道各地文艺动态,评介各种作品。《笔阵》得到了文艺界众多进步作家的支持,郭沫若、茅盾、朱自清、王朝闻、碧野等都为其撰稿。共出 30 期,1944 年 5 月 5 日终刊。

《华西文艺》 1940 年 3 月创刊于成都。发行人王佩伦。成都读书出版社、生活书店分店、东方书店代订。出 5 期后于 1940 年 5 月 15 日停刊。

《大学》月刊 1942 年 1 月创刊于成都,文化学术性刊物。创刊时,陈中凡、黄宪章、李相符、杨显东、马浚、陈家芷为编委,特约撰稿人有彭迪先、施复亮、李晓舫等。该刊以"四书"中的"大学"为名,提倡"科学中国化"、"中国科学化",创造一个国际平等、经济平等的新中国。抗日战争时期,出版 1 卷 1 期至 4 卷 4 期。解放战争前期,出版四卷五期至 6 卷 3 期。1947 年 8 月,由成都迁上海继续出版。

《大学》月刊第 4 卷第 78 期书影

此外,战时成都出版的期刊还有:

国民党驻蓉单位办的,如《黄埔周刊》、《黄埔季刊》、《广播周刊》等;四川省政府各部门办的,如《新四川》月刊、《县政》月刊、《政教旬刊》、《建设周讯》、《四川建设》、《四川统计》、《四川教育》、《四川学生》、《国民教育》、《国民教育指导月刊》、《四川国民教育月刊》、《新教育旬刊》等;成都市政府办的,如《成都市政府周报》、《成都市政府月刊》等;还有政治上依附于国民党的刊物,如《抗战与文化》、《民间意识》、《今日公论》、《革命呼声》等。

（三）战时成都的图书出版

主要书目①

类	书名	编著者	出版单位及出版年月
总类	百科常识表解（第一集）	叶育之著	成都 复兴出版局 1943 年 9 月
	经学通论	李源澄著	成都 路明书局 1944 年 4 月
	读书与写作	李公朴编	成都 中国会计图书公司 1942 年 10 月
	读书合理化的体系	杜耀光著	成都 中国会计图书公司 1942 年 9 月
	中外图书统一分类法	王云五著	成都 商务印书馆 1939 年 6 月
	国学问答汇编	唐津梁编著	成都 文光书局 1945 年 1 月
	国学常识问答	王维彰编	成都 东方书社 1941 年 3 月
哲学	辩证法的驳正	李天然著	成都 正学社 1940 年 1 月
	职业青年手册	黄警顽编	成都 甲申出版社 1945 年 4 月
	孟子	缪天缓选注	成都 商务印书馆 1943 年
	比较伦理学	黄建中著	成都 国立四川大学出版社 1944 年 6 月
	处世手册	唐世文著	成都 复兴书局 1944 年 11 月
	科学的知己知彼术及社交锦囊自我改进	仲渊才著	成都 激流书店 1941 年 8 月
	生物史观与唯物史观（国论丛书）	常燕生等著	成都 国魂书店 1940 年 4 月
	生活手册	林中梅编	成都 复兴书局 1944 年 11 月
	生活十讲	裴小楚编	成都 经纬书局 1939 年蓉一版
	给中学生的十二封信	甲申出版社编	成都 甲申出版社 1944 年 11 月
	实用理则学	刘仲容著	成都 拔提书店、黄埔出版社 1942 年 2 月同印行
	心理与力学	李宗吾著	成都 日新工业社 1938 年 2 月印
	汉代学术史略	顾颉刚著	成都 东方书社 1944 年 4 月

---

① 辑录自《四川省志·出版志》，四川人民出版社，2001 年 2 月。

续表

类	书名	编著者	出版单位及出版年月	
哲学	论语（学生国学丛书）	贾丰臻撰注	成都	商务印书馆1944年6月第一版
	谈话术	任毕明著	成都	实学书局1945年5月增订七版
	奋斗的人生	（美）丹福著 章申译	成都	青年协会书局1942年9月
	大学中庸贯义与君学之最高原理	肖天石著	成都	大江出版社1943年1月
	世界名言辞典	敦义编	成都	经纬书局1944年10月
	女子处世教育	民尉编	成都	新生书局1944年7月
	革命哲学史观	袁钺著	成都	铁风出版社1941年10月
	老子章句新释	张默生著	成都	东方书社1943年11月
	老子辨正解（即道德经解）	李天然著	成都	正学社1944年10月
	世界伟人成功秘诀之分析	萧天石著	成都	大江出版社1942年7月
	中国人生哲学史纲	潘新藩著	成都	黄埔出版社1942年5月
	事业成功计划	黄公望著	成都	经纬书局1944年12月
	哲学方面的创造与研究	李天然著	成都	正学社1944年3月
	新注墨子精华读本	张默生著	成都	东方书社1941年1月
	四书集注 大学、中庸、论语、孟子	（宋）朱熹注释	成都	亚光书局1943年10月
	厚黑学	李宗吾著述	成都	启明印制社1940年
	厚黑丛话	李宗吾著述	成都	大千书局1945年8月
	厚黑丛话（合订本）	李宗吾著述	成都	日新印刷工业社1938年3月
	民生理则学	李鹏著	成都	微音出版社1943年11月
	人生手本（生活与修养丛书）	周季庄选择辑	成都	大东书局1944年
	怎样促进事业成功（事业成功计划）	黄公望编	成都	经纬书局1940年5月
	怎样使事业成功	（美）马尔腾著 徐矶、储沉合译	成都	纵横出版社1942年9月
	怎样增进生活兴趣	拓荒编	成都	经纬出版社1939年
	怎样创造你自己	（美）马尔腾著 张学忍译	成都	纵横出版社1942年10月
	知行论（青年修养丛书）	王志文著	成都	文化服务处1944年4月

续表

类	书名	编著者	出版单位及出版年月	
宗教	天路历程新释	（英）本仁著 谢颂杰译	成都	基督教联合出版社1943年
	天风	罗斯著 华西大学译	成都	华英书局1941年12月
	耶苏受难周	/	成都	华英书局1940年3月
	耶苏传	赵紫宸著	成都	青年协会书局1941年8月
	政治与和平	（美）卢述福著	成都	美国纽约圣经研究会1942年
	乡村教会崇拜研究	（印）谢格勒著 李敬一等译	成都	基督教联合出版社1943年6月
	私祷日新	（美）白责著 谢秉德等译	成都	基督教联合出版社1944年4月
	我们要见耶苏	纳尔士著 程伯群译	成都	华英书局1940年10月
	保罗与基督（基督徒灵修丛书）	陆宗桂著	成都	中国基督圣教书会1943年
	实验启明读本（第四册）	李果良编	成都	华英书局1941年4月
	近代的思潮与福音真理	陆德礼编著	成都	华英书局1941年6月
	大时代的宗教信仰（非常时丛书）	吴耀宗著	成都	华英书局1941年再版
	基督徒信仰的基础	（英）佛来铭著 （英）陆义金译	成都	中国基督圣教书会1942年五版
	基督教与现代潮流	（美）龚斯德原著	成都	华英书局1941年再版
	基督教信仰和民主主义（海慎宗教丛书）	（美）夫拉斯托斯著，田浩征译	成都	青年协会书局1941年印行
	基督教和我们的时代（海慎宗教丛书）	（英）本内特著 蔡昭修译	成都	青年协会书局1942年8月印行
	普天颂赞（文字版）	联合圣歌委员会编订	成都	基督教联合会出版社1945年
	创造的社会	（美）麦墨累著 张仕章译	成都	华英书局1942年

续表

类	书名	编著者	出版单位及出版年月
文化教育	(最新)立体几何难题集解	钱洪翔编	成都 北新书局 1942 年 4 月
	高级中学化学实验	李九垓编	成都 开明书店 1938 年
	高、初中代数学习题详解	李友梅编	成都 新生书局 1943 年 7 月
	高中三角复习指导	钱洪翔编	成都 现代教育研究社 1942 年 3 月
	(新撰)高中化学	程祥荣	成都 普育图书室 1941 年 11 月
	高中生物学(2 册)	郑朝润、温阜南合编	成都 普育图书室 1941 年 4 月
	高中生物学复习指导	王志清编	成都 北新书局 1941 年 10 月
	高中几何学复习指导	廖木禾编	成都 复兴书局 1943 年 8 月
	高中几何学	陈建功等著	成都 开明书店 1941 年 1 月
	(陈建功氏)高中几何学题解	肖晓玫编	成都 新智书局 1943 年 4 月
	新编高小算术课本(第一册)	徐元昭等编	成都 中华书局 1942 年 12 月
	新编高中三角学(上下)	孙瀚编	成都 普益图书公司 1942 年 7 月
	施盖二氏解析几何原理	(美)斯密士、盖尔合著 余介石译	成都 建国书局 1943 年 2 月
	施盖尼解析几何学(上、下)	缪玉源编译	成都 北新书局 1942 年 3 月
	理化问题详解	赵尔樵编	成都 新生书局 1943 年 2 月
	理科简明手册	余子飏编	成都 生生书局 1942 年 1 月印行
	平面几何题解精华	李友梅编辑	成都 新生书局 1943 年 10 月
	无机化学纲要(上)	何天叙编	成都 大学月刊出版部 1945 年
	无机化学纲要(下)	何天叙编	成都 大学月刊出版部 1945 年
	开明物理学教本(上、下册)	戴运轨编	成都 开明书店 1941 年 5 月
	三 S 立体几何学	(美)叔尔宰著 徐曼英译	成都 建国书局 1943 年 1 月
	三 S 立体几何学习题详解	仲光然等编	成都 新文化服务社 1944 年 3 月

续表

类	书名	编著者	出版单位及出版年月
文化教育	三角	范际平著	成都 中等算学研究会1945年2月
	三角术	周元谷编	成都 商务印书馆1943年6月
	(尤氏)平面三角学	(英)尤勒著 何籽钦译	成都 建华书局1941年8月
	(尤氏)平面三角学解题	何籽钦、冯克忠合编	成都 建华书局1942年3月
	代数六百难题详解	骆师曾编辑	成都 新文化服务社1943年4月
	代数学习题详解	李友梅编	成都 新生书局1943年7月
	化学元素发明史话	葛毓栏著	成都 中华书局1943年12月
	化学计算法	沈鼎三著	成都 开明书店1942年6月
	化学题解精华	李友梅编	成都 新生书局1943年7月
	科学运动	胡君朴著	成都 西南印书局1944年9月
	生物学(上、下册)	蔡翘著	成都 商务印书馆1943年
	生物学实验	蔡翘、吴襄合著	成都 蓉新印刷工业合作社1940年4月印行
	犍为煤田地质(矿产专报第二号)	侯德封等著	成都 四川地质调查所1940年
	细胞学概论	(日)山羽仪兵著 于景让译	成都 国立编译馆1945年2月
	解析几何纲要	易朝煜编著	成都 四达书局1945年8月再版
	(施盖二氏)解析几何原理	(美)施密士、盖尔合著 余介石译	成都 建国书局1941年5月
	(施、盖、尼)解析几何(上、下册)	(美)施密士等著 缪玉源译	成都 北新书局1941年5月
	解析几何学难题解答	易朝煜编著	成都 普益图书公司1943年1月
	物理学纲要	黄斗懿编	成都 新智书局1945年7月
	微积分学	格兰维尔著 余介石译	成都 建国书局1942年10月

续表

类	书名	编著者	出版单位及出版年月	
文化教育	（葛、斯、龙三氏）微积分学	（美）葛非尔等著 余介石等译	成都	生生书局1942年1月
	定量分析化学	达尔波著 张泽尧、童永庆译	成都	商务印书馆1944年5月
	实验普通化学	郑兰华著	成都	商务印书馆1945年8月
	温氏高中代数学	（美）温德华原著 屠昆华译	成都	商务印书馆1944年7月
	初级中学物理学（下册）	常伯华编著	成都	正中书局1945年
	初级中学几何学（上、下册）	汪桂荣等编	成都	正中书局1945年6月
	初中化学（上）	高华寿、高国寿编	成都	建国书店1942年8月
	（新撰）初中化学（上）	程祥荣著	成都	普益图书馆1941年11月
	初中化学教本（上下册）	赵廷炳编	成都	开明书店1941年5月
	初中植物学教本	覃祖璋编	成都	开明书店1944年9月
	初中几何复习	余介石主编	成都	兼声编译出版社1942年5月
	（新撰）初中算术（2册）	夏峋编	成都	普益图书公司1941年8月
	初等算学史	（美）卡约黎著 曹丹文译	成都	商务印书馆1944年12月
	大学有机化学（上）	何君超著	成都	国立四川大学出版社1944年8月
	（汉译）斯盖倪三氏解析几何学	吴静山译	成都	新亚书店1942年12月
	（汉译）葛氏平面三角术	（美）斯密斯、米开斯著 虞诗舟译	成都	新亚书店1945年9月
	植物研究法	周若珉著	成都	农民书店1942年
	中国经济昆虫学	李凤荪著	成都	成城出版社1940年7月
	最新三角难题集解	钱洪翔编	成都	北新书局1942年1月

续表

类	书名	编著者	出版单位及出版年月
文化教育	最新范氏大代数习题详解	(美)范美著 新文化服务社编辑部译	成都 新文化服务社1943年3月
	几何	余介石主编 陈后琴著述	成都 建国书局1942年5月
	几何学	蒙方舟编	成都 商务印书馆1943年6月
	普通化学实验	苏道璞著 吴纯熙改编	成都 华西协合大学出版处1944年
	普通物理学(上、下册)	萨本栋著	成都 商务印书馆1943年11—12月蓉二版
	普通物理学(上册)	戴运轨编	成都 兴华印刷所1943年4月
	(汉译)舒塞斯三氏立体几何	吴静山译	成都 新亚书局1942年12月
	简明珠算课本	/	成都 新亚书店1943年8月
	算术四则五百难题详解	群益出版社编辑部编述	成都 群益出版社1942年8月
	小学高级学生用开明国语课本(第一册)	叶绍钧、丰子恺编绘	成都 开明书店1942年
	小学乙组物理仪器图说	陈清泉编辑	成都 省立成都实验小学1939年2月
	数学诡论集解	余介石编	成都 兼声编译出版社1942年1月
	高中会考试题汇编	余子飏编著	成都 兼声编译出版社1942年5月
	高级小学公民教学指引	教育部教科用书编辑委员会编	成都 国定中小学教科书七家联合供应处1943年11月
	理想的中学生	常燕生著	成都 西部印务局1944年5月
	卫生教育小传单汇编	文长汉著	成都 四川省教育厅1939年
	现代小朋友升学指导	于澄编	成都 新生书局1943年7月
	战时青年训练	左舜生等著	成都 国魂书店1940年4月
	社会大学	任华明著	成都 实学书局1943年1月
	初级中学公民(第三册)	教育部教科用书编辑委员会编	成都 国定中小学教科书七家联合供应处1943年11月

续表

类	书名	编著者	出版单位及出版年月
文化教育	大学投考指南	王省吾主编	成都 新文化出版社 1941 年 6 月
	教育新论	王志之著	成都 大江出版社 1942 年 2 月
	教育与青年	胡忠智著	成都 开明书店 1945 年 5 月
	中心国民学校应用表册规程	徐允昭、徐康宁合编	成都 建华书局 1944 年 10 月
	中学生读书经验谈	集体著作	成都 经纬书局 1944 年 11 月
	公文处理讲义	盛止戈著	成都 四川训练团 1941 年 3 月
	文言尺牍入门	谭正璧	成都 中华书局 1943 年
	新撰普通尺牍（附详解）	商务印书馆编译所编	成都 商务印书馆 1943 年
	投考空军各学校指南	诸祖荫著	成都 铁风出版社 1940 年 10 月
	国民教育	郭有守、刘百川合著	成都 商务印书馆 1942 年 3 月
	国民教育论著	郭有守著	成都 商务印书馆 1941 年 9 月
	四川省训练团教育行政调查	宋大鲁编	成都 西南印书局 1940 年
	最新小学升学指导	陆静山主编	成都 实学书局 1943 年 1 月
	县单位政治教育	张铿虞编著	成都 更生书局 1943 年 7 月一版
	气球	胡伯琴译著	成都 铁风出版社 1940 年 7 月
	小学各科教学法之研究	钟鲁斋著	成都 商务印书馆 1945 年 1 月
	全国初中入学试题精解	钱洪翔编	成都 北新书局 1942 年 7 月
	养育快乐的孩童	（美）韦尔著 郝庆富泽	成都 华英书局 1941 年 9 月
	怎样解除青年烦恼（青年必读）	拓荒编	成都 益智出版社 1945 年 6 月
	怎样做领袖	余家菊著	成都 国魂书店 1940 年 4 月十八版
	怎样训练儿童——父母应有的智识	黄玉居著	成都 甲申出版社 1945 年 5 月
	怎样教养你的孩子	（美）韦尔著 朱君允译	成都 四川省教育厅 1941 年 12 月
	学校文书处理与档案管理	段钟麒编	成都 更生书店 1939 年 12 月再版

续表

类	书名	编著者	出版单位及出版年月
医药卫生	疟疾学	梁乃津编	成都 中南医药文化服务社 1943 年 7 月
	产妇及其婴儿	满玉如著	成都 华美书局 1937 年 7 月
	性知识手册	（美）霍克司著 陈爽秋译	成都 经纬书店 1945 年 5 月
	二百种素食烹调法（营养食谱）	董自耕编	成都 经纬书局
	医文字学	李天根辑	成都 汲古医学校 1938 年排印
	国医创伤精要	熊宝珊编	成都 成都国医院 1938 年排印
	儿科学	潘国贤编	成都 中国医药文化服务社 1942 年 5 月
	健康手册	吴维吾编	成都 东方书社 1938 年 10 月
	邹慎医学特见记	邹慎著	成都 大东书局 1937 年 7 月
	临证秘典	张黻乡编译	成都 商务印书馆 1944 年 8 月
	伤寒汇证表解	黄茂生著	成都 中国医药文化服务社 1943 年 7 月
	家庭手册	叶斐编著	成都 新艺书店 1943 年 1 月
	良母应有的智识	黄玉居编	成都 复兴书局 1944 年 11 月
	实用女科学	时逸人、王景虞同编	成都 中国医药文化服务社 1942 年 5 月
	实验药理学	冯大然著	成都 华西协合大学出版部 1941 年
	内科实习指导	戚寿南著	成都 商务印书馆 1945 年 1 月
	营养（医学常识小丛书）	吴襄著	成都 中华书局 1944 年 3 月
	营养提要	陈朝玉著	成都 国立四川大学出版部 1943 年
	猩红热之研究	邓绍先著	成都 中国医药文化服务社 1942 年 6 月
	救急法	程治平著	成都 黄河书局 1944 年 10 月
	中国名医验方集成（2 册）	中国名医验方社编辑部编	成都 复兴书局 1944 年 5 月

续表

类	书名	编著者	出版单位及出版年月
医药卫生	国力与健康	李廷安著	成都 中西书局 1943 年 11 月
	肺病预防及根治法（医学丛书）	陈爽秋编著	成都 经纬书局 1945 年 5 月
	人与食物	钟净云著	成都 中国医药文化服务社 1943 年 4 月
农业科技	西康洪坝之森林	朱惠方编	成都 金陵大学农学院森林系 1941 年 5 月
	水稻无性繁殖研究	杨开渠著	成都 四川大学农学院 1940 年 12 月
	水稻分蘖之研究	杨开渠著	成都 四川大学农学院 1941 年
	川产楠竹性质之研究	余仲奎、浓兰根同著	成都 航空研究部 1944 年 5 月
	川西平原之稻作	柯象寅、杨立炯著	成都 农林部四川省推广繁殖站 1942 年 10 月
	作物学各论	顾复编著	成都 商务印书馆 1943 年 8 月
	家畜传染病学	罗清生编	成都 中国畜牧兽医出版社 1941 年 10 月
	实用农业活叶教材（第一集）	章之论、辛润棠同辑	成都 成城出版社 1943 年 7 月
	中国十五种农作物之研究	程洪祖编著	成都 成城出版社 1941 年 5 月
	肥料学（大学丛书）	彭家元著	成都 商务印书馆 1944 年 9 月
	介绍甘薯良种——南瑞苕	四川省农改所编	四川省农改所 1943 年
工业科技	高级航空知识	陈鸿韬、昌渭渔编	成都 铁风出版社 1941 年 1 月
	高速气流突变之测定（英文）(附中文摘要)	钱学森著	成都 航空委员会航空研究所 1940 年 12 月
	高地灌溉建议书	青翰南著	成都 协美印刷局 1938 年
	工程力学	陆去鸿编	成都 商务印书馆 1944 年 1 月
	平板环列园孔之应力分析	林致平、王培生合著	成都 航空委员会研究所 1943 年 6 月
	无线电实验	周荫阿著	成都 商务印书馆 1945 年 6 月

续表

类	书名	编著者	出版单位及出版年月
工业科技	无机工业化学	张克忠、苏元复同编	成都 商务印书馆 1945 年 5 月
	无机化学工业	李绩祖、程瀛章同著	成都 商务印书馆 1944 年 6 月
	飞行人员与飞行训练	（美）费哲著 汤琪真、汤达明译	成都 铁风出版社 1941 年 3 月
	航空之过去与未来	（美）费哲著 汤琪真、汤达明译	成都 铁风出版社 1941 年 3 月
	航空机械与动力装置	（美）费哲著 汤琪真、汤达明译	成都 铁风出版社 1941 年 3 月
	化学工程机械	张洪元、谢明山同编	成都 商务印书馆 1945 年 6 月
	涪翁堰	四川省水利局编纂	成都 启文印刷局 1942 年 4 月印
	滑翔机史话	胡伯琴编译	成都 铁风出版社 1941 年 4 月
	滑翔学	李大经等著	成都 铁风出版社 1940 年 11 月
	汽车保养讲义	马渊编著	成都 联友出版社 1944 年 3 月
	直流电机原理	（美）兰司独夫著 顾毓秀译	成都 商务印书馆 1944 年 1 月
	长方板内受对称力之应力分析（英文）	林致平等著	成都 西华印书馆 1944 年 10 月
	模型飞机特辑	大象航空社编	成都 铁风出版社 1941 年 8 月
	都市计划学（大学丛书）	陈训炬著	成都 商务印书馆 1944 年 1 月
	中级航空知识	陈鸿韬、翁慰慈编	成都 铁风出版社 1941 年 1 月
	电工学（第二册）	成都高工校电机科主编	成都 普益图书公司 1943 年 5 月
	气艇	胡伯琴译著	成都 铁风出版社 1940 年 10 月
	飞行理想到飞行成功	（美）费哲著 汤琪真、汤达明译	成都 铁风出版社 1941 年 3 月
	万云奉巫四县长江南岸地质矿产调查	苏孟宇、萧有钧合著	成都 四川省建设厅 1938 年
	川滇铁路测勘队测勘总报告书	刘崇涛编	成都 1938 年排印
	都江堰水利述要	四川省水利局编	成都 四川省印刷局 1938 年排印

续表

类	书名	编著者	出版单位及出版年月
社会科学	童子军三级课程教学法概要	范小六主编	成都 二二五童子军书报用品社 1938年10月
	恋爱手册	雷萌著	成都 大陆出版社 1944年9月
	恋爱结婚（青年生活上的一个实际问题）	阿聪编	成都 微微书店 1941年12月
	新中国文化运动	李璜等著	成都 国魂书店 1940年4月
	统计学大纲	金国宝著	成都 商务印书馆 1943年7月
	统计学入门	朱君毅著	成都 建国书局 1943年5月
	川灾视察记	金德璋著	成都 华西日报 1937年8月
	妇女教育与妇女解放	天矞著	成都 新人书店 1939年11月
	俫情述论	岭光电著	成都 开明书店 1943年9月
	江亢虎最近言论集	江亢虎著	成都 协美印刷局 1937年10月
	青年健康之路	陈独醒著	成都 经纬书局 1945年5月
	中国的报纸	林庆林著	成都 新新新闻报馆 1940年12月
	日本社会内幕	王守祎译著	成都 今日出版社 1941年8月
	四川边区各民族之人口数字	傅双无编著	成都 书生书店 1941年8月
	民众组训	沈鹏、陈一同编著	成都 更生书局 1944年3月
	欧西礼貌	魏尔茂、伊尔合著，凌楚柯译	成都 西南印书局 1944年9月
	八百四十个人	张履谦著	成都 今日新闻出版社 1941年
	怎样组织快乐家庭	王一得编	成都 经纬书店 1945年2月
	怎样做个新女性	沙驼编译	成都 慧协社 1942年4月
	铲除贪污问题	李思桢著	成都 杂说月刊社 1942年3月
	美国精神	黄欣周著	成都 岷峨书局 1945年2月
	简明中国童子军操法	范晓六主编	成都 二二五童子军书报用品社 1941年5月四版

续表

类	书名	编著者	出版单位及出版年月
经济	工业组织与管理	王抚洲著	成都 商务印书馆 1944 年 7 月
	工资问题研究	郑独步著	成都 国魂书店 1938 年
	无线电通信学	张家钰编	成都 开明书店 1941 年 12 月
	开发资源与西南新经济建设	张国瑞著	成都 中国建设出版社 1939 年 11 月
	现代政府会计	石子才、戴礼著	成都 成城出版社 1941 年 1 月
	现代工业管理	孙洵侯编	成都 商务印书馆 1943 年 7 月
	(实用)改良中式账簿	谢霖编著	成都 正则会计事务所 1938 年 12 月
	乡镇造产研究	汪镕三著	成都 协美印刷局 1943 年 7 月
	所得税法易解	赵作哲著	成都 日新印刷工业社 1938 年 5 月
	战时粮食统制及代用品	唐尧衢著	成都 成城出版社 1940 年 6 月
	战后中国农业金融	郑林庄著	成都 西南印书局 1945 年 4 月
	德国劳动服务制度	(日)下松桂马著 张云汉译	成都 拔提书店 1940 年 7 月
	我国通货管理政策之检讨	郑江南著	成都 国魂书店 1938 年
	战斗的民族经济学之轮廓	(华阳)傅双无著	成都 书生书店 1942 年 3 月
	战时日本经济	史邦燮著	成都 建国出版社 1940 年 7 月
	经济学原理(上、下)	吴世瑞著	成都 商务印书馆 1943 年 11 月
	官厅会计应用法规汇编	志诚高级商业职业学校主编	成都 新新新闻报馆文化服务部 1938 年 9 月
	实用工商统计	林和成著	成都 商务印书馆 1944 年 3 月
	实用平板仪测量	麦蕴瑜编	成都 商务印书馆 1945 年 1 月
	法国革命时代之物价问题	常燕生著	成都 学术公论社 1944 年 12 月
	遗产税暂行条例释论	方劲益著	成都 维新印刷局 1940 年 3 月
	英美借款问题之总观	熊子骏著	成都 新新新闻报馆文化服务部 1942 年 6 月
	中共最近之土地政策	统一出版社	成都 统一出版社 1942 年 12 月
	中国土地法论(上、下集)	余群宗编著	成都 四川大学出版部 1944 年 4 月

续表

类	书名	编著者	出版单位及出版年月	
经济	中国合作运动之展望	罗虔英著	成都	普益协社1941年1月初版
	抗战中的中国经济	时事问题研究会编	成都	抗战书店1940年
	成都市运输业概况调查	谢澄、陈春航编	成都	开明书店1940年
	成都导游	胡天编	成都	开明书店1938年4月
	日本战时经济与财政	抗战丛书社编	成都	统一出版社1938年7月
	日本资源缺乏的检讨	文少和编著	成都	开明书店1939年3月
	日本财政困难与国民生活之贫乏现状	薛衡之著	成都	国魂书店1938年
	日本合作事业起源之研究	唐野夫著	成都	中华书局1940年12月
	民主与经济建设	沈志远著	成都	大学印书局1944年12月
	民族经济学之轮廓	傅双无著	成都	成城出版社1942年
	怎样稳定国际金融	李守黑著	成都	国魂书店1938年
	合作学发凡	伍玉章著	成都	普益协社1941年3月
	会计学	杨佑之著	成都	兴华印刷所1942年9月
	美国白银政策与中国币制改革之关系	（日）牧野辉智著 蒋衡玉译	成都	国魂书店1938年
政治	新县制论文集	众志书局编辑	成都	众志书局1940年9月
	三民主义（总理遗教）（3册）	钱实甫注识	成都	众志书局1940年1月
	西洋近代政治思潮（上、下）	浦薛凤著	成都	商务印书馆1944年4月
	政治典范（上、下）	（英）拉斯基著 张士林译	成都	商务印书馆1944年5月
	政治学概论	杜久、张又新编著	成都	黄埔出版社1944年1月
	政治学教程	陈颐庆编著	成都	黄埔出版社1939年2月
	孙文主义总论	邵元冲著	成都	黄埔出版社1940年3月
	行政效率学概论	李桐冈著	成都	大江出版社1942年8月
	行政理论及效率	甘明蜀著	成都	商务印书馆1939年2月

续表

类	书名	编著者	出版单位及出版年月
政治	制宪与抗日	李宗吾著	成都 日新印刷工业社1937年9月
	战时日本政治（建国丛书第3辑）	蒋益明著	成都 建国出版社1940年7月
	战时日本外交	陈志五著	成都 建国出版社1941年7月
	旧金山会议与世界和平	马哲民等著	成都 新世纪丛刊社1945年5月
	旧金山会议内幕	李华飞、朱枢编	成都 星期快报出版社1945年7月
	奥本海国际法——战争与中立	（德）奥本海著 岑德彰译	成都 商务印书馆1944年9月
	汪逆卖国密约及其驳斥	新新新闻报馆文化服务部编	成都 新新新闻报馆文化服务部1940年3月
	我们的领袖	赵逢吉等著	成都 大我出版社1943年
	我们的领袖	于右任等著	成都 大我出版社1943年10月
	日本内幕	（美）杨格著 曾既划译	四川 联友出版社1943年4月
	日本铁蹄下的台湾	秦光银著	成都 新新新闻报馆文化服务部1940年12月
	太平洋大战与中国	常燕生等著	成都 西部印务公司1942年1月
	长期抗战论	张云伏等著	成都 统一出版社1937年12月
	领袖之生活	张群等著 张逢吉选辑	成都 大我出版社1944年7月
	英德外交内幕	（英）亨德松著 杨中坚译	成都 中国文化服务社四川分社1941年11月
	英国的外交政策	（英）张伯伦著 谢永平译	成都 国魂书店1938年
	如何克服四川县政之困难	陈毅夫等执笔	成都 求实出版社1941年
	中共的经济政策	统一出版社编	成都 统一出版社1941年8月
	中共问题之剖析	统一出版社编	成都 统一出版社1942年6月
	中共抗战内幕	万里浪著	成都 胜利出版社1942年5月
	中共最近之动态	统一出版社编	成都 统一出版社1944年6月

续表

类	书名	编著者	出版单位及出版年月
政治	中日大战中的国际现势	陈毅夫著	成都 开明书店 1938 年 1 月
	中国政治之建设问题	傅瑞华著	成都 东方书店 1943 年 9 月
	中国战时政治	张云伏著	成都 统一出版社 1938 年 5 月
	《中国之命运》的问答	巩民编	成都 铁风出版社 1944 年 3 月
	中国官僚机构之谜	陈英略著	成都 球新印刷厂 1940 年 2 月
	中国法西斯特务真相	黄楫清	成都 新华书店 1943 年
	中国革命与抗战	钟作猷著	成都 中西书局 1944 年 1 月
	中国共产党史略	李致士编	成都 统一出版社 1940 年 9 月
	抗战期中所得的教训	刘卓安编	成都 统一出版社 1938 年 2 月
	抗日必胜论	曾琦等著	成都 国魂书店 1939 年 8 月
	国际大势	凌云程著	成都 日新印刷工业社 1940 年 11 月
	国父遗教表解（附党义表解）	刘云龙编	成都 铁风出版社 1944 年 2 月
	四川建设之路	蒋介石讲	成都 新新闻报馆文化服务部 1940 年 4 月
	四川省县市临时参议会参议员手册	四川省图书审查处编	成都 胜利出版社四川分社 1942 年 9 月
	县地方自治问题	熊子骏著	成都 新新闻报馆文化服务部 1940 年 1 月
	民主概观	冯锜著	成都 大学印书局 1944 年
	总理全集（上册）	黄季陆主编	成都 近芳书屋 1944 年 7 月
	总理全集（下册）	黄季陆主编	成都 近芳书局 1944 年 7 月
	总理全集（6 册）	黄季陆主编	成都 众志书局 1944 年 7 月
	总裁建国言论选集（6 册）	蒋中正讲	成都 黄埔出版社 1940 年 4—5 月
	总裁语录 第二集	孙天民编	成都 四达书局 1942 年 10 月
	曾琦战时言论集	曾琦著	成都 国魂书店 1940 年 4 月
	英苏舆论	张怀谷编	成都 成都出版社 1945 年 2 月
	美国政府与政治	张国安编	成都 天群出版社 1945 年 7 月
	美国舆论	张怀谷编	成都 成都出版社 1944 年 4 月

续表

类	书名	编著者	出版单位及出版年月
政治	常燕生论文选	陈秋萍编	成都　西部印务公司1942年1月
	学术讲座	傅瑞华编	成都　胜利出版社四川分社1942年12月
法律	现行特别刑事法规	吴庵虞编	成都　中国文化服务社四川分社1943年5月
	现行乡镇法规汇编	四川省政府公布	成都　文化出版社1942年
	行政法总论	范扬著	成都　商务印书馆1945年5月
	解释汇纂(上、下)	雷泽编校	成都　成城出版社1943年6月
	户籍法规汇编	四川省府秘书厅编	成都　西南印书局1942年5月
	诉状与程式	赖显珖编述	成都　龙山书局1944年10月
	法律常识	宁柏青编著	成都　黄埔出版社1941年7月
	世界各国宪法汇纂	刘东岩著	成都　环球书局1944年3月
	中华民国宪法草案	国民政府宣布	成都　中西书局1944年4月
	中国票据法论	吴毓杰著	成都　龙山书局1943年5月
	中国土地法论(上)	余群宗著	成都　四川大学出版社1944年4月
	四川省民政法规汇编第二辑	四川省民政厅秘书处编著	成都　西南印书局1940年12月
	四川省民政法规汇编第三辑	四川省民政厅第四科编	成都　西南印书局1944年10月
	四川省民政法规汇编第四辑	四川省民政厅第六科编	成都　西南印书局1943年10月
	最高法院判例要诠	刘笃编著	成都　亚光书局1944年3月
军事	夜间轰炸	(苏)鲁特格夫斯基著　徐警青译	成都　铁风出版社1941年
	三年来抗战史要	何应钦编著	成都　众志书店1940年8月
	孙子兵法今释	覃孝方著	成都　复兴书局1943年4月
	孙子战争理论之体系(上、中、下三卷)	萧天石著	成都　大江出版社1942年5月
	空军战术	翁希卡编	成都　铁风出版社1941年9月

续表

类	书名	编著者	出版单位及出版年月
军事	游击战略与游击战术原则之研究	萧天石著	成都 大江出版社 1939 年 7 月
	大战图解(第二辑)	克克主编	成都 中央日报社 1945 年 8 月
	大众防空常识问答	贺岳僧著	成都 铁风出版社 1941 年 3 月
	献机万架	曹耽光著	成都 铁风出版社 1941 年 6 月
	革命军人十诫	叶逸凡编	成都 铁风出版社 1941 年 1 月
	英国空军之实力	(英)史培德著 黄启宇译	成都 铁风出版社 1941 年 4 月
	日本航空全貌	李拯之编译	成都 铁风出版社 1941 年 8 月
	国防建设之真蒂	林惟古编	成都 众志书局 1941 年 5 月
	国民军训须知	训练总监国民军事教育处编	成都 中央军校图书馆 1937 年 12 月
	国民军事政治教本续编	四川省国民军训处	成都 中央军校图书馆 1938 年 9 月
	跳降落伞的理论与实际	(苏)喀依坦落夫、巴乌湿依夫著 王亚梅译	成都 铁风出版社 1940 年 12 月
	防空救国	王子斌编辑	成都 亚光文化社 1937 年 11 月
	兵役法规	四川省军管区司令部编	成都 新新新闻报馆 1940 年
	对空军陆战队——即降落伞部队——之对策	黄镇球著	成都 铁风出版社 1940 年 10 月
	陆军礼节条例	/	成都 武学书馆 1939 年 9 月
	海军空军刑法论	鲁茂实著	成都 四川大学出版组 1945 年 7 月
	欧战与空军	周至柔等著	成都 铁风出版社 1938 年 9 月
	美国备战全貌	杨卓膺著	成都 新文化出版社 1941 年
	精神建设论	肖赞育著	成都 黄埔出版社 1942 年

续表

类	书名	编著者	出版单位及出版年月
历史、地理	高中本国史	罗允鲲编	成都 开明书店 1939 年 5 月
	夜轰淞沪漫忆	高深著	成都 中国的空军出版社 1940 年 3 月
	新成都	周芷颖编	成都 复兴书局 1943 年 6 月
	二次大战之起因	（英）菱利珂著 刘世付译	成都 中西书局 1943 年 4 月
	开明地理课本（第一册）	冯达夫编	成都 开明书店 1942 年
	现代西藏	法尊著	成都 东方书社 1943 年 3 月
	现代印度论	胡树藩著	成都 新西出版社 1944 年 12 月初版
	歌德与席勒	（德）巴赫著 杨白平译	成都 越新书局 1942 年 10 月
	孙中山先生传	高良佑著	成都 近芬书屋 1945 年 5 月
	西北散记	李昂著	成都 胜利出版社 1943 年 5 月
	西北剪影	周开庆著	成都 中西书局 1943 年 4 月
	西洋近世史	蒋益明编著	成都 大同书店 1943 年 6 月
	熊廷弼评传	梁乙真著	成都 东方书社 1943 年 9 月
	外国史复习	冯趾祥编	成都 大公印书局 1943 年 5 月
	我的生活（增订本第一册）	冯玉祥著	成都 华英书局 1943 年 4 月
	我的生活（第三本）	冯玉祥著	成都 华英书局 1945 年 7 月
	我所见的德国	（德）斯特拉瑟著 李宜培、风申译	成都 时与潮社 1943 年 9 月
	"中国坦能堡"台儿庄光荣战	/	成都 战时出版社 1938 年 4 月
	峨眉导游	徐德先编著	成都 旅行图书出版社 1943 年 1 月
	倮情述论	岭光电著	成都 开明书店 1943 年 9 月
	伦敦杂记	朱自清著	成都 开明书店 1943 年 4 月
	波罗的海	韩布登杰克逊著 语戈译	成都 今日新闻社 1945 年
	初中外国地理课本	李长傅编	成都 开明书店 1945 年

续表

类	书名	编著者	出版单位及出版年月
历史、地理	初中外国史复习指导	胡嘉编	成都 北新书局 1943 年 1 月
	初中地理（一）	教育部教科书编委会编	成都 七联供应处 1943 年 11 月
	海行杂记	巴金著	成都 开明书店 1942 年 6 月
	李源澄学术论著初编	李源澄著	成都 路明书店 1944 年 2 月
	七年来之日本	蒋益明著	成都 西南印书局文化服务处 1944 年 7 月
	大战图说	田古英、赵寿祺合编	成都 协美印书局 1942 年 12 月
	蒋介石先生的生活事业与思想	马国恩编著	成都 华西图书社 1937 年 8 月
	易建文纪念刊	蜀华中学编	成都 成达印书馆 1938 年
	新都闵氏族谱	闵昌金重修	成都 闵氏祠堂 1938 年石印
	胡氏族谱（6 卷）		成都 仁寿荣溪胡氏 1938 年印
	汉留史	刘师亮	成都 球新印刷厂 1938 年
	成都导游	胡天编	成都 福民印刷局 1938 年
	峨眉导游	邓少琴编	成都 开明书店 1938 年
	苏联的人与地	（英）勃洛克等著 卫惠林等译	成都 今日出版社 1945 年 8 月
	苏联的认识	王守伟著	成都 今日出版社 1941 年 8 月
	世界地理十六讲	陈原著	成都 实学书局 1944 年
	中外地理纪要	甘庆柏编辑	成都 大学月刊新出版部 1944 年 5 月
	中外历史问答	刘鸿咏编	成都 新生书局 1941 年
	中国远征英雄传	龚国雄编	成都 华夏出版社 1944 年 12 月
	中国古代史	夏曾佑著	成都 商务印书馆 1944 年 5 月
	本国地理纲要	冯趾祥编	成都 开明书店 1943 年 5 月
	本国地理问答	刘鸿咏编	成都 新生书局 1942 年 11 月
	本国地理大纲	吴永成编	成都 维新印刷厂 1944 年 8 月印刷
	本国史表解	谢苇丰编	成都 越新书局 1942 年 12 月

续表

类	书名	编著者	出版单位及出版年月
历史、地理	成都市指南	莫钟骐编	成都 西南印务局 1943 年 6 月
	成都灌县青城游览指南	徐德光编	成都 旅行图书出版社 1942 年 2 月
	整理四川县志之途径	四川地方实际问题研究会编辑	成都 实际出版社 1940 年 4 月
	国际风云人物	吴明编著	成都 四达书局 1942 年 9 月
	（轰动世界）罗邱魁北克会谈（英汉对照）	张绍月、谢天镰编译	成都 友生出版社 1943 年 9 月
	四川新地志	郑励俭著	成都 正中书局 1942 年
	四川历史表解	叶育之编	成都 蓉新印刷工业社 1942 年
	影剧人百态	江上鸥著	成都 联友出版社 1942 年 7 月
	历史教学法	李洁非著	成都 路明书店 1945 年 4 月
	巴尔干半岛	（英）泰娄著 剑波译	成都 今日新闻社 1945 年 9 月
	怎样到成都去	张出编	成都 西南出版社 1938 年 9 月
	美国金融家成功小史	陈国桦编	成都 正声书局 1944 年 1 月
	钟山外国史（上册）	蒋恭晟著	成都 钟山出版社 1941 年 6 月
	钟山外国史（下册）	蒋恭晟著	成都 钟山出版社 1944 年 9 月
	欧柏林传	道生著　章申译	成都 基督教联合出版社 1944 年 7 月
	从华盛顿到重庆	李慕白著	成都 中西书局 1944 年 4 月
	从九一八事变到卢沟桥事变	李天民著	成都 新新印刷社 1937 年 11 月
语言、文字	应用文手册	刘矫著	成都 草原书局 1942 年 2 月
	文章正误示例	甲申出版社编	成都 甲申出版社 1944 年 11 月
	新编初中国文（第五册）	宋文翰编	成都 中华书局 1942 年 11 月
	一问四答尺牍	余达文著	成都 中华出版社 1942 年 5 月
	酬世大全	田家编	成都 中华出版社 1942 年 10 月
	战时英语会话	之江著	成都 上海译者书店 1943 年 9 月

续表

类	书名	编著者	出版单位及出版年月
语言、文字	（精校仿宋版）幼学故事琼林（四卷）	（清）程允升著 （清）邹梧冈增补	成都 上海书局 1940 年 11 月
	（详细注解新式标点）幼学琼林（上、下卷）	（清）程允升著 （清）邹梧冈增补	成都 上海亚光书局 1943 年 12 月
	修辞学讲话	章衣萍著	成都 复兴书局 1943 年 10 月
	议论文写作指导	任苍厂编	成都 甲申出版社 1945 年 5 月
	初中国文复习指导	倪锡英编	成都 北新书局 1942 年 11 月
	大学初级法文	（法）邵可侣著	成都 商务印书馆 1944 年 2 月
	藏汉集论辞汇	张煦著	成都 西陲文化院 1937 年 12 月
	英文改错例解	董绍华编	成都 湘芬书局 1943 年 11 月
	英文造句公式（附习题答案及常用单字）	陈楚良编	成都 开明书店 1941 年 3 月
	英文单字记忆法	陈楚良编	成都 普益图书馆 1941 年 7 月
	英文短篇文范	兼声编译出版社编	成都月 兼声编译出版社 1942 年 11
	英语常用二千字	（美国）桑戴克氏著	成都 文友书店 1945 年 8 月
	英语补充读物（乙种第一册）	联友出版社编	成都 联友出版社 1941 年 4 月
	英语补充读物（丙种第一册）	缪振鹏编	成都 联友出版社 1941 年 5 月
	英语图解法	开明书店	成都 开明书店 1943 年 4 月
	中国文字学大纲（新著）	何仲英编	成都 商务印书馆 1944 年 12 月
	中学生作义法	伍学范著	成都 上海经纬书局 1944 年 11 月
	由国语到国文（1—4 册）	谭正璧编	成都版 中华书局 1943 年 7 月重排初
	日语读音研究	牛光夫编	成都 联友出版社 1943 年 7 月
	日常英语交际会话	陈浩主编	成都 新光出版社 1944 年 1 月

续表

类	书名	编著者		出版单位及出版年月
语言、文字	国语常用字汇	教育部国语统一筹备委员会编	成都	商务印书馆 1944 年 8 月
	最新应用文	王夐编著	成都	东方书社 1945 年 4 月
	最新公文程式	姚乃麟编	成都	新生书局 1944 年
	怎样作记事文	任苍厂编	成都	经纬书局 1945 年 1 月
	(最新标准)公文程式	林国建、吴新合编	成都	上海亚光书局 1942 年 10 月
文学、艺术	童年	(俄)高尔基著 凌霄译	成都	联益出版社 1944 年 10 月
	魔水之河(独幕剧集)	李束丝著	成都	铁风出版社 1941 年 1 月
	高兰朗诵诗集	高兰著	成都	新越书局 1942 年 10 月
	公文处理讲义	盛止戈著	成都	四川训练团 1941 年 3 月
	唐蒂姐(三幕剧)	(英)萧伯纳著 陈瘦竹译	成都	中西书局 1943 年 12 月
	文言尺牍入门	谭正璧编	成都	中华书局 1943 年 7 月
	文艺新论	郭沫若、茅盾共同编著	成都	莽原出版社 1943 年 1 月
	新编儿童歌舞剧	周其高著	成都	东方书社 1944 年 1 月
	新诗写作指导	任苍厂编	成都	经纬书局 1939 年
	新闻标题的理论与技术	谢崇周著	成都	新新闻报馆 1943 年
	新女店主	(意)歌利登尼原著,董每戡改编	成都	铁风出版社 1941 年 1 月
	新撰普通尺牍(附详解)	商务印书馆编译所编	成都	商务印书馆 1943 年
	旅途通讯(上、下合订本)	巴金著	成都	文化生活出版社 1942 年
	旅途随笔	巴金著	成都	开明书店 1941 年 9 月
	一家	徐訏著	成都	东方书社 1943 年 3 月
	一个空中战士的日记	(德)史丹克著 胡伯琴译	成都	铁风出版社 1941 年 3 月
	二马	老舍著	成都	商务印书馆 1943 年 4 月

续表

类	书名	编著者	出版单位及出版年月
文学、艺术	正在想	曹禺著	成都 文化生活出版社 1942 年 9 月一版
	王铭章将军	侯帆著	成都 新新新闻报馆 1938 年 2 月
	雪与村庄	邹荻帆著	成都 文化生活出版社 1943 年 4 月
	死约及其他	左干臣著	成都 景明出版社 1943 年 4 月
	干不了也得干（独幕喜剧集）	陈治策著	成都 铁风出版社 1941 年 2 月
	雾空烈战	（英）盖河著 杜秉正译	成都 铁风出版社 1941 年 2 月
	开拓者	（美）马尔兹著 柳无忌译	成都 东方书社 1939 年 1 月
	女大风光	杜根著	成都 复兴出版社 1943 年 11 月
	古文观止（2 册）	（清）吴楚才、吴调侯选辑 曹国锋译注	成都 亚光分局 1943 年 10 月
	破晓的巡逻飞行	（美）魏斯脱著 杜秉正译	成都 铁风出版社 1941 年 9 月
	现代新楹联集成	周海澄编	成都 大中书局 1945 年 2 月
	子恺近代散文集	丰子恺著	成都 普益图书馆 1941 年 10 月
	飞	叶东书著	成都 四达书局 1943 年 4 月
	飞魔的毁灭	（美）盖河著 杜秉正译	成都 中国的空军出版社 1940 年 2 月
	中国民族文艺史	孙良工编	成都 诚达印书馆 1938 年
	中国文学概要（5 卷）	林思近编	成都 日新印刷社 1938 年
	天罗地网（五幕话剧）	董每戡著	成都 铁风出版社 1941 年 3 月
	不许通行	（美）辛克等著 陈汉年译	成都 中西书局 1943 年 5 月
	石达开日记	（清）石达开著	成都 经纬书局 1945 年 3 月
	石榴村	（美）索洛延著 吕叔湘译	成都 开明书店 1943 年

续表

类	书名	编著者	出版单位及出版年月	
文学、艺术	西线无战事	(德)雷马克著 钱公侠译	成都	经纬书局 1940 年
	西流集	徐讦著	成都	东方书社 1943 年 8 月
	歌德童话	(德)歌德著 李长之译 丰子恺插图	成都	东方书社 1945 年 4 月
	攻到多伦去!	王志之著	成都	北平新文艺书店 1944 年 4 月
	重见天日	恒励著	成都	战时出版社 1938 年
	往事	谢冰心著	成都	开明书店 1941 年 8 月蓉一版
	彷徨	鲁迅著	成都	鲁迅全集出版社 1942 年 9 月
	爱儿苦学记	谭正璧编	成都	(上海)北新书店 1944 年 12 月
	千年后(长篇科学小说)	熊吉著	成都	复兴书局 1943 年 7 月
	航空圈内	陶雄著	成都	中国的航空出版社 1940 年 1 月
	集外集	鲁迅著	成都	鲁迅全集出版社 1941 年 10 月
	集外集拾遗	鲁迅著	成都	鲁迅全集出版社 1938 年
	红玫瑰手巾	涅尔著	成都	路明书店 1943 年 4 月
	红色舞台	李昂著	成都	胜利出版社四川分社 1941 年
	红日西沉(独幕剧)	周尚文著	成都	铁风出版社 1941 年 2 月
	何珞遗著	何珞著 唐澄久编	成都	日新印刷工业社 1938 年
	儿童故事(第一集)	浙民著	成都	兴华出版社 1944 年 3 月
	侧面(第一部 我留在临汾)	萧军著	成都	跋涉书店 1938 年 11 月
	乱世佳人(节译本)	(美)密撒尔著 之江译	成都	上海译著书店 1943 年 9 月
	山城	李春舫著	成都	普益图书公司 1942 年 12 月

续表

类	书名	编著者	出版单位及出版年月
文学、艺术	发明的故事	谭正璧编著	成都 新生书局 1944 年 12 月
	战前中国新诗选	孙望选辑	成都 绿洲出版社 1944 年 10 月
	战火燃烧的缅甸	谢永炎著	成都 今日新闻社出版部 1942 年 9 月
	续死灵魂	(俄)果戈理著 之江译	成都 译者书店 1944 年 8 月
	伪自由书	鲁迅著	成都 鲁迅全集出版社 1940 年
	德国的古典精神	李长之著	成都 东方书社 1943 年 9 月
	彼德与露西	(法)罗兰著 李劼人译	成都 人言出版社 1945 年 8 月
	供状	西风社编	成都 (上海)西风社 1942 年 7 月
	华盖集	鲁迅著	成都 鲁迅全集出版社 1941 年 10 月
	牛天赐传	老舍	成都 群益出版社 1943 年 1 月
	生命的动力	左右著	成都 普益图书馆 1942 年 2 月
	旧仇新憾	乡秉渊著	成都 友谊书局 1942 年
	自流井	曼因著	成都 东方书社 1944 年 3 月
	白的悲哀	祝实明著	成都 大文书局 1944 年 10 月
	保卫祖国的领空	大风等著	成都 中国的空军出版社 1938 年 6 月
	鬼恋	徐讦著	成都 东方书社 1943 年 1 月
	血刃集	蒲菲子著	成都 战时出版社 1938 年
	血斗	杜秉正编译	成都 中国的空军出版社 1939 年 12 月
	血染黄州	斐心易编著	成都 铁风出版社 1941 年 1 月
	绝代佳人	谭正璧编	成都 (上海)北新书局 1945 年 4 月
	缪钺文论甲集	缪钺著	成都 开明书店 1944 年 7 月
	伊人何处	小丽著	成都 国民书局 1945 年 7 月

续表

类	书名	编著者	出版单位及出版年月
文学、艺术	御香缥渺录	德龄著 秦瘦鸥译述	成都 百新书局 1945 年 4 月
	怨	刘胜骧著	成都 新新新闻报馆 1943 年 8 月
	鲁滨孙漂流记	(英)狄福著,力行教育研究社译注	成都 新亚书局 1944 年 1 月
	鲁迅与抗日战争	巴金等著	成都 战时出版社 1938 年
	名字日记	新绿文学社编	成都 中华书局 1943 年 10 月
	凯旋归	陈克诚、潘子良著	成都 文津出版社 1943 年
	给有志于文艺的青年	(英)克里克曼著 田禽译	成都 中西书局 1943 年 11 月
	给小朋友的信	季诚性著	成都 复兴社 1944 年 1 月
	似水流年(上、下册)	张恨水著	成都 百科书店 1944 年
	沪战写真	胡天编	成都 新新印刷社 1938 年 1 月
	(增订新本)演讲术	任华明著	成都 实学书局 1945 年 5 月
	诚实的歌唱	陈道漠著	成都 挥戈文艺出版社 1941 年 5 月
	为金属而奋斗	(苏)米亥洛夫著 苏民译	成都 跋涉书店 1938 年 12 月
	被击落的武士道(独幕剧集)	鲍希文等著	成都 中国的空军出版社 1940 年 1 月
	敌后的插曲	(苏)维伦斯基等著,陶雄译	成都 中西书局 1944 年 4 月
	秋白诗集	郭仲周著	成都 普益图书公司 1942 年 4 月
	秋海棠	秦瘦鸥著	成都 百新书局 1945 年
	空军魂(四幕剧)	孙怒潮著	成都 中国的空军出版社 1939 年 11 月
	淮风月谈	鲁迅著	成都 鲁迅全集出版社 1941 年 10 月
	潼河曲	沙坪著	成都 普益图书公司 1942 年 12 月
	家常书信	姚乃麟著	成都 经纬书局 1944 年 10 月
	寒夜集	何家槐著	成都 复兴书局 1943 年 3 月

续表

类	书名	编著者	出版单位及出版年月
文学、艺术	审判日(三幕喜剧)	(美)拉西著 袁俊译	成都 联友出版社 1943年7月
	寄小读者	冰心著	成都 北新书局 1942年8月
	涉难(诗集)	平原社编辑	成都 东方书社 1943年8月
	浮生若梦(三幕趣剧)	云汉改编	成都 新型出版社 1943年2月
	冰心散文集	冰心著	成都 北新书局 1942年9月
	冰心小说集	冰心著	成都 复兴书局 1943年2月
	近代戏剧艺术	莫德威著 贺孟斧译	成都 艺术出版社 1941年
	沫若近著	郭沫若著	成都 复兴书局 1943年1月
	遭遇了支那间谍网	仇章著	成都 正光书局 1944年4月
	潮来的时候	徐訏著	成都 东方书社 1944年4月
	汉文学史纲要	鲁迅著	成都 鲁迅全集出版社 1941年10月
	祖国的吼声	斯因著	成都 西部文艺社 1940年10月
	海外儿女	吴缃著	成都 铁风出版社 1944年7月
	海外的鳞爪	徐訏著	成都 东方书社 1943年1月
	海外的情调	徐訏著	成都 东方书社 1945年8月
	坟	鲁迅著	成都 鲁迅全集出版社 1941年10月
	希伯先生	李健吾著	成都 文化生活出版社 1942年6月
	南腔北调集	鲁迅著	成都 鲁迅全集出版社 1941年3月
	办兵役	杨天惠主编	成都 中国文化建设协会四川分会编辑部 1939年5月
	古铜镜集	仲孙憬虹著	成都 燕风出版社 1943年3月
	古小说钩沉(上册)	鲁迅著	成都 鲁迅全集出版社 1941年10月
	古小说钩沉(下册)	鲁迅著	成都 鲁迅全集出版社 1940年10月
	赶集	老舍著	成都 群益出版社 1943年1月

续表

类	书名	编著者	出版单位及出版年月
文学、艺术	桃李春风	老舍、赵清阁合著	成都 中西书局 1943 年 12 月
	落霞孤雾(2 册)	张恨水著	成都 世界书局 1944 年 12 月
	卢沟桥	田汉著	成都 协美印刷局 1937 年
	卢沟桥抗敌记	中国文化建设协会编	成都 前导旬刊社 1939 年 3 月
	荒谬的英法海峡	徐讦著	成都 东方书社 1943 年 5 月
	茅盾选集(第一部)	茅盾	成都 大陆书局 1942 年 9 月
	苏曼殊译作集	苏曼殊著	成都 亚光书局 1943 年
	苏曼殊全集(2 册)	苏曼殊著	成都 亚光书局 1943 年
	孽海花	(清)曹朴著	成都 复兴书局 1943 年 3 月
	她的情人	(苏)高尔基等著 徐霞村译	成都 复兴书局 1942 年 12 月
	老牛破车	老舍著	成都 群益出版社 1942 年 10 月
	莫里哀与步兵少校	沙坪著	成都 普益图书公司 1942 年 10 月
	英勇的空军	独立出版社编	成都 独立出版社 1939 年 5 月
	英雄儿女(五幕喜剧)	(德)莱逊著 李束丝译	成都 群益出版社 1942 年 10 月
	英雄的斯大林城	(苏)爱伦堡著 戈宝权译	成都 新华日报馆图书课 1945 年 5 月
	英雄的故事	(苏)高尔基著 以群译	成都 上海杂志公司 1941 年 3 月
	英国之新闻事业	马星野著	成都 文风书局 1943 年 11 月
	英国小说发展史	(英)克里斯著 周其勋等译	成都 商务印书馆 1945 年 2 月
	黄埔江头的夜月(五幕剧)	徐讦著	成都 东方书社 1944 年 8 月
	黄埔江的怒潮	孙怒潮著	成都 协美印刷局 1938 年 1 月
	横渡	罗烽著	成都 商务印书馆 1943 年 10 月
	如何创办地方小型报	敬明著	成都 联友出版社 1942 年 1 月
	如此江山(上、下册)	张恨水著	成都 百科书店 1944 年 7 月

续表

类	书名	编著者	出版单位及出版年月
文学、艺术	期望	澹静著	成都 开明书店 1942 年
	(最新)楹联全书	许全英编	成都 新生书局 1943 年 3 月
	杨海集	老舍著	成都 群益社 1942 年 10 月
	中华民族的子孙	熊佛西著	成都 中华平民教育促进会抗战剧团 1938 年 4 月
	中日春秋(第五卷)	金城铁著	成都 普益图书馆 1937 年 11 月
	中国近代新闻界大事记	余庚林编	成都 新新新闻报馆 1942 年 12 月
	曼陀罗集	陈新明著	成都 中西书局 1944 年 8 月
	昆明冬景	沈从文著	成都 文化生活出版社 1942 年 8 月
	中国故事(2 册)	吴树滋著	成都 东方书社 1944 年 4 月
	中国民族英雄故事	吴树滋著	成都 甲申出版社 1945 年 5 月
	中国人(抗日战争长篇小说)	王志之著	成都 大江出版社 1942 年 8 月
	中尉夫人	斯田、休琴著	成都 大公报馆 1940 年 11 月
	忠勇川军	张善著	成都 新新新闻报馆文化服务社 1944 年 10 月
	抗战中的戏剧	西线社编	成都 民族革命出版社 1939 年 9 月
	春天里的秋天	巴金著	成都 开明书店 1942 年
	春韭集	徐訏著	成都 东方书社 1943 年 10 月
	春莺	杨枝著	成都 华西日报社 1940 年 3 月
	泰西三十轶事(英汉对照)	(美)鲍尔温著 力行教育研究社译	成都 新亚书店 1943 年 5 月
	虹	茅盾著	成都 开明书店 1943 年 4 月
	扑灭倭寇	张泽厚著	成都 跋涉书店 1939 年 2 月
	成人的童话	徐訏著	成都 东方书社 1944 年 1 月
	戎马集	陈世光编	成都 铁风出版社 1941 年 1 月
	曹禺论	肖赛著	成都 燕风出版社 1943 年 2 月
	蝴蝶梦(上、下册)	(英)莫里哀著 杨普稀译	成都 燕风出版社 1943 年 11—12 月

续表

类	书名	编著者	出版单位及出版年月	
文学、艺术	啼笑因缘(续集)	张恨水著	成都	百科书店 1944 年 11 月
	国旗飘在鸦雀尖	臧克家著	成都	中西书局 1943 年 11 月
	蜀道难	张恨水著	成都	百科书店 1944 年 7 月
	蜀剧苑(第一辑)	冉炯叔编	成都	蜀剧苑出版社 1943 年 4 月
	四声雷	顾佛影著	成都	中西书局 1943 年 12 月
	曙天日记三种	吴曙天著	成都	复兴书局 1943 年 3 月
	刚毅的人	苏子涵著	成都	文光书局 1945 年 1 月
	堕落性瓦斯(四幕剧)	李束丝著	成都	铁风出版社 1941 年 7 月
	随笔三种	章衣萍著	成都	复兴书局 1943 年 5 月
	胜利号(三幕剧)	陈白尘著	成都	胜利出版社 1943 年 11 月
	陕北鸟瞰	马季铃等著	成都	众志书局 1941 年 8 月
	毁灭	(苏)法捷耶夫著 鲁迅译	成都	鲁迅全集出版社 1941 年 6 月
	屏障襄樊的大洪山	戴吟修著	成都	今日新闻社 1941 年 8 月
	订正川剧唱词	/	成都	四川印刷局 1938 年排印本
	川剧人物小识	唐勤峰编	成都	1938 年排印本
	燕云集	文鼓田撰	成都	西部印务公司 1938 年排印本
	女子慷慨集	徐永孝选	成都	四川省成都女子中学 1938 年排印本
	果冷诗抄	释果冷撰	成都	新新印刷厂 1938 年排印本
	韩愈研究	黄天明著	成都	球新印刷厂 1939 年排印本
	鸳鸯家	贾培培定本	成都	四川印刷局 1938 年排印本
	三尽忠	/	成都	四川印刷局 1938 年排印本
	民族正气文选	火光波编	成都	经纬书局 1940 年 3 月
	母地	(立陶宛)史维卡著 李葳译	成都	自力书局 1944 年 7 月
	人和书	王楷元著	成都	南京新民报社 1944 年 7 月
	人质	(捷)海姆著 陶雄译	成都	复兴书局 1943 年 9 月
	怎样演讲	陈独醒编	成都	甲申出版社 1945 年 5 月

续表

类	书名	编著者	出版单位及出版年月
文学、艺术	怎样写剧本	任苍厂编	成都 经纬书局 1945 年 1 月
	总站之夜	陶雄著	成都 中国的空军出版社 1940 年 3 月
	(注释)曾文正公家书(处世、修身、适用)	徐畅涛注释	成都 新亚书店 1943 年 7 月
	曾文正公日记	曾国藩著	成都 亚光书局 1943 年
	会稽郡故书杂集	鲁迅辑	成都 鲁迅全集出版社 1941 年 10 月
	钟	(苏)高尔基等著 方令儒译	成都 中西书局 1943 年 6 月
	铁人航空队(长篇空战小说)	(美)奥纳尔著 杜秉正译	成都 铁风出版社 1941 年 5 月
	银色的迷彩	刘益元著	成都 中国的空军出版社 1944 年 3 月
	银国春秋	江上鸥著	成都 联友出版社 1944 年 6 月
	第一流	茅盾著 路汀编	成都 地球出版社 1942 年 12 月
	第五号情报员	仇章著	成都 远东图书公司 1944 年 10 月
	从华盛顿到重庆	老白著	成都 中西书局 1944 年 4 月
	从军日记	谢冰莹著	成都 光明书局 1942 年 10 月
	小说旧闻钞	鲁迅辑考	成都 鲁迅全集出版社 1941 年 10 月
	小妇人	(美)奥尔珂德著 汪宏声译述	成都 建华书局 1944 年 10 月
	小品文写作指导	任苍厂编	成都 经纬书局 1939 年 10 月
	小人小事	巴金著	成都 文化生活出版社 1943 年 6 月
	少年立志成功的故事	张忆梅编	成都 北新书局 1945 年 4 月
	少年发明家的故事	张忆梅编译	成都 北新书局 1945 年 4 月
	光荣的记录	丁布夫、黄震遐著	成都 中国的空军出版社 1939 年 12 月
	火(第二部)	巴金著	成都 开明书店 1942 年 5 月

续表

类	书名	编著者	出版单位及出版年月
文学、艺术	怀旧京及其他	姜蕴刚著	成都 国魂书店1940年5月
	忧与憎（一名《胜利的哀歌》）	沙坪著	成都 路明书店1942年12月
	情魔	（瑞典）丁纳生著 方达人译	成都 新风书店1942年
	情诗	叶至善、叶至诚选编	成都 路明书店1943年9月
	情书一束	章衣萍著	成都 桂林日月出版社1944年8月
	精神病患者的悲歌	徐訏著	成都 东方书社1943年9月
	京剧歌谱	时代剧社选辑	成都 中华出版社1943年5月
	新风云集	/	成都 开明书店1938年9月
	天空记事	朱民威著	成都 铁风出版社1941年
	现代音乐	张爱德著	成都 仿鸿印书馆1937年冬
	子恺近作漫画集	丰子恺绘	成都 普益图书馆1941年10月
	儿童文画	陆静山著 舜田绘图	成都 实学书局1945年4月
	儿童航空游戏	钱立英著	成都 大陆书局1943年10月
	战与舞	常燕生等著	成都 岷峨书局1945年5月
	牛郎织女歌集	吴祖光编剧 徐石涪作曲	成都 启文书局1943年
	生死恨词谱	海风出版社辑	成都 东方书店1942年8月
	名曲选粹	王岳、罗联元编	成都 自力书局1945年5月
	给青年们的画	肖愈青绘	成都 大陆出版社1944年8月
	字谜物谜灯谜集（第一集）	火启明编	成都 甲申出版社1945年
	字谜物谜灯谜集（第二集）	火启明编	成都 甲申出版社1945年
	近代彩色美术字	李朝生、郭秋台合作	四川 白刃社1937年
	社交游戏法	胡贴彀编著	成都 正声书局1943年5月

续表

类	书名	编著者	出版单位及出版年月
文学、艺术	漫文漫画	丰子恺编著	成都 集成书局 1943 年
	谈美——给青年的第十三封信	朱光潜著	成都 开明书店 1942 年 8 月
	大众歌曲	玲玲选编	成都 业余出版社 1939 年 3 月
	桥术缣湘	贤己斋主人著	成都 西南印书局 1944 年 12 月
	赵望云西北旅行画记	赵望云著	成都 东方书社 1943 年 7 月
	救亡歌曲	/	成都 二二五童子军书报用品社成都分社 1940 年 11 月
	抗战歌选（第一集）	萧而化、丰子恺编	成都 越新书局 1942 年 10 月
	抗战漫画集	谢趣生编	成都 新新新闻报馆文化服务部 1938 年 12 月
	青年修养画五十幅	萧剑青编	成都 甲申出版社 1945 年 4 月
	青年之歌	贾君武等编	成都 远东出版社 1942 年 12 月
	成都市学校青年训练团抗战歌集	成都市中等学校校长座谈会选辑	成都 启文印刷局 1937 年 10 月
	口琴歌曲集（附吹奏法）	萧而化、丰子恺编	成都 越新书局 1942 年 9 月
	口琴吹奏法初步	萧而化、丰子恺编	成都 大路书店 1942 年 9 月
	简易口琴吹奏法	肖梅中编	成都 经纬书局 1945 年 1 月

五、战时西安的出版业

西安是西北的最大城市，历史悠久的文化古都。当年西安是通往延安的要道，八路军在西安七贤庄有办事处。同时，第八战区总部设在西安。由于受抗日斗争的激励，各界人士，特别是青年和学生在爱国主义精神感召下，奋起兴办报刊，宣传抗日救国。尽管地方出版新书不多，但战时西安的出版业较之战前已大有发展，如战前陕西全省报纸仅 11 家，战时增加至 23 家。[①] 而西安一地先后就有《西京日报》、《西北文化日报》、《西京民报》、《秦风日报》、《工商日报》、

---

① 赖光临：《中国新闻传播史》，台北三民书局，1983 年 9 月再版本。

《国风日报》、《解放日报》、《西北民意日报》、《西安晚报》以及《秦风工商日报联合版》等多种报纸,将近占了全省报纸总数的二分之一。1937年7月至1945年8月的八年抗战期间,西安先后创办的期刊达百余种。①《新华日报》西安分馆是该报全国发行工作重点之一。1938年10月武汉撤退前,西北地区销售最多时达5000份,占同期全国发行总量3万份的六分之一。②

(一)主要书局、书店

西安的书局、书店,大多是上海等地著名书局的西安分支机构,本地开设的书局不多,书店大都集中在南院门、北大街、东大街及钟楼一带,主要的有商务印书馆西安分馆、中华书局西安分局、拔提书局、长安书店、西北教育用品社、古旧书店、钟楼书店、中州书店等。抗战期间增加了几家书店,主要有:

生活书店 1937年12月,生活书店西安分店建立,张锡荣任经理。西安分店是当时生活书店在西北的发行中心,它不仅为延安供应书刊,为兰州分店和天水支店补充货源,还开展批发,和远在新疆的同业有往来。1938年5月,毛泽东在延安发表《论持久战》,原在生活书店工作的徐励生(徐可倬)从延安到西安带来一本新出版的《论持久战》交给张锡荣。张及时向总店汇报,并亲自经手交某印刷厂照原样排印,发往大后方各大城市。1938年10月,西安分店遭国民党军警特务搜查,拿走100余本所谓"禁书",并将经理张锡荣关押,经沈钧儒、邹韬奋等营救,10天后,才被法院宣判所谓"售卖禁书"处罚棉背心100件,折合法币300元,交保释放出狱。1938年底,总管理处调张锡荣往重庆任秘书处主任,西安分店由周名寰任经理。③

正中书局 系官办书局,实际上系正中书局的西安门市部,抗战中期开设,专营国民党出版社出版的书刊。后来增加了编辑出版中学课本业务。重点销售的读物有《抗战建国纲要》和蒋介石的《中国之命运》。1949年5月26日被中共接管。

---

① 《陕西报刊大事记》专辑,《报刊史料》第二、三期合刊。
② 韩辛茹:《新华日报史》,重庆出版社,1990年3月,第142页。
③ 《生活书店史稿》,生活·读书·新知三联书店,1995年10月,第150—151页。

经世书店 系民盟盟员王化成联络王捷三(陕西省教育厅长)、李瘦枝、亢心哉、袁若愚、武伯伦等教育界知名人士集资建立。1945年春开业,由王捷三任董事长、王化成任经理。除经营图书外还兼营文化用品。并出版《经世月刊》,初期业务兴旺。1947年因经营管理不善,长期亏损而停业。

(二)主要期刊

战时西安的主要期刊有:

《老百姓报》 1937年11月12日创刊,创办人兼主编人李敷仁。该报靠合股集资并向社会募捐而维持。宗旨是:"宣传抗战,反对投降,反帝反封建,宣扬民主,反映劳动人民的痛苦生活。"该报文字通俗浅显,明白流畅,风趣上口,深受广大读者欢迎。每周出版4开一张,发行数曾突破1万份。1940年4月17日被西安警备司令部勒令停刊,李敷仁被捕。合计出版了113期。并出刊小丛书15种。

《民众导报》 李敷仁出狱后,曾参加民众教育馆工作。1945年5月21日,民众教育馆出版《民众导报》,李敷仁任编辑,又一次发扬了《老百姓报》的作风,敢于批判当道,语言犀利深刻,深受读者欢迎,印数曾超过万份。1946年春停刊,共发行25期。

《学生呼声》 西安学生联合会机关刊物,周刊,共出7期。

《抗日先锋》 中华民族解放先锋队西北队部主办。原刊名为《抗敌先锋半月刊》,1938年1月创刊。1939年6月出至3卷2期休刊,于1939年8月改现刊名,出版新的1卷1期,并改为月刊。1940年3月出至2卷3期又休刊。同年7月复刊,期号另起,改出新的1卷1期。1941年出至1卷6期停刊。

《救亡》周刊 1937年11月28日创刊,主编郑伯奇,撰稿人有曹靖华、江隆基、以群、宋绮云、宣侠父、杨明轩、沈志远、侯外庐、李公朴、张性初等,共出版21期。

《西北》 中共陕西省委在西安出版的机关刊物,周刊。编辑李初梨,发行人徐彬如。该刊发表了许多中共中央负责人的讲话和文章。创刊于1938年1月21日,1940年3月出至48期停刊。

《西北妇女》(半月刊) 中国妇女慰劳自卫战士会西安分会主办,1937年11月创刊,1939年5月出至15期停刊。

《西北研究》 西安西北研究会主办,1938年12月前后创刊,1943年10月出至6卷10期停刊。本刊原为周刊,自第2卷起改为半月刊。第3卷起改为月刊。

《抗战与文化》 半月刊,西安抗战与文化社出版,1937年12月创刊,1942年6月出至6卷8期。

《西北角》 半月刊,1939年8月创刊于西安,自第3卷起改为月刊,出至第9卷第3期,于1944年3月停刊。

《西北回民正论》 1939年3月创刊于西安,月刊。同年12月出至第8期停刊。

《西北论衡》 本刊原在北平出版,后迁西安。1933年11月创刊,原为半月刊,后改月刊。原以年计期数。自1936年第1期起改为4卷1期。1945年3月出至12卷3期停刊。

《西北论衡》

《西北资源月刊》 西安西北文化学社出版,1940年10月创刊,1941年6月出至2卷3期停刊。

《西北卫生通讯》 半月刊,西安军委会卫生专员办公室于1939年8月创刊,1940年7月出至23期停刊。

《西北文艺》 月刊,全国文协西安分会主办,1938年6月创刊,1939年1月停刊,共出5期。

《西北文化月刊》 西安西北文化出版社出版,创刊于1941年5月,1945年出至4卷2期停刊。

《新民众》 月刊,陕西省立西安民众教育馆出版,1939年2月创刊,同年5月停刊,出4期。

《西北文化月刊》

《思潮季刊》 西安新中国文化出版社出版,1940年9月创刊,1942年2

月出至 1 卷 10 期休刊,1943 年 7 月改出月刊,改以年计刊期,同年 12 月出至 1943 年 12 期停刊。

《战时妇女》 月刊,西安战时妇女月刊社出版。1939 年 5 月创刊,延期严重,1944 年 1 月出至 2 卷 1 期停刊。

《陕政》 旬刊,陕西省政府秘书处主办,1939 年 8 月创刊,1948 年 10 月出至 10 卷 2 期停刊。该刊自 1941 年 8 月起改为月刊。

(三)战时西安的图书出版

主要书目[①]

类	书名	编著者	出版单位及出版年月
哲学、宗教	黄石公素书	黄石公	西南中国文化服务社陕西分社 1942 年
	民生史观与社会进化	周毓英	西安新中国文化出版社 1940 年
	清代思想史纲	谭丕模	西安开明书店 1943 年
	世界伟人成功秘诀之分析	萧天石	西安拔提书店 1939 年
	知难行易学说之研究	葛武棨	西安新中国文化出版社
政治、法律	各国政党讲话	周焕	中国文化服务社陕西分社 1940 年 10 月 4 版
	共产主义在中国	新认识月刊社	西安胜利出版社 1941 年 9 月
	继承法新论	施宏勋著	国立西北大学法律系 1943 年 8 月
	蒋委员长的思想体系	殷作桢著	西安新中国出版社 1940 年
	蒋主任训话集	蒋鼎文	陕西省战时行政人员训练所 1938 年
	蒋总裁抗战语录		西安大东书局 1938 年
	抗战建国的新阶段	蒋介石讲,西安新智识出版社编辑	西安复兴出版社 1939 年 3 月初版
	抗战建国法令大全	王致和著	大公报西安分馆 1939 年 5 月
	领袖抗战建国文献:九一八以来(第 1 编)	蒋介石著 大公报西安分馆编	大公报西安分馆 1941 年 4 版

[①] 辑录自《中国抗战大后方历史文献联合目录》,重庆出版社,2011 年 8 月。

续表

类	书名	编著者	出版单位及出版年月
政治、法律	领袖抗战建国文献：九一八以来（第2编）	蒋介石著 大公报西安分馆编	大公报西安分馆1940年再版
	领袖抗战建国文献：九一八以来（第3编）	蒋介石著 大公报西安分馆编	大公报西安分馆1941年再版
	领袖抗战建国文献全集：九一八以来——一九三一至一九三九年	蒋介石著 大公报西安分馆编	大公报西安分馆1939年3月
	领袖抗战建国文献全集：九一八以来——一九三一至一九三九年	蒋介石著 大公报西安分馆编	大公报西安分馆1939年7月再版增订本
	领袖言论选集	蒋介石	军事委员会军训部西北战时巡回教育班政治组1941年
	论国共合作与今后的任务	袁西樵编	陕西人民出版社1938年2月初版
	欧局演变中捷克斯拉夫之透视	亚农	大公报西安分馆1938年
	人事行政问题	周焕	西安中国文化服务社陕西分社1941年6月
	三民主义的研究	张彝鼎	第八战区副长官部政治部
	三年来的陕西政治	中国文化服务社陕西分社编	中国文化服务社陕西分社1941年
	陕西民政概况	陕西民政厅视察室编	陕西民政厅视察室1940年
	陕西省各县三十一年度建设施政准则		1942年印
	陕西省建设厅工作报告	陕西省政府建设厅编	陕西省政府建设厅印
	陕西省临时参议会第二届第三次大会会议记录	陕西省临时参议会	陕西省临时参议会1944年印
	陕西省民政单行法规汇编	陕西民政厅编	陕西民政厅1937年7月印
	陕西省整理保甲总报告	陕西省民政厅	陕西省民政厅1940年印
	陕西省政府工作报告：三十四年上半年	陕西省政府秘书处编译室	陕西省政府秘书处编译室

续表

类	书名	编著者	出版单位及出版年月
政治、法律	陕西省政府职员录	陕西省政府秘书处	陕西省政府秘书处 1942 年印
	县各级组织及地方自治资料汇编	西北出版社编	西北出版社 1940 年
	学员手册	陕西省地方行政干部训练团编	陕西省地方行政干部训练团 1942 年
	整理保甲须知	陕西省民政厅	陕西省民众厅 1939 年
	政治问题论辑(第一辑)	周焕著	中国文化服务社陕西分社 1940 年刊行
	指导手册	陕西省地方行政干部训练团	陕西省地方行政干部训练团 1942 年
	中共内幕	徐友来著	西安正义出版社 1941 年 4 月
	中国共产党底分析	叶青	西北出版社 1939 年
	中国外交史	钱亦石	西安生活书店 1939 年再版
军事	兵役与工役	何应钦	陕西省地方行政干部训练团 1942 年印
	补充兵训练	廖仲农	中国文化服务社陕西分社 1941 年
	防空防毒和救护应具备的常识	陕西省地方行政干部训练团编	陕西省地方行政干部训练团 1942 年
	国都问题讨论集	张君俊	西安天织书店 1944 年
	海军问题与中国	西北剿匪部	西北剿匪部
	增补曾胡治兵语录白话句解	蔡松坡	西安大东书局 1944 年再版
	曾胡治兵语录详解	蒋介石增补	西安大东书局发行 1941 年 11 月再版
	抗日游击战争之理论与实践	刘伯承、贺龙著	抗战时期西安
经济	簿记入门	李子敬编著	西安标准出版社 1943 年再版
	官厅簿记	王文林	西北青年会计学校 1942 年
	合作讲习会讲义集	陕西省合作事业管理处编	陕西市合作事业管理处 1941 年
	合作事业	郭世勋	陕西省地方行政干部训练团 1943 年

续表

类	书名	编著者	出版单位及出版年月
经济	抗战与中国国民经济建设	周金声著	西安谠论社1938年9月初版
	垦荒运动	陕西省垦务委员会	陕西省垦务委员会1940年
	农村合作	尹树先	陕西省训练团1942年
	陕西农业经济调查研究	熊伯蘅	国立西北农学院1942年
	陕西省第六区经济建设五年计划	魏席儒编	陕西省第六区行政督察专员公署发行1941年
	陕西省合作规章汇编	陕西省合作委员会办事处	陕西省合作委员会办事处1940年
	陕西省合作事业概况	陕西省合作事业管理处编	陕西省合作事业管理处1942年
	陕西省民国二十八年份财政统计报告	陕西省财政厅第一科统计股	陕西省财政厅1939年
	陕西省土地制度调查研究	熊伯蘅	国立西北农学院农业经济系1941年
	陕西省银行二十六年份通函汇编	陕西省银行	陕西省银行1938年
	陕西省银行民国三十年营业报告	陕西省银行	陕西省银行1942年1月
	陕西省之电讯建设		1942年
	陕西县各级合作社设置苗圃办法	陕西省合作事业管理处	陕西省合作事业管理处1942年
	陕西邮区办理代办所汇票之邮政代办所一览表		
	商业常识	阎文栋	西北青年会计学校1942年
	西北区工合事业之现状及今后推进计划	卢广绵	中国工业合作协会西北区办事处
	西京市工业调查	陕西省银行经济研究室	陕西省银行经济研究室1940年
	西京市物价指数年刊：民国二十九年辑	陕西省银行经济研究室	陕西省银行经济研究室1941年

续表

类	书名	编著者	出版单位及出版年月
文化教育	教育论集	王捷三	陕西省教育厅编审室 1944 年
	抗战与教育	陕西省教育厅编审委员会	陕西省教育厅编审委员会 1938 年 1 月
	陕西省教育概况	陕西省政府教育厅	陕西省政府教育厅 1942 年
	中国文化服务社陕西分社卅一年工作报告	中国文化服务社陕西分社	中国文化服务社陕西分社 1942 年
	中国文化服务社陕西分社一年来业务概况	中国文化服务社	中国文化服务社 1940 年
	蒋百里先生抗战论文集	蒋百里著	大公报西安分馆 1939 年
	陕西省立西京图书馆图书目录:中文旧籍之部(第 1 辑)	陕西省立西京图书馆	陕西省立西京图书馆
	老百姓报社论集	李敷仁编辑	抗战时期西安
	中文同音字典	杜松涛编著	抗战时期西安
	抗战文章	韩一青	抗战时期西安
	救国教育	周伯敬著	抗战时期西安
	战时与战后教育	李建勋、许椿生合著	抗战时期西安
文学、艺术	韩国的愤怒:青山里喋血实记	李范奭	西安光复社
	回到人间	悟生	胜利出版社陕西分社 1941 年
	活跃的北战场	杨令德	西安塞风社 1940 年
	梅子姑娘	谢冰莹	西南新中国文化出版社 1941 年 5 月
	杀倭除奸记	苦干报社	西北书店 1940 年
	陕北鸟瞰	马季铃	西安正义出版社 1941 年
	在日本狱中	谢冰莹著	西安华北新闻社出版部发行 1943 年 1 月
	姊妹	谢冰莹著	西安建国编译社 1943 年 7 月再版
	陆文龙剧本	徐筱汀改编	私立西安夏声戏剧学校 1944 年 2 月初版
	木刻画刻制过程	肇野	西安生活书店 1939 年再版
	中华民族革命歌	李敷仁著	抗战时期西安
	救亡歌曲集	作者不详	抗战时期西安

续表

类	书名	编著者	出版单位及出版年月
历史、地理	从历史上所得的民族宝训	缪凤林著	西安新中国文化出版社 1940 年
	大荔县新志存稿十一卷首一卷附四卷	李泰纂 聂雨润修	陕西省印刷局 1937 年铅印本
	大荔县新志存稿十二卷首一卷附四卷	张树耘等纂修	陕西省印刷局 1937 年铅印本
	今日之西北	第八战区政治部编	第八战区政治部 1941 年
	近世中华民族抗敌史	武伯纶	西北印书馆 1937 年
	纳粹要人秘史	邓达溪编译	西安英华出版社发行 1943 年 4 月
	南明忠烈传（上、下编）	苏雪林撰	西安国民图书出版社 1941 年 5 月
	日本明治维新史纲（上册）	郑学稼	西安新中国文化出版社 1940 年
	日本明治维新史纲（上篇）	郑学稼著	西安新中国文化出版社 1940 年 5 月
	陕西近代人物小志	曹冷泉	西安攀川出版社 1945 年
	陕西人文志	荆三林	建国编译社 1942 年
	神秘的陕北	石利之	西北出版社 1940 年
	世界伟人成功秘诀之分析	萧石天著	西安拔提书店发行 1938 年 4 月 3 版
	苏联的认识	王守伟	西北出版社 1942 年
	太平洋战争讲话	王丙辰讲	西安建国编译社 1942 年
	西北历代地方行政区划沿革略	陈筮泰	西北论衡社 1942 年
	乡士志丛篇第一集	陕西省燕京大学图书馆辑印	燕京大学图书馆 1937 年
	意大利建国三杰传	梁启超	西安新中国文化出版社 1940 年
	跃进中的西北	赵敏求	新中国文化出版社 1941 年
	战时旅行要览		西北研究社 1939 年 11 月
	中华民族英雄成吉思汗纪念册		陕西各界成吉思汗灵榇迎送致祭大会 1939 年
	左宗棠评传	戴慕真	西安新中国文化出版社 1943 年

续表

类	书名	编著者	出版单位及出版年月
科学、技术	日食特辑	张遥青编	陕西省政府教育厅编审室 1941 年
	生物统计学（上下卷）	王授著	国立西北农业学院农艺学会 1943 年
	战时救护工作	黄震	西安新中国文化出版社 1940 年
	陕西省之农业建设	陕西省农业改进所	陕西省农业改进所 1942 年
	最新实验养蜂法	贺子固	陕西蜂业促进会 1941 年
	柞蚕饲育法	陕西省建设厅编印	1942 年 4 月铅印本
	陕西省第一区小型水利工程概况	陕西省第一行政督察专员兼保安司令公署	陕西省第一区专员公署 1943 年
	陕西省化验所二十五年度工作概况	陕西省建设厅临时化验所	陕西省建设厅临时化验所 1937 年
	陕西省建设厅临时化验所工作概况	陕西省建设厅临时化验所	陕西省建设厅临时化验所 1937 年
	陕西省水利局二十七年份统计年报	陕西省水利局统计股	陕西省水利局 1940 年
	陕西省统计资料汇刊：水利事业专号	陕西省政府统计室	陕西省政府统计室 1941 年
	陕西省政府建设委员会合办西京电厂事业报告	陕西省政府	陕西省政府建设委员会 1937 年
	陕西省之水利建设		1942 年
	陕西省之纸业与造纸试验	陕西省造纸试验所	陕西省造纸试验所 1942 年
	到西北去	西北公路运输局	西北公路运输局 1944 年
	三年来之西北公路运输		1938—1940 年

六、战时兰州的出版业

甘肃省的出版事业历来欠发达。抗战军兴,长江流域和平津一带学术单位和刊物先后迁甘,民众的抗日救亡的情绪不断高涨,各族各种抗日社团纷纷创立,抗日报刊也如雨后春笋般出现,尤其是期刊,其种数之多前所未见。

为了扩大抗日民族统一战线,推动甘肃救亡运动的发展,谢觉哉作为中共中央和毛泽东的代表,于1937年7月到达兰州,同年8月25日正式建立八路军驻甘办事处(后改称八路军驻兰办事处),彭嘉伦任处长。从1937年11月至1938年9月谢离兰前这段时间,兰州创办的进步期刊大多都同谢有着密切关系。如《妇女旬刊》是省妇女慰劳会所办的刊物,谢不但亲自规定其宗旨,指导其方向,并且为其撰写多篇文章,经常为其修改稿件;《战号》是进步文人吴渤办的,彭嘉伦专请毛泽东题写刊头;还有《热血》等,谢都为其撰稿和组稿;《老百姓》是著名学者顾颉刚办的通俗刊物,创刊时谢曾与其深谈;《西北青年》本是西北青年救亡读书会所办,因为该组织领导及编辑人员中多是共产党员和党的同情者,和中共甘肃工委有密切联系,所以实际上成了中共甘肃工委的机关刊物,谢更是予以无微不至的关怀。另外,一些期刊,有的是过去就有的,如《甘院学生》;有的是从外地搬迁兰州的,如《现代评论》、《苦干》等,由于直接或间接地受到谢和"八办"的影响,这时也都表现了一定的进步倾向。这样,兰州就形成了抗战初期进步期刊发展的鼎盛局面,促进了兰州出版业的发展①。

(一)主要出版机构

抗战以前,甘肃本地尚没有严格意义上的现代出版社,虽有一些国内的著名出版机构在兰州、天水等地设有分支机构,但它们都系销售机构,并不在甘肃本地造货。抗战以来,出版业虽有改进和发展,但尚未有本质上的变化。

---

① 《中国近代现代出版史学术讨论会文集》,中国书籍出版社,1990年8月,第591—597页。

战时兰州的主要出版单位有：

甘肃省文献征集会 1938年省政府成立甘肃丛书编印馆，张维任馆长兼总纂，后扩充为甘肃省文献征集会，张维任主任委员。会址在贤侯街。该会大量收集清末民初档案及地方史料。但因于经费和支持乏人，工作甚为艰难。惟张维亲自拟订了"甘肃丛书目录"140余种，后张令煊又补拟了180余种。同时编印了张维所著《兰州古今注》、《元魏诸镇考》、《陇右金石录》等数种著述。

陇南丛书编印社 为陇南学者冯国瑞所创办。1940年冯从重庆返回家乡天水，他在担任天水县志编纂工作时，自筹经费，成立了陇南丛书编印社，社址设在天水中山公园内。除冯外，尚有二三个志趣相投者参与。该社刊印了由冯编纂的《秦州记》（石印本）、《麦积山石窟志》（石印本）、《天水出土秦器汇考》（石印本）、《秦公簋考释》（油印本）等。

甘肃青年出版社 成立于民国三十年（1941），是三民主义青年团甘肃支团部宣传组创办的出版机构。社址在兰州民国路（今武都路），以编辑出版《甘肃青年》月刊为主。该社编辑多时4人，少则1人。1944年曾出版王治卿的长篇著作《驰骋在大西北的原野上》（该书作者因在书中涉及大后方劣迹，被三青团除名）。该社附设有甘肃青年出版社印刷厂，为独立经营单位，曾印有50万张抗日义卖日历。

（二）主要的发行机构

战时兰州的主要发行机构有：

中华书局兰州分局 1924年成立，职员10多人，主要经营该书局出版的各种图书、刊物。局址设在兰州市张掖路。

新生书店 系兰州第一家私营书店，代售生活书店、正中书局、开明书店、上海杂志公司、重庆华中图书公司等书刊。战时因销售进步书刊，曾一度被罚停业审查。

兰州同仁消费合作社 1933年1月由王彦升、万良才等青年组织，主要经销生活书店出版物，兼营开明书店、北新书局读物和课本，鼎盛时社员发展至200多人。后来还秘密出售《解放日报》、《新华日报》以及延安新华书店发行的图书杂志。战时一些社员在中共"八办"帮助下参加了中共。1939年后业务陷于停顿,同年8月,在甘肃当局监视、刁难下被迫停业。

未名书社 1933年由兰州各中等以上学校教师联合创办。专业销售教科书,因有各校教员和一些校长的支持,有决定采用课本的权力,因此营业一度十分兴盛。抗战期间,由于交通受阻,所订课本无法按时运达,加上一些学校疏散和本社合作者之间的矛盾,营业不振,终于民国三十二年(1943)停业。

商务印书馆兰州支馆 1924年成立,受西安分馆领导。有职工10余人。主要经营本版书刊。

生活书店兰州分店及天水支店 兰州分店成立于1938年2月。主要经销本版书和其他进步书刊。经常得到八路军驻兰办事处和中共甘肃地下组织的支持,亦屡遭国民党当局者之刁难。后经营困难,于1940年4月20日歇业。天水支店成立于1938年5月,后在甘谷设分销处。该店除销售书刊外,还发动学生进行抗日宣传,帮助学生编写墙报,组织读书会,修改讲演稿。1939年5月31日,天水支店被国民党天水县党部查封。经理薛天鹏、职员阎振业被捕。数月后两人先后获释。

兰州派报社 又名兰州书报社,后更名为新华日报甘肃分销处。1937年冬成立,系中共领导的书报发行社。主要发行延安出版的书刊。1938年起开始发行汉口创刊的《新华日报》。曾发行过报纸和《前线》、《群众》、《救亡》、《抗战》、《妇女生活》及《毛泽东印象记》、《朱德传》等书刊。1941年在甘肃当局查禁书刊中停办。

正中书局兰州分局 1939年1月建立,并在平凉设支店。分局职工10多人。主要经售教科书以及《中国之命运》等国民党要人的言论集、文章和某些官办的刊物,总经销上海出版的《中美日报》。据《甘肃民国日报》1940年3月14日所载《抗战中兰州之书业》一文称:"去岁营业总数约五百余元,其中抗战文化小册子约达10万余册,教科书一万余册,各种杂志约四百余册。"

青年消费合作社 由三青团甘肃分团部安排王彦升创办。业务以经销自然科学、外国语言书籍为主,经销各种期刊,并负责供应西宁、迪化(今乌鲁木齐)两地的大学各系教材。尽管三青团一直着力进行控制,但王彦升和合作社职工,力求"服务人民"、"教育员工"、"积累公共财产"并"坚持(合作)事业的社会性"。1949 年 8 月被中共兰州市军管会文化处接收,业务归并新华书店兰州分店。

(三)主要期刊

据统计,甘肃省自 1937 年 7 月至 1945 年 8 月的八年抗战期间,先后创办期刊 90 种①。这 90 种期刊中政治理论类刊物 22 种,业务类 23 种,学术类 12 种,文艺类 3 种,美术画报 2 种,综合类 28 种②。战时兰州主要刊物有:

《抗敌》 旬刊,甘肃省民众抗敌后援会主办,1937 年抗日战争爆发后创刊,1938 年出至第 4 期,于同年 10 月改为半月刊,至 1939 年 4 月出至新的 12 期后停刊。

《抗战》 兰州甘肃省民众抗敌后援会于抗日战争爆发后创办。旬刊,至 1938 年出了 4 期,于这年 10 月改为半月刊,1939 年 4 月出至新的 12 期停刊。

《回声》 1937 年冬由伊斯兰教学会创办。主编鲜维峻为中共党员,内容多有反映抗战,宣传中共统一战线政策。刊载过茅盾、谢觉哉等人文章。甘肃省图书审查委员会说它"共产党的术语"堆积满纸,是解放式的刊物。仅出 2 期即被查封。

《现代评论》 半月刊,1935 年 9 月创刊于北平,1938 年 9 月 5 日迁兰州出版第 4 卷第 1 期,该刊以宣传抗日救亡为宗旨,曾刊行过"战时青年专号"、"战时西北青年生活专号"、"青年诗歌专号"、"通俗文艺专号"等。1941 年 8 月出至第 6 卷停刊。

《妇女旬刊》 中国妇女慰劳自卫抗战将士甘肃分会主办,1937 年 12 月创刊于兰州。16 开本,每期 20 页左右。倪斐君任社长、名誉主编,实际主编为邢华、王九菊。该刊宗旨在宣传抗日,宣传全民动员,同时宣传妇女解放,反对束胸,提倡放足,加强儿童家教等。辟有插图、漫谈、论著、大众讲座、信

---

① 据《甘肃省志·新闻出版志·出版》资料统计,甘肃人民出版社,1994 年 2 月。
② 据《甘肃省志·新闻出版志·出版》资料统计,甘肃人民出版社,1994 年 2 月。

箱、特载、妇运消息、文艺等栏目。1938年4月出至第7期停刊。

《西北青年》 西北青年救亡读书会主办,实际上是中共甘肃工委的机关刊。1937年12月创刊于兰州,旬刊,16开,每期12页左右,先后任主编的有刘日修、罗扬实、樊大畏等。谢觉哉、彭加伦、伍修权等常为该刊撰稿。谢曾以笔名"涛"、"徒"等发表有《苟安即是自杀》、《一九三八——中华民族复兴年》、《三民主义与救国》等文章。1939年在国民党查禁中被迫停刊。共出7期。

《回民青年》 原名《回教青年月报》,1936年4月创刊于南京,1937年7月出至16期后,因抗日战争爆发迁兰州。1938年8月在兰州续出"抗战特刊",改刊期为1卷1期,主编石觉民。1944年出至6卷10期休刊。抗战胜利后出"还都号"。1947年8月在出了5期后停刊。

《甘肃合作》 半月刊,甘肃省农村合作委员会主办,1937年9月创刊于兰州,1940年6月出至3卷6期停刊。

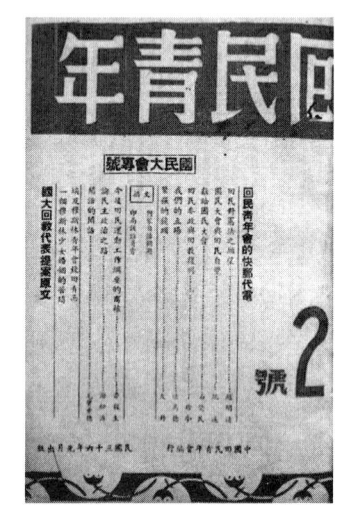

《回民青年》

《苦干》 1936年12月创刊于南京,政治类刊物,初为半月刊,自第2期起改为月刊。社长王季良。1938年6月5日迁兰州复刊,出版第8期,该刊以宣传抗日为宗旨,其《复刊词》称:"从被敌人炮火轰得血肉横飞的首都逃来,到了这后方的甘肃,未免有点偷生怕死,说来真个惭愧!不但惭愧,简直是耻辱!莫空惭愧!莫忙耻辱!这是国民革命第二期过程中应有的遭遇。我们的事业尚未成功,我们仍需继续努力,我们不能凭白地死了。当大时代来临,国家固然需要在火线上拼命的战士,也需要后方人们的苦干。我们愧不能效死疆场,我们愿作文字救国,借这小小刊物,来讨论些有关抗战的意见,贡献些有关建国的方策,期将'不抵抗难以建国,非建国无以抗战'、'抗战高于一切'、'抗战到底'的主张,传播到后方每个角落里,激动每个同胞的心灵,这就是《苦干》来兰创刊的旨意。"1938年12月25日出至第13期停刊。

《老百姓》 1938年创刊于兰州,顾颉刚主编,出了三期被国民党甘肃当局勒令停刊。

《政论》 半月刊,原第八战区政治部主办,1939年5月创刊于兰州,1941年5月出至5卷4期停刊。

《党务月刊》 1939年创刊,系国民党甘肃省执行委员会宣传组主办,1940年停刊,余不详。

《DANGDE生活》(党的生活) 中共甘肃工委机关刊,创刊于1938年3月,内部刊物,不定期。初为油印,后改石印,秘密发行。主编为工委副书记兼组织部长罗云鹏。曾转载过毛泽东《反对自由主义》全文、《斯大林在联共中央全会上报告及结论的讨论要点》、《党的建设提纲》等文章。

《甘肃青年》 兰州甘肃青年出版社出版,三民主义青年团甘肃支团部主编,1939年11月12日创刊于兰州。原为半月刊,自6卷1943年起改为月刊。1947年4月出至9卷2期停刊。

《甘肃科学教育馆学报》 半年刊,1939年5月20日创刊于兰州,1940年5月出了第2期停刊。

《中苏文化》 中苏文化协会兰州分会主办。1940年2月15日创刊于兰州,不定期,创刊号《赠辞》说明了其创办宗旨为:"中苏两国,互为屏瀚,古训为譬,唇亡齿寒,巨海扬波,四寨烽烟,眷怀大难,绝后空前,挽回劫运。系于转旋,愿相策力,共荷仔肩。"同年7月出了第2期停刊。

《甘肃教育半月刊》 甘肃省教育厅主办,1939年1月创刊于兰州,1944年起改为月刊,自1945年第7卷起又改回半月刊。1945年6月出至7卷12期停刊。

《甘肃教育》

《民锋》 陆军第四十八师特党部特政部主办。1940年7月创刊,余不详。

《西北经济通讯月刊》 兰州西北经济研究所主办,1941年1月创刊,1942年7月出至第1卷11期停刊。

《甘肃妇女》 季刊,甘肃省妇女工作委员会主办,1942年3月15日创刊,1946年4月出至第5期停刊。

《国立西北师院学术季刊》 国立西北师范学院出版委员会主办。创刊于1942年3月,停刊时间不详。

《党言》 国民党甘肃省党部机关报,1943年创刊于兰州,1944年停刊。

《社政通讯》 月刊,甘肃省政府社会处主办,1943年创刊,1947年停刊。

《西北文化》 周刊,兰州国立西北图书馆主办,1944年4月创刊,1945年8月出至37期停刊。

《西北先锋》 月刊。1944年7月15日创刊于兰州,主编赵洁生,何时停刊不详。

《军党月刊》 第八战区国民党特别党部主办,1944年10月创刊,1945年停刊。

《读书月刊》 北辰书店主办。该店是西北师范学院一些进步学生,以中共地下党员为核心组织的山阳读书会与甘肃学院、西北畜牧兽医专科学校、甘肃医学专科学校的一些进步学生于1944年春天在兰园开设的。《读书月刊》是他们办的一份理论刊物。1944年10月10日创刊于兰州。16开本,李齐夷负责编辑。出两期后,因编辑负责人被捕或出逃,被迫停刊。

《新地》 北辰书店在主办《读书月刊》的同时,还办了一个文艺刊物《新地》,创刊时间也是1944年10月,办刊宗旨在团结爱好文学的进步同学,活跃兰州的文化生活。该刊32开本,由郭松茂负责。郭沫若曾写信鼓励《新地》的出版,并题写刊名,与《读书月刊》一样,也只出版2期后因负责人被捕或出亡而停刊。

《甘院学生》 甘肃学院学生自治会主办,实际负责人刘日修。刘系中共甘肃工委委员,为开展工作,考入甘肃学院教育系,任学生自治会常务干事。抗战爆发后,刘团结同学创办了该刊。该刊以宣传抗日为宗旨,不定期。16开,由甘肃学院印刷所印刷,在兰州各学校散发,颇具影响。1939年6月停刊。

《工商青年》 系三民主义青年团甘肃省支团四分团部主办。1945年1

月创刊,月刊,停刊时间不详。

(四)战时兰州的图书出版

《中国近代现代出版通史》著者叶再生根据《甘肃省志·新闻出版志·出版》原始资料统计分析指出:

甘肃省自1911年到1949年的39年中,一共出版了196种图书,其中抗战时期为67种。年份占23.1%,出书比例占34.2%[①]。按年统计(详见历年出书表)明显地说明:抗日战争时期,是甘肃省历史上出版发展最快的年份,品种增长的高峰期是:1942、1943、1944年三年[②]。

战时甘肃历年出书

年份	数量	百分比
1937	3 种	4.5%
1938	4 种	6%
1939	5 种	7.5%
1940	6 种	9%
1941	5 种	7.5%
1942	17 种	25.4%
1943	9 种	13.4%
1944	12 种	17.9%
1945	4 种	5.9%
抗战时期	2 种	2.9%
合计	67 种	100%

战时甘肃出书类别

类别	种数	百分比
科 技	7	10.5%
文 史	21	31.3%
志 书	9	13.4%
教 育	2	3.0%
经 济	24	35.8%
政治理论	4	6.0%
合 计	67	100%

从出书的种类来看(详见出书类别表),出书最多的是经济类和文史类,与上海等现代大城市的图书构成不一样;这反映了战时甘肃纯朴向上的社会

[①] 叶注:本节分析统计的原始资料据《甘肃省志·新闻出版志·出版》;原始资料只署图书出版年份,无月份,故抗战时期权以1937—1945年计。1937、1945年两年,出书种数皆很少,从总体上对分析结果影响很小。

[②] 叶注:期刊出版的情况也是这样,据统计1942年创刊11种,1943年创13种,1944年14种,合计38种,占抗战时期创刊总数90种的42.2%。

风气。

战时兰州出版的主要书籍[①]有：

《兰州九年来之气象》 朱允明著,甘肃省气象测候所1937年出版

《中华民族发展史》(再版) 郭维屏著,兰州新生书店1937年出版

《古浪县志》 唐海云纂,1938年出版

《马鬃山调查报告》 蒙藏委员会调查室编,1938年出版

《天水县志》 罗缵绪纂,俊华印书馆1939年出版

《化平县志》(今宁夏泾源) 平凉一心印书馆1940年出版

《花儿集》 张亚雄著,1940年出版

《刘果斋先生年谱》 王烜撰,兴文社1940年印

《庆阳府志续稿》(十四卷) 杨景修纂,抗战时期出版,油印本

《求学与革命》 孟述祖著,甘肃青年出版社1940年出版

《第二年之甘肃财政》(三册) 甘肃省财政厅编,1939年出版

《麦积山石窟志》 冯国瑞编著,陇南丛书编印社1941年出版

《今日之西北》 第八战区政治部编著,1941年出版

《兰州气候志初编》 朱允明编辑,甘肃省气象测候所1941年出版

《(创修)临泽县志》(十四卷) 高增贵纂,1942年出版

《陇右方志录补》 张维著,1941年出版

《甘肃省西南边区考察记》 王志文编,甘肃省银行经济研究室1942年出版

《兰州市区域图》 兰州市工务局制,1942年

《甘肃省各县经济概况》 甘肃省银行经济研究室1942年编印

《甘肃省三十年度省库收支及整理税捐概况》 甘肃省政府1942年编印

《甘肃省新县制实施概况》 甘肃省政府1942年编印

《甘肃省之卫生事》 甘肃省政府1942年编印

《甘肃地质与矿产》 甘肃矿产公司1942年编印

[①] 辑自《甘肃省志·新闻出版志·出版》,转引自叶再生:《中国近代现代出版通史》第三卷,华文出版社,2002年1月,第729—730页。

《秦州志》 郭仲彦著,陇南丛书编印社 1943 年编印

《甘肃之农业》 陈西平撰,甘肃省银行印刷厂 1943 年印

《甘肃省县乡财务人员手册》 陈国梁编,1943 年印制

《兰州古今志》 张绪著,甘肃地方文献征集馆 1942 年编印

《建设陇南》 孙振邦著,1943 年出版

《甘肃蝶类初步报告》 乔国庆著,甘肃科学馆 1943 年印

《洮沙县志》(五卷) 张慎微纂修,1943 年印

《甘肃经济概况》 著者不详,1943 年印

《甘肃工业资源兰州市工厂调查》 1942 年出版

《甘肃之工业》 王树基编,甘肃省银行印刷厂 1944 年印

《天水出土秦器汇考》 冯国瑞辑,天水陇南丛书编印社 1944 年印

《保护水土浅说》 甘肃省政府编,1944 年印

《陇右金石录》 张维编纂,俊华印书馆 1944 年印

《千岭社分韵》 范元杰撰,1944 年出版

《平凉县志》(三卷) 张潆、宋离明纂,1944 年出版

《中华史纲》 唐祖培撰述,兰州甘肃青年印刷所印

《嘉言集》 兰州师范编,青年印刷所 1944 年印

《中国上古史》 西北师院史地学会编著,1945 年出版

《甘肃之水利》 王树基撰,甘肃省银行印刷厂 1945 年印

《绵羊人工授精之技术及实际运用》 许康祖著,甘肃省银行印刷厂 1945 年印

《甘肃农业概况估计》 甘肃省政府 1945 年编印

七、暴起暴落的迪化出版业

新疆地处祖国西北边陲。抗战期间的统治者是盛世才,盛早年留学日本,毕业于早稻田大学和陆军大学,时任新疆省政府主席。抗日战争爆发前已与中共有联系,1938 年盛访问苏联时参加了苏联共产党,在新疆实行亲苏

政策,从而也在新疆实行与中共合作的政策。中国共产党为了壮大抗日力量,保障中苏交通,支援抗日前线,与新疆地方当局结成抗日民族统一战线,在新疆省首府迪化建立了八路军办事处,先后派陈云、滕代远、邓发和陈潭秋等人前去,帮助新疆工作。从1937年至1939年,中共中央应要求先后从延安和西路军总支队选派了100多名党员干部与原从莫斯科回来的25名共产党员一起,以新疆地方政府官员或公务员身份,到新疆各级政府机关、军队、新闻出版、文化教育、财政金融等部门和群众团体工作,帮助盛世才完善和实行"反帝、亲苏、民平(民族平等)、清廉、和平、建设"六大政策,使新疆的各项工作,包括新闻出版事业,都出现了蒸蒸日上的新气象。当时,凡延安发表的中共中央的文件,毛泽东、朱德和周恩来等人的讲话、文章和照片,苏联出版的马恩列斯等经典著作,介绍苏联十月革命的文章以及共产党人和左派人士写的文章都可以在新疆公开发行。因此,时人把迪化称作"小延安"。

在《新疆日报》这个重要的宣传阵地,经盛世才同意,该报的主要领导和主要工作均由中国共产党人担任。该报积极进行抗战宣传,大量刊登中共领导人的文章,宣传中共政治观点,介绍苏联卫国战争的胜利,宣传马恩列斯的经典文章,有时也批评南京国民政府、中央军和国民党。

新疆民众反帝联合会、新疆文化协会、新疆军学编译社等群众性组织及其下属机构创办有《反帝战线》、《新疆青年》、《新疆妇女》、《新芒》等重要期刊,并翻印出版了一些革命理论著作和其他书籍。新疆省教育厅编译委员会编写和翻译了一些思想进步、内容新颖的教学课本。

然而,盛世才却是一个多疑善变、阴险狡诈、心狠手毒而又野心勃勃的反动军阀。他施展权术攫取了政权,借助苏联和中共党员的力量巩固了统治地位。他与中共建立的统战关系只是权宜之计,他根本目的是想在新疆建立他的独裁统治。随着国内外形势的变化及国民党蒋介石的威胁利诱,盛世才终于原形毕露,背叛六大政策,反苏反共,最终完全投靠了国民党反动派。1942年下半年,盛公然下令,大肆逮捕杀害共产党人和进步人士,逮捕革命青年,查禁进步书刊。陈潭秋、毛泽民、杜重远等就在这个时期被害。兴盛的出版业因而骤然衰弱。

(一) 主要出版机构及其出版图书

新疆日报社 1935年,中共派党员王宝乾(赵实)到新疆担任省府外事交涉处处长,1936年4月,旧政权办的《天山日报》改组为《新疆日报》,王兼任新疆日报社社长,派党员满素尔(维吾尔族)和万献延(张逸凡)分别担任副社长、编辑长和编辑。1938年初中共又派党员江小川去该报当副社长。翌年12月,江调离,中共又派党员萨空了去接任副社长。《新疆日报》总社社址在迪化,出版有汉文、维吾尔文、哈萨克文、俄文4种报纸,皆铅印。除迪化总社外,尚设有伊犁、塔城、阿山、喀什、阿克苏和和阗6个分社,分别出版汉文、维文、哈文3种文字(或汉文、维文2种,或汉文、哈文2种)的报纸,各分社皆为4开小报。

《新疆日报》

新疆日报社印刷出版的书籍有:

1938年,毛泽东著《论持久战》、《论新阶段》。

1939年,沈志远著《社会科学常识读本》;许涤新著《经济学讲话》。

1940年,张仲实译《新哲学读本》(上、下册);毛泽东著《新民主主义论》。

1941年,延安中国近代史研究会编《中国近代革命运动史》;延安解放社《社会科学基础教程》;李何编著《最近国际政治形势及图解》。

新疆民众反帝联合会 1935年5月成立。1935年11月反帝会改组以后,各方面都由中国共产党人主持工作,广泛开展各项社会活动,宣传抗日民族统一战线政策,进行反帝教育。反帝会先后开办了反帝训练班20期,培训出1700多名理论宣传工作骨干。反帝会还通过基层组织,使全市12000多名会员有计划地学习马列主义基础理论。[①] 反帝会所属群众团体、大中院校、

---

① 《新疆地方志通讯》,1986年第2期,第11页。

军官学校及军政深造班等单位,以学习资料、辅导材料和讲义等形式自行翻印过许多理论书籍或其中有关章节,如列宁著《帝国主义论》,斯大林著《辩证唯物主义与历史唯物主义》和《论反对派》,毛泽东的《抗战言论集》,艾思奇的《大众哲学》和《新哲学人生观》,胡绳的《辩证法唯物论入门》。还有《抗战歌曲》等。

新疆文化协会 该会于1939年4月8日正式成立,与会人士一致推举茅盾为该会委员长,张仲实为副委员长。新疆文化协会总会设在迪化,分会是通过遍布天山南北的各族文化促进会进行工作,受总会领导。新疆文化协会下设编译部、艺术部和研究部。1940年,新疆文化协会印刷出版有张仲实译《辩证法的认识》。

新疆军学编译社 1939年,新疆军学编译社先后两次重印上海北新书局出版的《新知识词典》。

新疆省教育厅编译委员会 中共党员许亮(鄢荣爵)、刘伯珩(白大方)曾先后担任过该委员会的编辑主任,曾编写和翻译了一批思想先进、内容新颖的维、汉、蒙、哈4种文字的小学课本。

(二)主要期刊

战时迪化的主要期刊有:

《反帝战线》 系新疆民众反帝联合会会刊。其前身为《反帝半月刊》,1935年5月创刊,油印。是年11月,反帝联合会改组,全部工作由中共党员主持,由王寿臣(俞秀松,系中共党员)任秘书长,其时该刊改名为《反帝战线》,铅印,16开,不定期出版。除宣传抗日反帝外,该刊增加了宣传苏联社会主义建设、各民族一律平等思想的新内容。1938年2月中共党员黄民孚(黄火青)接任秘书长,他要求将《反帝

《反帝战线》
新疆民众反帝联合会会刊

战线》办成"能密切配合抗战形势,宣传马列主义、社会主义苏联,教育会员的强有力的刊物"。1939 年 5 月,中共党员王宝乾接任秘书长,组织了编委会,自任主编,25 名编委中绝大部分是中共党员和进步人士,并自同年 5 月出版的第 2 卷 10、11 期合刊起,改为月刊,至 1942 年 4 月,盛世才拥蒋反共止,出至 8 卷 1 期,共计出版 55 期。每期印数自 4000 册到 15000 册不等。

《反帝战线》还出版了维吾尔文版,共出 8 期,内容为汉文版主要文章的摘译。

《新疆青年》 迪化新疆民众反帝联合会主办,实际上是《反帝战线》的青年版,创刊于 1938 年。1941 年 7 月出至 4 卷 2 期停刊。

《新疆妇女》 新疆妇女协会机关报,由中共党员张奋英(沈谷南)、朱旦华(朱家农)、刘勉(刘万祥)和崔少文等主持。1940 年创刊,油印。1941 年 1 月改为 16 开,铅印。1942 年 3 月停刊,共出版 5 期。

《新芒》 新疆学院主办,月刊,杜重远任社长,茅盾和张仲实任编辑顾问。1939 年 7 月创刊于迪化,1941 年初停刊,出 4 期。该刊以较大的篇幅,系统刊载了马列主义的理论文章。

《新疆画报》 1937 年 10 月,《新疆日报》在副刊版创办了《新疆画报》半月刊,由青年进步画家戴彭荫主编,1938 年 5 月《新疆画报》改为八开两版,单独出版,主编由中共党员王苇(王宪唐,笔名老呼)接替。《新疆画报》由于政治立场鲜明,制版印刷精良,在当时全国抗战宣传画阵地上是站在前列的。

(三)印刷发行

新疆地区的印刷业原先比较落后,1935 年初,全新疆只有一台旧式的铅印机,只有一些 4 号铅字,主要用来印刷《新疆日报》的前身《天山日报》。1935 年 5 月以后,盛世才采取联合中共和苏联的做法,中共党员陆续来新疆工作,并从苏联进口了全套新式印刷机,计大中小型印刷机、铸字机、装订机和照相制版机械大小 30 台,并全套通讯设备及汉、维、哈、俄等 4 种文字的铜模。副社长萨空了又从上海购进了一批印刷器材和各种型号和字号的铜模,并聘请了部分技术人员来疆。《新疆日报》社印刷厂印刷设备和印刷技术的显著提升,不仅确保了该社出版的需求,而且为本地区各方面出版期刊、图书,创造了有利条件。

新疆的发行部门主要有文化书店和国际书店。文化书店于1935年在迪化成立。利用原制币局45台旧式石印机印刷新编课本,发到全疆各地使用。从1937年起,文化书店除经销新疆出版的图书期刊外,开始代售生活书店、读书出版社、新知书店等内地出版的各种进步书刊。中苏友好协会经办的苏联国际书店,主要经销马恩列斯经典著作和少数民族文字的理论文学书刊。

八、战时西康、青海、西藏的出版业

(一)战时西康的出版活动

西康建省,明末清初就有倡议,但未实行。宣统三年(1911),清朝决定以边务大臣所辖地建立"西康省","康"即指原地名,"西"指在国家版图之西。不久,清朝退出历史舞台。民国元年(1912),民国政府积极筹划西康建省。1914年划康定以西(包括金沙江以西的今昌都地区)为川边特别区,受四川节制。1927年夏,刘文辉入主西康。1935年7月22日,西康建省委员会在雅安成立,刘文辉任建省委员会委员长。1937年,随着日本帝国主义对中国侵略的日益深入,国民党政府被迫迁都重庆,全国的政治、经济和文化中心逐渐西移,西南诸省因而成为抗战的大后方和物资供应基地,日渐显出其重要性。国民政府曾调整计划,拟将陪都从重庆迁至西昌。于是,开发边区、发展经济、坚持抗战的行动迫在眉睫。1939年1月1日,西康省政府正式成立,刘文辉任主席,省会设在康定。管辖区为金沙江东、西一带,包括今四川省西部和西藏自治区东部共48县及宁东、金汤、普格、泸宁4设治局。康定成为康区政治、经济、文化中心。1950年以前西康省共辖有48县、4设治局、5行政督察区。1955年9月西康省正式撤销,金沙江以东各县划归四川省,金沙江以西各县划归西藏自治区筹备委员会。从民国到新中国,西康省的建制共存在了16年9个月。

西康的新闻业,据《西康的报纸》一文所云:"在西康,康定、西昌、雅属,为文化散布的三大重镇,康定过去根本没有报纸可言,有的只是欧美传教士带来的马可福音之类的宣传品。二十年前,赵尔丰经营西康时代,曾有过办报的计划,后因赵被刺而搁浅。"①直到1937年,报纸《西康新闻》首先在康定出版。刘文辉入主康政后,为了扩大政治宣传和传播新思潮,支持兴办报刊。自1929年创办了《边政》月刊后,《康导月刊》、《新西康》等杂志先后创办。30年代,一些在南京学习的康籍人士创办了《康藏前锋》,参与《新亚细亚》、《边事研究》等刊物的撰稿。西康本地的各种报纸、刊物竞相问世。这些报刊,有汉文,也有藏文;有综合性的,也有专业性的;有学术性强的,也有通俗性的;有党政军官方主办,也有科教机构、社团及同仁主办;有的创办于西康境内,有的则创办于南京、重庆、成都等地。据笔者的不完全统计,现存的刊登西康有关情况的期刊就有170余种②。另外,刘文辉延请专家学者,调查西康社会情况,出版发行大量有关西康的著述。如任乃强呈送《康区视察总报告书》和有关西康历史地理、文化、习俗方面的大量论著。

抗战时期日寇侵略的加剧,促使人们重视边区问题。西康建省后的舆论宣传、学术研究、对策探讨、治理建议等有关西康内容的文献大量出版发行,但大多登载于《川康建设》、《地质论评》、《边政公论》、《边事研究》、《青年月刊》等创办于西康境外的期刊。图书则多由中华书局、正中书局、商务印书馆等西康省外的出版单位出版,真正属于西康地区出版的文献却并不多。笔者根据各文献收藏单位现存西康文献,以及抗战时期文献出版的统计资料,检索到抗战时期(1937—1945)西康本地出版的报纸16种、通讯社2家③,期刊有31种,图书(包括内部出版物)104种。

战时西康省的出版业主要集中在康属、宁属、雅属。出版发行者大致可分为三种类型:(1)西康党政军等机构编辑发行。如国民党西康省党部主办

---

① 程其恒编著,马星野校订:《战时中国报业》(第三种),铭真出版社,1944年3月,第123页。

② 本节的统计数据主要源自:1.重庆数字图书馆;2.全国部分重要民国文献收藏单位的书目数据库;3.西绕江措:《藏学报刊汇志》,《中国西藏》,1998年4期;4.周勇、王志昆:《中国抗战大后方历史文献联合目录》,重庆出版社,2011年;5.中央宣传部新闻事业处编:《全国报社通讯社一览》,1944年3月。

③ 注:此统计数据为1944年以拥护抗战建国的期刊为限,统计的西康省报社、通讯社数据。因此抗战时期西康省的报纸种数有可能更多。

的《西康国民日报》、西康省政府秘书处的《西康省政府公报》、西康省合作事业管理处秘书室的《西康合作》、国民党陆军24军136师408旅旅部的《戍声周报》等。(2)部分科研单位编辑发行。如西康省康定国立西康技艺专科学校的《康专校刊》、西康省立康定民众教育馆的《西康民教季刊》等。(3)民间社团编辑发行。如中国工业合作协会川康办事处的《中国工业合作协会川康办事处工作报告》、西康省雅安中华文化学会年刊社的《(雅安)中华文化学会年刊》等。

现将战时西康出版的主要报纸、期刊、图书分述如下：

1. 报纸

西康宁属、雅属约在汉唐时代就早有开发，文化水准较高，康属开发最迟，当地受佛教影响较深。康属共19县，因康定为省会所在，为政治经济中心，故报纸也就随之而发展，有《西康新闻》和《西康国民日报》两家重要的日报，其新闻编辑技术还过得去，只是拼版稍差，不过在边省能有这样的报纸已属难得。此外康属还有《康定日报》、《西康时报》、《甘孜实验简报》、《巴安实验简报》等。雅属因距离成都较近，因而成都的报纸在此销售，雅安本地报纸则受之影响，仅有《扫荡报》和《新雅报》两家石印三日报，此外还有《建康日报》、《党国前锋周刊》。宁属主要有《宁远报》、《新康报》、《建宁报》和康藏通讯社。此外还有会理的《会□报》和冕宁的《新冕报》等。

《西康新闻》 综合报纸。西康省康定西康新闻报社主办，1937年创办。是西康历史最久之报纸。有汉文版和藏文版。汉文版为日报，藏文版不定期出版。该报创办之初为油印通讯，每周一次，1937年6月改为四开铅印三日报，1938年10月改为间日报，11月始正式为日报。其办报宗旨是向西康和西藏宣传抗日，介绍前线战况，报道西康省内外政治、经济情况。该报为四开横排，用老五号字，全报分为四版编辑。报头横置于顶端，报头两侧刊广告。第一版国内消息，消息采中央社电讯，偶然有成都、重庆等地之通讯，间有社论；第二版国际新闻；第三版新闻，有本报访稿、市息、各县通讯、各县沿革等；第四版副刊及广告，副刊偏重文艺。此外还有各种特刊，如动委会的西康动员、保安处特别党部的现阶段、三民主义青年团康定分团的青年周刊等副刊栏目。该报集中报道了西康省府及二十四军的消息,并配合西康各地的开发建设刊登长篇论文,抗战期间,随时刊登国内外的重大时事,特别是日寇的侵略及抗战进展情况等。

《西康国民日报》 西康省政府机关报,亦称国民日报。国民党西康省党部主办,1939年双十节创办,有汉藏两种文版,汉文为日报,藏文为周报。社址在康定子耳巷。该报创刊时是以直排分为两版编辑,后改为横版编辑,其第一版专国际新闻、社论、短评,第二版是国内新闻,消息均采用中央社电讯。通讯社特约稿在第三版,内容比较丰富,有本报访稿、市息、各县通讯,偶有各种特写速写等。第四版为副刊广告,副刊系纯文艺性。藏文报中除部分文章外,大部分内容译自汉文《西康国民日报》。主要登载政府各类公报、文件、会议报告,国内外新闻,生活常识,藏区建设,藏族风俗、历史、宗教常识、社会调查等。藏文版发行至甘肃、青海、西藏、云南藏区。该报编辑得法,印刷清晰,在边疆报纸中甚为难得。又据《西康史拾遗》[①]称:"1943年由康定西康国民日报社创办……该报印刷技术差,纸张粗糙,字迹模糊,不易辨认,而且校对马虎,错落满篇,难以卒读","至1945年初自行停刊"。综观之,该报很可能后期,特别是1943年后,因抗战时期物资、人才缺乏,使得该报难以为继。

《扫荡简报》 简报。二十四军政治部主办。三日报。八开石印直排。该报系采用土纸石印,不甚清晰。第一版国内消息,采摘中央社电讯,有各种特约通讯、专载、特写等,报头横放在第一版顶端,报头两端,一端摘录总新闻,一端刊载广告,第二版上半版,载本省及邻省消息,下半版载副刊,地方消息有本报专访、今日通讯稿等。其内容特约通讯较多,国内外的新闻较少。副刊名《怒潮》,刊登各种鼓舞士气的诗文,但水准不一。

《新雅报》 私人集资创办。1944年元旦创办。三日报。八开直排石印小报,印刷质量较差。其形式与《扫荡简报》一样。内容方面,其国内外新闻是根据一部分电讯来改写的,每天编成三四百字的一段,刊在报头;第二版有地方消息,副刊。副刊有《新雅园地》和康藏茶叶公司技术室主编的《边茶》,

---

① 冯有志:《西康史拾遗》下卷,政协甘孜州文史资料委员会编印,1988年。

副刊只是偶然出现。

《宁远报》 委员长西昌行辕主办,社址在西昌行辕路。1939年7月7日创办,1946年改名为《宁远日报》,持续时间到1950年3月。为直排四开铅印报,用草绿色土纸印刷,颇为别致。用老五号字排印,编辑方面采用混合编辑法。每一版载社论、专载和国内外新闻,新闻系采用中央社电讯,通常国际新闻多于国内,第二版是地方消息、副刊、广告,地方消息有本报特讯、本市讯、各县通讯、康藏社通讯稿及访问记等。副刊名《前进》,为综合性的,而采用特约稿。此外还出版各种特刊,如健康周刊社主编的《健康周》、西昌青年文艺所主编的《拓园》,农业改进所宁属杂志处主编的《宁远新农》,省立西昌民教馆主编的《宁远教育》等。该社对宁属建设的文章多有独特见解,多获好评。

《新康报》 周刊。报社社址在西康西昌仓街24号。其在发刊之时声明,因印刷设备未运到,暂时出周刊。其内容丰富,版面活泼。横排四开,老五号排印。第一版为国际一周及短评,第二版载一周国内要闻、专刊等,第三版地方消息,有本报特讯、各县通讯、康藏社讯等,其中以康藏社稿为最多,第四版有《边情》、《简报》、《西昌行情》、《文艺》等,将边地的社会情形一一报道,其在当时的西昌有相当的地位。

《建宁报》 三日刊。一大张石印。内容丰富,编排很好,敢于说话,但后来停刊了,据说是在办印刷机,印刷机买到后就复刊。后未见详细资料。

《建康日报》 日报。负责人为伍吉人,社址在西康雅安中正171号。

《甘孜实验简报》 负责人张鬻,地址在西康甘孜。

《巴安实验简报》 日报,负责人蒋永和,地址在西康巴安。

《康藏通讯》 日刊。负责人为刘元瑄,社址在西康西昌苍24号。主要发通稿通讯、编辑通讯等,对边区的报道相当翔实,对报纸的帮助颇不小。

2. 期刊

抗战时期,西康的期刊得到迅速发展,在现存的31种抗战期刊中,就有27种创刊于1937—1945年。这些期刊多由党政军及其相关机构创办,如西康省政府的秘书处、教育厅、建设厅、统计室、宣传处等部门,因此其创办的时

第二章 坚持抗战,促进西南西北出版业的发展 263

间多集中在西康建省以后,少部分期刊由科研单位及民间社团创办。

《西康省政府公报》 西康省政府机关报。西康省政府秘书处主办,1939年1月创刊于康定,月刊,汉文版,16开,铅印本。主要发布省政府的各种通知、国家法规、布告、公函、例行文件、人事、会议记录等,并登载各县社政调查报告、教育计划、经济建设规划等内容,其中甘孜州各县的调查报告、经济建设计划、矿产资源调查等内容,对今天的甘孜州经济建设和社会发展研究有一定的参考价值,是研究原西康省的不可缺少的资料。停刊时间不详。

《西康公报》 康定西康特区政委会主办,1929年11月在四川康定创刊,定为周刊,汉文,铅印版。1929年11月至1930年11月共出版33期,从1931年1月起,期数号另起,止1932年3月,出版44期。终刊时间不详。其办刊宗旨是:传达国民政府的重要文件和法规,公布西康特区的各项工作和建设计划。

《西康建省委员会公报》 省政府机关报。西康省政府秘书处主办,1937年1月于康定创刊,月刊,汉文版,铅印本。创刊当年共出版8期,终刊时间不详。其主要任务是发布国家和省内通知、法规、公函、例行文件、会议公告等。刊登有《西康建省委员会组织条例》、《岑春煊统筹西北疏》等文。

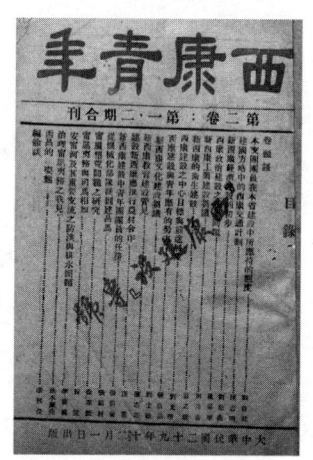

《西康青年》

《西康青年》 综合性刊物。西康省康定西康青年月刊社主办,是西康省三民主义青年团机关刊物。1939年10月在康定创刊,曾停刊,1940年6月复刊。半月刊,汉文版,16开,铅印本。办刊宗旨和任务是宣传三民主义和抗战,号召康藏青年参与国家建设。辟有政治、经济、特写、文学和风俗等栏目。有时出版民俗志专号,如《倮问题专号》等。1947年3月终刊。

《新西康》 综合性刊物。西康省康定新西康研究社主办,1938年4月创刊,月刊,汉文版,16开,铅印本,约在1947年4月终刊,共出版5卷,每卷12期。办刊宗旨及任务是研究和介绍西康省的政治、经济、教育、军事、社会制度、风俗、地理、历史，以及刊载开发西康地区的各种论述、调查报告等。辟有特载、论著、游记、文艺、附录等栏目。刊内有关民俗、历史等方面的照片较丰富。较有代表性的如：《康定概况》《康定的轮廓》《康定之回顾》《西康省建设厅施政报告》等。

《西康建设丛刊》 经济建设专刊。西康省建设厅主办，1939年创刊于康定，汉文版，16开，铅印本，停刊时间不详。主要刊载西康省市镇、公路、农业、水利等方面的建设状况和发展规划等。刊登有《康定附近》《第一篇康定道孚及瞻化之金矿》等。

《新西康》

《西康民教季刊》 教育刊物。西康省立康定民众教育馆主办，1941年3月创刊，终刊时间不详。汉文版，季刊，铅印本。其办刊宗旨是：推动国民教育，宣传兴教救国。较有代表性的文章如：《西康省立康定民众教育馆附设民众学校校歌》《西康省立康定民众教育馆二十九年度工作报告纲要》《西康省立康定民众教育馆三十年度戏剧歌咏队工作计划》《西康省立康定民众教育馆二十九年一月至三十年十二月国民月会概况表》《西康省立康定民众教育馆重要调查表》《西康省立康定民众教育馆重要规章》《西康省立康定民众教育馆壁报——时事简报编制法》《西康省立康定民众教育馆三十年度事业进行计划》《西康省立康定民众教育馆廿九年度三十年度职员姓名一览表》，等等。

《西康经济季刊》 机关刊物。西康省西康经济社主办，1942年7月创刊于康定，终刊时间不详。季刊，汉文版，铅印本。主要登载西康经济方面的调查、研究、分析、介绍性文章。其办刊宗旨是：研究西康经济，促进西康经济。较有代表性的文章如：《西康省康定市茶叶管理办法》《康定牛乳场组织规程》《康定市的学生军训成绩与今后应注意之点》《康裕公司康定水电新厂筹备经过报告》《康定牛乳场组织规程》《康定附近之农业及其改进》、

《康定近郊榆林实验保农家概况》、《通货紧缩之研究》、《宁属矿产统计》等。

《西康政务汇刊》 省政府机关刊物。西康省政府主办，1930 年在康定创刊，16 开，汉文，铅印本。主要刊登西康省及各县的政务、文件等内容。

《西康建省委员会工作报告》 机关刊物。西康建省委员会秘书处主办，1937 年在康定创刊，月刊，汉文，铅印本。主要刊载政府要员的工作报告、建省计划、公函、公告、各县社政调查等内容。

《西康统计通讯》 机关专业刊物。西康省政府统计室主办，1941 年 7 月创刊于康定，终刊时间不详。月刊，汉文版，铅印本。第一卷共出版 6 期，第二卷共 12 期，第三卷出 8 期。主要刊载西康省政府和各县的各种数据以及对各种数据的分析报告。

《西康统计季刊》 机关刊物。西康省政府统计室主办，1944 年 9 月创刊于康定，终刊时间不详。季刊，汉文版，16 开，铅印本。是西康统计通讯的续刊，主要刊登西康省内农牧、工商、人口、文教、社政等方面的数据及其分析研究。

《西康物价》 机关专业刊物。西康省政府统计室主办，1941 年 7 月在康定创刊，终刊时间不详。月刊，汉文版，铅印本。主要登载西康省内主要生活用品、农牧产品、工业品的价格情况以及对物价的分析文章、评论等。

《国民教育指导月刊》 机关刊物。西康省政府教育厅主办，1941 年创刊于康定，月刊，汉文版，16 开，铅印本。1947 年终刊。主要登载省内各县教育现况、办学经验、教材研讨、在校师生人数、教学改革等内容。其办刊宗旨是：宣传党义，促进国民教育。

《西康粮政》 机关刊物。中国粮政协进会西康省分会主办，1943 年 6 月于康定创刊，终刊时间不详。不定期刊物，汉文版，铅印本。主要刊登西康省内粮食管理、粮食分配、粮食价格以及对本省粮食需求的分析等内容。

《西康农讯》 机关刊物。西康省农业改进所主办，1942 年下半年创刊于康定，终刊时间不详。半年刊，汉文版，铅印本。主要登载省内各县农业生产状况、农机和水利建设，以及农业科学等内容。其办刊宗旨是：通报省内农业情况，号召努力生产，采用新农具，实行新耕作方法等。第一期有《调查报告》《雅安县之药材及茶叶》《各省政府农林建设十大方针》等。

《西康省社政季刊》 机关刊物。西康省政府民政厅社政季刊社主办，1943年10月创刊于康定，1945年8月终刊。1947年12月复刊于康定，移交给省政府社会处接办，并将其名简称为《西康社政》。季刊，汉文版，16开，铅印本。其办刊宗旨为：自由研究和发表社政学术观点，报导社会动态，促进社会事业，改进社会风尚。《西康省社政季刊》收藏单位有南京图书馆、四川省图书馆等9家。《西康社政》内容以西康省政府和各县的政务工作、社会调查报告、宗教、文化现况为主。

《西康妇女》 机关刊物。又称《西康省妇女月刊》，西康省政府妇女会宣传组主办，1945年2月在康定创刊，终刊时间不详。月刊，汉文版，铅印本。主要刊载西康省妇女调查、少数民族妇女生活现状、妇女地位、妇女解放等方面的文章。其办刊宗旨是：开展女权运动，争取男女平等。这是藏区第一份妇女杂志，有历史意义。

《中国工业合作协会川康办事处工作报告》 专业刊物。中国工业合作协会川康办事处主办，1939年创刊，汉文版，16开，铅印本。刊载四川、西康有关工业合作及建设等方面的文章。

《西康合作》 专业刊物。西康省合作事业管理处秘书室主办，1940年7月创刊于康定。月刊，汉文版，16开，铅印本。登载西康省与其他省市地区的各种合作项目规划等。终刊时间不详。

《草地》 文学刊物。西康省西康国民日报副刊。编辑阳堤、寒星、王梦天等人于1940年在康定创刊，不定期，汉文版，铅印本。第一期内主要登载了阳堤的创刊词、王梦天的长诗《草原之恋》、胡冶均的《天全山歌》等。由于办刊人是进步人士，被国民党特务追捕，仅出版一期就被迫终刊。

《康专校刊》 中等专业学校校刊。西康省康定国立西康技艺专科学校校刊编委会主办，1944年7月创刊于康定，不定期刊物，汉文版。终刊时间不详。主要刊载该校师生的文学作品、校训、宣传三民主义的文章等。

《康专土木月刊》 西康省康定国立西康技艺专科学校土木工程科主办。

《戍声周报》 原驻西康省定乡县（今甘孜藏族自治州乡城县）国民党陆

军24军136师408旅旅部主办,1936年1月在定乡县(今乡城县)创刊,至1940年共出版198期。具体终刊时间不详。周报,汉文版,开本规格为25×21(厘米),油印。其办刊宗旨及任务是:宣传"三民主义"和国民政府的各项政策、藏区经济及社会制度、藏区要闻等。栏目有简论、西康风土志、专著、电函、地方通讯、一周通讯、消息、美术、西康史料,还有传说、故事等形式的藏文文稿等栏目。美术作品均以康区风情画为主,其中有几期的甚至多达40余幅。此刊以汉文为主,个别汉文文章附有藏文译文。从藏文译为汉文者,还附有藏文原文。

《边政》 综合性刊物。西康省西昌川康边防指挥部主办,1929年9月创刊,1932年7月停刊,共出版9期。终刊时间不详。16开,月刊,汉文版。1928年,西康省省长刘文辉奉命在西康建立川康边防总指挥部,该刊即为川康边防使命的宣传材料。辟有例载、专载、剧本等栏目,并刊载西康各地的社会现况、川军收复计划、西康特区委员会及边防各军的各种规定、细则等内容。

《边政月刊》 宁属屯垦委员会出版,1941年创刊,季刊。同年12月停刊,出版3期。1943年复刊,改为月刊,1946年停刊。负责人为屯垦委员会副主任李万华。其撰稿人基本上系宁属当地人士,以政界和科技界人士为多。其栏目有论著、译述、书评、边地通讯、边政资料、边地游记等。最初主要刊载有关宁属政治、军事、经济、文化等文章,涉及有关农林、水利、矿产工业调查、设计和改良等。1943年,随着抗战形势发展,宁属的地位日益重要,"而况开发宁属,建设西康,以至巩固西南国防诸种任务,胥为抗战建国重要工作之一部"。[①]屯垦委员会丁时恢复该刊,意在加快宁属的建设步伐。其风格从调查资源为主变为剖析和研究问题为主。

《新宁远》 由张敦品、胡博渊、常隆庆、徐孝恢等人于1940年创刊,1944年5月停刊,分别出版第一、二卷。由于经费所限,该刊多以合刊形式出版发行。该刊专门探讨宁属社会、经济等问题。主要涉及垦务、农桑及彝族等内容。

[①] 《边政月刊》复刊词,载《边政月刊》复刊号,1943年9月。

《(雅安)中华文化学会年刊》 综合性刊物,西康省雅安中华文化学会年刊社主办,民国十三年(1924)创刊,刊址在雅安县城,16开,汉文版,内容主要以汉文化为主,有一些康区资料。

《西康党务月刊》 西康省党部宣传处创办,仅发行两期。

《边声》 边声月刊社1944年创办于西昌。出版4期后停刊,1945年3月复刊,出2卷1—3期合刊,至1947年才出版第2卷10—12期。该刊主要栏目有:论著、专题研究、报告与特写,以及文艺等,内容多系宁属及夷务问题。

《文风》 文学刊物。西康宁远书店主办,1927年创刊,停刊时间不详。主要刊载小说、诗歌、散文和康区风情等内容。

另外,由康籍人士创办的有代表性的康藏期刊有:

《康导月刊》 地方性综合性刊物。康定县政府行政人员训练同学会1938年9月25日在成都创办。月刊。其办刊宗旨是研究康藏地区的民族、宗教、文化、经济、教育、社会状况,介绍藏族传统文化、风土人情、自然资源、地理气候等。辟有研究专载、西康建设、教育、文学等栏目,内容极为丰富。该刊从创刊至停刊共持续十年时间,许多具有康区从政、参政经验的人士在该刊上对西康建省等问题作了深刻的剖析,提出许多建设性的研究意见。

《康藏前锋》 综合性刊物。1933年9月由康籍同仁在南京创办,月刊,16开,铅印本,汉文版。1938年5月因抗日战争爆发,编辑部迁至四川省巴县,继续编辑出版,停刊时间不详。该刊旨在唤起国人的民族意识和国家观念,为开发建设康藏起先导作用,辟有时论、论著、专载、文艺等栏目,内容丰富,涉及面广,保存了许多珍贵资料。刊内还有许多珍贵的历史照片。

《新西康月刊》 综合性刊物。南京西藏诺那呼图克图驻京办事处宣传科主办,1930年5月在南京创刊,定为月刊,16开,铅印本,以汉文为主,共出12期,停刊时间不详。每期均有一篇藏文文章。办刊宗旨和任务为:介绍和研究西康及西藏的民族问题、历史、政治、经济、教育、物产资源,以及西康实业、交通的开发等。辟有社论、特载、论著、消息、时事要闻、文艺、藏文文章专载等栏目。第六、七期上有蒋介石、诺那呼图克图的题词。封面均有藏文刊名。

3. 图书

西康省没有自己的图书出版社,图书绝大多数是地方机构内部编印,主要由西康省地方行政干部训练团以及西康省政府秘书处、建设厅、财政厅等政府机构编印,少量为报社、学校、研究所及民众团体出版。其总数虽仅百余种,但其内容独特,为研究抗战大后方必不可少的重要史料。

西康省地方行政干部训练团 该干部训练团在 1941 年至 1942 年期间出版了大量的内部图书。笔者查到的 104 种图书中,就有 57 种是由西康省地方行政干部训练团编印的。1939 年西康建省后,刘文辉在汉源县建立"汉源保训所",举办了两期规模较大的训练班,每期选调宁、雅、康各属现任保甲军训人员及优秀青年 900 人来所,共培训 1800 名,其中汉族 1500 名,藏族 200 人,倮倮族(彝族)100 名,毕业后各回原籍,担任保甲军训工作。1940 年,刘文辉遵照中央政府部署,在雅安建立西康省地方行政干部训练团,简称雅安省训团,调集县以上干部及乡镇干部轮流入团受训。省训团共办 6 期,其后在康定办了一期藏族民政干部训练班,于 1945 年结束。通过各种培训,提高了西康干部的文化素质,同时也强化了对西康人民的统治。

西康省保训合一干部训练所编印的图书仅查到有《保训合一干部训练须知 第 1 册 向前奋斗》(1939)一本,西康省地方行政干部训练团编印的图书内容:①涉及西康省本地的政治、经济、文化、教育等各个方面,如:1941 年编印的《西康省社会教育章则汇编》、《西康省财政概况》、《西康督垦章程释义》、《西康兵役概况》、《西康财务中心工作》、《西康经济地理》、《西康军管区党务政训法令辑要》、《西康省财务行政组织及管理》(徐戡五著)、《西康省经济建设概况》、《西康省税务法规》、《康藏史地》(任乃强著),等;②涉及国家政治、法律、政策的,如:1941 年编印的《国父遗教选辑》、《中国国民党党史》、《国际现势与敌情研究》、《战时教育政策及其重要法令》、《兵役法规选辑》、《兵役与工役》、《保安概要》、《保安制度改进大纲》、《保甲户籍概要》、《公库制度》、《地方建设讲义》、《建设行政》、《禁烟行政》,1942 年编印的《国家总动员》、《法律要义》、《国籍法纲要》、《行政法概要》、《保安法规辑要》、《警察行政》、《户籍概要》、《户籍行政》、《户口普查》、《社会行政讲义》、《社教行政》,等;③涉及国民教育的,如:1941年编印的《国民教育》《社会教育》、《学校兼办社会教育》《公民教育实施法》《如何理解民众教育馆》《国民军事教育要义》《民众工艺实习》,等;④其他涉及农业、工业等内容的,如:1941年编印的《农业推广》《农艺要旨》《畜牧学要旨》《土地陈报》《卫生行政》《工业要旨》《矿业要旨》《水利概论》《应用工程 道路工程之部》,1942年编印的《粮食实物会计概要》《田赋征实与粮食征购》《社会福利事业》《卫生行政》《新制度量衡》《预决算编审》,等等。

西康省政府机构 西康省政府于1939年元旦正式建立,各机构成立后的工作成果汇成了大量的图书。①西康省政府:《西康省各项统计调查表》(1939)、《西康夷族调查报告》(庄学本著,1941)、《西康经济建设纲领》(时间不详)等。②西康省政府秘书处:《西康概况》(1939)、《西康省单行法规汇编第一辑》(1939)、《西康省单行法规汇编第二辑》(1940)、《西康省单行法规汇编第三辑》(1941)、《西康临时参议会第1—3次大会汇编》(1941)等。③西康省建设厅:《西康南部之森林概况》(杨衔晋著)、《西康省地质调查报告》(李承三等编)、《西康省社会经济调查报告》(西康社会调查团编纂)、《西康省蚕桑调查报告》(赵鸿基编)等。④西康省政府财政厅:《西康省财政概况》(钟廷栋著,1940)。⑤西康省教育厅编印的《西康建省一年来之教育概况》(1940)。⑥西康宁属屯垦委员会出版的《西康夷语会话》(傅懋勣著,1944年7月)等。

学校、报社及民众团体 国立西康技艺专科学校编印的《国立西康技艺专科学校之创设与进展》(1940)、《国立西康技艺专科学校教职员录、康专概况》;西康国民日报社出版的《入康记》(段公爽著,1941);建康日报社出版的《康藏史地大纲》(任乃强,1942);西康经济研究所编印的《西康研究资料分类编目·第一辑》(1941);西康民众慰劳前线将士代表团编印的《西康民众慰劳前线将士代表团回康宣告书》(汉、藏文本)(1938)。

另外还有部分编印者不详的油印本,如:《国立西康技艺专科学校添设师范科初步计划书》《抗战五年来西康施政概况》等。

总括而言,西康省是康、青、藏三地出版业相对发达地区,其出版物种类之繁多、内容之丰富,令人叹为观止,战时西康省的出版业,作为抗战大后方重要的组成部分,值得重视。

(二)战时青海的出版活动

青海有着悠久的历史,是我国黄河流域文化组成部分。自元至清是青海重归大一统中央政权的历史时期。过去以"属部"视之的西部广大牧区也变"边郡"为"内郡","皆赋役之重比于内地",朝廷在青海广大牧区设吐蕃宣慰使司"进行管理,始创土司制度"。到了明代,其国防战略地位也突出地表现出来。作为"边缴襟喉之地"之一,朝廷在这一地区进一步确立土司制度,到1590年明朝派兵部尚书郑洛"经略青海",加强军事部署之后,这里一时称为"天河锁月"和"海藏咽喉"的国防要地,加之崇山峻岭环顾,南有唐古拉山之天险,西有祁连山屏障,史书誉为"天然国防"。1718—1720年,1791—1798年,清朝先后两次在西藏大规模用兵,在消除准噶尔部的骚扰和反击廓尔喀军队的入侵中,青海作为战略大后方,发挥了不可替代的作用;1888年在反击英国侵略者的隆吐山战役和1904年保卫江孜战役中,青海各族人民在与西藏人民一道英勇抗敌的同时,还主动送乌拉、筹粮草,成为重要的后勤供给地。明清以来青海又成为新的聚居地之一,国内大批人民就是在这一时期徙居青海,所谓"民族小展览",实由于此。1912年北洋军阀政府任命马麒为西宁总兵,1915年又任命其为蒙番宣慰使和甘边宁海镇守使。从此,马家军阀统治青海近40年。1928年9月5日,南京国民政府决定新建青海省,治设西宁。1929年1月,青海省正式建制。1949年9月5日,西宁解放。

青海土地广袤,多民族聚居、多宗教并存。各民族共同创造了多元地域文化。青海历史文化与中华文化一样,是多元文化,造就了风格迥异的人文景观和绚丽多彩的诸多亚文化,由此可以说,青海是华夏文明的重要"发祥地",是中华民族特色文化的重要"保护地",是中华多元一体文化的"缩影"。

青海藏文图书产生于宋代。明、清两代,青海地区编著、印行的汉文图书比较多,约在100种以上。清乾隆十二年(1747),西宁道佥事杨应琚编修《西宁府新志》共40卷,总字数40余万,刻版刊行后,深受后人重视,被认为是

"本地区有开创性的方志著述"。明、清两代,青海的汉文图书以地方志著述居多,散文、诗歌等次之。这些图书是在青海地区刊印,还是在省外刊印,有的已难区分。最早有刻书牌记证。①

明、清时期,由于藏传佛教在青海的深远影响,藏文图书的编著和印行都处于高峰时期,其规模和影响也都略胜汉文图书一筹,缮写和刻印技术已达到相当高的水平。这个时期,青海地区已先后建立了数百个规模不等的藏传佛教寺院。为弘扬佛法,一些寺院陆续创建了印经院(房),专事编印经文典籍、高僧著作。这个时期,藏传佛教寺院的印经院实际上已成为藏文图书编辑、印刷、发行三位一体的综合性出版机构。

民国时期(1912—1949),青海的书刊出版业虽有一定发展,但仍主要靠木版刊刻,此时已出现了以刊印图书为业的刻字店。民国十年(1921),西宁人李生祥、李生麟兄弟开设了刻字店,曾刻印《三字经》、《百家姓》等读物,是青海地区较早的民间印刷单位。20世纪20年代,石印技术传入青海,印刷单位日渐增多。民国十二年(1923),西宁人张子厚从外省购进石印设备,在西宁开设了青海地区最早的石印铺——张厚记印刷所。其后,私营印刷单位相继增加,至民国三十八年(1949),西宁地区已先后出现了十余家印刷店铺,但多数规模小,职工少则一二人,多则三四人。规模较大的为华兴印书铺,该铺于民国年间曾印刷了藏文工具书《司都氏文法详解》等。这个时期,还有天兴成等6家民营书店兼营印刷业务。民国十八年(1929),青海正式建省。省政府秘书处公报局于当年成立了印刷所(石印),有员工13名。该印刷所为青海省第一个公营印刷单位,主要承印省政府秘书处主办的《青海省政府公报》、《新青海报》以及其他有关材料。20世纪20年代后半期,活字印刷技术开始传入青海。民国十五年(1926),天兴成书店从外地购进一些铅印设备,用来印刷表册、名片等小的印件。青海使用铅印技术印刷书刊,始于民国二十一年(1932)。当年6月,国民党青海省党务特派员办事处成立青海国民印刷局,有员工30余名,从外省调进和购置了铅印设备,开始铅印《青海民国日

---

① 参见青海省地方志编纂委员会编:《青海省志·出版志》,黄山书社,1995年8月。

报》和个人著述。民国二十二年(1933)青海省回教教育促进会创办青海印刷局，先后印刷了《西宁府续志》、《生命树》、《敬业草堂嚼蜡吟》、《回教必遵》等多种图书。民国三十八年(1949)2月，湟中实业公司印刷厂成立，不久，青海印刷局并入湟中实业公司印刷厂。这时官办(公营)的印刷机构有两个，即湟中实业公司印刷厂和青海国民印刷局。这两个单位均设在西宁市，共有职工百余名，有大小印刷设备30多台(件)，有土木结构房屋百余间。

民国时期，青海印行的汉文图书以文化教育类和文学艺术类图书居多，无科技类图书。藏文图书的编辑出版方面有了新进展，打破了长期以来专由寺院印经院经营的局面。民国十年(1921)，西宁道尹黎丹创建了以研究藏文和编译藏文图书、促进汉藏文化交流为宗旨的"西宁藏文研究社"(1929年改名为"青海藏文研究社")，延聘名士高僧给社员讲授藏语文知识，并从事藏文图书的编译、出版活动。在该社存在的近20年中，黎丹等人编译、印行了一些受人称道的藏文、汉文对照图书，如《禅师与鼠》、《猴鸟的故事》、《萨迦格言》等。黎丹还主持编纂了当时国内仅有的一部《藏汉大辞典》，全稿约百余万字，因印刷条件限制，未能印行面世。民国二十二年(1933)，藏文研究社成员杨质夫鉴于《藏汉大辞典》一时难以印行，便将其中主要词条摘出，缩编成《新编藏汉小辞典》，由省政府印刷局于1933年石印发行。

民国时期，青海的图书发行业已有了一定规模，经售汉文图书的书店(铺)渐有增加。至民国三十八年(1949)，西宁地区先后出现的私营书店(铺)有20家左右，从业人员最多时达40余人。这些店铺，一般规模不大，职工少的一二人，多的三四人，有的兼营笔、墨、纸、砚等文化用品，有的还兼营印刷业务，但对传播文化知识，扩大图书影响，起了一定的作用。

七七事变后，由于青海远离战火，抗战期间，逐年由内地流入青海的人口较多。其中有不少是全国知名人士和教育界、科技界、文艺界的精英。他们来到青海后，或兴办教育，或帮助地方兴办企业，这些活动对巩固青海作为全国抗日大后方的战略地位起了积极作用。抗日战争时期，大西北成为战略大后方和物资转运站。鉴于包括青海在内的西北地区这种特殊的地理位置，发展当地经济，增加战略储备，对取得抗日战争的胜利具有重要意义。正是在这种认识的指导下,国民政府加大了对青海等地的考察和开发力度,留下了大量的考察研究成果。如:《甘青森林植物调查采集纪要》(《西北农林》1944年创刊号)、《青海森林矿产调查记》、《青海林业调查报告》(《林讯》1944年1卷3期)、《青宁两省造林考察纪要》(《新西北》1942年6卷7期)、《甘青土壤调查记(续)》(《边政公论》1943年2卷11—12期)、《果洛及阿瓦行记》(《边政公论》1945年4卷4—12期)等;1944年宋家泰撰写并出版了《柴达木盆地》一书。这是我国第一本较系统、全面论述柴达木盆地自然地理、经济地理和社会文化的专著。在1937年下半年,国民参政会出面将全国各阶层知名人士组织成若干个慰问团,分赴全国各地慰问。前来青海的是北路慰问团,由爱国华侨陈嘉庚和著名作家老舍先生等人组成。张亚雄的《花儿集》(1940)、王云阶夫妇的《山丹花》、吴均的《青海·上册》(1937)、重庆正中书局的《边疆述闻》(1943)、许公武的《青海志略》(1944)等著作相继发表。大量的著作和调查文章集中介绍了青海省的自然概况、历史沿革、政治经济状况、文化教育、民族宗教、寺院名胜、风俗习尚等,对外界了解青海起到了重要的宣传作用。[①]

抗战时期青海的书刊出版业虽有所发展,但尚未形成较完整的体系,没有面向社会的专门图书编辑出版机构。因而上述重要的文章和著作大都在青海省外的期刊发表、书局出版。青海现存民国文献,以抗战期间最多[②]。

1. 报纸

抗战以前,1933年据内政部调查,青海有报纸两家。1934年,据中宣部调查,只有报纸一家。1935年根据英文中国年鉴记载,有报纸3家。而据1935年《申报年鉴》统计,青海有《青海日报》、《青海民国日报》、《新青日报》三种。笔者查到抗战期间共有以下4家报纸曾出版发行过。[③]

[①] 王喜梅:《民国时期对青海文化、科学的考察述略》,《青海民族学院学报(社会科学版)》,2008年第2期。

[②] 1.西绕江措:《藏学报刊汇志》,《中国西藏》,1998年第4期;2.周勇、王志昆:《中国抗战大后方历史文献联合目录》,重庆出版社,2011年;3.罗麟:《解放前青海的新闻报刊》,见http://www.qh.xinhuanet.com/2009-11/11/content_18200383_3.htm,2009-11-11。

[③] 参见:1.中央宣传部新闻事业处编:《全国报社通讯社一览》,1944年3月;2.程其恒编著,马星野校订:《战时中国报业》(第三种),铭真出版社,1944年3月,第186页。

《青海日报》 青海省政府机关报。原名《新青海》，后更名为《青海日报》。由青海省政府主办，1929 年在西宁创刊，1938 年底终刊。日报，三开，用有光纸单面石印，1936 年后改用新闻纸铅印，每份 2 张，每期发行 1200 余份。其办报宗旨是：宣传党义，发布省内外新闻、政府文件、各种会议纪要、省内各县情况等。

《青海民国日报》 青海省机关报。由青海省党部主办，直属国民党中央宣传部领导。它是青海省第二家官办报纸。发行人马遇良。负责人登记为尹尚谦(1944)。该报于 1931 年 6 月 8 日在西宁创刊，社址在青海西宁城内南大街 165 号。初为石印，1933 年后改用新闻纸，铅字双面印刷，汉文版，1949 年 8 月终刊。起初名为日报，实际上每月只出两次，成为不定期报纸。后为日报，四开一张。采混合编辑，第一版为国内新闻、国际新闻、本省新闻、本市新闻等。第二版为省县新闻、副刊及广告。副刊有《前进》、《合训》、《海心》。《海心》为日刊，《合训》为半周刊；《前进》为周刊，为青海省中心小学校编辑。《海心》与《前进》都是文艺副刊，《合训》多理论文章，并有歌曲登载。办刊宗旨和任务为：宣传政府法规，报导国内外新闻，发布省内文件，介绍各县实情等。它的有关九一八事变和八年抗战的新闻报道及其言论，对唤醒民众、争取抗日战争胜利起过宣传和动员作用。

《昆仑报》 综合性报纸。青海省西宁昆仑报社主办，1937 年 10 月 31 日创刊，1948 年终刊。周报，8 开 4 版，汉文版，铅印。办刊宗旨为：开通边疆民智，反映回藏人民生活及民意。所载内容以回族文化、教育、社会调查和各类新闻为主，只有少量果洛、玉树等地的内容。

《青年周刊》 青海三民主义青年团支部主办，负责人王大俊。周刊。社址在青海三民主义青年团支团部。

2. 期刊

青海省抗战时期的汉文期刊有 20 余种，但存在时间多不长，各种期刊发行量亦甚少，每期一般仅发行数百份，发行量最大的《青海评论》，每期发行数也只是千余份。期刊主要是由青海省政府及边区警备司令部、青海驻军等创办的政府机关刊物，简介如下：

《边声》 综合性刊物。青海省西宁市边声周刊社主办,1927年由徐钟生等人在西宁创刊,民国十七年(1928)因"临夏之乱"停刊。为周刊,16开,铅印本,汉文版。除刊载回族的各类情况外,还登载青海藏区的社会状况、宗教、风俗等内容。其办刊宗旨是:宣传党义、开通民智、反映青海地区的社会状况。

《青海省政府公报》 青海省政府机关刊物,青海省政府秘书处主办,1929年1月在西宁创刊。铅印,汉文版。其办刊宗旨是:发布中央和省政府的法规、文件、人事、会议纪要以及各地社会状况、教育和建设计划等,其中对青海藏区的各种情况有详略不等的登载。如1938年第71期有:《经济部公告》、《经济部奖励工业技术审查委员会审查决定书》、《军事委员会公路桥梁抢修办法》等。

《青海省政府工作报告》 机关刊物。青海省政府秘书处主办,1938年创刊,月刊,铅印本。刊载省政府的各类工作计划、会议报告、经济建设规划等内容。停刊时间不详。

《青海青年》 三民主义青年团直属西宁分团部主编,1939年5月创刊,共出刊约36期。月刊。这是一份以青年问题为主要内容,包括时事述评的综合性理论刊物。曾刊登过周太玄的《伟大时代与青年》,大愚(王守钧)的《蒋百里与张季鸾》、《青海青年运动史》(上)和李自奋的《刘邦的眼泪》(短篇小说)等,在广大读者中产生了广泛的影响。特别在当时"前方流血,后方流汗","抗战必胜,建国必成"的爱国口号推动下,这个期刊对鼓舞青海各族青年奋起抗日、保卫祖国起了积极作用。

《团务通讯》 民国时期政府机构刊物。三民主义青年团青海团支部筹备处编印。如1942年第3—4期有"对于推进学校团务应注重之点"、"学校团队的中心任务"、"如何开展学校团务"。

《青海政情》 1943年,马步芳责成秘书长陈显荣创办《青海政情》周刊,由青海省政府秘书处编印。编辑有:韩宝善、穆建业。该刊是16开单面铅印,自1943年到1949年共刊出285期,发行量增加到2000多份,分发全省各单位、县、区、乡,直至保甲组织。

《边事月刊》 综合性刊物。原青海省南部边区警备司令部主办,1932年创刊,16开,铅印本,汉文版。封面有藏文刊名,扉页有《总理遗嘱》的藏、蒙文译文。其办刊宗旨和任务是:"根据三民主义向青海及蒙藏民众,作阐明蒙藏民族现势之阽危,帝国主义侵略之急进与煽惑,并唤醒蒙藏同胞一致团结拥护政府之宣传。"此外还刊载边疆民族地区经济建设、国防建设、国内外要闻、蒙藏地区调查报告等内容。辟有论著、党义、专载、军事、调查、边疆消息、河源等栏目。

《战鼓》 综合性刊物。战鼓周刊社发行,青海印刷局印刷。社址在西宁陆军第100师政训处。如1938年第18期,有时评《淮河必守》、《鲁南二次大会战》、《敬告青海青年》、《提倡气节》等。

《边事月刊》 1931年由青海南部边区警备司令部办事处创办。

《星月》 马耀武、丁世俊、马鸣狮等1938年编辑出版,半月刊。主要内容是研究和宣传伊斯兰教教义,并讨论回族的各种现实问题等。

《昆仑》 文学刊物。青海省西宁市昆仑杂志社主办,1936年4月在西宁创刊,定为月刊,汉文版,16开,铅印本。终刊时间不详。其办刊宗旨是:繁荣青海省的文学艺术,培养本地各类作者,辟有小说、诗歌、评论等栏目。

《湟声》 民国时代文学刊物。半月刊,湟声半月刊社编辑,陆军第100师政治部发行。1939年7月5日创刊。有哈世昌的代发刊词《抗战建国纪念》、南山的《七七两周年》、沙玉生的《知识分子的责任》等。

《艺林》 青海艺术研究会1943创刊,只刊出一期就夭折了。

《乐都青年》 民国时代文学刊物。乐都青年社编辑发行。如1945年第一卷,有《青年与国防科学运动》、《整饬军纪与抗战建国》、《论青年训练问题》等。

1933年以后,青海陆续成立了"海曙社"、"辚辚社",刊印有《时事述评》、《青海评论》和《到民间来》。抗战期间《青海一师周刊》、《海声》、《青海一中校刊》、《女师校友通讯》、《公安通讯》、《昆友》等亦有出版。

另外,需得一提的刊物:

《青海学生抗日专刊》 文化学联团体倡办,旬刊。九一八事变后,青海各校学生受到东北抗日义勇军和爱国志士的影响。组成抗日义勇军联合办事处后,就创办了这个刊物。从1931年10月至12月,由王剑萍等负责校核稿件,每期印1000份,除供应省垣各级学校订阅外,还寄送本省各县小学及文化团体。它的内容主要是:刊登有关省内外抗日运动的新闻,简述日本帝国主义侵华史,介绍全国各地抗日爱国将士的光辉事迹和有关抗日救国的重要言论通讯、报道等。

《新青海》 在南京求学的青海籍学生于1932年10月15日创办,月刊。其经费来源除于右任、戴传贤资助外,在南京求学的青海籍学生也有所捐献。该刊原来作为"联络青海籍旅外青年,沟通内外学术文化交流,发表爱乡救国的言论,促进青海建设事业的阵地"。其内容多是以青海的教育、畜牧、农业、史地、民族、宗教等为题材。后来也逐渐涉及青海的一些现行政策和一些政治问题。新青海社内部逐渐分裂为拥蒋反马和拥马两派。其中回族学生遂办起

《新青海》

了《突崛》月刊,即与《新青海》分道扬镳了。抗日战争爆发后,京沪相继沦陷,南京政府迁都重庆。《新青海》月刊在重庆编印到第4卷第6期,随着编辑人员的分散,该刊也随之停刊了。

3. 图书

如前所述,民国时期青海的书刊出版业虽有所发展,但尚未形成较完整的体系,没有面向社会的专门图书编辑出版机构。据《青海省志·出版志》,民国时期青海印行的藏文图书100余种,如《青海省志·出版志》有汉文图书约50种,目前大多无从寻觅。许多内容与编写者均为青海的出版物,细究之下,发现出版者均为其他机构,如商务印书馆、正中书局等,如许公武1943年编著的《青海志略》,是商务印书馆出版。杨希尧1933年著的《青海风土记》,青海省政府民政厅1934年编的《最近之青海》是由新亚细亚书店出版。

目前现存的青海省出版的抗战图书有近30种,都是由机构自行印刷发

行。如：青海省政府编《青海省保甲法规》(1938)、《对西宁县保甲讲习会训话纪录》(出版时间不详)；青海省政府秘书处编印的《马代主席讲演集》(1937)、《青海省政府工作报告·中华民国二十八年六月份》(1939)、《青海省政府工作总报告·中华民国二十八年七月份起至二十九年十二月份止》(1941)、《青海省政府工作报告·中华民国三十一年一月份起至六月份底止》(1942)、《青海省政府工作报告》(1944)；青海省地方行政干部训练团编印的《主席训词》(1940)、《西北军歌集》(时间不详)；青海省参议会秘书处：《青海省参议会第一届第一次大会会议纪录》(1945)、《青海省政府三十四年度政绩比较表》(1945)；青海省保安处：《青海省保安处暂行组织壮丁条例》(1938)；西宁的三民主义青年团青海支团部编印的《青海女青年》(1945)；青海印刷厂(局)印刷的《西宁府续志》十卷(清光绪邓承伟原纂，慕生兰等补纂)(1937)、《抗战中迈进的青海》(1939)。

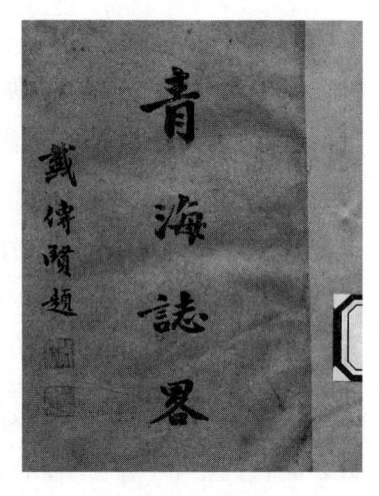

《青海志略》

另有一些出版单位不详的图书，亦极具参考价值。如：《监察院监察委员黎雨民先生事略》(青海省各界追悼黎委员雨民大会编，1938)、《青海省政府六大中心工作》(1939 年 4 月)、《青海省政府三十九年五月份工作报告》(1939 年 5 月)、《青海省政府：告本省蒙藏哈萨王公千百户书》(1941 年 2 月)、《青海玉树囊谦称多三县调查报告书》(蒙藏委员会调查室，1941)、《青海省推选节约建国储蓄办法》(1943)、《青康藏新西人考察史略》(徐尔灏著，自刊，1945)、《青海省政府职员录》、《青海省三十三年度县各级组织纲要实施成绩表》、《马委员长：对青海省回教促进会附设师资训练班赏训词》、《青海省地方行政干部训练团 第 3 期 通讯录》，等。

以上是青海汉文抗战书报刊的基本情况。尽管战时青海的书刊出版业成果不多，但也是抗战大后方的一个重要的组成部分，其期刊富有特色，具有其自己的历史地位。

(三) 战时西藏的出版活动

西藏和平解放前,没有现代意义上的新闻出版事业,仅有的若干个木刻印经院印出的"书"几乎成为"经书"的同义词。虽然有精美之至的八宝经书,而且在全区各寺庙里存放着浩如烟海的木刻经卷,但它与95%以上的广大农奴基本上是无缘的。直至20世纪中叶,西藏的出版印刷主要还是集中在几所木刻印经院里。

蒙藏委员会在编辑和出版西藏相关刊物及著作方面亦十分重要。该委员会是中华民国时期中央政府掌管蒙古、西藏等地区少数民族事务的中央机关。辛亥革命后中华民国政府废清理藩院,后于1912年4月成立内务部之蒙藏工作处,同年7月改为"蒙藏事务局",掌管蒙古、西藏等地少数民族事务,属国务院;1914年袁世凯将蒙藏事务局改为直属大总统府的蒙藏院,地位与各部相同,置总裁、副总裁,直属北洋政府总统府。国民政府北伐成功及南京国民政府成立后,于1929年再根据中华民国政府组织法成立"蒙藏委员会",管理蒙古地方(今蒙古国)、西藏地方及其他各省蒙族、藏族聚居区的行政、宗教及其他各项事务,先直属国民政府,后改为行政院所属部会之一,为中央主管蒙藏政务之最高机关,特任阎锡山为委员长,指定赵戴文为副委员长。下设蒙事处、藏事处、蒙藏教育委员会、编译室、调查室等。中华民国时期(1912—1949),蒙藏委员会所掌政务几乎涉及所有蒙古地方、兴安省、察哈尔省、绥远省、热河省和西藏地方、西康省、青海省、甘肃省的民族文化宗教事务。抗战时,曾参与十四世达赖的认定和坐床仪式,时任蒙藏委员会委员长的吴忠信代表重庆国民政府亲自主持。

据新华网,国务院新闻办公室2008年9月25日发表的《西藏文化的保护与发展》白皮书说,旧西藏仅有清朝末年在拉萨创刊的石印藏文《西藏白话报》,印量不足百份。[①] 又据西绕江措《藏学报刊汇志》研究,就目前掌握的资料表明,藏学报刊中《西藏白话报》是国内藏学方面的第一份报纸。自《西藏

---

① 国务院新闻办公室:《西藏文化的保护与发展》白皮书,2008年9月。

白话报》之后,相隔3年,中华民国政府蒙藏事务处于民国元年(1912)创办了《交通旬报》,二年(1913)又创办了《藏文白话报》。此后9年空白,无一藏学报刊问世。从1923年至1928年间,每年创办藏学方面报刊一种。自1929年开始,藏学报刊发展较快,仅1929年一年就有7种,之后的20年间,平均每年创刊3.4种。西绕江措说:"分析藏学报刊的分布和发展概况,不难看出藏学报刊的兴起是中央带动地方,汉文化发达的藏区带动落后的地区。"

从现存历史文献看,目前仅查到西藏抗战时期有一份报纸、几种期刊、20来种图书传世①。

1. 报纸

《西藏白话报》 清末民初出版的两种最早的藏文报纸为《西藏白话报》(1907)和《藏文白话报》(1913)。《西藏白话报》是国内藏学方面的第一份报纸,属官方报。光绪三十三年(1907)四月由驻藏大臣联豫在西藏首府拉萨创办,石印本,旬刊。该报内容以官方指示为主,兼载文学、杂论等,所有文章全由汉文译为藏文。约于宣统三年(1911)停刊。此报极为珍贵,现只有西藏自治区文物管理委员会收藏的宣统二年八月下旬出版的第21期一份。《藏文白话报》由蒙藏事务局在北京创办,是其主办的三种白话报之一,宣扬"五族共和"理念;以多种形式发布国家的大政方针及中央政府的对藏政策;关注涉藏机构的变革,及时传达涉藏信息。

《西藏新闻》 据《东南日报》时事座谈称,抗战时期另有一种新闻报纸——《西藏新闻》,它可能是日刊或周刊或月刊,都从没人知道。② 该报由一名叫泰清巴菩的喇嘛主持,是西藏与外间沟通消息的重要媒体。泰清自己信奉基督教,其社论却支持信奉佛教的藏人的观点。该报对于国际局势讨论也很详细。其消息来源自广播、无线电收音机、各地的日报。在康定,有许多人除购买普通中文报纸之外,也订一份《西藏新闻》,该报亦传到理化、甘孜、那柯各地的喇嘛寺里。其是否保存下来,未得而知。

---

① 1.西绕江措:《藏学报刊汇志》,《中国西藏》,1998年第4期;2.周勇、王志昆:《中国抗战大后方历史文献联合目录》,重庆出版社,2011年

② 程其恒编著,马星野校订:《战时中国报业》(第三种),铭真出版社,1944年3月,第142页。

《各地新闻明鉴》 综合性藏文报,创刊于印度噶伦堡。从 1930 年 6 月 27 日出版的一份《各地新闻明鉴》所载藏文藏头诗中得知,该报创刊于 1924 年。又据报中记载,知为月刊,每月四开八版,石印。据 1930 年 6 月 27 日该报记者与中国政府使臣夫人访谈录得知,此报销往西藏不到一百份。辟有新闻专栏(主要登载印度、西藏、昌都、内地、锡金和其他国家和地区的新闻)、谚语(主要为传统民间谚语)、文学(诗歌、散文、填词等)、广告(有羊毛、工业产品、藏文图书等)、图画等栏目。此外该报对康藏战争、达赖喇嘛代表到南京等事件都有较详细的报道。终刊时间不详。主要读者为印度、尼泊尔的西藏商人和西藏上层人士。

2. 期刊

西藏抗战时期现存的期刊,严格说来在西藏本地出版的极少。只能就查到的现存藏学期刊作简单介绍。

《藏民声泪》 综合性刊物。南京班禅额尔德尼驻京办事处主办,民国十七年(1928)12 月在南京创刊,16 开,铅印本,汉文版,停刊时间不详。其办刊宗旨为:反映后藏(西藏日喀则地区)人民受西藏噶厦政府压迫、剥削的情况,以及呼吁中央政府主持公道,划分前后两藏,实行各自治理。历代班禅均以后藏扎什伦布寺为主寺,日喀则地区为其辖区。1923 年噶厦政府颁布水猪年法令,规定后藏应缴纳四分之一军饷和各种税差。班禅派人申诉,被扣留。于是班禅以前赴内地募化为由逃离西藏,到南京后为赢得中央支持而创办此刊。该刊仅存一期。

《西藏班禅驻京办公处月刊》 综合性刊物。九世班禅驻南京办事处主办,1929 年 6 月在南京创刊,1934 年终刊。定为月刊,共出版 11 期,16 开,铅印本,汉文版,封面有藏文刊名。该刊的宗旨是:宣传国民政府的各项方针政策和三民主义,介绍西藏的政治、经济、文化、历史、宗教情况;拥护五族共和、加强民族团结、维护祖国统一。辟有特载、言论、纪述、杂录等栏目。创刊号有薛笃弼、宋子文、戴传贤等人的题词和班禅驻京办事处原则、职员表等内容。该刊从第 7 期起,改刊名为《班禅驻京办公处月刊》。1931 年,九世班禅到内蒙各地宣传国民政府的方针政策,号召内蒙人民拥护中华民国,维护祖国统一。从蒙地回京后,于是年6月停办此刊。1923年冬,九世班禅逃离西藏到内地,在内地和内蒙地区长达15年之久,在此期间的各种活动,如调停内地军阀之战、到内蒙宣传中央政策、维护祖国统一、促进藏汉文化交流等内容,在该刊中均有登载,是研究九世班禅内地之行的重要资料,同时也是研究西藏宗教领袖参与中华民国共谋国是、体现五族共和的珍贵史料。

《蒙藏月报》 综合性刊物。蒙藏委员会主办,刊址在南京绒庄街31号、26号。此刊原名《蒙藏周报》,1929年9月在南京创刊,定为周刊。上翻式装订,16开,石印本,汉、藏、蒙三体合璧版本,其中有的为汉藏合璧本。1931年9月改刊名为《蒙藏旬报》,卷期号另起。1934年初又改刊名为《蒙藏半月报》,是年4月复改为《蒙藏月报》,卷期号另起。抗战期间,编辑部从南京迁至重庆继续出版发行。1945年迁回南京,至1948年11月停刊。其宗旨和任务是:以三民主义为原则,为蒙藏人民呼吁;阐明蒙藏民族是中华民族的一部分,蒙藏民族所处地位,帝国主义者的侵略阴谋;报道国内外重大新闻、蒙藏地方社会情况、蒙藏文献及优秀文学作品。该刊辟有社论、蒙藏要闻、地方通讯、国内要闻、专载、论著、边声等栏目。每期均有蒙藏风情、名胜古迹等内容的照片、素描。每期封底均有藏文和蒙文的刊名。

《章嘉呼图克图驻京办事处月刊》 综合性刊物。南京章嘉呼图克图驻京办事处主办,1931年3月在南京创刊,月刊,汉文版,16开,铅印本。章嘉呼图克图第一至三世,相传生于印度,第四世章嘉嘎瓦白则生于西藏,从此世开始在藏区传承。该刊为十九世章嘉呼图克图所办,内载藏区社会情况、藏学论文、要闻、党义等。

《蒙藏旬刊》 综合性刊物。南京中央宣传委员会蒙藏旬刊社编辑出版,1931年在南京创刊,抗战期间迁至重庆继续出版,并从1938年7月卷期号另起。1950年5月,改名为《蒙藏月刊》。停刊时间不详,今只有1931—1945年6月的藏本。汉文版,16开,铅印本。该刊的宗旨为:以三民主义为原则,宣传党义,造福五族,让边疆各民族和内地人

《蒙藏旬刊》

民相互了解,共建家园。辟有专载、蒙藏新闻、论著、文学等栏目。

《西陲宣化使公署月刊》 综合性刊物。国民政府九世班禅西陲宣化使公署宣传处主办,1935年5月7日在南京创刊,月刊,16开,铅印本,以汉文版为主,每期都有一篇藏文文章。首期月刊的藏文刊名中"西陲宣化使公署"7字全是音译。从第2期起,藏文刊名译文准确,采用意译。九世班禅罗桑确吉尼玛于1932年4月14日任"西陲宣化使",1934年1月任国民政府委员,1935年1月在内蒙定远营达亲王府成立"西陲宣化使公署",并通令南京、北平原班禅办公处改为西陲宣化使办公处,并创办此刊。西陲指内蒙和西藏、青海等地;宣化指向这些地区宣传中央德义,在三民主义指导之下建设中国。因此,其办刊宗旨和任务是:向蒙藏人民宣传政府的各项方针政策;动员和号召蒙藏人民拥护中央政府、维护祖国统一;介绍中外要闻,民族风情,藏蒙地区的建设计划等。辟有论著、要闻、特载、调查报告、译述、宗教、署务报告等栏目。创刊号有林森、蒋介石、汪兆铭等30余人的题词。此刊实际上是《班禅驻京办公处月刊》的延续,只是刊物的等级变成了政府机关刊物,而编辑人员、内容等方面都是一致的,研究时可互相参照。两刊均是研究九世班禅和当时西藏地方政府、蒙藏地区社会状况的重要资料。

《蒙藏学校校刊》 综合性刊物。国民党中央政治学校附设蒙藏学校校刊社主办,1936年在南京和平门外晓庄创刊,月刊,汉文版,16开,铅印本,刊名为陈果夫书写。办刊宗旨和任务是:宣传"三民主义"及政府各项政策,报导学校和分校情况以及边疆民族问题。每期还有数篇文学作品,辟有党务、校政、校闻、边疆论坛、文学园地等栏目。

《蒙藏委员会工作报告》 机关刊物。南京蒙藏委员会主办,1937年在南京创刊,月刊,汉文版,16开,铅印本。主要刊载蒙藏委员会的工作报告、政府文件、任命通知等。其中有关蒙藏地区的资料较多。

《边声》 综合性刊物。重庆中央政治学校蒙藏学校《边声》月刊社主办,1938年6月创刊于湖南芷江,自第2期开始,即是年10月起迁至重庆出版。月刊,汉文版,16开,铅印本。创刊当年出版了1卷1至3期,终刊时间不详。办刊宗旨是:反映蒙藏地区的社会状况,号召蒙古族人民反抗日寇侵略,团结各族青年一致抗日。

《边疆通讯》 综合刊物。南京蒙藏委员会编译室主办,1942年11月创刊于四川省巴县,自第4卷起,即1947年迁至南京继续出版发行,于1948年终刊。共出5卷,每卷12期。月刊,汉文版,16开,铅印本。主要登载内蒙抗战前线的战况、各少数民族地区的重大事件、西藏形势等。其办刊宗旨为:宣传抗日救国,报导边疆社会状况,促进和维护祖国统一。

3. 图书

抗战时期,有关西藏的图书出版较为兴盛,如:蒙藏委员会编译室编译的《暴日侵略下蒙藏回同胞怎样参加抗战工作》(1938)、《川青康藏驿路程站及青康藏喇嘛寺庙之分布》(1942)、《果洛调查报告》(1944)、《蒋主席重要宣示》(1945);西藏班禅驻京办事处撰《班禅事略》(1938年3月);汉藏教理院1937年出版的(释)法尊著《现代西藏》、《我去过的西藏》;中华书局的《青康藏地图》(1944);正中书局出版的《中国今日之边疆问题》(凌纯声等编著,1939)、《边疆问题论文集》(高长柱编著,1941)、《地理与国防》(胡焕庸讲,1942)、《民俗艺术考古论集》(常任侠著,1943);商务印书馆出版的(清)《卫藏通志》(撰人未详,1937)、《西藏问题》(陈健夫著,1937)、《康藏韬征》(刘曼卿著,1938)、(清)《西藏记》(撰人未详,1941);东方书社出版的《现代西藏》[(释)法尊著,1943];国立北平研究院史学研究会出版的《清代西藏史料丛刊》(吴丰培辑,1937)、《清季筹藏奏牍》(吴丰培辑,1938);华西大学华西边疆研究所出版的《续藏史鉴》(语自在妙善著,1945);中国边疆学会发行的《外蒙与西藏概况》(马鹤天著,1941年9月初版);霞飞书局《西藏奇谭》(朱厄特,1937);重庆北碚缙云山编译处编纂的《西藏民族政教史六卷》[(释)法尊辑,1940年刻],等。

从所列可以看出,有关西藏的图书出版不少,但都未能查到有在西藏印刷、出版。尽管如此,有关西藏出版的研究,仍然值得我们重视。

第三章　重庆——中国战时的出版中心

重庆，为西南重镇，出版原有一定基础。抗日战争爆发前，据1935年的统计，重庆已有较大的印刷局17家，大小书店40余家，居于西南前列。但它对于全国来说，却又是微不足道。战前最大的书局如商务、中华、世界三家的总部均设上海，而我国出版家十之八九在上海。就战前10年而言，上海的出版物约占全国出书总数的86%，北平南京约占9%，其他各地约占5%。抗战以后，东南各大都市相继沦陷，全国出版中心，由上海，经武汉，移到重庆。

抗战时期，国民政府移驻重庆，使重庆成为了中国的战时首都，从而成为全国政治、经济、文化中心，也是全国出版中心。全国各地的主要出版机构、主要报刊，皆先后迁重庆，全国主要的著作家、科学技术专家、翻译家、编辑出版家也云集重庆。上海、南京、武汉等地的许多重要出版社先后向重庆汇合或在重庆成立分馆。如上海的商务印书馆、中华书局、正中书局、大东书局、世界书局、生活书店、读书出版社、新知书店、华中图书公司、上海杂志公司等。另外重庆还出现了许多新的出版社，重庆成为中国出版社最多的一个城市。出版了大量书籍杂志，它们的分支机构遍布大后方各省区，所出版的书刊，发行到了过去很少见书刊的穷乡僻壤，有一些书刊还传输到敌后游击区、抗日根据地和沦陷区。

战时重庆出版业最鼎盛时期，大致是在1942至1944年，这一时期，出版业空前发展，盛极一时。仅从1942年和1943年两个年度全国13区出版统计数字中，即可见一斑。其中：

印刷厂：1942年重庆有131家，占全国总数1311家的10%；1943年重庆有225家，占全国总数709家的31.7%。

书店：1942年重庆有145家，占全国总数1285家的11%；1943年重庆有149家，占全国总数629家的23.7%。

图书：1942年重庆出版1292种，占全国3879种的33.3%；1943年重庆出版1642种，占全国总数4408种的37.3%。

期刊：1942年重庆出版220种，占全国总数776种的28.4%；1943年重庆出版250种，占全国总数786种的31.8%。

这些统计材料证明，重庆是抗日战争时期全国的出版中心，集中出版单位之多，出版书刊之多，占全国首位。

一、云集重庆的出版机构[①]

（一）国民党官办机构

正中书局 抗战爆发，正中书局先迁汉口，1938年2月，重庆分局成立，局址民生路，后又在中山一路23号和青木关另设两个分局。同年3月，总局迁渝，总经理高明强。1940年总局改为总管理处，总经理吴秉常，副总经理叶溯中。官办机构，属国民党中央管辖。资金雄厚（资金总额400万），在四川、浙江、湖北、湖南、陕西、广西、甘肃、福建、云南、贵州等省设分支店18家。[②]出书范围广泛，以出版国定教科书为主。在重庆、北碚各设有印刷厂。1940年5月起，各部门集中北碚，市内只留少数人员对外联系，并在郊区开凿山洞，将印刷机等安装在山洞内，在山洞里印刷，不再怕敌机轰炸。1941年作价接收了嘉定（现乐山）兴蜀造纸厂，改名"正中纸厂"，利用稻草制造纸张，月生产能力约1000令。1944年，又在宜宾建立中国造纸厂，将正中纸厂机器作价转入中国造纸厂。

正中书局出书较多，据《正中书局抗战后出版图书总目》统计，截至1944

---

① 辑录自叶再生著：《中国近代现代出版通史》，华文出版社，2002年1月。
② 据1942年3月28日国民党中央宣传部出版事业处统计。

年9月10日止，正中书局抗战时期共出版各类图书636种[1]。图书分类列表如下：

抗战时期正中书局出版图书分类统计

类别	党义	总类	哲学	社会科学	语文学	自然科学	应用科学	艺术	文学	史地	合计
种数	30	16	25	315	16	32	70	8	62	62	636
所占比例	4.72%	2.51%	3.94%	49.52%	2.51%	5.03%	11.01%	1.25%	9.75%	9.75%	100%

独立出版社 1937年12月由南京迁汉口，1938年3月迁重庆，社址在江北香国寺，潘公展任社长。资金37万。该社以出版时事政治读物为主，也出版一些社会科学和文艺类书刊。为战时重庆出书较多的出版社之一。

中国文化服务社 中国文化服务社1935年成立于上海，出版有"基本知识丛书"，战时迁重庆。1938年12月成为官办机构，直属国民党中央宣传部管辖。社长刘百闵，总编辑程希孟。总社设磁器街39号，分社在民生路109号。这是一家以发行书刊为主，也直接出书的大型出版机构。出书以国民党党义为主，也出版一些社会科学和文艺书。国民党中央宣传部所设各地书刊供应处所出版的书刊，除直接分发以外，其数七分之一批给该社总经售，其中文艺书刊及与宣传无关者全部交该社批发销售。1942年改组为企业经营。称中国文化服务社特种股份有限公司，资本总额为500万元，由国民党拨给，设董事会，由国民党中央宣传部函聘陈立夫、周炳琳等17人为董事。吴稚晖、周鲠生等7人为监事。总公司下设分支机构，截至1943年5月，该社在全国设有分社18所，支社及分销处563所。并曾在印度加尔各答设一支店。

抗日战争胜利后复员回上海。

青年书店 1938年12月在重庆开业。由国民政府军事委员会政治部主办，后由三民主义青年团接办。直属国民党中央宣传部管辖。资金总额为437401元[2]。总经理雷显尚，总编辑陈铨。社址在售珠市22号，后迁至民生

---

[1] 《出版界》第一卷第八、九期，第30—42页。
[2] 据1942年6月30日国民党中央宣传部出版事业处统计。

路133号。在磁器口杨家祠堂设有印刷所。在浙江、江西、四川、湖南、广西、陕西、甘肃、广东、西康、福建、湖北、云南等省设有分支机构28处[1]。

青年书店以出版国民党党义书刊为主,出版和发行哲学、政治、经济、社会、教育、外交、文艺等类书籍及《中国青年》月刊、《中国青年》季刊等。并独家经营军事委员会政治部编印的政治教程、集训教材,以及总理遗教、领袖言论等书籍,出书数量较多,据《中国青年》月刊介绍,刚成立的头八个月,就出版了各类书籍100多种[2],包括总理遗教、宣传书籍、训练书籍、法规、"政训丛书"、"军训丛书"、政训教材,以及政治、经济、外交、史地等类书。

拔提书店 1932年初由复兴社创办于南京。1938年迁重庆,店址民生路93号。经理萧赞育,后由陈友生接任,直属国民党中央宣传部管辖。以出版军事类书籍为主。资金总额40万元[3],在四川、江西、湖南、广西、贵州等省设有分支机构9处。

国民出版社(又名国民图书出版社) 创办于1940年7月,公私集股,负责人胡健中,主编赵建新[4],直属国民党中宣部管辖。资金总额19万余元[5]。出书百余种,出版刊物2种,在浙江、江西两省各设一分支机构。

军学编译社 系国民政府军事系统所办,成立于1939年7月,社址在重庆弹子石大佛段59号,负责人齐廉。设有印刷厂。在重庆、成都、西安、贵阳四市设有兵学书店。

国立编译馆 是国民政府教育部掌理学术文化书籍及教育用书之编译审查机构。1932年4月21日,国民政府行政院第22次会议决议,裁撤教育部编审处,成立编译馆,编审处原有人员移归编译馆。同年6月14日,编译馆在南京市成贤街教育部编审处原址成立。馆长初为辛树帜,1936年7月,辛调任西北农学院院长,由陈可忠继任。1942年1月扩大组织,教育部中小学教科用书编辑委员会暨中国教育全书编纂处,并入该馆,由教育部长陈立

---

[1] 国民党中宣部出版事业处1942年3月统计。
[2] 《中国青年》月刊第1卷第2期,1939年6月。
[3] 国民党中宣部出版事业处1942年5月调查。
[4] 寿勤译著:《浙江出版史研究·民国时期》,第164页。
[5] 国民党中宣部出版事业处1942年6月统计。

夫兼任馆长,陈可忠改任副馆长。1944年2月,陈辞去兼任馆长,复由陈可忠担任,另由叶溯中任副馆长,1946年2月,改赵士卿任馆长。

抗战军兴,先迁庐山,后迁长沙。1938年1月迁重庆。1939年4月又迁江津白沙。1942年8月,迁巴县北碚。抗战胜利后,于1946年8月复员回南京。国立编辑馆馆长下,除行政组织(总务组、会计组、人事组)外,设有自然组、人文组、大学用书编辑委员会、中小学用书编辑委员会、社会教育用书编辑委员会、出版委员会、图书资料委员会、设计考核委员会等,为介绍西洋文化、学术设立翻译委员会。

国立编译馆主要工作有:

厘订学术名词 这是该馆的一项中心工作。自然科学学术名词之厘订,由自然组主持,社会科学各科学术名词之厘订,由人文组组织进行。其编订程序:先由该馆工作人员搜集各科英、德、法、日名词,参酌旧有译名,慎予取舍,新名词则妥为翻译。汇为初稿;次由教育部聘请各科专家,组成审查委员会,加以研究、审订,再由该馆整理后呈请公布,必要时再复审。一编之成,有反复审核三四次,历时数年者。在渝期间,计已公布和陆续厘订完成者,第一批有天文学名词、数学名词、地质学名词、气象学名词、普通心理学名词等35种,第二批有天文学名词增订、社会学名词等19种,第三批有物理学名词增订等43种。截至1947年度,总共有98种,1941年底时为80种。

编辑各科丛书和图书 为促进学术发展,该馆订有编辑各科图书、丛书之计划,已完成者有平面测量学一种,卢梭等书三册。业已着手进行者有土木工程丛书、世界史丛书、哲学丛书、地质学丛书、心理学丛书、西洋教育思想家丛书等。至1940年已经出版及付印之图书,包括名词、编著、译述、挂图诸类,凡136种,其中已出版的有《化学命名原则》、《化学仪器设备名词》、《药学名词》、《天文学名词》、《气象学名词》、《物理学名词》、《矿物学名词》、《细菌学免疫学名词》、《黄河志第一篇气象》(胡焕庸编)、《黄河志第二篇地质》(侯德封著)、《黄河志第三篇水文工程》(张含英编)、《天文学论丛》(张钰哲编)、《高等天文学》(张云著)等89种。

已经编译完成和正在编译中的尚有近80种,如王了一译《莫利哀全集》

(二)，白鸟库吉等著、张钺译《东北历史地理》，张镜澄著《植物生理学》，陈遵妫著《天文学发达史》等。

翻译西洋名著　陆续完成翻译者，计有 J. H. Hayes 的《近代欧洲政治社会史》(上、下卷)、《现代法国文学史》等 50 余种。

审查教科书　不论公立或私营学术单位或社团所编教科书都必须送审。每书付审，需经初审、复审、终审三道手续，最后由教育部核准。大致自初审至审定，送审次数，平均在三次以上。民国时期合计中小学、师范教科用书，凡 146 科，中学每经三年，小学每经四年或遇到课程标准修改时，教科书均需重行改编送审。国立编译馆成立后至 1940 年，经该馆审查之教科用书凡 2900 余部，10000 余册；1936 年修正课程标准后，经该馆审定核定之教科用书凡 299 部。

编辑"部定大学丛书"　我国近代大学用书初期采用原版西书，稍后商务、中华等大书局亦约请大学教授自行编辑汉文大学丛书，但数量有限。抗战爆发后，各方经费倍感困难，原定出书计划难以完成，且所编教本也未能遍及大学各学科。1939 年，教育部颁布大学科目表，并决定以政府力量完成此举，遂聘请各大学教授组成大学用书编辑委员会，该会初属教育部，由国立编译馆主办编辑事宜。1942 年大学用书编委会改隶国立编译馆。

部定大学用书的编辑方法，一为采选成书，就坊间已出版之大学用书加以甄选，凡审查合格并征得原书著译者同意后，酌加修订，即作为部定大学用书。这类书再版时，在封面上加印"部定大学用书"字样；二为公开征稿；三为特约编著。各种书稿需经初审、复审、校订等手续，然后提交大学用书编辑委员会常务委员会通过，由教育核定付印。编译馆不设印制机构，部定大学用书交由正中书局和商务印书馆两家承担印行。正中印行者为法、农、工、师四学院用书，商务印行者为文、理、医、商四学院用书。据统计，国立编译馆从 1939 年度至 1947 年度，完成编译大学用书 250 种(部)。列表如下：

国立编译馆大学用书出版及编辑情况

1939 年度至 1947 年度

年度 \ 类别 部数	采选成书	公开征稿	特约编著	小计	备注
1939	—	—	—	—	
1940	—	—	—	—	
1941	—	—	—	—	
1942	—	—	—	—	
1943	20	82	89	191	
1944	1	1	6	8	
1945	3	8	9	20	
1946	2	11	3	16	
1947	1	10	4	15	
合 计	27	112	111	250	

资料来源：教育部统计处报表汇编，《第二次中国教育年鉴》，第 1484 页。

介绍中国文化　已着手翻译之中国名著有《史记》、《资治通鉴》，并组织翻译文化史丛书，包括中国文化史、哲学史、建筑史、陶瓷史、绘画史、工艺史、音乐史、戏剧史等。有些著作还被译成英文。

整理中国古籍　截至 1947 年止，已整理完成秦汉三国、两晋六朝及隋唐五代的经济史 3 部专著，宋代的家族制度、社会经济、社会救济 3 部，太平天国史料第一集，清史史料 12 部，黄河志的气象、地质、水文工程及文献等 4 部编纂工作，并完成宋元学案，清儒学案，西汉历史地图，以及论语正义等 14 种典籍的校点工作。

编译辞典　该馆编译之辞典，计有中等各科辞典、专科辞典和《大英百科全书》三种。中等各科辞典，最先着手进行者有数学、物理学、化学、生物学、地理、教育等数种；专科辞典首先着手编纂者有天文学、哲学、教育学、政治学、经济学诸科。

编译亚洲史志专著　编译回族史略、回鹘史、清代边务史、中缅关系史、汉代两水五郡考等专著,完成了亚洲史地论丛第一、第二、第三辑。

此外,该馆编辑了不少民众读物,如"民众丛书"50种,"民众文库"500种等。其他如教育用书和工具用书的审查和编辑等方面,也做了大量的工作。

(二)中共及其领导的出版机构

生活书店 1937年11月上海陷落,生活书店撤至汉口,1938年8月迁至重庆,总管理处设在冉家巷。9月,徐伯昕任总经理,邹韬奋任总编辑,战时书报供应所(所长钱俊瑞),也由汉口迁重庆。但始终受到政府的压挤。1941年2月,邹韬奋辞去国民参政员,被迫远走香港。为适应形势,生活书店领导中心逐步移至香港,结束重庆总管理处,只留下重庆分店,实际上只是一个门市部。为开展工作,先后出资或与有关人士合作设立国讯书店、立信会计用品社、峨眉出版社、文林出版社、学术出版社等。1943年春夏,张友渔从桂林返回重庆,任生活书店总编辑。这是他的公开职业,他那时在中共党内任南方局文委秘书长,还参加了新华日报社论委员会的工作。所以,张的实际工作,主要以左派文化人和救国会领导成员身份,做左翼和中间派文化人的统战工作,以救国会出版机关等名义,出版马列主义等进步书刊,促进民主运动。重庆生活书店虽一直坚持营业,但因总管理处已撤走,故没有出版新书,苏德战争爆发后,才开始重印一些苏联文艺作品的中译本。

读书出版社 1937年11月,自上海西撤武汉,1938年10月迁重庆,社址设武库街100号,1941年2月被查封。太平洋战争爆发后,日占香港,黄洛峰等领导骨干从香港撤返重庆,重整出版业务。但由于国民党之压制,工作重点在上海租界,重庆业务转入地下,后曾联合若干同业成立出版业的统一组织——新出版业联合总处。

新知书店 1937年11月迁汉口,武汉失守前,总店迁桂林。1939年11月,重庆分店门市部开业,地址设劝工局街78号。后桂林战事紧张,总店于1944年撤至重庆,加强了重庆分店工作。但由于国民党压制,难以开展出版工作,其业务重点仍在上海租界。重庆业务趋于地下。

新华日报图书课　新华日报设有图书课,专门制作和发售图书。"五三"、"五四"日机大轰炸时,新华日报营业部被炸毁,图书课门市被迫停顿。至1940年9月11日始在城内劝工局若瑟堂1号和化龙桥正街183号两处恢复营业。专售新华日报所出图书及由苏联航空运来重庆的各种书报。10月26日若瑟堂1号营业部遭敌机炸毁,临时改在劝工局正街208号营业。11月12日,新华日报图书门市部在民生路208号正式营业。至1943年,新华日报图书课计出版发行图书100余种,其中有《列宁选集》一套6册、"新群丛书"40余种,还出售《真理报》、《苏联建设画报》及大批的抗战读物。

中国出版社　由中共长江局创办于汉口,以民间企业的面目出现,不另立机构,实际工作完全委托新知书店办理,只是用中国出版社名义出版书籍,书稿得经凯丰审定。武汉失守前迁重庆。出版有《联共(布)党史简明教程》等书。

国讯书店　生活书店领导机关被迫移香港,重庆除保留一分店外,工作转入地下,出资与中华职业教育社合办了国讯书店。地址设张家花园56号。1943年7月成立国讯书店股份公司,黄炎培被推举为出版委员会主席,仲秋元、孙洁人、祝公健、尚丁先后任经理。聘茅盾为主编,除出版《国讯》杂志外,出版有"苏联文艺丛书"、"国讯文艺丛书"、"国讯丛书"及"职业教育丛书"等。1946年4月迁返上海,1948年4月被查封。《国讯》旬刊同时被勒令停刊。

立信会计图书用品社　系生活书店出资与潘序伦合办。出版"立信会计丛书"及会计账册、用品等,设有小型印刷厂。潘序伦任社长,徐伯昕任总经理。诸度凝任经理,蒋春牧任副经理。抗战胜利后迁上海,在重庆、南京、天津、广州设有分公司。

峨眉出版社　由沈钧儒出资,生活书店与沈钧儒合办,社址设天主堂街26号,发行人吴涵真,经理仲秋元。专门出版鲁迅著作。自1942年5月至抗战胜利的三年时间内,该社和重庆新出版业同业共出版鲁迅原著及研究鲁迅著作20多种。

文林出版社　由生活书店出资于1942年2月成立,由方学武负责。曾出版郭沫若著《屈原》、曹靖华译《天方夜谭》、《剥去的面目》，萧三译《马门教授》。1943年秋，方学武调桂林工作，该社业务并入生活书店。在其存在的一年多时间内，共出版20多种书籍。

（三）外地迁渝或在渝创办的民营企业

商务印书馆 抗战军兴，商务印书馆总管理处迁长沙。长沙撤退后在重庆设工厂。重点经营香港业务。太平洋战争爆发后，总管理处迁重庆。并设驻渝办事处，承总管理处之命，统管后方馆厂。主持业务者为代经理李伯嘉、协理史久芸。1942年3月起，在重庆出版新书。最初一年间，每周出版新书及重版书二三种，1943年起增至每周六七种。这年在重庆印行了中学文库，全400册，以及萧一山清代学者著述表、王力《中国现代语法》、钱穆《国史大纲》、冯友兰《新原人》、金毓黻《中国史学史》、洪谦《维也纳学派哲学》、熊十力《新唯识论》、罗尔纲《绿营兵志》等书。1944年东方图书馆重庆分馆开馆。1946年，总管理处迁回上海。

中华书局 早在1932年，中华书局即在重庆设分局。太平洋战争爆发，中华书局香港办事处和商务印书馆一样，遭受重大破坏。1942年2月，总管理处在重庆成立，李叔明任总经理。协理姚载楣、襄理李虞杰，总编辑兼编辑部长金兆梓。地址在民权路41号，编辑部设市内李子坝。1943年1月，《新中华》杂志在渝复刊。自1942年至抗战胜利，在渝出版新书和重版书约220种[①]。

世界书局 早在1926年，世界书局在重庆已设有分局。太平洋战争爆发后，世界书局在香港的设备财产，损失惨重。1943年2月，总管理处迁渝，与该局重庆分局合署办公，主任黄仲康。地址在民生路71号，继续从事出版工作。抗战期间世界书局的主要业务是出版发行教科书和教育参考书。先后出版的新书和重版书有林汉达著《西洋教育史讲话》、《向传统教育挑战》，傅绕生著《教育哲学》、《教育哲学讲话》，祝荪如编《太阳和星球》、《日食月蚀

---

① 系据《中华书局图书总目》(1912—1949)中1942年至1945年的书目统计渝版共为220种，实际在渝出书当略高于此数。

潮汐》等。并出版有俄国名剧丛刊 4 种,信芳译《钦差大臣》、《大雷雨》、《下层》和《新婚交响曲》等。

大东书局 抗日战争爆发后,大东书局留部分人员在上海租界继续营业,其余人员、设备,陆续撤至重庆。1943 年经理沈骏声去世,业务陷入紊乱。1944 年 8 月 7 日,杜月笙、陶百川正式接办大东书局,业务有所发展,参与了商务、中华、正中、世界、开明、文通等"七联处"组织,继续编辑出版中小学教科书等。

开明书店 1938 年 1 月,开明书店重庆办事处成立,负责人赏祥麟,地址在西三街。办事处成立后,即赶印中学教科书,缓解了当时大后方课本供应的紧张。1942 年 4 月,开明书店在成都成立"开明书店编译所成都办事处",主任叶圣陶,聘金仲华、傅彬然、宋云彬、丰子恺等为编辑,开始出版新书。1944 年 7 月,开明书店总管理处由桂林迁渝,与重庆分店合并办公,业务有进一步的发展,除《中学生》、《国文月刊》外并恢复出版了《开明少年》和创刊《英文月刊》,在渝期间出版的新书有朱东澜著《张居正大传》、蒲勒(胡绳)著《二千年间》、吴祖光著《风雪夜归人》等。

上海龙门联合书局 1938 年 9 月在重庆张家花园 6 号设重庆分局,主持人张锦洪,自办印刷厂。影印大专院校外文原版教科书。并在沙坪坝 14 号设有支局。

上海杂志公司 抗战初,上海杂志公司迁汉口,后迁重庆。1938 年 4 月在重庆民生路 116 号设支店。

上海印刷有限公司 1939 年迁渝,同年 11 月 14 日于售珠市 34 号开业。

教育书店 抗战初期由上海迁武汉、重庆,经理贺礼逊。在武汉和重庆时出版《大家唱》歌曲集,在宣传抗日战争方面起了积极作用。在重庆时总经营"新民文艺丛书",内有张恨水《八十一梦》、赵超构《延安一月》、张慧剑《辰子说林》等。抗战胜利后迁返上海。

(四)各地迁至重庆或在重庆创办的出版机构

文通书局 文通书局总部在贵阳,1943 年 6 月,成立重庆分局,寇思敬经理。地址在中一路黄家垭口。

华中图书公司　1931年1月，由唐性天创设于汉口，1938年总公司迁重庆。

通俗读物编刊社　抗战期间由西安迁武汉。1938年春在湖南溆浦建立分社。1939年10月迁重庆。

东方书社　五四运动期间由王畹苪创办于山东济南。主要业务是经销或代销全国各地之进步书刊。抗战中期在成都、重庆设办事处。重庆办事处成立于1943年9月，地址：金汤街12号。该社逐步从单纯发行发展至出版书刊，出版的图书以文艺书籍为主，出版有"东方文艺丛书"。

现代图书公司　1939年9月在重庆创立。由王介仁主持，地址在林森路35号。

作家书屋　1942年1月姚蓬子在重庆创办作家书屋，重点出版新文艺书籍，1946年迁上海（延安中路610号）。

群益出版社　郭沫若1942年8月在重庆创办，郭培谦为经理，刘盛亚为总编辑，发行人为沈硕甫。社址：西来寺20号。该社以出版郭沫若著作、译文为主，并发行郭沫若主编的大型学术杂志《中原》。抗战胜利后迁往上海（北四川路850号），1948年11月被迫停业。

文聿出版社　系陈望道1943年2月在重庆创办，社址设在民国路21号。经理为张维良。

亚美图书社　1943年4月创建于重庆，欧阳文彬为经理，社址在上清寺。

京华印书馆　1937年杜月笙创设于重庆，社址在打铜街27号。

文华堂书局　1939年创办于重庆，曾松荣为经理。社址设在学院街22号。该书局以出版木刻专业书刊为主。

中外出版社　1943年6月，孙伏园等创办于重庆，孙伏园任社长，刘厚生任经理，社址在美专校街106号。

未林出版社　夏衍、于伶、宋之的等合办。1943年6月于重庆开业。社址设在南纪门韩家巷9号。注册经理为张胆，实际负责人为方岩。该社以出版文艺、戏剧类图书为主，抗战胜利后自行停业。

史学书局 由郑逢原在重庆集资创办,成立于1944年2月,聘顾颉刚为总编辑,营业部设在上清寺。该书局为出版史学丛书、史学杂志的专业出版社。

国际文化服务社 韩侍于1944年创办于重庆,萧同兹为董事长,抗战胜利后迁沪。

中外文艺联络社 1945年6月成立于重庆,茅盾、以群、徐迟等主持。该社以"沟通中外文化,联络各地作家,介绍各方稿子,交换文化消息、资料"为宗旨。

五十年代出版社 创办人金长佑。1938年5月,金长佑和陈铁铮(留日学生)、王一元、张慎修(留英学生)、张庆泰等在汉口创办了专门介绍国际论文的《时与潮》杂志。出版后因销路不畅,难以维持,遂与当时东北协会总干事齐世英合作。由齐从协会经费中每月拨津贴予以维持,并提供撤离武汉的经费。条件是由齐任社长,金任总编辑,社内实际工作仍由金负责。1938年冬,《时与潮》在重庆复刊,销路日增。后来由于杂志吸收了关梦觉、梁纯夫、申子固、吴一凡等进步人士参加工作,言论经常反映中共的政见,杂志社内部的分歧加剧。在计划出版《五十年代》杂志这件事上,双方的矛盾激化。齐多方阻挠出版,并要求杂志社的编辑、出版、印刷等业务,直接由他负责,总编辑无权作最后决定,而且抽调协会成员进入《时与潮》杂志社,企图控制编辑方针,1941年1月,齐停止了金的总编辑职务,并派人接收了杂志社。金与其他8位主要编辑人员和事务人员愤而退出杂志社,另组五十年代出版社。

五十年代出版社于1941年1月在重庆成立。以出版中苏文化协会丛书、国际问题丛刊,翻译介绍苏联图书和外国语文工具书为主。社长为金长佑,总编辑为梁纯夫,副总编辑为陈原。

五十年代出版社自成立到抗战胜利,共计出版书籍50多种,杂志3种。出版的主要图书有郭沫若、高地合译的《战争与和平》,翦伯赞的《中国史纲》,侯外庐的《中国古典社会史》等,以及胡风主编的《希望》双月刊,曹禺、陈白尘主编的《戏剧月报》,陈原主编的《书摘》等。

抗战胜利后,由于受经济波动的影响,五十年代出版社业务难以支持。

1946年，五十年代出版社结束了重庆的业务，计划将总社迁北平，并先在天津与人合作成立了天津分社，但仅半年就被迫停业。1949年3月，五十年代出版社及其印刷厂在北京正式开业。社长为金长佑，总编辑为王毓湘，副社长兼副总编辑为刘履之。工作人员约30人。出书任务主要是翻译俄英等外文书和学习外语的工具书等。1956年在公私合营运动中，五十年代出版社与时代出版社合并。1958年又并入商务印书馆。

文化编译社 由中央文化运动委员会建立。设编辑、研究两组，请海外归国文化人担任编译及研究专员。

文光书店 陆梦生创办于桂林，1944年迁到重庆。曾出版茅盾《第一阶段的故事》等书。抗战胜利后迁上海。

(五) 国定本中小学教科书七家联合供应处

1943年4月，国民政府教育部为了推行国定本教科书，垄断中小学教科书的出版发行业务，指定商务印书馆、中华书局、正中书局、世界书局、大东书局、开明书店、文通书局七家出版单位，在重庆联合组成国定中小学教科书七家联合供应处，简称"七联处"。"七联处"专门承担国立编译馆主编国定中小学教科书的排印运销任务。"七联处"的资金达5000万元。造货资金由教育部介绍向四联总处(战时中央、中国、交通、农民4个国家银行的联合机构)贷款，并为之作保。参加"七联处"的单位可以得到平价纸张、印刷费限价和银行低息贷款等优惠条件和便利。

七联处设理监事会，理事长为正中总经理吴大钧，监察为商务总经理王云五、中华总经理李叔明、文通总经理华问渠。每次例会各家出席代表，经常是正中南维岳、商务史久芸、中华李虞杰、世界俞守己、大东周熙和、开明徐调孚、文通先为蒲鸿基后为王蕚华，理事长和监察如非重要会议，则不亲自出席。

"七联处"总处设在重庆临江门迁川工厂联合会楼上，第一任处长为商务李伯嘉，第二任处长为开明范寿康。各家承担供应教科书的数量是按各家的资历和资金协商分配的。计正中、商务、中华各23%，世界12%，大东8%，开明7%,文通4%。

1943年秋第一学期开印前,为了印刷运输的便利,分别在成都、贵阳、衡阳和福建的永安设立了四个印运站。印第二学期教科书时,增设了赣州印运站。从第四学期起,按部定供应量由各家照原定比例自行印销,但不得暗中多印,违者须受处罚,各地印运站亦同时撤销。此时的"七联处"已不承担统印工作,仅是供应国定本教科书纸型及代表七家与教育部、四联总处的联系机构而已。抗战胜利后,各家总处纷纷复员,"七联处"亦同时东迁。

(六)新出版业联合总处与联营书店

1941年12月太平洋战争爆发后,重庆的出版业盛极一时,据1943年统计,有书店出版社149家[①]。以出版社而言,大体可分为三类,一类是国民党和国民政府各部门办的官方出版社;另一类是以出版教科书及其辅助读物为主的几家民营大书局;第三类是以出版新书为主的民营中小出版社——习惯上称为新出版业。此外是分布全市的零售图书和兼营文具的书店。

1943年4月,国民政府教育部指定商务印书馆、中华书局、正中书局、世界书局、大东书局、开明书店、文通书局7家在重庆组成国定中小学教科书七家联合供应处(简称"七联处"),垄断了中小学教科书的出版发行业务。参加"七联处"的单位,可以得到平价纸张、印刷费限价和银行低息贷款等等优惠条件和便利。广大非"七联处"民营出版单位,却是另外一种待遇,他们常常因为买不到平价纸张,付不起高昂的印刷费,借不到低息贷款,寄不出印刷品而陷于困境。出版业虽有一个出版业公会,但会务被官方出版社和大书局把持着。图书业公会则因会员多数是零售商和兼营文具者居多,对出版业的兴衰、是非、利害等难以引起重视。在新出版业中,生活、读书、新知三店虽位于前列,但因当局一直另眼相看,单独行动,成效难卜。其他新出版业,虽同受国民党文化专制主义的压迫之苦,有改变现状争取民主的要求,然均为单独经营,发言没有力量。新出版业要想维护自身的利益,争取一份公平,只有

---

① 重庆《文化先锋》,1944年第3卷第23期,第14页。

联合起来，才能有所作为。基于这一认识，黄洛峰领导三店同仁在新出版业中广交朋友，在上海杂志公司总经理、老出版家张静庐的合作下，常由黄、张二人出面，三店（包括二线）负责人参加，邀请一部分进步出版社负责人座谈，以聚餐会形式，每月聚会两次。座谈会内容，从国内外形势谈到出版界的现状和如何走出困境等。与会者各抒己见，畅所欲言。经过前后约半年的务虚酝酿，必须联合起来这一主张取得了共识，于是一个统一战线的组织——"新出版业联合总处"在重庆诞生了。

1943年12月19日，由生活书店、读书出版社、新知书店、上海杂志公司、作家书屋、五十年代出版社、华中图书公司、文化生活出版社、文化供应社、群益出版社、国讯书店、峨眉出版社、教育书店等13家出版单位发起，组织"新出版业联合总处"。各家的代表都是该单位的经理，每半月或一月开一次代表会议，由黄洛峰、张静庐分别主持，商讨新出版业面临的种种问题。1944年春，第九次代表会议决定开设联营书店，公推黄洛峰为董事长、张静庐为总经理、唐性天（华中代表）为监事。万国钧（读书代表）、薛迪畅（生活代表）为协理。第一联营书店设于重庆林森路，经理贺礼逊（教育代表）、副经理仲秋元（峨眉代表）。5月1日开张时股东已增至21家。[①] 8月，在成都开设第二联营书店，由王畹芗（东方代表）出面建立，经理先后为：万国钧、孙明心、倪子明、邓晋浩。年底，应西安大东书局之请，与其合作在西安开设特约分店，派沈勤南（原生活书店干部）为西安办事处负责人。

成都分店成立后，参加的股东单位已达27家[②]。不论是股东单位还是发行网点，都有日益增加的趋势。为加强集中管理，指导发行业务的开展，1944年9月9日，新联总处改组为新出版业联营书店股份有限公司，选举张静庐等11人为董事，并推张静庐为董事长，黄洛峰、姚蓬子（作家代表）等4人为常务董事，选举唐性天等3人为监事。在重庆设立总管理处，任命贺礼逊为总经理，薛迪畅、陆梦生（文光代表）为协理，万国钧为总会计，方学武为秘书，

---

① "21家"，即发起单位13家，加上陆续新增单位8家（中外出版社、文光书店、文风书店、文聿出版社、文信书局、东方书店、建国书店、美学出版社）。

② "27家"即联营书店重庆分店创办时的21家，加上1944年9月继续参加的6家（中西书局、正风出版社、正声书局、光明书局、建中出版社、复兴书局）。

仲秋元为重庆分店经理。孙明心（原生活书店干部）为成都分店经理。抗战胜利时，股东单位已发展到33家。①

新出版业都是独立的民营出版事业，不仅无所凭借，并且时刻受到压迫和摧残。他们没有配给纸，相反地，他们必须购买定价特别昂贵的纸。他们没有文化贷款，因为他们没有印刷厂，文化贷款表面规定需要机器作抵押的，而实际上只要肯和当权者勾结，即使没有印刷厂也是可以借到的。为了更好地开展和促进文化出版事业的发展，新出版业一方面从经济上要求保障中小书店的利益，一方面从政治上争取言论出版自由。

新出版业联合总处成立之后，就广泛地开展反压迫运动，例如：抗议检查书刊、拒绝缴纳新增设的营业税，争取新出版业在出版业同业公会的应有地位，控诉当局唆使其控制下的公私印刷厂无理加价的行为，等等。重庆联营书店开办之后，"不问营业之盈亏，但求业务之开展"。以书店21家共同的力量，曾经不断刊登联合广告，编印联合书目，每半月公布出版新书一次，其总数常在每个月三四十种，与当时正中书局和商务印书馆的出书量，形成三足鼎立之势，足见团结就是力量，这股力量是不可侮的。②

新出版业联营书店的组成单位中，还有不少是学者名流在抗战后期新创办的，如黄炎培从1942年起，将他同生活书店合办的国讯书刊代办部改名国讯书店，并用生活书店出版物的纸型出版图书。姚蓬子于1942年1月在重庆创办作家书屋，以出版新文艺书籍为主。陈望道于1942年2月在重庆创办文萃出版社，张维良任经理。沈钧儒集资，于1942年3月在重庆创办峨眉出版社，发行人吴涵真，经理仲秋元，初期出版物为重印鲁迅著作单行本和历史著作，后增出时事读物。郭沫若于1942年8月在重庆创办群益出版社，经理郭培谦，总编辑刘盛亚，发行人沈硕甫，以出版郭沫若译著为主，还印行郭沫若主编的大型学术杂志《中原》。李公朴于1942年12月在昆明创办北门书屋，后又创办北门出版社，在重庆设办事处。刘尊棋、孙伏园于1942年在

---

① "33家"即联营书店股份有限公司成立时的27家，加上1945年在渝继续参加的6家（人生出版社、大时代出版社、北门出版社、南天出版社、耕耘出版社、国际文化服务社）。
② 《新出版业联营书店——从创办到现在》（1949），第10—11页。

重庆创办中外出版社,社长孙伏园,经理刘尊棋,出版阐述国际问题的图书和刊物。冯亦代、徐迟、沈镛等于1942年在重庆创办美学出版社,出版文艺译著。徐悲鸿于1943年7月出开办费,由陈汝言全权负责在重庆创立正风出版社,以出版文化艺术和社会科学为主,而以文学作品为重点,以约请名家根据原文全译世界文学名著为特色。这些学者名流,当时在社会上有很高的声望和影响,他们创办书店和出版社,是为新出版业争取出版自由和民主权利的先导而出现,而开展各项活动的,其影响至为深远。

二、战时重庆的主要期刊[①]

战时重庆,敌机时常轰炸,战斗生活十分紧张而危险,加上物资缺乏,供应紧张,生活又十分艰苦。但是重庆的文化生活却十分活跃,抗日读物、学术性科技性综合性刊物和各类文化艺术杂志,高峰时多达200种上下,反映了中华民族不屈的战斗精神和奋进向上的社会风气。当时主要刊物有:

(一)《前途》、《政论》、《时事类编》、《国讯》、《中苏文化》、《民意》及其他

《吼声》 半月刊,1937年10月15日创刊于重庆,该刊为爱国青年创办的救亡刊物,由重庆吼声文化社出版。1938年2月出至1卷5期停刊。

《诗报》 半月刊,1937年12月16日创刊,编辑人李华飞、严华龙、张天授、郝威。创刊前发行试刊号一期,1938年停刊。

《前途》 1933年1月创刊于上海,1938年6卷10期起迁到武昌出版,并改为旬刊,自6卷23期1938年又迁到重庆。1939年4月出至7卷8期停刊。

《前锋》 半月刊,系重庆青年职业互助会于1937年11月创刊,1938年1月停刊,出了4期。

《生力军》 周刊,1938年4月创刊,1939年停刊,共出19期。

---

① 辑录自叶再生著:《中国近代现代出版通史》,华文出版社,2002年1月。

《政论》 半月刊,1938年1月创刊于汉口,撰稿人为陶希圣、陈独秀、马寅初等。同年4月5日第7期起改为旬刊,7月25日18期起迁至重庆,同年12月出到1卷33期停刊。

《时事类编》 中山文化教育馆主办。1933年8月创刊于上海,初为旬刊,自2卷22期1934年9月起改为半月刊,自3卷1期1935年2月起迁至南京出版。自1937年9月,改名《时事类编特刊》,期号另计。自新的第6期1937年12月迁至汉口出版,自18期1938年3月起迁至重庆出版。1942年1月出至70期停刊。

《新闻记者》 月刊,1937年6月创刊于上海,1938年4月迁至汉口,自2卷1期1939年7月起在重庆出版。1941年3月出至2卷10期停刊。

《国讯》 原名《救国通讯》,半月刊,为中华职业教育社机关报,黄炎培主持,孙起孟、张雪澄曾任编辑。1934年7月起改用本名,后改为旬刊。1938年8月13日迁至重庆出版,抗战胜利后迁回上海,积极宣传和平、民主建国。1948年4月被勒令停刊。

《中苏文化》 1936年5月创刊于南京,中苏文化协会主办,西门宗华任总编辑。1937年11月出抗战特刊,卷期另起。1937年12月16日1卷3期起迁至汉口,袁孟超主编。1938年8月19日2卷4期起迁至重庆出版。王昆仑任杂志委员会主任,侯外庐任主编。1946年10月迁返南京出版,1949年9月停刊。

《民意》周刊 国民党党营刊物,1937年12月15日创刊于汉口,自37期1938年9月起迁至重庆出版,1941年8月出至190期停刊。

《青年生活》 月刊,1938年9月25日创刊于重庆。杨述、许晓轩、许立群等主办。1939年3月改半月刊,同年7月停刊。后在桂林复刊,1943年12月出至4卷6期停刊。

《国是公论》 旬刊,重庆国是公论旬刊社出版,1938年6月创刊,1940年7月停刊,共出37期。

《抗战文艺》 月刊,重庆中华全国文艺界抗敌协会抗战文艺编委会主编,1938年5月4日创刊于汉口。同年10月8日迁渝。初创时为三日刊,后改周刊、半月刊、月刊。1946年5月出至10卷6期终刊。初期由适夷、锡金、蓬子编辑,后由冯乃超、孔罗荪、叶以群编辑。

《生力》 大约于1937—1938年创刊于重庆,1944年5月出至5卷8期停刊。

《抗敌导报》 旬刊。重庆各界抗敌后援会机关刊,创刊于1938年1月,1939年3月出至2卷4期停刊。

《抗战与交通》 半月刊,重庆交通部总务司主办,1938年2月创刊于重庆,1942年12月停刊,共出97期。

《抗战军人》 重庆抗战军人杂志社编辑。1938年6月创刊,初半月刊,1939年后改为月刊。自4卷5期1941年起改由中国兵学研究会编,7卷1944年又由抗战军人杂志社编。1945年出至8卷6期停刊。

《抗战建国》 重庆四川抗战建国协进会主办,旬刊。1938年7月创刊,9月停刊,共出5期。

(二)《群众》、《文摘》、《全民抗战》、《中央周刊》、《科学》、《中山半月刊》、《时与潮》及其他

《群众》 周刊,1937年12月11日创刊于汉口,1938年10月迁渝,潘梓年任社长兼主编,许涤新任副主编。

《文摘》 1937年1月创刊于上海,上海复旦大学文摘社主办,孙寒冰主编。1937年9月起发行《文摘战时旬刊》,期数另起后迁汉口。1938年10月25日迁重庆出版,共出136期。1945年12月出"复员纪念号"后,迁回上海出版,1948年11月出至14卷4期停刊。

《全民抗战》 第33期1938年10月30日从汉口迁至重庆出版。1941年2月22日出至157期被迫停刊。

《中央周刊》 国民党党营,1938年7月创刊于长沙,1938年10月迁至重庆出版,1946年8卷1期起迁至南京出版。同时有桂林版、金华版、昆明版、兰州版、台湾版等。

《科学》 1915年1月25日,留学生任鸿隽等发起,创办《科学》月刊。

《科学》在美国编辑,在上海出版发行。1915年10月,中国科学社正式成立,任鸿隽任社长,杨杏佛任编辑部长。1918年编辑部迁回国内,《科学》在上海编辑出版。《科学》以"提倡科学,传播新知"为目的,设有通论、科学及其应用、科学家传记轶事、国内外科学教育介绍、科学实验情况、世界科技成就、国外科技新书评介等栏目。历任主编有杨杏佛、刘咸、卢于道、张孟闻等。1941年12月出至第25卷第12期,因太平洋战争爆发停刊。1942年4月,中科社迁至重庆,决定每3月出版一期。1943年3月出版复刊第1期,即第26卷第1期。抗战胜利后,1946年1月迁回上海。

《中山半月刊》 中山学社主办,1938年11月10日创刊于重庆,梁寒操为发行人。2卷3期1939年起改名为《中山月刊》,1944年7月出至5卷5期停刊。

《战时教育》 旬刊,1937年9月创刊于上海,后迁汉口,1938年11月5日在重庆出版。

《时与潮》半月刊 最初由东北籍青年金长佑、沈默、张慎修、王一元等人于1938年4月创办于汉口。基本上是文摘性杂志,主要从英、美、日等国杂志选译有关国际政治、军事、经济、文化和社会各方面文章。创办数月,因财力不济,请东北耆宿齐世英支援。齐通过他主持的东北协会,按月给予补助。由齐任社长,金任总编辑,齐因公务繁忙,实际工作仍由金负责。是年秋冬迁至重庆,社址初设在市区米亭子,后迁至沙坪坝重庆大学校门附近。在小龙坎山上设印刷厂,除印本社书刊外,还接收外活。

《时与潮》(英文名 *Time and Tide*)16开本,除译载文章外,设有"社论"、"短评"和"时与潮点滴"。前者为言论栏,后者节译一些趣味隽永的名人轶事和隽语。是时人们关心局势和国际形势,故刊物深受读者欢迎,销数万份上下,最高时曾达2万。

不久梁纯夫、关梦觉等参加编辑工作,在金长佑支持下,刊物言论和选文方面左倾,引起齐的不满,双方协商不成,形成分裂。金长佑率大部分编辑人员退出时与潮社,另组五十年代出版社,改组后的时与潮社,由齐世英实际主持社务,聘曾任大连泰东日报总编辑的邵冲霄任总编辑,沈默任副总编辑(后贾午、孙晋三继任正副总编),并增添了一批编辑。改组后,业务仍继续发展。曾先后派刘圣斌、邓莲溪任驻英、美特派员。在沙坪坝开设时与潮书店,在桂林和西安发行航空版。

1942年初创办《时与潮副刊》,月刊,24开本,内容较为广泛,以增长见闻,增加知识为宗旨,三分之二为翻译文章,三分之一为学有专长的作家所写的文章。梁实秋、何容、郭德浩、钱歌川、丰子恺、朱光潜、曾昭抡、罗家伦、柳无忌等经常为该刊写稿。该刊由吴溪真主编。发行后,也深受欢迎,销数逾一万五千册。1943年4月,该社又发行《时与潮文艺》,16开本,初为双月刊,2卷起改为月刊,为综合性文艺刊物,有创作,有翻译作品,也有理论性文章。由于该刊格调较高,销数受限制,发行数始终未超过五千份。1944年4月发行桂林航空版。该刊主编为孙晋三。

时与潮社除出版三种杂志外,还翻译出版书籍。出版的第一部书为法国传记作家兼小说家莫洛华的《法国的悲剧》(刘圣斌、鞠成宽、吴溪真合译),深受世人赞誉。中文版出版后,重版多次。接着出版了英国的《罪人》和描述德国战时景象的《柏林日记》等。该社总共出版了约50种书。

抗战胜利后,《时与潮》于1946年2月后停刊。同年12月《时与潮》半月刊和《时与潮副刊》在上海复刊。《时与潮文艺》则一直未见复刊。1949年2月两刊同时停刊,《时与潮》半月刊后来在台北复刊,改为周刊。由齐世英的公子齐振一主持。办刊宗旨在鼓吹台湾的民主政治。

《战时文化》 半月刊。1938年5月25日在汉口创刊,张申府主编。同年11月19日迁至重庆出版,1939年4月出至2卷3期停刊。

(三)《新经济》、《反攻》、《中国导报》、《中国半月刊》、《读书月报》、《妇女生活》、《理论与现实》及其他

《新经济》 半月刊,1938年11月19日创刊于重庆,正中书局杂志推广所发行。1945年10月出至12卷6期停刊。

《民力》 周刊,1938年4月创刊于重庆,1939年5月出至2卷14期停刊。

《反攻》 半月刊,1938年5月创刊于汉口,4卷1期1938年12月16日迁重庆出版。东北救亡总会宣传部主编。1945 年 5 月出至 17 卷 5 期停刊。

《中国导报》 月刊,国民政府军委会政治部第三厅于 1938 年创办。

《回民言论》 半月刊,1939 年 1 月 15 日在重庆创刊。社址在上清寺聚兴新村 5 号。1939 年 7 月改名为《回教论坛半月刊》。1941 年 6 月出至 5 卷 6 号停刊。

《中国半月刊》 英文,由国民党中央通讯社主办,1939 年 1 月 17 日创刊,每月 1、16 日出版。主编为任玲逊,该刊系战时对外宣传刊物。

《读书月报》 1939 年 2 月 1 日在重庆创刊。艾寒松、史枚、胡绳等先后主编。以"推动战时学术研究,帮助读者自学"为宗旨。1941 年 2 月出至 2 卷 11 期被迫停刊。

《妇女生活》 1935 年 7 月创刊于上海,战时先迁至武汉,1938 年又迁至重庆。沈兹九、曹孟君先后主编。1941 年出至 9 卷 6 期停刊。

《自由西报》 英文版,1939 年 3 月 1 日在重庆复刊,由生活书店发行,艾寒松、史枚主编。

《读书月报》创刊号

《全民抗战》战地版 战地版创刊号创刊于 1939 年 3 月 5 日,该刊完全由群众捐款支持,排印后,免费供应前线军民。

《反侵略》 月刊,后改半月刊,1938 年 9 月创刊于汉口,汉口失守,迁至重庆出版。1942 年 6 月停刊,共出 4 卷。由重庆国际反侵略运动大会中国分会主办。

《反侵略通讯》 旬刊,重庆国际反侵略运动大会中国分会主办,1939 年 7 月创刊,1941 年 4 月停刊,共出版 64 期。

《今日儿童》 由重庆中华慈幼协会主办,1939 年 4 月 4 日创刊于重庆。半月刊,自 1944 年 8 月起改为季刊,黄百克主编。1939 年 6 月停刊。1944 年

8月复刊,但只出了一期。

《理论与现实》 季刊,1939年4月15日创刊于重庆。主编沈志远,编委:千家驹、艾思奇、李达、侯外庐、马哲民、曹靖华、潘梓年、钱俊瑞、胡绳、胡风。该刊提倡"理论现实化"和"学术中国化","使理论学术工作,服务于抗战建国的神圣事业"。生活书店发行。1940年出至2卷3期曾停刊。1946年5月在上海复刊,改为双月刊,1947年3月终刊。

《戏剧岗位》 月刊,1939年4月15日在重庆创刊,华中图书公司发行。熊佛西主编,刘念渠、王小涵编辑。1942年5月出至3卷6期停刊。

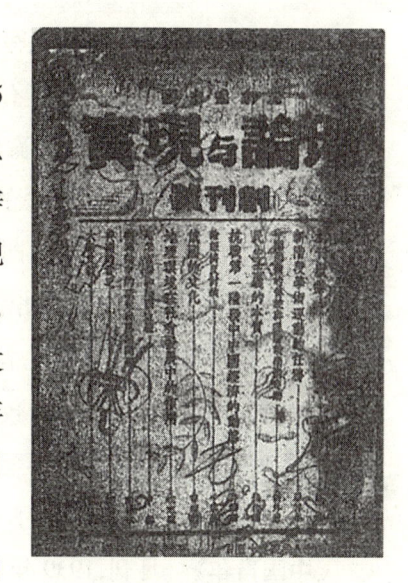

《理论与现实》创刊号

《胜利画刊》 1939年4月26日创刊于重庆,张文元主编。正气出版社出版,叶浅予、高龙生、汪子美、张乐平、特伟等人经常为该刊撰文。

《医育》 月刊,1935年10月创刊于南京,自3卷1期1939年起迁至重庆,1941年6月结束。

《教与学月刊》 1935年7月创于南京,1938年9月起迁至重庆出版,1942年2月停刊。

《国医月刊》 重庆国医学术研究会主办,1937年12月创刊,1939年5月出至1卷4期停刊。

《战地知识》 半月刊,1939年6月创刊于重庆,钱俊瑞主编,重庆生活书店出版,同年12月出至1卷12期停刊。

(四)《战时民众》、《七月》、《战时青年》、《中国青年》、《读书通讯》及其他

《战时民众》 周刊,重庆教育部第二社会教育工作团主办。1938年6月创刊,1939年3月出至34期停刊。1940年1月复刊,又出了10期终刊。

《七月》 文艺周刊,以发表新诗为主,胡风主编。1937年9月11日创

刊于上海。创刊宗旨可在胡风写的代发刊词《愿和读者一同成长》中看出："在神圣的火线下面，文艺作家不应只是空洞的狂叫，也不应作淡漠的细描，他得用坚实的爱憎真切地反映蠢动着的生活形象。在这反映里提高民众底情绪和认识，趋向民族解放的总的路线。"10月16日迁汉，出第4期并改半月刊。1938年7月休刊，一年后，即1939年7月在重庆复刊。1941年10月被迫停刊。共出32期。《七月》团结了一批文学新人，现代文学史称之为"七月派作家群"和"七月诗派"，在文学和诗坛上享有盛誉。

《战时青年》 系中国学生救国会机关报，1938年1月在武汉创刊，半月刊。2卷1期1939年7月起迁至重庆出版，并改月刊，1940年9月又改为半月刊，并重编期号。1941年1月30日被迫停刊。

《中国青年》 月刊，1939年7月创刊于重庆，自第15卷1期1946年8月起迁至南京出版。1947年3月出至第15卷4期曾停刊。同年4月复刊，卷期另起。1948年4月出至新的第2卷第4期终刊。

《今日青年》 月刊，1939年12月创刊，1942年4月出至10期停刊。

《现代农民》 月刊，1938年10月创于成都，后迁至重庆，自8卷6期1945年起迁至上海出版。

《新音乐》 月刊，1940年1月1日创刊于重庆。李凌、赵沨主编，读书出版社发行，此刊大量刊载延安歌曲。1941年停刊。

《文学月报》 1940年1月15日创刊于重庆，孔罗荪编辑，读书出版社出版。1941年12月出至3卷3期停刊。

《耕耘》 季刊，生活书店出版，郁风主编。1940年4月在重庆创刊，8月停刊，出了2期。后迁至香港。

《学习生活》 半月刊，后改月刊，1940年4月13日在重庆创刊，赵冬垠、楚云主编，读书出版社发行。1943年5月出至4卷5期停刊。

《读书通讯》 半月刊，中国文化服务社主办。1940年5月1日创刊于重庆，宗旨是"集中全国专家，提倡读书运动，领导青年生活，指示求学途径，解除读书困惑"。自110期1946年起迁至上海。1948年10月停刊。

(五)《教育与职业》、《文化批判》、《文艺阵地》、《文史杂志》、《中国劳动》及其他

《教育与职业》 中华职业教育社主办,1917年11月在上海创刊,初双月刊,自17期起改为月刊。自192期1940年8月1日起迁至重庆出版。自201期1946年起迁回上海出版。

《教育心理研究》 季刊,重庆国立中央大学主办。1940年3月创刊。1945年6月出至3卷2期停刊。

《学生之友》 月刊,1940年6月创刊于重庆,1945年5月停刊,共出9卷。

《时代华侨》 半月刊,1940年7月创刊于重庆,11月停刊,出5期。

《前哨》 半月刊,中国出版社出版,1940年2月出版,只出了2期即停刊。

《教育与农业》 月刊,1939年3月创刊于重庆,6月出至1卷3期停刊。

《青年戏剧通讯》 月刊,1940年创刊于重庆,1942年2月出至19期停刊。

《文化批判》 月刊,1934年5月创刊于北平,自1935年起迁至南京出版,并改为季刊。抗战期间迁至重庆出版,1941年1月停刊。

《教育学》 月刊,重庆教育学月刊社编辑和出版,创刊时间不详,大约在1937年前后,1940年出至5卷1期停刊。

《文艺阵地》 生活书店出版,1938年4月16日创刊于广州,半月刊,16开本,茅盾主编,从第4期起,在上海秘密排印,运香港转运内地和东南亚发行。1938年12月20日茅盾离港经海防转昆明去新疆,自第19期起一度由楼适夷代主编,但仍具茅盾名。1939年夏,楼适夷去沪,《文艺阵地》亦移沪编辑。自第5卷起改为24开"丛刊"形式,月出一刊,署名茅盾、适夷主编。出版了第一、二辑,即七月号和八月号后休刊。1941年1月10日迁至重庆复刊,仍为月刊,茅盾主编。组织有编委会,编委有:茅盾、以群、艾青、沙汀、宋之的、章泯、曹靖华、欧阳山,实际情况是叶以群协助茅盾编辑。在重庆复刊

的第一册是6卷1期(总第51期)。出至1942年11月7卷4期(总60期)被迫停刊。1943年11月后至1944年3月,改出《文艺新辑》,3期后终刊。

《印刷造纸季刊》 1941年2月在重庆创刊,系重庆造纸专科学校主办。

《妇女月刊》 1941年11月创刊于重庆,自5卷1946年起迁往南京出版,1948年6月停刊。

《文史杂志》 半月刊,1941年1月在重庆创刊。1946年7月迁往上海。1948年3月迁往苏州,同年10月出至6卷3期终刊。此刊由文通书局出版发行。

《中国诗艺》 月刊,1938年8月在长沙创刊,旋停刊。1941年6月在重庆复刊,同年10月出至新的1卷4期停刊。

《中国劳动》 月刊,重庆中国劳动协会主办,1941年11月创刊,1945年10月停刊,共出8卷。

《国民教育指导月刊》 重庆市教育局主办,1941年8月创刊,1944年12月停刊,共出3卷。

《合作评论》 月刊,1941年1月创刊于重庆,自7卷1947年起迁往南京出版。1948年10月出至8卷10期停刊。

《银行界》 月刊,重庆银行业学谊励进会主办,1941年4月创刊,1943年6月出至2卷2期停刊。

《东北》 月刊。重庆东北问题研究社主办。1940年3月创刊于重庆,1942年4月出至第4卷停刊。

(六)《新评论》、《新认识》、《新建筑》、《文艺先锋》、《现代史学》及其他

《新评论》 半月刊,重庆新评论社主办,1940年1月创刊,自第7卷第1期1942年起改为月刊,后又改为双月刊、月刊。1945年3月停刊。

《新意识》 月刊,1938年9月创刊于上海,自7期起迁至重庆出版,1940年1月出至17期停刊。

《新政治》 月刊,1938年11月创刊,1946年5月出至9卷1期停刊。

《新认识》 半月刊,1936年9月创刊于上海,同年11月出至1卷6期停刊。1940年3月在重庆复刊，并改为月刊，1945年1月出至新的9卷6期停刊。

《新建筑》 双月刊，1936年10月创刊于广州，只出了4期就在1937年4月停刊，1941年5月在重庆复刊（改名《战时刊》），1949年8月终刊。在重庆期间出了10期。

《木刻阵地》 半月刊，中国木刻研究会1942年1月3日创刊于重庆。

《木刻艺术》 1941年9月由浙江丽水木刻艺术社创办，第2期起迁至重庆，由中国木刻研究会编辑并出版，曾停刊。1946年8月在上海复刊，出了2期后终刊。

《出版通讯》 月刊，1942年1月创刊，由国民党中宣部出版事业处编印，1943年6月出至2卷2期停刊。

《文艺先锋》 月刊，1942年10月10日创刊于重庆，由中央文化运动委员会主办，王进珊主编。其宗旨称"加强全国文艺界总动员，补充全国读者精神食粮，供给全国作家发表作品，促进三民主义文艺建设"。抗战胜利后迁往南京。1948年9月终刊。

《文坛》 重庆作家书屋发行。老舍等编，1942年创刊。1943年4月出至2卷1期停刊。

《现代史学》 季刊，国立中山大学史学研究会主办，1933年1月创刊于广州。抗战后停刊。4卷4期1942年3月起迁至重庆出版，1944年6月出至5卷3期停刊。

《国风》 半月刊，重庆中央周刊社出版。1942年11月创刊，1945年12月停刊，一共出版了49期。

《学术汇刊》 不定期刊，重庆国立中央研究院学术汇刊编委会编辑。1942年11月创刊，1944年12月出至1卷2期停刊。

《出版会报》 重庆中央出版事业管理委员会主办，1942年12月创刊，只出了一期。

《医学文摘》 双月刊，重庆中华医学会主办，1942年6月创刊，大约在1943年年中停刊。

(七)《新中华》、《现代妇女》、《东方杂志》、《文汇周报》、《中原》、《戏剧时代》及其他

《新中华》 半月刊,1933年1月10日在上海创刊。该刊系中华书局出版时间较长且具有一定影响的综合性刊物。最初由周宪文、钱歌川、倪文宙主持。设有论著、文艺、谈薮、新刊介绍、讽刺漫画、时论摘粹、半月要闻、通讯等栏目。主要撰稿人有陈望道、李石岑、钱亦石、章伯钧、王亚南、何思敬、胡乔木、钱俊瑞、薛暮桥、沈志远、千家驹等。1937年8月因战事出至5卷15期停刊。1943年1月1日在重庆复刊,改为月刊。金兆梓、章丹枫、姚绍华先后主编。出至6卷11期1946年1月起迁往上海出版恢复为半月刊,卷期另起。1951年12月出至新的4卷12期终刊。

《现代妇女》 月刊,系中共南方局妇女组主办,1943年1月1日创刊于重庆,曹孟君主编。1946年迁上海,1949年3月被查封。

《戏剧月报》 1943年1月创刊,五十年代出版社发行。设编委会,编委有郁文哉、陈白尘、陈鲤庭、凌鹤、曹禺、张骏祥、贺孟斧、赵铭彝、潘子农等。1944年4月终刊,出版了4期。

《健与力》 月刊,1938年创刊于香港,商务印书馆主办。因太平洋战争停刊,1943年1月在重庆复刊。抗战胜利后迁至上海,1947年出至6卷12期停刊。

《东方杂志》 中国历史最久的杂志之一,1904年3月在上海创刊,曾数次停刊。1943年4月又在重庆复刊。1946年10月迁回上海出版。1948年12月停刊,共出44卷。初为月刊,第17卷起改半月刊,第44卷又改月刊。

《文汇周报》 孙伏园主编,中外出版社出版,1943年5月创刊,1946年6月6卷12期起迁至上海出版。

《中原》 文艺理论月刊,郭沫若主编,群益出版社出版,1943年6月创刊于重庆。1945年10月出至2卷2期停刊。

《民族文学》 1943年7月7日创刊于重庆,陈铨主编,1944年1月出至1卷5期停刊。

《社会服务》 重庆中国社会服务事业协进会主办,创刊于1942年1月,

初期为季刊,1943年2月起改为周刊,期数另计。自1944年12月起改为年刊,旋即停刊。

《社会建设》 月刊,1944年7月创刊于重庆,1946年7月出至1卷5期停刊。1948年5月在南京复刊,1949年1月出至新的第9期停刊。

《出版界》 月刊,由中央图审会主办,徐蔚南为社长兼发行人。1945年3月停刊,共出13期。

《文化建设》 半月刊,重庆文化建设出版社出版。1943年8月创刊,1945年1月出至3卷1期停刊。

《文学》 月刊,1943年4月创刊于重庆,1944年11月出至2卷4期停刊;1945年8月复刊,只出了一期又停刊。

《现代华侨》 月刊,1940年5月在重庆创刊,1942年10月出至第3卷停刊。

《戏剧时代》 月刊,重庆中央青年剧社出版,洪深编辑,1943年11月创刊。1944年10月出至1卷6期停刊。

《民族公论》 月刊,重庆民族公论社出版,1939年12月创刊,1940年3月停刊,出了3期。

《民族生命》 半月刊,重庆民族生命社编辑。1938年4月创刊,同年10月停刊,共出版14期。

《自由导报》 原名《自由东方》,月刊,1943年11月创刊于重庆。1944年11月出至2卷3期停刊。1945年11月复刊,改现名并改为周刊,卷期另起。由自由导报社编辑。1946年6月出至新的2卷2期停刊。

《国民外交》 月刊,重庆中国国民外交协会主办,1943年3月创刊,1944年5月出至2卷1期停刊。

《社会科学季刊》 国立中央大学社会科学编委会编辑出版。1930年12月创刊于南京。1931年6月停刊,只出了二期。1943年11月在重庆复刊,卷期另起。1944年12月出至新的2卷1期停刊。

《社会教育辅导》 季刊,由重庆国立中央民众教育馆于1943年12月创办。1945年3月出至第4期停刊。

《社会经济月报》 1934年1月创刊于上海,自5卷8期1938年8月起迁至重庆,由重庆社会经济调查所出版。1939年2月出至6卷2期停刊。

《诗垦地》 月刊,1943年12月创刊于重庆,读书出版社出版。

《诗垦地》丛刊 年刊,重庆北碚诗垦地丛刊社编辑出版,主要撰稿人和编者有邹荻帆、冀仿、曾卓、绿原、姚奔等。1941年11月创刊,1946年7月停刊,出了6辑。第1辑《黎明的林子》,第2辑《枷锁与剑》,第3辑《秋的跃动》,第4辑《高原流响》,第5辑《滚滚集》,第6辑《白色花》。

(八)《宪政》、《民宪》、《中学生》、《社会卫生》、《中华农学会报》、《中华自然科学社社闻》及其他

《宪政》 月刊,黄炎培、张志让、杨卫玉创办,1944年1月1日创刊于重庆,由国讯书店印行。1945年6月停刊,共出17期。

《民主与世界》 月刊,1944年5月在重庆创刊,从第2期起改为半月刊。

《民宪》 半月刊,1944年5月16日创刊于重庆,为青年党机关报,左舜生主编。其《代发刊词》谈了该刊的主旨:"'为实现理想莫忘了现实',是说明我们希望大家对当前一切的问题,应多从事实上去推敲,千万不要空谈原则而流于意气,因为一流于意气,尽可以争到各走极端,……质言之,我们还是希望各方面继续发挥相忍为国的精神。第二点所谓'为广吸新知莫鄙视我们先民底遗产'……我们只是说明处在今天的中国,应该唤起大家有一种历史的回忆。……最后一点所谓'为急于求治莫凌乱了必遵的步骤'……今后既要建国,则必需树立规模,寻求条理,不可重蹈以往的覆辙。……今后我们在本刊底言论,大抵是由于一种不安的心情和责任感所流露出来的一些朴实的说法。"[1]1945年8月出至2卷3期停刊。同年9月,在广西八步续出东南版(月刊),出了3期,于同年11月停刊。

《民主世界》 半月刊,1944年5月在重庆创刊,自3卷1期1946年5月

---

[1] 《努力与思索》(代发刊词),《民宪》创刊号,1944年5月16日。

起迁往上海出版。同年12月出至3卷9期停刊。

《中学生》 上海开明书店于1930年1月创刊于上海,夏丏尊、金仲华、叶圣陶主编,抗战时先迁桂林,复刊,续出66期,曾一度改为战时半月刊,由叶圣陶、傅彬然主编。1944年7月迁至重庆,已在桂林印好的77期来不及运渝,12月在渝重印,从第78期在渝编辑发行。

《社会工作通讯》 月刊。1944年1月在重庆创刊,自3卷3期1946年3月起迁往南京出版,1948年8月停刊。

《社会卫生》 月刊,1944年6月创刊于重庆,一度停刊,自第2卷1946年起迁往上海出版。1947年12月出至2卷12期停刊。

《新使命》 月刊,1944年1月在重庆创刊,1945年6月出至2卷6期停刊。

《新学报》 周刊,重庆四川新学报社主办,1945年7月创刊,8月停刊,共出5期。

《时代纪录》 1944年6月创刊,7月停刊,共出3期。

《现代中国》 月刊,1944年11月在重庆创刊,只出了2期。

《中华农学会报》 月刊,原名《中华农学会丛刊》,1卷5期起改本名,1919年1月创刊于北京,自43期起迁往上海。自119期起在南京出版。164期起迁往重庆出版。自189期起迁回南京出版。1948年11月出至190期停刊。

《中华农学会通讯》 月刊,为《中华农学会报》副刊,1940年5月创刊于重庆,后迁往南京出版。1948年1月出至82期停刊。

《中华自然科学社社闻》 月刊。1931年8月在南京创刊,抗战期间迁往重庆。1941年7月出至57期一度休刊。1942年复刊,并改以15卷计算。1944年8月停刊,出至17卷2期。

(九)《中华法学杂志》、《中华英语》、《希望》、《中华论坛》、《再生》及其他

《中华法学杂志》 月刊。1930年由南京世界学院中华法学杂志社编,北平研究院发行。至1935年出版至第6卷。自1936年起改由中华民国法

学会编委会编,卷期号另起,旋于1937年停刊,这期间出了新的1卷。1938年在重庆复刊,卷号又另起。1946年又迁上海,由大东书局出版,卷期续前。1948年10月出至复刊后的7卷8期停刊。

《中华英语》 中华书局出版,1944年1月创刊,初为周刊,后改半月刊,1950年6月出至13卷停刊。

《中华图书馆协会会报》 双月刊,1925年6月创刊于北平,12卷6期后因七七事变停刊。1938年在昆明复刊。1940—1941年迁至成都出版。1942年起迁至重庆,抗战胜利后自重庆迁至南京出版。1948年5月出至21卷4期停刊。

《民治》 月刊,重庆民治月刊社出版,1944年11月创刊。1946年1月停刊,出5期。

《希望》 胡风主编,1945年1月在重庆创刊。实际上是《七月》的继续,编辑方针和风格和《七月》一致,仍以诗歌见长。主要作者为路翎、舒芜等人。在重庆出版了第1集的1—4期。自2集1期1946年5月起迁往上海出版,10月出至2集4期停刊。

《中华论坛》 半月刊,章伯钧主编。系中国第三党机关报,半月刊,1945年2月6日在重庆创刊,不久迁往上海。1946年12月出至2卷8期停刊。

第三党曾在抗战初期于武汉出版有《抗战行动》旬刊(1938年2月创刊,7月终刊)和《前进日报》,武汉失守,两刊同时停刊,一直未复刊,该党对此"遗恨之深,无逾于此"[①],到了1945年初,"当民主和平之世界大战逼近胜利之今日"[②],该党深愿:"吾人为国家为人民服务之言论,更有广大自由的天地,不仅吾人以往之所失者获光大发扬之机会,而全国人民必更能使自己的言论,宣达自己的意见,以维护民主,发扬民主"[③]。遂有《中华论坛》的创办。

《再生》 为中国国家社会党机关杂志。1932年5月创刊于北平。1937年3月起改为半月刊。1937年7月出至4卷9期,因抗战关系停刊。1938年

---

① 《发刊词》,《中华论坛》创刊号,1945年2月6日。
② 《发刊词》,《中华论坛》创刊号,1945年2月6日。
③ 《发刊词》,《中华论坛》创刊号,1945年2月6日。

10 月迁往汉口,后迁至重庆继续刊行。1940 年又改为旬刊。1945 年 8 月出版《革新》2 期。自 1938 年 10 月起期数另起。1946 年 3 月迁上海出版,改为周刊。1948 至 1949 年间,同时有上海版、广州版。1949 年 4 月停刊。

(十)《良友画报》、《文学新报》、《文学修养》、《民主政治》及其他

《良友画报》 月刊,上海良友印刷图书有限公司主办,1926 年 2 月创刊于上海,抗战期间曾停刊,1945 年 3 月 1 日在重庆复刊,1946 年 6 月停刊。

《文学新报》 半月刊,重庆文学新报社 1944 年 12 月创刊,1945 年出至 2 卷 4 期停刊。

《文学修养》 月刊,青年写作指导会编,1942 年 6 月在重庆创刊。1943 年 10 月起改由文学修养社编。1944 年 6 月出至 2 卷 4 期停刊。

《文哨》 月刊,重庆建国书局出版,1945 年 5 月创刊,10 月停刊,出 3 期。

《真理杂志》 双月刊,1944 年 1 月在重庆创刊,同年 10 月停刊,出 4 期。

《前线》 周刊,1945 年 4 月创刊,6 月停刊,出 5 期。

《民主政治》 月刊,1945 年 1 月创刊于重庆,同年 11 月出至第 7 期停刊。

《民主与科学》 月刊,1945 年 1 月创刊于重庆,同年 12 月出至 1 卷 12 期停刊。

《民主评论》 半月刊,1945 年 3 月创刊,5 月停刊,出 4 期。

《中华体育》 双月刊,重庆中华体育学会主办,1945 年 1 月创刊,7 月停刊,出 4 期。

《民心半月刊》 1945 年 9 月创刊于重庆,第 4 期起改月刊,同年 12 月停刊,出 5 期。

三、战时重庆的图书出版

战时重庆的图书出版,虽然有时由于执政当局控制过严,以及战时经济、环境等多种因素的影响,图书市场曾一度呈现萎缩,但总的看来是兴旺发达的,图书的出版并未由于战争而萎缩,相反地还有一定程度的发展。

据《民国时期总书目》(以下简称"总目")统计,1911—1949 年这段时间,不包括线装书、英文书、少数民族文学图书、少年儿童读物、图片、连环画,以及台湾和偏远省份出的书,民国时期出版图书的总数大致是 124040 种[1],曾以"总目"最早编成的《语言文学》、《外国文学》两个分册与 1935 年出版的平心所编的《生活全国总书目》(以下简称"全目")对比,"总目"的收书率大约为 90%。这样,民国时期出书的总数约在 136000 种,平均每年在 3580 种上下。抗战期间,上海、南京、武汉、广州等城市沦陷后,全国各地有许多出版单位迁集重庆,特别是太平洋战争爆发后,日军进占租界,中国最大的出版中心上海,图书生产遽降,于是重庆成为全国最大的出版中心。据中央图书杂志审查委员会调查统计,1942 年,重庆出版各类图书 1292 种,占全国总量的 33.3%。[2] 1943 年 1 至 6 月,重庆出版各类图书 878 种,占全国总数 2247 种的 39.07%。[3] 又据重庆市图书杂志审查处代处长陆并谦称:"1943 年后 3—8 月,重庆出版图书 1974 种,杂志 534 种,约占全国出版物的三分之一。"[4]这样看来:1942 年全国出书总数在 3875 种左右;1943 年上半年(1—6 月),全国出书总数约 2247 种,如果以一年算的话,总数也可能在 4400 种左右;1943 年 3—8 月的半年中全国出书总数多达 5922 种。都超出民国时期年平均出书种数。证明抗日战争时期,图书出版并未因战争而萎缩,相反地还有所发展,同时亦证实自 1942 年到抗日战争胜利前,重庆已成为全国的出版中心。

由于重庆是当时的政治、文化、经济中心,而且人才荟萃,因而战时重庆的图书出版形成了政治性读物多,学术性读物多,文艺性读物多的"三多"特点。从图书的形式来看,出书系统性强,采用丛书、套书的形式和采用易于结合实际又富有文艺性、娱乐性的剧本形式较多。在那样困难的战时环境下,重庆能出版那么多图书,而且,政治性、学术性读物还能拥有那么多的读者,反映了当时民众,特别是青年们,在抗日救亡的使命鼓舞下,高昂的进取精神,也反映了当时各派政治力量之间斗争的尖锐。

---

[1] 邱崇丙:《民国时期图书出版调查》,《出版史研究》第二辑,中国书籍出版社,1994 年 11 月。
[2] 转引自苏朝纲整理:《抗日战争时期重庆出版大事记》,《重庆出版史志》总第 5 期。
[3] 转引自苏朝纲整理:《抗日战争时期重庆出版大事记》,《重庆出版史志》总第 5 期。
[4] 转引自苏朝纲整理:《抗日战争时期重庆出版大事记》,《重庆出版史志》总第 5 期。

（一）战时重庆图书要目[①]

战时重庆出版的主要图书,由于各种原因,实际出版的图书要远多于这里所辑录的。

1. 国民党官办机构部分

正中书局书目

·丛书·

非常时期民众丛书	四辑 4 种	教育部民众读物审委会编辑	1938 年 11 月出版
青年基础知识丛书	16 种	由国民党中宣部邀请各学科专家组成编委会编辑	1941 年开始出书
少年航空常识	共 10 册	姚家栋编	1942 年出版
社会行政丛书	共 61 种	与文化服务社、中华书局、商务印书馆、社会建设月刊社合作出版	
重编《宋元明清四朝学案》	约 200 万字	宋元学案　陈训慈、段天炯、王宇高重编 元儒学案　华仲麐、蒋天格重编 明儒学案　李心庄重编 清儒学案　钱穆重编	
新中国教科书		共 500 多册,内含:初级中学 21 种,89 册;高级中学 21 种,83 册;简易师范 22 种,87 册;师范学校 30 种,83 册;六年制中学 25 种,133 册;小学课本及教学指导书各 6 种,共 64 册	
中国青年丛书	周佛海主编		
国防教育丛书	陈立夫主编		
国民说部	陈立夫主编		
外交丛书	吴颂皋主编		

[①] 辑录自叶再生著:《中国近代现代出版通史》,华文出版社,2002 年 1 月。

·单行本·

初级中学教科书	教育部审定,非常时期教育用书	1939年1月初版
高级中学教科书	教育部审定,非常时期教育用书	1939年1月初版
师范、乡师教科书	教育部审定,非常时期教育用书	1939年1月初版
简师简乡师教科书	教育部审定,非常时期教育用书	1939年1月初版
抗建读本 小学教科书	经教育部审定	1940年初版 销售100万册
国防算术 小学教科书	经教育部审定	1940年初版
中国哲学史	金公亮著	1941年初版
教育法令汇编第五辑	教育部编著	1941年初版
中华民国宪法草案说明	立法院编著	1941年初版
教育文化言论集	中宣部编著	1941年初版
大学科目表	教育部编著	1941年初版
民众教育馆	彭大铨著	1941年初版
总理地方自治遗教	县政计委会编	1941年初版
总裁地方自治言论	县政计委会编	1941年初版
五权宪法草案精义	陈长蘅著	1941年初版
个人卫生学	葛成慧著	1941年初版
小学兼办社会教育指导	白勤生著	1941年初版
新县制法规汇编第一辑	行政院编	1941年初版
游泳规则	体育会编制	1941年初版
女子户外垒球规则	体育会编制	1941年初版
法兰西的悲剧	中宣部编著	1941年初版
德国的实力	中宣部编著	1941年初版
历代征倭文献考	王婆楞著	1941年初版
网球规则	体育会编制	1941年初版
举重规则	体育会编制	1941年初版
政治学	陈之迈著	1941年初版
田径及全能运动比赛规则	体育会编制	1941年初版

续表

烟禁问题	李仲公等著	1941年初版
世界地理	胡焕庸著	1941年初版
怎样演出抗战戏剧	阎哲吾著	1941年初版
伦理学大纲	谢幼伟著	1941年初版
图书馆	蒋复璁著	1941年初版
助产学	葛成慧著	1941年初版
各级学校体育实施方案	教育部编	1941年初版
怎样组织县各级民意机关	陈念中著	1941年初版
欧美抗战故事集	周骏章著	1941年初版
宪政与地方自治	李宗黄著	1941年初版
西洋哲学史	李长之著	1941年初版
建国的儿童训练法	陈侠著	1941年初版
等太太回来的时候	丁西林著	1941年初版 1942年5月再版
韩非的政治哲学	洪嘉仁著	1941年初版 1942年5月再版
未来的美日战争	中宣部编著	1941年初版 1942年5月再版
国学常识问答	李侠文著	1941年初版 1942年5月再版
地方自治理论与实际	行政院县政计划委员会编著	1941年初版 1942年5月再版
忠的故事	韩德溥著	1941年初版 1942年5月再版
奥国的警察行政	黄东昇著	1941年初版 1942年5月再版
保健浅说	张查理著	1941年初版 1942年5月再版
儿童心理学	黄翼著	1941年初版 1942年5月再版
学校兼办社会教育	教育部编著	1941年初版 1942年5月再版
油桐与漆树	王一柱著	1941年初版 1942年5月再版
战斗在太行山底谷口	蒋山青著	1941年初版 1942年5月再版
边疆问题论文集	高长柱著	1941年初版 1942年5月再版
俾斯麦传	鹤见佑辅著 赵南柔译	1941年初版 1942年5月再版
地理与国防	教育部编著	1941年初版 1942年5月再版
怎样种菜	段抡莱著	1941年初版 1942年5月再版
抗战诗歌选	魏冰心著	1941年初版 1942年5月再版

续表

表演艺术论文集	国立戏剧学校编	1941年初版	1942年5月再版
军事心理	萧孝嵘著	1941年初版	1942年5月再版
情势变迁条款论	钟圣尧著	1941年初版	1942年5月再版
抗战日志(第一年)	管雪斋著	1941年初版	1942年5月再版
历代名贤御侮语录	刘千俊著	1941年初版	1942年5月再版
高中及其同等学校毕业生开学指导	教育部编著	1941年初版	1942年5月再版
飞机发动机原理	Walter Hintion 著 徐同邨译	1941年初版	1942年5月再版
面子问题(剧本)	老舍著	1941年初版	1942年5月再版
日食简说	陈遒妫著	1941年初版	1942年5月再版
历代名贤经武粹语	刘千俊编	1941年初版	1942年5月再版
县各级组织纲要要义	李宗黄著	1941年初版	
信的故事	韩德溥著	1941年初版	
德国的远东利益与远东政策	Kurt Bloch 著 沈锜译	1941年初版	
犹太人问题	Louis Goloing 著 林振镛译	1941年初版	
眼科护病学	毕华德著	1941年初版	
庚子义和团运动始末	吴宣易著	1941年初版	
小学低年级国语战补教材教学指引	教育部编著	1941年初版	
小学中年级国语战补教材教学指引	教育部编著	1941年初版	
小学高年级国语战补教材教学指引	教育部编著	1941年初版	
中国现行公库制度	杨骥著	1941年初版	
日本合作制度论	杨智著	1941年初版	
中国土地问题之统计分析	统计局编著	1941年初版	
西康综览	李亦人著	1941年初版	
地政机构之改造	高亨庸著	1941年初版	

续表

现代宪法问题	杜光埙著	1941年初版
新县制之理论与实际	张远谋著	1941年初版
三民主义精义（一、二、三）	范任宇著	1941年初版
体育场	吴邦伟著	1941年初版
国民教育法规汇编第一辑	教育部国民教育司	1941年初版
日本的罪状	沈锜著	1941年初版
六朝的时代学者之人生哲学	陈安仁著	1941年初版
民族女杰	沈蔚德著	1941年初版
革命诗文选	唐卢锋编	1941年初版
三项运动	训练委员会编	1941年初版
通辑书	残痕著	1941年初版
棉和麻	顾元亮著	1941年初版
国民教育通论	杨汝熊著	1941年初版
苏彝士运河	任美锷等译	1941年初版
教育实习	张楷著	1941年初版
救护	张查理著	1941年初版
太阳系	李锐夫著	1941年初版
实用肥料分析法	赵云梦著	1941年初版
合作指导	寿勉成著	1941年初版
俄国文学思潮	任钧译	1941年初版
宋平子评传	苏渊雷著	1941年初版
三民主义哲学思想之基础	周世辅著	1941年初版
制盐工程学	王善政著	1941年初版
六年制中学课程标准草案	教育部编制	1941年初版
战时教育	欧元怀等著	1941年初版
科学发明的新阶段	王达新译	1941年初版
童子军教育原理及方法	章辑五、吴耀麟著	1941年初版
乡村社会学纲要	童润之著	1941年初版
新中国盐业政策	何维凝著	1941年初版
蜡烛工业	王都著	1942年初版

续表

茶	戴龙孙著	1942年初版
惩治贪污法规则浅说	钱守伯著	1942年初版
从心理的观点谈人事问题	陈雪屏著	1942年初版
文章学纂要	蒋祖怡著	1942年初版
保甲长之任务	高亨庸著	1942年初版
战时之军需蔬菜	段抡第著	1942年初版
普通化学定性分析实验教程	薛愚著	1942年初版
优待出征抗敌军人家属法规浅释	章任堪著	1942年初版
近世有机化学	常伯华译	1942年初版
论中国战时遗产税	邓启农著	1942年初版
民众训练实施法概论	李桐冈著	1942年初版
童子军行政管理与活动教材	章辑五、昊耀麟著	1942年初版
哲学大纲	周辅成著	1942年初版
辩证唯物论之透视	周肖鸥著	1942年初版
印度民族史	吴绳海译	1942年5月初版
中国法律之批判	蔡枢衡著	1942年5月初版
县各级组织纲要	行政院编	1942年5月初版
怎样办理警卫	李士珍著	1942年5月初版
现代警察之理论与实际	郑宗楷著	1942年5月初版
公民教训实施法	相菊潭著	1942年5月初版
民众体育实施法	冯公智著	1942年5月初版
民众读物	老向著	1942年5月初版
耐隆与生丝之前途	王天予著	1942年5月初版
光电池及其应用	杨一侬著	1942年5月初版
现代应用文作法	庞翔勋著	1942年5月初版
红楼梦研究	李辰冬著	1942年5月初版
自由的兄弟（剧本）	江流著	1942年5月初版
抗战故事	魏冰心著	1942年5月初版
美国经济地理	胡焕庸著	1942年5月初版

续表

中国国防史略	沈青尘著	1942年5月再版
欧洲各国及日本之青年训练	陈柏青编	1942年5月再版
货币与物价	马咸译	1942年5月再版
家庭女子的社会生活	赵荣璇著	1942年5月再版
怎样教你的孩子	俞思进著	1942年5月再版
怎样造句(英文)	沈彬著	1942年5月再版
怎样作文(英文)	沈彬著	1942年5月再版
历代名人短笺	曹鹄雏编注	1942年5月再版
中学民族文选	余雪曼注	1942年5月再版
黑字二十八(剧本)	曹禺等著	1942年5月再版
我们的版图	胡焕庸等	1942年5月再版
行业组合论	刘文岛著	1942年6月初版
日本贸易	陈氏著	1942年6月初版
全国专科以上学校要辑	教育部编	1942年6月初版
高中复习数学	黄氏编著	1942年6月初版
苹果栽培法	孙云蔚著	1942年6月初版
内科学	乔树民著	1942年6月初版
动物的情爱	孙挺生译	1942年6月初版
仁爱的故事	韩德溥编	1942年6月初版
美的故事	澹竹编著	1942年6月初版
奥国英雄加富尔	王开基译	1942年6月重版
达尔文	苏易筑编	1942年6月重版
地理研究法	张印堂著	1942年6月重版
实用园艺	吴建时译	1942年6月重版
儿童训练经验谈	姚家栋著	1942年6月重版
儿童科学把戏	鞠孝铭著	1942年6月重版
家庭的化学家	余稀天译	1942年6月重版
家庭电学常识	俞公乾著	1942年6月重版
家庭经济	漆士昌著	1942年6月重版
家庭医事	葛成慧著	1942年6月重版

续表

女人的一生	桂质良著	1942年6月重版
活力(古今名人箴言)	唐树藩编	1942年6月重版
中国之命运	蒋中正著(陶希圣执笔)	1943年3月初版
法规汇编	国民党中央出版事业管理委员会编	1943年4月初版

国民图书出版社(又名国民出版社)书目

·丛书 文库·

国民常识通俗小丛书	1942年出版了20多种	
中国国民党政策丛书	朱子爽主编,分教育、劳工、外交、工业、土地、农业、财政、交通、粮食、边疆等10卷	由国民出版社与独立出版社合作出版

·单行本·

物价变动及其编制问题	李应兆著	1941年初版
国父关于粮食问题的遗教		1941年初版
四年来的美国远东外交	张忠绂著	1941年初版
总裁关于粮食问题的训示		1941年初版
征粮莫舞弊,舞弊要枪毙		1941年初版
综合哲学讲话	宋垣忠著	1941年初版
世界各国战时粮食管理之实施		1941年初版
财奴		1942年1月初版
外报舆论一般		1942年1月初版
新县制的理论		1942年1月初版
敌人在我沦陷区的经济掠夺		1942年1月初版
三民主义概述		1942年1月初版
总理遗教表解(翻印)		1942年1月初版
新县制的实施(翻印)		1942年1月初版
南明忠烈传	苏雪林著	1942年3月初版
革命先烈传记	党史会编	1942年3月初版

续表

太平洋战争之展望	刘光炎等编著	1942年3月初版
大地龙蛇	老舍著	1942年初版
青年的修养	吴之椿著	1942年初版
学术研究与国家建设	徐仲玉著	1942年初版
战时政治建设	蒋焕文著	1942年初版
中国国民党劳工政策	朱子爽著	1942年4月初版
建国大纲浅说	冯放民著	1942年4月初版
民族主义阐微	王叔惠著	1942年4月初版
新哲学漫谈	张铁君著	1942年4月初版
国家总动员法		1942年4月初版
中国出兵缅甸之神圣使命		1942年初版
四年来战争经过		1942年初版
如何防止走私		1942年初版
中国国民党党史概要初稿	党史史料编纂委员会编	1942年5月初版
建国途径	钱端升著	1942年5月初版
战鹰集	陈树人著	1942年5月初版
三民主义(藏文)上、中、下册	中国国民党组织部译	1942年5月初版
国父遗教	中宣部编	1942年5月初版
中国国民党党员须知		1942年5月初版
印度问题	王绍坊著	1942年6月初版
国家总动员要义	中宣部编	1942年6月初版
国家总动员法浅释	中宣部编	1942年6月初版
抗战第五周年纪念册	中宣部编	1942年6月初版

中国文化服务社书目

·丛书 文库·

青年文库	计划100种	1941年开始出书
民众读物	78种,教育部编	1940年开始出版
民众行政丛书		与正中、中华、商务等共同出版

・单行本・

答乡村建设批判	梁漱溟著	1941年2月初版
孙文主义总论	邵翼如著	1941年初版
青年之路	戴季陶著	1941年初版
德苏战争后之中共	时事问题研究社编著	1941年初版
日本社会内幕	王守伟著	1941年初版
逃出黑暗	吴奚真著	1941年初版
德国四年记	马沙托德著 吴道存译	1941年初版
兵役概论	程泾润著	1941年初版
战时人事制度述要	沈松林著	1941年初版
农业金融简论	王世颖著	1941年初版
在西北原野	冯清文著	1941年初版
世界公敌		1941年初版
欧洲外交之透视		1941年初版
中国古代史的传说时代	徐炳昶著	抗日战争时期

独立出版社书目

・丛书 文库・

中国国民党政策丛书	朱子爽主编，分教育、劳工、外交、工业、土地、农业、财政、交通、粮食、边疆等10卷	与国民出版社共同出版

・单行本・

西康地质调查旅行记	李承三著	1941年5月初版
民主政治与政治建设	董蒙圣著	1941年初版
社会事业与社会建设	孙本文著	1941年初版
战时技术人员训练	杜维涛著	1941年初版
战时的人民自由	易世芳著	1941年初版
总理遗教与抗战建国（上、中、下）	张九如著	1941年初版
战时政治之改进	萧文哲著	1941年初版

续表

自主外交论	陶钟浩著	1941年初版
湘北二次大捷		1941年初版
国民军训	王觉源、屠义方著	1941年初版
伤亡将士抚慰问题	方秋苇著	1941年初版
现行所得税改进论	杨骥著	1941年初版
中国新工业建设近世史观	刘阶平著	1941年初版
中国之合作事业	寿勉成著	1941年初版
盐务合作问题	景学铸著	1941年初版
战时农业政策	王兆新著	1941年初版
专卖制度之研究	高庆丰著	1941年初版
战时中国工业建设概论	刘阶平著	1941年初版
领袖的救国教育思想及其方法	盛克猷著	1941年初版
战时全国各大学鸟瞰	王觉源著	1941年初版
教育制度与教材	王镜清、钱安毅著	1941年初版
今日之内蒙	黎圣伦著	1941年初版
意大利抗战建国小史	襄弘著	1941年初版
波兰兴亡鉴	李长之著	1941年初版
中国近代统一运动	浦乃钧著	1941年初版
抗战史话	高越天著	1941年初版
中山先生传略	刘鸿焕著	1941年初版
捷克兴亡鉴	郎醒石著	1941年初版
法国革命史	卢逮曾著	1941年初版
新土耳其建国史	边理庭著	1941年初版
历代灾荒与赈济政策	王龙章著	1941年初版
二十年来之日本	李执中著	1941年初版
近代唯心论简释	贺麟著	1941年初版 1942年6月重版
马克思主义在欧洲	斯本格拉著 刘擅贵译	1941年初版
服务与人生	余家菊著	1941年初版
战时各国马克斯主义者是怎样的	周之鸣著	1941年初版

续表

现代哲学家的战之讴歌	吴建民著	1941年初版
唯物史观批判	毛起鵊著	1941年初版　1942年5月再版
保卫祖国(歌曲)	冼星海著	1941年初版
和平天使(剧本)	万迪鹤著	1941年初版
战士的手	谢冰莹著	1941年初版
双丝网(小说)	徐仲年著	1941年初版
表演技术论	陈治策著	1941年初版
过年(独幕剧)	赵清阁著	1941年初版
战时戏剧理论与实践	侯枫著	1941年初版
湖上曲(剧本)	骆文宏著	1941年初版
我们的游击队(剧本)	侯枫著	1941年初版
哀西湖(诗集)	杜长蘅著	1941年初版
星的颂歌(诗集)	李长之著	1941年初版
现阶段戏剧问题	胡绍轩、张惠民著	1941年初版
国旗	沈鉴著	1941年初版
蒋委员长访问印度纪要	独立出版社编	1942年3月初版
明代平倭三杰	蒋君章著	1942年3月初版
德意志的统一	郭良夫著	1942年3月初版
告德意志国民	非希特著　马来译	1942年3月初版
我们的国旗	毛起鵊著	1942年3月初版
国父纪念周	吴锡泽著	1942年3月初版
纳粹统治下之德意志	浦乃钧、彭荣仁译	1942年5月初版
外交行政制度研究	陈钟浩著	1942年5月初版
地方自治与自卫	竺允迪等著	1942年5月初版
编剧方法论	赵清阁著	1942年5月初版
科学之新趋势	严鸿瑶著	1942年6月初版
经济学说之危机	萧虞廷译	1942年6月初版
战时青年	沈于善等著	1942年6月初版
初期职业话剧史料	朱双云著	1942年6月初版
灵魂破碎的人	廛冰筠译	1942年6月初版

续表

中兴鼓吹	卢冀野	1942年6月再版

青年书店书目

国贼汪精卫	马彦祥著	1942年2月初版
世界公敌	熊佛希著	1942年2月初版
夏完淳	张光中著	1942年2月初版
孙文学说(心理建设)		1939年印行

拔提书店书目

步兵操典		
中国兵学大典		
中国名将传	王敬编撰	抗日战争时期出版
黄埔训练集		
曾胡治兵语录		
中国历代兴亡鉴	汪啸凡著	抗日战争时期出版

国民党中央宣传部书目

总理全书提要	叶青著	抗日战争时期重庆出版
总理遗教是精神动员兵法	叶青著	抗日战争时期重庆出版
三民主义目录及索引	杨端六著	抗日战争时期重庆出版
认识三民主义的先决条件	叶青著	抗日战争时期重庆出版
三民主义与共产主义的基本认识	张铁君著	抗日战争时期重庆出版
三民主义与共产主义	陶百川著	抗日战争时期重庆出版
三民主义之哲学的体系	刘炳藜著	抗日战争时期重庆出版
三民主义与大学	顾实著	抗日战争时期重庆出版
三民主义与抗战建国	吴曼君著	抗日战争时期重庆出版
三民主义与地方自治	孙澄方著	抗日战争时期重庆出版
三民主义与自由	叶青著	抗日战争时期重庆出版

续表

三民主义之完美	叶青著	抗日战争时期重庆出版
三民主义研究	张绚中著	
民族主义与国际主义	张铁君著	
民权主义与所谓新民主主义	张铁君著	
民生主义论战的总清单	张铁君著	
民生主义的真义	祝世康著	
民生主义之综合研究		
民生哲学与民生主义	胡秋原著	
民生史观研究	吴曼君著	
民生史观大纲	张太风著	
中山先生教育思想述要	杨亮功著	

（以上为"国父遗教研究丛书"）

· 单行本 ·

总理遗教（四册）	中宣部印行	1939年初版　1941年12月再版
中国历代贤豪传	教育部编辑	抗战时期重庆出版

中央政治学校研究部书目

国父遗教类编	分三辑。第一辑含哲学门、文化门、民族门、军政门、社会门、教育门、外交门、嘉言门等；第二辑包括政治门、五权宪法门、人民之权利义务门、政党门、革命门；第三辑包括经济门、金融门、币制与财政门、社会问题与社会政策门

军事委员会政治部和政治部第三厅书目

· 丛书　文库 ·

抗战小丛书	政治部第三厅编	前后编印约100种

· 单行本 ·

抗战二年	政治部第三厅编印	1939年初版

抗战三年	政治部第三厅编印	1940 年初版
抗战四年	政治部第三厅编印	1941 年初版
孙文学说	军委政治部印行	1939 年初版

中国编辑出版社书目

台儿庄胜利记（英文版）		1938 年 10 月初版
国民参政会（英文版）		1938 年 11 月初版

中央周刊社书目

总裁言论	中央宣传部编印	1939 年 11 月初版

全国慰劳总会与三青团书目

·丛书　文库·

士兵读物	共 5 类 24 种	1939 年 12 月初版

国立编译馆部定大学用书

据统计，国立编译馆从 1939 年度到 1947 年度，完成编译大学用书 250 种（部）[①]，现将部分付印出版的大学用书书目列后：

（甲）第一批编印之大学用书

书籍名称	著译人	承印书局	备注
中国通史要略 第一册 第二册 第三册	缪凤林	商务印书馆	特约
中国历史通论（远古篇）（春秋战国篇）	黎东方	商务印书馆	特约

---

① 教育部统计处报表汇编，《第二次中国教育年鉴》，商务印书馆，1948 年印行，第 1484 页。

书名	作者	出版社	备注
中国史学史	金毓黻	商务印书馆	
国史大纲（上、下册）	钱穆	商务印书馆	成书
大学国文选	朱自清 / 王焕镳 / 卢前 / 魏建功 / 黎锦熙 / 伍俶	正中书局	
大学英文选	朱光潜 / 梁实秋 / 李儒勉 / 潘家洵 / 范存忠 / 林天兰	正中书局	
中国政治思想史（第一册、第二册）	萧公权	商务印书馆	征稿
机械原理	刘仙洲	商务印书馆	成书
动物学	陈义	商务印书馆	征稿
理论化学实验	张江树	商务印书馆	征稿
民法总则	李宜琛	正中书局	特约
现行亲属继承法论	李宜琛	商务印书馆	成书
西洋政治思想史	孟云桥	正中书局	
国际公法	张道行	正中书局	征稿
国际私法纲要	翟楚	正中书局	征稿
民法亲属	赵凤喈	正中书局	征稿
教育心理学	萧孝嵘	正中书局	征稿
中国教育史	王凤喈	正中书局	征稿
化学战剂	陈时伟 / 左宗杞	正中书局	征稿

曲选	卢　前	商务印书馆	征稿
工程材料试验	吴柳生	正中书局	
广告学	吴铁声 朱胜愉	中华书局	
隋唐五代史（第一册）	兰文征	商务印书馆	
宋辽全史	金毓黻	商务印书馆	
中国现行主计制度	卫挺生 杨　骥	商务印书馆	征稿
土壤化学分析法	彭　谦	正中书局	
材料力学	王德荣	正中书局	征稿
英国文学史	柳无忌 曹鸿昭	商务印书馆	征稿
社会学原理（上、下）	孙本文	商务印书馆	成书
中国财务行政论	马大英	正中书局	
社会教育行政	钟灵秀	正中书局	
应用力学	吕　谌	正中书局	

（乙）第二批编印之大学用书

书籍名称	著译人	承印书局	备注
中国文字形义学	杨树达	商务印书馆	
词　选	唐圭璋	商务印书馆	
中国哲学史	冯友兰	商务印书馆	
微分几何	周绍濂	商务印书馆	
变分学	黄绿芬译	商务印书馆	
气象学	朱炳海	商务印书馆	
生理心理学	胡寄南	商务印书馆	
天气预告	卢　鋈	商务印书馆	
椭圆函数论	赵进义	商务印书馆	
复变数函数论	赵进义	商务印书馆	
曲面几何	周绍濂	商务印书馆	

书名	作者	出版社	备注
电磁学实验	周衍柏	商务印书馆	
军用毒气化学	王治焯	商务印书馆	
近代无机化学	吴中枢	商务印书馆	
有机化学	温　畅　沈宏康	商务印书馆	
家畜饲养学	汪德章	正中书局	
棉作学	孙逢吉	正中书局	
机织学	蒋乃镛	正中书局	
应用空气动力学	庄前鼎　顾逢时	商务印书馆	
交流电路	陈宗善	正中书局	
织纹组合学	蒋乃镛	商务印书馆	
内燃机	梁守槃	正中书局	
热力工程	刘仙洲	正中书局	
木工	高良润	正中书局	
工程力学	陆志鸿	商务印书馆	成书
交流电路	萨本栋	正中书局	
飞机性能学	柏实义	正中书局	
汽轮机学	李挺芳	正中书局	
热机原理	赵国华	正中书局	
飞机动力学	柏实义	正中书局	
机动力学	陈宗悌译	正中书局	
木材构造设计	杨耀乾　顾宜孙	正中书局	
无线电工程原理	班冀超	正中书局	
银行学	刘全忠	正中书局	成书
数理统计	赵希献	商务印书馆	
人体寄生虫学	姚永政	中国政学会	
生物学	陈义	商务印书馆	

人体解剖学	王仲侨	商务印书馆
政府会计	吴德培	商务印书馆
高等微积分	赵访熊	商务印书馆
欧洲地理	邹豹君	商务印书馆
历代英诗选	余坤珊 谢文通	商务印书馆
实用微积分	萨本栋 郑曾同 杨龙生	商务印书馆
牧草学	王 栋	商务印书馆
造林学原论	陈 植	
积分方程式	蒋克贤	
脊椎动物发生学	朱 洗	
黏土层沉陷理论	周宗莲	
中国音韵学	王 力	
机械设计	李一匡	

2. 中共领导的出版社及其化名出版机构部分

生活书店书目

· 丛书　文库 ·

新中国学术丛书	5种,沈志远主编	1939年3—9月上海、重庆出版
世界名著译丛	8种	1937年12月—1940年11月上海、重庆版
战时通俗读物乙种	10种,通俗读物编刊社编	1938年7月—1939年10月重庆、汉口版
大众读物乙种	通俗读物编刊社编 江陵主编	共17种,1937年12月开始出书,内9种在重庆初版
社会科学初步丛刊	5种	1939年11月—1941年4月

· 单行本 ·

蒋委员长抗战言论集	程契生著	1939年3月初版,中宣部以"不合版本要求"查禁
雇佣劳动与资本	马克思著　沈志远译	1939年8月重庆版
我们对于五五宪章的意见	全民抗战社编	1940年4月重庆版
宪政运动论文选集	邹韬奋等著　全民抗战社编	1940年2月重庆版
宪法论初步	潘念之著	1940年7月重庆版
事业管理与职业修养	邹韬奋著	1940年11月重庆版
社会史简明教程	邓初民著	1940年11月重庆版
论鲁迅	茅盾、适夷编	1940年8月重庆版
南行杂记	胡愈之著	1940年1月重庆版
苏联的民主	[苏]斯隆著　邹韬奋译	1939年5月重庆初版
政治经济学论丛	马克思、恩格斯著　王学文、何锡麟、王石巍译	1939年4月重庆出版
货币	[苏]伯莱奥布拉绳斯基著　陶达译	1940年1月重庆初版
农业	[苏]布雪·梭格洛夫著　陈洪进译	1940年5月重庆初版
丁郎约三事	许里著	1939年10月重庆版
献金台	效丁著	1939年10月重庆版
游击队割庄稼	效丁著	1939年10月重庆版
孩子投军	方白著	1939年10月重庆版
戚继光平倭记	方白著	1939年10月重庆版
史可法守扬州	乃堂著	1939年10月重庆版
十三条好汉	方白著	1939年10月重庆版
筑路先锋	方白著	1939年10月重庆版
范筑先聊城殉国	林舒著	1939年10月重庆版
血印和尚	周文著	1939年10月重庆版
游击队的母亲(独幕剧)	于里丁、曾克著	1940年6月重庆版
经济学初步	赵冬垠著	1939年12月重庆版
经济危机论初步	关梦觉著	1940年3月重庆版

续表

现代战争论初步	华少峰著	1940年5月重庆版
思想方法论初步	胡绳著	1941年2月重庆版
反杜林论	恩格斯著 吴理屏(吴黎平)译	1939年5月重庆出版
帝国主义——资本主义的最高阶段	列宁著 王唯真译	1939年7月重庆出版
战争途中的日本	思慕著	1939年4月重庆版
慕尼黑会议后的世界	[美]R. Dell等著 张弼等译	1939年5月重庆初版
水火之间	茅盾、适夷编	1940年7月重庆初版
演技六讲	[苏]李却·波里士拉夫斯基著 郑君里译	1940年1月重庆初版
五大哲学思潮	[苏]卢波尔等著 李申谷译	1939年3月重庆初版
近二十年中国文艺思潮论	李何林编著	1939年3月重庆初版
新政治学大纲	邓初民著	1939年3月重庆初版
台儿庄之战(五幕剧)	王莹等执笔	1939年5月重庆版
论抗战戏剧运动	郑君里著	1939年3月重庆版
太平洋军事地理	蒋震华著	1939年3月重庆版
近代中国经济史	钱亦石编著	1939年4月重庆版
中国政治史讲话	钱亦石著	1939年4月重庆版
以孙子兵法证明日本必败	李则芬著	1939年5月重庆版
中国哲学史纲要	向林冰著	1939年9月重庆版
大众射击与兵器知识	钱石坚著	1939年10月重庆版
什么是新启蒙运动	张申府著	1939年11月重庆版
汪精卫卖国的理论与实践	钱俊瑞著	1939年11月重庆版
大英帝国的动向	[英]勃立福尔脱著 严可译	1939年3月重庆版
苏联工人的生活	黄文杰、吴敏译	1939年3月重庆版
列强军力论	[德]马克思·威尔纳著 宾符等译	1939年12月重庆初版
苏联经济新论(附苏联资本主义化问题论战)	[英]莫礼士·多布著 梁纯夫译	1940年12月重庆初版
战争论笔记	列宁著 平生译	1940年12月重庆初版
抗日根据地鲁西北区	姜克夫著	1939年重庆出版

续表

我们怎样为抗日复土而奋斗	赵侗著	1939年重庆出版
凤凰城(四幕剧)	吴祖光著	1939年1月重庆版
黄花岗(四幕六场革命历史剧)	广东戏剧协会集体创作，胡春冰、夏衍等七人执笔	1939年3月重庆版
泥淖集(抗战诗集)	臧克家著	1939年3月重庆版
突击(三幕剧)	塞克等著	1939年3月重庆版
为自由和平而战(独幕剧)	王为一著	1939年3月重庆版
五台山下	刘白羽著	1939年3月重庆版
歼灭(三幕剧)	塞克等著	1939年4月重庆版
宣传(独幕剧)	王为一著	1939年4月重庆版
战斗(五幕剧)	章泯著	1939年4月重庆版
运河的血流	张天虚著	1939年6月重庆版
帕米尔高原的流脉	杨朔著	1939年8月重庆版
新生代(第一部:"一二·九")	齐同著	1939年9月重庆版
黄花曲	光未然作词 田冲配曲	1939年10月重庆版
最初的失败	陈迩冬著	1940年1月重庆版
黄河(新型大合唱)	冼星海作曲 光未然作词	1940年7月重庆初版
流亡三部曲·流亡曲	江凌作词 雪丁制谱 雪丁、叶琼等编剧	1940年7月重庆初版
旷野	艾青著	1940年9月重庆版
鞭(五幕剧)	宋之的著	1940年11月重庆版
割弃	文若著	1940年12月重庆版
铁流	A.绥拉菲摩维支著 曹靖华译	1940年7月重庆版
北线巡回	[英]杰姆斯·贝特兰著 方琼凤译	1940年6月重庆初版
苏联作家七人集	[苏]拉甫列涅夫等著 曹靖华译	1939年8月重庆版
死敌	曹靖华、尚佩秋编译	1939年11月重庆版
我是劳动人民的儿子	[苏]卡达耶夫著 曹靖华译	1940年8月重庆版
在北极	[苏]巴巴宁著 礼长林译	1941年11月重庆初版
倭营历险记	房沧浪著	1939年3月重庆版

续表

被俘百日记	陶陶然著	1939年10月重庆版
战地一年	胡兰畦等编著	1939年3月重庆版
战时新闻工作入门	中国青年记者学会编	1939年3月重庆版
宪政运动参考材料（第1辑）	全民抗战社编	1939年11月重庆版
欧局与远东	杜若君著	1939年12月重庆版
宪政运动参考材料（第2辑）	全民抗战社编	1940年1月重庆版
激流中的水花	邹韬奋主编　全民抗战社编	1940年4月重庆版
学习的理论与实践	寒松编	1940年7月重庆版
一个英雄的经历	司马文森著	1940年7月重庆版
写作方法入门	孙起孟著	1938年7月重庆版
从防御到反攻	张友渔等	1943年9月重庆版
暴风雨的前夜	张友渔等	1943年10月重庆版
六年来的美国远东政策	邵宗汉译	1939年5月重庆版
哲学译文集	学术研究会编　沈志远、高烈等译	1940年7月重庆初版
苏德战争中的战略与战术	[苏]瓦图丁等著　任芳华译	1943年6月重庆出版

读书出版社（读书生活出版社）书目

·丛书　文库·

大众艺术丛书		1940年6—8月重庆版
文学月报丛书（4种）	文学时报社编	1941年11月—1943年1月重庆出版
新音乐丛刊（3种）		1940年8月—1941年7月重庆出版

·单行本·

社会主义与战争	列宁著　徐冰译	1940年2月重庆版
苏联音乐	李绿水、赵沨编	1941年7月重庆版
列宁传	[苏]凯尔任采夫著　企程、朔望译	1942年2月重庆初版

续表

给初学写作者（高尔基文艺书信集）	高尔基著　以群译	1941年5月重庆初版
文艺漫笔	罗荪著	1942年5月重庆版
漫画自选集	张谔绘著	1942年1月重庆版
平汉路工人破坏大队的生产	柯仲平朗诵诗	1940年6月重庆版
怎样研究资本论	J.亚尔帕里著　许涤新译	1940年8月重庆初版
胜利与和平（展望旧金山会议）	乔木、茹纯、舒翰著	1945年5月重庆版
民众戏曲集	马健翎著	1945年5月重庆版
我是初来的	钟瑄等著　胡风选编	1943年10月重庆版
油船"德宾特"号	［苏］克雷莫夫著　曹靖华译	1941年11月重庆初版
从暴风雨里所诞生的	［苏］奥斯特洛夫斯基著　王语今译	1943年1月重庆初版
反攻（星海歌曲集）	冼星海著	1940年8月重庆版
经济学读本	王达夫著	1940年3月重庆版
怎样写剧	田禽著	1940年3月重庆版
怎样讲演	孟起著	1940年9月重庆版
东京的统治者（日本现政权研究）	张友渔著	1944年3月重庆初版
苏联内战史	［苏］拉比诺维契著　胡明译	1939年12月重庆初版
中国及其未完成的革命	［美］H.普拉特著　蒋天佐译	1939年12月重庆初版
战斗入门	［德］克劳塞维茨著　秋平译	1940年2月重庆初版
怎样把日本武装干涉者赶出远东	古柏尔曼著　常彦卿译	1940年4月重庆初版
精神分析学与马克思主义	［英］奥丝本著　董秋斯译	1940年6月重庆初版
统计学与辩证法	［苏］斯密特著　郑权译	1940年9月重庆初版
科学的艺术论	苏联康敏学院文艺研究所编　适夷译	1940年10月重庆初版
社会主义与资本主义	［苏］瓦尔加·卡宾斯基、米力克斯著　宣太芽译	1941年5月重庆初版
殖民地附属新历史（上卷，4册）	古柏尔等著　吴清友译	1941年5月重庆初版（1—3册）

续表

人怎样变成巨人（上册）	[苏]伊林、谢加尔著　什之译	1942年1月重庆初版
今日之美国	任重编译	1944年3月重庆版
苏联名歌集	陈原编译	1942年3月重庆版
南洋各国论	叶文雄、冲矛编译	1944年5月重庆版
日本民权运动史	[日]平野义太郎著　韩幽桐译	1944年9月重庆版
边风录	巴人著	1943年2月重庆版
广源轮（三幕剧）	郑奇虹著	1944年9月重庆版
郁雷（一名宝玉与黛玉，四幕悲剧）	朱彤改写	1944年4月重庆初版
上海——罪恶的都市（节译本）	[俄]韦尔霍格·拉特斯基著　什之译	1941年2月重庆初版
大路之歌	[美]W.惠特曼著　高寒译	1944年3月重庆初版
两个活的和一个死的	[挪威]E.殷克曼著　倪明译	1944年8月重庆初版
海陆空风云人物（欧亚非战场名将剪影）	叔寒编	1944年3月重庆初版
陕公生活	陕北公学集体创作　陕公同学会编	1939年4月重庆初版
哲学门外谈	麦园著	1941年1月重庆版
辩证法唯物论辞典	[苏]米定、易希金柯编著　平生、执之、乃刚、麦园译	1939年12月重庆初版

新知书店书目

·丛书　文库·

世界文学集丛	3种	1943年5月—1946年2月版

·单行本·

演员自我修养	斯坦尼斯拉夫斯基著　郑君里、章泯译	1943年7月重庆初版
前线（三幕五景）	[苏]A.E.考纳丘克著　聊伊译、戈宝权校序	1944年11月重庆出版
忙里偷闲	[美]克罗泽尔等著　李霁野译注	1944年6月重庆初版

续表

抗战中的世界大势	史枚著	1939年2月重庆版
时间,前进呀	[苏]卡泰取夫著　林淡秋译	1943年5月重庆出版
死后	[苏]班菲罗夫等著　王元译	1944年3月重庆初版
我怎样学习写作	[苏]高尔基著　戈宝权译	1945年8月重庆初版
辩证法唯物论入门	胡绳著	1938年8月重庆版
小夏伯阳	[苏]茅基莱福斯卡娅著　金人译	1943年6月重庆初版
铁木儿及其伙伴	[苏]葛达尔著　桴鸣译	1943年9月重庆初版
战时宣传资料(第四集)	中国农村经济研究会编	1939年1月重庆初版

新华日报社书目

·丛书　文库·

新群丛书	(第17种在汉口出版,自18种起在重庆出版)

·单行本·

论抗日民族统一战线的发展、困难及其前途	博古著	1938年11月初版
论新阶段	毛泽东著	1938年12月初版
动员全体人民参加抗战	凯丰著	1938年12月初版
中共六中全会决议和宣言	凯丰著	1938年12月初版
十月革命的经验与中国抗战	林祖涵、凯丰著	1938年12月初版
第二届参政会特辑	新华日报馆	1939年1月初版
战略与策略	解放社编译	1939年2月初版
国际无产阶级和人民反对法西斯的统一战线(慕尼黑会谈后)	凯丰、宝权合译	1939年3月初版
中国人民英勇抗战的两周年	凯丰著	1939年9月初版
关于苏联共产党(布)中央委员会工作的总报告	斯大林著,戈宝权译,博古校阅	1939年9月初版
国际形势与反法西斯运动	曼努意斯基著	1939年9月初版

续表

发展苏联国民经济的第三个五年计划的决议	莫洛托夫著　戈宝权译	1939年9月初版
关于联共(布)党章的修改报告	日丹诺夫著　凯丰译	1939年9月初版
关于联共(布)党章的修改决议	日丹诺夫著　凯丰译	1939年9月初版
论苏联红军的现状	伏罗希洛夫著　黄文杰译	1939年9月初版
哲学选辑	艾思奇辑	1939年12月初版
辩证唯物论与历史唯物论	斯大林著　博古译	1939年初版
马恩与马克思主义	列宁著　柯柏年、王石巍、吴黎平译	1940年2月初版
列宁选集(三、五、七—十、十二、十三卷)	新华日报馆	1940年2月按解放社版印行
反对党八股	毛泽东著	1942年初版
六月在顿河	爱伦著　戈宝权译	1942年初版
论联合政府	毛泽东著	1945年7月初版
怎样自我学习	郭沫若著	1945年初版
坚持河北抗战与巩固团结	彭德怀著	
形势比人还强	于怀著	1943年11月初版

国讯书店书目

· 丛书　文库 ·

国讯丛书	共4种　陈北鸥主编	1941年10月至1944年2月重庆出版
国讯文艺丛书	5种　茅盾主编	1943年10月至1944年10月重庆出版

· 单行本 ·

蜀南三种	黄炎培著	1941年10月重庆版
抗战以来	黄炎培著	1942年5月重庆版
中华复兴十讲	黄炎培著	1944年1月重庆版
宪政基础知识	陈北鸥著	1944年2月重庆版
飞花曲	冼群著	1943年10月重庆版

续表

钢铁是怎样炼成的(上卷)	[苏]奥司托洛夫司基著,弥沙译	1943年10月重庆初版
光绪亲政记(清宫外史第一部)	杨村彬著	1943年10月重庆初版
光绪变政记(清宫外史第二部)	杨村彬著	1944年4月重庆初版
好望角	[荷]海哲曼斯著　袁俊译	1944年3月重庆初版
托尔斯泰传(1—3部)	[英]阿尔麦·莫德著　徐迟译	1944年1—10月重庆初版
近代经济学说史大纲	沈志远著	1944年12月重庆版
放逐交响乐	禹仲琪著	1942年8月重庆版
鼓风炉旁四十年	[苏]伊凡·柯鲁包夫著　曼斯译	1943年11月重庆初版
人事管理之理论与实际	夏邦俊著	1944年4月重庆版
做人做事经验谈	秦翰才著	1944年11月重庆版

峨眉出版社书目

·丛书　文库·

抗战建国丛刊	现见3种	1944年1—6月重庆出版

·单行本·

且介亭杂文末编	鲁迅著	1942年7月重庆出版
且介亭杂文二集	鲁迅著	1943年1月重庆出版
花边文学	鲁迅著	1943年6月重庆初版
且介亭杂文集	鲁迅著	1943年8月重庆初版
三闲集	鲁迅著	1944年4月重庆初版
火的云霞(十年诗存)	吕荧著	1944年5月重庆初版
霜花	薛汕著	1945年3月重庆初版
沙多霞(苏联抗战诗歌选)	[苏]江布尔等著　黄药眠译	1944年6月重庆初版
国际与外交	张志让等著	1943年10月重庆初版
中鱼集	沈钧儒等著　沈叔羊编	1944年12月重庆初版
欧洲地下火	石啸冲等编译	1944年1月重庆出版

续表

中国历史研究法	吴泽编	1942年9月重庆初版
民主与宪政	张申府等著	1944年1月重庆初版
中国经济的现状与对策	沈志远编著	1944年3月重庆初版
法与宪法	韩幽桐编著	1944年6月重庆初版
国画六法新论	沈叔羊著	1944年6月重庆初版
英语文法简明教程	周光耀编	1944年9月重庆初版

立信会计图书用品社书目

·丛书 文库·

立信商业丛书	12种 潘序伦主编	1942年4月—1948年1月重庆出版

·单行本·

中华银行会计制度	顾准著	1941年2月重庆初版
审计学	顾洵、唐文瑞编	1941年7月重庆初版
政府审计原理	蒋明祺编著	1941年12月重庆初版
成本会计教科书	潘序伦编	1942年1月重庆初版
陀氏成本会计(上、下册)	[美]多尔等著 施仁夫译	1942年1月重庆初版
会计数学	李鸿寿、莫启欧编译	1942年4月重庆初版
政府审计实务	蒋明祺著	1942年8月重庆初版
劳氏成本会计	[美]劳伦斯著 潘序伦译	1942年2月重庆初版
公有营业会计	余肇池编	1943年3月重庆初版
奖励法规	立信会计师重庆事务所编	1944年4月重庆初版
决算表之编制及内容	黄组方著	1944年4月重庆修订版
会计学(1—4册)	潘序伦著	1944年4月重庆出版
政府会计人员手册	汪元铮编著	1944年4月重庆初版
商业常识(立信商业教科书)	陈文、张英阁编	1942年4月重庆初版
商业应用文作法	庞翔勋编著	1942年12月重庆初版
财政学概论	王延超编著	1943年2月重庆初版

续表

货币学	陈绍武著	1943年7月重庆初版
银行实务概要	王澹如著	1943年8月重庆初版
公司实务	郑世贤编著	1944年1月重庆初版
国家经济学原理	[德]笛尔著 林和成译述	1944年2月重庆初版
广告学	丁馨伯著	1944年5月重庆初版
商业概论(上、下册)	陈文编著	1944年5月重庆初版
银行学	金天锡、陈颖光、安乐岩编译	1944年8月重庆初版
投资学	任福履编著	1944年12月重庆初版
工商业管理法规	立信会计师重庆事务所编辑	1943年2月重庆初版

自强出版社书目

丰饶的原野(第一部,春天)	艾芜著	1945年5月重庆初版
伪装的爱情——轻率和幸福	[法]巴尔扎克著 诸侯译	1943年10月重庆初版
悲惨世界(第一部,上下册)	[法]雨果著 微林译	1944年10月重庆初版
故乡	艾芜著	1945年重庆出版

妇女生活社书目

回忆鲁迅先生	萧红(张乃莹)著	1940年4月重庆初版

文津出版社书目

欧洲反法西斯的民主运动	石啸冲著	1944年10月重庆初版

自学书店书目

·丛书 文库·

青年自学丛书	3种	1942年1月—1943年11月版

· 单行本 ·

| 文学底基础知识 | 以群著 | 1943 年 11 月重庆出版 |

生生出版社书目

走向民主——宪法与宪政	韩幽桐著	1944 年 4 月重庆初版
中国宪政论	张友渔著	1944 年 6 月重庆初版
论第一战场	马克思·威尔纳著	1944 年 3 月重庆初版
时代的智慧	[法]法郎士、[俄]契可夫等著，徐蔚南辑译	1944 年 6 月重庆初版
战时中国的物价问题	寿进文著	1944 年 12 月重庆初版

文林出版社书目

· 丛书　文库 ·

| 苏联抗战文艺连丛 | 2 种 | 1942 年 1—6 月重庆出版 |
| 文学集丛 | 5 种,罗荪编 | |

· 单行本 ·

屈原	郭沫若著	1942 年 3 月重庆初版
马门教授	[德]沃尔夫著,萧三译	1942 年 4 月重庆初版
剥去的面具	曹靖华编	1942 年 1 月重庆初版
天方夜谭	曹靖华编译	1942 年 6 月重庆初版
光荣(三幕八场)诗剧	[苏]古舍夫著　萧三译	1942 年 11 月重庆初版
赫曼与窦绿苔	[德]歌德著　郭沫若译	1942 年 4 月重庆初版
新木马计(四幕剧)	[德]华尔夫著　孟十还等译	1942 年 7 月重庆初版
金菩萨	欧阳凡海著	1942 年 5 月重庆初版
恶魔及其他(莱蒙托夫选集一)	[俄]莱蒙托夫著　穆木天等译	1942 年 9 月重庆出版
三姊妹(四幕剧)	[俄]紫霍甫著　曹靖华译	1942 年 9 月重庆初版
香港之战	华嘉著	1942 年 3 月重庆初版

学习生活社书目

·丛书　文库·

学习生活小丛书		

·单行本·

我的诗生活	臧克家著	1943年1月重庆初版

学术出版社书目

家庭私有财产及国家之起源	恩格斯著,张仲实译	1941年2月重庆出版
论民族形式问题	胡风著	1941年4月重庆初版

文阵社书目

哈罗尔德的旅行及其他	拜伦、雪莱等著　袁水拍、方然等译	1944年2月重庆初版

新光出版社书目

日常英语交际会话	陈浩编	1944年1月重庆初版

实学书局书目

少年文范（高小初中国文补充读物）	严焕之编	1944年1月重庆再版
英语分类词汇	陈原编	1944年10月重庆三版
古今名文精选（初编、续编、中学国文补充读物）	郭怀人编	1944年5月重庆初版

中苏文化协会编译委员会书目

天蓝色的信封	［苏］扎米雅金等著　铁弦译	1942年12月重庆初版
复仇的火焰	［苏］巴甫林科著　茅盾译	1943年6月重庆初版
丹娘	傅学文编译	1943年3月重庆初版

(三)民办书局部分

商务印书馆书目

·丛书 文库·

大时代文艺丛书	王平陵主编	1941年2月版
大学丛书		在重庆继续出版
中苏文化协会社会科学丛书		在重庆继续出版
中学文库	共400册	

·单行本·

新人生观	罗家伦著	1942年3月初版
新理学	冯友兰著	1944年初版
野玫瑰	陈铨著	1942年3月初版
现代中国社会问题	孙本文著	1942年7月初版
论理古例	刘奇著	1942年7月初版
行政效率研究	萧文哲著	1942年9月初版
中国文法要略(上卷)	吕叔湘著	1942年初版
中国通史要略	缪凤林著	抗日战争时期出版
中夏民族与百越系统考	郑鹤声著	抗日战争时期出版
苏联	西门宗华著	1942年初版
苏联建国史	西门宗华著	1942年初版
苏联地理	吴清友著	1942年初版
经济学概论	马寅初著	1943年2月初版
逻辑	金岳霖著	1943年2月初版
大学一年级英文教本	陈福田著	1943年2月初版
普通物理学	萨本栋著	1942年2月初版
社会哲学	姜蕴刚著	1942年2月初版
生死恋	赵清阁著	1942年2月初版
中国孤儿	张若谷著	1942年2月初版
户口普查条例诠解	吴顾毓著	1942年2月初版
精读指导举隅	叶绍钧、朱自清著	1942年2月初版

续表

苏俄的新剧场	赵如琳译	1942年2月初版
国际问题辞汇	杨历樵、蒋荫恩译	1942年2月初版
货币与银行	杨端六著	1942年2月初版
日本开化小史	叙荪译	1942年4月初版
粮食增产问题	饶荣春著	1942年4月初版
中国劳工运动史（上册）	马超俊著	1942年4月初版
战时社会救济	陈凌云著	1942年4月初版
成功哲学	马尔腾著　李泉鑫译	1942年4月初版
事业成功之路	摩根、韦勃合著　菁扬译	1942年4月初版
统计学大纲	金国宝著	1942年4月初版
国史大纲	钱穆著	1943年4月初版
经济学原理	张兴九著	1943年4月初版
机械原理	刘仙洲著	1943年4月初版
工程力学	陆志鸿著	1943年4月初版
都市计划学	陈训烜著	1943年4月初版
中国哲学史	冯友兰著	1943年4月初版
大学初级法文	邵可倡著	1943年4月初版
实用工商统计	休和成著	1943年4月初版
水力学	张含英著	1943年4月初版
唐代政治史述论稿	陈寅恪著	1943年6月初版
中国历史通论·远古篇	黎东方著	1943年8月初版
王云五新词典	王云五著	1944年初版
清代学者著述表	萧一山著	1944年初版
中国现代语法	王力著	1944年初版
新原人	冯友兰著	1944年初版
致知篇	斯宾诺沙著　贺麟译	1944年初版
普式庚论集	李崴等译	1944年初版
咆哮山庄	梁实秋译	1944年初版
周秦两汉文学批评史	罗根泽著	1944年4月初版
隋唐文学批评史	罗根泽著	1944年版

续表

新唯识论	熊十力著	1944年3月初版
比较宪法	王世杰、钱端升著	1944年3月初版
中国史学史	金毓黻著	1944年3月初版
中国国民经济史	罗仲言著	抗日战争时期出版
中国文学批评史	罗振泽	抗日战争时期出版
中国史学史概论	汪玉璋	抗日战争时期出版
维也纳学派哲学	洪谦著	1944年初版
绿营兵志	罗尔纲著	1944年初版
历代治河方略述要	张含英著	1944年初版
中国文法要略（下册）	吕叔湘著	1945年初版
隋唐制度渊源略论稿	陈寅恪著	1945年版
先秦史	黎东方著	1935—1945年
清代史	萧一山著	1945年初版
唐宋帝国与运河	金汉升著	1945年初版
新原道	冯友兰著	1945年初版
啼笑皆非	林语堂著	1945年初版
工商组织与管理	杨端六著	1945年初版
回教哲学史	马坚译述	1945年初版
文化论	[苏]马林诺斯基著 费孝通译	1945年初版
大战学理（战争论）	[德]克劳什维兹著 黄焕文译	1945年初版
巴曼尼德斯篇	[古希腊]柏拉图著 陈康译	1945年初版
忠之哲学	鲁一士著 谢幼伟译	抗战时期出版
中华民族抗战史	陈安仁著	抗战时期出版

中华书局书目

　　中华书局出版有《中华书局图书总目·1912—1949》。此书目是北图工作人员依据北京图书馆、上海图书馆等国内大型图书馆的藏书编制的。因此实际出书虽然会大于本书所辑录，但已能基本反映这一时期的实际出书情况。本书目辑录有出版时间、版次和简介等。可惜未附出版地点。《中国近代现代出版通史》著者叶再生根据该书目提供的资料,对抗日战争时期的出书种数作了统计①,统计结果是,抗战时期,中华书局共出版图书631种。分类如下:哲学、宗教25种,社会科学15种,政治、法律35种,军事24种,经济、财政、金融57种,文化2种②,教育103种,体育9种,语言86种,文学61种,艺术11种,历史31种,地理32种,自然科学36种,医药、卫生30种,农牧林业18种,技术科学30种,综合类8种,儿童读物18种。

上面已经说过该《图书总目》未注明出版地点,加上抗战初中期中华书局主要在上海租界和香港造货,然后设法辗转运至内地,供应读者。甚至太平洋战争爆发,日军侵入租界后,直至1943年也没有完全停止造货,只是变得更加隐蔽而已。因此,我们仅将1942—1945年8月以前的书,辑录在下面,这样做可以稍接近于实际,但仍难免有些书还是在外地造的货。在辑录本书目时也曾参考了其他文献。③

·丛书　文库·

大学用书
社会行政丛刊
现代文学丛书
中华文化教育馆社会科学丛书
新中华丛书
苏联建设小丛书
现代经济丛书
财政经济研究所丛书
英文研究小丛书
世界少年文学丛书
世界文学全集

① 统计的起迄时间为1937年7月—1945年8月,1937年7月7日为统计起始时间,笼统称1937年者不予统计入;1945年8月为统计截止时间,逾8月即不予统计入,但统称1945年者予以统计入。分类按原书分类。

② 原书文化类只包括新闻、出版、图书馆学和博物馆学。

③ 本书目主要辑录自《中华书局图书总目·1912—1949》和《中国抗日战争时期大后方出版史》,统计起迄时间按注①。

· 单行本 ·

四书集注(全三册)	[宋]朱熹集注	1944年8月重庆重排初版
论语通解(又名孔学漫谈)	余家菊著	1944年5月初版
大学通解	余家菊著	1944年5月初版
老子现代语解	陆世鸿著	1944年11月初版
韩非子参考书辑要	陈启天编	1945年初版
思想方法论	王光汉著	1942年初版
人生之体验	唐君毅著	1945年重庆版
生活的体验	钟显尧著	1944年10月初版
新生论	谢东平著	1944年8月初版
性格类型学概观	阮镜清著	1944年9月初版
知识社会学	[英]孟汉著 李安宅译	1944年9月初版
边疆社会工作	李安宅著	1944年8月初版
妇女工作	社会部研究室主编 熊芷、杨理著	1944年5月版
社会个案工作方法概要	吴榆珍编译	1944年1月初版
中国政治史	周谷城著	抗日战争时期出版
帝国主义的理论	谌小岑著	1944年8月初版
马克思主义之检讨	[美]帕克斯著 谌小岑、蒋金钟译	1943年11月初版
总务行政管理	陆仁寿著	1945年初版
珍珠港事件后之国际政治	徐菱编著	1944年初版
国际政治一瞥(英汉对照)	李思明、关敏可编著	1944年10月初版
中国战后建都问题	新中华杂志社编	1944年12月初版
新生活实践	陈雯登编	1944年3月初版
新县制之理论与实际	李宗黄著	1943年6月初版
现行保甲制度	李宗黄著	1943年9月初版
日本国力的剖视	邬翰芳编	1943年7月初版
权利相对论	[法]约斯兰著 王伯琦译	1944年2月初版
唐律通论	徐道邻著	1945年5月初版
盐专卖法规汇编(第一辑)	盐务总局编	1943年初版

续表

孙子兵法校释	陈启天著	1944年初版
国防新论	杨杰著	1943年10月初版
修正兵役法中的免缓问题	郑涛著	1944年3月初版
装甲部队及其他兵种之协同	[德]古德安著　吴光杰译	1944年4月初版
装甲防御	[德]米麟阁著　吴光杰译	1944年1月初版
步兵教练手册(附补编)	[德]齐麦曼著　吴光杰译	1944年2月初版
社会主义与资本主义	[英]彼古著　高平叔、周华章译	1944年9月初版
计划经济之理论	[英]攸挨著　彭荣仁译	1945年初版
战后经济和平论	[英]渥斯瓦德·特区著　纪乘之译	1944年5月初版
西北建设论	徐旭著	1944年3月初版
外人在华投资之过去与现在	高平叔、丁雨山著	1944年3月初版
南洋印度之产业	李裕编	1944年4月初版
苏联经济发展	西门宗华著	1944年9月初版
苏联劳动政策	佘长河著	1944年11月初版
土地经济学导论	张丕介著	1944年10月初版
自耕农扶植问题	朱经农著	1944年4月初版
苏联的农业	[苏]拉普提夫著　佘长河译	1944年11月初版
苏联集体农场组织法	西门宗华译	1943年11月初版
工业管理漫谈	[美]伊顿讲　金之杰译记	1944年10月初版
战后中国工业建设之路	蒋乃镛著	1944年4月初版
新疆之经济	张之毅著	1945年5月初版
工业化与社会建设	简贯三编著	1945年7月初版
中国纺织染业概论	蒋乃镛著	1944年10月初版
苏联的工业	[苏]E. Lokshin著　佘长河译	1944年9月初版
苏联的铁路运输	[苏]卡查图罗夫著　潘迪民译	1944年11月初版
共同海损论	魏文翰著	1943年7月初版
战时物价管制	孙义慈著	1944年2月初版
国际贸易论	[美]韬雪格著　沈光沛译	1943年7月版

续表

合作研究集（中山文化教育馆民生专刊）	中山文化教育馆编	1945年2月初版
货币相对数量说	刘涤源著	1945年初版
战后国际币制论	曾纪桐著	1944年12月初版
暂行银行统一会计制度	财政部钱币司编订	1945年1月初版
合作金融概论	张绍言编著	1944年12月初版
战后国际投资问题	[美]斯坦莱著　张德昌译	1945年3月初版
中国战后农业金融政策	姚公振著	1944年4月初版
中国教育学会年报（33年）	中国教育学会编	1944年10月初版
教育学学习法	余介石、孙克定编	1943年2版
学习心理学概要	段铮著	1943年12月初版
新县制下之国民教育	汪通祺著	1944年初版
儿童保育	张雪门编著	1944年6月初版
初中算术（上下册）	陆子芳、孙振宪著	1944年3月初版
初中几何（上册）	李绪文、徐子豪著	1944年4月初版
初中化学（上）	于占之、包墨青编	1944年4月初版
（新编）高中外国史（中册）	金兆梓编	1943年8月初版
国民教育师资短期训练班课程纲要	民国三十二年教育部颁行教育部国民教育司编订	1944年4月
军国民体育常识	吴光杰译	1943年12月初版
体育教师手册	吴文忠编著	1944年12月初版
实用国文修辞学	金兆梓著	1944年6月重庆初版
新式学生字典	吴研蘅主编	1943年8月重庆初版
模范学生字典	赵侣青、张咏春、卢寇六编	1944年11月初版
记事文范（国文入门必读）	谭正璧编	1943年11月重庆初版
英文杂话	钱歌川编著	1944年1月重庆初版
英文发音法	钱歌川编著	1943年9月初版
英文重音法	钱歌川编著	1943年10月重庆初版
英文拼字法	钱歌川编著	1944年6月重庆三版
基本英语字表	钱歌川译	1945年4月重排初版

续表

英文新辞汇	钱歌川编著	1944年5月初版
六百个英文基本成语	桂绍盱编	1943年12月重排再版
英文法初步	钱歌川编著	1945年4月初版
英文动词用法	钱歌川编著	1945年5月初版
英文类似句辨异	钱歌川编著	1943年3月重庆初版
英文倒装法及省略法	钱歌川编著	1944年6月重庆初版
英文书信例释	戴冕伦编著	1944年9月初版
中文英译举例	钱歌川编著	1943年10月初版
初中英语读本(第三册)	李唯建、张慎伯编	1942年10月三版
伊索寓言(附国文释义)	关应麟编注	1943年12月重排初版
高级英语军用会话(全二册)	田世英编	一册1944年3月初版 二册1944年10月初版
军语会话(汉英对照)	田世英编	1944年4月初版
文苑谈往(第一集)	杨世骥著	1945年4月初版
铁血将军(三幕剧)	朱桐仙著	1943年6月初版
元曲三百首	任中敏编　卢前重订	1945年初版
战时边疆的故事	徐盈著	1944年10月初版
北平夜话	咪嗷著	1944年4月重庆初版
偷闲絮话	咪嗷著	1943年8月初版
巴山随笔	咪嗷著	1944年1月初版
唐宋十大家尺牍(全四册)	中华书局编辑	1944年4月重排初版
名家日记	新绿文学社编	1943年10月重排初版
美人呢,猛虎?(英汉对照)	[美]斯托克敦等著 吴廉铭译注	1944年8月初版
月落乌啼霜满天	[美]斯坦倍克著　秦戈船译	1943年8月初版
欧美漫画精选	丰子恺编选	1943年1月初版
行草通书	黄若舟著	1944年9月初版
民生史观研究集	中山文化教育馆编	1944年初版
中国历史研究法(补编)	梁启超著	1944年5月重排初版
第二次欧洲大战之史略(一集)	吴文杰编译	1944年4月初版

续表

太平天国革命故事	方育庚编	1945年版
中国隐士与中国文化	蒋星煜著	1943年10月初版
秦始皇	陈醉云编	1943年初版
成吉思汗译传	张振佩著	1943年9月初版
张居正评传	张启天编著	1944年重排初版
曾国藩	胡哲敷编	1943年4月重庆初版
畴隐居士七十自叙	丁福保著	1943年版
林肯少年生活	［美］卡尔山特伯格著 倪文宙译	1945年初版
名家游记	新绿文学社编	1943年重排初版
蜀西北纪行	吴景洲著	1944年8月初版
越南新志	梅公毅著	1945年1月初版
访英简笔	杭立武著	1944年7月初版
游美指南	萧立坤著	1943年4月初版
数学学习法	余介石、孙克定编	1944年4月二版
从代数回到算术	李绪文著	1944年4月初版
植物成分分析法	周梦白译	1943年版
中国木本植物属志(上卷)	郝景盛著	1945年5月初版
美丽的蝴蝶	邹盛文编	1944年6月重排初版
公共卫生常识	翟培庆编	1943年6月重庆初版
公共卫生概要(增订本·上下册)	赖斗岩编	1944年1月重排初版
民族健康与营养环境	张君俊著	1945年1月初版
医院社会工作	宋思明、邹王阶著	1944年3月初版
苏联保健事业	［苏］密泰累夫著 佘长河译	1944年12月初版
内科概要(中西合参)	华实孚编	1945年3月初版
传染病小集	祝绍煌编著	1944年10月初版
精神病之社会的因素与防治	宋思明著	1944年6月初版
特种稻作学	汪呈因著	1944年7月初版
中国油桐与桐油	邹旭圃编著	1944年2月初版

续表

工程与工程师	赵曾珏著	1944年4月重排初版
糖果的制作	叶晋亮编	1945年4月初版
新式汽车之构造驾驶与维修	胡乾善著	1944年2月初版
汽车的故事	沈鸿模著	1944年7月初版
汽车保养与检修	柳克聪著	1945年4月初版
出卖心的人	[英]尼司蓓蒂著　陈伯吹译	1944年12月初版
兰花园	[英]柏涅特著　陈伯吹译	1944年11月初版
一文奇怪的钱	[俄]斯提泼涅克著　陈伯吹译	1944年11月初版
中国地理通论(第一集)	金祖孟编著	1945年4月初版
精神卫生法	张达善编著	1945年1月初版
饮食卫生法	潘仁编著	1945年1月初版
耳鼻喉保健法	乔一乾编	1945年2月初版
牙齿保健法	马客谈编译	1945年1月初版
百喻经寓言(甲乙编)	朱文叔编	1945年3月重排初版
列子童话	朱文叔编	1944年9月重排初版
晏子春秋童话	喻守真编	1944年11月重排初版
韩非子童话	吕伯攸编	1945年2月重排初版

世界书局书目

钦差大臣	芳信译	1944年重庆初版
大雷雨	芳信译	1944年重庆初版
下层	芳信译	1944年重庆初版
新婚交响曲	芳信译	1944年重庆初版
西洋教育史讲话	林汉达著	1944年10月重庆初版
经济学A、B、C	李树时著	1941—1942年重庆初版

大东书局书目

戎马恋	姚雪垠	1943年3月重庆出版

黄河书店书目

火葬	老舍著	1945年4月重庆出版

五十年代出版社书目

战争与和平(全四册)	郭沫若、高地译	1942年初版
战时的苏联	梁纯夫编译	1942年初版
社会发展史纲	华岗著	1942年初版
清宫秘史	杨树彬著	1943年初版
安娜·卡列尼娜(五幕剧)	托尔斯泰	1943年初版
中国史纲	翦伯赞著	1943年初版
中国古典社会史	侯外庐著	1944年初版
中国经济论丛	王亚南著	1944—1945年初版
出使莫斯科记	梁纯夫著	1944—1945年初版
苏联军队	关梦觉著	1944—1945年初版

南方印书馆书目

南海之滨	梁国冠著	1941年重庆出版
中国政治思想史	陶希圣著	抗日战争时期出版
中国近代史	郑鹤声著	抗日战争时期出版
中国政治制度史	曾资生著	抗战期间与文风书局、建设出版社合出

东方书社书目

·丛书 文库·

东方文艺丛书	10种	1943—1945年重庆出版

· 单行本 ·

缝纫机	刘白羽著	1943年9月—1945年初版
地层	田涛著	1943年9月—1945年初版
情虚集	田仲济著	1943年9月—1945年初版
鲁迅杂文修养	田仲济著	1943年9月—1945年初版
古树的花朵	臧克家著	1943年9月—1945年初版
姊妹行	以群著	1943年9月—1945年初版
今昔集	郭沫若著	1943年9月—1945年初版
小城的风波	沙汀著	1943年9月—1945年初版
重逢	姚雪垠著	1943年9月—1945年初版
人鼠之间	冯亦代著	1943年9月—1945年初版

新民报社书目

· 丛书 文库 ·

新民报文艺丛书	8种	1942—1945年重庆出版

· 单行本 ·

八十一梦	张恨水著	1942年3月初版
巷战之夜	张恨水著	1943—1945年初版
大江东去	张恨水著	1943—1945年初版
偶像	张恨水著	1943—1945年初版
延安一月	赵超构著	1945年1月初版
伦敦去来	赵敏恒著	1943—1945年初版
辰子说林	张慧剑著	1943—1945年初版
西方夜谈	张慧剑著	1943—1945年初版

文通书局书目

中国通史	蓝文徵著	1943年7月—1945年8月出版

群益出版社书目

虎符	郭沫若著	1942 年初版
中国古代社会研究	郭沫若著	1942 年初版
青铜器时代	郭沫若著	1942 年初版
夜雾	刘盛亚著	1942 年 9 月重庆出版
风砂之恋	碧野著	1944 年 6 月重庆出版

未林出版社

戏剧春秋	夏衍、于伶、宋之的著	1943—1944 年初版
草木皆兵	夏衍、于伶、宋之的著	1943—1944 年初版
一颗图章	于伶著	1943—1944 年初版
夜奔	吴祖光著	1943—1944 年初版

新地出版社书目

困兽记	沙汀著	1945 年 5 月重庆出版

开明书店书目

中国通史	周谷城	1938—1945 年重庆出版
滩	宋霖著	1945 年 8 月重庆出版

亚洲图书社书目

第一阶段的故事	茅盾著	1945 年 4 月重庆出版

自由中国出版社书目

疾风	林谷著	1945 年 8 月重庆出版

建国书店书目

潮	田涛著	1942年12月重庆出版
松花江上	李辉英著	1944年1月重庆出版

文风书局书目

中国史论集	翦伯赞著	抗日战争时期出版
中国社会史	陶希圣著	抗日战争时期出版
中国古代思想学说史	侯外庐著	抗日战争时期出版

大陆图书公司书目

鸭嘴涝	吴组湘著	1942年5月重庆出版

现代出版社书目

春暖花开的时候	姚雪垠著	1944年9月重庆出版

华中图书公司书目

春雷	陈瘦竹著	1942年3月重庆再版

文治出版社书目

赫达夫人传	易卜生著　邬侣梅译	1945年2月初版
青铜时代	郭沫若著	1945年初版
中国兵役行政概论	徐思平著	1945年初版
康族封建社会研究	陈翰笙、陈洪进著	1945年初版
新教育体系	程今吾著	1945年初版

其他出版社书目

"大家唱"歌曲集	教育书店编	1938年初版
二次大战中苏联的外交	复旦大学文摘社编	1940年初版
棠棣之花	郭沫若著	1942年4月初版
结婚进行曲	陈白尘著	1942年4月初版
处女地	屠格涅夫著　巴金译	1942年4月初版
一九四四年的世界	金仲华编	1945年初版
二次世界大战简史	中外出版社编	1945年初版
十批判书	中外出版社编	1940—1945年初版
高渐离	郭沫若著	1940—1945年初版
孔雀胆	郭沫若著	1940—1945年初版
南冠草	郭沫若著	1940—1945年初版
屈原研究	郭沫若著	1940—1945年初版
论曹植	郭沫若著	1940—1945年初版
论李岩	郭沫若著	1940—1945年初版
中国社会史教程	邓初民著	1940—1945年初版
中国古代思想学说史	侯外庐著	1940—1945年初版
苏联历史学界论争解答	侯外庐著	1940—1945年初版
先秦诸子思想概要	杜国庠著	1940—1945年初版
先秦诸子若干问题	杜国庠著	1940—1945年初版
中国思想通史	杜国庠、侯外庐、纪玄冰著	1940—1945年初版
科学与民族复兴	卢于道著	1940—1945年初版
政治经济学大纲	沈志远著	1940—1945年初版
新美学	蔡仪著	1940—1945年初版
红楼梦人物论	王昆仑著	1940—1945年初版
天国春秋	阳翰笙著	1940—1945年初版
草莽英雄	阳翰笙著	1940—1945年初版
两面人	阳翰笙著	1940—1945年初版
槿花之歌	阳翰笙著	1940—1945年初版
腐蚀	茅盾著	1940—1945年初版

续表

秋声赋	田汉著	1940—1945 年初版
新雁门关	田汉著	1940—1945 年初版
飞将军	洪深著	1940—1945 年初版
女人女人	洪深著	1940—1945 年初版
清明前后	茅盾著	1940—1945 年初版
四世同堂	老舍著	1940—1945 年初版
北京人	曹禺著	1941 年初版
方志今议	黎锦熙著	1941 年初版
缩小省区方案研究	胡焕庸著	1941 年初版
堆累素数论	华罗庚著	1941 年初版
中国气候之研究	涂长望著	1941 年初版
中国语法理论	王力著	1942 年初版
禄村农田	费孝通著	1942 年初版
曲线影概论	苏步青著	1942 年初版
激流论	周培源著	1942 年初版
多元子分子振动光谱与结构	吴大猷著	1942 年初版
诗论	朱光潜著	1943 年初版
戏的念词与诗的朗诵	洪深著	1943 年初版
汉魏两晋南北朝佛教史	汤用彤著	1943 年初版
楚辞校补	闻一多著	1943 年初版
许氏禄丰龙	杨钟健著	1943 年初版
古优解	冯沅著	1944 年初版
杜牧之年谱	缪钺著	1944 年初版
清史大纲	萧一山著	1944 年初版
中国小麦区域	金善宝著	1944 年初版
鸦片战争史事考	姚薇元著	1945 年初版
资本蓄积论	樊弘著	1945 年初版
建筑中声音之涨落现象	吴大猷著	1945 年初版
我国土壤层分类及命名法	朱莲青著	1945 年初版
中药之科学原理	朱䦛著	1945 年初版

(二)抗日战争时期重庆初版话剧书目①

这里汇集的仅限于抗日时期在重庆初版的话剧书目,在其他地区先行出版由重庆再版者不计算在内。

1938 年

《往哪儿去》 独幕剧 缪一凡著 另收《回乡》、《后庭花》、《撤退》独幕剧 1938 年 1 月重庆海关同人救亡长征团初版

《战地夜景》 独幕话剧集 李冰炉著 1938 年 5 月重庆生存出版社初版 收《战地夜景》、《汉奸相》、《火柴》

《泰山鸿毛》 三幕话剧 包时等著 1938 年 5 月重庆上海戏剧工作社渝社初版(戏剧工作社丛书之一)

《救亡儿童剧集》 萧崇素著 1938 年 7 月《新蜀报》出版 收《铁蹄下的孩子》、《小英雄》、《中国进行曲》三个儿童剧

《第七号人头》 三幕剧 胡绍轩著 另收《我们不做亡国奴》(一幕二场) 1938 年 9 月重庆文艺研究会初版(抗战戏剧丛书之一)

《报复国仇的孩子》 二幕儿童剧 张济良著 1938 年 10 月綦江力源文艺社初版

《魔窟》(又名《群魔乱舞》) 四幕话剧 陈白尘著 1938 年 10 月生活书店初版 后有以《新官上任》之名演出者

《血债》 独幕剧 赵清阁著 另收独幕剧《把枪头瞄准了敌人》,街头剧《一起上前线》、《最后关头》、《报仇雪恨》 1938 年 10 月重庆艺文研究会初版(抗战戏剧丛书之四)

《后方》 街头剧 刘念渠著 另收街头剧《失去自己的人们》,独幕剧《马百计》,默剧《活捉》 1938 年 12 月重庆艺文研究会初版(抗战戏剧丛书之三)

《侵略者的毒焰》 独幕剧 王家齐著 另收独幕剧《四平街》,二幕话

---

① 录自《重庆市志·出版志》,重庆出版社,2007 年 4 月,第 152—163 页。

剧《国债》 1938年12月重庆艺文研究会初版（抗战戏剧丛书之二）

《陷落之城》 三幕话剧 陈志坚著 1938年重庆各界抗敌后援会演剧队出版

1939年

《一年间》 四幕剧 夏衍著 1939年1月生活书店初版 以后演出易名为《花烛之夜》《天上人间》

《凤凰城》 四幕剧 吴祖光著 1939年1月生活书店初版

《肉弹》（又名《苦心》） 独幕剧 包起权著 另收独幕剧《寒衣曲》 1939年1月重庆艺文研究会初版（抗战戏剧丛书之六）

《为自由和平而战》 大型独幕多场话舞剧 王为一著 1939年3月生活书店初版

《吉城烽火》 三幕剧 顾一樵著 1939年3月正中书局初版 国立戏剧学校（战时戏剧丛书之一）

《突击》 三幕剧 塞克著 1939年3月生活书店初版

《民族剧》 五幕剧 向培良据德国席勒名剧《威廉·退尔》改编 1939年4月华中图书公司初版

《大青山》 二幕剧 徐仲年著 载徐著《沙坪集》 1939年4月生活书店初版

《战斗》 五幕剧 章泯著 1939年4月生活书店初版

《宣传》 独幕剧 王为一著 1939年4月生活书店初版

《自卫队》（又名《民族光荣》） 四幕剧 宋之的著 1939年6月上海杂志公司初版（每月文库一辑之二）

《黑暗的笑声》 四幕剧 章泯著 1939年9月上海杂志公司初版（每月文库一辑之四）

《包得行》 四幕剧 洪深著 1939年10月上海杂志公司初版（每月文库一辑之五）

1940年

《寄生草》 三幕喜剧 洪深据英国台维斯剧作《软体动物》改编 1940

年1月上海杂志公司初版

《新型街头剧集》 沈蔚德编 收张世骝十场话剧《最后胜利》,金韵之八场话剧《流亡三部曲》,独幕剧《募寒衣》(何治安)、《重整战袍》(钟锄云)、《我们的后防》(沈蔚德)。1940年1月正中书局初版(国立戏剧学校丛书之三)

《北地狼烟》 四幕剧 刘念渠、宗由著 1940年2月中央青年剧社初版 中央青年剧社剧本创作选第一种

《双照楼》 一幕两场剧 王进珊著 1940年3月中国戏曲编刊社初版(戏曲丛书话剧辑第二种)

《狐群狗党》 三幕剧 王平陵著 1940年3月中国戏曲编刊社初版(戏曲丛书话剧辑第一种)

《黑字二十八》(原名《全民总动员》) 四幕剧 曹禺、宋之的根据舒群、荒煤等全民《总动员》剧本改编 1940年3月正中书局初版(国立戏剧学校战时戏剧丛书之四)

《从军乐》 四幕喜剧 余上沅、王思曾编著 1940年4月正中书局初版(国立戏剧学校战时戏剧丛书之五)

《红缨枪》 四幕剧 葛一虹著 1940年4月中国文化服务社初版(作家战地访问团丛书)

《岳飞》 四幕剧 顾一樵著 1940年4月商务印书馆初版

《残雾》 四幕剧 老舍著 1940年4月商务印书馆初版

《精忠报国》(又名《岳飞》) 五幕历史剧 舒湮著 1940年6月万光书局初版

《幸福之家》 四幕剧 萧军著 1940年5月上海杂志公司初版(戏剧创作丛书之二)

《团结》 四幕剧 郝琴著 1940年5月上海杂志公司初版

《抗战独幕喜剧选》 沈蔚德编 收《李仙娘》(钟锄云)、《皇军与美人》(何治安)、《可怜虫》(李庆华)、《炸药》(王思曾改编) 1940年5月正中书局初版(国立戏剧学校战时戏剧丛书之六)

《汪精卫现形记》 七场街头活报剧 陈白尘著 1940年5月中国戏曲编刊社初版(戏曲丛书话剧辑第三种)

《卫生针》 街头剧 张季纯著 另收街头剧《打日本》、《一双手》,五场报告剧《狗东西》 1940年6月华中图书公司初版

《游击队的母亲》 独幕剧 于黑丁、曾克著 1940年6月生活书店初版(大众抗敌剧丛之十)

《正在想》 独幕闹剧 曹禺据法国尼格里《红法兰绒外套》改编 1940年10月文化生活出版社初版(文学小丛刊)

《三民主义青年团实验戏剧集》 独幕剧 收《滩上》、《女人》、《盲者之死》、《小天使》四种 张惠良著 1940年11月上海杂志公司初版

《月夜》 三幕剧 张平群据梅特林克原作改编 1940年11月独立出版社初版

《代用品》 独幕剧 冼群著 另收《大惊小怪》、《芙蓉牡丹》、《寒衣》独幕剧三种 1940年11月华中图书公司初版

《鞭》(《雾重庆》) 五幕剧 宋之的著 1940年11月生活书店初版

《小三子》 三幕剧 冼群著 1940年12月华中图书公司初版

《刑》 四幕剧 宋之的著 1940年12月大东书局初版

《国家至上》 四幕剧 老舍、宋之的著 1940年12月上海杂志公司初版(戏剧创作丛书之一)

《活捉日本鬼》 独幕儿童剧 舒强著 1940年12月生活书店初版

《病院枪声》 独幕剧 胡绍轩著 另收《航线上》独幕剧 1940年12月华中图书公司初版

《兄弟之间》 四幕剧 汪曼铎著 1940年中央青年剧社初版(剧本创作选第二种)

1941年

《张自忠》 四幕剧 老舍著 1941年1月华中图书公司初版(弹花文艺丛书之一)

《夜》 五幕剧 章泯著 1941年1月大东书局初版(抗战戏剧丛书之

二）

《最后的敬礼》 三幕剧 郑延谷著 1941年1月华中图书公司初版

《海潮红》 三幕剧 刘静沅著 1941年2月华中国书公司初版

《秦良玉》 四幕历史剧 杨村彬著 1941年2月中央青年剧社初版（中央青年剧社剧本创作第三种）

《解放者》 四幕剧 杨村彬著 1941年2月华中图书公司初版（抗战戏剧丛书之七）

《女杰》 五幕剧 赵清阁著 1941年3月华中图书公司初版

《日落》 独幕剧 唐绍华著 另收《一群马鹿》、《保卫我们的家乡》、《我们不再逃亡》独幕剧 1941年3月中国戏曲编刊社出版

《等太太回来的时候》 四幕剧 丁西林著 另收独幕剧《三块钱国币》 1941年3月正中书局初版（建国文艺丛书）

《洪炉》 四幕剧 丁伯骝著 1941年3月青年出版社初版（中央青年剧社剧本创作选集第四种）

《一出戏》 独幕剧 寇嘉弼著 另收《家务》、《大少爷》、《群火》诸独幕剧 1941年4月华中图书公司初版

《我们的游击队》 独幕剧 侯枫著 另收《国庆日》、《再上前线》、《陈家行之战》、《打游击去》 1941年4月独立出版社初版

《和平天使》 五幕剧 万迪鹤著 1941年4月独立出版社初版（抗战文学丛刊）

《面子问题》 三幕剧 老舍著 1941年4月正中书局初版（建国文艺丛书）

《小城故事》 五幕剧 袁俊著 1941年5月文化生活出版社初版（文学丛刊第七集）

《过年》 独幕剧 赵清阁著 另收《一门忠烈》、《新嫁娘》、《手榴弹》、《古城计》诸独幕剧 1941年5月独立出版社初版

《死角》 四幕剧 舒非著 1941年5月上海杂志公司初版（每月文库二辑之四）

《走》 葛一虹编选的独幕话剧集 收吴天《走》,洪深《樱花晚宴》,章泯《钢表》,宋之的《出征》,夏衍《娼妇》诸剧 1941年5月新生图书文具公司初版

《浪淘沙》 独幕剧 姚亚影著 另收四幕剧《归去》 1941年5月华中图书公司初版

《正式结婚》 独幕剧 周彦著 另收《国难夫人》、《封锁线》、《人财两空》诸独幕剧 1941年6月华中图书公司初版

《国贼汪精卫》 四幕剧 马彦祥著 1941年6月青年出版社初版(中央青年剧社剧本创作选集第五种)

《夏完淳》 四幕史剧 张光中著 1941年6月青年出版社初版(中央青年剧社剧本创作选集第六种)

《世界公敌》(一名《害群之马》) 三幕剧 熊佛西著 1941年6月青年出版社初版(中央青年剧社剧本创作选集第七种)

《党人魂》(一名《黄花岗》) 五幕剧 唐绍华著 1941年6月中国戏曲编刊社初版

《民族女杰》 四幕剧 沈蔚德著 1941年8月重庆正中书局初版(教育部征选抗战创作剧选之二)

《边城故事》 五幕剧 袁俊著 1941年8月文化生活出版社初版(文季丛书之十三)

《财奴》 三幕剧 唐绍华著 1941年9月国民书店初版

《反攻胜利》 三幕剧 赵清阁著 1941年10月正中书局初版

《大地龙蛇》 三幕剧 老舍著 1941年11月国民出版社初版(文艺丛书)

《北京人》 三幕剧 曹禺著 1941年12月文化生活出版社初版(文学丛刊第七集)

《自由的兄弟》 三幕剧 江流著 1941年12月正中书局初版(教育部征选抗战创作剧本之二)

《湖上曲》 五幕剧 骆文宏著 1941年12月独立出版社出版

《复活吧小孩》 独幕剧 舒强著 1941年育才学校初版（育才丛书）

1942年

《后方小喜剧》 陈白尘著 收《未婚夫妻》、《禁止小便》、《封锁线上》、《罗国富》、《火焰》独幕剧五种 1942年2月生活书店初版

《屈原》 五幕历史剧 郭沫若著 1942年3月文林出版社初版

《夫与妻》 三幕剧 蒋雄影著 1942年4月青年出版社初版

《奴链》 四幕剧 孙越著 1942年4月独立出版社初版（抗战文艺丛书）

《如此北平》 五幕剧 赵慧深著 1942年4月新生图书文具公司出版（新生戏剧丛书）

《结婚进行曲》 五幕悲喜剧 陈白尘著 1942年4月作家书屋初版（当代文学丛书）

《野玫瑰》 四幕剧 陈铨著 1942年4月商务印书馆初版（文史杂志社丛书之一）

《维他命》 五幕剧 王平陵著 1942年5月青年出版社初版

《正气歌》（又名《文天祥》） 五幕剧 吴祖光著 1942年6月文艺奖助金管理委员会出版部初版（抗战文艺丛书）

《南国孤忠》 四幕历史剧 闵彬如著 1942年6月中国书店初版（戏剧电影文库第二种）

《佛西抗战剧集》 熊佛西著 收独幕剧《囤积》、《搜查》、《无名小卒》，三幕剧《中华民族的子孙》 1942年7月华中图书公司初版

《俘虏》 独幕剧 王平陵著 1942年7月国民图书出版社初版（国民常识通俗小丛书）

《健吾戏剧集》 第二集 李健吾著 收三幕剧《这不过是春天》、《梁允达》,独幕剧《一个没有登记的同志》 1942年7月文化生活出版社初版

《棠棣之花》 五幕史剧 郭沫若著 1942年7月作家书屋初版

《新水浒》 五幕剧 尹伯休据谷斯范同名小说改编 1942年7月新生图书公司初版（新生戏剧丛书）

《乌夜啼》 三幕剧 王梦鸥著 1942年8月独立出版社初版

《新女性》 独幕剧 任钧著 另收《铁蹄下的女性》、《出发之前》独幕剧 1942年8月华中图书公司初版

《红心草》 三幕剧 王梦鸥著 1942年9月独立出版社初版

《铁砂》 四幕剧 胡绍轩著 1942年9月独立出版社初版

《战斗的女性》 四幕剧 凌鹤著 1942年9月上海杂志公司初版（每月文库二辑之十）

《水乡吟》 四幕剧 夏衍著 1942年10月群益出版社初版（群益现代剧丛之一）

《虎符》（即《信陵君与如姬》） 五幕史剧 郭沫若著 1942年10月群益出版社初版

《鸟国》 四幕剧 陈治策著 1942年10月独立出版社初版

《人兽之间》 四幕剧 包起权据法国白利我原著改编 1942年10月独立出版社初版

《反间谍》 三幕剧 陶熊著 1942年10月青年出版社初版

《海啸》 三幕剧 贺孟斧著 1942年11月新生图书文具公司初版（新生戏剧丛书）

《家》 四幕剧 曹禺据巴金小说《家》改编 1942年12月文化生活出版社初版（曹禺戏剧集第七册）

《黄白丹青》 二幕剧 洪深著 1942年12月重庆文艺奖助金管理委员会出版部初版（抗战文艺丛书之五）

《圣战曲》 四幕剧 邱楠著 1942年12月正中书局初版

《生死线》 四幕剧 陈启素著 1942年12月正中书局初版

1943年

《重庆二十四小时》 三幕剧 沈浮著 1943年1月联友出版社初版（联友剧丛之一）

《金指环》 三幕剧 陈铨著 1943年1月天地出版社初版

《齐王田横》 四幕剧 萧卓麟著 1943年1月经纬出版社初版（经纬

文学丛书)

《自由港》 五幕剧 蔡楚生著 1943年2月文风书局初版（新兴剧集之一）

《谁先到了重庆》 四幕剧 老舍著 1943年2月联友出版社初版（联友剧丛之三）

《归去来兮》 五幕剧 老舍著 1943年2月作家书屋初版（当代文学丛书）

《新鸳鸯谱》 三幕剧 杨村人著 1943年2月南方印书馆初版（创作新编之一）

《老教师》 独幕剧 萧斧著 1943年2月正中书局初版（教育部征选抗战创作剧本之七）

《繁菌》 四幕剧 辛明著 1943年2月中国出版合作社初版 青年创作丛书

《丰收以后》 独幕剧 公孙佳著 1943年3月华严出版社初版

《蓝蝴蝶》 四幕剧 陈铨著 1943年4月青年书店初版

《冲出重围》 三幕剧 赵如琳著 1943年4月正中书局初版（教育部征选抗战创作剧本选之四）

《朱门怨》（又名《成都二重奏》） 四幕剧 周彦著 1943年4月新生图书公司初版（新生戏剧丛书）

《万古千秋》 四幕剧 周彦著 1943年5月南方印书馆初版（创作丛书）

《复活》 六幕剧 夏衍据托尔斯泰小说改编 1943年5月美学出版社初版

《烽火梵音》 四幕剧 周彦、徐昌霖著 1943年5月华中图书公司初版

《健吾戏剧集》第一集 收三幕剧《徐守清》、《新学究》各一 1943年5月文化生活出版社初版

《无情女》 三幕剧 陈铨著 1943年6月青年出版社初版

《之子于归》 四幕剧 姚苏凤著 1943年6月青年出版社初版

《今齐人》 五幕剧 蒙庄著 另收独幕剧《清空头脑》 1943年6月祖国出版社初版

《铁血将军》 三幕剧 朱桐仙著 1943年6月中华书局初版（新中华丛书）

《美国总统号》 三幕剧 袁俊著 1943年8月文化生活出版社初版（文季丛书之五）

《荣誉军人》 独幕剧 徐昌霖著 另收《约法三章》、《政府派来的》、《南京板鸭》、《普天同庆》等剧 1943年8月新生图书文具公司初版

《柳暗花明》 三幕剧 王进珊著 1943年9月天地出版社初版

《江南之春》 七幕剧 马彦祥据陈瘦竹小说《春雷》改编 1943年9月正中书局初版（现代戏剧丛书）

《情盲》 四幕剧 王平陵著 1943年9月商务印书馆初版

《西红柿与小锄头》 儿童剧 洪深著（委托孩子剧团张莺执笔） 1943年1月文风书店初版（新少年文库第一集）

《清宫外史第一部》（光绪亲政记） 五幕剧 杨村彬著 1943年10月国讯书店初版（国讯文艺丛书）

《还乡记》 四幕剧 冠家弼著 1943年1月明天出版社初版（明天戏剧丛书之二）

《启示录》（又名《四骑士》） 三幕剧 丁伯骝据西班牙伊本高兹本改译 1943年10月戏剧工作社初版

《飞花曲》 五幕剧 冼群著 1943年10月国讯书店初版（国讯文艺丛书）

《戏剧春秋》 五幕剧 夏衍、于伶、宋之的著 1943年11月未林出版社初版（现代剧丛之一）

《杏花春雨江南》 四幕剧 于伶著 1943年11月美学出版社初版

《滩上》 独幕剧 况夫著 1943年11月国民图书出版社初版

《姐妹行》 四幕剧 以群著 1943年11月东方社初版

《两面人》（又名《天地玄黄》） 四幕剧 阳翰笙著 1943年12月当今

出版社初版(当今戏剧丛书)

《孔雀胆》 四幕剧 郭沫若著 1943年12月群益出版社初版

《活》 四幕剧 赵清阁著 另收五幕史剧《花木兰》 1943年妇女月刊社出版

1944年

《董小宛》 四幕史剧 舒湮著 1944年1月朴巢书屋初版(修订本)

《露雪霏》 五幕剧 刘静沅著 1944年1月华中图书公司初版

《天上人间》(即《一年间》) 四幕剧 夏衍著 1944年1月美学出版社初版

《婚后》 独幕剧 陈铨著 另收《衣橱》、《自卫》独幕剧 1944年1月商务印书馆初版

《抗战独幕剧选首辑》 内收余师龙《孤岛星火》、李庆华《连升三级》等四剧 1944年1月国民图书出版社初版

《此恨绵绵》 五幕剧 赵清阁据英国白朗特小说《咆哮山庄》改编 1944年1月新中华文艺社初版

《燕市风沙录》 三幕剧 王梦鸥著 1944年2月正中书局初版(现代戏剧丛书)

《残梦》 三幕剧 吴铁翼著 1944年国民图书出版社初版

《金玉满堂》(订正本) 四幕剧 沈浮著 1944年3月新生文具公司初版

《好望号》 四幕剧 袁俊(据荷兰海哲曼斯本改编) 1944年3月国讯书店初版

《南冠草》(又名《金风剪玉衣》) 五幕史剧 郭沫若著 1944年3月群益出版社初版

《疏散喜剧》 三幕剧 徐昌霖著 1944年3月商务印书馆初版(大时代文艺丛书)

《处女的心》 独幕剧 佐临、黄宗江据苏联雅鲁纳尔原著改编 另收曾卓《同病相怜》、尹伯休《俘虏》、徐昌霖改编的《风流老人》独幕剧 1944年4

月联益出版社初版(独幕剧之友丛刊之一)

《草木皆兵》 三幕剧 夏衍、于伶、宋之的著 1944年4月未林出版社初版

《郁雷》(又名《宝玉与黛玉》) 四幕剧 朱彤改编 1944年4月读书出版社初版(朱彤戏剧集之一)

《黄花》 三幕剧 李健吾著 1944年4月文化生活出版社初版

《凯歌归》(原名《胜利号》) 三幕剧 潘子农据吴祖光、陈白尘剧本改编 1944年4月文聿出版社初版(现实剧丛之一)

《黄金万两》 四幕剧 鲁觉吾著 1944年4月美学出版社初版

《否极泰来》 四幕剧 胡绍轩著 1944年5月独立出版社初版

《遥望》 三幕剧 李庆华据美国奥尼尔名剧《天边外》改编 1944年5月天地出版社初版

《第七号风球》(又名《法西斯细菌》) 五幕剧 夏衍著 1944年6月文聿出版社初版

《雷峰塔》 四幕剧 卫聚贤著 1944年6月说文出版社初版

《潇湘淑女》(又名《忠义千秋》) 四幕剧 1944年6月商务印书馆初版

《新女儿经》 五幕剧 司马英才据吴天剧作改编 1944年7月新生图书文具公司初版

《民族正气》 五幕史剧 赵循伯著 1944年8月商务印书馆初版

《复国》(又名《吴越春秋》) 四幕剧 孙家琇著 1944年8月商务印书馆初版

《春天的喜剧》 独幕剧集 黄宗江编译 内收黄宗江改编的《落花时节》,佐临、黄宗江改编的《窈窕淑女》,东方晦之改编的《君子好逑》 1944年8月美学出版社初版

《故国春深》 三幕剧 辛明著 1944年9月自力出版社初版

《清风明月》 三幕剧 赵清阁著 1944年9月华中图书公司初版

《重庆屋檐下》(原名《墙》) 六幕剧 徐昌霖著 1944年9月说文社初版

《最快乐的悲剧》 三幕剧 罗永培著 1944年9月商务印书馆初版

《风雪夜归人》 五幕剧 吴祖光著 1944年10月新联出版公司初版

《夜奔》 四幕剧 吴祖光著 1944年10月未林出版社初版

《桃花扇》(又名《秣陵风雨》) 三幕史剧 周彦改编、孔尚任原著 1944年10月当今出版社初版(当今戏剧丛书)

《山城故事》 三幕剧 袁俊著 1944年11月文化生活出版社初版

《离离草》 四幕剧 夏衍著 1942年12月辽东建国书社初版

《飘》 四幕剧 柯灵据美国密西尔小说《飘》改编 1944年美学出版社初版

《皆大欢喜》 独幕剧 张惠良著 1944年12月国民图书出版社初版

1945年

《春寒》 五幕剧 宋之的著 1945年1月未林出版社初版

《人为财死》 四幕剧 余师龙据法国巴若莱原著改编 1945年1月中国文化事业社初版

《春暖花开》 三幕剧 李庆华著 1945年1月国际与中国出版社初版

《槿花之歌》 五幕剧 阳翰笙著 1945年2月黄河书店初版

《岁寒图》 三幕剧 陈白尘著 1945年2月群益出版社初版(现代剧丛之二)

《野马》 四幕剧 寇嘉弼著 1945年2月三人出版社初版

《乱世佳人》 五幕剧 王光鼐据美国密西尔小说《飘》改编 1945年3月大地出版社初版

《长生殿——唐明皇与杨贵妃的故事》 四幕史剧 吴景州著 1945年3月中国文化事业社初版

《女人女人》(又《多福多寿多男子》) 三幕剧 洪深著 1945年3月华中图书公司初版(弹花文艺丛书)

《冷月葬诗魂》 四幕剧 赵清阁据《红楼梦》改编 1945年4月亚洲图书社初版(今日文艺丛书)

《少年游》 三幕剧 吴祖光著 1945年5月开明书店初版

《中华儿女》 独幕剧 任钧著 另收《女战士》、《幻想曲》、《"皇军"的嘴脸》、《出发之前》等独幕剧 1945年5月国民图书出版社初版

《鸳鸯剑》 四幕剧 赵清阁据《红楼梦》改编 1945年5月黄河书店初版

《小人物狂想曲》 四幕剧 沈浮著 1945年5月新生图书文具公司初版(沈浮戏剧集之三)

《坚壁清野》 独幕话剧 徐昌霖著 另收《校园内》、《夜奔》等独幕剧 1945年5月国民图书出版社初版

《黄金梦》 四幕剧 吴漱予据法国巴若莱《小学教员》改编 1945年5月国民图书出版社初版

《不夜天》 四幕剧 西渭著 1945年6月美学出版社初版

《长恨歌》 四幕剧 赵循伯著 1945年6月正中书局初版

《天将晓》 四幕剧 姚亚影著 1945年7月华美书局初版

《莺莺》 五幕古装剧 鲁军据《西厢记》改编 1945年9月新中国文化社初版

《黄金潮》 五幕剧 徐昌霖著 1945年10月读书出版社初版

《幸福夫妻》 四幕童话剧 刘念渠著 1945年10月商务印书馆初版

《壮志凌云》 四幕剧 陶雄著 1945年10月独立出版社初版

《密支那风云》 四幕剧 徐昌霖著 1945年10月大陆图书杂志出版公司初版

《芳草天涯》 四幕剧 夏衍著 1945年1月美学出版社初版

《清明前后》 五幕剧 茅盾著 1945年10月开明书店初版

《残雪》 五幕剧 包起权著 1945年11月正中书局初版

《碧血丹心》 三幕剧 黄谷柳著 1945年11月独立出版社初版(全国知识青年从军戏剧丛刊之一)

《钢盔》 四幕剧 周尚文著 1945年11月独立出版社初版

《疯女》 三幕剧 朱彤著 1945年11月大时代书局初版

《踏上征途》(又名《茜丽》) 四幕剧 尹笠著 1945年12月独立出版

社初版

《熔炉》　四幕剧　唐绍华著　1945年12月国民图书出版社初版

《若是有了灵魂》　三幕剧　万迪鹤著　1945年12月国民图书出版社初版

（三）《中国之命运》的出版及环绕其出版而展开的斗争

战时重庆出版的重点在宣传抗战和宣传主义。一个方面是宣传、指导抗战以及和抗战有关问题的报刊书籍众多；另一个方面是各派政治力量宣传各自的主义和政治观点的书刊、文章层出不穷，形成了以国共两党为主的两军对垒，互不相让的局面。

当时各阶层民众十分关心战况、抗战的方针、前途，以及有关中国抗战的国际关系等等方面的情形。所以，各大报纸大多派有战地记者、随军记者，深入战场，采写战讯、军事报道、形势分析等。各种宣传战时动员、战场救护、防空防毒、持久抗战、战争前途等文章，充满了书籍、报刊，许多杂志干脆以抗战命名，其内容大多与抗战有关，如《救国通讯》、《抗战文艺》、《抗敌导报》、《抗战军人》、《抗战建国》、《全民抗战》、《战时教育》、《战时文化》、《战时民众》、《战时青年》、《战地知识》、《文艺阵地》、《前锋》、《前线》、《反攻》、《反侵略》等等。

斗争最尖锐的是国共两党间关于主义和政治观点的争斗。国民党利用其执政党的有利条件，大量出版宣传三民主义、五权宪章、三个一政策（一个党、一个主义、一个领袖），并利用国家权力对共产党和其他民主党派多方加以限制和打击；而中国共产党作为在野党，针对国民党违背潮流、压制民主的错误做法，团结了许多民主人士，形成了与国民党相抗衡的政治力量。在宣传各自的主义和政治观点、政策方面，双方展开了激烈的争斗。国民党凭借其庞大的宣传机器——《中央日报》、《扫荡报》、《中央周刊》、正中书局、国民图书出版社、独立出版社、中国文化服务社、拔提书店、青年书店发表文章、出版书籍，有时国民党中央宣传部还直接出面编辑出版书籍，出版数量相当可观，单在1942年上半年就出版有《三民主义之哲学的体系》、《三民主义研究》、《民权主义与所谓新民主主义》、《民生主义的真义》、《民生史观研究》、《民生哲学与民生主义》、《民生史观大纲》、《三民主义与共产主义》、《三民主义与共产主义的基本认识》、《三民主义精义》、《三民主义哲学思想的基础》、《辩证唯物论之透视》、《唯物史观批判》、《三民主义概述》、《孙文主义总论》、《孙文学说》、《总理遗教表解》《中国国民党劳工政策》、《建国大纲浅说》、《三民主义总论》、《总裁言论》、《五权宪法草案精义》等等。共产党方面也针锋相对地出版了许多宣传共产主义的书籍，如《雇佣劳动与资本》、《价值、价格与利润》、《联共党史》、《联共（布）党史简明教程》、《共产党宣言》、《列宁传》、《列宁选集》、《什么是列宁主义》、《斯大林言论选集》、《辩证唯物论与历史唯物论》、《大众哲学》、《大众资本论》等，还出版了毛泽东的《论新阶段》和《论联合政府》。

激烈的争斗发展到后来，连最高领导人都直接参加进来，1943年3月10日，蒋介石直接出面，发表了《中国之命运》一书，由正中书局出版。这本书是在蒋介石授意下，由陶希圣捉刀。这是蒋介石在同年1月取得美英等国同意放弃在华治外法权等不平等条约等重大外交胜利、在国内外威信有所提高的形势下，企图趁机限制和打击共产党和民主力量，加强其独裁统治而授意陶希圣为他执笔的。

陶希圣曾随汪精卫逃离重庆，参加了汪伪国民党六大，被指定为"中央宣传部长"；后来又依附于蒋介石，被任为委员长侍从室第五组组长、国民党中央宣传部副部长等职。陶完全忠实于蒋介石的图谋。《中国之命运》这本书伪造和涂改中国历史，歌颂封建主义，鼓吹法西斯主义，公开提出既反对共产主义又反对"自由主义"（就是资产阶级民主主义）的主张。主要是反对共产主义，反对共产党的民族民主革命的理论和实践。它诬蔑共产党，诋毁共产党领导的八路军、新四军和各抗日民主根据地为"新式军阀"、"变相割据"。《中国之命运》中也讲西方帝国主义，也讲不平等条约但却不讲日本侵略。认为"中国之命运，乃在于国内政治之是否统一，与国力之能否集中的一点之上"。换言之，就是要共产党把军队和根据地交出来，也就是要消灭共产党和一切抗日革命力量。并暗示两年内解决问题。蒋介石心目中的所谓"中国之命运"在此书中彰显无遗。这部集蒋介石政治历史伦理道德观点之大成的著述,成为抗战后期整个国民政府军政方针的指导思想与政策依据。国民党所有宣传机关大肆宣扬,"人人必读",限令公教人员"切实研讨"、"陈述感想"。

蒋介石的《中国之命运》一出版,引起各方面不同的反响。日本舆论当即给以"好评",称"蒋介石所著《中国之命运》的论述方向是没有错误的"。[①] 并将它译成日文出版,广泛发售。美国报刊则称该书类似希特勒的自我表白,是中国版的《我的奋斗》。中国共产党人和进步人士对该书进行了有力的批判。

中共中央机关报《解放日报》于1943年夏秋发表的《根绝国内的法西斯宣传》、《没有共产党,就没有(新)中国》等一系列文章,揭露蒋介石集团利用封建主义的思想糟粕来推行独裁统治;指出中国共产党为民族和人民谋利益,为人民所共见,是消灭不了的;说明中国共产主义者可以同资产阶级民主主义者团结合作,这种合作对中华民族的发展极为有利;呼吁一切爱国的国民党人,坚持孙中山的革命的三民主义,反对封建的法西斯主义,为建立民主的新中国而奋斗。

中共中央委托刘少奇,主持召开延安理论干部会议,对《中国之命运》进行了深入研究,参加会议的有陈伯达、艾思奇、范文澜、王学文、何思敬、齐燕铭、吕振羽、陈唯实等。会议决定对《中国之命运》进行深入批判。1943年七八月份,《解放日报》先后发表了陈伯达写的全面评论《中国之命运》的文章——《评〈中国之命运〉》,范文澜写的《谁革命? 革谁的命?》和《袁世凯再版》,艾思奇写的《"中国之命运"——极端唯心主义的愚民哲学》,吕振羽写的《国共两党和中国之命运》等。

8月16日,兼任中共中央南方局书记的周恩来对延安干部作了题为《论中国的法西斯主义——新专制主义》的长篇报告,从各个方面对蒋介石的哲学思想实质,做了深入分析和批判。周恩来指出:"蒋介石的哲学思想是极端的唯心论",是一套"愚民哲学"。蒋介石的历史观,"是一套复古的封建思

---

① 毛泽东:《评国民党十一中全会和三届二次国民参政会》,《毛泽东选集》合订本,第875页。

想,反映着浓厚的剥削阶级意识"。蒋介石的民族观是"彻头彻尾的大汉族主义",而其国家观则是"新专制主义的个人独裁,是法西斯主义的特务统制"。并且,在逐一分析了蒋介石的"不诚无物"、"知难行易"和"民可使由之,不可使知之"等所谓"力行哲学"之后,又明确指出:"从蒋介石这一切思想体系中,我们只能看出中国法西斯主义,决看不出孙中山的革命的三民主义。"①这就彻底撕破了蒋介石一贯以孙中山的忠实信徒、拥护三民主义相标榜的画皮,从而把他的假三民主义、真法西斯主义的面貌暴露无遗了。

在重庆,碍于政治环境,发表的文章,只从侧面进行抨击。1943年4月16日,《群众》周刊8卷6、7期合刊,发表时评《谁是我们的敌人》,就是针对《中国之命运》而发的。6月1日《群众》周刊8卷9期,又发表了陈家康的文章《陶希圣的〈论道集〉批判》,文章对陶希圣所谓"道"、"性"、"命"之学,逐一作了批判。它表面上虽然批的是陶希圣,实则是批蒋介石《中国之命运》中的哲学思想。

南方局按照中共中央指示,除采用各种方法将《评〈中国之命运〉》广为散发之外,还组织《新华日报》、《群众》周刊连续发表文章,用迂回方法从各方面深入批判《中国之命运》。7月22日,《新华日报》发表了《希特勒墨索里尼怎么办》的短评。接着,《新华日报》、《群众》周刊连续发表《法西斯的丧钟响了》、《彻底扑灭法西斯毒害》、《彻底消灭法西斯》、《法西斯荒谬的国家理论》等文章。

当时住在重庆的宋庆龄,对《中国之命运》一书所鼓动的专制反共倾向,予以直接批评。她说,中国的反动派是很嚣张的。她呼吁所有同情中国的外国朋友,不要对国民党的封锁采取"不干涉"政策。中华职业教育社在重庆出版的刊物《国讯》发表文章大声疾呼:"每个人把所有智力和体力","尽量贡献给中华民族生存的抗战,反对把力量消耗在内战上"。

在中共中央南方局支持下,文化界进步人士利用曲折办法,用了一年多时间,写了许多文章,从政治、经济、哲学等方面对《中国之命运》的反动思想

---

① 《周恩来选集》上卷,第145—150页。

进行了揭露和批判,使得它在广大群众中原形毕露。

四、爱国义卖　献书献金

义卖献金是后方民众参加抗战工作的一种有效方法。1938年上半年在武汉开展义卖献金活动,反响强烈。1938—1939年冬春之交的义卖献金运动,更有特色。

1938年10月武汉失守后,抗日战争进入艰苦的第二阶段即相持阶段,全国同胞更加同仇敌忾。新闻出版界人士在克服困难、立足本职工作的同时,与各地民众一道,本着"有钱出钱、有力出力"的原则,热烈响应发端于1938年8月香港九龙爱国同胞的义卖献金、支援抗战的义举,使这一活动立即在全国各地,特别是抗战大后方的重庆、桂林、昆明等地掀起一个热潮,谱写了一曲曲团结爱国、矢志抗日的战歌。

(一) 义卖的缘起

由于大片国土的沦丧,国家财政经济面临十分困难的境地,连浴血奋战在前方将士的枪械粮秣供应也大成问题。全国爱国同胞无不反思自忖,寻谋良策,以帮助国家解决危困。这时,远在南国之滨的香港九龙的深水埗,有两位老年商贩,深感"国家兴亡,匹夫有责",遂典当了自己的衣服作本钱,买了蔬菜进行"义卖"。并在摊位上写着"卖菜捐献救国"的横幅。老人的爱国行动感动了当地许多人,菜很快卖完。他们将卖菜所得的全部款额如数上交给有关部门转交给国家。老人的这一义举产生了巨人的反响。不几天,当地的全部小贩都争相仿效,进行义卖。工人自动把一天的工资拿到小贩摊上认捐小吃,做"义卖者";小学生组成"跪救团",一个个天真活泼的儿童自动跪在各商店的门口,劝人出钱救国。香港东区的湾仔,很快也行动起来。

在1938年一个深秋的早晨,一个临街的菜摊上,扯着一幅"义卖冬瓜20担,捐款救国"的条幅。下午,菜市场出现了不少类似的条幅:"喂,兄弟,有钱出钱,有力出力。""连本带利捐给政府,大家要齐心来买啊!"不久,中环区的蔬菜行、水果行纷纷响应,有的挂出横幅写着:"牺牲本钱,为国出力!""连本带利,涓滴归公,若有私心,皇天不佑。"同时大红喜报上写着:张太太买香蕉一只捐款 50 元,李先生买苹果一个捐款 100 元。一个外国太太买了 3 个蜜橘付了 200 元。继中环之后,西环区、上环区均相继掀起义卖高潮。于是中环又举行第二次义卖,洋货摊、鲜花店和新闻界均在这次义卖中大显身手。此次所得捐款达 40 余万元,是第一次 4000 元的 100 倍。至此,义卖浪潮席卷全港,报纸、酒楼、饭店、小吃、小烟摊,无不纷纷争相义卖,"义运"、"义搬"、"义剪"等等,风泽全港。

最感人的是擦皮鞋的儿童竟将两天"义擦"所得 500 元全部捐献,有两家饭店自愿无偿供应这群流浪街头的孩子们的全部饮食。尤为难得的是风尘女子也将她们用辛酸和痛苦换来的 1500 余元,捐给前方将士制作寒衣。当时寓居香港的何香凝、王孝英和甘介侯夫人等,也都慷慨解囊,共襄义举。发生在 1938 年秋季的这次香港义卖,共得数百万元,悉数捐给国家,强有力地支持了抗日战争。

(二)舆论宣传和组织推动

香港同胞自发的义卖活动所表现出来的高昂的抗日热情和爱国赤诚,深深地感动和鼓舞着内地的爱国同胞。有识之士和政府当局给予了高度评价和肯定,并及时加以提倡和推广。这就使香港的义卖活动迅速在国内发展成为全国性的伟大爱国主义运动。其结果不仅增加了国家收入,增强了抗战实力,鼓舞了士气,而且,弘扬了全国同胞的爱国主义精神,增进了民族凝聚力,增强了抗战到底的必胜信念。它是我国人民和新闻出版界直接参与抗战的一次最生动、最感人的实践,也是全国同胞毁家纾难,用实际行动支持抗战的一大功绩。

1938 年 9 月,武汉战时节约运动委员会,积极组织响应港九爱国同胞义卖献金,支援抗战。11 月 13 日起,重庆《新华日报》陆续介绍各地举办义卖的各项活动。该报 17、18 日两天,刊登了中共及国民党有关人士徐特立、冯玉祥、孙科、孔祥熙、陈绍禹等提倡义卖的题词。19 日,《新华日报》发表题为

《积极参加义卖运动》的社论,并在报头左右两侧以 2 号仿宋字体醒目地写着:"义卖献金运动,是实现'有钱出钱,有力出力'和使社会人士积极参加抗战的有效办法。我们希望重庆的大小商户,各界人士,热烈地参加这个运动,并把这个运动扩大到全国各地去。"11 月 28 日起,《新华日报》特别设立"义卖献金专栏"。12 月 17 日,该报又发表署名大刀的《义卖在香港》的文章,详细介绍了义卖发源地香港的情况。《大公报》、《新民报》、《新蜀报》、《商务日报》等,也都对义卖进行了大量的宣传报道,并在言论上积极配合,对义卖运动是伟大爱国主义的行动予以肯定和鼓励,使运动深入人心,妇孺皆知,健康发展,对义卖运动起到了重要指导作用。

与此同时,11 月 17 日,国民党重庆市党部召集全市商业团体主席和常委开会,商讨"义卖一日"献金运动,并确认义卖的含义为"商人捐货,买主捐钱,互相利用,捐献国家"。市商会代表仇秀敷发言表示,愿领导所属同业公会尽量提倡办理,请市党部拟定详细办法,借杜流弊。12 月 3 日,重庆市成立义卖献金运动委员会于征收局巷市党部内,推定重庆市党部、行营政训处、宪兵第三团、市政府、市抗敌后援会、重庆警备区、市商会、市警察局、报业公会、妇女抗敌救国会、职工俱乐部为常务委员。该会拟定了义卖纲要和义卖的具体实施办法,采取三种形式进行义卖:一是义卖献金市场,由该会直接组织筹办;二是商号自行举办。市内各商店自愿择日,举行义卖献金运动日;三是流动义卖献金队。机关、团体、学校等单位,自行组织义卖献金队。12 月 20 日,《中央日报》发表《义卖运动的注意点》的社论,指出"义卖运动是人民在一定时间内,出卖自己的物品而以所得货款贡献给国家"的活动。并就义卖的组织、宣传、方式、价格、监督办法,义卖品(有利于国计民生)等有关问题,作了政策性的说明。

一时间,义卖献金爱国运动,热烈而迅速地开展起来。

(三)新闻出版界的义卖

重庆新闻出版界热烈响应这次义卖运动,各书店、局、馆、社、厂、所,在市书业同业公会与报业同业公会的具体指导与布置下,迅速掀起了义卖活动。

此次义卖大体采用三种方式：①商号自定一日为义卖时间，新闻出版界大多采用这种方式，是义卖的主要方式。②一家自定一日义卖，其他一家或数家捐赠书刊参卖，少数商号采用这种形式，如《新华日报》义卖时，全民抗战社、通俗读物编刊社和青年风社参与义卖；《新民报》和《商务日报》义卖时，七七书店、青年向导社等参与义卖。③全行业捐物集体义卖，这是书业界普遍参与的一种形式。

生活书店重庆分店于11月27日举行义卖，是出版业响应义卖献金运动最早的一家，也是全市率先倡导义卖几个单位之一。11月28日《中央日报》及时报道了该店义卖结果，共得义卖现金443.96元(内含该店员工捐献198元)。29日《中央日报》刊登《生活书店重庆分店为义卖献金敬向各界道谢启事》并附录了全部义买者的姓名及捐款数目的名单。在此之后，出版界争先恐后，风起云涌，竞相举行义卖。国民印刷公司继生活书店之后，于12月4日举行义卖，接着《新华日报》、七七书店、《武汉时报》、中国文化服务社、战时书刊供应所、群报社、升平书馆、现代读物社、国训社、青年向导社、上海杂志公司、华中铸字厂等数十家书店、馆、局、所和报社等均于12月底以前，相继举行独家义卖或一家定期义卖其他数家参卖的活动。其中：

新华日报馆义卖12月18日举行，声势浩大。当天参加义卖服务的各界青年、妇女和儿童3000余人，分数百个义卖队，展开义卖报纸和书刊的活动。国民党要人林森、邵力子、李任潮等均在街头以数元钱各买《新华日报》一份。立法院长孙科以百元买该报1份，行政院长孔祥熙以200元订购报纸，又用100元买了一本毛泽东的新作《论新阶段》。一位靠讨饭为生的残疾青年也用1角钱买了1份《新华日报》，还给该报写了封信，表达他支援抗战的爱国热忱。美国记者爱泼斯坦的夫人用5元钱买了份《新华日报》，她说要把这张报纸保存起来作为纪念。当晚清点献金5233.57元。连同后期收到的献金，《新华日报》1939年1月7日最后公布的义卖献金总额为6198.62元，和港币1元。

《新民报》和《商务日报》同于12月25日举行义卖献金，规模空前，20余个青年团体参加《新民报》义卖竞赛，各商团竞相投登《新民报》荣誉广告。

《新民报》和《商务日报》义卖队共二万多人。《新民报》全日义卖所得1万余元,居全行业第一位;《商务日报》共得献金7000余元,为全行业第二名。其他各单位所得献金多少不等,少则十几元,多则数千元。中国文化服务社开业典礼与义卖献金日合并在一起,也于12月25日举行。正中书局服务部突破了"自定一日为义卖期间"的方式,发起购书献金运动,自12月4日起征求10万爱国读者,无论爱国读者来函选购本版图书杂志或外版图书杂志,本所在收入之书款中,一律提取10%,以爱国读者本人名义,贡献国家。除随时发给《代收购书献金登记表》连同发票一并寄呈爱国读者保存外,并于下一个月5日,将各地爱国读者购书献金汇交中央银行,转献国家。

此外,重庆市书业同业公会,为响应义卖,增加抗战实力,还发起组织集体义卖,联合全市各行业公会会员商店自动捐献物品,送交市商会义卖。该会执委会决定:该会会员商店应将捐赠物品于12月25日送交该会,汇转商会参加集体义卖,以示倡导。据不完全统计,此次新闻出版界义卖所得共约2.5万余元,几占全市各界义卖献金总数4万余元(据《中央日报》1939年1月16日报道)的三分之二,其贡献之巨可以想见。这次爱国义举,充分表现了重庆新闻出版界在极端艰苦条件下的爱国热忱和对日寇的极端愤慨。

同一时期,《新华日报》桂林分馆,为响应爱国献金运动,与《中央日报》(桂林版)、《扫荡报》、《广西日报》以及生活书店、新知书店、中华书局、上海杂志公司、读书出版社、三户图书印刷社、海燕书店、宇宙风社、前导书局等,共同发起,于1938年12月29日成立桂林书报业联合义卖献金委员会,广泛开展义卖献金活动。其中新知书店一家献金即达528.32元。

生活书店贵阳分店等于1939年3月8日举行"义卖献金"运动。他们又有创新,邀请冯玉祥副委员长夫人李德全和贵州省主席夫人光临参加"义卖献金"活动,并请冯玉祥将军签名题词:"前方流血,后方流汗,为的是民族解放;义卖能全国普及,定能收复失地;还河山,收失地,大家起来快举义;献金,献金,为的是打败倭奴,好复兴我们民族。"还有其他各地,包括远在西北边陲的迪化(今乌鲁木齐),也不时传来为支援抗战踊跃捐献的消息。据不完全统计,从七七事变到1939年底,新疆民众反帝联合会组织各族群众共捐献皮衣

20万件,捐款200余万元(金银物品未计在内),并将捐款的152.5万元购买10架"新疆号"战斗机送往前线,且发动群众写了10万封慰问信寄给前方将士,从物质上和精神上支持了全国抗日战争。①

(四)出版业献书援军

抗战进入相持阶段后,大片国土沦丧,西南、西北地区的交通阻塞、交通工具落后,物资的极度匮乏,以及纸张、印刷原料紧张,特别是日机的轰炸,使印刷生产力惨遭破坏,故全国城乡均感精神食粮至为缺乏,无书可读,无报可看,而浴血奋战、誓死抗日的前线广大官兵尤其缺乏必需的读物。

为满足前方将士对精神食粮的需要,部分解决他们读书的要求,三民主义青年团中央团部特在1939年1月20日至30日的10天限期内发动"征募书报10万册,供前方将士阅读"的献书援军运动。《中央日报》和《新华日报》及其他各报均纷纷发布消息,"甚望各界人士广搜博采,踊跃认募"。尤其希望"各学校、机关、私人、团体、书局、出版社等,征募各种新旧书报、刊物、杂志10万册,汇送前方各部队,供抗战将士之阅读"。

重庆出版界和其他各界人士一样,对于这个有利于抗战,直接为前方将士献上爱心、提供精神食粮的号召,表现了极大的热忱和主动精神。由于出版的业务就是生产精神产品的,提供精神食粮的条件更优于其他各业,故在献书援军这一运动中所表现出来的积极性和热情也是其他各界所远远不能企及的。在1月21日和22日举行的书业和出版界茶会上及以后的征募活动中,全市近百家出版和书业单位,先后认募捐赠书报近4万册,突破了下达给出版、书业界3万册的指标,约占全市征募10万册的五分之二。其中认募在2000册以上的有正中书局(书2000册,刊7000册)、生活书店(书500册,刊2000册)、抗战文艺社(5000册)、黄浦周刊社(3000册)、民意周刊社(4500册)、新民族周刊社(4000册)、大时代周刊社(2679册)、江苏乡讯社(2000册)、七七书店(2000册)、黎明书店(1400册)、妇女共鸣社、二二五书

---

① 《乌鲁木齐史志通讯》,1987年第3期,第39页。

报社、中国文艺月刊社、回民月刊社、空军出版社(1700册)、中央周刊社等认募书刊均在1000册以上。其他如世界书局重庆分局、今日出版社、广益书局(800册)、开明书店(560册)、商务印书馆等也都捐献书刊在400册以上。连业务清淡的小说海社也认募500册。由于出版界和各界人士的踊跃认募,此次征募活动按期超额完成预定10万册的任务,而达到13万册。据《中央日报》1939年2月4日报道,征募书报超额完成,全市征募书刊已达13万册,本市书店、各出版社自动认捐之书刊均于限期(1月30日)内争先送达三民主义青年团中央团部宣传处。

为了长期供应前方将士的精神食粮,出版界在1月22日的一次集会上一致决定:由各出版社合组一个前方将士读物供应委员会,经常供应精神食粮给前方将士,并推定战时文化社、中央周刊社、正中书局、黄浦周刊社、通俗读物编刊社、抗战到底社、中国文化服务社、战时书刊供应社、战时文化服务处、中国空军、文协等11个单位负责筹备,积极推进经常供应读物给前方将士的工作。同时决定:以后出版新书,在版权页上加印"请读者阅后,转送前方将士"。所以,此后重庆出版的读物,特别是通俗的大众读物与刊物,大都印有这种字样。[1]

抗战期间征募书报供前方将士阅读的活动,在重庆和大后方还先后进行过多次。1939年3月5日,《全民抗战》战地版第1号开始发行。该刊完全为群众性捐款支持,免费供应前线,并有订赠办法;8月将战地版改为通俗版,读者对象为前方战士和后方群众。1939年3月6日,郭沫若领导的"第三厅"战地文化服务处公布,该处1、2月份收发各方捐赠书籍5556册,期刊56597册,日报111373份。1940年12月15日,桂林文化供应社响应捐书运动,捐献各类图书4650册,有《日寇在沦陷区的经济掠夺》、《从北欧到西欧》、《现阶段的新文化运动》等。

---

[1] 《重庆出版史志》第3期,第4—12页。

五、抗战大后方出版业的编辑、印刷与发行

现代出版工作的核心是出书。任何一种先进思想和科学文化知识,一经成书出版发行,就能传之久远,在更大的范围和更长的时间内发挥作用。书籍是人类进步的阶梯。出版一种图书,首先要有书稿,它是精神产品。通过作者和编者的协同劳动,提供书稿。但书稿不等于书籍,要成书还必须经过排、校、印、装等加工制造,才成为精神产品的物质载体,随后通过市场,进入流通领域,以商品形式,最后发行销售到读者手中,发挥其"精神食粮"的作用。因此,在出版工作中,编辑、印刷、发行,是三者互相衔接、互相促进,缺一不可的。

(一)大后方的书刊编辑

编辑工作是整个出版工作的中心环节。我们衡量一个出版机构的成绩,不单是看它每年出版多少种书,而主要是看它出版了多少能够保存得下来的、能够站得住脚、经得起时间考验的好书。书稿质量的高低,很重要的一个因素是取决于编辑人员的工作。一部好作品的问世,除了作者的才能和辛苦之外,往往也凝结着编辑人员的心血。编辑工作者既是书稿的规划者,又是书稿的组织者;既是书稿的鉴定者,又是书稿的加工者。一部书稿从选题、组稿、审稿、加工、发稿到看样、出书,他们都要付出辛勤的劳动。

比如商务印书馆,创办初期,专事印刷业务,所以叫印书馆。五年后,该馆设置编译所,先后由知名学者蔡元培、张元济、高梦旦主持。商务不仅印书、卖书,还自己编书,一个编辑、印刷、发行三者一体的文化出版企业初具规模。张元济学识渊博、目光远大。并亲赴欧美考察编辑出版业务,为编译所建制、物色人才,耗费不少心血,奠定了基础。王云五1921年进馆,1922年任编译所所长,1930年任商务印书馆总经理,他也把主要精力放在编辑出版业务上,为该馆组织和提供了许多有价值的稿件。商务编纂教科书从中小学课本到大学丛书,影印古籍如"四部丛刊"、"百衲本二十四史"等,出版《辞源》、

《英华大辞典》以及《万有文库》、《丛书集成》等,对我国文化、教育、科学、技术的发展产生巨大影响。

商务印书馆得以发展并成为国内最大的出版企业,一条重要的经验,就是重视编辑出版人才的选聘、培养与使用。几家大书店的创办人,如中华书局的陆费逵,世界书局的沈知方,开明书店的章锡琛等,都是从商务印书馆出来的。叶圣陶回忆二三十年代的情况说:"商务在当时成了各方面知识分子汇集的中心,编译所人员最多的时候有三百多位。早期留美回来的任鸿隽、竺可桢、朱经农、吴致觉诸先生,留日回来的郑贞文、周昌寿、李石岑、何公敢诸先生,都在商务的编译所工作过。"[①]著名学者兼作家郑振铎、沈雁冰(茅盾)、叶圣陶、周建人、胡愈之等,都曾经是商务印书馆的老编辑。抗战爆发后,他们纷纷奔赴大后方,在抗日民主文化出版战线上做出重要贡献。

抗战开始,商务的组织化整为零,1938年1月编审部随总管理处首迁长沙,长沙大火前撤出后,分别设置驻港、驻渝编审处。抗战后期,商务在重庆成立总管理处,王云五任总经理兼总编辑,编审处不过10余人,但在博学多才的代理主任苏继顾的主持下,依靠馆内外编辑力量,特别是借助馆外专家、学者、教授等名人为该馆撰稿、审稿,仍然做到每周出版新书三四种。1943年后,达到日出新书一到二种的高质量、高效率。

商务印书馆为了发展的需要,1942年在重庆招收9名研究生,条件是大学毕业后工作两年的青年。他们是:石坤林、鲍屡平、王泰、陆廷珏、程祝尧、端木锡崎、古晓风、刘朝晋、吕德润等。王云五亲任导师,学习内容主要是商务印书馆的发展历史及编辑出版业务知识,并请老出版家张静庐等讲课,还组织参观印刷厂学习有关知识,学习完毕,有4人分配在编审处工作。

中华书局是我国第二大出版企业,创办人陆费逵为商务印书馆编辑出身,他担任中华书局局长、总经理,曾兼编辑所所长及兼发行所所长等职凡30年,有"见事明,处事敏"之称。在陆费逵的主持下,为保存和传播祖国文化做了不少工作,如选印《四部备要》,影印《古今图书集成》,编印《中华大字典》、

[①] 《商务印书馆九十年》,第300—301页。

《辞海》等。《辞海》出版于1937年,主编者舒新城、徐元浩、张相、沈颐,是经100余人先后20年之努力,始告完成。抗战时期还有重庆出版的南平毛边纸本,各种版本行销在100万部以上。①

1941年陆费逵病逝,李叔明继任中华书局总经理。1942年中华书局在重庆成立总管理处,原留沪的编辑所副所长、历史学家金兆梓来渝任总编辑兼新中华杂志社社长,由吴廉铭、姚绍华分任编辑部正副部长,还有兼职编审钱歌川、陈伯吹等。出书编刊,获有好评。但是,由于当时在任的总经理只图承印钞票赚钱,影响了出版事业的正常发展。

凡是有所作为的出版机构,就应该是一个出版家、编辑家联系大批专家、学者、作家的群体。例如开明书店,其成立虽较晚,规模亦逊于商务印书馆等,但网罗人才却不少。开明书店的创办人章锡琛,原来也是商务印书馆的,曾主编《妇女杂志》。因与商务印书馆编译所长王云五意见不合,离开了《妇女杂志》,于1925年办了《新女性》月刊。第二年就正式开办开明书店。其时,人员虽少,却颇精干,有赵景深、钱君匋、索非等。随着业务的开展,先后由夏丏尊、叶圣陶主持编辑工作,并聘请了丰子恺、胡仲持、王伯祥、徐调孚、贾祖璋、王鲁彦、傅彬然、周予同、金仲华、宋云彬、郭绍虞、顾均正、吕叔湘等大批专业人才。所出图书,如《辞通》、《二十五史》及其补编、《清名家词》、《六十种曲》等,受到各方面的重视。《辞通》是继《辞源》、《辞海》之后的又一部有影响的工具书。《开明英文读本》亦风行不衰。

抗日战争爆发,开明书店损失惨重,出版业务被迫停顿。原有编辑队伍和作者队伍成员,除章锡琛、夏丏尊等少数人留沪外,纷纷奔向大后方,包括叶圣陶在内,都分别各找职业,但仍十分关心开明书店的事业。1939年5月,开明书店《中学生》在桂林复刊,仍由叶圣陶主编,编辑有王鲁彦、张梓生、宋云彬、傅彬然、胡愈之、覃祖璋、唐锡光、丰子恺,但叶圣陶远在四川,实际编辑工作由宋云彬、傅彬然负责。1942年4月,开明在成都成立"开明书店编译所成都办事处",叶圣陶为主任,聘金仲华、丰子恺、傅彬然、宋云彬等为编辑

---

① 《回忆中华书局》上册,第84—85页。

委员,开始出版新书。1944年初,开明书店在内地正式成立了编辑机构,由傅彬然协助叶圣陶主持编辑、出版工作。同时邀请在中学里执教的覃必陶、王知伊参加编辑工作,加上已经在店工作的唐锡光、王清华、章士扬等人,已初具规模。7月,开明总店迁渝。总店编译所在叶圣陶和傅彬然的主持下,积极开展组稿出版工作。除《中学生》、《国文月刊》外,还恢复出版了《开明少年》和创刊《英文月刊》。开明在重庆出版的新书,如朱东澜的《张居正大传》、蒲韧(胡绳)的《二千年间》、吴祖光的《风雪夜归人》等,均畅销一时。这些出版物,尽管用的是土纸,印刷条件差,编、校人员少,但基本上保持了开明的一贯风格,大家认真从事,保证了出版质量。

生活书店是我国著名的新闻记者、政论家和出版家邹韬奋,从主编《生活》周刊开始创办起来的。他善于物色人才,团结作者,群策群力,发展事业。作者支持和帮助生活书店,大致有以下几种方式:一是进入店内参加工作或参与领导,是作家又是编辑的,有张仲实、金仲华、钱俊瑞、钱亦石、杜重远、毕云程、艾寒松、王纪元、林默涵等;二是在店外替书店编辑刊物和图书的,有胡愈之、茅盾、郑振铎、傅东华、陈望道、黄源、平心(李鼎声)、沈起予、沙千里、徐步、史枚、徐懋庸、张庚等;三是经常为书店出版物撰稿并保持联系的,人数众多,如鲁迅、夏衍、姜君辰、汉夫、章乃器、夏征农、李公朴、沈志远、戈公振、戈宝权、艾思奇、柳湜、胡绳、薛暮桥、刘思慕、胡仲持、冯宾符、郑森禹、羊枣(杨潮)、邵宗汉、张明养,还有巴金、郁达夫、叶圣陶、老舍、张天翼、王任叔、黎烈文等等,其中有些作家后来进入生活书店负责编辑工作。[①]

抗战爆发,生活书店总店迁往武汉,为适应国共合作、全民抗战的形势需要,于1938年1月,成立编审委员会。编审委员会成员:邹韬奋、胡愈之、钱俊瑞、金仲华、范希天(长江)、柳湜、张仲实、沈兹九、杜重远、钱亦石、王纪元等11人,委员会下设编辑部,由张仲实主持。5月,增聘胡绳为编审委员。当时确定有几条编辑方针:1.出版学术研究参考用书,但偏重救亡理论读物的出版;2.出版大众通俗读物;3.出版战时读物。通过这些编审委员和生活书

[①] 《生活书店史稿》,第97—99页。

店所办杂志的编辑,团结了大批作家、翻译家,提供来稿大增,生活出版的刊物增至7种。1938年一年出版的新书达200余种。[①]

生活书店总管理处迁重庆后,1938年12月,胡愈之应邹韬奋之邀到重庆商讨生活书店大计。经商定,改组和充实新的编审委员会,聘请:胡愈之、沈志远、金仲华、邹韬奋、柳湜、张仲实、艾寒松、史枚、刘思慕、沈兹九、戈宝权、茅盾、戴白桃、胡绳、曹靖华、廖庶谦等为编审委员会委员,胡愈之任主席,沈志远、金仲华为副主席,艾寒松兼秘书。1939年1月编审委员会开始工作。同时,在香港和桂林设立编审委员会分会,香港编审分会由金仲华兼任主席,委员有刘思慕等。桂林编审分会主席由胡愈之兼,委员有张铁生等。

胡愈之提出了适应抗战建国需要,服务大众文化的出版原则和编审工作计划化的工作要求,还手订了全年和各季各类出版物的编审计划和实施这些计划的措施。胡愈之返回桂林后,渝地编审委工作委托副主席沈志远和秘书艾寒松按计划执行。当时虽然处在国民党的严重压迫下,但仍能增出新刊物3种(《读书月报》、《文艺战线》、《理论与现实》),出版新书200余种。不仅数量有增长,出版品种上更加充实和多样化。1941年2月,皖南事变后,生活书店总管理处被迫迁往香港,编审委员会亦未再建立。

读书出版社和新知书店,虽因资金所限,组织机构不够完善,但他们的编辑出版工作仍有特色。读书出版社的前身是《读书生活》杂志,李公朴任该刊主编,柳湜、艾思奇、夏征农任编辑。著名的哲学通俗化代表作《大众哲学》,就是艾思奇在该刊分篇连载的《哲学讲话》。编辑们将《哲学讲话》汇集成书,以"读书生活出版社"的名义出版。实际上"读书生活出版社",也正是在这本书的基础上发展起来的。读社编辑部主要有艾思奇、柳湜、陈楚云。郑易里、胡绳、曹伯韩等经常为读社撰稿。1937年2月,黄洛峰出任读书出版社经理。他到出版社后的第一桩大事,就是同总编辑艾思奇和董事长郑易里商谈出版《马克思恩格斯全集》的长远规划,首先是约郭大力、王亚南译《资本论》。1938年8月,《资本论》第一卷在上海印刷出版,此后第二卷、第三卷相

[①] 《生活书店史稿》,第115—116页。

继问世。这部拥有 200 多万字的光辉译著,终于在中国问世了。

新知书店的创始人,有钱俊瑞、薛暮桥、朱楚辛、张锡昌、姜君辰、石西民、孙晓村、骆耕漠、孙克定、徐雪寒、华应申等 10 多位,几乎都是中国农村研究会的负责人,《中国农村》月刊、《中国经济情报周刊》的编辑和撰稿人。这个高素质的团队,无疑为新知出书提供了有利条件。新知书店由徐雪寒任经理,华应申任副经理,姜君辰主持编辑工作。首先系统地出版了有关马克思主义的政治经济理论和现实经济问题的书籍 20 多种。到武汉后,继续出版马列主义著作和抗日救国书刊。在武汉、重庆并出版凯丰审定的以中国出版社名义出版的革命书籍。在桂林,华应申在姜君辰、邵荃麟的帮助下,用预付稿费的办法,支持一部分作家进行写作,新知也开始出版文艺书籍。新知总店迁到重庆以后,仍继续组稿,出版"世界文学译丛"。但是,书店毕竟没有建立专职的编辑部门,没有有计划地编辑出版更多的好书。新知书店主要领导人徐雪寒反思说:"根据党的政策和政治任务,新知书店出了许多宣传抗战,介绍马列主义的书,相对地满足了时代的需要。但就我个人而论,我在这八年间没有费尽心力建立一个专职有效的编辑部门,这是工作上最大的失误。究其原因,资金缺乏是客观存在的一个大难题,深恐稿多了到时间付不出稿酬,无法履行出版合同,等等。""在大后方,许多进步作家颠沛流离,生活困顿。这时新知书店也在桂林和重庆一带,我如果有见及此,适应新形势,建立一个相对稳定的编辑班子,既可以有计划地编辑出版更多的好书,以支持抗战,宣传革命理论,又可以安顿和团结一批进步作家,还有可能取得经济效益,争取有效积累。但我却没有这样设想,更没有这样去做。""所以,归根结蒂,还是我缺乏企业家风度和主动开拓精神有以致之。"[①]这正表明了一个革命出版家严于律己的宽广胸怀,同时也证实了编辑部门和编辑工作的重要地位和作用。

又比如贵州的文通书局,历史比较悠久,当它的编辑所建立健全之后,在出版界的地位和作用就愈加明显了。1941 年 6 月,文通书局编辑所成立,由

[①] 《新知书店的战斗历程》,第 2—3 页。

浙江大学教授马宗荣任所长,大夏大学教授谢六逸任副所长,蒲鸿基任秘书主任,张永立任部主任。具体分工是:马宗荣负责社会经济部分;谢六逸负责文艺部分,主编《文讯》月刊;蒲鸿基负责外文翻译部分;张永立负责理工部分,成为编辑所的核心。并聘请竺可桢、苏步青、张奚若、曹未风、蹇先艾、冯友兰、茅以升、陶百川、张道藩、潘公展等112人为编审委员,集全国著名学者、专家、教授、作家、知名人士、党政要人于一体,人才之多,是为抗战时期出版界罕见的。先后出版新书200多部,有大学丛书、中等学校用书及一般用书,文、理、法、商、工、农、医、教兼收,专门与通俗并重,为战时文化出版事业的发展做出了贡献。

还有上海杂志公司、文化生活出版社、桂林文化供应社、永安改进出版社,等等,之所以能在出版界享有声誉,都同它们的编辑工作分别由张静庐、巴金、胡愈之、傅彬然、黎烈文等名流专家主持,并有素质较高的编辑、作者群体分不开的。

这里,再来看看世界书局和正中书局。世界书局的创办人沈知方,原是中华书局副经理。1915年,沈知方因与中华书局股东陈协恭意见不合,脱离中华书局。在友人、清末翰林王均卿、张廷休的支持下,于1917年在苏州设立一编辑部,定名为"学术研究会",物色才子多人,从事著作。例如《芸兰日记》、《林黛玉笔记》、《西厢记演义》等书,出版后非常畅销。当时以广文书局名义出版,由大东书局发行。到了1919年,他独资创立世界书局,在1921年夏改组为股份有限公司。为在编辑出版教科书上同商务、中华两大家竞争,他不惜重金聘请范云六、张云石负责编写,请北大校长胡仁源审订。通过几年的发展,世界书局成为我国近代出版业中的三大出版企业之一。沈知方继承张元济、陆费逵尊重人才、善用人才的传统,很多有识之士应邀而为世界书局所用,如陶行知被沈知方聘为《工人课本》、《农民课本》的主编,林汉达聘为《标准英语读本》的主编,徐葆南聘为《ABC丛书》、《生活丛书》的主编,为世界书局推出了看家书,因而为世界书局赢来了声誉和可观的经济效益。但是,从30年代中期世界书局改组,沈知方从总经理位置退下以后,世界书局出书越来越少,影响也越来越小了。

正中书局是国民党的党营出版机构,先后由叶楚伧、叶溯中、吴俊升、刘季洪任总编辑,这些人均系国民党要员。除编印教科书外,也出版学术参考书和整理中国古籍。抗战期间,出版各类图书600余种,其中自然科学及应用科学类100多种。由于它的编辑方针,真正的学者专家无法充分发挥其才能,而专门鼓吹"一个主义、一个政党、一个领袖"的御用文人却倒可以肆意舞文弄墨,连篇累牍地编印蒋介石言论集,印行《中国之命运》,等等。这又从反面说明了编辑工作的重要性。

因此,我们说,编辑工作是整个出版工作的中心环节。

(二)大后方的书刊印刷

书刊印刷是物化精神产品的重要手段。抗战以前,我国出版中心在上海,书刊印刷业主要集中于上海。当时商品经济还不发达,社会分工比较粗放。出版业有所谓"前门开店,后门办厂"的说法,即编、印、发三位一体。许多大型出版机构,一般都自办印刷厂,便于统一安排,协调配合,加快出版周期,提高出版质量。抗战期间,随着出版中心的西移,大后方的书刊印刷业相应有所发展。

商务印书馆从开创时建立印刷所,到抗战前夕,已拥有上海印刷总厂、北平京华印书局和香港分厂。上海"八一三"事变,商务印书馆将总厂的大部机器、纸张、书籍抢运到租界中区,赶设临时工场,尽量安插停工者,并扩充原有的香港工厂,尽量将停工者移调。同时在长沙、赣县筹设分厂。后因战局恶化,又把长沙部分机器调往重庆设厂。抗战初期,商务的出版物除少数在长沙刊印外,其余均在香港工厂刊印。太平洋战争爆发后,主要在重庆厂刊印,部分在赣县等地刊印。

1938年,商务印书馆从长沙厂调出一部分人员和机器到重庆设厂,地址在重庆东水门禹王庙,当时仅有排字及铅印车间。1940年遭日机轰炸,厂房中弹被毁,排字部分迁沙坪坝,印刷部分迁南岸夜花园。1941年总管理处迁渝后,从内迁职工中调进一批技术骨干。于1942年开始在江北溉澜溪建造厂房五栋,1943年竣工,将沙坪坝和南岸两处工场并入,并扩充设备。计有铸字、中外排字、制版、手工纸型、浇版、铅印等工序有关设施。装订业务委托当地工场承办。重庆分厂先后由涂传杰、宣节和黄用明等任厂长。该厂最盛时期约有职工130余人。1943年,每月可排400万字,每月承印2000令纸。

1943年王云五提出中文排字改革。其优点是:1.新式排字法是将常用的800多字和甲类用的2509个字钉摆进常用字架,改变过去将7014个字钉全部摆于字架上的老办法。2.由于常用字集中分开后字架减少,排字房空间面积增大,因而可以容纳更多的工人同时进行操作。3.节省用铅量。改进后的字架全部用铅量为1051磅,比改进前用铅量的1643磅节约592磅之多,节省率为36%。4.提高工作效率约50%。

1944年该厂在沙坪坝工场旧址开办排字训练所,招收20余名青年学习排字技术,由排字课长孙茂蓉培训技术。在训练所中,将一部字架的铅字由按部首排列,试改为按四角号码顺序排列,也分常用和不常用两部分。试验结果,10天即可学会按四角号码排列字架捡字,捡字速度为原定额的一倍半。但由于部分老技工只习惯于按部首排列的字架捡字,当时任务又紧,难以改弦更张,这一改进的新技术未能推行下去。

商务重庆分厂,创制出赛铜字模,即以培珀代铜,几分钟之内即可制造出100—200枚字模。还创制出长宋字体、特大老宋和特大黑体字体,并能制造各种仪器、标本、模型、华文打字机等,公开出售,增加收入,弥补全馆当时经济来源之不足。

商务赣县分厂,设在江西赣县城外,厂长陆懋功、副厂长宣节。职工多由总处上海办事处调来。备有对开平台印刷机5台、对开翻印机1台等,主要任务是解决东南地区各分支馆的课本供应问题,也翻印部分工具书如《综合英汉大辞典》及几种"大学丛书"。1944年,赣县分厂因湘赣战况吃紧全部迁往福建连城。连城分厂的厂长为张沽溶,副厂长为縻文定。

中华书局于1916年在上海静安寺路建成总厂,1935年建成澳门路新厂,1933年夏季在香港九龙筹建了一个以印造课本为主,印装配套、年产5万令的铅印厂。这3个厂拥有精密的现代化印刷机,如德国制造的轮转大电机、四色大电机、双色胶印机、制版机等,当时在远东也是最先进的。1937年"八一三"抗战军兴,中华书局总经理陆费逵将上海总厂的全部印钞设备和物资及有关职工移到港厂。中华书局依靠它优良的技术和齐全的设备,一方面为国民政府承印公债和钞票,一方面印造课本供应大后方。1941年12月8日,太平洋战争爆发,中华书局香港印刷厂被日军军管,后方各分局的图书课本供应中断,只能就地委托他厂翻印,以求生存。

1942年10月,中华书局重庆印刷厂在重庆李子坝开业。印制部长朱复初兼任厂长,白纯华为副厂长。工厂前身为安庆印书馆,它是当地人郭咸中独资经营的以零件为主的铅印厂,有固定职工50余人。中华接受了安庆的全部器材,同时收购了桂林西南印刷厂的机器设备。厂房则采取租赁方式,租赁期到抗战胜利后一年为止。

渝厂有300余人。以港厂内迁40余人为骨干,一部分是原安庆厂工人,其余均系当地招收的工人。渝厂除从安庆、西南两厂购得原有设备外,又新购部分机器,使之具有排版、铅印、装订、凸印、电镀、加印、检查等工种。

渝厂雕刻课设在北碚北温泉。雕刻课是印刷厂中技术最为精细的工种。抗战初期,沪厂雕刻课迁到香港,日军侵占香港后,港厂印钞的材料损失殆尽,只得向各方求助,自制雕刻工具。雕刻课课长赵俊,于1943年刻制凸版孙中山先生像邮票多种,均于1944年1月发行。他同时还为重庆中央印刷厂、华南印刷厂刻版。华南厂地处野猫溪,中华书局利用其一台全张橡皮机印刷纸币,形式上是中华书局总处的一个分支机构,实际上是由总处上层直接掌握的一个独立单位。李淑明兼任华南厂的董事长。

世界书局于1921年在上海大连湾路设立印刷厂,沈莲芳为厂长。从1921到1923年间,世界书局职工增加到100多人,并在闸北香山路、虬江路增设编辑所、印刷厂,由张云石、王春葆负责。到1931年,世界书局因业务扩大,已添置了大批印刷机器、照相制版设备和铜模、雕刻工具。抗战期间,世界书局在上海的印刷所和编辑所解散,只在江西赣县设有小型印刷厂印行部分书籍。

正中书局在成立的初期,即注意自设印刷厂。1936年接收上海新民印刷厂的机器,筹设上海印刷厂。1937年初将南京三民印务局并入,改称第一印刷厂；上海印刷厂改为第二印刷厂。1937年9月，第一、第二印刷厂分别疏散、停工。1938年正中书局将印刷机器迁运重庆。同时因纸张、原料在香港进货价廉，遂设立香港办事处，就地印制再版图书，供应附近华南各省区的需要。1939年日机狂炸重庆市区，印刷设备移到南岸觉林寺。1940年又迁至北碚的金刚碑，开凿山洞装置机器，以求安全。山洞中无电力设备。机器全靠人力手摇，虽然辛苦万分，但大后方的书刊供应，即靠此得以维持。此外，又在桂林、赣州和成都设立分印所，便于印销配合。

在抗战期间，大后方纸张来源阻塞，印书纸张发生困难，1941年10月，正中书局购置嘉定兴蜀造纸厂改名正中造纸厂，利用稻草制纸，每月可产1000令。其后该厂合并于宜宾中国纸厂，以原有财物，折价投资，以木浆造纸。1942年为应当时的需要，又开始自制文具，如绘图尺、三角板、墨水、复写纸、回纹针、图钉等，供应大后方。

大东书局从1916年创立，到抗日战争爆发的20年中，逐渐形成一个编辑、印刷、发行三者齐备的出版企业，跻身几大书局之林。大东书局印刷厂设在上海福建北路海宁路口，是具备铅印、胶印、凹印、制版和装订等几大工段的全能印刷厂，大小印刷机30余台，每月印纸量达3000余令。除了为大东书局本身的图书印刷外，还承接证券、印花税票和邮票等印刷品。

抗战爆发前夕，大东书局经理沈骏声等预感战事变化将引起的严重局势，就逐步把上海的印刷机械、器材、物资等分别运往江西、香港等地。随着抗战大后方的形成，就进一步在重庆开设印刷分厂。重庆分厂设在南岸弹子石，承接书版、证券、税票、邮票等印刷业务，又在重庆龙门浩建造了专门印制钞票的印刷厂，其印钞力量可以和中央印制厂、中华书局形成鼎足而三的局面。

还有文通书局，早年从日本购回英国、德国、日本制造的印刷机器和设备，分铅印、石印两部分，铸字、制版、印刷、装订齐全。书局开办初期，全体职工约100人，1937年全局职工为150多人。书局前期主要是承印地方政府的文件、表册、税收票据、纸币、报刊，翻印地方文献。抗战期间，文通书局从过去一个设备颇有规模的印刷机构，发展成为设有编辑所、发行所、印刷所的综合出版企业。

在诸多中、小型印刷厂竞相承印图书的情况下，也有不少出版机构没有自办印刷厂。出版单位发一本书稿给一家印刷厂，要快要慢，要求达到什么质量，承接的印刷厂无不尽力办到。这样，出版机构可以免掉自办厂的经管麻烦，不承担工厂盈亏的责任。比如开明书店成立之初，吴仲盐集资创办了一个美成印刷厂，专门接排开明的出版物，编辑部和印刷厂直接联系，相互信赖，合作得较好，所以出书周期短，效率高。可惜，在抗战初期，全毁于炮火之中。抗战期间，开明在桂林委托科学印刷厂等承印；在重庆资助自强印刷厂，由该厂承印开明的全部出版物。为了使出版、印刷能够贯彻编辑部门的要求和意图，任命一个既熟悉业务又积极肯干的出版部门负责人就显得特别重要。开明有时甚至遴选极有能力、富有学识的编辑来担任。例如，曾经较长时期担任开明出版部主任的有徐调孚、唐锡光两人，一个是作家，一个是科普专家。经过他们的手发排的书稿、校样以及图版等，几乎从来不发生错失。

开明书店的资金远不如商务、中华，它之所以能够在书林独树一帜，主要是靠图书质量好，并有一些创新之举。如首先使用新5号字排版，重视装帧、版面设计，极少错别字，每一行的首字，必须避免为标点符号所占用等。这些，在出版界是有一定影响的。开明在重庆时期的出版物，尽管用的是土纸，印刷条件差，编、校人员少，但由于大家认真办事，基本上保持了开明的一贯风格，保证了出版物的质量。

生活书店、读书出版社和新知书店自己没有印刷厂，一向依赖别人所办的印刷厂印书。抗战前在上海，印书还比较方便；抗战期间在大后方，印书就比较困难。特别是皖南事变后，政治上遭刁难，印书就更困难了。官办的印刷厂，不准印他们的书。商办的印刷厂，怕在政治上遭麻烦而不敢承印。偶有愿印的，大都因印价高而不能成交，只好去找小印刷厂。小厂排印力量小，生产周期长，接不了多少活，必须同时找到几个厂才能把书稿发下去排印。有的厂，设备技术都好，但厂方不肯承印，只好钻到车间里，找老工人或领班商量，作为"私活"排印。那几年，为了找印刷厂，可说吃够了苦头。后来，得到了有关友好人士的帮助，才基本上解决了印刷难的问题。如南岸的润华印刷厂和作家冯亦代任副厂长的重庆印刷厂（属国民政府中央信托局中央印刷厂），就给生活书店帮了不少的忙。

1939年冬，中共湖南省委在邵阳主办的《观察日报》被国民党当局非法查封，报社的印刷厂另在一处，尚未波及。为了保存这个印刷厂，由徐雪寒会同桂林文化供应社、生活书店桂林分店共出资金盘了下来，全部机器设备和工人迁移桂林东郊张家花园86号，定名为"秦记西南印刷厂"归新知书店领导。文化供应社社长陈劭先任董事长，沈静芷任经理，主持西南厂的日常工作。经过几年经营，西南厂由一所报版厂改建成为一所设备比较完善、印刷质量较好、服务周到、营业兴旺的书版厂。开始时西南厂主要为三家股东出版社服务，后来逐渐发展到为20多家出版社印制书刊。

据不完全统计，抗战时期大后方的印刷厂总共1400多家。其中：重庆225家，成都106家，西安25家，兰州51家，桂林67家，贵阳37家，昆明59家，曲江27家，湖南457家，江西98家，浙江104家，福建118家，立煌24家，恩施1家，西康4家。[①] 这些数字，虽然不很准确，缺漏甚多，但也反映了大后方印刷业的基本概貌。这些地区在战前一般一处只有几家或十几家印刷厂，而抗战时期发展到几十上百家，甚至几百家，它表明大后方印刷业在抗战期间无疑是有了较大发展。不过，它们并非全属书版厂，而且多数规模较小，只限承接零星社会印件为主；少数规模较大的印刷厂，却又竞相承印钞票。因此，抗战期间大后方的书刊印刷力量，实际仍嫌不足。当然，以印刷钞票为主的中央印制厂重庆印刷厂、大东书局印刷厂、中华书局印刷厂等厂家，对于带动大后方印刷技术的发展，还是产生了积极影响的，同时，它们也承印过部分书刊。

（三）大后方的书刊发行

书刊发行是实现书刊价值的关键环节。出版书刊，出版是基础；书刊既成，则发行是关键。只有迅速及时地通过图书市场把书刊输送到广大读者手

[①] 参考《文化先锋》第3卷第23期，第14页。各取其一年统计数为代表。

中,才能发挥其应有的作用。而且快销,即可加速资金周转,有利于少投资;多出书,快出书,多销书既能扩大影响,又可降低单位成本,从而减轻读者的经济负担,形成出版业的良性循环。当时,全国各大中型出版机构,常常都是出版与发行同时并举的。

发行工作的重要方式之一,是开设分支机构,建立发行网络。

商务印书馆在抗战以前,有分支馆40多处,几乎遍及国内各大城市,在香港、新加坡也有分馆。抗战期间,商务在大后方经常保持有10多个分支馆,如汉口(后迁恩施)、长沙、桂林、重庆、成都、贵阳、昆明、西安、兰州、汉中、衡阳、邵阳、赣县、曲江、永安、金华等分支馆。香港沦陷后,商务的出版发行中心移到重庆。

中华书局在大后方的分局有:汉口(后迁恩施)、长沙(后在邵阳、沅陵设店)、广州(后在肇庆设店)、杭州(后迁金华、江山)、福州(后迁永安)、南昌(后迁赣州、吉安)、汕头(后迁曲江)、梧州、桂林、重庆、成都、贵阳、西安、兰州、昆明等。

世界书局抗战前在全国各省设立了30多个分支局。抗战期间,世界书局在大后方设有汉口(后迁万县)、长沙、重庆、成都、西安、桂林、贵阳、昆明、赣县等分支局。

正中书局1938年设立重庆、上海、武昌、汉口、长沙、贵阳、桂林、宜昌、万县等9个分支局,后改为重庆、成都、西安、兰州、贵阳、昆明、赣州等7所分局及内江、万县等2所支局。

大东书局抗战前在全国各大城市建立分局和特约分局10多处。抗战期间在大后方设有重庆、成都、桂林、贵阳、昆明、赣州等分局。

开明书店抗战前在全国设有10多个分店,抗战时期在重庆、桂林、贵阳、成都、西安、昆明、金华、衡阳、吉安等地设立分店。

文通书局先后在重庆、成都、贵阳、昆明设立分局。

生活书店在抗战前只有汉口、广州两处分店。1938、1939年两年内,生活书店在全国14个省份,建立分支店及办事处达52个,临时营业处3个。它们的分布情况是:

分店 20 个：汉口、广州、上海、西安、重庆、长沙、成都、衡阳、桂林、兰州、贵阳、昆明、常德、曲江、南昌、赣州、金华（后改为办事处）、梧州、香港、新加坡。

支店 27 个：万县、梅县、吉安、沅陵、丽水、柳州、南宁、广州湾、遂川、恩施、南平、零陵、百色、桂平、乐山、福州、屯溪、余姚、云岭、立煌、开江、丰都、天水、甘谷、南城、邵阳、罗定。

办事处 5 个：六安、南郑、宜昌、巴东、玉林。

临时营业处 3 个：于潜、天目山、宜川。

新知书店和读书出版社成立之初，大都由生活书店总经销。1938、1939 年，读书出版社设立上海、汉口、广州、重庆、贵阳（读新）、成都、昆明等分社和香港办事处；新知书店设立汉口、重庆、桂林、桃源、辰溪、衡阳、宝山、柳州、金华、丽水、常德、襄阳、贵阳（读新）、昆明等分店和上海、长沙、香港等办事处。

生活书店、读书出版社和新知书店为适应形势发展的需要，还派人到延安、华北、华中抗日根据地分别设立据点印书、卖书。在皖南事变后，大后方除重庆一地外，三家书店所有分支机构被国民党当局查封或被迫停业。它们又以改头换面的斗争方式，分别建立第二、三线机构，继续坚持出版发行工作。

抗战期间，在大后方发展最快的是国民党创办的中国文化服务社。1938 年 12 月总社在重庆成立。到 1942 年 3 月，分支机沟已遍及浙江、安徽、江西、湖北、湖南、四川、西康、广东、广西、福建、云南、贵州、河南、山西、陕西、甘肃、宁夏、绥远、青海等 19 个省区，远至印度加尔各答[1]，截至 1943 年 5 月，它有分社 18 所，支社及分销处 563 所。[2]

抗战期间，在大后方还有上海杂志公司、文化生活出版社、青年书店等许多单位都有不少分支机构。各地专门经售书刊的书店，为数更多。

据不完全统计，抗战时期大后方的出版社、书店总共 1287 家。其中：重庆 149 家，成都 112 家，桂林 67 家，西安 47 家，兰州 26 家，贵阳 23 家，昆明 46

---

[1] 《出版通讯》第 4 期，1942 年 5 月。
[2] 《出版界》第 1 卷第 1 期，第 6 页。

家,曲江 22 家,湖南 435 家,江西 70 家,浙江 144 家,福建 122 家,立煌 13 家,恩施 6 家,西康 5 家。①

发行方法多种多样:

1. 开设门市。书店门市部是发行工作的一个窗口,面对面和读者打交道。各大书局除总局所在地设有门市部外,各地分支机构均设有门市部。抗战前,生活书店第一个门市部设在上海福州路里弄口的办公楼二楼。为读者便利找书着想,四周放书架,按图书分类法存放图书,中间的书台上,分别陈列新书、新刊,还设有推荐书台,推荐书有介绍内容的告示牌。这叫作开架售书,与一般老书店有别。老书店把书架用柜台隔开,读者不能直接翻书,要书必须通过店员。为此虽便利管理,却难为了读者。后来,商务印书馆应读者的要求,也在该馆发行所门市部撤柜开架售书。

生活书店的门市部,好书荟萃,从业员大致了解书的内容,可以为读者提供咨询服务。门市部还开辟了市内电话购书业务,路远的可来电话送书上门。在一年多的时间里,发展了 400 多个个别读者,50 多个图书馆经常购书。门市部售缺的书、没有进货的书,让读者登记购买,尽量满足读者需要,把方便留给读者,竭诚为读者服务。生活书店门市部遍及大后方各大中小城市,有的地方把门市部办成像阅览室一样舒适,专门设置椅凳供老人和无力购买图书者阅读和休息。营业时间是早上 8 点钟至晚上 8 点,每天营业 12 小时,有时还延长时间,假节日采取轮休制,不关门歇业,深受读者欢迎和赞誉。

抗战期间的读书出版社、新知书店,均实行开架售书,敞开书架让读者自己翻阅所需图书。不论读者浏览多少本,或只买一本或一本也不买,工作人员绝无愠色,并及时清理翻过之书,重新一一上架,从无厌烦情绪。读者进出门市部时,工作人员均恭迎恭送,使读者感到自己就是书店的主人一样。

上海杂志公司的门市部,又有它自己的特色。该公司从创办之日起,就善于理解读者心理,首先考虑的是如何使门市热闹,因为越热闹的书店,越有人进去。他使用了两种办法,一是杂志画报完全陈列(当时各书店因画报容

---

① 参考《文化先锋》第 3 卷第 23 期,第 13—17 页。各取其一年的统计数为代表。

易翻坏,都挂在柜上,不能自由翻看)。每期画报准备牺牲20本,每星期调换一次,任人翻看。一是欢迎杂志订户"自取"。订户来取杂志的时候,势必还要浏览其他的杂志,看到合意的,就会买去。订户愈多,自取的人也愈多,川流不息,热闹繁忙,不爱逛书店的人也被吸引进来了。

上海杂志公司门市营业的兴旺,还得力于实行了"快"、"廉"、"齐"三原则:

"快"——杂志有时间性,爱读杂志的人,等于看日报,愈快愈早看到愈好。因之门市选定了几种当时最为人注意的杂志,一旦侦知已经出版,就立刻批了来卖;如果不肯批,则照零卖价买来陈列,宁可牺牲同业间的优待回佣。

"廉"——"薄利多销",这是其做生意的要诀。杂志虽然定价便宜,但是买书的人还想便宜。他们就采用"薄利多销"办法,全打九折。本来卖掉100本杂志,现在就打算卖它200本,原来100本可赚20元,现在打了九折,虽然少赚10元,但是卖掉了200本,其所赚利润的总和还是20元。

"齐"——杂志有许多是专门性的,也有许多在偏僻地方出版而不易买到的,门市就设法尽量搜集,最多的时候到达1000多种。这样,就方便了买杂志的人不必另行搜觅,到该门市里来,一定会买得到的。偶然碰到专家要委托代买过期杂志时,他们也无不答应,买到之后,仍照原价卖出,不收手续费用。[①]

各书店都把门市部作为接近读者、了解读者的一个重要渠道,随时调整进货的品种和数量,以求最大限度地满足读者的需要。

2. 邮购业务。抗战前,上海是全国文化出版中心。当时上海出版界办理邮购业务的单位不少,而其规模和影响最大的,首推生活书店。代办邮购是生活书店发行业务最繁忙的一个部门,工作人员最多时达20余人。每天读者的来信,少则几百,多至上千封。抗战前拥有5万以上的邮购户,遍及海内外,大多经常往来,其中包括个人、图书馆、机关、团体,是生活书店基本读者

---

① 《出版界》第1卷第2期,第40页。

的一部分，是联系外地读者的重要纽带。

邮购工作手续繁多，定有一套严密的工作制度进行管理，流水作业，分工负责。有专人拆信登记、信钱分流签收、抄书单配书、开票，有余款结存的还要开具往来清单，以至复信、打包寄出等等，有条不紊，力求钱票相符、账目不乱，配书不出差错。

邮购读者来信，除了购书订刊之外，常常提问要求解答，多半属于书刊内容和学习方法方面的问题。书店人员做到有信必复，有问必答。有些超越业务范围的询问，邮购工作人员不便或无力答复的，转经理室或编辑部门处理。

邮购工作意义深远，在长期往来中，读者与书店感情交融，建立了深厚的友谊。抗战后，生活书店在各地开设分店就得到老读者的帮助和支持不少。书店从来信购书单中还可以获悉读书界的动向，直接取得图书市场的信息。

抗战开始，全国交通受战争影响，邮路受阻，运输紧张，读者流动性又大，邮购业务不可能像和平时期一样大量开展；但各出版发行单位，仍尽量发挥邮购这一方式的积极作用。生活书店总店迁汉口后，邮购户还有数万户，期刊订户也有几万户。

《新华日报》在汉口创刊不久，成立了服务科，办理订购本版图书杂志，竭诚为外埠读者服务。在重庆头几年，因日机轰炸，为外埠服务的邮购一度暂停，但对延安大量书刊的邮寄从未间断过。1942年8月初，图书课重建邮购股，业务迅速增加。有时为了使读者顺利收到邮件，不得不借用国民党所属书店（局）的出版物，去掉它的内页，装进要寄的书刊内容。间或，甚至连信封、地址也干脆借用了。这种"白皮红心"办法邮寄比较安全，读者收到后，也一看便知。后来，当局封锁更严，外埠邮件经常被国民党特务派驻邮局的"邮检所"扣压，就连邮寄其他出版社的图书，也一概检扣，读者收不到书。不得已，办理邮购业务的人员于1944年1月22日在报上公开刊登《停办邮购启事》，而读者仍来信要求代购书刊，实际上邮购一直并未停止。

3.批发业务。书刊发行工作，除了门市、邮购是直接为读者服务之外，还有批发工作，即批销同行代销店，通过他们向读者发行，这是间接为读者服务。

期刊批发，在当地发行，系通过派报社分发给报贩、报摊零售，对书店则采取直接发货送达,每到月底结算。

图书批发,大概有以下几种:一种是同业间的批发,其中又有大书店和中小书店之分。比如商务印书馆,也推销生活书店的书,当然生活书店也向商务批购图书,供门市和邮购的需要,这种批销关系,往往是不对等的。生活进商务的货,折扣比较高,要八折或八五折,甚至只有九折。而生活批给商务的书,折扣是七五折或八折。付款办法,向商务进货,往往现金交易。而生活批给商务的书,一般都是寄售性质,每月结账,售出多少,给款多少,卖不掉的退货。至于一些中小书店,其批发来往,基本上是对等的,即折扣相同,结账期相同,能不能退货也相同。还有一种批发户是专营门市的零售书店,大部分是外地的书商。其中也有大、中、小的区分,大的书店推销能力强,门市比较大,信用较好,折扣可给七折,放账额较多。至于中小书店,批量较小,折扣七五折或八折,放账额较少。有的要现款交易。对大部分同业,都订有批发合同,订明折扣及结账办法、退货率等。

关于发行网点的建设,除了开设分店门市部,就是发展批发户。增设一个门市部需要很多投资,而增加批发户比较省事。多一个批发户,多一份发行力量,多争取一批读者。故在大中城市可以发展批发户,在边远地区则以大力发展通信购书为宜。抗战初期,生活书店的批发户增加迅速,大后方各省都有同业代销生活书刊,远至新疆也有客户来购书,当时兰州分店的主要批发大户都是新疆的同业。

4.流动供应。在继续做好批发、邮购的同时,还向前方和内地穷乡僻壤之处作流动供应,是抗战爆发后生活书店竭诚为读者服务的一项创举。

1938年初,前方各救亡团体和新闻记者返回汉口反映,在前方很难看到书报杂志。为解决这一困难,生活书店发起并联合在汉口的一部分文化出版工作者,成立一个战时书报供应所,专门作向前方输送精神食粮的事。请做文化宣传工作的钱俊瑞当所长,作直接为前线军民服务的尝试。

继建立战时书报供应所之后,生活书店派张又新、毕青等往浙江设立分店。他们以金华分店为中心,派人携带书刊,到附近各县去流动供应。每到一县,停留1至3个月,先后到了余姚、丽水、海门、温州等地,来购书的,军人占 40%，救亡工作者占 40%，当地学生、群众占 20%。这说明流动供应这一尝试是可取的、有成效的，符合当地军民的需要。

从金华出发的流动供应，在浙江工作了 8 个月，在江西工作了 5 个月，不仅供应了大量的抗战建国读物，同时也推动了东南地区文化活动的展开。

浙江办流动供应成功的消息传开后，生活书店各省分支店纷纷仿行。到 1938 年底，已有汉、粤、渝、陕、湘、蓉、梧 7 店办了流动供应业务。

1939 年下半年至 1940 年上半年，生活及读书、新知三家书店邀请开明书店、上海杂志公司等在桂林组成"书业界联合流动供应队"，到湖南衡阳、广东曲江、新会，广西平乐、八步等地去设摊供应图书。桂林文化供应社职工也很注意走出店门送书到学校去，常去的有桂林两江师范学校、桂林师范学院、广西大学、逸仙中学、汉民中学等 9 所学校。一段时间还通过两江师范学校学生将书送到桂北游击队作队员学习资料。玉林群生书店和南宁春秋书店也十分注意对外地读者的供书工作。玉林群生书店除在玉林发行外，还到广东廉江、湛江、遂溪、高州、化州等地和广西许多县摆摊售书。这就大大地扩大了书刊发行量，为广大群众提供了精神食粮。

5. 推广宣传工作。书刊的销售如何，首先取决于书刊本身的质量，同时也必须推广宣传。推广宣传工作应是出版发行单位整个经营活动的一个重要组成部分。通过广告传媒，提高产品的知名度，是实现快销多销的重要手段。

在推广宣传工作中，首先要求实事求是地写好书刊内容介绍，不作无原则的夸张和吹嘘，而要生动得体有吸引力。广告文字和广告格调从一个侧面反映出版发行单位的风尚和时代特色。例如：

茅盾主编的《中国的一日》一书，由生活书店出版，是一部曾轰动全国的报告文学集。它是以抗战前夕 1936 年 5 月 21 日这一天在全国各地所发生的事情为题，向作者、读者征文，收到 3000 多篇稿子，达 600 万字，经编者一再筛选，收录 80 万字，印成精装一厚册。茅盾为此所作的广告词："这里有富有者的荒淫与享乐，饥饿线上挣扎的大众，献身民族革命的志士，女性的被压迫与摧残，落后阶层的麻木，宗教迷信的猖獗，公务人员的腐化，土豪劣绅的横暴。从本书十八编中所收的 500 篇文章里面可以看出中国的一日或不限于此一日的丑恶与圣洁,光明与黑暗交织成的一个总面目。"

这则广告词,只用了一百多个字,洋溢着深沉的情感,勾勒出那个时代各色人等的方方面面。

又如陈友琴辑《清人绝句集》由开明书店出版,受到各方面的重视。叶圣陶为它写的广告词:"有清一代,文学大昌,诗人辈出。其作风兼有唐人之神韵,宋人之清新。唐宋二代绝句,或已有万卷之钞,或已有千首之选,清人绝句,独付阙如。陈先生因辑清人绝句,四百家汰其靡靡之音,分列五言七言,按作者年代之先后排比,略载作家小传,间加评语,或附注释,以便初学者之讽诵。一编在手,无异与清代重要诗人促膝谈心,听其诉说浑凝之诗感,诚为快事也。"这个不足二百字的广告,既能概括全书内容,又有恰如其分的简要评介。

再如读书出版社在抗战期间出版卡尔·马克思原著,郭大力、王亚南合译的《资本论》,全书三大卷,200余万言,唯一的全译本,这是当时中国著译界的一件大事。在大后方各地预约征订时,该社发布了如此铿锵有力的广告词:"《资本论》的产生,正像一个新社会的产生一样,它的一切经过,都是斗争的、革命的,它虽然受到一部分人的嫉恨,但也受到更多人们的欢迎和拥护。它的理论是像钢铁那样紧密,利刃那样锋锐,它的内容是像海洋那样渊深宏富,它的文章又是那样健全、美丽、动人。译笔极严谨忠实,而又熟练流畅。"[1]引起各方面的强烈反响。

各出版发行单位的书刊,或用期刊作介绍,或登日报做广告,或自编目录分发,或专印招贴奉送,采取各种宣传手段促销。

生活书店在抗战前利用自己出版的《生活》周刊(继后有《新生》、《大众生活》)等10种期刊,作传播出版信息的媒介。其中《生活》周刊有十几万份销路,《大众生活》有二十几万份销路。新出书刊,都在这些刊物上广而告之,对重点书刊进行反复宣传。抗战后,生活书店出版的《全民抗战》、《世界知识》、《妇女生活》、《战时教育》、《理论与现实》、《文艺阵地》、《读书月报》等7

---

[1] 这则广告词录自再版修订件,对首发广告个别文字作了修改。

大期刊,是刊登书籍广告最好的地方。特别是在《读书月报》上,还连续刊载《全国新书月报》和《全国报纸杂志调查一览》等。商务印书馆则充分利用它自己出版的《东方杂志》,不断刊载其每周新书、半月新书、每月新书、年度书目等等。

为了扩大影响,争取更多的读者,还必须登日报广告。日报发行覆盖面大,传送迅速,反应及时,生活书店战前选择在知识分子读者最多的《申报》上登书刊广告。但是为了节制费用,登出的广告,一般只能是窄长一条,且夹杂在各种广告之中,很不起眼。后来,生活书店创办了"联合广告",即包下《申报》第一版,经过编排设计,划分若干小块,组织一些中小出版业者参加,广告费按各自所占面积大小分担,集中醒目,大受欢迎。联合广告,每月举办一次,有时容纳不了,扩大为两整版。抗战期间,联合广告在《新华日报》上刊载,气势壮观。《新华日报》图书课为"新群丛书"辟有专栏,重点书目,反复刊登。抗战后期,重庆联营书店开办之后,曾经刊登联合广告,编印联合书目,每半月公布出版新书一次,其总数常是每个月三四十种,与当时正中书局和商务印书馆的出书量,形成三足鼎立之势。正中书局的广告常在《中央日报》上刊登,商务印书馆的广告多在《大公报》上刊登。

编印书目也是推广宣传工作的重要项目。目录是多种多样的,适应不同对象和不同需要。可分为图书目录和期刊目录两大类。有为推广本版书刊的,有为推广书店经售所有书刊的。在形式上有单张的,有本子的,本子也有大中小之分。通过发行部门分发给各种不同的购书者和同业。

编印《全国总书目》,是生活书店的一个创举。它在每年编印一次的《全国出版物目录汇编》的基础上,特约作者平心(李鼎声)编辑《全国总书目》,选收五四以来出版的书籍2万多种,全国各地出版的新文化书籍,尽量搜罗,用科学的图书分类法编排,并附有《全国儿童书目》等多种专题书目。全书1000多页,精装一厚册,只收部分工本费4角,这种立意在提高社会效用,着眼于从扩大书刊发行量中得益,不图近利,颇具有出版家的气度和远见。

生活书店还先后编印《读书与出版》、《读书服务》等刊物,对读者购阅图书以指导。新知书店在桂林时期出版发行《文化线》,作为读者与书店之间的桥梁。它是桂林新知书店与外地读者建立联系,向他们提供文化出版消息,推荐进步书刊的重要渠道和纽带。也正如该刊版面上常标明的两行文字一样:"桂林新知书店邮购科是读者身边的书店,桂林新知书店批发科是全国同业的柜庄。"而桂林新知书店邮购科、批发科为广大读者和同业服务,是通过《文化线》来实现的。

此外,生活书店特邀十大银行免费汇款购书,为读者通信购书提供便利。生活书店与中国银行、交通银行、上海银行、新华银行、江苏省农民银行、浙江兴业银行、聚兴诚银行、大陆银行、富滇新银行、华侨银行等十大银行签约,由其所属设在国内外的分支机构办理免费汇款购书业务。书店在上海十大银行开设专用账户,汇款记入账内,每月结算一次。读者汇款使用"十大银行免费汇款购书申请单",此单由书店特制。书店把申请单连同《新书月报》、《全国总书目》直接寄到各地分支行,放在柜台上备用。这种申请单既是购书单,又是汇款单。读者汇款时填好特制单,银行收款给以收据。这样,读者既可免费汇款,又不必另外写信,给读者邮购书刊带来许多便利,对生活书店的邮购业务是一个促进。

开展书刊推广宣传,总会有必要的广告费开支,但是,只要运用得法,可以从多销快销的增益中得到补偿。比如在自己出版的刊物上登广告不计广告费,联合广告费大家分担,其他广告费,也要有计算,重视效果。即使在本版期刊上登广告不计费用,也不浪费篇幅,精心安排,讲究设计,把握时机。同时,还可从本版期刊上拨出一定的版面,招揽外界广告,增加广告费收入。

根据《抗日战争时期出版图书联合目录》和有关省市期刊出版情况调查的统计,抗战时期大后方出版图书 22552 种,期刊 2000 余种。这些 8 年累计的数字,在今天看来是很不起眼的,但在半个世纪前的抗战时期,在物质条件极其困难的大后方,这样的出版规模也有相当气势了。抗战时期大后方出版图书的种类和地区分布情况,请见下表。

抗战时期大后方出版图书分类统计表

数量\\地区\\类别	重庆	成都	武汉	广州	长沙	西安	兰州	桂林	贵阳	昆明	江西	浙江	福建	各地交叉	其他	合计
哲学	296	56	8	9	73	7		42	7	18	17	7	3	95	100	738
宗教	34	29	15	1	23	3		4		1	1			15	81	207
理科	161	103	3	5	198	2	1	38	11	16	22	5	17	91	214	887
医药	94	36	3	14	59	4	1	13	13	4	13	8	11	18	134	425
农业	66	192	1	7	71	3	3	10	8	12	53	12	25	8	66	537
工业	148	117	4	5	106	15		8	5	7	19	9	5	39	216	703
社会	279	138	62	45	56	6		50	12	10	44	11	16	41	207	977
教育	335	257	32	35	133	13	4	65	39	21	38	29	31	33	287	1352
经济	910	512	74	117	206	39	21	89	40	38	109	58	61	74	652	3000
政治	973	503	232	113	153	61	40	173	41	29	127	87	81	61	1168	3833
法律	162	44	4	4	37	4	1	8	8	7	4	7	3	9	100	401
军事	442	140	125	28	108	23		66	32	7	69	26	10	37	844	1959
史地	858	142	98	40	200	44	6	153	28	46	39	30	55	112	446	2297
语言文字	151	54	9	7	70	5		40	6	13	14	7		68	106	555
文学	1418	304	181	55	213	32	2	543	31	93	51	34	62	266	663	3948
艺术	152	58	24	9	57	12		68	5	3	6	6	17	29	79	525
总类	45	25	5	3	20	2		17	1	7	3	2	4	1	10	66	208
总计	6524	2710	880	497	1783	277	83	1387	287	314	632	340	403	1006	5429	22552

说明：

1. 本表资料来源为四川省中心图书馆委员会编印的《抗日战争时期出版图书联合目录》。《联合目录》系由四川和重庆六个图书馆提供的馆藏"抗战版"图书目录汇编而成。但它还不是"抗战版"图书全目。实际上，"抗战版"图书当不止此数。

2. 本表只统计大后方出版的部分图书，非大后方出版的"抗战版"图书未计算在内。

3. 本表出版地区以集中出版的主要据点为代表，如成都、武汉、广州、长沙、西安、兰州、桂林、贵阳、昆明等均包括了各自所在省的部分专县。出版比较分散的地方，按区划分统计范围，如江西、浙江、福建等。还有一些图书在两处或两处以上的地区同时出版，为避免重复统计，列为"各地交叉"。零星出版或出版地点不详的，统归其他。

六、艰苦卓绝、奋斗不息的大后方出版业

抗战时期大后方的出版工作者,来自全国的不同地区,不同阶层,各有不同的工作经历,不同的生活习惯,其政治信仰、思想观点,也都存在较大的差异。但是,他们当中的大多数所表现的抗战意志、爱国热忱和敬业精神,却是基本一致而难能可贵的。

(一)献身事业,英勇殉难

抗战时期大后方的地区划分,本来就是不稳定的,随着军事力量的进退和政治力量的消长而发生变化,沦陷区的一部分有时会变成解放区,大后方的一部分有时也会变成沦陷区。因此,大后方出版工作者的一部分有时还会处于战争的前线;即使长期处于大后方的那一部分出版工作者,也难以避免敌机的空袭。广大出版工作者不畏艰险,坚守岗位,有的还为此献出了自己宝贵的生命。

1938年10月22日,新知书店钱岐在汉口搭《新华日报》等单位包租的"新升隆"小火轮,押运一批进口报纸和书籍启航。第二天下午在湖北嘉鱼县燕子窝遭到敌机空袭,敌人投弹之后,继以机枪扫射,轮船在火焰中下沉,有25人因中弹或溺水牺牲,钱岐以身殉职。徐雪寒说,据他所知,钱岐"是抗日战争中为了革命出版事业把年轻的生命贡献给祖国的第一人"[①]。据徐律回忆:钱岐是当时进新知书店不久的一个热情青年。"可是他工作努力,认识前途,无论在怎样的艰苦的环境下,都表示了他对事业的坚定心,这是店内每个同人所钦佩的。"钱岐离汉的前一天晚上收拾整理东西至深夜,还兴奋地说:"这次店内派我到重庆去,意义是非常大的。一年多的抗战,已经唤起了全国不愿做奴隶的同胞,而新知书店在这一年来始终为抗战文化而努力,这是不可否认的,不过一般讲来,目前救亡文化还不过局限在几个大城市,还不能把

[①] 《生活·读书·新知革命出版工作五十年纪念集》,第260页。

它扩大到内地去,乡村去,这是一个不平衡的现象,而且目前在内地有不知多少的民众在渴望着精神食粮而得不到。所以我这次到重庆去,应该努力去做这一件工作,当然这件工作做起来并不是易事,不过应尽我最大的努力去干!以负起我们真正抗战文化的使命来!"①

1939年2月4日,生活书店万县支店被日机轰炸,书店工作人员何中五坚持职守,不幸中弹牺牲。

1939年4月21日,生活书店西安分店经理周名寰被国民党警宪拘捕,身患肺病得不到治疗,而且受尽折磨,到1940年3月,在集中营病逝。

1940年2月6日,生活书店昆明分店经理华子桂,急病突发送进医院时,正值日机空袭轰炸,医院因停电而无法抢救,以致不治病逝。邹韬奋在《痛悼子桂同事》一文中称:"我们失去这样一位贤智忠诚的青年干部,整个文化界出版界失去这样一位专门的优秀人才,实在是最悲痛的无可补偿的损失。"

1940年3月,生活书店立煌支店经理方钧,因邻居失火,被反动派诬陷入狱,出狱后不准再恢复生活书店,方钧就去皖南新四军根据地开办书店,不幸于皖南事变时被俘,在赤石事件中惨遭国民党杀害。

1940年5月27日上午,日机飞临重庆市郊北碚狂轰滥炸,复旦大学文摘社编辑部适中一弹,房屋全部坍毁,《文摘》主编孙寒冰教授及文书汪兴楷遇难身亡,编辑贾开基左臂断折,腹膝重伤。孙寒冰时年仅37岁。

1940年正值国民党酝酿第二次反共高潮,加紧对舆论的控制,当年5月1日出版的《文摘》,被删去了三篇文章,刊物大片空白。接着,5月21日出版的《文摘》又删去了一篇文章,开了天窗。孙寒冰面对这种险恶形势,进行了针锋相对的斗争。他在《编者的几句话》中明确表示:"《文摘》和其他文化战线上的战友一样,具有追求真理的热和改造世界的诚。""如果我们发现真理站在那一面,我们将在环境许可下,尽可能站出来为它说话"。

孙寒冰逝世后,夏衍写了《少了一个说真话的人》的悼念文章。胡愈之赞誉他是一个真正的学者,是一个为真理奋斗的文化战士。郭沫若敬献悼诗一

---

① 《新华日报》,1938年12月5日,第8版。

首,诗云:"战时文摘传,大笔信如椽;磊落涂肝胆,鼓吹动地天。成仁何所怨,遗惠正无边;黄桷春风至,桃花正灿然。"

1942年4月13日,上海公共租界捕房会同法租界捕房派人搜查文化生活出版社编辑部,指名逮捕陆圣泉,罪名是宣传抗日。后来陆圣泉被转送到了日本宪兵队,于下半年遭秘密杀害。

陆圣泉笔名陆蠡,是散文家兼翻译家,也是出版工作的多面手。他生于1908年5月16日,1942年牺牲时年仅34岁。他于1936年进入上海文化生活出版社后,名义上是编辑,实际还承担会计、排印、杂务等各种工作。到上海沦陷前后,他是该社上海地区的负责人,兼管金华办事处的业务。他还为该社主编过《少年读物》半月刊。该刊创办于1938年9月,是上海"孤岛"时期宣扬民族意识比较浓厚的综合性期刊之一。它担负着引导一代青少年走向进步和光明,从而为广大青少年所爱戴,但仅出6期,即遭法租界当局查禁。后来,改出"少年读物小丛刊",在公共租界内发行,直到他被捕为止。陆圣泉勤勤恳恳,忠于职守,最后殉难于自己的岗位上,是上海出版界为人崇敬的一位民族烈士。[1]

1944年7月的一天,新知书店上海办事处工作人员王福和押运载有书籍的船只向胶东根据地出发,在海上遇敌舰拦袭,王福和英勇抵抗,用完了子弹和手榴弹后,最后壮烈牺牲,当时王还不到22岁。

1944年,中国新文化服务社西宁分社负责人孙昌龄,为发行进步书报事,与在重庆的新华日报社进行联系,被邮检部门发现后,即遭到当局逮捕,经严刑拷打,被活埋于西宁市南门外。[2]

(二)历尽艰险,经受考验

由于战局的变化,敌机的空袭和国民党的政治迫害,大后方出版界可谓历尽艰险。

在抗日战争进入相持阶段后,日本帝国主义以它在中国的最大空军力量

---

[1] 《出版史料》第26期,第34页。
[2] 《青海省志·出版志》,第5页。

疯狂轰炸以重庆为中心的大后方，妄图通过狂轰滥炸，摧毁中国抗战意志和决心，达到"迅速结束中国事变"，灭亡中国的目的。历史证明，在坚强不屈的中国人民面前，敌人的这种罪恶阴谋，是绝对不能得逞的。日机的狂轰滥炸，只能更加激发中国人民对日寇的仇恨和愤慨，激发中国人民团结一致、抗战到底的决心，用实际行动去夺取抗战胜利。然而，日机狂轰滥炸给大后方人民的生命财产造成的惨重损失，我们是永远不能忘记的。

重庆是日机战略轰炸的主要目标。重庆是中国遭受日机野蛮轰炸次数最多、规模最大、持续时间最长、损失最惨重的一个城市。据国民政府重庆防空司令部调查统计，在1938年10月—1943年8月近5年中，轰炸重庆的日本飞机有9500多架次，投弹21500多枚，炸死市民11800余人，炸伤14100余人，炸毁房屋17600余幢，市区近半成为废墟。①

1939年5月3日、4日，日本飞机轮番轰炸重庆市区，大街上尸横累累，许多房屋烧毁倒塌，市中心都邮街一带大火连烧了四五天。西三街和苍坪街的《新华日报》印刷厂、编辑部、营业部被炸毁；《大公报》所在地二牌坊被炸，排字车间被掀翻；《国民公报》厂房和办公室被炸，《西南日报》被炸弹荡平烧毁。还有时事、新民、新蜀、扫荡等报馆接二连三地遭受损失。新民报社印刷厂、编辑部办公室以及一部分宿舍均被炸毁。从5月6日起，重庆时事、大公、新蜀、新华、国民、扫荡、中央、商务、新民、西南等10家大报出刊《联合版》，直至8月中旬，各报才相继复刊。

同样，在"五三"、"五四"大轰炸中，商务、中华、生活、读书、新知等书店出版社均遭严重损失。都邮街商务分馆被烧，白象街商务货栈也中一炸弹，房子被毁。地处冉家巷的生活书店总管理处，陷入火海包围之中，不得不连夜抢运搬迁。读书出版社新租的铺面房子，装修即将竣工，却在敌机轰炸时中弹，成为一片瓦砾！距白象街商务分馆不远的禹王庙商务印刷厂，1940年遇敌机轰炸，厂房中弹被毁，机器遭到破坏。总之，每次空袭轰炸，都给大后方的人民和出版界带来巨大的损失。在重庆创办历史较早的广益书局，就是

---

① 国民政府重庆防空司令部调查统计资料，重庆市档案馆藏。

在1938年5月25日,货物全部被日本飞机炸毁,一个前后印行图书达1000多种的老牌书局就此宣告结束。然而,最广大的出版业还是千方百计千辛万苦地撑持下来了。

《新华日报》在城区的编辑部和印刷部房屋被炸坏以后,不得不迁到离城10多里路远的化龙桥和更远的磁器口乡下的高峰寺去。先在化龙桥虎头山下的山沟里搭起简易的草棚,临时编印油印报纸,并积极修建房舍,筹备报纸复刊工作,当年8月13日,报纸终于复刊了。同时撤到磁器口乡下高峰寺的部分,也建立了一所印刷厂,排印《群众》杂志、《列宁选集》和斯大林的著作等,直到化龙桥的报舍完工之后,才合到一起。《全民抗战》因印刷困难,从第70期起改出周刊,但为了满足人民的需要,该刊特加出油印壁报,定名为《全民抗战临时壁报》。商务印书馆都邮街门市部全部烧毁,但也在白象街设个小门市继续营业。

1941年12月太平洋战争爆发,商务印书馆总经理王云五因来渝出席国民参政会后尚未离去。在"有三分之二的家人陷身于香港的战场,生死难卜"①的情况下,王云五在重庆立即组建总管理处,应付财政、调剂货物、加强生产、推进营业。获悉"家人安全"的消息,已是两个月以后的事。两个月来,后方的商务馆厂经王整理后,一切已有头绪。从1942年1月到1945年8月日本投降之日,王云五称它为商务印书馆的"小康时期"②。至于王云五醉心仕途,直到在政治上为没落阶级殉葬,那是后话。而他在抗战时期对出版工作还是比较努力的。

重庆中华书局编辑所的人员,绝大多数来自沦陷区,其中有的还是原上海中华书局编辑所的。为了抗日救国,他们背井离乡,奔赴大后方,献身于抗日救亡的文化出版事业。他们之中,有的离别妻室儿女,间关万里,突破敌伪的重重封锁线,只身来到重庆,如金兆梓、吴廉铭。金兆梓从金华到重庆,经赣、湘、桂、黔四省,历时两个月,换车八次之多,才抵达重庆,其艰险可想而知。吴廉铭把夫人孩子留在上海,自己单身入川,长途跋涉,历经艰险。有的

---

① 《岫庐八十自述》(台湾),第335页。
② 《岫庐八十自述》(台湾),第339—343页。

则携妇将雏,辗转来川,如钱歌川、张梦麟、姚绍华就是如此,其途中的困难情况,更是不言而喻。有的是从敌占区来的风华正茂、尚未成家的青年,如张尚达是从上海到香港中华分局,后香港沦陷,又奔赴重庆。他们怀着抗日救亡的一腔热血,来到抗战后方,参加抗日救国的行列,希望全国军民团结一致,共同抗日,争取最后胜利,早日返回家乡和亲人团聚。[1]

抗战时期,进步出版工作者因遭国民党政治迫害的更是九死一生。如从1939年4月至1941年2月不到两年的时间内,生活书店、读书出版社、新知书店被查封和停业的分支店有七八十处,被拘捕、坐牢的书店工作人员达数十人之多。可是,在任何压力、威胁和诱惑之下,三家书店同仁都没有屈服,越是在艰险的环境里,大家斗争的意志越是昂扬,决心要想尽一切办法把革命出版事业继续下去。

(三)困难重重,千辛万苦

抗战时期出版界的物资贫乏、工作艰辛和生活清苦,更是一言难尽。从作者写稿,经过编、印、发到读者的全过程,都贯穿着一个"苦"字,一个"难"字,落实到行动上的是一个大写的"干"字。

抗战初期生活书店发行网大发展,各地分支店都是在极为艰苦困难的情况下去筹建的。邹韬奋在《抗战以来》一文中写道:"往内地建立工作据点的同事,号称'经理',实际上等于流亡,因为交通拥挤,曾有同事乘船被挤得落下水去,勉强获救,得全生命。有的同事因经济困窘,登岸后即在码头露宿一宵,然后努力建立工作据点,执行'经理'职务。"

抗战时期的广大作者,清贫不移,比如大批文艺工作者"坚守岗位,为抗建之宣传,勖军民以忠勇,未曾少懈"。可是"生活倍加艰苦,稿酬日益低微,于是因贫而病,因病更贫,或呻吟于病榻,或惨死于异乡,卧病则全家断炊,死亡则妻小同弃"。[2] 张天翼等即长期处于贫病交迫的困境,万迪鹤、王鲁彦等则在贫病中死去。中华全国文艺界抗敌协会发起募集援助贫病作家基金运

---

[1] 《重庆出版史志》第4期,第21页。
[2] "文协":《发起筹募援助贫病作家基金缘起》(1944年7月15日《新华日报》)。

动,得到了进步人士、社会名流、工人、农民、市民以及某些国民党上层人士的广泛关注和支持,但也只是一时的救急之计。还有部分作者为了事业,只作奉献,不要稿酬。如艾思奇著《大众哲学》,先后重版几十次,"作者从来不要稿费,不收版税,全部奉献给进步的出版事业了"[1]。又如胡风办《七月》杂志,"有几个朋友虽然也很穷,却始终不曾要过稿费[2]。"

抗战后期,印刷成本越来越高,出版家的困难越来越多。以1944年7月的情况为例:"战前排工每千约自0.7元至1.2元,现已涨至180元,增加一百数十倍,战前白报纸每令只需3.5元,现在熟料土纸需2100元,增加600倍,如仍用外国白报纸,则增加4000倍。其他各项成本亦均高涨。"(详见下表)"现在书籍的土纸成本已较战前的白报纸成本增110倍,如现在仍用白报纸,则较战前须增300余倍。"一般人动辄要花数十元买一本书,承受能力实在有限。

还有交通不便,沦陷区不能运销,销售地域收缩,通邮区减少,"而寄到又是遥遥无期,经营出版的人,不能将资本保住一年半载。其他货物时间搁得久,可以因涨价而赚钱,而书籍所涨无几,搁在路上愈久,水渍、霉损、破烂的可能愈多。如备车辆自运,则运书不如运日用品可以赚钱"。"所以许多人以为书商不如纸商,白纸上印了黑字,往往降低价值"。"各大书局目前尚在出书,完全是为了维持信誉,保留事业,至于出杂志,尤其可以说是为文化服务,此中甘苦,非当其事者不能明了。"

"稿费一项,战前占成本58.48%,而现仅占成本22.3%,目前稿费较战前只增加三四十倍,至多也不过50倍,而排字工人的排工,则已增至150倍,可知现在文稿之不值钱。""战前写稿千字,可买米半担,现在至多买米一升馀。""但在出版家方面讲,他当然也有苦处,决非存心'剥削'文人。盖排字材料缺乏,其涨价是无法抑低的,实际排字工人所得工资,也并不甚高,到现在生活还是很苦。"[3]

---

[1] 《出版家黄洛峰》,第62页。
[2] 《如何保障作家战时生活》,载《新蜀报》,1940年1月3日。
[3] 《新中华》复刊第2卷第11期,第24—25页。

附:1944年与战前书籍成本比较表

假定某书为32开本　印2000本

每面17行每行40字　含680字

共100页　约136000字

项　　目	1944年成本	战前成本
稿费（实字108.000）	@千字$200　$21600	@千字$4.00　S432.00
排工136000字	@千字$180　$24480	@千字$1.20　S163.20
纸型102页	@$75　$7650	@页$0.12　S12.24
纸张正文14令土报纸	@$2100　29400	白报纸@3.50　49.00
封底面土纸260张	@令$2000　1040	木造纸@7.50　195.00
浇版102页	@$40　4080	@0.10　10.20
印工正文13令	@$310　4030	@3.00　39.00
封面400页	@$160　640	@0.01　4.00
装订201000页	@万$180　3618	@1.20　24.12
共计直接成本	$96538	$928.76

注:其他如利息、管理费、销售折扣等,均未列入。

（原载《新中华》复刊第2卷第11期,第25页,1944年）

（四）民主战士,出版模范

抗日战争胜利前夕,中国出版界最大的损失和创痛,就是生活书店创办人、伟大的爱国主义者、英勇的文化战士邹韬奋不幸于1944年7月24日在上海与世长辞,享年仅49岁。一代伟人英年早逝,全国人民莫不悲痛。

爱国、抗战、民主、为人民

邹韬奋原名恩润。1895年生,江西余江县人。1921年毕业于上海圣约翰大学,后任中华职业教育社编辑股主任,负责编辑职业教育丛书。1926年后在上海主编《生活》周刊。1932年创办生活书店,次年参加中国民权保障同盟,7月被迫流亡海外,周游欧美,并到苏联参观。写有《萍踪寄语》、《萍踪忆语》两本通讯报告集,享誉全国,传颂一时。1935年8月回国,11月在上海创办《大众生活》周刊,参加中国共产党领导的救亡运动,并任全国各界救国联合会执行委员。1936年2月赴香港创办《生活日报》和《生活星期刊》。11

月与沈钧儒等六人组织上海各界救国会被捕入苏州监狱。抗日战争爆发后获释。

抗战期间,先后在上海、汉口、重庆主编《抗战》《全民抗战》等刊物。他用尽一切心血倾注于为抗战为民主为进步的文化出版事业,生活书店全盛时期在全国发展有分支店55处。1938年他应聘为国民参政会参政员。从参政会第一届第一次大会到第五次大会,他前后共提9案,其中3案,都是为了力争言论自由的。1941年因"皖南事变"后各地生活书店被封,愤然辞去国民参政员之职,秘密出走香港。在港期间仍致力宣传抗日救国,争取民主政治,为《华商报》撰写连载长文《抗战以来》,蜚声国内外。香港沦陷后,辗转赴广东东江游击区,于1942年到苏北抗日根据地,次年秘密赴上海治病。1944年7月病逝。中共中央根据其生前申请,追认其为中国共产党正式党员。邹韬奋著作有《韬奋文集》三卷。

孙起孟认为:"他(韬奋)的全部经验,都载于《事业管理与职业修养》(韬奋著)一书中。要言之,他的成功秘诀就是他的实行事业的民主。以大众的事为主,不以个人的事为主,这是他事业理想的民主;以参与事业的干部为主,不以自己为主,这是他事业管理的民主。"

韬奋经营出版事业有正确的方向和指导方针,用他自己的话来说,就是"对民族解放前途,对大众解放前途,尽一部分的贡献"。

韬奋深知要办好出版事业,要出好书,首先必须重视编辑工作,他把编辑比作"花匠",精心培育奇花异卉,供人民大众品赏观瞻。

办好出版事业,还必须搞好管理,做好印刷发行工作,最终使产品能送到读者手中,发挥其"精神食粮"的作用。

徐雪寒说,早在1935年前后,韬奋办的"生活书店已形成了中国的一个完全新型的文化出版事业,在政治上是革命的,在业务上是全心全意为广大读者服务的,在经营管理上是民主和科学的,这是中国自有出版事业千余年历史上所未曾有过的,这在中国出版史上是值得大书特书的成就"。①

---

① 《出版史料》第3辑,第2—4页。

思想上最后的归宿

生活书店1932年7月1日成立后不久,就开始接受马列主义思想,接受中国共产党方针政策的领导。抗战开始后,在汉口和重庆,生活书店受到中共中央长江局和南方局周恩来及其他负责人的重视、关怀和直接领导,成为当时大后方的一个有力的革命宣传出版机构。在共同争取抗日救亡的实践中,韬奋对中国共产党的认识日益加深,由不完全自觉到完全自觉地向党靠拢,一直到真心诚意地愿意接受党的领导。并积极争取成为中国共产党的一员。

1938年在汉口见到中共党组织的负责人后,韬奋就提出过入党要求。1939年到重庆后,韬奋又向周恩来提出入党要求。周恩来鼓励他还是以党外人士身份工作为好,并亲切地对他说:"目前党还需要你这样做。"周恩来在谈话中还表示,这是党给予他的任务,而且已经把他视为党的人了。韬奋入党的要求虽然未能当即如愿,但在精神上得到很大的鼓舞和安慰。他在编辑出版工作中,积极地创造性地宣传党的抗日民族统一战线政策,响应党的号召。呼吁国人坚持抗战,坚持团结,坚持进步,反对投降,反对分裂,反对倒退,要求实现民主政治以保证团结抗战。

1942年,韬奋转移到了苏中抗日根据地,再次向党提出了入党要求。1944年6月病危时,又在遗嘱中请求党审查他的历史,吸收他入党。遗嘱全文如下:

我自愧能力薄弱,贡献微少,二十余年来追随诸先进,努力于民族解放、民主政治和进步文化事业,竭尽愚钝,全力以赴,虽颠沛流离、艰苦危难,甘之如饴。此次在敌后根据地视察研究,目睹人民的伟大斗争,使我更看到新中国光明的未来。我正增加百倍的勇气和信心,奋勉自励,为我伟大祖国与伟大人民继续奋斗。但四五年来,由于环境的压迫,我的行动不能自由,最近更不幸卧床经年,呻吟床褥,竟至不起。但我心怀祖国,眷念同胞,愿以最沉痛的最迫切的心情,最后一次呼吁全国坚持团结抗战,早日实行真正的民主政治,建设独立自由幸福的新中国。我死后,希望将遗体先行解剖,或可对医学上有所贡献,然后举行火葬,骨灰尽可能带往延安。请中国共产党中央严格审查我一生奋斗历史,如其合格,请追认入党。遗嘱亦望能妥送延安。我妻沈粹缜女士可参加社会工作,大儿嘉骅专攻机械工程,次子嘉骝研习医学,幼女嘉骊爱好文学,均望予以深造机会,俾可贡献于伟大革命事业。

韬奋这一最后要求,是他经过多年来严肃思考和革命实践中体验出来的,可以说是逻辑发展的必然结果,也是他思想上最后的归宿。

1944年7月24日,韬奋与世长辞。

中共中央得到韬奋去世消息和他的遗嘱后,于9月28日发去唁电,接受韬奋入党。中共中央的唁电全文如下:

邹韬奋先生家属礼鉴:惊闻韬奋先生病逝,使我们十分悲悼。接读先生遗嘱,更增加我们的感奋。韬奋先生二十余年为救国运动、为民主政治、为文化事业奋斗不息,犹殷殷以祖国人民为念,其精神将长在人间,其著作将永垂不朽。先生遗嘱,要求追认入党,骨灰移葬延安,我们谨以严肃而沉痛的心情,接受先生的临终的请求,并引此为吾党的光荣。韬奋先生长逝了,愿中国人民齐颂先生最后呼吁,为坚持团结抗战,实行真正民主,建设独立、自由、繁荣、和平的新中国而共同奋斗到底。谨此电唁,更望家属诸位节哀承志,遵守先生遗嘱于永久。

永远活在人民心中

韬奋不幸病逝的消息传出后,凡是读过他的文章,受过他所办期刊与著作熏陶的人,莫不万分悲痛。在延安,在苏北抗日根据地,在大后方重庆都举行了规模盛大而隆重的追悼会。

8月18日在苏北某地隆重举行追悼大会,到会的党政军各界人士数千人,在会上讲话的有新四军代军长张云逸和代政委饶漱石,曾和韬奋一起做过文化工作的范长江、钱俊瑞、于毅夫、徐雪寒等也都在会上讲了话。他们一致指出:韬奋一生为民族独立和民主自由而奋斗,是坚持进步的模范,是民族正气的楷模。发言者号召大家要效法革命文化运动先锋和民族解放运动战士邹韬奋先生的精神,为中华民族的独立自由的最后胜利而斗争。

9月12日在重庆各报登了韬奋逝世的讣告。9月25日到27日,连续三天在报上刊登了由宋庆龄领衔,林祖涵、董必武、于右任、邵力子、孙科、冯玉祥、沈钧儒、张澜、陶行知、郭沫若、沈雁冰、夏衍、徐伯昕、徐雪寒、黄洛峰等各界代表72人署名发起的《邹韬奋先生追悼大会启事》。

10月1日,邹韬奋先生追悼大会在重庆举行,宋庆龄、董必武、郭沫若等各党派、各界人士及青年、学生等千余人到会追悼。由黄炎培主祭,沈钧儒、左舜生陪祭。黄炎培读祭文,沈钧儒报告先生事略。郭沫若、邵力子、林祖涵、褚辅成、左舜生、邓初民、莫德惠及《纽约新闻》周刊记者伊罗生先后在会上发言。发言者都热泪横流,泣不成声,沉痛指出:韬奋是为民主而死,呼唤要向法西斯进军。全场沉浸在悲愤中,追悼会变成了控诉会。

在延安,中共中央发出唁电后,即由周恩来主持筹备纪念和追悼的事宜,10月11日召开了由周恩来、吴玉章、博古、邓颖超、周扬、艾思奇、柳湜、林默涵、张仲实、李文等13人发起的第一次会议,商定了华北书店改名为韬奋书店,设立韬奋出版奖金,骨灰运到延安安葬后建立纪念碑,在重庆募捐设立韬奋图书馆,在全国发起纪念和追悼韬奋先生运动等五项办法。周恩来在上报五项办法时,加了"提议以韬奋为出版事业模范",10月16日,毛泽东批示:"照此办理"。

11月22日,在延安边区政府大礼堂举行追悼大会,到会各界人士近2000追悼会由吴玉章主祭,周扬、柳湜陪祭。朱德、陈毅、吴玉章、李鼎铭、李卓然等讲话。他们在讲话中,都称颂韬奋先生十余年来,投身于团结抗日和争取民主的运动,致力于进步文化事业,在黑暗势力面前不屈不挠,为人民大众服务则无限热忱,其精神堪为楷模,其著作感人尤深,我们要继承先生遗志,为争取抗战胜利和民主早日实现而奋斗。陈毅在讲话中指出:"韬奋先生是由民主主义者走上共产主义者的道路。他的业绩,对于每个中国的民主主义者和共产主义者都是很好的教育。"[①]

在各地悼念韬奋的活动中,中共在延安、重庆两地的党报、党刊,大后方各爱国民主人士编印的报刊,发表了数以百计的题词、挽词、挽联、纪念文章和诗歌。一个短时期内这么多纪念文字,表明韬奋先生永远活在人民心中。

---

① 延安《解放日报》,1944年11月24日。

在重庆,从9月12日各报登出韬奋逝世讣告起,《新华日报》、《新民报》、《群众》周刊、《国讯》旬刊等报刊就开始发表悼念文章。10月1日追悼会当天,《新华日报》发表了社论《实现韬奋先生的呼吁》和韬奋事略等一批文章。在会场上散发了追悼会筹委会和生活书店共同编印的一本《韬奋先生逝世纪念册》,书中收有:韬奋自述,沈钧儒写的韬奋先生事略,韬奋遗作《对国人的呼吁》以及沈钧儒、黄炎培、陶行知、胡绳、张友渔、沙千里、薛迪畅等写的纪念文章,陶行知词、夏之秋曲的挽歌等。追悼会次日,《新华日报》和《新民报》都将会上的发言和记者的现场采访作了充分报道。郭沫若的发言,《新华日报》全文发表。

10月7日,延安《解放日报》发表社论,对韬奋的逝世表示哀悼。11月22日举行追悼会的当天,《解放日报》并以三、四、五、六四个版面作为《邹韬奋先生逝世纪念特刊》,登载了毛泽东、朱德的题词和吴玉章、陈毅、续范亭、柳湜、艾思奇、沈钧儒、茅盾、长江、钱俊瑞、胡绳、张仲实等人的纪念文章。

10月至12月,《新华日报》连续发表了延安、苏北根据地追悼韬奋先生的报道及各界人士的悼念文章。还发表了毛泽东追悼韬奋的题词:"热爱人民,真诚地为人民服务,鞠躬尽瘁,死而后已,这就是韬奋先生的精神,这就是他所以感人的地方。"朱德的题词:"爱国志士,民主先锋。"发表了中共中央唁电和接受韬奋临终请求,追认其为中国共产党党员的消息。这一时期,重庆各报刊陆续发表纪念韬奋的文章和诗歌约百余篇。

郭沫若在重庆追悼会上的讲话,正是千千万万人民共同的心声。他说:"韬奋先生:你是我们中国人民的一位好儿子,我们中国青年的一位好兄长,中国新文化的一位好工程师。你的一生,为了人民的解放,为了青年的领导,为了文化的建设,尤其在抗日战争发动以来,为了争取反法西斯战争的胜利,你是很慷慨地、很热诚地用尽了你最后的一滴血。在目前我们大家最需要你的时候,而你离开了我们,这在我们是一个多么大的损失呀!这是一个无可补救的损失呀!(泣声和掌声)

"韬奋先生!你是真的离开了我们吗?你是真的放下了武器倒下去了吗?没有的,永远没有的!你并没有离开我们,你还活着,你还活在我们每一个人的心里,每一个青年的心里,千千万万人民大众的心里。你是活着的,永远活着的,从中国的历史上,从我们人民的心目中,谁能够把邹韬奋的存在灭掉呢?(鼓掌)你的武器,你的最犀利的武器也交代在我们手里来了,我们每一个人的身上都有你的武器,这就是这么一支笔。你依靠着这支笔,为人民的解放,为反法西斯的胜利战斗过来;我们也应该仗着这支笔,为人民的解放,为反法西斯的胜利战斗过去。(大鼓掌)这是一支不折不扣的名实相符的钢笔,有了这支笔存在的地方,便是民主存在的地方;没有这支笔的地方,便是法西斯存在的地方。(鼓掌)像德国、日本这样法西斯国家,它们的笔是没有了,是变了质,变成了刷把,(鼓掌)替统治者刷浆糊,(鼓掌)刷粉墙,(鼓掌)刷断头台,(鼓掌)刷枪筒,(鼓掌)甚至刷马桶。(鼓掌)这样的刷把,迟早是要和着法西斯一道拿来拖进毛厕里去的。(鼓掌不息)

"我们中国幸而还有一支笔,这是你韬奋先生替我们保持了下来,我们应该要永远的保持下去。在目前反法西斯战争接近胜利的时候,笔杆的使用是要愈加代替枪杆的地位了:枪杆只能消灭法西斯的武力,要笔杆才能消灭法西斯的生命力。

"韬奋先生!你的一生,用你的血来做了这支笔的墨;我们要继续不断地把我们的血来灌进去。

"韬奋先生!你的一生,把你的脑细胞用来做了这支笔的笔尖;我们要继续不断地把我们的脑袋子安上去。(鼓掌)我们要纪念你。

"韬奋先生,我们就要永远地保卫这支笔杆,我们不让法西斯再有抬头的一天,不让人类的文化再有倒流的一天;这也怕就是你通过你的笔所遗留给我们的遗嘱!"(鼓掌历久不息)[①]

七、抗战时期学术奖励

(一)学术奖励概况

抗战时期,财力困难,国民政府对学术研究和著作发明,举办了规模有限

[①] 重庆《新华日报》,1944年10月2日,第2版。

的评审,并给予一定奖助和奖励。1940年5月1日,教育部学术审议委员会第一次大会通过《补助学术研究及奖励著作发明》一案,旋由教育部颁行《著作发明及美术奖励规则》。规定了奖励范围。著作分:(1)文学,(2)哲学,(3)社会科学,(4)古代经籍研究。发明分:(1)自然科学,(2)应用科学,(3)工艺制造。美术分:(1)绘画,(2)雕塑,(3)音乐,(4)工艺美术。此项奖励,每年专办一次,由教育部就本国学者之著作发明及美术制作中按照以上各类选拔若干种,予以奖励,受奖励之著作、发明或美术制作应以最近三年内完成者为限。至于给奖之标准,亦有具体决定:(1)具有独创性或发明性,对于学术确系特殊贡献者列为第一等;(2)具有相当之独创性或发明性而有学术价值但不及第一等者列为第二等;(3)在学术上具有参考价值,或有裨实用,但不及第一等第二等者,列为第三等。一律严格审选,给奖名额宁缺毋滥。从1941年起到1945年,一至五届得奖及受奖助者共281名,包括文学类37名,哲学类11名,古代经籍研究类18名,社会科学类57名,自然科学类59名,应用科学类55名,工艺制造类16名,美术(绘画、音乐)等28名。

1941—1945年度历届学术奖励分类统计表①

年度	届次	文学 一等	文学 二等	文学 三等	文学 奖助	哲学 一等	哲学 二等	哲学 三等	哲学 奖助	古代经籍研究 一等	古代经籍研究 二等	古代经籍研究 三等	古代经籍研究 奖助	社会科学 一等	社会科学 二等	社会科学 三等	社会科学 奖助	自然科学 一等	自然科学 二等	自然科学 三等	自然科学 奖助	应用科学 一等	应用科学 二等	应用科学 三等	应用科学 奖助	工艺制造 一等	工艺制造 二等	工艺制造 三等	工艺制造 奖助	美术(绘画音乐) 一等	美术(绘画音乐) 二等	美术(绘画音乐) 三等	美术(绘画音乐) 奖助
1941	第一届	4				1	1	2			2	4			1	1			1	3		1		2	2				4		2	4	
1942	第二届		3					1				1			1	1			4	6		3	6	6			8				1	4	4
1943	第三届	1	5				1	2				2		2		11			3	7	8		1	2	5							4	
1944	第四届	2	8			1				1	1	3			5	16			3	8		1	5	8		1	3	8					7
1945	第五届	2	7	5								2			3	8			1	6	3		6	10	3						1	1	
小计		9	23	5	2	2	7		1	5	12		2	13	42		7	20	28	4	2	23	25	5	1	3	12		1	6	13	8	
合计		37				11				18				57				59				55				16				28				
总计		281(内:一等奖15名;二等奖79名;三等奖153名;受奖助者34名)																															

---

① 本表根据《中国第二次教育年鉴》第867—871页资料统计。1945年美术(绘画、音乐)类三等奖1名,系先给予三等奖金额相等之奖助金并促其全书完成以再请奖者1人。

这些学术奖励,在一定程度上反映了当时的学术面貌和成就。而且这些学术著作在获奖的同时或先后又大都是作为正式出版物而出现的,因此,完全可以把它们视作当时出版成果的一个组成部分。由于历史和政治原因,对于某些审议标准和部分获奖著作,当时就存在分歧和争议。比如宣扬唯心论的著作可以评上哲学一等奖,而阐述唯物论的著作则无一选中。又比如一些洋溢着爱国主义热情、充满了丰富思想内涵的优秀文学作品,被排斥在评选范围之外,但对为汉奸特务涂脂抹粉的《野玫瑰》却授予文学实际最高奖——二等奖(历届未颁文学一等奖)。由此可见学术奖励主管当局对哲学社会科学的政治倾向是十分明显的。相对而言,自然科学和应用科学的奖励,比较接近实际,其中有些著作,至今仍有重要的学术价值。

(二)自然科学与应用科学获奖名单

1941—1945年度历届自然科学、应用科学得奖及受奖助者名单及论著如下:

1941年度(第一届)

(1)自然科学类

　　一等奖1名

华罗庚　堆垒素数论

　　二等奖3名

张宗燧　对于合作现象之贡献

许宝禄　数理统计论文

涂长望　中国气候之研究

　　奖助者1名

李非白、杨复曦　糯虫标本制造法

(2)应用科学类

　　二等奖2名

俞启葆　中棉黄苗致死之遗传及其连锁之研究

沈霁春　数种药品对于肾上腺等引起心脏纤维收缩之作用

三等奖 2 名

杜德三　铁道瘤

黄如瑾　自动视距仪视距管之构造

　　奖助者 2 名

裘逸苇　电影复印机

陈应霖　陈氏算盘

1942 年度（第二届）

(1) 自然科学类

　　一等奖 3 人

苏步青　曲线射影概论

周培源　激流论

吴大猷　多元分子振动光谱与结构

　　二等奖 6 人

周鸿经　傅氏级数论文

钟开来　对于机率论与数论之贡献

马士俊　原子核及宇宙射线之同子理论

吕　炯　西藏高原与今古气候

孙云铸　中国古代地层之划分

卢于道　脑之进化

　　三等奖 6 人

黄　翼　儿童之物理因果观念

朱汝华　关于分子重排及有机综合论

冯景兰　川康滇铜矿记要

刘建康　淡水斗鱼试养于盐水之成功及其理论根据

薛　芬　鲢鱼鱼群之研究

方文培　峨眉植物园志

(2) 应用科学类

　　二等奖 8 人

周同庆　磁缩式自动化纪录回声测探仪

王恒守　浮游选矿剂两种

武　霈　武氏内燃机差压引火方法之研究

许植方　汉防己乙素构造之研究

邹钟琳　中国迁移蝗之变型现象及其在国内分布之区域

郭质良　中国酒曲在近代化工之新应用

林一民　由桐碱制纯碱之最新法

李谟炽　公路研究

1943年度（第三届）

(1) 自然科学类

　　一等奖3人

陈建功　富里级数之蔡荼罗绝对可和性论

杨钟健　许氏禄丰龙

吴定良　人类学论文类

　　二等奖7人

王竹溪　热学问题之研究

李华宗　方阵论

张青莲　重水之研究

王葆仁　子位胺酸之新综合法

李方训　离子半径与其在水溶液中之物理化学性质

马廷英　古气候与大陆漂移之研究

赵九章　大气之涡旋运动

　　三等奖8人

王福春　富里级数之平均收敛

卢庆骏　富里级数之求和论

熊全治　曲线及曲面之射影微分几何学

赵广增　高能电子穿越物质

罗建本　关于有机化学论文十五篇

肖之的　关于动物学论文四篇

曲仲湘　西康泰宁附近草地之初步观察

倪达书　海南岛之双鞭毛虫六双半球虫属详志

(2)应用科学类

　　一等奖1名

杜公振、邓瑞麟　痹病之研究

　　二等奖2名

李耀滋　自动节油器

顾毓珍　植物油籽普通压榨公式

　　三等奖5名

徐冠仁、卢浩然　栽培稻植物性状之遗传研究

刘君谔　中国木蛀虫之研究

罗登义　增进蔬菜中P种维生素之探究

吴　襄　中华民族之生理水准

王之卓　利用倾斜摄影求高度法（未出版）

1944年度（第四届）

(1)自然科学类

　　二等奖3人

朱炳海　本国锋之消长与气旋

钟盛标　用新石英腐蚀图及其应用于电轴之测定与结晶缺点之检验

孙逢吉　芸苔属若干分类特征之评价及本属分类学统之建议

　　三等奖8人

刘云远　遵义县田溪之锰矿

高尚荫　苔子根瘤细菌之研究

张素诚　曲线与曲面射影微分理论之新基础

吴祖基　曲面之附属二次曲面系统

蔡启瑞　(一)低级脂酸混合物中蚁酸之准确速测法

　　　　(二)有机酸之测定电位法

李瑞轩　血浆抗溶血系统研究

王　易　岁差考实

蔡金涛　展开一般行列式

(2)应用科学类

　　一等奖1人

林致平　多孔长条之应力分析

　　二等奖5人

黄文熙　(一)地基之沉陷量及地基中之应力分布

　　　　(二)挡土墙土压力之研究

柏实义　滑翔机之空气动力特性

魏寿昆　贝色麦法炼钢去磷问题

龙丕炎　炼铅试验

唐　耀　中国木材性能研究论文

　　三等奖8人

宋达泉　福建省土壤分类制之商榷

李庆逵　中国土壤之化学性质

蔡邦华　水稻烟茎治螟之试验

金善宝　中国小麦区域

严演存　分馏时最经济之回流比

陈百屏　结构构架之阵量分析

王盛发　中国丙素及战时重庆学生营养状况之研究等论文

郑　集　大豆蛋白质营养价值之研究

1945年度(第五届)

(1)自然科学类

　　二等奖1人

吴大猷　建筑中声音之涨落现象

　　三等奖6人

郑作新　三年来邵武鸟类野外观察报告

吴大榕　同步机常数之理论分析
吴浩青　芳香氨基醛及氨基酮之新合成法
梁树权　分析化学论文四篇
胡秀英　(一)成都生草药用植物之研究
　　　　(二)冬青科植物一新种
肖之的　洱海之理化特性
　　奖助者3人
陈正祥　中国之霜期
毛宗良　艾白之解剖
陆德慧　新式珠算除法

(2)应用科学类
　　二等奖6人
钱令希　(一)梁与拱函数分布图与其成应图之联锁关系
　　　　(二)悬索桥理论及分析之改进
朱莲青　我国土壤层理分类及命名法
郭祖超　医学与生物统计方法上、下
徐冠仁　异型稻杂种不孕性之遗传研究
魏寿昆　四川白云石提制镁养烧制镁砖之研究
斯行键　贵州威宁峨眉山玄武岩树状羊齿内部构造之研究
　　　　并详论中国西南部玄武岩之地质时代
　　三等奖10人
张家贤　钢球轴承原理
王志鹄　荆峪沟土壤之性状与水土保持
陈心陶　香港人体寄生虫病调查
施　珍　荒地所生草类与其自然给水关系
朱　鼎　中药之科学原理
齐敬鑫　国防用材核桃木
杨　櫄　川江船型之检讨

唐余佐、陈永殷、朱成焯　土地测量论文等四篇
刘述文　兰索氏投影之方向及距离改正
陈礼节　臀肌肉注射部位之研究
　　奖助者3人
张景贤　机构之数量及其形态变化之理论基础
黄端芳　牙组织的活动染色之研究
张文治　特种浅水轮船[①]

八、关于战时书刊审查[②]

抗战期间，国民党一党执政下的国民政府所推行的出版物审查制度，是继十年内战时期的审查制度发展起来的。它从过去的"事后审查"、"部分地区原稿审查"，发展到"事前审查"、"全面原稿审查"。

1937年，国民政府对《国民政府的出版法》进行了修正，于同年7月8日颁布了《修正出版法》。据此，内政部于这年的7月28日公布了《修正出版法施行细则》。接着在1937年8月5日，国民党第五届中央常务委员会第50次会议讨论修正了《修正新闻检查标准》，紧接着在8月12日又讨论通过了《检查书店发售违禁出版品办法》，加紧了对出版物的审查和禁售工作。

由于全面抗战开始，国共两党实现了第二次合作，人们思想比较活跃，抗日救亡和宣传新思潮的出版物风起云涌，政府对出版物的控制有一定程度的缓和，但并未放松对出版物的注意。1938年3月，国民党中央宣传部曾向国民党中央报告称："自抗战以来，坊间所售之应时书籍及刊物，风起云涌，盛极一时"，但"皆共党及左倾色彩占极大多数，类多诋毁本党之词，尤以书籍为最。……若任其一再传播，实于民族思想之健康颇有毒害，是以对于今后出版界情形有加以严密注视和统制之必要"。[③] 于是国民党采取一系列措施，加

[①] 摘自《第二次中国教育年鉴》，第867—871页。
[②] 摘自叶再生著：《中国近代现代出版通史》第三卷，第433—454页。
[③] 国民党中央宣传部：《审查书籍刊物总报告》，1938年3月；《国民政府战史编纂委员会档案》，中国第二历史档案馆藏。

紧了对舆论和出版界的控制。

　　1938年7月21日，国民党第五届中常委会讨论通过了《战时图书杂志原稿审查办法》，第二天，又通过了《修正抗战期间图书杂志审查标准》；同年10月1日，在重庆重新组织成立了"中央图书杂志审查委员会"。（1934年5月，国民政府曾在上海成立"图书杂志审查委员会"，是审查图书杂志的专门机关，规定国内所有出版的文艺及社会科学图书杂志，都要在付印前送去审查，先在上海试行。1935年5月上海新生事件发生后，因日本帝国主义的严重抗议，该审查委员会无形撤销）。重建的中央图审会，由国民党中央宣传部、社会部，行政院教育部、内政部，以及军事委员会政治部联合组成，作为"全国最高之图书杂志审查机关"，"采取原稿审查办法，处理一切关于图书杂志之审查事宜"。① 1941年1月1日，国民政府任命潘公展为中央图审会主任委员。并在全国主要省市设置地方图书杂志审查处或委员会，"由各地最高党政军警机关会同组织之"，"隶属于中央图书杂志审查委会，办理各该省、市之图书杂志审查事宜"。② 在中央图书杂志审查委员会成立前后，在重庆、西安、桂林、兰州、湖南、宁夏、江西、云南、浙江、贵州、广东、广西、福建、四川等省市成立了图审会，组成了一个全国性的图书杂志审查网络。重庆市图书杂志审查委员会成立于1938年9月13日，同年12月5日，重庆市图书杂志审查委员会检查处成立。

　　1939年4月20日，国民党第五届中常会第119次会议修正通过了《印刷所承印未送审图书杂志原稿取缔办法》和《检查书店发售违禁出版品办法》。此两办法，由国民政府于同年5月4日公布施行。1939年5月4日，国民党第五届中常会第120次会议，修正通过了《图书杂志查禁解禁暂行办法》。

　　1940年9月6日，国民政府正式颁布《战时图书杂志原稿审查办法》。1942年2月16日，国民党第五届中常会第195次会议，讨论通过了《剧本出版及演出审查监督办法》，进一步加强了对剧本出版演出的限制。1944年6月20日，国民政府公布由国防最高会议第138次会议通过的《战时出版品审

---

① 中国国民党中央图书杂志审查委员会档案，中国第二历史档案馆藏。
② 《战时图书杂志原稿审查办法》。

查办法及禁载标准》及《战时书刊审查规则》。

1945年1月9日,蒋介石以行政院长名义发布训令,规定:各省市图书杂志审查处的业务,仍由中央图书杂志审查委员会继续监督。

(一)出版审查的基本目的和意图

从战时审查出版物制度的基本目的来看,固然有其战争期间所特殊需要的统一抗战国策,防止敌伪反动书刊等宣传品和日伪思想、言论的侵入,也有查禁淫读物,以利健康思想发展的目的。但从其基本目的来说,矛盾始终是对准中国共产党的宣传和进步的民主思想和马克思列宁主义等学说,以期控制舆论,统一文化思想,为实行其一党专政的一个主义、一个党、一个领袖的政策,奠定思想文化基础。用国民党的话来说,即是"纯正言论","树立以三民主义为中心之文化"。

1939年3月,重组不久的"中央图书杂志审查委员会"秘密制定了《图书杂志原稿审查工作纲要》,纲要计87条,对目标、方略和审查者的态度、修养等作了详细规定。对其工作目标,纲要称:"消极的目标,在防止庞杂言论,齐一国民意志,适应抗战需要。积极的目标,在助长纯正言论,促进文化之向上发展,树立以三民主义为中心之文化。为达到消极的目标,必须注意调查、审查、处理、检查等项工作。为达到积极的目标,必须注意宣传联络等项工作。欲达到目标,执行方略,更应注意工作人员之态度与修养。"[①]纲要并不讳言"防止庞杂言论,齐一国民意志,适应抗战需要"是消极目标。

审查出版物中有针对敌伪,适应战时需要的,如1938年7月22日,由国民党第五届中常会第86次会议通过的《修正抗战期间图书杂志审查标准》中列有谬误言论共七条,其中涉及适应战时需要的有:"四、其鼓吹之主张不合抗战要求,足以阻碍抗战情绪影响抗战前途者。""五、故作悲观消极论调或夸大敌人,足以削减影响抗战前途者。"[②]列为反动言论的有八条,其中适应战时

---

① 《图书杂志原稿审查工作纲要》,中央图书杂志审查委员会制订,转引自《重庆出版史志》,1992年第3期。

② 《修正抗战期间图书杂志审查标准》(民国二十七年)。

需要的有:"三、披露军事、外交秘密消息,关系国防计划,而未经许可发表者。""四、为敌人及傀儡伪组织或汉奸宣传者。"①间接涉及战时的尚有一二条。

1939年3月15日,中央图书杂志审查委员会第11次会议通过了《防范沦陷区及敌国反动书刊流入内地办法》,该办法规定:"浙江、福建、云南、广西各地审查委员会,应予国外及沦陷区入口处设立检查处,检查一切由平、津、沪、港及敌国流入内地之书刊","如查获汉奸及敌国宣传书刊","均应一律没收焚毁,以杜流传"。同年12月1日,中央图审会第20次会议,讨论通过了《处置汉奸汪精卫等以前著作办法》,称:"汪精卫、周佛海等及其他附逆分子反动言论,固应彻底根除,而其过去著述","无论何种,一经发觉,概予没收焚毁。"

但是大量的查禁措施却是针对中国共产党的。1939年2月26日,国民党中宣部秘密传发《禁止或减少共产党书籍邮运办法》和《查禁新知、互助及生活等书店所出书刊办法》。同年7月26日,国民党社会部批准中央图书杂志审查委员会制定的《各党派言论研究办法》备案施行。社会部曾连发密函三件(渝字第5136、5137和5138号)令各地取缔进步团体或设法打入其内部相机行事。

1940年6月13日,为查禁毛泽东著《新民主主义论》一文,中央图书杂志审查委员会以代电致重庆新闻检查局,内称:"奉中央宣传部渝美宣字第13183号笺函开为某党发表之《新民主主义论》一文,违背抗建国策,应予查禁,函达查照等因,奉此遵查,该文内容异常荒谬,某党于此抗战形势更于我有利之时,提出此种荒谬之名词,显系别有用心,而其必发动党内及同情该党之报章杂志作普遍之宣传亦为意料中事,除分电所属各级审查机关审查原稿时应切实注意,凡遇有宣传此类名词之文字,应一律予以检扣或删削补送外,用特电请查照饬属,切实注意办理为荷。"②

1943年2月8日,中国国民党执行委员会宣传部快邮代电,内称:

---

① 《修正抗战期间图书杂志审查标准》(民国二十七年)。
② 1940年6月中央图书审查委员会代电。原件存中国第二历史档案馆。

"中央图书杂志审查委员会公鉴：×密准军事委员会办公厅渝办四子世礼第三四〇九号代电,抄送渝市有关奸伪书店,最近动态情报一件,特抄送参考并切实注意为盼。

中央宣传部丑庚印

  附抄情报乙件

  抄情报

查渝市与奸伪有关之书店,计有生活书店、大陆图书公司、读书出版社、新知书店等四家,平日除出版少数书籍外兼售奸伪理论丛书。此项丛书之来源,均系第三国际驻华文化宣传机关之苏联粮食出口贸易协会所供给。各该书店彼此间均有联系,如一店缺乏某项书籍时,则由其他三店供给。兹将各该书店职员姓名年龄查报如左:(略)。"[①]

其他如派员检查新华日报营业部,密电查禁,扣压毛泽东、朱德及中共其他人士的文章、著作的密电、函件,查抄事件等不胜枚举,查禁的矛头显然集中在中国共产党及其影响下的出版机构,这种情况至抗日战争中后期越趋严重。

(二) 查禁的方式和方法

抗战期间,国民党对出版物的审查,对出版自由的限制和摧残,超过了全面抗战爆发前,而且又重新祭起了野蛮的原稿审查办法,并将它推广到全国。这种更加严厉的对出版物的审查并非完全由于全面抗战爆发,为适应战时需要而产生的,实际上在战前已经对出版法进行了修改,制订出了修改后的出版法。

几乎是在七七事变的同时,即 1937 年 7 月 8 日,国民政府修正公布了《出版法》(以下简称"修正《出版法》")。该法 7 章 54 条,与当时执行的 1930 年正届十年内战时期颁布的《出版法》(以下简称"1930 年《出版法》")相比,不仅对出版自由的限制,未见有丝毫减缓,相反地,它比原办法限制更

---

① 1943 年 2 月 8 日中宣部代电。原件存中国第二历史档案馆。

多,罪名更大,处罚更重。新的出版法与原有的出版法相比,重要的修改有这样几点:

(1)对新创报刊原来只要求"登记",修正《出版法》改为登记申请经核准后才能发行。原先一面申请一面发行的惯常做法,根据新的修正《出版法》就是非法的了。

1930年12月6日国民政府公布的《出版法》第七条规定:"为新闻纸和杂志之发行者,应于首次发行期十五日前,以书面陈明下列各款事项,呈由发行所所在地所属省政府或隶属于行政院之市政府,转内政部申请登记。"①

而修正《出版法》则修正为:"为新闻纸或杂志之发行者,应由发行人于首次发行前填具登记申请书,呈由发行所所在地之地方主管官署于十五日内转呈省政府或直隶于行政院之市政府核准后,始得发行。省政府或直隶于行政院之市政府接到前项登记申请后,除特别情形外,应于二十八日内核定之,并转请内政部发给登记证。"②

修正《出版法》在登记申请书载明事项中,还增加了社务组织,资本数目及经济状况③。还规定"新闻纸中专以发行通讯稿为业者,地方主管官署于必要时得派员检查其社务组织及发行状况"。④

(2)在出版品登记事项之限制一章中,将不得记载之第一款原规破坏三民主义者改为违反三民主义者,无限度地扩大了禁载范围,且界限不清,发行人和编辑人有随时遭受处罚的危险。

1930年《出版法》第十九条所称不得记载的第一款规定为:"意图破坏中国国民党或三民主义者"⑤。

修正《出版法》因对应的第二十一条不得记载的第一款被修改为:"一、

---

① 国民政府于民国十九年十二月十六日公布的《出版法》第七条。文中着重点为著者所加,下同。
② 修正《出版法》(民国二十六年颁布)第九条。文下着重点为著者所加,下同。
③ 修正《出版法》(民国二十六年颁布)第九条。
④ 修正《出版法》第十二条。
⑤ 国民政府1930年《出版法》第十九条一款。中国第二历史档案馆编《中华民国史档案资料汇编》和学林出版社出版的《近现代出版新闻法规汇编》皆如此记载,唯张静如编《中国现代出版史料》(乙编)所引录的同一《出版法》则为"意图破坏中国国民党或破坏三民主义者"。

意图破坏中国国民党或违反三民主义者。"①违反内容无界定,范围极广泛,除照本宣科外,随时都有触犯"违反"禁令,则"违反"无异于"破坏",就得受处罚,就得被革除发行人和编辑人的队伍,这点可从第三个重要修改中看出。

(3)修正《出版法》新增加了一条,只要是由于违反了第二十一条(即不得为言论或宣传之记载的三款)之规定受刑事处分者就被禁止为新闻纸或杂志之发行人或编辑人。这就是说,只要被认定违反了不准记载的三款规定之一而被罚刑事拘役处罚者,就永远剥夺了出版和言论的自由。而出版品登载事项之三款又是界限不清,范围广泛,极易被认为违反的。其规定为:"一、意图破坏中国国民党或违反三民主义者。二、意图颠覆国民政府或损害中华民国利益者。三、意图破坏公共秩序者。"②原有的出版法和修正后的出版法都规定:"违反第二十一条(原出版法为第十九条)之规定者,处发行人、编辑人、著作人及印刷人一年以下有期徒刑,拘役或一千元以下罚金;但其他法律规定有较重之处罚者,依其规定。"③

(4)修正《出版法》另一条重要的修正是:1930年《出版法》第二十一条规定"战时或遇有变乱及其他特殊必要时,得依国民政府命令之所定,禁止或限制出版品关于军事或外交事项之登载"。而修正《出版法》则将禁止或限制出版品登载之内容,扩大为"战时或遇有变乱及其他特殊必要时,得依国民政府命令之规定,禁止或限制出版品关于政治、军事、外交或地方治安事项之登载"。④

修正《出版法》是在战前修订的,其基本精神是钳制思想、控制舆论、限制出版自由,以起到其推行一党专政的目的。全面抗战爆发,提供国民党进一步这样做的绝好的机会。他将"适应战时需要"扩大化,在"适应战时需要"的掩护下,采取了多种措施,强化了出版物和演剧的审查,其中最主要的措施和方式是恢复原稿审查。

原稿审查　1940年9月6日,国民政府颁布《战时图书杂志原稿审查办

---

① 修正《出版法》第二十一条。
② 修正《出版法》第二十一条。
③ 1937年修正《出版法》第四十三条和1930年《出版法》第三十五条。
④ 1937年修正《出版法》第二十四条。

法》,共19条。将1934年起在上海一地试办的原稿审查,扩展到全国。该原稿审查办法不论审查书刊的门类、内容和要求,都比1934年6月1日由国民党中央宣传委员会公布施行的《修正图书杂志审查办法》广泛多了、严厉多了。1934年的办法规定:"凡在中华民国国境内之书局、社团或著作人新出版之图书杂志,应于付印前依据本办法,将稿本呈送中委宣传委员会图书杂志审查委员会申请审查。"其"审查之范围为文艺及社会科学"。[1] 新的原稿审查办法则扩大为:"各地书店及出版机关印行图书、杂志,除自然科学、应用科学之无关国防者,及各科教科书由教育部审查者外,均一律送请所在地审查机关许可后方准发行,……纯粹学术著作不涉及时事问题及政治、经济、社会思想者,得不审原稿,但出版时须先送审查机关审核后,方准发行。"[2]还设有复核制度,规定"凡经审查机关审核之图书、杂志于出版时,应先检送二份,由各该审查机关复核"[3]。原稿经审查后,如有指示意见,务须遵照详细修改或删削、免登。其审查意见内注明再行送核字样者,并应经复核后方可付印"[4]。

被审查机关扣压、删削、不同意刊登的文稿,被审查单位除必须执行,否则处罚外,还不许声张。规定:杂志免登稿件或图书经删略之稿件"不能在出版时仍保留题名,并不能在编后记或编辑者言内加以任何解释与说明,其被删改之处,不能注明上略、中略、下略等字样,或其他任何足以表示已被删改之符号"[5]。还规定:各杂志、书籍"封面图画暨文内插图及编辑后记、编辑者言以及其他补白稿件,均须一律送审"[6]。只有"恭录国父遗教或总裁言论以为补白者,可免送审"[7]。

又规定:"业经审查之原稿,付排时不得更动,尤不应将未审查之稿件排

---

[1] 《修正图书杂志审查办法》(民国二十三年六月一日)第二条。
[2] 《战时图书杂志原稿审查办法》(民国二十九年九月六日国民政府公布)之五。
[3] 《战时图书杂志原稿审查办法》(民国二十九年九月六日国民政府公布)之十。
[4] 《杂志送审须知》(民国三十一年四月二十三日)之六。
[5] 《杂志送审须知》(民国三十一年)之七及《图书送审须知》(民国三十一年)关于送审原稿者之六。
[6] 《杂志送审须知》(民国三十一年)之八及《图书送审须知》(民国三十一年)关于送审原稿者之七。
[7] 《杂志送审须知》(民国三十一年)之八。

入;如必须变更添排时,应先向原审查机关声明,补行审核。"①"许可发售之图书于翻印或再版时,仍应作为原稿送审,请领审查证后,方可印行。"②

审查剧本和戏剧演出 1930年颁布的《出版法》和1937年颁布的修正《出版法》,将出版品分为新闻纸、杂志、书籍三类,只笼统提了句其他出版品,都未明确将剧本,特别是戏剧演出列为审查对象,1940年公布《战时图书杂志原稿审查办法》也是这样。这年的3月,国民党中央宣传部颁发《战时戏剧审查标准》,它进一步规定:戏剧不准"诋毁政府之措施";不准"描摹战时社会畸形状态";不准"宣传三民主义以外之一切主义而有危害党国之言论";不准"鼓吹阶级斗争,违反劳资协调"等等③。中华民国三十年十月十日,教育部部长,向重庆市社会局发出训令,要各地"暂禁上演"《雷雨》一剧。该训令称:"案准中国国民党中央执行委员会宣传部本年九月五日渝美宣字第二一五七一号公函内开:'查曹禺所著《雷雨》剧本,业经饬处中央图书杂志审查委员会重付审查具报,以此项剧本殊不合乎抗战时期之需要,似应传饬各地主管戏剧机关暂禁上演等情到部。经核无疑,除分行各省市党部外,相应函达查照转知为荷'等由;准此,自应照办,除函复并分令外,合行令仰遵照,并转饬所属一体遵照,此令。"④除《雷雨》外,许多剧本都遭到了同样的命运。1943年8月20日,中央图审会曾开列出1942年4月至1943年8月审查剧本目录,计不准上演的有116种之多,需修改后始准上演的7种。禁演剧本中有《草莽英雄》(阳翰笙著)、《残雾》(老舍著)、《石达开》(陈白尘著)、《梅雨》(田汉著)、《高渐离》(郭沫若著)、《风雪夜归人》(吴祖光著)、《原野》(曹禺著);需修改的有《屈原》(郭沫若著)、《天国春秋》(阳翰笙著)、《法西斯细菌》(夏衍著)、《大地黄金》(陈白尘著)、《重庆24小时》(沈浮著)。

1942年2月16日,国民党第五届中央执行委员会第195次常务会议通过的《剧本出版及演出审查监督办法》规定:"所有戏剧剧本之出版或演出审查,在重庆市统归中央图书杂志审查委员会办理;各地方由省、市图书杂志审

---

① 《图书送审须知》(民国三十一年)关于送审原稿者之四。
② 《图书送审须知》(民国三十一年)关于送审已出版图书之六。
③ 《国民党中央图书杂志审查委员会档案》,中国第二历史档案馆藏。
④ 国民政府教育部档案,中国第二历史档案馆藏。

查处办理",所有"未经依法向主管机关立案之剧团,一律不准公演,更不得假借任何机关名义演出"。①

1944年6月20日,国民政府公布了由国防最高会议第138次会议通过的《战时出版品审查办法及禁载标准》。在这个文件中,正式将电影片和戏剧剧本列为出版品。②并规定:"凡在国内放映之外国电影片或国产电影片,及在国内出版之戏剧剧本,一律施行事前审查。"③"凡剧本及电影片未经呈送中央审查委员会审查核准者,不得印行、上演或公映。"④"凡剧本及电影片,如有抵触禁载标准者,中央审查委员会得指示删改修正后出版发行,必要时并得禁止印行、上演或公映。"⑤同年又公布了《修正图书杂志剧本送审须知》,重申"电影剧本暨出版之戏剧剧本,均应送审原稿"。⑥

审查副刊、广告、壁报　不仅杂志的号外、增刊、副刊要审查,"有关政治之传单或标语,非经地方主管官署许可,不得印刷发行"。⑦出版品上的广告启事也要审查,甚至连壁报也要审查。如1939年7月8日,重庆行辕邮检所函重庆警察局称:重庆市壁报管理办法定于7月16日施行,办法规定,壁报如无印记则予以撕毁。⑧

惩办印刷厂店　修正《出版法》在处罚发行人、编辑人时,在很多情况下也同时处罚印刷厂店。1939年4月20日,国民党第五届中常会第119次会议,修正通过了《印刷所承印未送审图书杂志原稿取缔办法》,同年6月14日,由国民政府明令公布。该办法严格规定:"各地印刷所对于未取有中央或地方图书杂志审查委员会审查证之图书杂志或原稿及清样未盖有当地审查机关签章之'审讫'图记者,不得印刷。"早在1937年12月,国民党中央宣传

---

① 《剧本出版及演出审查监督办法》之一和四。
② 《战时出版品审查办法及禁载标准》(民国三十三年)第二条。
③ 《战时出版品审查办法及禁载标准》(民国三十三年)第五条。
④ 战时书刊审查规则第八条。
⑤ 战时书刊审查规则第十条。
⑥ 《修正图书杂志剧本送审须知》(民国三十三年)甲人送审范围之四。
⑦ 修正《出版法》(民国二十六年)第二十条。
⑧ 转引自《重庆出版史志》,1992年第3期。

部即制订有《书店印刷店管理规则》(草案)①,规则计二十三条,对书店印刷店严加限制。

1942年5月5日,国民政府行政院公布了《书店印刷店管理规则》。此规则于1943、1944年两度修改。企图通过惩办印刷厂控制出版物。

控制书店 在《战时图书杂志原稿审查办法》公布以前,国民政府已颁布有《检查书店发售违禁出版品办法》、《战时书店及印刷所督导办法》等。1942年5月,国民政府又公布了《书店印刷店管理规则》,规定:"书店发行或代售之图书杂志及其他出版品应按月造具目录二份分送地方主管官署及当地图书杂志审查处或分处,并由地方主管官署按季汇编目录呈送省政府及同级党部或直隶于行政院之市政府及同级党部汇送中央宣传部、内政部、教育部及中央图书杂志审查委员会。"②"检查人员如发现该书店或印刷店有发售或印刷违禁图书杂志或其他出版品时,应径予没收。"③出售未经法令禁售的书,有时也会有麻烦,如检查员"认为内容不妥或不符法令规定者,应给予收据取回样本。该项发售或承印品得暂行封存,并饬该书店或印刷店具结注明"。④

邮电检查 早在1927年7月前,南京戒严司令部即制订有《检查邮政暂行条例》,并在戒严司令部下特设邮政检查委员会,检查往来一切邮件。根据《南京戒严司令部检查邮政委员会抄报〈检查邮政暂行条例〉致中央宣传部函(1927年7月27日)》⑤所载,当时邮检的注意事项为"一、关于妨害军事计划之件;二、关于挑拨离间,分裂革命势力之件;三、关于共产党及帝国主义者宣传之件;四、关于造谣惑众之件;五、关于探报军事、政治应守秘密之件;六、关于反动派以密码、暗号私通消息之件"。

民国十八年(1929)8月,国民党中央决定在全国重要都市实行邮件检

---

① 《书店印刷店管理规则》(草案),"国民党中央宣传部档案",《中华民国史档案资料汇编》第五辑第一编·文化(一)。
② 《书店印刷店管理规则》(民国三十二年)第十一条。
③ 《书店印刷店管理规则》(民国三十二年)第十五条。
④ 《书店印刷店管理规则》(民国三十二年)第十五条。
⑤ 《南京戒严司令部检查邮政委员会抄报〈检查邮政暂行条例〉致中央宣传部函(1927年7月27日)》,国民党中央执行委员会秘书处档案。原件藏中国第二历史档案馆。

查,遂由中央宣传部草拟了邮检办法。该办法经国民党中央执行委员会第31次常务会议决议修正通过①交中央宣传部执行。中央宣传部就拟定:"一、关于首都、上海、汉口、广州、天津、青岛、北平、哈尔滨八特别市设立邮件检查所;二、以前南京、上海、北平、广州、郑州及其他各地所设立邮件检查所或同等性质之邮件检查机关一律取消。"②

国民政府内政部编的《内政年鉴》刊有《检查新闻办法大纲(1934年8月9日)》。该大纲第二点即载明:"电报检查与新闻检查有密切关系,为求工作便利计,中央检查新闻处对各地电报检查机关应取严密之联络。"可见在1934年8月前各地已有电报检查机关的设立。到了1939年秋,国民政府军事委员会办公厅就设置特检处,专司全国邮电检查事宜,特检处在全国重要城市设特检所和无线电侦察台。同年6月29日,国民政府军事委员会制订了《邮电检查执行规则》,7月1日以行政院名义下达各地执行。

采取秘密行动,特殊措施 这是最丧失人心的做法。如1939年7月26、27、28日,社会部就曾以渝字第5136、5137、5138号连发密函三件,令各地取缔进步团体或设法打入其内部相机行事。

1940年9月9日,国民党中央党部给各省党部下达取缔中共刊物,捣毁其书店的密令。内称:"共产党实施宣传政策,自办新华书店外,复利用各种书商推行书籍。今后,对付方法为:(1)对以营业为目的之书店,应以威胁方式或劝告方式,使其停止推销。(2)对共产党书店应派人以群众面目大批收买而后焚之,或冲进该店捣毁之。惟事先应布置周密,与当地军警宪主管机关取得联系,接洽妥当,对外绝对秘密,以免对方借口,其进行情形,随时上报。"

(三)查禁书刊的数量和内容

抗战期间,国民党在文化领域推行查禁主义,查禁书刊数量之多,破历史

---

① 《国民党中央秘书处致中央宣传部函(1929年8月6日)》和《国民党中央执行委员会秘书处检送〈全国军要都市邮件检查办法〉函(1929年8月27日)》,原件藏中国第二历史档案馆。

② 《国民党中央宣传部致中央秘书处复函(1929年9月7日)》,国民党中央宣传部档案,原件藏中国第二历史档案馆。

纪录。据国民党中宣部中央图书杂志审查委员会档案和国民政府军事系统档案汇总统计，自1938年3月至1945年7月统计，当时全国查禁书籍（含少数刊物和传单）共1925种①（不包括少量敌伪汉奸的出版物和淫秽迷信等"软性读物"，如算上这两部分，查禁书刊约二千多种）。查禁最厉害的年份是1940、1941和1942年三年，每年都在300种以上，最多的一年（1942）竟达415种。1943年起查禁数量有所下降。其各年数字于下：

1938年计124种，其中：

3月31种；4月2种；5月1种；6月9种；7月2种；8月7种；10月15种；11月37种；

1938年内，难辨月份的有20种。

1939年计218种，其中：

1月38种；2月18种；3月22种；4月9种；5月11种；6月15种；7月13种；8月19种；9月11种；10月32种；11月14种；12月16种。

1938年3月—1939年9月，计115种。

1940年计315种，其中：

1月10种；2月9种；3月16种；4月41种；5月12种；6月19种；7月14种；8月31种；9月36种；10月49种；11月25种；12月39种；1940年内，难辨月份的有14种。

1941年计415种，其中：

1月17种；2月38种；3月90种；4月66种；6月47种；7月38种；9月38种；10月25种；11月12种；12月42种；1941年内，难辨月份的有2种。

1942年计353种，其中：

1月17种；2月13种；3月32种；4月21种；5月39种；6月43种；7月53种；8月22种；9月19种；10月53种；11月34种；12月7种；

1942年9月前，难辨月份的有29种；1942年内，难辨月份的有5种。

1943年计139种，其中：

---

① 著者据张克明辑录《抗日战争时期国民党政府查禁书刊目录(1938.3—1945.8)》统计。

1月16种；2月12种；3月3种；4月2种；5月5种；6月34种；7月24种；8月8种；9月18种；11月6种；12月7种；1943年内，难辨月份的有4种。

1942—1943年，难辨月份的有计40种。

1944年计173种，其中：

1月17种；2月74种；3月14种；4月32种；5月6种；6月10种；7月2种；8月3种；9月9种；10月4种；11月2种。

1945年1—7月计21种，其中：

1月1种；2月4种；6月8种；7月8种。

上述材料中已删去了查禁的日伪书刊和汉奸出版品。下面一份材料是未经删节的。

中央图书杂志审查委员会定期印发查禁书刊一览。民国三十年（1941）七月，该会印发的取缔书刊一览，辑录了民国二十七年（1938）十月至三十年（1941）六月共二年零九个月间查禁的书刊，共计961种（包括民国二十七年一月至九月中央宣传部通令查禁的书刊）。其中敌伪宣传品和汉奸出版品共202种，占21%，其余被查禁的书大多是政治性读物。取缔办法分查禁、停止发行、暂停发行三种，以查禁为主。

上面说的是查禁的书刊，至于各杂志送审时被禁刊、扣压下的文章数量，现在难以统计清楚。仅据中国第二历史档案馆藏"中央图书杂志审查委员会"档案存稿统计，共有《群众》、《国讯》、《全民抗战》、《反攻》等153种杂志，被扣稿件873篇[①]。

从查禁机关来看，主要是中央图书杂志审查委员会、中央宣传部，其次有军事委员会政治部、内政部、教育部、军令部等。所谓查禁的理由，不外是："触犯审查标准"、"触犯禁载标准"、"言论荒谬"、"诬蔑本党及政府"、"诋毁中央"、"鼓吹偏激思想"、"注重派系私利，诋毁国军"、"阐扬马克思之辩证唯物论"、"主张阶级斗争，与本党主义相违"、"阻碍抗战情绪"、"记载失实，诬

---

① 方庆秋：《抗日战争期间禁载诗文稿述要》，该文原注称"此统计数字系根据二史馆馆藏'中审会'档案中存稿统计，不明送审单位的稿件未予列入"。

蔑领袖"、"诋毁三民主义"、"曲解本党主义,言论反动"、"立论谬误"、"且曲解本党主义和政策"、"对总理学说,妄加批评"等等。

被禁书刊的出版单位很多,查禁最多的书店,主要有生活书店、读书生活出版社、解放社、中国出版社、新华书店等,也包括一些商业性出版社如商务印书馆、世界书局、北新书局、开明书店等,绝少官办书店,只有拨提书店出的一本《作战应用数字辑全》,被中央图审会以"不适应用"于1942年5月被禁。

被查禁的书刊大致分三部分:一是淫秽迷信类书刊,一是日伪汉奸著作,一是中共和民主人士的著述。1943年1月,重庆市图书杂志审查处查获《寡妇上坟》、《新盼郎》、《烧火老》等淫秽迷信书籍58种,多数为铜梁县森隆堂印刷,少数由成都传入重庆。四川省政府主席张群于这年3月间,也曾令四川省图书杂志审查处、成都市政府铜梁县政府查禁封建迷信及黄色读物;中央图书杂志审查委员会曾对日本国及汪伪等反动读物及汪精卫等大汉奸的著述采取了查禁措施。但是,被查禁的这两部分书籍占的比例较少,大量被查禁的是中共和民主人士的著述。

(四)人民的抗议斗争

对出版自由的尊重,是一个社会进步和成熟的标志。一个进步的社会,成熟的社会,社会成员和政权机关会自觉地依照公认的法律,来发挥出版自由对文化、科技和社会经济的发展的伟大作用,同时避免滥用出版自由或滥用法律限制来阻碍社会的发展和对公众的危害。

战时书刊审查是一个特殊环境下的一种特殊产物。它既要求能发挥出版自由对学术发展、社会进步和对官吏的监督的促进作用,又以法律来限制滥用出版自由而造成对敌作战的损害。书刊审查是一种社会行为,必须在上述原则下,采取成熟社会的做法,依法办事。而国民党当时的书刊审查虽有"适应战时需要"的一面,但他站在"一党私利"的立场,企图借书刊审查来推进其"一个党,一个主义,一个领袖"的政策,采取了原稿审查的野蛮做法;而在方法上又违背了社会文化行为的标准,采取了压制民主、党政军警宪齐动手的做法。这样,它当然引起了社会人士的反对,并陷自己于被动的境地。

1938年7月下旬,《战时图书杂志原稿审查办法》公布后,引起了全国出版界和编著人士的不满。商务、中华、开明、世界、生活等十余家书店即联合具文吁请有关当局撤销该项决定。同年11月4日,国民参政会第二次大会以多数票通过邹韬奋提出的有74人联署的《请撤销图书杂志原稿审查办法以充分反映舆论及保障出版自由》提案。1939年7月,华中图书公司、光明书局、四川书店、上海杂志公司重庆支店、读书生活出版社重庆分社、新知书店重庆办事处、新生书店重庆分店、重庆开明书店、生活书店重庆分店、中国图书杂志公司、新华日报图书课、北新书局、中国书店、互助书店、文化供应社等18家书店联名呈文国民党中宣部,文称:"……乃自近旬以来,搜查书报之事,竟越法令范围。而雷厉风行,搜查行为之任性暴乱,犹复迹近纷扰,使属店等无以为生,惶惑无已,敢作呼吁,爰分条缕呈如左:一、查禁书报事先未有通知,属店等不知何者为禁书?待被查抄没收,方知为禁书,血本不意遭受牺牲,营业损失殊大。二、查禁书报漫无标准,属店等无所适从。昨日可售者今日遭没收,今日可售者则明日又遭查抄;甚至业经审查登记之书报,亦时遭没收。三、搜查书报从未出示公事文件,随意取书,属店等顿失营业保障。甚且便衣出没,书架书桌之陈列,翻搜零乱,随意取书而去,常因之引起误会,发生纠纷。四、搜查员非但搜查书报而已,且任意闯入内室,翻箱倒箧,侵害居住自由,扰乱安宁,欲加阻止,则云'个人以头颅可以担保',究其实,则又无搜查住宅之公事文件。五、搜查书报之外,每将顾客驱逐,甚至加以殴辱,到处布岗,阻止顾客购书。

"……属店等从事文化事业竟如处于无边无际之大监狱中,困苦莫甚,此与政府历次公布之保护言论出版自由,保护营业安全,保护住宅安全之明白昭告,实有不符,属店等受扰不堪,谨此冒渎奉陈……"[①]

有时已经批准刊登的文章,要转载时又遭"免登"处理,如《中共中央为抗战四周年纪念宣言》,经重庆市新闻检查所审查批准后刊登在1941年7月13日的《新华日报》上。不久《群众》周刊要转载时,重庆市图书杂志审查处

---

① 据原呈文,原件存中国第二历史档案馆。

却不同意刊登。于是《群众》周刊编辑部于这年的8月9日具文并附上原载此文的7月13日《新华日报》,向重庆市图书杂志审查处提出交涉。

1941年11月25日,国民参政会第二届二次会议通过了沈钧儒等人提出的《请政府迅即对于言论与研究加强积极领导,修正消极限制以通民隐而利抗战案》。从侧面批评了国民党查禁书刊政策。

1943年11月,重庆20家书店发表争取出版自由的紧急呼吁。同年12月28日,宪政实施协进会第三次常务会议,通过了关于废除图书杂志审查的提案。但是这些呼吁和提案都没有引起国民党和国民政府的重视,原稿审查制度依旧进行,激起文化界和出版界的进一步不满。1944年5月2日,《大公报》发表了张静庐、金长佑、黄洛峰、姚蓬子、田一文、唐性天合写的《出版界的困难》一文。该文对政府提出了七点改善建议,表示"甚希望我贤明当局,广开言路,提倡自由研究,自由读书之风气,以挽颓风,而振文运"。翌日,重庆文化界在百龄餐厅举行茶会,到会的有孙伏园、张申府、曹禺、吴藻溪、张静庐、马彦祥、沈志远等50余人。茶会商讨了关于言论出版自由等问题,一致要求取消新闻图书杂志及戏剧演出审查制度。然后,在5月间,重庆文化界发出了《对言论出版自由意见书》和由78人联名的《重庆文化界为言论出版自由呈中国国民党十二中全会请愿书》。

对原稿审查,限制言论、出版、结社等自由的不满和抗议更形高涨,1945年1月15日,中国民主同盟发表对时局宣言,提出保障人民言论、出版、集会、结社、职业、身体自由等十项主张。同年2月13日,重庆《新华日报》发表了于立群、李德全、林琼等104人联合署名的《陪都妇女界对时局的进言》,也提出了"给人民以言论、出版、集会、结社等基本自由"的主张,2月22日,《新华日报》又刊发了重庆文化、出版界知名人士郭沫若、茅盾、胡绳、黄洛峰、张静庐、巴金、史东山、老舍、宋云彬、沙千里、吴祖光、周谷城、金善宝、马寅初、夏衍、张申府、邓初民、谢冰心、顾颉刚等312人签名的《文化界对时局进言》。进言称:"……由国民政府立即召集全国各党派所推选之公正人士组织一临时紧急会议,商讨应付目前时局的战时政治纲领……由临时紧急会议推选干练人士组织一战时全国一致政府,以推行战时政治纲领。"并提出:"一、审查检阅制度除有关军事机密者外不应再行存在,凡一切限制人民活动之法令皆应废除,使人民应享有的集会、结社、言论、出版、演出等之自由及早恢复。二、取消一切党化教育之设施,使学术研究与文化运动之自由得到充分的保障。三、停止特务活动,切实保障人民之身体自由,并释放一切政治犯及爱国青年。四、废除一切军事上对内相克的政策,枪口一致对外,集中所有力量从事反攻。五、严惩一切贪赃枉法之狡猾官吏及囤积居奇之特殊商人,使国家财富集中于有用之生产与用度。六、取缔对盟邦歧视之言论,采取对英美苏并行外交,以博得盟邦之信任与谅解。"[1]

此宣言发表后,震动了国民党最高当局,当局挟政治压力,让个别人登报声明"并未参加"。后又策动了另一篇由各大学、专科学校专家教授梅贻琦、竺可桢、潘序伦、老向、吴煦、钱歌川、伍蠡甫、任美锷、卢前等750人签名的意见书:《为争取胜利,敬告国人》[2],刊登在1945年4月15日的重庆《中央日报》上,为当局政策辩护。1945年6月14日,参加重庆新出版业联合总处的上海杂志公司、五十年代出版社、文化供应社、生活书店、北门出版社、国讯书店、新知书店、读书出版社、耕耘出版社等29家出版社为出版业受物价狂涨影响,已濒毁灭,无法继续维持,而向政府、社会、读者发出了紧急呼吁。7月,这29家出版社又发出了《出版业为文化危机向参政会紧急呼吁》文。文中除要求政府改善纸张、印刷、邮递、赋税诸方面困难外,也提出"请图书审查机关对于国防军事有关书刊外,一律免审。既经送审核准者,应准刊印审查号码,并严令各地审查机关切实遵奉中央命令,不得再有扣留情事,以资保障"。[3] 并要求不要扣留原稿。

这时反对国民党一党专政,要求民主,反对内战,要求政治改革,以政治协商方式解决国内政治纷争的呼声,更形高涨,但是国民党当局仍是违背潮流,漠视民意,坚持一党专政的做法。这使国民党自己陷入了十分被动的局面,使一些并非共产主义者在某些方面还与国民党和国民政府持相同观点的

---

[1] 原文载1945年2月22日的重庆《新华日报》。
[2] 载1945年4月15日的重庆《中央日报》。
[3] 原载1945年7月12日重庆《大公报》广告栏。

人也参加了这个要求取消原稿送审,要有言论和出版自由的行列。这年的7月28日,中国民主同盟发表《对时局宣言》,提出了四项要求:"一、确实保障人民身体、言论、出版、集会、结社、迁徙、居住之充分自由;二、释放一切爱国政治犯;三、彻底取消一切特务及类似特务之法令及机构;四、承认各党派公开活动之权。"[①]在争取人民言论、出版、集会和结社等基本权利斗争中,反映在言论、出版、文化战线上则纷纷要求取消言禁,取消新闻、出版审查,这形成了时代的最强音。

[①] 原载1945年7月28日的重庆《新华日报》。

第四章　抗战胜利复员期间的大后方出版业

1945年8月中旬,抗日战争胜利结束。民族矛盾下降,国内阶级矛盾上升。国共两党关系和国内政治前途,正处在十字路口。

抗战甫告结束,中国又面临着蒋介石一心发动内战,而中共力求团结建国的选择。中国共产党不负全国人民要求和平民主的喁喁之望,毛泽东冒险亲临重庆与国民党进行谈判,共商国是,于同年10月10日签订了《双十协定》。1946年1月,又在重庆召开了有各党各派和无党派人士代表参加的政治协商会议,通过了五项政协决议,确定了和平建国的基本方针,以和平、民主、团结为基础,长期合作,避免内战,共同建设独立、自由和富强的新中国。全国人民莫不欢欣鼓舞,以为这是中国走上"和平民主建设新阶段"的大好时机。但是国民党顽固派仍一意孤行,坚持内战独裁,独吞胜利果实,不惜撕毁《双十协定》,破坏《政协决议》,玩弄"假民主,真独裁"、"假和谈,真内战"的阴谋手段,导致国共谈判破裂,全面内战爆发,局势急转直下。全国各民主党派,各界进步人士,尤其是青年学生,纷纷掀起"反内战,反迫害,争民主,争自由"的斗争,声势浩大,震撼中华大地。进步的革命的出版业积极响应,投入了这场为全国各族人民谋解放的斗争,并为开拓自己新的光辉前景做出了可贵的贡献。

由于大后方的出版业的主力,除文通书局外,大部分是因抗战而内迁的。新建立的出版社亦大都是随内迁作家的到来而兴办的,因此,抗战胜利后,出版社和作家纷纷复员东返,曾是出版中心的渝桂等地的出版工作即趋沉寂。

1945年8月至1946年5月为从战争状态转入平时状态的复员阶段。大后方出版界或者办理结业，买舟东下；或者就地调整，精简改组，因而书刊出版相应收缩。同时，根据形势的发展，出版界继续为争取言论出版自由和撤销书刊审查制度的斗争，并积极参与了向政治协商会议进言等一系列重要的社会活动。

一、艰难的复员

自抗战胜利之日起，全国面临着复员任务，一切将从战争状态恢复到平时状态。1946年5月国民政府还都南京，其复员工作基本告一段落。而其他各行各业和民众的复员，因故滞后，其延时的长短，则颇不一致。它是一个艰难的历程。

复员最困难的问题是交通运输。胜利后沦陷区的交通，表面上虽已恢复，唯航空等交通工具，几乎全部为政府所控制，专供公务员及接收人员的使用。工商界如需利用航空工具，须经登记，俟有空缺始能购票。按照登记情形，半年后尚难轮到，何况当时的航空工具可供复员利用的总量也是极其有限的。自从1946年初长江航运恢复起，当年大批内迁的机关、单位、学校和企业就已开始复员东下，川江客货运输迅猛增加，形成了同八年前内迁入川相似的"还乡热"。据有关方面估计，在渝之国民政府中央机关的军政公务人员及其眷属人数约有43万以上，按照当时长江航运能量计运，约需一年的时间，至少亦需8个月以上，方能输送完竣。虽然国民政府严格控制运输工具，征调了川江原有船只，还租用了一批美国登陆艇，用于沪渝之间的水上运输，但仍不能解决巨大的复员客货运量与航运能力过小之间的矛盾。尤其是各党政军机关纷纷争夺船只车辆，使复员运输紧张混乱，大批旅客和物资拥塞停留在上游港口车站，真是有家难归，令人叫苦不迭。

(一) 正中书局等官办出版机构的复员

正中书局其原有规模条件，就远比一般出版机构优越。抗战胜利后，规模更趋扩展。该局在重庆向经济部办理公司登记时,其名称为"正中书局股份有限公司",其资本总额国币五千万元。该局的复员布建工作,自抗战胜利起即着手进行。日本甫告无条件投降,国民党最高当局特准将"各地区接收之敌伪出版机构,拨交正中,以为补偿战时损失"。"本局当即派定京沪杭、东北、冀察绥、鲁、青、粤港及台湾等地区特派员赴各地区办理规则事宜"。① 1946年5月,该局在重庆购买大木船数艘,载送职工、眷属以及各项档案、书稿等,顺江东下,返抵南京,各业务部门在南京童家巷第一印刷厂原址恢复工作。另在上海设置了分处,办理购纸及印销等工作。这时,其分支机构,除原大后方地区所设立的重庆、成都、西安、兰州、贵阳、昆明、赣州等七所分局及内江、万县两支店外,另有南京、上海、汉口、广州、长沙、开封、杭州、南昌、福州、济南、青岛、北平、天津、沈阳、长春等共计二十七所分支机构,均先后恢复了营业。此外,这时的正中书局还拥有四个印刷厂。即抗战胜利后所接收的敌伪上海、北平、青岛印刷厂,以后分别改称为上海印刷厂、北平印刷厂、青岛印刷厂,连同重庆印刷厂共四个厂。它拥有印刷机九十六部,每日的生产量达六百纸令,居当时同业中书版印刷的首位。

其次,还有中国文化服务社,它在1946年上半年复员于上海,并在南京设立分社;独立出版社,也于1946年上半年复员于南京,并在上海设立分社;拔提书店复员于南京;国立编译馆于1946年8月复员于南京。

纵观上述,可见国民党系统的出版机构,不仅复员顺利,而且规模在大肆扩展。

(二)几家老字号的出版机构的复员

商务印书馆于1945年年底,即着手复员布建。当时,商务印书馆总管理处就决定先派出一部分业务骨干东下、北上或南下。如去上海的是李伯嘉和史久芸;去北平的是宣节(任京华印刷厂厂长);去东北的是张屏翰(任沈阳分馆经理);去香港的是徐应昶和黄用明(分别任香港分厂的厂长和副厂

---

① 见台湾《正中书局六十年》。

长)。1946年4月28日,商务印书馆总经理王云五由重庆抵达上海。总管理处的绝大部分工作人员,是在1946年5月复员东下至上海,继而全面开展工作。

中华书局的复员布建工作,也是早在抗战一胜利就开始进行。据沈谷身(中华书局重庆印刷厂代理厂长)回忆:"1945年8月14日夜晚,日本天皇裕仁宣布无条件投降的消息传到了李子坝,疏落的鞭炮声中给人们带来了兴奋和幻想。几天后,李叔明(中华书局总经理)召开了会议,姚戟楣、李虞杰、朱复初、白纯华、赵俊、曹诗成和我共八人。李谈了抗战胜利后的一些布置,大意是:一、总管理处还沪,成立渝处,以李虞杰、朱复初为正副主任;二、结束渝厂,内进的人准备复员到上海和香港去,当地雇用的职工一律遣散;三、任命赵俊、白纯华分别为香港分厂第一、第二厂长,乘机去港,任命我为渝厂代理厂长,留渝办理结束工作,以后复员上海或去香港可自择。""不久,复初也携眷先行。……但此时客多船少,我们又毫无门路,一筹莫展。后承渝局经理王啸涯兄辗转托人设法,买到了五张'黄鱼票'。这是一艘国民党政府送伪国大代表去南京开会的船。船上房舱全给'贵人'们包了,我们是统舱,由于上船的时间晚了,所有可以摊地铺的地方都被先来的乘客占去,真可谓无立足之地。我们破破烂烂的行李也真不少,如重五斤的痰盂罐,准备给孩子路上便溺的,也带上了船,一算行李费,竟相当于复员费的三分之一。我叫妻带着孩子,缩在通向上一层的扶梯踏台上,然后去寻找船员买铺位,想不到等我买到床位回来时,妻因两手难管三个孩子,一不小心,我们那个才满四岁的男孩,挣脱娘手在船舷上乱蹦乱奔,竟穿过栏杆跌到嘉陵江里去了。这一惊真非同小可,幸好孩子坠江后由于水的惯性反作用把孩子弹回水面时,正好双手搭在齐水面的船体衔接铁边,因此得救。旧社会任何事都得花钱,经历几次风波,我已囊空如洗。十月初船抵上海,我上岸第一要事是到总管理处借钱。许多老同事问我:'胜利了,有人从天上飞来,有人自地下钻出,你也是重庆客,奈何狼狈为此?'我只有苦笑!我能说什么呢?"

开明书店总管理处,于1945年年底,由叶圣陶先生率领职工分乘两只大木船出川,先到宜昌,后转'拖轮'趋上海,渝沪全程,辗转颠簸,历时二月余,方于1946年2月抵达上海。

上述两个事例,生动地说明,胜利后的复员,是非常艰难的。原在大后方的出版界人士,在复员的过程中,除了少数有权有势的出版机构和那些"达官"、"贵人",可以轻松愉快地取得机票和房舱票,一路顺风地到达目的地外,一般的出版单位、出版工作者,却是历尽千辛万苦,受尽辗转颠簸之累,方能抵达目的地的。

(三)生活书店等出版机构的复员

有相当一批出版机构,如以生活书店(包括读书出版社、新知书店)为代表的书店、出版社、刊社,抗战胜利后,也纷纷复员或迁移东下。

生活书店、读书出版社、新知书店是追求进步、追求革命的新型出版机构,抗日战争时期,它们在积累、传播革命进步的思想文化上,在鼓动、宣传、团结人民积极抗战,争取民主自由进步的斗争中,做出了功不可没的重大贡献。抗战胜利后,国际国内形势发生了变化,但国民党的一党专政的反动政策未变,和平与内战,独裁与民主,迫害与反迫害的斗争,依然十分激烈,内战阴影笼罩着全中国。面对这种形势的三家书店在中国共产党的领导、关怀、启示与指引下,及时地开会作了研究。为集中力量迎接胜利后在全国新的战斗任务,三店的总管理处决定,应迅速返回上海恢复出版业务,占领出版阵地;发行工作则实行合并,重庆三店合并,定名为"生活、读书、新知重庆三联分店"(简称"三联书店")。1948年10月,在香港正式成立"生活·读书·新知三联书店")。其他各地则用兄弟图书公司、光华书店、新中国书局等店名开业。会议的决定,曾取得了当时已在上海的总经理徐伯昕的同意。紧接着徐伯昕率领生活书店上海分店的同事,积极筹备复业。但当时因经济拮据,又找不到合适的店面房子,后得上海地下党的帮助,借给黄金百两(由张执一同志携交),始租得吕班路(今重庆路)六号,于1946年10月10日正式营业。12月三联书店重庆分店又派出张朝同、吴复之、许季良等去北平设立三联书店,取名为朝华书店;派曹健飞、吴仲去广州开设兄弟图书公司;派马仲扬等去武汉开设联营书店;派邓昌明去长沙开设兄弟书店。三联书店重庆分店则承担了繁重的出版发行任务。当时已有许多出版社复员回上海,有21家出版社就把在重庆和西南地区的发行任务委托给了重庆三联分店。事实表明三店的联合,不仅有利于革命、进步出版事业的发展,也符合广大作家、读者和出版者的愿望。重庆三联书店还考虑到为了应付可能遭遇的打击,也为了发挥西南地区发行中心的作用,把革命进步书刊深入发行到西南各省去,所以又相继派出陈昌华(读书出版社)在重庆开设了沪光书局,派陈国钧(生活书店)到昆明开设了茂文堂书局,派卢寄萍(生活书店)到成都开设了蓉康书局。生活书店的这些策划与布建,显然是颇具全局性和应变性的,是颇有远见卓识的。

二、复员期间的书刊出版

1945年至1946年这段时间,大后方出版了部分具有一定学术价值,或是具有某种趋向性的哲学、历史、政治、时事和文化教育等方面的出版物,简介如次(各出版机构在复员期间,先后移至上海等地出版的书刊,不予列入):

一、商务印书馆等大书局出版的图书

《隋唐制度渊源略论稿》 陈寅恪著,1945年9月,重庆商务印书馆。

《大战学理(战争论)》 (德)克劳什维兹著,黄焕文译,1945年,重庆商务印书馆。

《巴曼尼德斯篇》 (古希腊)柏拉图著,陈康译,1945年初版。

《汉书艺文志讲疏》 顾实著,1945年,重庆商务印书馆。

《易通》 金景芳著,1945年9月,重庆商务印书馆。

《孟子》 缪天绶选注,1945年9月再版(蓉),商务印书馆。

《庄子》 (周)庄周著,沈德鸿选注,1945年10月渝2版,商务印书馆。

《岳飞评传》 彭国栋著,1945年9月(重庆),商务印书馆。

《解剖学大意》 程瀚章编,1945年9月2版(重庆),商务印书馆。

《动物学》 陈仪著,1945年9月(重庆),商务印书馆。

《苏联政制》 吴清友著,1945年9月3版(重庆),商务印书馆。

《教育心理学大观》上、中、下册 艾伟编辑,1945年2—9月(重庆),商务印书馆。

《罗斯福》 新中华杂志社编,1945年10月初版。本书系纪念罗斯福总统文章的合集。作者有曹未风、费孝通等。其中也有译作。中华书局。

《苏联经济发展》 西门宗华著,1945年11月再版,中华书局。

《苏联国家组织》 李芳春编,1945年11月再版,中华书局。

《苏联教育文化》 潘天觉编译,1945年11月再版,中华书局。

《风雪夜归人》 吴祖光著,1945年9月(重庆),开明书店。

《清明前后》 茅盾著,1945年10月(重庆),开明书店。

《文章例话》 叶圣陶著,1945年10月再版(渝),开明书店。

《文言虚字》 吕叔湘著,1945年11月,开明书店。

《经济学提要》 赵兰坪著,1945年8月(重庆),大东书局。

《英汉军事常识会话》第一册 1945年3月初版(重庆),大东书局。

二、正中书局等官办书店出版的图书

《师范学校课程标准》 1945年8月(重庆),正中书局。

《高中国文》 叶楚伦主编,1945年11月(重庆),正中书局。

《力行哲学论证》 闻亦博编著,1945年8月初版(重庆),正中书局。

《三民主义论文选集》第一本 三民主义丛书编委会,1945年9月(重庆),独立出版社。

《鳞爪缘》 龙毓峻著,1945年9月(重庆),正中书局。

《巴山蜀水》 郭沫若著,1945年8月(重庆),读者之友出版社。

《戚继光》 吴原编著,1945年8月(重庆),青年出版社。

《从孙子兵法研究做事方法》 张廷灏著,1945年8月(重庆),中国出版社。

《苏联归来》 邵力子著,1945年11月(重庆),中国文化服务社。

《狄岱麓的启示》(《三十六梦》引言) 1945年8月(四川北碚),中国辞典馆。

《三十六梦》第一卷　杨家骆著,1945年10月(四川北碚),中国辞典馆。

《农民运动经验谈》　孔雪雄著,1945年9月,国民图书出版社。

《日本对于殖民地之警察设施》　胡福相著,1945年9月,中国文化服务社福建分社。

《地理》　江应澄编著,1945年9月(重庆),正中书局。

《中国胜利与日本投降》　1945年9月(重庆),读者之友社编印。

(三)生活书店及其他书店出版的图书

《毛泽东印象》　爱泼斯坦等著,齐文编译,1945年10月(重庆),人民出版社。

《新社会的新教师》　罗烽著,1945年10月(重庆),人民出版社。

《反对内战》(政论集)　1946年1月(重庆),人民出版社。

《解放区的民主生活》　李普著,1946年1月,人民出版社。(该书再版时改为《光荣归于民主》)

以上是重庆"生活、新知、读书"三家书店的联合生产部用"人民出版社"的名义出版的一套"人民丛刊"。原计划25种,后因机构结束,只出版了4种。

这四本书,其中有三本书的原稿,是中共代表团到渝参加国共谈判时从延安带出来的。丛刊虽只出版了四本,但影响却很大。特别是《毛泽东印象》一书,赶在国共两党签订"双十协定"、毛泽东还未离开重庆时出版的。这是第一本在国统区公开出版介绍毛泽东的著作。出版当天,三家书店的门市就售出了500多本,后不久又进行了再版;《反对内战》则是在蒋介石破坏"双十协定"发动内战时出版的,当时也大受读者欢迎。

《思想方法论》　艾思奇著,1945年10月(重庆),生活书店。

《写作方法入门》　孙起孟著,1945年10月(重庆),生活书店。

《我怎样学习写作》　高尔基原著,戈宝权译,1945年8月(重庆),读书出版社。

《通俗文化与语文》(论文集)　曹伯韩著,1945年11月(重庆),读书出版社。

《今日苏联》　吴清友著,1945年11月(重庆),读书出版社。

《斯大林传》　徐懋庸译,1945年9月(重庆),新知书店。

《俄文读本》　贺青编,1945年(重庆),新知书店。

《秧歌剧初集》　周而复等著,1945年8月(重庆),新华日报馆。

《第十三粒子弹》　周而复著,1945年9月(重庆),新华日报馆。

《宽阔光明的道路》　于怀著,1945年(重庆),生生出版社。

《丰饶的原野》　艾芜著,1946年1月(重庆),自强出版社。

《劫后拾遗》　茅盾著,1945年8月再版,桂林学艺出版社。

《屈原》　郭沫若著,1945年9月(重庆),群益出版社。

《十批判书》　郭沫若著,1945年9月(重庆),群益出版社。

《星火集》　何其芳著,1945年9月(重庆),群益出版社。

《双城记》　(英)狄更斯著,许天虹译,1945年1—11月(重庆),文化生活出版社。

《战时经济论文集》　马寅初著,1945年,作家书屋。

《联合国宪章》(英汉对照)　1945年8月(重庆),中外出版社。

《战时苏联游记》　史诺著,孙承佩译,1945年8月(重庆),中外出版社。

《新民主与世界政治改造》(国际问题研究丛书)　张明养著,1945年8月第4版,重庆建国书店。

《苏联历史学界诸论争解答》　侯外庐著,1945年8月,重庆建图书店。

《中国近代思想学说史》　侯外庐著,1945年8月(重庆),三友书店。

《国际对华舆论》(1—4辑)　李梅生编译,1945年4—8月,昆明护国出版社。

《财主的儿女们》　路翎著,1945年11月(重庆),希望出版社。

(四)复员期间的期刊出版

在1945年至1946年这段时间内,大后方仍有不少刊物继续在重庆、成

都、贵阳、昆明出版或创刊,其中一部分新创办的进步刊物颇具活力。如:

十大杂志《联合增刊》,1945年9月16日在重庆创刊。十大杂志是"重庆杂志界联谊会"的核心,《中华论坛》、《民主世界》、《民宪》、《宪政》、《国讯》、《东方杂志》、《中学生》、《新中华》、《文汇周报》、《再生》。创刊号刊载了16家杂志的《拒检声明》和黄炎培起草的致国民党中宣部和国民参政会请明令废止图书杂志审查的公函。《联合增刊》每半月出一期,到12月22日共6期。

中原、文艺杂志、希望、文哨《联合特刊》,于1946年1月创刊,主编:郭沫若、胡风、邵荃麟、叶以群。该刊的编辑方针,主要是"加强文艺战斗与政治战斗的配合;加强文艺运动上的思想斗争"。创刊号载了冯雪峰的长篇论文《论民主革命的文艺运动》。到同年5月共出6期。

《中央周刊》(中国国民党机关刊物),继续在重庆出版至1946年5月,后迁南京。

《群众》周刊(中共中央机关刊物),继续在重庆出版,1946年6月转移至上海出版。

《民主周刊》(中国民主同盟云南省支部机关刊物),继续在昆明出版。1946年7月被迫停刊。

中华书局出版的《新中华》、《中华少年》、《小朋友》、《中华英语》、《中华教育界》等月刊,一直出版到1945年年底,方陆续转移至上海出版。

商务印书馆出版的《东方杂志》(大型综合性学术刊物)继续在重庆出版,直至1946年10月第42卷后,转移到上海出版。该馆的《健与力》(月刊),也是继续在重庆出至1946年10月后,才迁上海出版的。

开明书店出版的《中学生》(月刊),叶圣陶等主编,它从1939年至1945年,先后在桂林、重庆出版,直至1946年2月后方迁回上海出版。

生活书店出版有《战时教育》(月刊),出至1945年5月终刊。继后,三联书店成立,它出版了两种期刊:一是《萌芽》(综合性文艺刊物),由邵荃麟、何其芳主编;二是《故事杂志》,由苏东、邵子南主编。当时,已有不少出版社、期刊社陆续迁离重庆,所以三联书店还承担起《民主生活》等22种期刊在西南地区的总经售任务。

《科学与生活》(月刊),主编蒋一苇,1946年1月创刊。

这是一个由中共地下党组织领导的通俗科学刊物。其办刊宗旨是"学习现代进步的科学,创造民主幸福的生活"。它的编辑实践是既宣传进步的科学思想与技术知识,又通过它联系团结一批进步的科技工作者,提倡科技救国兴国。它共出了8期。

《人物杂志》,主编张知辛,1946年元旦创刊。

该刊的宗旨是介绍、评论古今中外人物,通过表扬好人,批判坏人,歌颂正面人物,揭露旧社会的黑暗,以此配合进步的文化运动。

它一问世,就受到文化界和广大读者的欢迎与支持,《新华日报》副刊和它建立定期联系和互相供稿关系。同时通过《新华日报》的关系,又得到郭沫若、邓初民、吴晗、周谷城、宋云彬、高士其等著名进步文化界人士的支持,为它撰稿。郭沫若的《论郁达夫》、《历史人物论文集》就交由该刊发表。发行量达二万份,直到1949年4月才被迫停刊。

正中书局出版有:

《中山半月刊》(中山学社编),1946年6月迁至南京出版。

《三民主义半月刊》,1946年迁至南京出版。

独立出版社出版有《文史杂志》等刊物,1946年迁至南京出版。

此外,还有各行各业各界出版的刊物,如:《唯民周刊》、《国是》(月刊)、《中国劳工》(月刊)、《军事杂志》、《学生报》、《妇女旬刊》、《中华农学会通讯》、《出版界》、《中华法学杂志》、《金融周报》、《科学》、《发明季刊》、《扬子江水利季刊》、《旅行杂志》、《文化先锋》、《文艺先锋》,等等。

三、复员期间出版界的重要活动

(一)争取言论出版自由和撤销书刊审查制度的斗争

1945年9月3日,国民政府发布政令,对所有在抗战期中颁布之各种战时法令,着各主管院部会署立即分别检讨,加以整理,其有未获平时规范者,得先申请废止,不久便有《废除出版检查制度办法》的公布,但斗争并未结束。

整个文化出版界为争取言论出版自由和撤销图书杂志审查制度的抗争,逐步发展成为一个轰轰烈烈的拒检运动。这个运动的先导是以1945年8月10日由国讯书店出版黄炎培著《延安归来》一书为标志。

1945年7月1日,黄炎培、褚辅成等6位国民参政员,应中共中央和毛泽东的邀请,去延安访问。黄炎培考察了不少地方,和毛泽东促膝长谈多次,有不少鲜为人知的故事。返渝后,黄很快写出了《延安归来》书稿,以日记体裁翔实地记载了作者亲眼目睹的中共政策的实施和光辉政绩。这对于国民党多年来的造谣诬蔑是个有力的揭露。按当时形势,如送检,必定被扣押,至少删得体无完肤。黄炎培采纳中共党员黄洛峰的建议,不送检自行出版发行,用这本书打头阵,开展拒检运动。该书于8月10日以国讯书店名义出版发行。《新华日报》头版刊登大幅广告,国民党特务四处搜禁,初版2万册,几天内销售一空,成为大后方轰动一时的畅销书。

《延安归来》,黄炎培著,重庆国讯书店发行,生活书店总经售。版权页署"1945年7月重庆初版,10月上海再版"[①],实际初版时间在同年8月7日。内容分三部分:一、延安归来答客问;二、延安日记;三、诗。此书32开本、74页,直排,每页11行,行32字,版面字数约26千字。书不大,可以说是一本薄薄的小册子,装帧亦并不起眼。但这本书的历史作用在于黄炎培在书中提出了一个对中国共产党至关命运的大问题,用黄炎培的话说,即:中共能否"跳出周期率的支配"问题。这个问题是写在黄写的《延安五日记》的最后一天,即民国三十四年(1945年)七月五日的日记中,原文如下:

"有一回,毛泽东问我感想怎样?我答:

"我生六十多年,耳闻的不说,所亲眼看到的,真所谓'其兴也勃焉','其亡也忽焉',一人,一家,一团体,一地方,乃至一国,不少单位都没有能跳出这周期率的支配力,大凡初时聚精会神,没有一事不用心,没有一人不卖力,也许那时艰难困苦,只有从万死中觅其一生。既而环境渐渐好转了,精神也就

[①] 据上海再版本。

慢慢放下了。有的因为历时长久，自然地情性发作，由少数演为多数，到风气养成，虽有大力，无法扭转，并且无法拯救。也有为了区域一步步扩大，它的扩大，有的出于自然发展，有的为功业欲所驱使，强求发展，到干部人才渐见竭蹶，艰于应付的时候，环境倒越加复杂起来了。控制力不免趋于薄弱了。一部历史，'政怠宦成'的也有，'人亡政息'的也有，'求荣取辱'的也有。总之没有能跳出这周期率。中共诸君从过去到现在，我略略了解的了，就是希望找出一条新路，来跳出这周期率的支配。

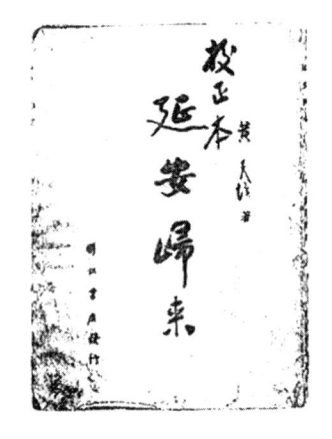

《延安归来》 黄炎培著

"毛泽东答：我们已经找到新路，我们能跳出这周期率。这条新路，就是民主。只有让人民来监督政府，政府才不敢松懈。只有人人起来负责，才不会人亡政息。

"我想：这话是对的。只有大政方针，决之于公众，个人功业欲才不会发生。只有把每一地方的事，公之于每一地方的人，才能使地地得人，人人得事。把民主来打破这个周期率，怕是有效的。"

即使在现在，这本书还是有现实意义的。

在黄炎培等人的组织推动下，重庆杂志界草拟了"拒检联合声明"。声明宣布，参加签名的杂志从9月1日起一致不再送检，并忠告国民政府必须废止图书杂志审查制度。在《拒检声明》上签名的有16家杂志社：《宪政》月刊、《国讯》杂志、《中华论坛》、《民主世界》、《再生》、《民宪半月刊》、《民主与科学》、《中学生》、《新中华》半月刊、《东方杂志》、《文汇周报》、《中苏文化》、《现代妇女》、《战时教育》、《国论》、《学生杂志》。这个声明于8月17日在重庆报纸刊出。8月31日，重庆8家杂志主办人，即《中华论坛》章伯钧，《宪政月刊》和《国讯半月刊》黄炎培、张志让、杨卫玉，《民主世界》钟天心，《民宪半月刊》左舜生，《文汇周报》陈翰伯，《再生》孙宝毅，《中学生》傅彬然等举行会议，一致认为战争时期业已过去，审查书籍杂志制度已无存在的必要，决定除函请国民党中宣部、参政会、宪政协进会明令废止外，从9月份起不再送审。

《东方杂志》、《现代妇女》、《民主与科学》等杂志即起响应,并于 9 月 6 日举行第一次联谊会,采取一致行动,拒绝送审。

为了很好地团结斗争,黄炎培又组织《国讯》、《宪政》、《民主世界》、《中华论坛》、《民宪半月刊》、《东方杂志》、《新中华》、《中学生》、《文汇周报》、《再生》10 大杂志社出版《联合增刊》,作为拒检运动的舆论工具。增刊拒向国民政府申请登记,稿件不送审。

16 家杂志宣布拒检,轰动了重庆文化界,并得到各方面的热烈支持。《新华日报》发表拒检消息的同时,发表了《由废除新闻检查制度说起》的专论文章,表示坚决支持。《群众》杂志也发表了社论。以生活、读书、新知三书店为核心组织起来的新出版业联合总处,宣布坚决支持,并参加了拒检运动。重庆文化界著名人士郭沫若、叶圣陶、黄炎培、张志让、俞颂华等,都挺身而出,撰文支持杂志界的拒检斗争。

重庆杂志界奋起拒检,成都的新闻、文化界立即响应,《新中国日报》、《成都快报》、《华西日报》、《现代周刊》、《川康通讯社》、《自强通讯社》等 10 多家新闻、文化团体开始拒绝送审。昆明的文化出版界也跟上,迅速成立"昆明杂志界出版界联谊会",发表联合宣言,表示立即拒检。国统区其他城市如西安、桂林等地的新闻、文化、出版界纷纷成立了联谊会,坚决响应重庆杂志界的号召,紧急呼吁言论出版自由,形成了一个反对国民党控制舆论的拒检运动。诚如《群众》杂志第 10 卷第 18 期社论《论文化界的拒检运动》一文指出,这是一个意义十分重大的民主运动。国民党中宣部在强大的舆论压力下,宣布从 10 月 1 日起废止战时新闻检查制度和图书杂志审查制度(但沦陷区不适用)。这是文化界争取民主的一个重大胜利,是中共南方局领导的文化工作的又一丰硕成果。《新华日报》于 10 月 1 日发表了《言论自由初步收获》的社论,热烈欢呼拒检运动的胜利,并指出:这是言论自由的开始,但还不是言论自由的真正实现。

(二)积极参与政协会议的活动

1945 年 10 月 19 日,重庆文化界举行纪念鲁迅逝世 9 周年大会,周恩来在会上呼吁,建议文化界要积极行动起来,参与政协会议的斗争。根据周恩来的这一提示,出版业迅即积极响应,展开了一系列活动。

1. 发表《重庆杂志界关于政治协商会议的宣言》

重庆杂志界联谊会于1945年12月26日在中苏友好协会举行了第七次会议,有33家杂志社的负责人共70多名出席了会议。会议由李公朴主持。这次会议,集中讨论研究了对政治协商会议的意见。最后决定:一、在政治协商会议前,言论界应号召人民起来,要求立即无条件停止内战,迅速以和平谈判方式解决国是,要求政治协商会议公开,允许杂志界编辑列席旁听。二、建议《联合增刊》扩大阵容,在政协会议期间三天出版一期,充分反映杂志界的意见。三、会议一致通过了《重庆杂志界关于政治协商会议的宣言》。《宣言》说:

"我们认为,禁止言论自由是完全非法的,完全违反《双十协定》的。政府应遵守保障人民享受一切民主国家人民身体、信仰、言论、出版、集会、结社之自由的诺言。我们誓为五大主张而坚决奋斗!

一、实现言论、出版自由,杂志界和记者一起列席政治协商会议旁听;

二、废止现行杂志、通讯社登记办法;

三、二十六年(1937)的出版法,二十八年(1939)的《非常时期报纸、杂志、通讯社登记管制办法》毫无民主气息,不合时宜,立即加以废止;

四、我们的拒检运动胜利之后,即日起建议全国文化、出版、新闻、杂志各界,实行拒绝登记运动,径自出版发行,以反对束缚言论自由之一切法令和管制;

五、政府拒绝斯诺入境,对民主国家之间的文化交流有害,不是中国人民的意见。"

参加会议的33家杂志社的负责人,都在宣言上签了名。《联合增刊》第6期,即《政治协商会议特辑》于1945年12月底出版,它充分反映了杂志界的意见。

2. 公布《重庆出版业致政治协商会议意见书》

继杂志界向政协会议进言之后,新出版业联合总处经会商决定,以出版业名义向政协会议递送意见书,并推黄洛峰主持其事。承沈钧儒和联营书店几位律师的帮助,起草了一份《重庆出版业致政治协商会议意见书》,一面送请郭沫若代表带到政协会议上去,一面于 1946 年 1 月 9 日,即政协会议开幕的前一天,在报上公布了这份致政协的意见书。

《意见书》全文 3000 多字,内容分两部分。第一部分是就当前时局提出了:停止内战;修改"五五宪草";改选国大代表;各党协商拟定共同施政纲领,组织联合政府等四条作为出版业对国是的主张。第二部分是取销出版法、维护出版业正当利益的五点要求。强烈要求废除为国民党一党专政而制定的出版法,并从政治上指出该法的目的是在于限制进步的言论出版自由,从法律上对该法的主要条文逐条予以驳斥。另外四项要求,即取消期刊登记办法,撤销收复区的书稿原稿审查制度,明令取消一切对书刊的非法检扣,取消对书刊的寄递限制等。

《意见书》最后说:"以上各项为出版业最迫切之要求,亦为促进文化之必要条件,伏恳采纳刍荛,促其实现,则出版业幸甚,中国文化前途幸甚!"[①]

在《意见书》上署名的有 35 家出版机构,他们是:大学出版社、中外出版社、文化生活出版社、文化供应社、文光书店、文津出版社、文治出版社、文通书局、世界书局、正风出版社、北门出版社、生活书店、光明书局、自由中国出版社、自强出版社、作家书屋、东方书社、建国书店、峨眉出版社、国讯书店、复兴书店、现代出版社、开明书店、雅典书店、进修出版社、万光书店、新知书店、新亚书店、新地出版社、群益出版社、黎明出版社、乐群书店、学艺出版社、联益图书公司、读书出版社。

3. 出版界在"沧白堂事件"和"较场口血案"中的斗争

政治协商会议于 1946 年 1 月 10 日在重庆召开,31 日圆满结束,取得了(政府组织、施政纲领、军事问题、国民大会、宪法草案)五项决议的重大成就,中外朝野同声赞扬。但是国民党顽固势力却无召开政协会议的诚意,更敌视政协会议取得的成功。

---

① 原文见《重庆出版纪实》,第 197—201 页。

政协会议期间,重庆各界(包括出版界的"新出版业联合总处"和"重庆杂志界联谊会")组成的"政治协商会议陪都各界协进会"在沧白纪念堂举行报告会,请政协代表报告会议进展情况。1月16日举行第四次报告会时,由政协代表张东荪和郭沫若作报告。国民党指使特务分子在场内起哄捣乱。以后几次报告会均遭特务捣乱破坏,他们疯狂叫嚣,乱扔石块,不仅打伤听众,甚至公然围攻、辱骂政协代表郭沫若,用石头打伤民主人士李公朴,引起各方人士和广大群众的愤怒和抗议。这就是全国皆知的"沧白堂事件"。

2月10日重庆各界在较场口举行"陪都各界庆祝政治协商会议成功大会",到会群众近万人。广大群众对政协会议所取得的成功,满怀欢欣鼓舞之情。可是国民党顽固派却蓄意破坏,竟预为策划,布置、出动了特务、暴徒数百人,在国民党特务、所谓重庆市农会常务理事刘野樵等的率领下,提前于当天上午8时左右,闯进会场,居心肇事,打伤政协代表、主席团成员郭沫若、李公朴、章乃器、施复亮等和记者、工人、学生共64人,制造了震惊中外的"较场口血案"。紧接着出版界人士黄洛峰、阎宝航、尚丁等于民生路178号楼上与李德全、陶行知、史良、刘清扬一起开会,共同商讨"较场口血案"的对策,拟订了一个紧急启事,送请《新华日报》和《民主报》发表。启事全文如下:

陪都各界庆祝政治协商会议成功大会紧急启事

查本会筹备之初,即函邀重庆市农会、总工会、教育会、商会等团体,共商筹备,借示民间团结合作之至诚,乃该会等当时未派代表参加,至9日晚间10时,始来函要求参加主席团。本会筹备会当即表示欢迎,不意10日上午开会时教育会代表吴人初、农会代表刘野樵等,即破坏开会程序,强占播音机发言,主席台上及台下周围,已布满打手,同时殴打主席团李公朴、施复亮等及政协代表郭沫若,台下被殴打者有陈培志、顾左轩、冉瑞武、梁永思等。邵力子先生临时赶来,亦无法制止。到会群众目睹此捣乱而散去,大会遂被破坏不能进行。依上所述,其为有组织之阴谋捣乱,甚为明显。陪都所在,竟有此种贻羞国际之丑行,实堪痛心。除请求政府负责查究外,特此公告。

启事送出后,黄洛峰又对尚丁说:你是《民主报》的社论委员,就去赶一篇社论在明天的《民主报》上发表吧! 第二天,2月11日,一篇题为《快发动保障人民自由运动》的文章(署名孙锡纲)就在《民主报》的社论栏发表了。这篇社论很快被昆明、西安、上海不少报刊转载。接着"重庆杂志界联谊会"等23个团体,于2月13日,又联合发表了《陪都各界庆祝政协成功大会筹备委员会向全国同胞控告书》,还组织了"较场口血案后援会"继续坚持斗争。全国各地纷纷声援,成都、昆明于2月16、20日分别举行大会,庆祝政协成功,声援重庆人民的正义斗争,抗议国民党特务的暴行,会后两地都举行了游行示威。

(三)《民主周刊》在"李闻事件"中的斗争

1946年7月,昆明发生了震惊中外的国民党顽固派暗杀李公朴、闻一多的血案,当时《民主周刊》除了及时发表揭露、抗议国民党顽固派的无耻暴行的报道和文章外,还刊发了中国民主同盟云南支部的《严重抗议和紧急声明》,指出以"特务恐怖政策摧残人权,破坏民主和平运动,并不惜以最阴险狠毒之手段杀害民主人士,乃是(国民党)政府一贯政策"。"李、闻两同志被暗杀事件乃法西斯反动派决心放弃以和平民主方式解决当前国是问题,而悍然采取最卑劣无耻的暗杀手段,消灭民主分子,以配合正在开展的全面内战,公开向全国人民进行全面进攻的具体表现"。并严重警告:"一切恐怖行为决不能阻止全国人民誓死争取和平民主的新中国之诞生。"《抗议》中向国民党政府提出:"彻查惨案直接负责人和凶手,予以严厉惩处,对死者家属优予抚恤;切实兑现四项诺言,取销一切特务组织,维护人权,解决半年来各地的一切暴行血案,保证以后不得发生同类事件;立刻停止内战,重开政治协商会,立刻依照政协决议改组国民党政府,实行民主宪政,释放一切政治犯等要求。"[①]《民主周刊》在李、闻事件中,对国民党顽固派的揭露抨击、口诛笔伐,是斗争得非常勇敢的,虽因此而被迫停刊,正说明进步的革命的出版业与国民党反

---

① 见《新民主主义革命时期云南革命出版史选编》,第265—266页。

动势力之间的斗争,又随着国内形势的变化而日益残酷起来了。

斗转星移,世事变迁,昔日陪都重庆的地位变了,政治中心迅速东移南京;文化、出版中心地位也随之东移上海,重庆的出版事业已日益显得不如抗战期间那么活跃、那么繁荣兴旺了。整个抗战时期大后方出版史的叙述,至此暂告结束。历史又转入新的时期,向着新的方向发展了,中国现代的、进步的、革命的出版业,也将随着历史的转向,经受考验,积极进取,踏上新的途径,创造新的业绩,以回应时代的召唤。

附录一　中国抗战大后方出版纪事年表

1937 年

7月7日　卢沟桥事变,抗日战争全面爆发。

7月8日　国民政府公布修正《出版法》,计7章54条。这是根据1930年制定的《出版法》修定的。

7月9日　《大生周刊》改名《图存周刊》,继续在成都出版。《大生周刊》原名《大声周刊》,1月在成都创刊,车耀先主编,到4月遭查禁。5月改名《大生周刊》。7月下旬,《图存周刊》又被查禁。11月《大声周刊》再次在成都复刊。

7月21日　《中华公论》在上海出版。钱亦石主编。

同日　通俗读物编刊社由北平迁到归绥。9月迁太原,10月迁西安,12月迁武汉。1938年10月迁重庆。

7月　国立编译馆由南京迁庐山,后迁长沙。1938年2月从长沙迁重庆。

8月14日　救亡呼声社在广州成立。社长谌小岑。8月21日,出版发行《救亡呼声》旬刊。

8月19日　邹韬奋主编的《抗战》三日刊在上海出版。

8月25日　中共八路军驻甘办事处(后改为八路军驻兰办事处)正式建立,谢觉哉为党中央和毛泽东的代表,彭加伦任处长。由于谢和八办的大力提倡和支持,在一段时间里,兰州抗日救亡运动空前活跃,报刊界显得极有生气。

8月　《世界知识》、《妇女生活》、《中华公论》、《国民周刊》在上海出战时联合旬刊,共出4期。

8月　"八一三"后,商务印书馆总管理处从上海迁长沙,在沪、港两地分设办事处。迁往长沙的先遣部队工厂职工及编审部人员陆续到达后,即开展工作。不久,编审人员因故又撤回香港,部分机器再运重庆,所以实际上长沙工厂刊印的新书极少,大量图书在香港刊印,仍用"长沙"名义出版。

9月11日　胡风主编的《七月》半月刊在上海创刊。

9月18日　《战斗旬刊》在武汉创刊,冯乃超等创办。

9月25日　陶行知主编的《战时教育》在上海出版。

9月　中国农村经济研究会编辑出版的《中国农村》从上海迁到南昌,出战时特刊,后迁往长沙,1938年1月迁往武汉,同年11月1日迁往桂林。

同月　正中书局营业部从上海迁武昌,成立武昌办事处。11月,正中书局暂迁汉口,成立总办事处。1938年正中书局迁重庆,并成立重庆分局。

10月16日　胡风主编的《七月》半月刊,由上海迁往汉口出版,1938年7月休刊,1939年7月在重庆复刊,1941年10月被迫停刊,共出32期。

10月　《救中国》周刊在武汉创刊,胡绳主编,武汉沦陷后迁宜昌,后迁往重庆出版。

同月　国民党汉口市特别党部成立汉口检查出版品委员会并制定了《汉口检查出版物委员会组织简章》。

同月　张静庐从上海到汉口建立上海杂志公司总店。

11月5日　陶行知创办的《战时教育》旬刊在汉口出版,后迁往重庆出版。

11月8日　《民族战线》月刊在武昌创刊。社长孔庚,主编孟宪章。

11月16日　《抗战戏剧》半月刊于武汉创刊,田汉、马彦祥主编。

11月　读书生活出版社由上海迁往武汉。

同月　《妇女生活》从上海迁武汉出版。沈兹九主编。1938年12月起在重庆出版。

同月　生活书店总店由上海迁武汉。

同月　陆费逵从上海赴香港,设立中华书局香港办事处。

12月1日　《妇女旬刊》在兰州创刊,这是中国妇女慰劳自卫抗战将士会甘肃分会的机关刊物。

12月11日　中共中央机关刊物《群众》周刊在汉口创刊,潘梓年任社长兼主编。

同日　《全民周刊》在汉口创刊,社长沈钧儒,编辑人李公朴、柳湜。

12月12日　《西北青年》(旬刊)在兰州创刊。该刊名义上为西北青年救亡读书会会刊,实际上为中共地下党员所掌握,在省委领导下进行宣传鼓动工作,曾发表了谢贤成、彭加伦、伍修权等人的多篇文章,出版第7期后被国民党当局逼迫停刊。

12月15日　生活书店西安分店开始营业,经理张锡荣。

12月16日　《中苏文化》半月刊由南京迁汉口出版。1938年8月迁往重庆出版。

12月19日　《集纳》周报在上海创刊,此系国际时事翻译周刊。

同日　生活书店重庆分店开始营业,李济安(李文)任经理。

12月20日　《抗战漫画》五日刊在汉口创刊,全国漫画家协会编。

12月23日　《抗战》三日刊第30期起迁武汉出版。

12月25日　《时事类编》半月刊第7期改在汉口出版,中山文化教育馆编,1938年6月起迁往重庆出版。

12月　中共湖北省委在武汉建立扬子江出版社,张光年、李实负责。1938年该社与新知书店合并。

同月　独立出版社由南京迁武汉。1938年3月再迁重庆。

同月　宋庆龄著《中国不亡论》,生活书店上海初版。1938年1月2版,1938年3月汉口3版。

同月　新知书店广州分店建立,经理王益。

同月　新知书店总店从上海迁到武汉。

同月　巴金从上海到广州建立文化生活出版社广州分社。

同月　《老百姓》(旬刊)在兰州创刊。该刊是兰州爱国青年在著名历史学家顾颉刚影响下成立老百姓社而编印发行的。主持人谷苞(望溪)。

1938 年

1月1日　《抗到底》半月刊在武汉创刊。冯玉祥资助,老舍、老向及何容主编。

同日　《世界知识》半月刊由上海迁武汉出版。金仲华主编,后迁往广州、香港出版。

1月11日　中共中央机关报《新华日报》在武汉创刊,潘梓年任社长。《新华日报》既是合法的新闻机构,又是公开的出版机构。它的图书发行机构是新华日报图书课。

1月12日　武汉群力出版社出版的《周恩来同志论抗战诸问题》一书问世。

1月29日　国际反侵略运动大会中国分会于汉口总商会开成立大会。9月3日,该会在武汉创办《反侵略》周刊。

1月　《文摘》战时旬刊迁汉口出版,孙寒冰主编。1938年10月从汉口迁往重庆出版。

同月　《战时乡村》旬刊在武汉创刊,主编孔庚、邓初民。

同月　开明书店重庆办事处成立,不久,设开明书店重庆分店,经理赏祥麟。

同月　《十日旬刊》在贵阳创刊,主编蹇先艾。

同月　《西南边疆》月刊在昆明创刊,西南边疆社主办,楚图南、张凤岐等编辑。

2月12日　《群众》周刊1卷10期出版《反侵略运动专号》,并刊载朱德撰《八路军半年来抗战的经验与教训》等文章。

2月　中共中央长江局决定在武汉建立中国出版社,委托新知书店办理出版发行业务。

同月　冯玉祥在武汉创办书店和印刷所,定名为"三户图书印刷社",后迁桂林。

同月　国民党中宣部在武汉对1937年七七事变后至1938年2月底这一期间在武汉发行的全国性出版物(书刊)进行普遍审查,共查禁书刊258种,称其中:"有关共产党者111种,若将左倾及人民阵线者加在一起,则有161种,已超过总出版量的二分之一以上,影响亦殊骇人。"

3月5日　朱德著《我们怎样打退敌人》一书在武汉由《新华日报》、群众周刊社出版,为"新群丛书"之第一种。

同日　《少年先锋》半月刊在武汉创刊,茅盾、适夷、叶圣陶、宋云彬主编。

3月10日　上海杂志公司在重庆开业,经理张静庐。

3月31日　中国青年新闻记者学会在汉口成立,范长江发起。4月1日创刊《新闻记者》月刊。

3月　国民政府颁布《抗战期间图书杂志审查标准》,对抗日及进步书刊实行查禁。

同月　生活书店在汉口联合部分文化出版工作者成立战时书报供应所,支援前线需要,钱俊瑞任所长。

同月　宋庆龄等在香港出版"妇女与抗战"丛书。

同月　贵州省出版品审查委员会在贵阳成立,同时发布《贵州省出版品审查委员会组织章程》及《贵州省出版品审查办法》。

4月1日　《自由中国》月刊在武汉创刊。臧云远、孙陵编辑,张云溪发行。

同日　《战地》文艺半月刊在武汉创刊。主编丁玲、舒群。

4月16日　《文艺阵地》创刊,茅盾主编,生活书店出版发行。该刊在汉口登记,香港编辑,广州印刷。

4月　汉口检查出版品委员会向国民党中央写出《1938年4月份工作报告》,公布"最近查禁书刊总目"计65种。其中包括毛泽东《抗战必胜论》等5种;周恩来、朱德、洛甫《抗战新形势与新策略》、《第八路军的战争经验》、《十年来的中国共产党》及《群众》周刊等。光明、大众、生活、扬子江、上海杂志公司等出版的图书,亦被列为查禁范围。

5月4日　中华全国文艺界抗敌协会会刊《抗战文艺》在汉口创刊。该协会于3月27日在汉口成立,该刊是在中共领导下文艺界统一战线的刊物。

5月14日　《群众》周刊第1卷22期发表社论:《宣传的扩大与书报的查禁》。

同日　《新华日报》发表社论:《查禁书报问题》,5月22日,又发表《抗战期中言论与出版的自由》。

6月10日　《战时知识》半月刊在昆明创刊。刘惠之、唐登岷负责编辑发行。

6月14日　保卫中国同盟在香港成立。主席宋庆龄,名誉书记克拉克女士,爱泼斯坦管宣传。邹韬奋、金仲华、邓文钊先后加入"保盟"。7月,出版机关刊物《新闻通讯》半月刊,宋庆龄主持,爱泼斯坦、贝特兰编辑。

6月30日　国民政府公布《战时图书杂志原稿审查办法》。规定图书杂志原稿一律送当地图书审查机关审查核准后,方可出版发行。

6月　国民党汉口检查出版品委员会向国民党中央写出《1938年5月6月份工作报告》。报告中打算采取"标本兼治之策",在书刊检查中"除随时购书检查外,并不断派员分段检查武汉各书店及书贩,如发现查禁之书刊陈设发售者,当即予以没收;并一面函请各该管辖警署,予以取缔"。报告中公布五、六月份查禁书刊计10种。

同月　复社出版《鲁迅全集》,由各地生活书店征求订户,截至8月底已预约1302部。

7月1日　生活书店总管理处在汉口宣布成立,开始由汉口迁重庆。8月14日,总处各部在重庆冉家巷16号正式办公。

7月7日　《抗战》三日刊和《全民周刊》合并,改名为《全民抗战》三日刊,在汉口出版,邹韬奋、柳湜主编。1938年10月30日该刊由汉口迁往重庆出版。

7月10日　国民参政会第一届第一次会议在武汉召开,会议讨论通过参政员邹韬奋等22人所提《具体规定检查书报标准并统一执行案》。该案据理力争,要求保障言论出版自由,反对图书杂志的任意查抄及原稿审查。

7月21日　国民党第五届中常委会第86次会议通过《战时图书杂志原稿审查办法》20条(同年12月22日该会106次会议对该法又作了修改),办法规定:设立"中央图书杂志审查委员会",各大都市成立"地方图书杂志审查委员会",凡图书杂志原稿应一律送当地图书审查机关审查认可后,始能出版发行。并通过《修正抗战期间图书杂志审查标准》15条,计所谓谬误言论7种,反动言论8种,均属严禁发行范围。

7月29日　《新华日报》发表吴敏专论:《反对查禁救亡书报》。在此前后,《群众》周刊刊登了各地群众反对国民党当局查禁抗日、进步书刊的事件与来信。

7月　国民党《中央周刊》在长沙创刊。同年10月迁往重庆出版。

同月　生活书店总管理处公布1938年上半年在汉口出版新书共69种,印数56.5万余册;再版书74种,印数73.6万余册;杂志初版123.9万余册,再版杂志1.9万余册。

同月　南方出版社在广州创办,夏衍领导。该社是救亡日报社出版图书与杂志的一个工作部门。

同月　《戏剧旬刊》在昆明创刊,戏剧旬刊社主办。陈豫源编辑兼发行。旬刊出8期后停刊,1941年9月28日改周刊继续出版。

8月3、6日　在《全民抗战》三日刊上,邹韬奋连续发表社论:《审查书报原稿的严重性》、《再论审查书报原稿的严重性》。

8月5日　《抗战新闻》周刊在武汉创刊。军委政治部第三厅主办,编委张中府、丁毅夫、陈楚云,编辑王向子、陈北鸥。

8月13日　《国讯》旬刊在重庆复刊。该刊是中华职业教育社于1931年在上海创办的机关刊物。黄炎培主持,孙起孟、张雪澄编辑。该刊宗旨是"民主、团结、坚持抗战"。

8月　商务印书馆、中华书局、开明书店等20余家出版机构,在武汉联合上书蒋介石,要求取消《战时图书杂志原稿审查办法》及《修正抗战期间图书杂志审查标准》,以保障言论出版自由,繁荣出版事业。

同月　《共产党宣言》中文版在重庆、武汉出版，中国出版社出版发行，由成仿吾、徐冰根据德文原文翻译，此为继陈望道1920年据日文版转译后的第二个全译本。

9月3日　《全民抗战》三日刊特载：全国出版界要求撤销《战时图书杂志原稿审查办法》及《修正抗战期间图书杂志审查标准》。出版界联合签名者有：商务印书馆、中华书局、开明书店、世界书局、生活书店等20余家。

9月10日　《群众》周刊第2卷第10期发表潘梓年《战时图书原稿审查问题》，文章指出：检查书报的标准与办法，应当根据抗战建国纲领第26条之规定，从抗战的利益出发，以巩固全国团结为依归；而现在规定的"办法"与"标准"，显然与26条不相符合。

本期还同时登载了武汉出版界要求撤销"办法"与"标准"给国民党当局的呈文。

9月11日　《国民公论》旬刊在武汉创刊，救国会主办，国民公论社编辑。张仲实主编，胡愈之发行。该刊10月30日迁往桂林出版，生活书店发行。千家驹、姜君辰、张志让、张铁生编辑。

9月17日　《资本论》三卷本即日起在武汉、重庆等地预约征订。郭大力、王亚南合译，读书生活出版社于上海排印出版，11月出齐。次年运重庆首次发行，部分由重庆转送延安。

9月　上海龙门联合书局重庆分局在张家花园6号设立，主持人张锦洪。

10月1日　中央图书杂志审查委员会在重庆成立。该会系国民党中央宣传部、社会部、行政院教育部、内政部、军事委员会政治部合组机构。此前，8月9日，湖南省图书杂志审查委员会首先成立，接着，8月13日，宁夏图书杂志审查委员会成立，8月16日，武汉图书杂志审查委员会成立，9月1日，西安图书杂志审查委员会成立，9月13日，重庆图书杂志审查委员会成立，9月，桂林图书杂志审查委员会成立。之后，江西、云南、浙江、兰州、贵州、广东、广西、福建等省市图书杂志审查委员会相继成立，形成图书杂志审查之庞大网络。

10月18日　读书出版社由汉口迁往重庆。

10月22日　《群众》周刊、《新华日报》、八路军武汉办事处部分人员,乘"新升隆"轮沿长江撤往重庆。23日途经湖北洪湖县燕子窝,遭日机轰炸扫射。殉难者有《新华日报》、《群众》周刊16人,八路军办事处8人,新知书店1人。共25位同志遇难。

10月25日　《新华日报》从汉口移重庆出版。

10月　艾思奇著《大众哲学》一书由读书生活出版社重印出版。该书已被国民党列入全国禁书目录。此书虽累遭查禁,但畅销不衰。

同月　新知书店总店由武汉迁桂林,成立新知书店总管理处。

11月4日　国民参政会第二次大会通过邹韬奋等74人提案:《撤销图书杂志原稿审查办法,以充分反映舆论及保障出版自由案》。

11月17日　"非常时期民众丛书"四辑40种,全部出齐向全国发行。正中书局出版,国民政府教育部民众读物审查委员会编辑。

11月20日　《新华日报》出版博古(秦邦宪)著:《论抗日民族统一战线的发展、困难及其前途》一书。此为该报出版之"新群丛书"第18种,前17种在汉口出版。在前17种中包括有毛泽东著《论持久战》(修订本)、周恩来著《论目前抗战形势》等,均在重庆重版多次。

11月27日　生活书店重庆分店首先举行"义卖献金",该店门市、街头流动队及读者共捐献法币433.96元。此后,新闻出版界之义卖献金运动在全国踊跃开展起来。

12月15日　胡愈之由桂林到重庆,与生活书店部分领导骨干总结工作,提出新的方针规划,明确今后三条工作原则,即促进大众文化,供应战时需要,发展服务精神。同时调整总管理处机构。

12月25日　国民党中宣部的中国文化服务社在重庆成立。王世杰任董事长,程希孟任总编辑,刘百闵任社长。总社设磁器街39号,分社设民生路109号。

12月27日　国民政府军委会政治部第三厅厅长郭沫若,由桂林飞抵重庆。第三厅在周恩来领导下,团结组织文化界进步人士开展抗日宣传工作,并在重庆编印出版了重要书刊100多种。

12月29日　桂林《新华日报》分馆发起成立桂林书报业联合义卖献金委员会,广泛开展义卖献金活动。参加单位:桂林市《中央日报》、《广西日报》、《大公报》、生活、新知、中华书店、上海杂志公司、读书生活出版社、三户图书印刷社、海燕书店、宇宙风社、前导书屋等。其中新知书店一家于1938年1月3日献金即达528.32元。

12月新知书店在重庆建立办事处。1939年11月19日,新知书店重庆分店门市部在民生路183号正式开业,岳中俊任经理。

同月　重庆新闻出版界举行"义卖一日"献金活动。11月至12月间,参加者有:生活书店重庆分店、正中书局服务部、国民印刷公司、武汉日报社、新华日报社、新民报社、商务日报社、中国文化服务社等。

1939 年

1月1日　国民政府教育部审定非常时期教育用书数种:《初级中学教科书》、《高级中学教科书》、《师范、乡师教科书》、《简师简乡师教科书》。按照最新修改课程标准编辑。正中书局出版。

1月10日　《共产党党章》由中国出版社在重庆出版。内容有:《中国共产党党章》、《苏联(布尔什维克)共产党党章》、《共产国际章程》三种。

1月20日　正中书局、生活书店响应"征募书报10万册,供抗日将士阅读"的倡议,带头捐赠书刊。到2月14日止,全重庆市共收得各界捐赠书刊13万册。

1月　周恩来应中华职业教育社主办的《国讯》杂志之请,撰写了《今年抗战的新形势和新任务》一文。

同月　国民党举行五届五中全会,会议制定了反动的"溶共"、"防共"、"反共"方针,通过了《限制异党活动办法》。

2月1日　《读书月报》在重庆创刊。艾寒松、史枚编辑。8期起由胡绳编辑。

2月4日　《新华日报》在重庆向读者推荐8本哲学书:《大众哲学》、《辩证唯物论与历史唯物论》、《新哲学大纲》、《观念论》、《形式逻辑》、《反杜林论》《费尔巴哈论》《辩证唯物论》。这些书在重庆可以买到。

2月14日　桂林文化界、出版界集会,决议电呈第三次国民参政会与国民党中央党部,要求撤销原稿审查办法,以利抗战宣传。参加集会的有生活书店、上海杂志公司等25个单位。

2月16日　国民党五届中常会第114次会议通过,并由该会4月20日第119次会议修正之《印刷所承印未送审图书杂志原稿取缔办法》11条及《检查书店发售违禁出版品办法》,由国民政府5月4日公布施行。

2月18日　《联共(布)党史简明教程》上、下册(博古总校阅),由中国出版社出版。

2月20日　邹韬奋等于国民参政会第一届三次会议上所提《请撤销增加书籍印刷品寄费以便普及教育增强抗战力量案》,经大会通过送政府采择施行。

2月26日　国民党中宣部秘密传达《禁止或减少共产党书籍邮运办法》及《查禁新知、互助及生活等书店所出书刊办法》。

2月　贵阳读新书店开业(读书出版社和新知书店合营),经理沈静芷。

3月3日　中央图书杂志审查委员会搜查重庆生活书店,以"未经审查合格"为由,搜去该店库存图书7000余册。

3月5日　《全民抗战》从57期起创办《战地版》1号,同年8月12日,还发行《全民抗战》通俗版,每周1版,至1940年3月16日终刊,共32期。

3月6日　战地文化服务处公布,该处1、2月份收发各方捐赠书籍计5556册,期刊56597册,日报111373份。该处系第三厅编写出版宣传书刊的发行机构,后被封闭。

3月15日　中央图书杂志审查委员会第11次会议,通过《防范沦陷区及敌国反动书刊流入内地办法》6条,规定:"浙江、福建、云南、广西各地审查委员会,应于国外及沦陷区入口处设立检查处,检查一切由平、津、沪、港及敌国流入内地之书刊","如检获汉奸及敌宣传书刊,均应一律没收焚毁,以杜流传"。该会同时决定,自4月1日起,如不送审原稿的出版物,一律禁售。

3月22日　中共中央发布《关于建立发行部的通知》,指出:"从中央起至县委止一律设立发行部",推销党的各种出版物,统一对各种发行机关的领导,"研究各种发行经验"。

3月　中央图书杂志审查委员会密订《图书杂志原稿审查工作纲要》,计87条。对目标、方略和审查者之态度与修养三个方面作了详细规定。

同月　《蒋委员长抗战言论集》由生活书店出版。程契生编辑,徐伯昕发行。此集内容全系蒋介石主张抗日救国言论,不利抗战之言论一篇未收。国民党中宣部则认定该书"不合版本要求",下令查禁。

同月　福建永安成立改进出版社,黎烈文任社长兼发行人、编辑部主任。1940年办印刷厂。这是福建现代史上第一家出版社。

4月1日　中共广东省委机关刊物《新华南》在韶关创刊,编委会主任尚仲衣,编委有:何家槐、左洪涛、任毕明、石辟澜。该刊以宣传抗日民族统一战线为主。

4月3日　生活书店出版三种课本:《抗战建国读本》13册,《抗日战士读本》4册,《战时读本》8册。作为训练儿童、士兵、民众用。

4月21日　生活书店西安分店被查抄,27日被封闭。此后,生活、读书、新知各地分支店,时有这类事件发生。

4月15日　《理论与现实》季刊在重庆创刊,生活书店出版,沈志远主编。该刊提倡"理论现实化"、"学术中国化","使理论学术工作服务于抗战建国神圣事业"。1941年1月休刊。

5月1日　为纪念五四运动,青年运动周筹委会在重庆武库街举办战时书报宣传品展览会。五个展室展出全国各地包括前线、敌后、边疆及海外的书籍、杂志、漫画等作品3000余种。至5月3日,因日机轰炸被迫提前闭幕。

5月3、4日　日机对重庆轮番轰炸,造成人民群众生命财产重大损失。新华日报馆、商务印书馆、生活书店、中华书局等单位被炸,损失严重。

5月4日　国民党第五届中常会第120次会议修正《图书杂志查禁解禁暂行办法》。中央图审会通令查禁之书籍,如其发行人将不妥处切实删改,或通令查禁之杂志如能证明其查禁之原因已经消灭,得向当地图审会及中央图审会呈请解禁。

5月5日 《中学生》半月刊在桂林复刊。开明书店出版,叶圣陶主编,陆联棠发行。第1、2、3期同时在重庆印刷发行。

6月6日 为救济重庆"五三"、"五四"被炸难胞,桂林出版界联合举行三天义卖活动。参加者有中华书局、新知书店、生活书店、三户图书社、开明书店、上海杂志公司、军用图书社、时代书店、青年书店、合众书店、新生书店、北新书局、拔提书店、武学书店、桂海书店、前导书局、生路书店、正中书局、大华书店、建设书店、读者书店、商务印书馆、文献书店、莫林记书报社等24个单位。

6月14日 国民政府公布《印刷所承印未送审图书杂志原稿取缔办法》。

1—6月 国民政府内政部在云南饬令查禁及查扣的书刊约100余种,其中有《朱德传》、《毛泽东言论集》等。

7月19日 中央图书杂志审查委员会制定《抗战时期宣传名词正误表》,呈国民党中宣部核定施行。凡中共及抗日民主力量常用的词语都不准用,例如:"阶级斗争"、"边区政府"、"救亡运动"、"劳苦大众"等,另外,"拥护革命的领袖"、"拥护抗战到底"也不准用。

8月18日 重庆市图书杂志审查委员会通知各书店,从本年4月1日后未送审的书刊,一律暂停发售,并各检一册送审。

9月17日 邹韬奋等22人,在国民参政会第一届第四次大会上所提《改善审查书报办法及实行撤销增加书报寄费以解救出版界困难而加强抗战文化事业案》,由大会通过交政府执行。

10月13日 云南省图书杂志审查委员会将查禁书刊进行焚毁。其中有《抗战中的西北》、《陕公生活》、《毛泽东奋斗史》、《中国现代革命史》等计约千种。

10月 桂林文化供应社成立。该社系胡愈之以救国会代表之名义,与广西建设研究会合作办的。董事长李任仁,社长陈劭先。

11月18日 中华全国文艺界抗敌协会桂林分会决定主办《抗战文艺》桂林版。艾芜、钟期森、舒群、立波、杨晦组成编委会。创刊号于次年3月出版。

12月15日　教育部成立大学用书编辑委员会,统一大学教材,着手编印三大类大学用书。甲类为大学院校必修课教本,乙类为各专业大学等必修、选修之教本,丙类为一般读物。已列入甲类教材的有:《大学国文》、《大学英文》、《哲学概论》、《生物学》、《高等数学》等20余种。分由商务、正中等书局出版发行。

12月18日　国民政府军事委员会颁布《战时新闻违检惩罚办法》,以加强对新闻舆论及杂志报纸之控制。

1940年

1月1日　秦记西南印刷厂在桂林建立。该厂由新知书店领导,沈静芷任经理。

同日　《新音乐》月刊在桂林创刊,李凌、林路主编。

1月5日　重庆市图审会报告:该会检查处于生活书店查缴书刊30余种,并在市工业合作社内查缴该店未送审原稿之《国际纵队从军记》一书2000本及其他违禁书刊万余册。

1月15日　《文学月报》在重庆创刊。孔罗荪编辑,戈宝权等任编委。

1月25日　中共中央南方局据中央书记处指示,与《新华日报》组织各方面力量,将延安出版之《新中华报》、《共产党人》、《解放》、《军政杂志》等报刊社论及重要文章,印成单页或小册子,通过秘密发行网点及其他方式进行散发。

1月　西南印书局在成都成立,成都官商合办。该局为解决销售中小学教材之印刷而兴办,规模大,设备全,资金50万元,职工150人。

2月6日　中央图书杂志审查委员会内部报告称:国民党的刊物"在数量上虽四五倍于共产党,而宣传效力上仍未见有显著成效",因此,"建议中央迅予组成本市(重庆市)出版界党团组"。

2月15日　中苏文化协会兰州分会编辑的《中苏文化》创刊发行。

2月　"广东文物展览会"在香港开幕,展品2000余种,会后编辑的《广东文物》一书出版,分上、中、下三册,共 300 万字。

4月1日 《战国策》半月刊在昆明创刊。主编林同济、何永佶、陈铨等。该刊崇尚强权,崇拜暴力,宣扬超人哲学。1941年7月停刊,共出17期。

4月17日 重庆市社会局根据教育部1月4日训令,通知重庆市图书教育用品业公会,"嗣后不得随意翻印国外出版书籍"。

6月13日 中央图审会奉国民党中宣部令,发出查禁毛泽东著《新民主主义论》的代电谓:"凡遇有宣传此类名词之文字,应一律检扣或删削。"

6月16日 《国文月刊》在昆明创刊,浦江清主编。

7月1日 世界书局昆明分局在昆明创立,经理俞雨庭。

8月20日 《野草》创刊号在桂林出版,夏衍、宋云彬、聂绀弩、孟超、秦似等编辑。

9月9日 国民党中央党部给各省党部下达取缔中共刊物、捣毁其书店的密令。

10月 重庆生活等三家书店派出李济安(李文,生活)、赵志诚(刘大明,读书)、陈在德(王华,新知)三人赴晋东南解放区辽县(今左权县)桐裕镇开设华北书店。

另有柳湜(生活)、徐律(新知)、赵冬垠(读书)等赴延安设书店。

上海生活、读书、新知书店派王益、袁信之、张汉卿三人赴苏北解放区设立大众书店。

11月1日 国民政府军委会政治部文化工作委员会在重庆成立,郭沫若任主任委员,阳翰笙、谢仁钊为副主任委员。此为国民党于9月撤销第三厅后筹建的。

11月 邹韬奋著《事业管理和职业修养》一书由生活书店出版。

12月15日 桂林文化供应社响应捐书运动,捐献各类图书4650册,有《日寇在沦陷区的经济掠夺》、《从北欧到西欧》、《现阶段的新文化运动》等。

1941 年

1月20日 《文艺阵地》月刊从6卷1期起在重庆复刊,茅盾主编。并组成七人编委会,编委会人员有:欧阳山、曹靖华、章泯、宋之的、沙汀、艾青、以群等。

1月　金长佑在重庆创立五十年代出版社。

2月12日　皖南事变后,生活书店桂林分店被国民党广西省政府明令限期停业,停业前该店廉价售书"告别读者"。

2月21日　贵阳生活书店、读新书店被国民党当局查封,两店经理周积涵、孙家林及其职工均被拘捕。到此,生活书店除重庆一地外,所有分支机构均不复存在。至2月底,读书、新知的外地分店也被封闭或停业。因之,三店在重庆均各仅有一个分店。

2月24日　邹韬奋致电国民参政会,愤然辞职出走香港。生活书店总管理处亦迁港。

3月2日　董必武、邓颖超致函国民参政会,提出第二个12条作为出席参政会先决条件,其中第二条系"启封各地被封书店,解除扣寄各地抗战书报之禁令"。

3月　重庆国讯书店成立,地址在张家花园56号。该店由中华职业教育社与生活书店合办。出版委员会主席黄炎培,经理孙洁人。

同月　新知书店及文化供应社,在香港合办"南洋图书公司",吉少甫负责公司事务。公司翻印出版延安《解放》及重庆《群众》等刊物。

4月8日　《华商报》在香港创刊,邓文田任总经理兼督印,廖沫沙任编辑部主任。自即日起到6月30日止连载邹韬奋撰写的《抗战以来》,后出单行本,单行本三个月内重版三次,印数达15000册。

5月17日　邹韬奋主编的《大众生活》周刊,在香港复刊。

6月1日　立信会计图书用品社在重庆正式成立,潘序伦与生活书店合办。社长为潘序伦,徐伯昕任总经理,经理为诸度凝,副经理为蒋春牧。

6月　贵阳文通书局组成总管理处,并增设文通书局编辑所,马宗荣任所长,谢六逸任副所长。聘请了竺可桢、苏步青、张奚若、曹未风、蹇先艾等112人为编审委员。

7月1日　《当代评论》周刊在昆明创刊,西南联大当代评论社编辑发行。

7月　中央图书杂志审查委员会印发《取缔书刊一览》，辑录了1938年10月到1941年6月查禁的961种书刊目录（其中包括1938年1到9月中宣部通令查禁之书刊）。

8月10日　《文化杂志》月刊在桂林创刊。邵荃麟主编，陈劭先发行。

10月1日　国民党中宣部出版事业处成立，专司执行该党出版政策，指导出版工作。

11月1日　《西风》、《西风副刊》、《西书精华》在桂林发行航空版，林语堂为顾问兼编辑，黄嘉德、黄嘉音为主编。

12月3日　《战国》周刊在重庆《大公报》刊出第1期，林同济、陈诠、何永佶等主编，出到31期于1942年7月终刊。

12月8日　太平洋战争爆发，日军大规模进犯香港，香港进步新闻出版业全部停顿。

12月　商务印书馆在重庆组建总管理处和编辑部。总经理王云五驻重庆。

1941年　教育部学术审议委员会1941年度（第一届评议会）评议著作发明奖，受奖助者计37人。其中有曹禺《北京人》、黎锦熙《方志今议》、胡焕庸《缩小省区方案研究》、华罗庚《堆累素数论》、涂长望《中国气候之研究》等。

1942年

1月15日　《文艺杂志》月刊在桂林创刊，王鲁彦编辑，覃英发行。

1月24日　郭沫若著名历史剧《屈原》在《中央日报》副刊连载至2月7日。3月，剧本由文林出版社出版单行本。

1月　文林出版社在重庆成立。由生活、读书、新知及新华日报共同投资。经理为方学武。

同月　姚蓬子在重庆创办作家书屋，出版新文艺书籍。

同月　莽原出版社在成都成立，姚雪崖、周鼎文负责，总编辑为碧野。

同月　《学术季刊》在昆明创刊，洪谦主编。西南联大学术季刊社编辑，重庆中国学术研究社发行。

2月2日　沈钧儒从即日起义务担任重庆中华书局、开明书店、生活书店等22家出版社的常年法律顾问。

2月5日　《文聚》半月刊在昆明创刊，林元、马尔俄编辑，赵汝其发行，西南联大文聚社出版。

2月　中华书局总管理处于重庆设立，总经理李叔明，总编辑金兆梓。

同月　文聿出版社在重庆成立，陈望道创办，张维良任经理。

3月　商务印书馆总管理处迁渝后在重庆开始出版新书。罗家伦著《新人生观》一书为该馆于重庆出版的第一部新著，此前所出各书亦陆续重版。

同月　读书出版社总社于重庆恢复，黄洛峰、万国钧负责，邓明（唐登岷）、吴毅潮编辑。

同月　峨眉出版社在重庆成立，沈钧儒与生活书店合办。经理仲秋元，发行人吴涵真。

同月　郭沫若著《棠棣之花》、陈白尘著《结婚进行曲》，由作家书屋出版。张恨水著《八十一梦》，由重庆新民报社出版。

4月4日　生活书店联合重庆43家出版社、书店，共同聘请沈钧儒大律师为法律顾问。

5月5日　《半月文萃》在桂林创刊，肖聪主编。

5月　冯友兰著《新理学》，作为大学丛书之一，由商务印书馆出版。

6月24日　沈钧儒在报上发表《代表鲁迅先生纪念委员会为保障鲁迅先生著作及其家属继续享有各合法收益启事》，规定今后出版鲁迅著作必须得到沈大律师同意。俟后，峨眉出版社、作家书屋获得出版鲁迅著作的出版权。

6月　科学杂志社从上海移重庆，1943年3月在渝出刊。

同月　西南联大学术性刊物《边疆人文》在昆明创刊，该刊分甲乙两种，甲种为语言人类学专刊，乙种为综合性双月刊。

同月　《人文科学学报》在昆明创刊，中国人文科学社出版，每年二期。编委会成员有：丁骕、王赣愚、任启元、孟云桥、张企泰、费鉴明、王信忠、田培林、巫宝三、贺麟、雷海宗。

7月　胡风主编之《七月诗丛》在桂林陆续出版。刊入的主要著作有：田间《给战斗者》、艾青《向太阳》、胡风《为祖国而歌》、邹荻帆《意志与赌徒》等。

8月1日　《国文杂志》在桂林创刊，叶圣陶主编，杜铎发行。该刊为中学教师及学生课外读物。

8月13日　群益出版社在重庆成立，郭沫若创办，郭培谦任经理，刘盛亚任总编，沈硕甫为发行人。该社陆续出版郭沫若、阳翰笙等抗战期间新著，印行郭沫若主编的《中原》杂志。

9月1日　《文化先锋》周刊（后改旬刊、月刊）在重庆创刊，国民党中央文化运动委员会主办。李辰冬、王进珊先后任主编。

9月15日　《文学创作》创刊号在桂林出版，熊佛西主编。

9月18日　进修出版教育社总社在昆明创办，孙起孟、蒋仲仁负责。

9月　国民党中央五届十一中全会，通过《文化运动纲领》，连续公布《书店、印刷厂管理规则》、《修正图书杂志剧本送审须知》、《出版品审查法规与禁载标准》等。

10月10日　《青年文艺》在桂林创刊，葛琴主编，罗洛汀发行，白虹书店出版。

10月13日　国民政府公布教育图书小包寄递办法，教育图书小包每件重量不超过2公斤、单本以3公斤为限。其小包邮资费依所需之最低成本，随时订定公布。

10月　冯雪峰的论文集《鲁迅论及其他》一书，由桂林充实社出版。

同月　《文艺先锋》半月刊（后改为月刊）在重庆创刊，国民党中央义化运动委员会主办。先后由丁伯骝、李辰冬、赵友培主编。

12月　李公朴在昆明开办北门书屋。1943年又创立北门出版社，聘张光年主持编辑部。

同月　中外出版社在重庆创立，社长为孙伏园，经理为刘尊棋。地址在美专校街106号。

1942年　桂林秦记西南印刷厂，秘密排印毛泽东的《在延安文艺座谈会上的讲话》,这是该书在桂林第一批流传本。

同年　教育部学术审议委员会1942年度(第二届)著作发明一、二、三等奖得奖及受奖助者44名,其中有王力《中国语法理论》、费孝通《禄村农田》、苏步青《曲线射影概论》、周培源《激流论》、吴大猷《多元分子振动光谱与结构》等。

1943年

1月1日　《新中华》半月刊杂志在重庆复刊,中华书局出版。金兆梓、章丹枫、姚绍华、卢文迪先后任编辑。

同日　《工程学报》季刊在昆明创刊,主编陈克诚,泰山实业公司出版发行。

1月　良友复兴图书公司在桂林复业。经理兼编辑赵家璧。

同月　《戏剧月报》在重庆创刊。五十年代出版社发行。编委有郁文哉、陈白尘、曹禺等。

2月　《健与力》月刊在重庆复刊,商务印书馆出版。

2月15日　《自由论坛》在昆明创刊,社长郭相卿,自由论坛社编辑发行。

同月　马寅初著《经济学概论》一书,由商务印书馆出版。

3月10日　蒋中正所著《中国之命运》一书在重庆出版。正中书局出版发行。

3月　《东方杂志》在重庆复刊,商务印书馆出版。

同月　重庆亚美图书社在重庆开业,欧阳文彬任经理。

同月　商务印书馆在重庆最先翻印出版两部大学丛书:金岳霖著《逻辑》;陈福田编《大学一年级英文教本》。以后,相继翻印出版大学丛书多种。

4月　由正中书局、商务印书馆、中华书局、世界书局、大东书局、开明书店、文通书局七个出版单位,在重庆成立"国定本中小学教科书七家联合供应处"(简称"七联处")。

5月10日　《文汇周报》在重庆创刊,先后由孙伏园、陈翰伯任主编。中外出版社出版。该刊1944年1月在昆明发行航空版。

6月12日　文通书局重庆分局成立,经理寇思敬。

6月　文艺理论刊物《中原》在重庆创刊,郭沫若主编,群益出版社发行。该刊出至第2卷2期于1945年10月停刊。

同月　陈寅恪著《唐代政治史述论稿》一书,由商务印书馆出版。此书获教育部第三届学术审议委员会一等奖。

同月　未林出版社在重庆创建,夏衍、于伶、宋之的合办。张胆为注册经理,方岩为实际负责人。

7月　重庆新知书店出版郑君里、章泯合译,斯坦尼斯拉夫斯基著的《演员自我修养》一书。

8月1日　社会部主编之"社会行政丛书"61种,分别由重庆正中书局、中国文化服务社、中华书局、商务印书馆陆续出版。

8月15日　王云五在《东方杂志》第39卷11期发表《中文排字改革的报道》,按照改革方法进行中文排字,可提高工效50%。

8月23日　广西查封在桂林出版的10种刊物,有《文学月报》、《音乐与艺术》、《中国农村》、《妇女岗位》等。陆静山编辑的儿童刊物《西南儿童》、《文艺生活》亦被查封。

9月　张友渔出任重庆生活书店总编辑,直到抗战胜利。

同月　东方书社重庆办事处成立。田仲济负责编务,曲润路负责发行业务。

10月28日　《二十九人自选集》在桂林出版,中华全国文艺界抗敌协会桂林分会编辑,远方书店出版发行。自选作家有:胡风、李义钊、胡绳、巴金、艾芜、张天翼等人。

10月　艾青《诗论》由桂林三户图书社出版。

同月　弥沙所译的《钢铁是怎样炼成的》由国讯书店在重庆出版。

同月　杨村彬著《清宫秘史》,由五十年代出版社在重庆出版。

同月　《安娜·卡列尼娜》中译本在重庆由五十年代出版社出版。

11月　《王云五新词典》,计3700余条,商务印书馆出版。

12月15日 《出版界》月刊在重庆创刊,社长徐蔚南兼发行人,中央图审会主办、出版界月刊社编辑,1945年3月停刊,共出13期。

12月19日 生活、读书、新知、上杂、群益等13家书店发起,在重庆成立"新出版业联合总处",作为新出版业之议事团体。为适应形势的需要,内部议事大都由黄洛峰主持,对外交涉多由张静庐出面。这是新出版业谋生存图发展的联合组织。

12月 翦伯赞著《中国史纲》一书,由五十年代出版社出版。

同月 萧三译《列宁论文化与艺术》一书,由重庆读书出版社出版。

1943年 商务印书馆开始编印《中学文库》,共计400册,以中等学生为对象。

同年 文通书局编辑出版中小学教科书,并出版一套《大学丛书》。文通书局继续编辑出版"国际时事丛刊",已出版11本。

同年 教育部学术评审委员会1943年度(第三届)著作发明一、二、三等奖得奖者54名,其中有朱光潜《诗论》、洪深《戏的念词与诗的朗诵》、汤用彤《汉魏两晋南北朝佛教史》、闻一多《楚辞校补》、杨钟健《许氏禄丰龙》等。

1944年

1月1日 《宪政》月刊在重庆创刊。主编张志让,黄炎培、张志让、杨卫玉创办。

1月 赵家璧主编的《二十人所选短篇佳作集》,由桂林良友复兴图书印刷公司出版。收有茅盾、萧乾、叶圣陶、王鲁彦、郁达夫、沈从文、朱自清、老舍、王统照、巴金、郑振铎、洪深、丁玲、张天翼、靳以、郑伯奇等人的短篇小说。

3月19—22日 郭沫若所著的《甲申三百年祭》在《新华日报》连载,被中共中央列为整风学习材料之一。

3月 艾芜的小说集《南行记》,由桂林文化生活出版社出版。

4月 姚雪垠著《春暖花开的时候》,由现代出版社出版。

5月1日 新出版业联合总处创设联营书店,第一分店设在重庆,经理贺礼逊,副经理仲秋元。此后不久,第二分店设成都,经理万国钧。参加的联营单位有：上海杂志公司、五十年代出版社、文化生活出版社、文化供应社、文聿出版社、文信书局、文风书局、中外出版社、生活书店、光明书局、作家书屋、东方书社、峨眉出版社、教育书店、国讯书店、建国书店、华中图书公司、正风出版社、新知书店、群益出版社、读书出版社等共21家。

5月2日　《大公报》发表张静庐、金长佑、黄洛峰、姚蓬子、田一文、唐性天合写的《出版界的困难》一文。对政府提出七点改善办法。

5月3日　重庆文化界在百龄餐厅举行茶会，商讨关于言论出版自由等问题，一致要求取消新闻图书杂志及戏剧演出审查制度。到会者有孙伏园、张申府、曹禺、潘子农、吴藻溪、张静庐、马彦祥、沈志远等50余人。

5月20日　中央出版事业管理委员会，制定出出版节约三条办法：1.选用稿力求慎重，以印刷科学、工业及抗战有关者为原则；2.付印稿件紧缩字数；3.排版技术力求经济，缩短天地头，加紧行数，并省出题字与序文。

5月　茅盾长篇小说《霜叶红似二月花》，由桂林华华书店出版。

同月　重庆文化界发出《对言论出版自由意见书》和78人联名的《重庆文化界为言论出版自由呈中国国民党十二中全会请愿书》。

同月　《民宪》月刊在重庆创刊。左舜生主编，郑振文发行。

6月　芳信译《钦差大臣》、《大雷雨》、《下层》、《新婚交响曲》等俄国4部名著，由世界书局出版。

7月　《开明少年》在重庆创刊，叶圣陶、贾祖璋、唐锡光、叶至善任主编。

8月　《宋元明清四朝学案》重编约200万字，正中书局印行。

9月9日　重庆新出版业联合总处改组为联营书店股份有限公司，成立联营书店总管理处。公推张静庐为董事长，黄洛峰、姚蓬子等为常务董事，唐性天为监察，贺礼逊为总经理，薛迪畅、陆梦生为协理。

10月1日　重庆文化出版界举行邹韬奋追悼大会，宋庆龄、董必武及各界800余人出席。郭沫若在会上发表讲演，沉痛哀悼韬奋先生。黄洛峰、潘序伦、王云五、杨卫玉等参与发起此次追悼会。邹韬奋7月24日在上海逝世。中国共产党追认其为中共党员。

12月9日　《民主周刊》在昆明创刊，中国民主同盟云南省支部主办之机关刊物。潘光旦任社长,罗隆基兼主编,编辑有潘大逵、吴晗、曾昭抡,发行为陆钦墀。

1944年　中华书局的《中华英文周报》改名《中华英语》,《少年周报》改名《中华少年》在重庆复刊。

同年　文通书局出版曹未风译的莎士比亚全集(7—12)等。

同年　张志让主编的《抗战建国丛刊》出版,该丛刊为救国会派人士张友渔、张申府、张志让、沈志远等所写的政论集,先后出了四集,内容涉及政治、经济、外交、宪政等各个方面。

同年　教育部学术审议委员会1944年度(第四届)著作发明一、二、三等奖得奖及受奖助者81名,其中有罗根泽《周秦两汉文学批评史》、冯元君《古优解》、缪钺《杜牧之年谱》、萧一山《清史大纲》、金善宝《中国小麦区域》等。

1945 年

1月1日　赵超构著《延安一月》,由重庆新民报社出版,在重庆、成都两地同时发行。它生动翔实地报道了抗战时期延安的政治、经济、文化生活等内容,使大后方人民群众耳目一新。

1月15日　中国民主同盟发表对时局宣言,提出10项主张。要求保障人民言论、集会、结社、职业、身体等自由。

1月20日　《中国物理学报》在昆明创刊,钱临照、王竹溪编辑,吴有训发行,中国物理学会理事长吴有训主办。成都荣新印刷厂承印。

1月　苏联建设小丛书五种:《苏联经济发展》、《苏联的工业》、《苏联的农业》、《苏联的铁路运输》、《苏联的保健事业》在昆明出版。西门宗华主编,中苏文化协会印行。

同月　《希望》杂志在重庆创刊,胡风主编。

2月6日　《中华论坛》创刊号在重庆出版,章伯钧主编。

2月22日　《新华日报》刊登重庆文化出版界知名人士的《文化界对时局进言》,"进言"要求召开临时紧急会议,商讨战时政治纲领,组织战时全国一致政府。并提出废除一切限制人民集会、结论、言论、出版、演出等自由活动之法令等6项具体意见。签名的有郭沫若、茅盾、胡绳、黄洛峰、张静庐等312人。

3月　《民主增刊》在昆明创刊,李公朴、闻一多、曾昭抡、张光年(光未然)主编,张光年兼负常务工作,中国民主同盟云南省支部创办。

4月7日　沈钧儒与江一平、潘震亚受任联营书店及三十多家出版社、书店的常任法律顾问。

5月4日　《文哨》月刊在重庆创刊,叶以群编辑兼发行。郭沫若、夏衍等在创刊号发表了《向人民大众学习》、《笔的方向》等文章,向国统区文艺界提出"向人民大众学习,面向农村"的口号。

5月25日　中央图审委员会通令各地,禁印吕振羽著《中国社会史诸问题》一书。

5月　重庆新出版业29家出版机构,联名在《文汇周报》第90期发表郭沫若起草的《出版业紧急呼吁》,要求供应平价纸张,平抑印刷价格,恢复印刷品寄递办法,设立出版文化低息专业贷款。

6月26日　《新华日报》发表社论:《出版业的危机》,7月11日,又刊载张静庐专论《出版工作者往哪里去》。指出:"今天,出版业(尤其是新出版业)已经到了山穷水尽的境地了。"

7月6日　毛泽东著《论联合政府》在《新华日报》全文发表。随后印行单行本。

7月7日　陆联棠《八年来的出版业》,在桂林《广西日报》发表。

7月12日　重庆29家出版机构再发出《出版业为文化危机向参政会紧急呼吁》一文。

7月　昆明文化界人士342人联名发表《关于挽救当前危局的主张》及《昆明文化界争取出版自由宣言》。

8月10日　黄炎培著《延安归来》一书,由国讯书店出版发行。此为出版界拒检运动中拒不送检而出版发行的第一本书。

8月14日　日本政府照会美、英、苏、中四国政府,宣告接受《波茨坦公告》。15日,日本天皇裕仁以广播《停战诏书》形式,宣告无条件投降。9月2

日,日本天皇和政府代表重光葵以及日本大本营代表梅津美治郎在投降书上正式签字。抗日战争胜利结束。

8月29日　云南省图审处将《民主周刊》、《新华日报》、《群众》周刊、《人民周报》等作为异党刊物,予以查禁。

8月31日　重庆八大杂志及主办人:《中华论坛》章伯钧,《宪政月刊》、《国讯》半月刊黄炎培、张志让、杨卫玉,《民主世界》钟天心,《民宪》半月刊左舜生,《文汇周报》陈翰伯,《再生》孙宝毅,《中学生》傅彬然等举行会议,致函国民党中宣部、参政会、宪政协进会,要求废止《战时图书杂志原稿审查办法》,并从9月份起,不再送审原稿。继而,重庆《东方杂志》、《现代妇女》、《民主与科学》等一批杂志即起加入。9月8日成都《华西日报》、《现代周刊》、川康通讯社、自强通讯社等16家新闻文化团体,联名致函重庆杂志界,响应拒审行动,并表示从即日起拒绝送审。9月13日,国民党中宣部长吴国桢、参事张平群举行记者招待会,宣布从10月1日起废止战时新闻检查制度及图书杂志审查制度。

1945年　教育部学术审议委员会1945年度(第五届)著作发明一、二、三等奖得奖及受奖助者60名,其中有姚微元《鸦片战争史事考》、樊弘《资本蓄积论》、吴大猷《建筑中声音之涨落现象》、朱莲青《我国土壤层分类及命名法》、朱鼎《中药之科学原理》等。

附录二　中国抗战大后方出版人物简介

本简介收入抗日战争时期在大后方从事出版工作并对出版事业有一定影响的编辑、出版、印刷、发行及经营管理等各方面的代表人物，以及少数国民党的有关官员。谨以姓氏笔画为序，略述其在大后方的活动情况。（人名后括号的数字系本书页码）

万国钧(504)　马宗荣(504)　王　益(505)　王云五(505)
王仿子(506)　王畹芗(507)　戈宝权(507)　方学武(508)
巴　金(508)　以　群(509)　艾寒松(510)　叶圣陶(510)
叶楚伧(511)　田一文(512)　史　枚(512)　史久芸(513)
冯亦代(513)　冯雪峰(514)　吉少甫(514)　朱复初(515)
仲秋元(515)　华问渠(516)　华应申(516)　刘百闵(517)
刘盛亚(517)　刘尊棋(517)　孙伏园(518)　孙寒冰(519)
苏继顷(519)　杜重远(520)　李　文(520)　李公朴(521)
李叔明(522)　李易安(522)　严幼芝(523)　吴朗西(524)
何步云(524)　邹新垓(525)　邹韬奋(525)　沈志远(526)
沈钧儒(527)　沈静芷(527)　宋云彬(528)　张友渔(528)
张光年(529)　张仲实(530)　张道藩(530)　张锡荣(531)
张静庐(531)　陆费逵(532)　陆梦生(533)　陈　原(533)
陈汝言(634)　陈伯吹(535)　陈翰伯(535)　邵公文(536)
邵荃麟(537)　范　用(537)　范寿康(538)　范洗人(538)

茅　盾(539)	欧阳文彬(540)	尚　丁(540)	金长佑(541)
金仲华(541)	金兆梓(542)	柳　湜(542)	赵家璧(542)
赵晓恩(543)	胡　风(544)	胡　绳(544)	胡愈之(545)
侯外庐(546)	俞鸿模(547)	施复亮(547)	姚绍华(548)
姚蓬子(548)	夏　衍(549)	顾颉刚(550)	钱俊瑞(550)
徐伯昕(551)	徐君曼(552)	徐雪寒(552)	徐蔚南(553)
郭沫若(553)	唐性天(554)	唐登岷(554)	诸度凝(555)
黄炎培(556)	黄洛峰(556)	曹辛之(557)	曹健飞(558)
章汉夫(559)	蒋仲仁(559)	傅彬然(560)	谢六逸(560)
楼适夷(561)	熊　复(561)	熊瑾玎(562)	翦伯赞(563)
黎烈文(563)	潘公展(564)	潘序伦(564)	潘梓年(565)
薛迪畅(566)	戴伯韬(567)	糜文溶(567)	

万国钧(1906—1974)　出版发行家。浙江嘉兴人,店员出身,共产党员。万国钧1936年进上海读书出版社工作,长期主持财务,熟悉出版业务,善于经营管理,是黄洛峰的得力助手。1937年至1945年,先后任读书出版社汉口、广州、柳州办事处职员,重庆办事处经理。

1938年当《资本论》全书译成准备出版时,万国钧经黄洛峰指派专程绕道返回上海,帮助郑易里,商定版式,联系印刷厂,接洽买纸,以及资金的运用和周转等。抗战胜利后,万国钧任读书出版社上海办事处经理,香港生活·读书·新知三联书店总管理处协理。

中华人民共和国成立后,历任上海联合出版社经理,中国图书发行公司上海办事处主任,北京总管理处副总经理,新华书店北京发行所副经理,新华书店外文发行所经理。

马宗荣(1896—1944)　现代社会教育家、编纂家,贵州贵阳人。1918年

赴日留学,初习矿冶,后改学教育。1929年回国,先后担任暨南大学、浙江大学、中国公学等校教授。留日期间,搜集我国流失海外的孤本古籍,经商务印书馆影印问世,辑为《中华学艺社辑印古书》。1941年6月任文通书局编辑所所长,主编"大学丛书"、"大教育家丛书"等各种图书。平生著述极富,有专著30余种,如《中国古代教育史》、《孟子之出处及进退观》、《王阳明及其思想》、《大时代社会教育新论》等。

王　益(1917—2009)　出版家。江苏无锡人。1935年参加生活书店工作。西安事变后,进新知书店负责出版科工作。1937年底,华应申、王益等把一批书从上海经海道运到广州,王益就留在广州设立分店担任经理。广州分店的任务,主要是根据总店寄来的纸型或样本,在广州造货,向同业批发,并把书运送总店或各地分店。由于租到了沿马路的房子,设立了一个门市部。这是新知书店第一个有门市部的分店。1938年10月广州分店向桂林撤退后,王益由总店派回上海,重建新知书店上海办事处,进行组稿、出版和销售业务。1939年,加入中国共产党。先后任新知书店上海分店经理、苏北大众书店经理,新四军政治部发行科长,山东、华东新华书店经理。

1949年后,历任华东新闻出版局副局长、出版总署发行局副局长兼新华书店总店总经理,文化部出版局局长、人民出版社党委书记、国家出版局副局长、国家新闻出版署特邀顾问、国家出版委员会委员、中国印刷技术协会理事长等职。著有《中文拉丁化旗语的理论与实践》、《王益出版发行文集》、《王益印刷文集》、《王益出版印刷发行文集》等,翻译出版《图书出版的艺术和科学》。曾获韬奋出版荣誉奖。

王云五(1888—1979)　编辑出版家。广东香山(今中山)人,生于上海。

早年入守真书馆学英文，曾任中国公学英文教员。辛亥革命后，任孙中山南京临时政府总统府秘书，后任教育部教育司科长。1921年入商务印书馆，任编译所所长、总经理等职。主持出版教科书、工具书，翻译世界学术名著，整理古籍等。曾推行科学管理，积极倡导"中外图书统一分类法"及"四角号码检字法"。著译近100种，其中有关政治思想史和教育思想的论著各逾百余万字。

抗战初期，王云五长驻香港，主持商务印书馆出书，供应内地。1941年太平洋战争爆发，在重庆成立总管理处和编审部，再度恢复出书，商务印书馆在重庆的出版物，在大后方出版界具有重要作用。在此期间，王云五还结合生产实际需要，从事中文排字改革的研究，发表了《中文排字改革的报道》专文。1946年与商务印书馆管理处同时返回上海，辞总经理职。以后任国民政府经济部长、行政院副院长、财政部长等职。1951年后，曾任台北"总统府"国策顾问、考试院副院长。1964年任台湾商务印书馆董事长。

王仿子（1916— ）出版家。上海青浦人。1938年参加中国共产党，长期从事出版发行工作。他所写的《生活书店门市工作的特色》一文，概括地反映了他在1949年前的一段经历和体会。1939年参加生活书店衡阳分店，1940年到桂林分店，并在桂林《救亡日报》的南方出版社作出版发行工作，1942—1943年在东江抗日人民游击队《前进报》工作。1945—1948年在上海、香港生活书店担任出版生产工作。1949年到大连光华书店（生活书店与读书出版社、新知书店合作经营）。他所经历过的门市部正是这样：一、陈列图书馆化，开架售书；二、好书皆备，尽量满足读者需要；三、发扬服务精神，存心不怕麻烦；四、工作人员在读者中间，与读者交朋友；五、生活书店是为大众服务起家的。

1949年后历任出版总署计财司计划科长，出版局出版处长，文化部出版局副局长兼中国印刷公司经理，国家出版局办公室主任，文物出版社社长，国家出版委员会委员兼秘书长,中国出版工作者协会副主席,中国印刷技术协会副理事长、理事长等职。著有《王仿子出版文集》。曾获韬奋出版荣誉奖。

王畹莳(1888—1962)　出版发行家。原名王培兰,又名王祖荫,山东荣成凤凰崖村人。1913年毕业于山东省单级教员养成总所,参加过孙中山领导的"中国革命同盟会"。历任荣成师范学校教员、青山小学校长、济南正谊中学教师等。1929年2月,王畹莳与袁坤生、刘震初、曲慕西等人集股创办济南东方书社,王畹莳任经理,以经销各地新书为主,重视推销宣传新思想新文化的书刊。1932年秋在上海建立"济南东方书社申庄",进一步加强对外业务联系。

1937年抗日战争爆发,王畹莳带领部分同仁首途西安,建立西安东方书社,继续发行宣传抗日救亡的图书和杂志。1938年在陕南重镇汉中地区成立汉中东方书社,1939年成立成都东方书社。后因上海至内地交通中断,从1941年起在成都开始出本版图书。同年10月,成立东方书社重庆办事处,聘请当时名作家田仲济、臧克家、叶以群做编委,在成都和重庆同时进行出版新书和经销新书、期刊、画报业务。王畹莳是新出版业联营书店监事兼成都联营书店经理。1945年抗战胜利后,到上海组建出版部,继续编辑出版图书。

1950年9月,王畹莳作为山东出版业代表,出席了出版总署召开的第一届全国出版会议。1951年加入中国民主同盟,同年任中国图书发行公司济南分公司副经理。1954年任新华书店济南支店副经理。

戈宝权(1913—2001)　翻译家、编辑家。江苏省东台县人。1932年毕业于上海大夏大学。1932年至1934年任上海《时事新报》编辑。1935年赴莫斯科,任天津《大公报》驻苏记者,兼任上海《新生周刊》、《世界知识》、《申报周刊》等刊物特约通讯员。1938年初回国。

1938年5月在武汉参加《新华日报》工作,同年加入中国共产党。同时负责编辑《群众》杂志,担任过《群

众》周刊编委、副主编。随报馆到重庆后,1939年被生活书店聘为编审委员。他是《读书月报》、《文艺阵地》、《文学月报》、《学习生活》等刊物的经常撰稿人之一。并曾与罗荪负责编辑《文学月报》。1941年3月到香港协助叶以群创办文艺通信社,向海外的中文报纸供稿。太平洋战争爆发后,戈宝权回到重庆,在《新华日报》工作,同时又参加了生活、读书、新知三家书店的编辑工作,主要是翻译和审阅书稿,并曾为几部世界文学译著写过长篇序文。他长期从事苏俄文学的翻译和研究。曾获苏联各国人民友谊勋章和普希金文学奖。主要译、著有《普希金文集》、《高尔基研究年刊》、《苏联文学讲话》、《奥斯特洛夫斯基》、《高尔基和中国》、《普希金和中国》、《契诃夫和中国》等。

方学武(1917—) 出版家。江苏昆山人。1936年参加工作,1939年加入中国共产党。1940年至1946年,在重庆工作,曾任生活书店重庆分店、文林出版社、学艺出版社经理。1944年经黄洛峰介绍参加中国民主同盟,出版陶行知、邓初民主编的《民主周刊》。同年担任新出版业联合总处董事会秘书。

中华人民共和国成立后,仍继续留在出版战线工作,曾在华东、上海新闻出版行政机关担任领导职务,并任上海译文出版社副社长,上海市出版工作者协会第一届副主席、第二届顾问。著有《沈钧儒先生的健身方法》等。

巴金(1904—2005) 作家、编辑家。原名李芾甘,四川成都人。1920年考入成都外语专门学校。1927年至1928年曾在法国留学,创作了处女作——长篇小说《灭亡》。1935年文化生活出版社创办于上海,巴金负责主持编辑工作。头两年一共出版了8种丛书,近100多本文艺和科学书籍。抗日战争爆发后,巴金到广州建立文化生活出版社广州分社。1938年10月,广州沦陷,巴金带

着部分书稿和纸型到桂林开办文化生活出版社桂林分社。此后,巴金又从桂林到重庆、成都、贵阳等地,关心各地文化生活出版社的工作。从1938年至1944年三次到桂林主编大型文学月刊《文丛》,并主持文化生活出版社。抗战胜利后返回上海。从1935年起,直到1949年,巴金为文化生活出版社整整工作了14年,但不曾领取过一分钱的工资。他的信念是:生命的意义在于付出,在于给与,而不是在于接受,也不是在于争取。

中华人民共和国成立后,主编《收获》、《上海文学》。历任政务院文化教育委员会委员,全国文联副主席,中国作协第一副主席、主席,第一、二、三、四届全国人大代表,五届全国人大常委会委员,第六、七届全国政协副主席等职。巴金的主要作品有"爱情三部曲"《雾》、《雨》、《电》,"激流三部曲"《家》、《春》、《秋》以及《憩园》、《寒夜》等长篇小说和中篇小说。散文、报告文学《友谊集》、《新声集》、《赞歌集》。1958年到1962年,人民文学出版社出版了《巴金文集》14卷。后来出版有《随想录》五卷。翻译有俄国赫尔岑的《往事与随想》。

以　群(1911—1966) 作家、文艺理论家。原名叶以群。安徽歙县人。青年时期曾留学日本。回国后即从事新文艺运动。1932年加入中国共产党,同年参加中国左翼作家联盟。

抗日战争时期在武汉参加中华全国文艺界抗敌协会,担任该会机关刊物《抗战文艺》编委,并被聘为该会组织部干事,负责日常工作。到重庆后,他常常向中共南方局文化组汇报作家的情况,及时把文化组和周恩来的意见转达给茅盾、老舍等人,以沟通思想,配合工作。实际上以群是南方局和"全国文协"的联络员。同时,他也是作家与出版家中间的联系人,分别介绍出书和帮助约稿,又自己著书、编杂志。曾编辑《青年文艺》新1—6期,创办和主编《文哨》,参与中原、希望、文哨、文艺杂志《联合特刊》的主编工作。

1946年在上海与茅盾合编《文联》月刊,组织星群出版社。中华人民共和国成立后,历任上海文联副主席、中国作家协会上海分会副主席、上海文学研究所副所长等职,并先后担任《上海文学》、《收获》副主编。1961年主持编写的《文学基本原理》(上、下册),作为各高等学校的文科试用教材。出版的论文、杂文集有《鲁迅的文艺思想》、《有关文学特征的问题》、《今昔文谈》及散文集《在不平常的日子里》。译著有《苏联文学讲话》、高尔基的《给初学写作者及其他》等。

艾寒松(1905—1975) 编辑家。江西高安人。1930年毕业于复旦大学,1931年进生活周刊社。寒松二字系邹韬奋取名,他是邹得力的助手。1933年《生活》被查封,1934年改出《新生》周刊,即由艾寒松与杜重远主编。同年艾寒松还与鲁迅等12人编《太白》半月刊。1935年艾又主编《读书与出版》。9月,《新生》因刊载《闲话皇帝》一文被查封,是为震惊全国的"新生事件",闲文即艾寒松写。1936年赴苏联,在苏联编《救国时报》。

抗战爆发后,艾寒松1938年2月回国,在汉口的生活书店任总务部主任。8月随店迁重庆,任总店编委,与史枚共同主编《读书月报》,同年加入中国共产党。1939年到上海从事中共秘密工作。1942年赴苏北解放区,任《盐阜日报》总编辑、社长。1946年再到上海。曾任《民主》、《群众》、《新文化》等刊物的编辑工作。

新中国成立后,先后任江西省教育厅厅长、中共江西省委宣传部副部长等职。艾寒松编著的《怎样做一个共产党员》,从1952年出版到1962年不断修订再版。该书先后出过7种版本,共印31次,印数达1000多万册,是当时发行范围最广,在全国具有较大影响的通俗政治读物。

叶圣陶(1894—1988) 作家、教育家、编辑家。原名绍钧,江苏苏州人。1919年加入北京大学学生组织的"新潮社",开始发表小说、新诗、散文、文学

评论和话剧剧本。1921年,与沈雁冰、郑振铎等人发起组织"文学研究会"。1923年起任商务印书馆编译所编辑,1930年起改任开明书店编辑,长期主编《中学生》杂志。

　　抗战时期,他在大后方从事教育和编辑工作。《中学生》1939年5月5日复刊,仍由叶圣陶主编。1942年4月,开明书店在成都成立"开明书店编译所成都办事处",叶圣陶为主任。1944年初,开明书店在内地正式成立编辑机构,叶圣陶主持编辑、出版工作。同年7月,开明总管理处从桂林迁至重庆。叶圣陶为书店协理,分管编辑工作,可是他不仅以组稿、出书工作为己任,还要照顾方方面面,诸如访晤作家、同业酬酢、审读稿件、校对印件、抄写原稿,以至察看印刷厂、计划安排印书工作等等;可谓事无巨细,都认真从事,一丝不苟地去做。叶圣陶是我国著名的教育家、文学家,但他常说自己是一个编辑工作者。

　　在长期编辑生涯中,先后主编和编辑过《诗》杂志、《文学周报》、《小说月报》、《中学生》、《中学生文艺》、《国文月刊》、《国文杂志》、《笔阵》、《中国作家》等杂志。培养和举荐过一批青年作者,如巴金、丁玲、戴望舒等,编辑过几十种中小学语文教科书。撰写过10多本语文教学方面的论著。1980年,教育科学出版社出版了《叶圣陶语文教育论集》一书,选收了作者1919年以来语文教育方面的主要论述文章,并出版了《叶圣陶文集》、《叶圣陶散文》、《叶圣陶童话选》等。

　　1949年后,他历任中央人民政府出版总署副署长兼编审局局长、教育部副部长兼人民教育出版社社长和总编辑、中央文史馆馆长等职。

　　叶楚伧(1887—1946)　原名宗源。江苏吴县人,苏州高等学堂肄业,同盟会会员。1912年创办《太平洋》报。1916年与邵力子合办《民国日报》,任总编辑。

　　1933年被国民党中央指派为正中书局董事,公推为出版委员长。1937年初正中书局调整原有组织,推叶楚伧为董事长,1943年再由陈立夫接任董事长。

1942年任国民党中央出版事业管理委员会主任委员。抗战胜利后,任苏浙皖三省、京沪两市宣慰使。1946年2月在上海病故。著作编为《楚伧文存》。

田一文(1913—1989) 作家。湖北人。1935年任《时代日报》副刊主编,1938年加入中华全国文艺界抗敌协会。1941年3月巴金到重庆同吴朗西商定,筹建文化生活出版社重庆办事处,田一文应聘出任渝处经理。经过几年经营,渝处由仅有两个人发展到近十个人,从一间难以容身的斗室,发展到三层楼房,出版了许多书籍,在读者和社会上产生了不小的影响。当时书的印数一般都在二千册左右,多至三千册,少则一千册,初版大多赔本,赢利靠再版。唯独1942年曹禺的新剧本《家》,初版五千刚印好,立即再印五千,短短时间内竟印了一万册,这是前所未有的。"文生社"的书大多能再版,甚至有三版、四版的,有常销不断之势。诸如《简爱》、《复活》……特别是屠格涅夫的几部长篇,在读者中极受欢迎。

1943年在重庆成立新出版业联合总处,1944年总处开设联营书店,文化生活出版社渝处为其发起单位之一。新联总处改组为新出版业联营书店股份有限公司后,田一文当选为第二届董事会董事。

抗战胜利后,田一文历任文化生活出版社汉口办事处经理、文化生活出版社上海总公司经理、中南新闻出版局出版处秘书兼审评科负责人、湖北省文化局出版组组长、湖北人民出版社文教组编辑等职。创作有《向天野》、《怀土集》等。

史　枚(1914—1981) 编辑家。江苏苏州人。1931年在苏州中学读书时加入共产主义青年团。1934年在上海做共青团工作。1938年起在湖北编辑《新知识》和《救中国》两刊物。1939年后,历任重庆生活书店编辑、《读书月报》主编、新疆文化协会编审部副主任、

《读书与出版》编辑。

1949年后，历任生活·读书·新知三联书店编辑部主任、副经理，人民出版社编辑室主任，《读书》杂志副主编。是中国出版工作者协会第一届理事。

史久芸（1896—1961）　浙江余姚人。早年进商务印书馆工作，后任经理。1921—1922年，作为杨端六的主要助手，协助改革商务印书馆的会计簿式。抗战时期任商务印书馆协理。1941年总经理王云五在重庆设立商务印书馆总管理处驻渝办事处及编审处，协理史久芸主管行政管理部门，对生产、营业及会计方面负责。抗战胜利商务印书馆总管理处复员回上海后，任商务印书馆总经理。1951年代表商务印书馆出任中国图书发行公司总管理处副总经理。1954年后，历任高等教育出版社、商务印书馆经理部经理。

冯亦代（1913—2005）　文学翻译家、出版家。浙江杭州人。1936年毕业于沪江大学商学院。1939年在香港参加中华全国文艺界抗敌协会、国际新闻社，曾任香港《星报》翻译，创办英文《中国作家》，出版《耕耘》杂志，主编《电影与戏剧》。1941年到重庆，开始研究美国文学及戏剧。同年底兼任中央印制厂重庆印刷厂副厂长，为大后方印刷进步书刊，发挥了一定作用。在此期间，他还先后和友人们办过两个出版社。一个是古今出版社，出版物限于有关反法西斯的文学翻译作品，前后只存在一年左右。一个是美学出版社，出版的都是进步文人的译作和创作，书籍的封面装帧则由几位漫画家业余包干，自1942年底开始出书，直到1945年底离渝返沪。后任上海《世界晨报》经理、《人世间》编委。

1949年后，历任国际新闻局秘书长、外文出版社出版部主任、英文《中国文学》编辑部副主任、《读书》副主编。著有《美国现代文艺思潮》、《龙套集》、

《书人书事》《漫步纽约》等。

冯雪峰(1903—1976)　现代诗人、文学评论家。浙江义乌人,早年在杭州曾参加朱自清、叶圣陶、柔石等人组织的青年文学团体"晨光社";又与汪静之、应修人等结成"湖畔诗社"。1927年加入中国共产党,先后任"左联"党团书记、中共上海中央局文委书记,参加过长征。1936年任中共上海办事处副主任,笔录了鲁迅的《论我们的文学运动》和《答托洛斯基派的信》。1939年任中央东南局文化工作委员会委员。1941年皖南事变后被国民党逮捕,经中共营救于两年后获释。在上饶集中营写有诗集《真实之歌》和《灵山歌》。1943年在重庆参加中华全国文艺界抗敌协会,第七届年会当选为在渝理事,负责会刊《抗战文艺》编务。1946年又到上海工作。

1949年后,历任中国作家协会副主席、《文艺报》主编、人民文学出版社社长兼总编辑。著有《雪峰文集》和《雪峰论文集》;译著有《新俄的文艺政策》、《艺术之社会基础》等。

吉少甫(1919—2008)　出版家。上海人。1939年4月进贵阳生活书店工作,同年加入中国共产党。1940年上半年,先后在桂林文化供应社和广东曲江(韶关)北江书店工作。从1940年6月起曾任桂林、香港新知书店经理,并以"南洋图书公司"的名义在香港再版延安《解放》、重庆《群众》等革命书刊发行港澳及东南亚。1945年后历任重庆、上海、香港等地群益出版社经理等职。

1949年后,历任人民教育出版社经理部、出版部主任,上海教育图书出版社社长,上海教育出版社社长、总编辑,上海市出版局副局长、顾问。是中国出版工作者协会第一、二届理事。论著有《马恩列斯著作在我国的传播》、《近代版权史话》,主编过《中国出版简史》等。

朱复初(1891—1952)　名炯,浙江长兴人。历任中华书局南京分局营业主任、太原分局经理、重庆分局经理。太平洋战争爆发后,1942年在重庆成立中华书局总管理处,任印刷部部长兼中华书局重庆印刷厂(简称"渝厂")厂长。渝厂以接受安庆印书馆的全部器材设备、收购桂林西南印刷厂的部分机器设备为基础,加以必要的添置,而形成一个具有排版、铅印、装订、凸版、加印、电镀、检查等七项工种的书刊专业印刷厂。从1942年重庆建厂到1945年日本投降的三年中,印制了部分新书和重版书以及《新中华》、《中华英语》、《中华少年》、《小朋友》等4种期刊杂志。在生产过程中,还以他们优良的技术和一丝不苟的作风,克服了铅字少、刊条缺、纸质劣、消耗大、油墨粗、粘性差等重重困难,印制出了较好的新产品,文化出版界为之刮目相看,社会予以了好评。抗战胜利后复员回上海。

仲秋元(1920—　)　图书发行家。江苏苏州人。1937年毕业于山东枣庄中兴职业学校商科。1938年在汉口参加生活书店工作。历任汉口、重庆、兰州等地生活书店会计主任。1940年任生活书店总管理处稽核主任,重庆生活书店会计主任。1941年,生活书店重庆分店派仲秋元到由中华职业教育社与生活书店合办的国讯书店工作。1942年任峨眉出版社经理,该社系生活书店一部分。1943年至1944年,在重庆成立新出版业联合总处和重庆联营书店,仲秋元被选为联合总处监事会监事,重庆联营书店副经理(兼职)。

1945年加入中国共产党。任生活书店、读书出版社、新知书店三店联合出版部主任,生活、读书、新知重庆三联分店经理。1946年重庆书业联谊会成立,公推仲秋元为总干事。1947年6月1日,仲秋元被捕入狱,国民党当局还公布其"为中共宣传并售卖共党书籍"等四项罪状。参加联谊会的有近50家书店自愿为他盖章作保,要求释放;直至1949年3月底,经民盟营救,与其他被捕的盟员一起重获自由。

1949年后,历任北京三联书店总管理处发行部和办公室主任、新华书店总店图书发行部和办公室主任、出版总署发行管理处主任。1955年后,任文化部计财司副司长和办公厅副主任、中央美术学院党委书记、文化部教育司副司长和办公厅主任、文化部副部长、文化部党史征集委员会副主任、文化部科技委员会副主任。曾当选为中国出版工作者协会理事、中国韬奋基金会理事。

华问渠(1894—1979)　现代工商业家、出版家。贵州遵义人。30年代继承父业,长期经营文通书局、茅台酒厂、造纸厂和煤矿等企业。1931年正式接办文通书局并任总经理。抗战时成立文通书局总管理处,下设编辑所、印刷所、发行所。编辑所由马宗荣、谢六逸担任正副所长,聘竺可桢、苏步青等112位著名学者为编审委员。在此期间,共出书籍200余种,发行到大后方各地。还编辑出版了《文讯》月刊,又与商务、中华等7家书局联合印行教科书。先后建立了贵阳、重庆、成都、昆明、上海、长沙、广州等地的文通书局分局。著有《贵阳文通书局的创办和经营》。

华应申(1911—1981)　出版发行家。江苏无锡人。1934年加入中国共产党。1935年在上海与徐雪寒等创办新知书店,任副经理。从创办开始,到总店迁至武汉、桂林期间,他一直主持新知书店日常工作,克服重重困难,使书店从无到有,从小到大。几次书店撤退,从上海到武汉,从武汉到桂林,他都亲自组织和参与,勇于承担重担。1941年皖南事变后,他被派遣到"孤岛"上海,建立了泰风公司、远方书店等,组织出版《苏联文学选集》,出版了著名的苏联小说《钢铁是怎样炼成的》等等。同年12月,日寇发动太平洋战争,进占上海租界,泰风公司等业务结束。1942年春进入苏北解放区,曾任中共盐阜区党委宣传出版科副科长,《盐阜报》编委,苏北区党委宣传部出版科科长,《苏北报》总编辑,中共中央华中分局宣传出版科科长,华中新华书店经理,山东新华书店副经理、党委书记。

1949年后,历任中共中央宣传部出版委员会委员,出版总署出版局副局长、发行局局长,新华书店总店副总经理,人民出版社副社长,国际书店经理,文化部办公厅主任,广西壮族自治区文化局局长。编选有《中国共产党烈士传》。

刘百闵(1899—　) 浙江省黄岩县人。日本法政大学毕业。曾任国民党南京市党部特派员兼执行委员。1938年任中国文化服务社社长,该社是国民党中央宣传部主办的文化机构,重庆设总社,各地设分支社600余个,构成控制全国文化事业的网络。

刘盛亚(1915—1960) 笔名SY,生于重庆。1935年赴德国留学。1938年回国参加抗日救亡运动。同年7月与周文、王白野创办《文艺后防》。1941年被选为文艺界抗敌协会成都分会理事和全国文艺界抗协理事。1942年与于立群等集资筹办群益出版社,任总编辑,编辑出版了不少宣传抗日救亡的文学书籍。曾在四川省立戏剧学校、四川大学、武汉大学任教。

1949年后,历任作协重庆分会主席团委员兼创作委员会副主任、重庆市政协委员、民盟四川省文教委员会委员。著有反法西斯名作《卐字旗下》、长篇小说《夜雾》、中篇小说《水浒外传》,译著《浮士德》、《萝茜娜》等。

刘尊棋(1911—1997) 名记者、作家。湖北鄂城人。早年就读于北平燕京大学政治系。1931年加入中国共产党。1930—1934年,任塔斯社驻北平分社记者。以后历任《北平晨报》记者、中央社记者、国际新闻社社长、新加坡《南洋商报》编辑、重庆美国大使馆新闻处中文部主任、上海联合日报社长、香港

《远东公报》主编。

1942年,刘尊棋和孙伏园在重庆创办中外出版社,孙伏园任社长,刘尊棋任经理。当时刘在美国大使馆新闻处任中文部主任。经商定,由美新处提供原本,由中外出版社负责翻译,组织出版一些新书,然后由美新处包销一部分。中外社从中赚得一部分资金,用于出版其他图书。所出的书籍,当时在整个大后方都相当畅销。

1949年后,历任新闻总署国际新闻局副局长、《人民中国》主编、外文出版社副社长兼总编辑、中国大百科全书出版社社长、英文《中国日报》总编辑。他还曾担任全国新闻工作者协会副主席、全国政协常委。主要著译有《美国侧面像》、《当日本作战的时候》、《天下一家》、《落日》、《艾凡赫》、《罗布·罗伊》等。

孙伏园(1894—1966) 作家、编辑家。原名孙福源,浙江绍兴人。早年就读于绍兴初级师范学堂。1919年任北大图书馆主任李大钊的秘书,为北大文学团体"新潮社"成员。1920年,任《晨报》副刊主编,与茅盾、叶圣陶等筹组"文学研究会"。后参与创办《语丝》周刊,主编《京报》副刊。1926年主编武汉《中央日报》副刊。同年冬到上海,与友人创办嘤嘤书屋;主编《贡献》旬刊。1928年赴法国留学,1931年回国,在河北定县从事平民教育工作。

抗日战争爆发后赴四川,曾在重庆任《中央日报》副刊主编,因1942年1月24日到27日连续刊载郭沫若著名爱国历史剧《屈原》,引起国民党最高当局震怒,被迫离职。同年,孙伏园与刘尊棋创办中外出版社,孙伏园任社长,致力于出版阐述国际问题的图书和刊物。出版了《文汇周报》,刊登评述国际时事的文章,帮助读者及时了解国际形势。中外出版社是新出版业联合总处的发起者之一,孙伏园被选为董事。抗战胜利后,任华西大学和四川大学教授,主编成都《新民报》副刊。

1949年后,曾任政务院出版总署版本图书馆馆长、全国文联委员。主要著作有《伏园游记》、《鲁迅先生二三事》、《山野掇拾》(与福熙合著)等。

孙寒冰(1903—1940) 经济学家、编辑家。原名锡琪,江苏南汇县人。1922年毕业于复旦大学商科,后去美国留学,1927年回国,在复旦大学任教授。1929年创办黎明书局。1936年复旦大学创办《文摘》月刊,孙任主编,他订的编辑方针是暴露敌人阴谋,促进全国团结,做好抗日准备。抗战爆发后,又提出《文摘》的任务,宣传"中国必胜,日本必败"的观点,以树立抗战的信心。1937年8月出版《文摘》"卢沟桥浴血抗战"专辑,并且在国内第一次翻译和刊登了斯诺的《毛泽东自传》。上海沦陷后,《文摘》暂时在租界里坚持出版,11月底被租界当局勒令停刊。当时孙在病中,即布置将其转移到汉口,继续出版。1938年底,由香港经昆明到达重庆北碚,在复旦大学《文摘》出版社主持出版《文摘》战时旬刊。1940年国民党酝酿第二次反共高潮,对舆论控制愈加严厉,是年5月1日出版的《文摘》,被删去了3篇文章,刊物大片空白。接着,5月21日出版的《文摘》又删去了1篇文章,开了天窗。面对这种险恶的形势,孙在《编者的几句话》中明确表示:"《文摘》和其他一切文化战线上的战友一样,具有追求真理的热和改善世界的诚。""如果我们发现真理在那一面,我们将在环境许可下,尽可能站出来为它说话。"1940年5月27日,日机飞临北碚狂轰滥炸,孙寒冰遇难身亡,时年仅37岁。

苏继庼(1894—1973) 编辑家。安徽太平人。北京大学商学院毕业,曾任中国公学教师。1924年考入商务印书馆,历任编辑、编审、编审部部长、《东方杂志》主编等职。1941年加入新加坡中国南洋学会,为《南洋学报》撰写南洋史地论文多篇,受到国内外学者的重视。

在商务印书馆总管理处驻渝期间,1942年起任编辑部代理主任。总编辑王云五因政治活动频繁,对编

辑部的事很少过问,编辑部的各项工作,在苏继顾主持下具体进行。编辑部主要的工作是组稿、审稿和定稿,而审稿却只有苏继顾一人。当时商务每周出版新书一、二种,后增至四、五种,他都能正确判断书稿,决定去留。除书稿外,他还要管《东方杂志》的编辑工作。

苏继顾孑然一身,早年丧子,中年丧妻,未娶继室,虽屡遭不幸,但他心胸旷达,专心致志于编辑工作,把生命中的绝大多数时间都贡献给了商务印书馆编审部,贡献给了整个出版事业。

1962—1963年,他参加《辞海》修订工作,编撰有关中西交通史等条目。

他通晓英、法文,1954年退休后,仍孜孜不倦地从事中外交通史的学术著作,以多年积累所掌握的第一手资料,撰写了《岛夷志略校释》和《南海钩沉录》两稿。遗著《岛夷志略校释》已于1981年由中华书局出版。

杜重远(1897—1943) 辽宁开原人。早年留学日本,1931年九一八事变后,在上海参加抗日救亡运动,参加组织东北民众抗日救国会,被选为常务理事。生活书店成立后,从1933年生活出版合作社第一次社员大会起,为历届理事会理事。1934年2月创办《新生》周刊以接替被查禁的《生活》周刊,任发行人兼主编,次年5月因该刊登载《闲话皇帝》一文,被国民政府以"侮辱天皇,妨碍邦交"为名,判处一年零两个月徒刑。1938年任生活书店编审委员会委员。1939年任新疆学院院长,邀请茅盾、张仲实等到新疆工作,促进了新疆教育文化出版事业的发展。1943年被军阀盛世才杀害。著有《狱中杂感》、《三度天山》等。

李 文(1913—2010) 图书发行家。江苏江阴人。1934年进入生活书店,开始在邮购科工作。"八一三"事变后,李文和华风夏被派往重庆建立分店。生活书店重庆分店于1937年12月19日在重庆武库街(民生路)正式开业。李文任经理,华风夏任会计。这是生活书店在西南地区所建立的第一家

分店。1938年李文加入中国共产党。先后参加重庆青年职业互助会,任常务理事。参加重庆市书业同业公会,任常务理事。同年秋,生活书店总管理处从汉口迁到重庆,任人事委员会委员,1939年改选为理事委员会委员。1940年9月李文被派往晋东南抗日根据地创办华北书店任经理。

1942年华北书店与陕甘宁边区新华书店合并,李任经理。

抗战胜利后,李文被调到东北,任东北书店和东北新华书店总经理、东北人民政府出版局局长。1949年后,转到钢铁战线上工作。

李公朴(1900—1946) 社会教育家、出版家。原籍江苏扬州,生于镇江。1924年入沪江大学半工半读,1928年留学美国雷德大学政治系,1930年回国。1932年在上海与邹韬奋等办《生活日报》。1934年11月和艾思奇、柳湜、夏征农创办《读书生活》半月刊,李公朴任主编。1936年用"读书生活出版社"的名义出书,李公朴任出版社经理。同年11月,李公朴与沈钧儒等救国会领导人遭国民党当局逮捕,为"七君子"之一。抗日战争爆发获释。

1937年12月,李公朴与沈钧儒、柳湜等在武汉创办《全民周刊》。不久,北上抗日前线,又到晋西北,从事教育和宣传工作。1938年11月曾访问延安。1942年在昆明创办"北门书屋",1943年成立"北门出版社"。1944年10月任中国民主同盟云南支部执行委员。抗战胜利后,任民盟中央执行委员、重庆社会大学副校长兼教务长,积极参加爱国民主运动,1946年7月11日在昆明被国民党特务杀害。

北门书屋和北门出版社从成立到结束,历时3年零7个月。先后出版毛泽东著作、社会科学、文艺作品、翻译小说、诗歌集以及青少年读物、丛书、杂志等约40种。这些图书由于内容适合实际需要,因而对大后方的救亡运动和文化教育事业,产生了积极的影响。著有《华北敌后——晋察冀》、《抗战教育的理论与实践》、《李公朴日记》等。

李叔明(1900—1973) 原籍江苏吴县。1900年2月生于上海。7岁入小学,13岁毕业,考入中华书局作练习生。两年后调编译所,勤奋进修,通英、法等语。1918年辞去中华书局职务,任意大利驻沪总领事梵氏秘书。梵氏届满周游欧美各国,随之前往。八个多月后回国,任杭州电厂总经理,兼浙江实业银行、四明银行、至中银行、企信银团及中华书局常务董事。1936年,任中央储蓄会经理。1941年7月,中华书局创办人兼总经理陆费逵病笃,遗言托以重任。同年7月9日,陆费逵逝世后,李叔明应中华书局董事会之聘兼任总经理。

1941年12月,太平洋战争爆发,日军进占香港。1942年2月,李叔明携眷内行,3月底抵重庆,当即成立中华书局总管理处。香港印刷厂部分职工也陆续到达重庆,同时在上海的编辑人员以及技术工人等也相继转道来渝。总管理处在民权路,印刷厂及编辑部设在李子坝。编辑部成立后,首先复刊《新中华》杂志,以后陆续复刊《小朋友》、《中华英语》等刊物。1942年至1945年,中华书局在渝出版新书和重版书二百二十余种。

1945年,抗战胜利后,任中国农民银行常务董事兼总经理,还兼四联总处理事,中国银行及申报馆、新闻报馆董事。1948年当选中华书局董事,并兼任总经理。1964年台湾中华书局股东会召开,仍当选为董事兼总经理。1967年8月被选为董事长。1969年在台北新建尚德印刷厂,除印本版书外,承印中小学教科书及其他书刊,营业鼎盛。1973年秋在台北逝世。

李易安(1920—1973) 原名李芬,广东新会人。1938年进新知书店工作。1942年任桂林实学书局(新知书店三线机构)经理,先后在重庆、成都设有分局。书局以出版知识性图书为主,不少畅销书频频再版,远销赣、闽、粤、湘、桂、川、黔、滇诸省。

李易安勤于思考,埋头工作。当时书局人少事多,他不仅自己当编辑、校

对,设计封面,跑印刷厂,还亲自打包、开发票和处理读者、编者的来往信件。他编辑《中国古代诗词选》一书时,正是汪精卫投敌、重庆的反动派阴谋降日之际,他有针对性地在该书的扉页上专门引用了文天祥《过零丁洋》中的两句警语:"人生自古谁无死,留取丹心照汗青",既发扬民族之正气,亦反衬投降卖国之可耻。他曾机智地把周恩来和南方局派出的桂林统战工作委员会书记李亚群掩护在实学书局,为之安排食宿,并以实学书局总编辑的名义申报了户口,从而为李取得了合法活动的身份。1944年夏,桂林实学书局以湘桂战争关系停止营业,他由桂携带大批本版书纸型去成都,协同蓉局同仁大力开展重版书工作。抗战胜利后,成都实学书局工作结束,1946年实学书局以广州为据点,到各地开展流动供应工作,并在广东台山设立了华联图书公司,收到好的效果。

1949年后,任天津新中国书店(后改为三联书店)经理、广州三联书店经理,50年代初调北京国际书店、中华书局工作。60年代初,调广州中山图书馆任副馆长。

严幼芝(1900—1988) 民族实业家、出版家。学名煃庆,江苏东台县人。上海大同大学肄业。他发明的化学制版法,大大降低了影印外文科技图书的成本,为贫困学生带来了福音,为发展我国科技、培养科技人才等方面,产生了深远的影响。1930年在上海创办龙门书局,任经理。1934—1937年赴英国曼彻斯特科学技术学院、曼彻斯特大学和德国莱比锡印刷学院,专攻印刷技术。

1938年经严幼芝发起,上海几家同业成立龙门联合书局。尔后10余年间,他始终担任总经理,主持全面工作。1941年他辗转入川后,立即在成都设立龙门联合书局西南管理处,统辖内地各分支机构。除原设重庆、桂林分店外;又在成都、贵阳、昆明等地筹建分店;在成都、桂林设立小型石印厂,就地影印部分教科书。1943年严幼芝从重庆回到上海,为了安全向内地送书,派人亲自押运。龙门影印的西方科技著作，不仅选题适应教学需要，供应及时，而且售价仅为原版书定价的十之一二，深受广大读者，特别是青年学生的欢迎。

1949年后，历任中国科技图书联合发行所总经理、科学出版社经理、中国图书进出口公司顾问等职。是中国印刷技术协会第一、二届理事，民进第六、七届中央委员。1984年，当他84岁高龄时被批准成为光荣的中国共产党党员。编著有《动物学色谱》，合译有《新三S平面几何》等。

吴朗西（1904—1994） 翻译家、出版家。四川开县人。1926年考去日本留学。1931年九一八事变后回国。1934年进上海三一印刷公司工作，任《美术生活》杂志编辑。1935年与郭安仁（丽尼）、伍禅、巴金等在上海创办文化生活出版社，任总经理。出版以介绍当代新文学为主的"文化生活丛刊"、"文学丛书"、"译文丛书"等系列成套的书，很快就在读者和作家中建立了信誉。

1937年七七事变后，吴朗西先行入川，曾设立文生社重庆办事处，后正式成立文生社重庆分社，聘田一文为经理。1938年秋，参与创办改进出版社，任副经理。1939年重返重庆，先后任和成银行柳州办事处主任、总行经理。为了便利外地个人函购，创设了一种"基本读者往来户"，文生社委托和成、美丰两银行所属分支行、办事处代收"往来户"订户基金，扩大了宣传，社誉益增。

1949年后，历任文化生活出版社社务委员会主任，新文艺出版社、人民文学出版社上海分社外国文学编辑室副主任，上海译文出版社编辑。译有《五年计划的故事》、《里尔斯历险记》、《沃尔夫童话集》等。

何步云（1904—2006） 浙江绍兴人。早年考入绍兴禹城新闻报馆，后进绍兴印刷局当管理员。1925年加入中国共产党。后到上海，在组织安排下，进入由毛泽民领导的党的印刷所工作。1931年春末，何步云调到"工联"，组织"印刷总工会"，开展上海报界印刷工人同盟大罢工。

1939年生活书店总管理处到重庆后建立排版所，由何步云主持。1942年春生活书店在桂林建立建华印刷厂，派何步云任厂长。

1949年后，历任上海新华印刷厂副厂长、上海市出版局业务科长、上海印制学校教务主任、上海印刷技术研究所活字研究室主任等职。编撰了专业教材《平台印刷机及二回转印刷使用法》，发表了《解放前党在上海的地下印刷所》、《中国活字小史》等文章。先后参加《中国印刷词典》、《中国出版词典》的编撰工作，为《中国大百科全书》(新闻出版卷)、《辞海》等大型工具书的有关条目的撰写做了大量案头工作。

邹新垓(1915—1975) 地理制图专家。湖南新化人。祖父邹永煊于清末在武昌创办亚新舆地学社，父亲邹兴钜继承和发展了地图出版事业。1936年邹新垓毕业于清华大学地学系，翌年即开始从事地图编制出版业务。抗战爆发后，亚新舆地学社迁至新化，于1938年在新化县城西门外，新建厂房8000平方米，继续出版发行《新世界列国地图》、"亚新地学丛书"等图书。1945年日本投降后回武昌。

1949年后，历任武昌图书文仪公司董事长、地图联合出版社社长、地图出版社副总编辑等。他长期从事地图编制工作，是我国有影响的地理制图专家之一。曾主编《中国析类分省图集》、《世界列国图集》和《世界地理纲要》等。

邹韬奋(1895—1944) 著名新闻记者、政论家、出版家。江西余江人。1921年毕业于上海圣约翰大学。从1926年在上海主编《生活》周刊起，毕生从事新闻出版工作。1932年创办生活书店。1933年初参加中国民权保障同盟，7月被迫流亡海外，周游欧美并到苏联参观。1935年回国，先后在上海、香港主编《大众生活》、《生活日报》和《生活星期刊》，并担任全国各界救国联

合会执行委员。1936年与沈钧儒等同时被捕,为"七君子"之一。

抗日战争开始后获释,继续经营生活书店。先后在上海、汉口、重庆主编《抗战》、《全民抗战》等刊物。1938年他应聘为国民参政会参政员,先后为力争言论自由、保护进步文化出版事业,提出多起提案。1941年皖南事变发生后,由于生活书店各分支店先后因被查封被迫停业,愤然辞去"参政员"职务,出走香港。在港复刊《大众生活》,并任救国会海外工作委员会常务干事。香港沦陷后,辗转赴广东东江游击区,于1942年到苏北抗日根据地,次年秘密赴上海治病。1944年7月病逝。中共中央根据其生前申请,追认其为中国共产党正式党员。著作有《韬奋文集》三卷。

沈志远(1902—1965) 经济学家、哲学家,浙江萧山人。1925年加入中国共产党。1926年赴莫斯科中山大学学习。1929年毕业后在中国问题研究所当研究生,同时参加《共产国际》杂志中文版编译工作,并参加翻译出版《列宁选集》。1931年回国,先后任社会科学家联盟委员、常委。1934年5月出版《新经济学大纲》。

1937年七七事变后,赴西北大学法商学院任教。1938年赴重庆,任生活书店总编辑,主编大型理论刊物《理论与现实》,主张"理论现实化"和"学术中国化",使该杂志成为国统区内宣传马列主义的重要园地。同时主编"新中国学术丛书",实际就是"大学丛书"。该丛书首批出版10余种,著译者都是我国著名的进步学者,如邓初民、艾思奇、彭迪先、张仲实、马哲民、沈志远、吴玉章等。1944年加入民盟。

中华人民共和国成立后,任出版总署编译局长、燕京大学教授、中国科学院哲学社会科学学部委员。主要著作有《黑格尔与辩证法》、《研习〈资本论〉入门》、《现代哲学基本问题》、《政治经济学基本问题讲话》等。

沈钧儒(1875—1963) 法学家、社会活动家。字秉甫,号衡山。浙江嘉兴人。前清进士,留学日本东京法政大学。曾任浙江军政府教育司长,广州军政府总检查厅检查长,浙江省临时政务委员会委员兼秘书长。1928年任上海法科大学教务长,并执律师业。1933年参加中国民权保障同盟,任执行委员。1935年参与组织上海文化界救国会和全国各界救国联合会,任常务委员。1936年11月因主张抗日救国,与邹韬奋、章乃器、沙千里、史良、李公朴、王造时等被捕入狱,时称"七君子"事件。

1937年抗日战争爆发后获释,12月在汉口组织抗日救亡总会,任主席。并创办《全民周刊》,任社长。1938年被聘为国民参政会参政员,同年7月《全民周刊》与《抗战》合并改为《全民抗战》,任该刊编委。1939年被生活书店社员大会选为理事会理事。1941年皖南事变后,受委托经常过问书店工作。1942年集资创办峨眉出版社,作为生活书店二线机构。同年,生活书店联合重庆43家出版社、书店,共同聘请沈钧儒大律师为法律顾问。1945年1月,生活书店成立内地区管理委员会,推沈钧儒为委员会主席,统一领导内地工作。同年冬在重庆被推举为中国人民救国会主席。

1949年后,曾任中央人民政府委员、最高人民法院院长,并被选为政协全国委员会副主席、全国人大副委员长、民盟中央主席。著有《宪法要览》、《制宪必携》、《寥寥集》等。

沈静芷(1915—1995) 出版家。浙江杭州人。1935年参加生活书店工作。1938年在武汉参加新知书店工作,同年加入中国共产党。曾任新知书店长沙、贵阳、桂林、重庆、上海、香港分店经理,新知书店总店秦记西南印刷厂经理、总店总经理。在担任西南厂经理期间,曾草拟《秦记西南印刷厂同人服务规约》并公布执行,取得较好效果。皖南事变后,徐雪寒、华应申去上海,由沈静芷负责大后方新知书店的

领导工作。1948年任生活·读书·新知三联书店总管理处副总经理兼东北区管理处经理。

1949年后,历任中央人民政府出版总署出版事业司处长、印刷管理局副局长、新华地图社副社长、地图出版社社长,是中国出版工作者协会第一届理事、第二届顾问,中国印刷技术协会第一届理事、第二届名誉理事,中国韬奋基金会理事。

宋云彬(1897—1979) 文学史家、编辑家。浙江海宁人。1922年前后任《浙江日报》编辑。1924年去黄埔军校编《黄埔日报》。1930年任开明书店编辑,整理《辞通》。以后参与主编《国文讲义》、《中学生》。

抗战初期在武汉军事委员会政治部第三厅,从事抗日宣传活动。武汉沦陷后转往桂林,任中华全国文艺界抗敌协会桂林分会理事、常务理事,入文化供应社任编辑兼出版部主任。同时还与夏衍等编辑《野草》文艺杂志。抗战胜利后,任重庆进修出版社编辑,主编《民主生活》周刊。后去香港,任香港文化供应社总编辑。

1949年后,历任出版总署编审局处长、人民教育出版社副总编辑、中华书局编辑等职。曾参与校点《二十四史》。著有《明文学史》、《中国文学史简编》、《中国近百年史》、《陶渊明》、《康有为》等,编有《鲁迅语录》。

张友渔(1899—1992) 法学家、新闻学家、国际问题专家。山西灵石人。1927年毕业于国立法政大学,同年加入中国共产党。1930年底赴日本留学。1931年九一八事变后被日驱逐。回国后担任《世界日报》总主笔,并在北平多所大学任教。

从1939年起,成为《全民抗战》的主要撰稿人。皖南事变后去香港主持《华商报》笔政,同时又为《大众生活》主要撰稿人。1942年到桂林后,从事党的文化工作和统战工作,并继续协助生活书店、新知书店的编辑工作。1943年秋回到重庆,正式任生活书店总编辑,直到抗战胜利。在他的主持下,重庆生活书店出版的书,不仅在数量上多了许多,而且在内容上与当时形势的需要密切相关,改变了前两年只出少量文艺读物,不出政治、思想、理论读物的局面。

1945年9月任《新华日报》代总编辑,1946年1月任新华日报重庆分社社长。

1949年后,历任中共北京市委副书记、北京市人民政府常务副市长、中国社会科学院副院长等职。曾担任《中国大百科全书》总编委会副主任兼法学卷编委会主任、《辞海》编委会委员和法学分科编委会主任。

主要著作有《日本新闻史》、《中国宪政论》、《法与宪法》、《民主与宪法》、《法学基本知识讲座》、《中国法学四十年》、《关于社会主义法制的若干问题》、《新闻之理论与实践》、《报人生涯三十年》、《报刊杂文、通讯和社论》、《新闻学论文选》等。

张光年(1913—2002) 湖北光化人,笔名光未然。1927年参加革命,1929年初加入中国共产党,后肄业于武昌大学。1935年发表抗日歌曲《五月的鲜花》。1937年下半年,张光年在中共湖北省委领导下,在汉口创办扬子江出版社,同李实一起负责编辑、印刷和发行工作,在短短几个月出版了抗战读物20余种。1938年上半年扬子江出版社并入新知书店。1939年1月率领抗敌演剧第三队由晋西游击区奔赴延安,创作了组诗《黄河大合唱》。1940年后,在重庆、缅甸、云南等地从事文艺创作活动。写有长篇叙事诗《屈原》、《阿细人的歌》。1943年应李公朴的约请主持北门出版社编辑部工作,出版文艺及少儿读物30多种。兼任《民主增刊》编辑,为《高原》、《民主周刊》等刊物经常撰稿人。曾与叶以群共同主编"民主文艺丛刊"第一集《文艺的民主问题》。

1946年进入华北解放区,先后在华北艺术学院等校主持教学工作。1949

年后,历任中国作家协会副主席、文化部艺术事业管理局副局长、中央戏剧学院教务长、中国剧协常务理事兼秘书长和书记处常务书记。著有诗集《五月花》,论文集《戏剧的现实主义问题》、《文艺辩证集》等。

张仲实(1903—1987) 翻译家、编辑家。陕西陇县人。中共党员。1926年10月去苏联莫斯科东方大学学习,次年转入中山大学翻译班,翻译教材。1930年8月回国。1932年到上海中山文化教育馆作翻译。1935年进生活书店,开始协助主编《世界知识》,不久改任生活书店编辑、总编辑。

从1936年到1938年,他先后在上海、武汉、重庆主持生活书店的编辑工作。为了宣传抗日救亡,为了宣传革命理论,曾把该店出版范围扩大,有计划地出版了"青年自学丛书"、"黑白丛书"、"救亡丛书"、"世界文库"和"世界名著译丛"等等。凡生活书店出版的马列主义著作,均属"世界名著译丛"(或"世界学术名著译丛")之列。此外,他还利用业余时间翻译了一批马列主义著作和进步政治书籍。其中《政治经济学讲话》一书,通俗易懂,深受青年读者的欢迎。

后来,生活书店拟在新疆建立编辑中心,同时杜重远约他去新疆学院教书,1938年底他和茅盾一同到乌鲁木齐。1940年5月初被迫离开新疆到延安。在马列学院搞翻译工作,主要是根据俄文校订《列宁选集》的译稿。1943年调中宣部任出版科副科长,主管马恩列斯经典著作的翻译和出版,即延安解放社的编辑出版工作。1949年拟定了一个学习书目,经中央批准,为"干部必读"十二本书。其中《列宁斯大林论中国》、《列宁斯大林论社会主义建设》、《社会发展简史》等系由张仲实编译。

1953年到1954年,他先在中宣部,后在西北局宣传部工作。1954年,调中央编译局,任副局长,从事马列主义著作的编译校订工作。

张道藩(1897—1968) 贵州盘县人。历任国民党及国民政府各种要职。1941年2月任国民党中央文化运动委员会主任委员,次年任国民党中央宣传部部长,"规划全国文化运动之各种方案","协助策进各地文化事业"以及"其他有关文化运动调查设计事项"。是国民党主管文化事业的重要人物之一。

张锡荣(1904—1997)　浙江绍兴人。1931年9月在上海考入生活周刊社"书报代办部",1932年7月内部改组为生活出版合作社,对外简称"生活书店",主持邮购科工作。

抗战开始后,被派往西安开设生活书店,1937年12月任生活书店西安分店经理。1938年夏得友人带来延安解放社出版的毛泽东新著《论持久战》一册,当即向总店汇报,并在西安按其原样重排翻印数千册,分发各地生活书店,此为该书在大后方首次翻印。10月,西安分店遭国民党军警特务搜查,经理张锡荣被关押10天后,法院宣判所谓"售卖禁书",处罚棉背心100件,折合法币300元,交保释放。1938年底,调往重庆任生活书店总管理处秘书处主任,协助邹韬奋、徐伯昕处理业务和人事管理工作,处理日常文件和编辑《店务通讯》(每周一期)。1941年皖南事变后,派往上海,主持上海地区生活书店的工作。1949年后在中国银行总行工作。

张静庐(1898—1969)　出版家、出版史家。浙江镇海人。1915年后,历任天津、北京《公民日报》副刊编辑,上海泰东图书局编辑、出版部主任。1925年后,先后在上海创办光华书局,上海联合书店、现代书局,任经理。1934年创办了我国第一家专营杂志的专业书店——上海杂志公司,任总经理。除了代办代订全国各地的各种期刊外,还出版《读书生活》、《译文》、《作家》、《中流》等10多种颇有影响的刊物。

抗日战争爆发,上海杂志公司总公司曾迁移到武汉和重庆,并先后在重庆、长沙、广州、柳州、杭州、金华、温州和昆明等地

设立分公司,出版和销售抗战书刊。1943年,张静庐同黄洛峰一起倡导,由13家新出版同业发起,在重庆成立新出版业联合总处,次年成立联营书店,张静庐被推为总经理。在开展出版界统一战线工作方面起了积极作用。

1949年后,历任出版总署计划处副处长、北京古籍出版社编审、中华书局近代史编辑组组长等。并从20世纪50年代起,历时20载,搜集、整理、辑注、出版了《中国近代出版史料》、《中国现代出版史料》、《中国出版史料补编》等,共7编8册,是有关中国近现代新闻出版史料的汇编,对研究我国这一时期的社会、政治、文化和思想史具有重要价值。还著有《中国的新闻记者与新闻纸》、《中国小说史大纲》和自传《在出版界二十年》。

陆费逵(1880—1941)　编辑出版家。浙江桐乡人。1904年在武昌创办新学界书店。1905年任《楚报》主笔,著文抨击清政府,不久该报即被查。1906年冬到上海,任上海文明书局编辑。1908年入商务印书馆,先后任国文部编辑、出版部部长、《教育杂志》主编。

1912年在上海与陈协恭、戴克敦等筹集资金创立了中华书局,历任局长、总经理,并兼任编辑所所长、发行所所长等职。率先编辑出版中小学教科书《中华教科书》,创刊《大中华》、《中华小说界》、《中华实业界》、《中华妇女界》、《中华英文周报》、《学衡》、《国语》、《少年中国》、《小朋友》等刊物;出版了《聚珍仿宋版二十四史》、《中华大字典》、《辞海》、《四部备要》、《古今图书集成》等图书。

1937年11月离沪去香港设办事处,遥控中华书局的全局。由于中华书局港厂拥有远东第一流印刷设备的优势,进行课本造货极为有利。抗战一开始,上海与内地运输中断,依靠港厂这条路子使大后方的课本供应乃无虞匮乏。当时本版图书虽较多,但仍以传统的课本发行为主。

陆费逵于20世纪初期在武汉时与董必武交谊情深,抗战时期董必武曾委托陆费逵为延安图书室购书。1938年陆费逵到重庆出席第一届国民参政会,视察了中华书局重庆分局。当年在分局工作的王啸涯回忆说,陆费逵总经理在渝办了两件大事,其一,由渝局赠一批本版书给延安参考;其二,为渝局购进平房住宅约 3000 余平方米,解决了渝局的后勤场地问题。

陆费逵以其在中国出版界的声誉和影响,先后担任过上海书业同业公会主席和监察。著有《教育文存》、《青年修养杂谈》、《妇女问题杂谈》等。1941 年在香港病逝。

陆梦生(1910—1987) 浙江上虞人。早年在上海、宁波等地当过学徒、店员、会计等。抗战期间流亡到桂林,开始了他的出版工作生涯。1941 年春与当时集居在桂林的金仲华、邵荃麟、曹伯韩、宋云彬、傅彬然等筹建国文杂志社。《国文杂志》由叶圣陶和宋云彬主编,1942 年 8 月 1 日创刊,颇受读者欢迎。1943 年春,将国文杂志社扩充为文光书店,任经理。先以出版中等学校语文辅导读物为主,后转向新文艺书籍,出版了世界名著译丛和茅盾、叶圣陶、朱自清、丰子恺、邵荃麟、SY(刘盛亚)等进步作家的作品。1944 年秋,桂林失守,撤退到重庆,出版了中苏文化协会文艺丛书,并把马克思改为卡尔、列宁改为伊里奇,出版了宣传马列主义文艺思想的《文艺的基本问题》等。1943 年底新出版业联合总处成立,1944 年设立联营书店,文光书店为主要成员之一。陆梦生担任了"总处"的第二、三、四、五届董事,兼任"联营"协理。以文光书店和他本人的名义,参加了为争取言论出版自由和一系列进步文化政治活动。

1949 年后,历任上海文光书店经理、上海文艺联合出版社副经理等职。至耄耋之年,应人民文学出版社、上海文艺出版社、上海书店等单位之邀,参加十六卷新版《鲁迅全集》、《中国新文学大系》和《申报》影印本的出版工作。他在弥留之际,留下的唯一的一句话是"我还要到单位里去把《申报》印刷工作交代一下……",表现了他的高度的责任心和事业心。

陈 原(1918—2004) 语言学家、翻译家。广东新会人。1938 年毕业于中山大学土木工程系。曾任新知书店编辑、生活书店编辑、生活·读书·

新知三联书店编辑。1939年春,在桂林正式参加新知书店工作,任《少年战线》编委,并负责《工作与学习》和《漫画与木刻》"二合一"的编排、发稿工作。又先后协助李凌、林路编辑出版《新歌初集》、《苏联名歌集》,还为读书出版社出版的《新音乐》和《文学月报》撰稿等。抗战胜利后,在上海参与编辑生活书店的《读书与出版》,后来又任三联书店编辑。

1949年后,任中国国际书店副经理、三联书店编辑室主任、人民出版社副总编辑。1953年加入中国共产党。后任文化部出版局副局长,商务印书馆总编辑兼总经理,国家语言文字工作委员会副主任、主任,中国社会科学院语言文字应用研究所所长。曾当选为中国出版工作者协会副主席等。主要著作有《社会语言学》、《语言与社会生活》、《辞书和信息》等。

陈汝言(1909—1993) 出版家。江苏太仓人。30年代在上海《新闻夜报》任职,业余时间去量才补习学校补习英文。曾参加上海职业界救国会的抗日救亡活动,在章乃器的直接领导下做宣传工作。量才学校创办《暮鼓》期刊,校长李公朴让陈汝言任主编。在为《暮鼓》组稿的过程中,先后认识了黄洛峰、艾思奇、邹韬奋、胡愈之等人。这对他以后从事出版工作和参加社会活动具有深刻的影响。

1937年八一三事变后,从上海抵达重庆。在李公朴、黄洛峰、张静庐等人的帮助下,于1938年开办书店。1942年在徐悲鸿等知名人士支持下创办正风出版社,陈汝言任社长兼编委会主任委员。正风以出版文学翻译书籍为主,在抗战时期出版了近百种质量较高的图书。如徐仲年、柳无忌主编的"世界文学杰作丛书",约请名家根据原文全译,将世界文学奇葩移植到中国来,在知识界具有一定的影响。

正风出版社是新出版业联营书店的成员。陈汝言参加过郭沫若主持的重庆出版业紧急呼吁,文化界对时局进言,重庆出版业对政治协商会议意见书的讨论和签名。抗战胜利后曾任《文萃》、《世界知识》、《妇女月刊》等进步刊物在宁的总发行人,还秘密发行中共《群众》杂志。他受中共地下党人委托,冒着极大的政治风险在国民党《中央日报》上刊登了马克思经典著作《资本论》的预约发行广告。

1949年后,先后任正风出版社社长、编辑部主任,南京市图书同业公会常委兼秘书长,南京市肃清反动黄色书刊委员会主任委员。1956年以后,在江苏人民出版社负责图书出版印制工作。

陈伯吹(1905—1997) 儿童文学作家、翻译家。上海宝山人。早年在乡村小学任教。1928年流亡上海。后进大夏大学半工半读,于1931年毕业。曾任儿童书局编辑部主任。先后为北新书局主编《小学生》半月刊,为商务印书馆编著复兴初级小学国语教科书。1942年10月,离沪赴重庆北碚国立编译馆工作。后经邀请,兼任重庆中华书局编辑所编审。1944年10月开始准备恢复在沪停刊的《小朋友》。《小朋友》(重庆版)月刊,于1945年4月创刊,陈伯吹主编,他不仅为出版定期刊物《小朋友》工作,也为《新中华》和《中华少年》写稿。

1949年后,曾任中华书局、人民教育出版社编审。1952年进少年儿童出版社,历任编审、副社长。著有《儿童文学简论》、童话《一只想飞的猫》、散文《卡拉奇之夜》、小说《飞虎队与野猪队》等;译有《绿野仙踪》、《小夏蒂》、《兽医历险记》等。

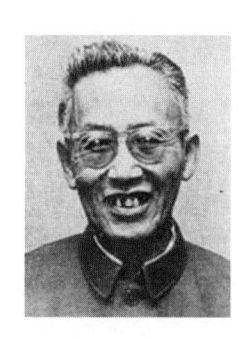

陈翰伯(1914—1988) 编辑出版家。祖籍江苏苏州,出生于天津。青年时加入中国共产党,1935年任北平学联党团书记。1936年毕业于燕京大学新闻系。1936年11月到西安。任《西京民报》编辑,后任总编辑。1937年3月到《西北文化日报》任副刊编辑、国际新闻编辑,并担任社论撰写工作。1937年5月,陪同美国记者、作家埃德加·斯诺的夫人尼姆·威尔斯前往延安约一个月。

1939年后,历任成都《新民报》、全民通讯社、重庆《时事新报》、重庆《新民晚报》、上海《联合晚报》的编辑、副总编辑、总编辑。曾到中外出版社主编《文汇周报》。

1949年2月任新华通讯社总社编委兼国际新闻部主任,后改任总社新闻训练班主任。中华人民共和国成立后,调中央人民政府新闻总署,负责创办北京新闻学校,任副校长。1954年后,历任中共中央宣传部理论宣传处副处长,《学习》杂志责任编委,商务印书馆总经理兼总编辑。1972年后,历任人民出版社领导小组组长,国家出版局领导小组成员,商务印书馆董事会名誉董事长,国家出版事业管理局代局长,中国出版工作者协会第一届主席、第二届名誉主席,《汉语大词典》工作委员会主任。

邵公文(1913—1998)　出版家。江苏苏州人。1931年考进邹韬奋主办的上海生活周刊社当练习生。曾任生活书店批发科科长。1937年加入中国共产党。

1938年初经总店指派,从武汉到贵阳筹建分店。4月1日,贵阳生活书店正式开张,轰动山城,盛况空前。1938年11月调重庆,任生活书店总管理处总务部主任。1940年秋调到桂林负责生活书店分店工作,加强了同广西地方进步力量建设研究会的陈劭先、陈此生等的联系,1941年邹韬奋从重庆出走香港经停桂林时,就住在陈此生那里,并经过他设法买到飞机票。生活书店桂林分店被迫停业后,邵公文再赴重庆工作。

1946年在大连筹设光华书店,建立光大印刷厂,1948年在哈尔滨主持东北光华书店工作。1949年起,历任生活·读书·新知三联书店协理、总经理,中国图书发行公司总经理,中国国际书店(中国国际图书贸易总公司)总经理,外文出版发行事业局负责人、顾问,国家出版委员会委员,中国出版工作者协会第一届理事、第二届顾问。

邵荃麟(1906—1971) 文艺理论家、作家。浙江慈溪人。1925年考进上海复旦大学,1926年加入中国共产党。参加过上海工人三次武装起义。1934年,在任上海反帝大同盟宣传部长时被捕入狱。1937年经党组织营救出狱后,致力文艺创作。1938年冬到金华任中共浙江文委委员,参加主编综合性刊物《东南战线》和《战时生活》,还对《浙江潮》、《东南文艺》、《青年团结》、《东南儿童》、《刀与笔》、《浙江妇女》等刊物给予指导和支持。1939年冬,任东南文委书记。1940年兼任国际新闻社金华分社社长。1941年春至1944年9月,在桂林组织领导党的抗日文化工作,担任中共南方局文委桂林文化工作组组长、《力报》主笔、文化供应社编辑、《文化杂志》主编。编辑"文化丛书"、"文艺丛书"、"文学创作丛书",并从事文艺创作和文艺理论研究等。1944年到重庆,任中共南方局文委委员、《文艺杂志》主编等。1946年赴香港,曾任香港工委副书记、中共南方局文委书记,"大众文艺丛刊"主编。

中华人民共和国成立后,任中国作家协会副主席兼党组书记。著作有短篇小说集《英雄》、《宿店》、《喜酒》,剧本《麒麟寨》,评论集《话批评》、《邵荃麟评论集选集》,翻译有陀思妥耶夫斯基《被侮辱与被损害的》。

范　用(1923—2010) 江苏镇江人。1937年冬,刚15岁就在武汉进读书出版社工作。用他自己的话说:为了读书才选择了这一行。他赞扬读书出版社道:"这是个有书读,而且让你读,允许你读各种书的地方,极大地满足了我的读书愿望,胃口大开。"

1941年读书出版社桂林分社被迫停业后,以原读社部分人员为基础,集资开设二线书店新光书店,范用用"张敏"的名字登记,担任经理。新光书店除改头换面重印了艾思奇的《大众哲学》、《知识的应用》,更多的是印文艺读物。《学习·生活》在重庆复刊后,寄纸型到桂林重印发行。1944年秋桂林疏散撤退到重庆后,任读书出版社重庆分社经理。抗战胜利后,曾任生活·读书·新知三联书店出版部主任。

中华人民共和国成立后,历任华东军管会新闻出版处联络员,中共中央宣传部出版委员会科长,中央人民政府出版总署出版局主任,人民出版社副总编辑、副社长,三联书店总经理。是中国出版工作者协会第一、二届理事。主持出版过巴金的《随想录》(合订本)、《傅雷家书》、赵家璧的《编辑忆旧》等书;并创办《新华文摘》、《读书》杂志等。著有《一个战斗在白区的出版社——记读书出版社》等回忆文章。

范寿康(1896—1983) 教育学家。浙江上虞人。1923 年毕业于日本东京帝国大学,获教育哲学硕士学位后回国。同年进商务印书馆教育哲学部任编辑,主编《教育大辞典》。1926 年后,曾任中山大学、安徽大学、武汉大学教授兼系主任等职。

抗日战争爆发后,应郭沫若之邀,到国民政府军事委员会政治部第三厅任副厅长兼第七处处长,主管对敌宣传工作。"第三厅"被迫改组后,转任行政院参议。40 年代初,任商务、中华、世界、大东、开明、正中、文通"七联处"主任,协调教科书印销事宜。

1945 年抗战胜利后,历任台湾行政长官公署教育处处长、台湾大学哲学系教授兼台大图书馆馆长。为肃清日本帝国主义奴化教育的影响,发扬祖国文化,普及国语教育做出了贡献。1982 年 4 月经美国回北京定居。著作颇多,主要有《马克思的唯物主义》、《教育哲学大纲》、《中国哲学史通论》、《诸子及其哲学》等。

范洗人(1883—1950) 浙江上虞人。早年留学日本,学习农业科学。回国后从事垦植工作,在开封、张家口等地办农场,种植经济作物。后来又从事制盐工业,任汉口利源精盐公司副经理等职。1937 年在"八一三"炮火中,开明书店损失惨重。1937 年 11 月率一部分同仁抵达重庆,迅即筹集资金和纸张,赶印一批教科书供应急需,受到学校欢迎。后到桂林设立开明书店总管理处,任总经理。并重新组织董事会,不断充实力量,印了不少好书、新书,在复兴开明书店中颇具劳绩。中华人民共和国成立后,任开明书店总经理,他又为开明书店进行公私合营作出努力。

茅　盾(1896—1981)　文学家、社会活动家、编辑家。原名沈德鸿,字雁冰。浙江桐乡人。1913年考入北京大学预科,1916年毕业后任上海商务印书馆编译。1920年参加上海共产主义小组,次年加入中国共产党,并参与组织文学研究会。接编和革新《小说月报》。1928年去日本,与中共党组织失去联系。1930年回上海,参加左翼作家联盟并担任领导工作。

抗战爆发后,先在上海参加《救亡日报》编辑工作。上海沦陷,辗转到达武汉。在那里接受主编生活书店的《文艺阵地》。同年被推选为中华全国文艺界抗敌协会理事,并担任《抗战文艺》编委。还为在香港复刊的《立报》编辑《言林》。1939年春,应杜重远邀请,离港赴新疆任教,被推举为"新疆文化协会"委员长。曾创办漫画刊物《时代》。1940年转道延安参观、讲学,然后回到重庆,担任了生活书店的编审委员。1941年,继续主编在重庆复刊的《文艺阵地》。

皖南事变后,撤离重庆飞抵香港,和夏衍、范长江建立新的宣传阵地《华商报》,同时担任原在上海出版而又复刊的《大众生活》编委。同年9月,创办杂文刊物《笔谈》(半月刊)。不久,太平洋战争爆发,几经周折再赴重庆。又应聘为国讯书店出版委员会委员和文艺丛书主编。到抗战胜利前夕,他始终不倦地边创作,边办刊物,成为在国内外享有崇高声望的文化活动家和社会活动家。

1949年任中华全国文联副主席,中国作家协会主席。后又历任文化部部长、全国政协副主席等职。1981年3月27日在北京病逝。中共中央根据他生前请求和一生的革命功绩,恢复其党籍。著述甚丰,代表作有:中篇小说《虹》、《路》、《三人行》等,短篇小说《春蚕》、《秋收》、《残冬》、《林家铺子》

等,长篇小说《子夜》、《腐蚀》等,剧本《清明前后》,散文《白杨礼赞》等,文学评论《夜读偶记》、《关于历史和历史剧》以及《中国神话初探》等。出版有《茅盾文集》。

欧阳文彬(1920—) 编辑家,当代文学评论家。湖南宁远人,女。原名欧阳晶,笔名金晶等。30年代曾在群治农商学院经济系、民国学院法律系肄业。1938年加入中国共产党。1939年起,先后在生活书店衡阳分店,新知书店桂林、重庆分支店,桂林文化供应社及开明书店工作。1940年曾在桂林新知书店参与创办并编辑小型宣传刊物《文化线》,搭起读者与书店之间的桥梁。1943年春在重庆上清寺以"亚美图书社"的名义建立新知支店,成为国民政府心脏地区发行进步书刊的一个据点。

中华人民共和国成立后,历任新民晚报社、《萌芽》编辑部、学林出版社编辑,学林出版社编审。著有文学评论集《赏花集》、报告文学《刘连仁》;合著有长篇小说《在密密的书林里》、《幕在硝烟中拉开……》。负责编辑的书有《夏丏尊文集》、《叶圣陶论创作》、《图腾艺术史》等。

尚　丁(1921—2009) 编辑家。江苏丹阳人。40年代初在重庆参加中华职业教育社工作。1943年毕业于重庆民治新闻专科学校。曾任《国讯》杂志、《宪政》月刊编辑、国讯书店经理。在渝期间,还出版发行了《联合增刊》,发动组织了"重庆杂志界联谊会",并在"拒检运动"中,为适时出版黄炎培的《延安归来》一书做了大量组织工作和实际工作。

中华人民共和国成立后,历任展望周刊社、上海新知识出版社、上海古典文学出版社副社长兼副总编辑,上海出版文献资料编辑所编审,上海辞书出版社《辞书研究》编辑部主任。是上海辞书学会第一届副会长、第二届会长,全国年鉴研究中心秘书长。著有《第一颗原子弹》、《咫尺天涯》、《仓央嘉措》、《黄炎培》、《四十年编余忆往》等。

金长佑(1906—) 辽宁人。早年留学日本早稻田大学。1941年1月,金长佑在重庆创立五十年代出版社,任社长。出版中苏文化协会研究委员会丛书、国际问题丛刊、翻译文库、介绍苏联的图书和外国语文工具书等。1943年在重庆成立新出版业联合总处,1944年总处创办联营书店,五十年代出版社为其主要成员。新联总处改组为新出版业联营书店股份有限公司时,金长佑当选为董事会董事。曾与黄洛峰、张静庐等共6人,带头起草、联名发表《出版业的呼吁》,引起强烈反响,深受新出版业的欢迎,也得到了广大社会的同情和支持。抗战胜利后,新出版业联营书店股份有限公司迁至北平,同时在上海、天津设有分社。

金仲华(1907—1968) 编辑家,国际问题专家。浙江桐乡人。1927年毕业于之江大学。1928年考进商务印书馆,曾协助胡愈之主编《东方杂志》。1934年参与创办《世界知识》,后接任该刊主编。1935年,任生活书店编辑部主任。他还协助邹韬奋编辑《大众生活》、《生活日报》和《生活星期刊》,主编《永生》杂志。

抗战爆发后,辗转武汉、广州、香港。先后担任生活出版合作社(该社对外称生活书店)理事会理事,生活书店编审委员会委员、副主席,香港分会主席。曾参加编辑《抗战》三日刊、《全民抗战》,主编《世界知识》、"世界知识丛书"、"世界知识战时丛刊"。还担任香港《星岛日报》总编辑,《大众生活》(香港版)编委。

中华人民共和国成立后,历任上海市副市长,中华全国新闻工作者协会副会长,上海新闻日报社社长,文汇报社社长,中国新闻社社长,《中国建设》杂志编委会主任委员、社长,上海社会科学院国际问题研究所所长。

金兆梓(1889—1975) 文史学家、编辑家。字子敦。浙江金华人。京师大学堂肄业。曾任金华浙江省立第七中学校长、北京师范大学教师、国立编译馆编纂等职。1922年进中华书局,任文史编辑;一度离局,至1929年,又聘请回局。先后任教科图书部副部长、部长,编辑所副所长。

1941年12月日军进占上海租界后,他只身奔赴抗战大后方的重庆。1942年任中华书局总管理处总编辑。首先复刊《新中华》杂志,陆续复刊《小朋友》、《中华英语》等刊物,并编辑出版了一批较有质量的图书。同时,担任国立编译馆国定教科书编纂工作。

中华人民共和国成立后,历任中华书局副总编辑,上海市文史馆馆长,上海历史学会理事,并参加修订《辞海》工作,著作有《芚厂治学类稿》、《国文法之研究》、《实用国文修辞学》等。

柳　湜(1903—1968) 编辑家、教育家。湖南长沙人。曾在长沙师范读书,后到北京大学旁听。1928年加入中国共产党,1934年后,先后在上海《申报》流通图书馆负责"读书指导部"工作,与李公朴、艾思奇、夏征农创办《读书生活》月刊,后由杂志扩大为读书生活出版社,出版各种进步书刊。

抗日战争开始后,先后在武汉、重庆主编《抗战》三日刊、《全民周刊》、《全民抗战》等刊物。是生活书店编审委员会委员。1939年后任生活书店总编辑,1941年到延安,任边区政府教育厅厅长等职。1949年后,任北京市教育局局长、国家教育部副部长、《人民教育》总编辑、全国政协委员、教育科学研究所所长等职。著有《怎样自学社会科学》、《如何生活》、《社会学常识》、《柳湜论文选》等。

赵家璧(1908—1997) 编辑出版家、作家。上海松江人。1932年毕业

于光华大学英国文学系。30年代与鲁迅、茅盾、周扬等作家积极投身于左翼文艺运动，并加入"左联"，从事新文学作品编辑出版工作，先后任上海良友图书公司编辑、主任，良友复兴图书公司经理兼总编辑。曾主编《中国新文学大系1917—1927》10卷本、"一角丛书"80种、"晨光文学丛书"40种、"晨光世界文学丛书"24种。

1941年太平洋战争爆发，其主办之良友图书公司因宣传抗日被查封。翌年抵桂林，继续主办良友复兴图书公司，于1943年2月开业。先后重版"良友文学丛书"40余种，出版新书有邹侣梅译的《日本还能支持多久》、赵家璧译的《月亮下去了》等。1944年撤离桂林赴重庆，1945年3月恢复良友公司业务，出版有茅盾的新作《时间的纪录》等。

中华人民共和国成立后，历任上海人民美术出版社、上海文艺出版社副总编辑，是中国出版工作者协会第一届理事、第二届副主席，著有《编辑生涯忆鲁迅》、《编辑忆旧》、《回顾与展望》、《书比人长寿》等。获第二届韬奋出版奖。

赵晓恩（1914—2001） 浙江上虞人。早年参加中国共产党。1935年考进上海生活书店当练习生，后任总管理处推广课主任。曾任香港《华商报》出版部主任。太平洋战争爆发后转移到桂林，先后任桂林文化供应社营业部主任，代理总经理等职务，在文化供应社工作达7年之久，主持出版发行许多进步书刊。1943年他和邵荃麟等筹组桂林文化供应社的二线机构文光书店，为保护进步文化出版事业做出了贡献。

1949年被派到北平，筹建新中国书局，随后南下，参加接管上海出版工作。中华人民共和国成立后，历任新华书店总管理处出版部出版处主任，人民出版社出版部主任，文化学院出版编辑系副主任，国家出版局出版发行部

副主任、计划财务室主任等职。是中国出版工作者协会第一、二届理事。在人民出版社工作期间，曾致力于出版技术革新，为节约纸张、提高效率的"大32开本"图书版式的创始人。主编有《出版业务知识》，并参与《出版社企业管理概论》、《出版词典》的编撰工作。

胡 风（1902—1985） 诗人、文艺评论家、文学家。湖北蕲春人。本名张光人，笔名胡风、谷非、高荒、张果。1924年加入中国社会主义青年团。1925年进北京大学预科，一年后改进清华大学英文系学习。1929年留学日本庆应大学。参加了日本共产党和日本反战同盟。1933年春，因在留学生中组织左翼抗日文化团体被捕。7月初被驱逐回国。到上海后在左翼作家联盟任宣传部长，数月后改任书记，在鲁迅周围从事进步文化工作。

抗战期间，曾任"中华全国文艺界抗敌协会"常委、研究股主任、郭沫若主持的军委会政治部文化工作委员会专任委员。先后创办并主编了《七月》、《希望》杂志，发表了大量进步作家包括延安等革命根据地作家的作品，在当时大后方的进步青年中有相当影响。还在桂林由读者出资组织了只有一个工作人员的南天出版社，出版了"七月诗丛"、"七月文丛"，和老舍一起，积极支持从上饶集中营出来的冯雪峰接编《抗战文艺》，使《抗战文艺》从瘫痪状态中得到了新生，加强了革命的现实主义总阵势。

中华人民共和国成立后，任《人民文学》杂志编委、中国作家协会常务理事。于1955年被错定为"胡风反革命集团"之首。1980年中共中央予以平反。著有诗集《野花与箭》、《为祖国而歌》、《欢与颂》、《安魂曲》等；文艺评论集《密云期风习小集》、《箭·文艺·人民》、《论民族形式问题》、《论现实主义的路》等。译有苏联故事《洋鬼》、朝鲜小说《山灵》、日本小说《棉花》等。现有三卷本《胡风评论集》行世。

胡 绳（1918—2000） 哲学家、历史学家。江苏苏州人。早年就读于北

京大学哲学系。1936年在上海参与爱国学生运动,从事马克思主义宣传工作。

抗战爆发后,首赴武汉。于1937年10月创办和主编通俗的《救中国》周刊,人称这是"士兵工农小学生最好的读物"。1938年1月加入中国共产党。5月在生活书店参加编审工作,后又被聘为编审委员会委员、《全民抗战》编委。从1939年起,先后为中共中央南方局文化工作委员会和中共香港文化工作委员会的成员,参与对出版界和学术界的领导。并在重庆编辑《读书月报》,在香港担任《大众生活》编委。1942—1945年担任《新华日报》编委,主编《新华副刊》。

中华人民共和国成立后,胡绳历任政务院出版总署党组书记、中共中央宣传部秘书长、中共中央政治研究室副主任,红旗杂志社副总编辑,中共中央文献研究室副主任等职。后任中共中央党史研究室主任、中国社会科学院院长、《中国大百科全书》哲学卷编辑委员会主任。1955年当选为中国科学院社会科学部委员、常委。1982年当选为中共第十二届中央委员。1988年当选为第七届全国政协副主席。主要著作有《新哲学的人生观》、《辩证法唯物论入门》、《帝国主义与中国政治》、《从鸦片战争到五四运动》;论文集有《理性与自由》、《枣下论丛》、《马克思主义与中国国情》等。

胡愈之(1896—1986) 编辑家、出版家。浙江上虞人。原名胡学愚,笔名伏生。1914年入上海商务印书馆编辑所,后任编辑。五四运动后参加发起上海世界语学会、文学研究会等。1925年创办《公理日报》。1926年支持章锡琛创办开明书店,并为该书店制定编辑方针,汇集书稿。1928年被迫流亡法国,入巴黎大学国际法学院学习,接受了马克思主义。1931年回国后,主编《东方杂志》。同时全力协助邹韬奋主持《生活》周刊,并推动创办生活书店。1933年加入中国共产党,1934年创办并主编《世界知识》杂志,1936年协助邹韬奋在香港创办《生活日报》。

抗战时期，上海沦陷前，组织抗日救亡，倡议成立国际宣传委员会，出版多种报刊，进行抗日救亡宣传。翻译出版《西行漫记》，编辑出版《鲁迅全集》。许广平在《鲁迅全集》编校后记中说："一切擘画策动，则全赖胡愈之先生"。在短短四个多月里得以出版，"实开中国出版界的奇迹"。1938年，到武汉出任国民政府军委会政治部第三厅第五处处长，主管抗日宣传动员工作。武汉沦陷后，受周恩来指派，到桂林从事统战工作。同年12月，胡愈之应生活书店的邀请，专程从桂林到重庆，帮助该店总结上段工作，提出新的方针规划。明确今后的三条工作原则，即促进大众文化、供应抗战需要、发展服务精神。胡愈之被聘为生活书店编审委员会主席。此后，在桂林继续出版《国民公论》，组织"国际新闻社"、"文化供应社"等。1940年撤至香港，后又赴新加坡开辟海外宣传阵地。先后就任《南洋商报》编辑主任，创办《南侨日报》及《风下》周刊，任社长和主编等。

胡愈之是我国进步出版事业的先驱者之一，又是新中国出版事业主要开创人之一，新中国成立后，历任光明日报社总编辑、出版总署署长、文化部副部长、中国文字改革委员会副主任、中国出版工作者协会名誉主席。曾任第六届全国人大副委员长。

侯外庐(1903—1987) 哲学史家、历史学家。山西平遥人。1923—1926年就读于北京政法大学法律系和北京师范大学历史系。1927年赴法国勤工俭学。1928年在巴黎加入中国共产党，开始翻译《资本论》。1930年经莫斯科回国，与中共党组织失去联系。先后在哈尔滨法政大学、北平大学、北京师范大学任教授。讲授经济思想史、唯物史观、经济学。1936年出版了第一部中译本《资本论》第一卷。

抗战期间，1938—1945年任重庆《中苏文化》主编。《中苏文化》是中苏文化协会的机关刊物，"以促进中苏邦交，沟通中苏文化为宗旨"。《中苏文化》刊物，直接隶属中苏文化协会的杂志委员会领导，王昆仑任杂志委员会主任，侯外庐、翦伯赞任副主任。为当时沟通中苏文化，宣传人类进步事业，起了积极作用。

《中苏文化》杂志在中共南方局和周恩来的关注下,成为国统区的一个宣传阵地,它起到了与党报党刊《新华日报》、《群众》杂志相配合相呼应的作用。《中苏文化》杂志,宣传苏联、宣传马列主义,也公开发表中共领导人的文章。抗战胜利后,在上海、香港主编《文汇报》新思潮副刊,宣传民主进步,反对自由主义和中间道路。

中华人民共和国成立后,历任政务院文教委员会委员、北京师范大学历史系主任、北京大学教授、西北大学校长、中国科学院哲学社会科学学部委员、中国社会科学院历史研究所所长等职。主要著作有《中国古代社会与老子》、《中国古代社会史论》、《中国古代思想学说史》、《中国近世思想学说史》(主编)、《中国思想通史》、《宋明理学史》、《中国近代哲学史》、《封建社会史论》、《中国思想史纲》。

俞鸿模(1908—1968) 福建福清人。1930年毕业于上海复旦实验中学。1933年去日本留学,1936年毕业于东京明治大学。留学期间参加了"左联"东京支部所属文艺团体。1935年曾与张香山等编辑出版文艺杂志《东流》。

1937年七七事变前回到上海。1938年2月赴延安,任新华社翻译。同年转赴汉口,创办海燕书店,在汉口出版过《抗战中的政党和派别》(张执一编写)、《密云期风习小集》(胡风著)等书和《新演剧》新一卷1—3期。武汉撤退后,参加新知书店工作。曾将其兄寄给他的2万元的三分之二,以"投资"和借款的名义支援新知作周转经费。先后任香港、上海新知书店经理,上海海燕书店经理。

中华人民共和国成立后,历任上海新文艺出版社副社长,教育图片出版社、古典文学出版社经理,上海出版文献资料编辑室主任、编审,著有《炼》、《海燕十三年》等书。

施复亮(1899—1970) 中国经济学家、政治活动家。原名施存统,浙江

金华人。是建立中国共产党的发起人之一,1922年被选为中国社会主义青年团中央书记、团中央机关报《先驱》主编。1924年在上海大学任教兼任《民国日报》副刊《觉悟》的编辑。由于革命活动的暴露,被警方通缉。1926年返上海开办"进化书店"。1927年脱党。1932年前后,除从事译著外,还在北京大学、北京师范大学、国民大学教课。

抗战期间,上海失守后,将"进化书店"迁到昆明,改名为"民生印刷厂"。1940年再迁重庆,易名"南方印书馆",自任总编辑。"皖南事变"不久,任《四川经济季刊》编辑,时常发表文章,批评国民党当局。1945年12月,当选为"民主建国会"中央常务理事兼言论出版组主任。

中华人民共和国成立后,任劳动部第一副部长,全国人大第一、二、三届常务委员,政协全国委员,民建中央委员会副主任委员。主要著作有《中国革命的理论问题》、《中国现代经济史》、《四川征购粮食论》等;主要译著有《马克思学说概要》、《资本论大纲》、《经济科学大纲》等。

姚绍华(1906—) 编辑家。浙江金华人。1930年毕业于上海大夏大学高师科史地系。曾任浙江诸暨县立中学教师,长期担任上海中华书局编辑所编辑。

抗战期间,任重庆中华书局总管理处编审部副部长,负责对外联系,同时主编《新中华》杂志。抗战胜利后,在上海任《中华教育界》杂志主编、中华书局编辑所主任秘书兼上海中华书局图书馆副馆长。

1957年中华书局与古籍出版社合并后,历任中华书局编辑室主任、图书馆馆长等职。编著有《崔东璧年谱》、《中等本国历史》、《新中华语体本国史详解》、《罗斯福》等。

姚蓬子(1905—1969) 作家、编辑家。浙江诸暨人。1930年加入中国左翼作家联盟,曾主编《文艺生活》、《文学日报》。1933年12月在天津被国

民党当局逮捕，次年5月获释出狱。

1938年在汉口参加中华全国文艺界抗敌协会，被选为理事，参与编辑《抗战文艺》。后转赴重庆，创办作家书屋，出版新文艺书籍，参与编辑《文坛》半月刊，担任国民党中央文化运动委员会委员、国民党中央图书杂志审查委员会委员。又是新出版业联营书店常务董事。

抗战胜利后回上海，继续营办作家书屋。1949年后在上海高等院校教书。主要作品有诗集《剪影集》、《浮世画》、《银铃》，翻译有德国古尔蒙的《处女心》、俄国安特列夫的《小天使》、高尔基的《我的童年》等。

夏　衍（1900—1995）　剧作家、电影理论家、作家。原名沈端先。浙江杭县人。1921年留学日本，因参加日本工人运动和左翼文艺运动，1927年被驱逐回国，同年加入中国共产党。1929年参与筹组中国左翼作家联盟、中国左翼戏剧家联盟。写了电影剧本《狂流》、《上海二十四小时》，话剧《赛金花》、《上海屋檐下》及著名报告文学《包身工》等。

1937年抗日战争开始，任上海文化界救亡协会机关报《救亡日报》总编辑，后迁广州、桂林出版。1939年在桂林主编《野草》杂志。1941年在香港与邹韬奋、范长江等创办《华商报》。太平洋战争爆发，香港沦陷，脱险到重庆，任中共南方局文化组副组长。1944年8月，任《新华日报》代理总编辑。先后为报刊写下大量杂文、政论，创作了《心防》、《法西斯细菌》等剧本。

中华人民共和国成立后，历任中共上海市委宣传部长，中国文联副主席，文化部副部长，中国影协主席，中国剧协理事，全国政协常委等。改编了《祝福》、《林家铺子》、《革命家庭》三部著名电影文学剧本。主要著作有《夏衍剧作选》、《夏衍选集》、《写电影剧本的几个问题》、《电影论文集》等。

顾颉刚（1893—1980） 历史学家。江苏苏州人。1920 年北京大学哲学系毕业。留校任助教,标点《古今伪书考》。1922 年任上海商务印书馆编辑。1929 年任燕京大学研究员兼教授。他是我国"古史辨"学派的创始人,又是我国历史地理学和民俗学的开创者。九一八事变后,在北平创办"三户书社",1934 年 7 月改称通俗读物编刊社,任社长,采用通俗形式,编印新内容的小册子,以达到宣传抗日救国的目的。同年创办《禹贡》半月刊,成立《禹贡》学会,倡导对历史地理和边疆地理的研究。

七七事变发生,通俗读物编刊社连夜编印了《血战卢沟桥》5 万册,向全市军民散发。他带领编刊社人员经归绥、太原,到西安。12 月全社由西安迁至武汉。1938 年 10 月,编刊社从武汉迁往重庆。在重庆陆续出版有 64 开本文艺小册子 157 种,诗配画、连环画 11 册。先后任教于成都齐鲁大学、重庆中央大学、复旦大学,担任《文史杂志》主编、大中国图书局编辑所所长兼总经理,文通书局编辑所所长,并主编《文讯》。

中华人民共和国成立后,历任复旦大学教授,中国科学院历史研究所研究员和学术委员,中国史学会理事,全国文联委员,中国民主促进会中央委员,第二、三、四届全国政协委员,主持标点二十四史。主要著作有《古史辨》、《汉代学术史略》、《两汉州制考》、《郑樵传》等,与人合著有《三皇考》、《中国疆域沿革史》、《中国历史地图集》等。

钱俊瑞（1908—1985） 经济学家、教育家。笔名陶直夫。江苏无锡人。1929 年参加陈翰笙领导的农村调查,1933 年发起建立中国农村经济研究会。1935 年加入中国共产党,并担任中共中央文委委员和"左翼文化总同盟"宣传委员。同年秋,发起创建新知书店,任理事长。1936 年曾任《永生》周刊主编。1937 年担任全国各界救国联合会党团书记。

抗日战争时期,先后在武汉和重庆,任战时书报供应

所所长,专事供应图书报刊给前线军民。担任《全民周刊》、《战时新闻》、《理论与现实》季刊编委。主编《战地知识》,对于宣传党的政策,鼓舞人民抗战意志,起了有益的作用。1940年调入新四军工作。后任新四军政治部宣教部部长,新华社北平分社社长兼总编辑。

中华人民共和国成立后,历任教育部副部长、文化部副部长、中科院哲学社会科学学部委员、中国世界经济学会会长、北京大学教授等职。先后当选为中共第八届中央委员会候补委员、全国政协第一至六届委员和第三至六届常委。著有《怎样研究中国经济》、《中国货币制度往哪里去》、《中国国防经济建设》、《世界经济与世界经济学》、《世界经济与中国经济》等。

徐伯昕(1905—1984) 出版家、社会活动家。江苏武进人。1922年毕业于上海职业学校。1926年协助邹韬奋在上海接办《生活》周刊,1932年又和韬奋一起创办生活书店。抗日战争开始,总店先后迁武汉、重庆,徐伯昕担任经理,负责经营业务及分支店的管理。皖南事变后,去香港主持生活书店分店。太平洋战争爆发后,去苏北一年,又到上海。1944年加入中国共产党。1948年,读书、新知、生活三家书店合并,在香港成立三联书店总管理处,任总经理。

徐伯昕是邹韬奋的亲密合作者,徐伯昕为生活书店的建立和发展作出了重要的建树。张友渔说:"自20年代以来,伯昕协助韬奋创办《生活》周刊、《大众生活》、《全民抗战》等轰动国内外的刊物,创建生活书店,由小到大,由上海一地发展到全国,以至海外,影响深远。韬奋是这一事业的总设计师,而业务建设和经营管理都依赖着伯昕的劳作。"胡绳赞扬道:"在他身上,可以说,既有'生意人'的精明,又有革命家的胆略和远见,他把这两者结合起来,因此在任何情况下都能找出有效的斗争方式。在党领导的文化战线上,伯昕这样的出版家是起了他的特殊的作用的。"

1949年4月任中共中央宣传部出版委员会委员。中华人民共和国成立后,历任中央人民政府出版总署办公厅副主任、发行局局长兼新华书店总经理、国家出版委员会委员。从 1956 年起,任全国政协副秘书长。1979 年起,任中国民主促进会常务副主席、中国出版工作者协会副主席。

徐君曼(1910—1986) 图书发行家。浙江宁波人。1926 年 16 岁时,在上海加入共产主义青年团,1929 年加入中国共产党,在上海先施公司从事党的工运工作。1932 年被国民党逮捕入狱,他立场坚定,英勇机智,1934 年出狱。

抗日战争时期,徐君曼任《新华日报》图书课主任、《群众》周刊发行部主任。图书课是《新华日报》的图书发行机构。几年中,公开发行本版书刊 200 多种,外版书刊和外文书刊几百种。他和图书课的同事一道,不仅要做出售书刊的日常工作,还要承担一些突发性的反查禁、反迫害的战斗任务。1946 年 2 月 22 日,国民党顽固派纠集大批特务、流氓捣毁《新华日报》民生路门市部,徐君曼头部受到重伤,他不顾伤痛,勇敢地保卫革命财产,受到周恩来的高度评价。

1947 年后,徐君曼任吕梁区新华书店经理。全国解放后历任中共西南局机关报重庆《新华日报》经理、《中国青年报》秘书长、商务印书馆副总经理等职,为《中国青年报》的创建和发展做出了重大贡献,在商务印书馆工作的 20 多年中,为繁荣社会主义出版事业做出了新的贡献。

徐雪寒(1911—2005) 出版家、经济学家。浙江慈溪人。1925 年到上海大学附中读书,参加中国共产主义青团,1926 年加入中国共产党,在杭州从事中共地下工作。1934 年在上海与钱俊瑞、姜君辰等创办中国经济情报社,并参加中国农村经济研究会,参与创办《中国农村》月刊,从事中国经济问题的研究。1935 年与钱俊瑞等创办新知书店,公推担任经理,与华应申共同负责筹建并主持工作。1936 年担任《救亡情报》主编,在全国各界救国联合会任副总干事。

抗日战争爆发后,继续领导新知书店的工作,在华应申协助和全店同仁

共同努力下,新知发展为在全国先后拥有40余家分店的出版企业,成为大后方宣传马克思主义和党的政策的重要阵地之一。

中华人民共和国成立后,历任中央对外贸易部副部长、国务院经济发展研究中心顾问。主要著作有《中国经济问题讲话》、《中国经济论文集》、《徐雪寒文集》,译作有《德国社会经济史》。

徐蔚南(1900—1952) 原名毓麟,笔名半梅、译人。江苏盛泽人。自小与邵力子相识,为世交。后入上海震旦学院。留学日本,庆应大学毕业。归国后在绍兴浙江省立第五中学任教。1924年,由柳亚子推荐,参加新南社。1925年到上海,在复旦大学实验中学任国文教员,并从事文学创作,以《山阴道上》誉满文坛,加入文学研究会。一年后在复旦大学、大夏大学执教。自1928年起任世界书局编辑,主编"ABC丛书",共出版152种。

抗日战争时期,在商务印书馆重庆分馆从事编辑和著译工作,同时担任出版界月刊社社长。在渝期间,徐蔚南的著译有《他的一生》、《美国大学生活》、《时代之智慧》、《新婚之夜》、《从上海到重庆》、《战争与恋爱》等。

抗日战争胜利后,回上海主持《民国日报》复刊工作,任《大晚报·上海通》的主编以及上海通志馆的副馆长并兼任大东书局编纂主任。中华人民共和国成立后在上海文献委员会任副主任。1952年1月逝世。与王世颖合著《龙山梦痕》、《都市的男女》等,译作有《一生》、《女优泰绮思》等。

郭沫若(1892—1978) 文学家、历史学家、社会活动家。原名开贞,号尚武。四川乐山人。1914年赴日学医。五四时期,从事新诗创作,参加反帝反封建的革命文化运动。1921年发起组织创造社,出版第一部诗集《女神》。1926年参加北伐,任国民革命军总政治部副主任。1927年蒋介石公开背叛革命前夕,撰文《请看今日之蒋介石》,揭露蒋的真面目。同年参加南昌起义，8月加入中国共产党。1928年因遭国民政府通缉流亡日本，从事中国古代史和甲骨文、金文的研究。1930年加入中国左翼作家联盟。

1937年抗日战争爆发回国，在周恩来领导下，组织文化界进步人士，从事抗日救亡运动。历任救亡日报社社长、国民政府军委会第三厅厅长和文化工作委员会主任。1942年创办群益出版社，1943年主编《中原》杂志。并写作了《屈原》、《虎符》等大型历史剧和《青铜时代》、《十批判书》等文史著作。1944年发表《甲申三百年祭》，被列为中共整风学习文件之一。

1949年被选为全国文联主席。中华人民共和国成立后历任政务院副总理兼文化教育委员会主任、中国科学院院长兼哲学社会科学部主任、全国人大常委会副委员长、全国政协副主席等职。平生著述很多，有《沫若文集》行世。1982年起，《郭沫若全集》陆续出版。

唐性天(1900—   ) 浙江镇海人。北京大学毕业。1931年1月在汉口创办华中图书公司并任经理。1938年公司迁重庆。华中图书公司以发行文化教育图书为主，出版发行过不少抗战书刊。先后出版的书籍有：钱云阶《抗战知识》、钟鹤鸣《日本侵华之间谍史》、余仲瑶《思想战与宣传战》等。发行的期刊有：《中苏文化》、《抗战戏剧》、《中国儿童》等。华中图书公司并办有《弹花》月刊，出版小说和戏剧。

1943年新出版业联合总处在重庆成立，1944年联合总处创办联营书店，华中图书公司为主要成员之一，唐性天被选为第一届监察。曾与张静庐、金长佑、黄洛峰、姚蓬子、田一文等合写《出版界的困难》一文，公开对政府提出七点改进办法，并参加一系列进步文化政治活动。抗战胜利后，复员回汉口。

唐登岷(1918—   ) 云南保山人。青年学生时代加入中国共产党。抗战初期，经中共昆明支部指定为"云南青年抗日先锋队"副队长。曾参加中共昆明支部机关刊物《前哨》的编辑工作，负责组稿。还先后编辑过进步刊物《战时知识》、中华全国文艺界抗敌协会云南分会会刊《文化岗位》，并经常给

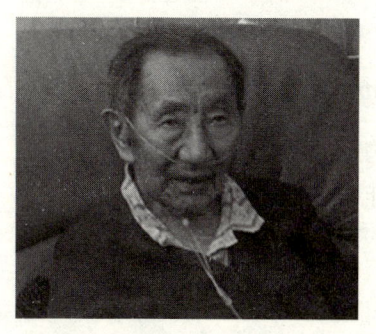

云南省特委（工委）机关刊物《南方》写稿,后任中共云南省工委宣传部长。1940年到重庆向中共中央南方局汇报工作,留在重庆,于同年秋到读书出版社担任编辑工作。

抗战胜利后,在昆明创办《中国周刊》,并任主编,拥护和平建国,反对内战独裁;坚持独立自主,反对外来干涉。当中国民主同盟机关刊物《民主周刊》的编辑主持人复员回北方后,唐登岷接任主编,继续坚持以"实行民主团结,和平建国,反对法西斯独裁和内战"的编辑方针为《民主周刊》的立论根据。1946年7月李公朴、闻一多相继被国民党顽固派刺杀以后,被迫停刊。

1947年以后,任中国人民解放军滇桂黔边纵队9支队政治部主任。中华人民共和国成立后,历任中共思茅地委副书记兼思茅专员公署专员、中共云南省委统战部副部长、云南省人民委员会副秘书长、云南工学院院长等职。

诸度凝(1914—1979) 出版发行家。江苏武进人。1932年参加上海生活书店工作。抗日战争爆发后,他追随邹韬奋到大后方,坚持进步文化出版事业,为出版发行进步书刊做了大量工作。先后担任生活书店成都分店、桂林分店经理,西南区管理处主任,生活书店总管理处业务部主任,内地区管理处主任等职。并受生活书店委派,与会计专家潘序伦创办立信会计图书用品社,担任经理。用"立信会计图书用品社"的名义在广安与"纸商"合办一个造纸厂,除部分纸张由"立信"自用外,绝大部分供应新华日报社,有力地支持了《新华日报》和《群众》周刊的出版。

上海解放后,在上海市人民政府新闻出版处、华东出版委员会、华东新闻出版局、市出版局担任办公室副主任、综合业务处副处长等职。

黄炎培（1878—1965） 政治活动家、教育家。字任之，别号抱一。早年受学于上海南洋公学。1912年任江苏省教育司司长，提倡职业教育。1917年在上海参与创办中华职业教育社，任办事部主任。次年在上海创办中华职业学校。1925年10月创办《生活》周刊。1934年1月主修《川沙县志》，1936年编成。

抗日战争爆发后，任国防会议参议及上海市抗敌后援会主席团主席。1938年起，历任国民参政会第一至第四届参政员。1940年底，参与发起中国民主政团同盟，次年3月任常委会主席。1941年2月，邹韬奋出走香港前，以生活书店事相托。3月，由中华职业教育社与生活书店在重庆合办国讯书店，黄炎培任出版委员会主席。他还是《国讯》杂志及其新创办的《宪政》月刊的发行人。1945年7月1日，黄炎培偕左舜生、章伯钧等6位参政员赴延安访问，回到重庆写出《延安归来》一书，经过突击排印，用国讯书店名义出版，是为当时出版界冲破国民党图书检查制度、拒不送审而公开出版发行的第一本书。

中华人民共和国成立后，曾任中央人民政府委员、政务院副总理、财政经济委员会委员，并被选为全国人大副委员长、政协全国委员会副主席、中国民主建国会主任委员等。著有《中国教育史要》、《八十年来》、《红桑》。

黄洛峰（1909—1980） 出版家。云南鹤庆人。1927年加入中国共产党。1928年任中共云南安宁、易门、禄丰三县特委书记。1930年留学日本，次年回国，任上海民众反日救国联合会秘书长。1936年11月"七君子"事件后，读书生活出版社极度困难，1937年初黄洛峰应艾思奇和郑易里邀赴上海出任该社经理（艾为总编辑，郑为董事长），担负起出版业务和经营管理工作。他到出版社的第一桩大事，就是同艾思奇、郑易里商谈出版《马克思恩格斯全集》的长远规划，首先是约郭大力、王亚南译《资本论》，并将整个出版社新筹资金的一半，拨为出

版《资本论》的专用款。

抗战爆发,《资本论》的出版计划继续进行。1938年8月《资本论》第一卷出版,其余两卷也相继问世。这是第一部《资本论》全译中译本。它的出版发行,成为人们关注的大事,为进步的舆论界传为佳话。此外,先后又出了一大批马克思主义著作,还出版了《大众哲学》等大批通俗读物。

读书出版社迁至武汉后,先后在广州、桂林、重庆、成都等地设立了分社,在香港设立了办事处,还在贵阳和新知书店合开了读新书店。"皖南事变"后,黄洛峰和徐伯昕撤往香港,开展海外出版事业。太平洋战争爆发后,他又辗转返回重庆,而生活书店、新知书店的领导者邹韬奋、徐伯昕、徐雪寒都没有再回重庆,这样黄洛峰实际上就成了三家的领导者,使三家无论在政治上还是组织上都紧密地团结在一起,并以三家书店为核心,组成新出版业联合总处,黄洛峰担任常务董事。该组织为出版界开展业务和争取合法权益发挥了重要作用。

1948年在香港的生活、读书、新知三家书店合并成立三联书店,被推选为管理委员会主席。1949年春调北平,任中共中央宣传部出版委员会主任委员。中华人民共和国成立后,历任出版总署出版局局长、文化部办公厅主任、中国社会科学院民族研究所副所长等职。为中国出版工作者协会第一届副主席。

曹辛之(1917—1995) 书籍装帧艺术家。江苏宜兴人。曾就学江苏省立教育学院,1936年在宜兴编文艺刊物《平话》。

抗战爆发后,1938年赴延安,在陕北公学和鲁迅艺术学院学习。1940年调重庆在邹韬奋主编的《全民抗战》周刊任编辑。1941年随生活书店总管理处撤至香港。太平洋事变后,赴桂林、重庆等地工作,仍担负生活书店的书籍装帧设计,并为读书、新知、文林、峨眉、五十年代等书店、出版社设计书刊封面。抗战结束后,在上海创办《诗创造》和《中国新诗》月刊,曾用"杭约赫"笔名写诗,闻名诗坛。1946年担任生活书店美术编辑。

中华人民共和国成立后，曾任人民美术出版社编审、《诗中画》报主编、中国出版工作者协会第二届理事、装帧艺术研究会会长，在从事书刊装帧设计的50余年里，他的作品多达2000余件，其中不少作品曾多次参加国内外展览并获奖。出版有诗集《最初的蜜》，画册《韬奋画传》，印谱《曲公印存》及《曹辛之装帧艺术集》等。荣获第三届韬奋出版奖。

曹健飞（1920—2014）　江苏镇江人。从小当商店学徒，抗战爆发，奔赴大后方。1939年参加工作，曾任贵阳读新书店副经理，桂林远方书店经理，桂东八步、粤北连县兄弟图书公司经理。桂林远方书店是皖南事变后新知书店建立的二线出版机构，先后出版了"国际问题丛刊"、世界文学名著和名人传记，还出版了一批大后方和解放区作家的作品。"远方"的出版物千方百计输送到重庆、成都、西安等地后，通过同业批发和读者邮购，传遍大后方许多城市和乡镇。1941—1942年，经常往返桂林、衡阳、韶关、南雄之间，购销南雄土纸，为新知的二、三线机构乃至桂林的出版同业提供出版用纸，同时专程为重庆运去图书和文具，以济燃眉之急。1943年初前任经理朱希调离远方书店，由他接替经理职务。

抗战胜利后，先后筹设广州兄弟图书公司和台北新创造出版社，担任经理。这两个发行机构都是新知书店和生活书店、读书出版社合作经营的，被国民党当局查封和被迫停业后，他又在上海从事运输和贸易活动，支持胶东、东北解放区光华书店的出版工作。

中华人民共和国成立后，历任生活·读书·新知三联书店北京分店经理，中国图书发行公司总管理处发行部主任，中国国际图书贸易总公司（中国国际书店）副经理、总经理、顾问。

章汉夫(1905—1972)　原名谢启泰,曾用名谢坚白,江苏省武进县(今常州市)人。幼年随父母迁居北京。1926年毕业于清华大学,并赴美国留学。1927年加入中国共产党。1928年入莫斯科中国劳动大学学习,曾任共产国际东方部研究员。1931年回国,任中共广东省委宣传部部长、代理书记。后任中共江苏省委书记。

1937年抗战全面爆发后,在南京参与筹备出版《新华日报》。1938年,在武汉任《新华日报》编辑部主任。《新华日报》迁至重庆出版后,任副总编辑,旋任总编辑,并担任《群众》周刊编委、中共重庆局候补委员。他为《新华日报》等报刊撰写了大量的社论、代论、国际述评。与国民党新闻检查制度开展了坚决和巧妙的斗争,常以漏检、拒检、开天窗等形式揭露国民党的新闻封锁,宣传中共团结抗日的主张、八路军新四军的战绩以及解放区民主建设。

1945年5月,以秘书身份随中国代表团赴旧金山,参加联合国大会。11月回渝。1946年5月到上海,任《群众》周刊主编,并任中共上海工委副书记。是年8月赴香港,主持出版《群众》周刊香港版。曾任中共华南分局委员、中共香港工委书记。

中华人民共和国成立后一直在外交部工作,任外交部常务副部长、党组副书记,并兼任中央国际活动指导委员会委员、中央外事小组第一副组长等职。还受中央委托,领导《毛泽东选集》一至四卷英语版的翻译定稿工作。曾当选为中共中央候补委员、全国人民代表大会代表。在"文化大革命"期间,遭到"四人帮"残酷迫害,被投入监狱。1972年1月因病逝于狱中,1979年9月得到平反昭雪。著作收入《章汉夫文集》。

蒋仲仁(1910—2007)　编辑家。贵州贵阳人。中国共产党党员。中国民主同盟盟员。1929年毕业于贵州省立师范学校文科。抗战前后在贵阳、重庆、昆明、香港等地从事文化教育工作。在昆明,参与创办进修出版社,任总经理,并主编"进修丛书"。在香港,为新加坡上海书局编《现代小学课本》,为文化供应社编《初中精读文选》,为《文汇报》编《教育周刊》。1949年北平解放后,任华北教育部教科书编审委员会编辑。

中华人民共和国成立后,历任中央人民政府出版总署编审局编辑,人民教育出版社副总编辑、总编室主任、中学语文编辑室主任、小学语文编辑室主任,中央教育科学研究所研究员、学术委员。曾主编历年中小学语文课本及教学参考书,参与起草历次中小学语文教学大纲。著有《思维·语言·语文教学》等。

傅彬然(1898—1978) 编辑出版家。浙江萧山人。早年毕业于浙江省立第一师范。1927年加入中国共产党,任中共萧山县委书记。1930年在上海因党组织遭到破坏,失掉关系,以后长期从事进步的文化工作。1931年进开明书店当编辑。

抗战期间,1937—1944年在桂林,任桂林文化供应社编辑部主任、桂林开明书店董事会董事、《中学生》主编。1944年开明书店在内地正式成立编辑机构,协助叶圣陶主持编辑出版工作。后来桂林疏散,总店迁至重庆。除继续办好《中学生》、《国文月刊》外,还复刊和创刊《开明少年》、《英文月刊》,这四种刊物一直保持了较高的质量。

1949年到北京,历任华北人民政府教科书编审委员会委员、中央人民政府出版总署编审局四处处长、图书期刊司副司长、文化部出版局副局长、古籍出版社副总编辑、中华书局副总编辑兼副总经理,为中国文字改革委员会委员。

谢六逸(1898—1945) 现代文学家、新闻学家。贵州贵阳人。1917年东渡日本留学,学习文科。1922年回国,任商务印书馆编辑,加入文学研究会。历任暨南、复旦、大夏大学教授,并为上海《时报》编辑《小春秋》副刊,为

上海《立报》编辑《言林》副刊。

抗战初期,谢六逸回到贵阳,曾任贵州大学、贵阳师范学院教授,与蹇先艾等发起组织每周文艺社,出版《每周文艺》。1941年任文通书局编辑所副所长,主持编务,出版各种新书,主编《文讯》月刊。文学作品有《西洋小说发达史》、《日本文学》、《水沫集》、《茶话集》等,翻译作品有《日本故事集》等,新闻学作品有《新闻学概论》、《实用新闻学》等。

楼适夷(1905—2001) 编辑家、作家。浙江余姚人,1928年上海艺术大学肄业后赴日留学二年,1931年参加中国左翼作家联盟党团工作。曾任《前哨》(后名《文学导报》)、《文艺新闻》编辑,《大陆新闻》、《社会生活》等刊主编。

抗战爆发后,到武汉任《新华日报》副刊主编、《抗战文艺》编辑。1938年到香港,协助茅盾编辑《文艺阵地》,并曾任代理主编。1939年7月转移到上海,继续主持《文艺阵地》的编务,同时编印《大陆画报》。1941年,他和蒋锡金等人创办了《奔流文艺丛刊》和《奔流新集》,1944年后,先后任江苏淮阴华中版新华日报社编委,上海《时代日报》、香港《小说》月刊编辑。

中华人民共和国成立后,历任出版总署副处长、人民文学出版社副社长兼副总编辑,作家出版社总编辑。是历届中国作家协会理事、中国作家协会顾问、国家出版委员会委员。著有短篇集、诗歌、散文集及翻译文学著作共30余种。后著有《话雨录》、《适夷诗存》等。

熊 复(1915—1995) 编辑家,理论家。笔名傅容,茹纯,四川邻水人。1936年考入四川大学,1937年加入中国共产党。1938年赴延安,在抗日军政大学学习,负责主编《抗大校刊》和"抗大丛书",1939年2月被派往重庆,在

《新华日报》工作,先后任编辑、编辑组长、编辑部主任,1946年5月,任重庆《新华日报》总编辑兼新华社重庆分社社长。

1947年撤回延安后转任《晋绥日报》副总编。1948年任中原日报社长和新华总分社社长,1949年任中南局宣传部副部长兼长江日报社长、新华社中南总分社社长、中南新闻出版局局长、中南文联主席。

1952年起任中共中央宣传部副秘书长、秘书长,1956年起任中联部秘书长、副部长。1959—1966年参加《毛泽东选集》、《刘少奇选集》的编辑工作。1966年7月,任中宣部常务副部长兼新华社社长。1975年4月任中共中央《毛泽东选集》材料组和国务院政治研究室领导成员。1976年11月,任中共中央毛泽东著作编辑委员会办公室副主任。1978年5月至1987年任《红旗》杂志总编辑。著有《论社会主义民主》、《序苑集》、《灵梦集》(词稿)等;主编有《世界政党辞典》;编有《毛泽东哲学思想浅释》等。

熊瑾玎(1886—1973) 湖南省长沙人。早年在湖南从事教育工作,1918年参加新民学会,1927年加入中国共产党,次年,在上海任中共中央机关会计。1931年秋,任湘鄂西苏区宣传教育部长兼省苏维埃政府秘书长,1932年在上海负责中共中央内部交通,1933年4月,被国民党当局逮捕入狱。

1937年抗战全面爆发后,经中共营救出狱,参与创办《新华日报》。1938年1月—1946年5月,任该报社总经理。1938年8月1日到重庆,在极短时间内筹建报馆,保证了重庆《新华日报》按期出版。为解决《新华日报》的经费、房屋、设备、纸张等困难,历尽艰辛,组建了印刷厂,在重庆市区设立了采访部、发行科和营业部,并在重庆南岸、沙坪坝、北碚建立了发行站,为打破国民党当局的纸张封锁,还在铜梁县创办纸厂,该厂为保证报社纸张供应起了重要作用,还帮助"读书"、"生活"、"新知"等进步书店解决了部分纸张。

1947年3月,到晋绥解放区任《晋绥日报》副总经理,其后任解放区救济总会副秘书长、中国人民救济总会监察委员会副主任等职。中华人民共和国成立后,曾任全国政协委员、中国红十字会副会长。1973年1月在北京逝世。

翦伯赞(1889—1968)　著名历史学家。维吾尔族,湖南省桃源县人。早年毕业于武昌商业专门学校。1924年赴美国加利福尼亚大学研究经济;次年回国。1926年加入中国共产党,参加了北伐战争,同年加入中国国民党。1928年,开始运用马克思列宁主义研究中国历史和社会。九一八事变后,写了许多揭露日本帝国主义的著述。

抗战爆发后,在长沙发起"湖南文化界抗敌后援会"和"中苏文化协会湖南分会",主编《中苏半月刊》。1940年12月到重庆,从事抗战文化宣传和历史研究工作,历任中苏文化协会理事兼《中苏文化》杂志副主编,国民党军委会政治部名誉委员,撰写《中国史纲》第一卷、第二卷,还发表论文60多篇。1946年5月离渝,到南京、上海,任大夏大学历史系教授,主编《大学月刊》。1947年10月,赴香港,积极从事民主运动,曾任达德学院教授。

中华人民共和国成立后,任北京大学历史系教授兼主任、副校长。历任中国科学院社会科学部学部委员、中央少数民族历史研究指导委员会副主任等职,曾为第一届政协全国委员会委员,第一、二、三届全国人大代表。"文化大革命"中受到迫害,1968年12月不幸逝世。著有《历史哲学教程》、《中国史纲要》、《历史问题论丛》等。

黎烈文(1902—1972)　作家、翻译家。湖南湘潭人。1922年到商务印书馆任编辑。1926年赴日本留学,翌年转赴法国,进巴黎大学研究院,1931年获文学硕士学位。1932年回国居上海,同年12月主编《申报·自由谈》,锐意改革,大量发表鲁迅、茅盾等左翼作家抨击时弊的杂文作品,使《自由谈》

面貌一新,1934年5月被迫辞职。1935年与鲁迅、茅盾等组织译文社,出版译文丛书。1936年主编上海《中流》杂志。

1938年黎烈文应福建省教育厅厅长郑贞文的邀请,出任教育厅视导员。经郑贞文推荐,受省主席陈仪的委托,组建改进出版社。1939年春,在文化生活出版社创办人吴朗西的协助下,改进出版社在永安成立,这是福建现代史上第一家出版社,黎烈文任社长兼发行人。他大力组织作者,一面办刊物,一面出图书,出版了一大批具有进步倾向和较高学术水平的图书,使永安成为东南数省的文化重镇。在永安期间,改进出版社先后创办固定期刊6种,组织丛书8套,编辑出书近200种,是抗日战争时期国内最大的出版社之一。

1946年辞职去台湾,曾任《新生报》副社长,不久即任台湾大学文学院外文系教授。主要作品有:小说集《舟中》、散文集《崇高的女性》及《西洋文学史》、《法国文学巡礼》和许多译著。

潘公展(1895—1975)　浙江吴兴人。毕业于上海圣约翰大学外文系。1921年起正式从事新闻工作。历任上海《商报》编辑、编辑部主任,《申报》要闻版编辑,1932年创办上海《晨报》、《新夜报》和《儿童晨报》。

抗战期间,一度任《中央日报》总主笔。后任国民政府中央图书杂志审查委员会主任委员、国民党中央文化运动委员会副主任委员、战时新闻检查局副局长、独立出版社总经理。主编《中国历史名贤故事集》,出版40册。是国民党主管新闻出版方面的要员之一。

抗战胜利后任《申报》董事长。1949年在香港创办国际编译社。1951年,在美国创办《华美日报》。病逝于美国纽约。

潘序伦(1893—1985)　会计学家。江苏宜兴人。1921年在上海圣约翰

大学毕业后,赴美国哈佛大学商学院学习会计。1924年回国后在上海东南大学、商利大学、暨南大学等校任教。1927年创立了"潘序伦会计事务所",后又创办立信会计专科学校。

1940年末,潘序伦离开上海,取道香港到达重庆。潘序伦与生活书店合作,于1941年6月1日正式成立立信会计图书用品社,推举潘序伦为社长。专门出版"立信会计丛书",以解决大后方会计教材书荒的问题,同时兼营各种会计账册报表。并在桂林、成都、贵阳、昆明、西安各大城市设立分社或特约经销处,以满足各地需要。

"立信会计丛书"当时在我国会计学术著作中,是最为完整的成套会计丛书。在1941年以前,由商务作为大学丛书出版,畅销全国、港澳和南洋一带。该社在重庆从1941年开业到1945年抗战胜利4年多时间内,为内地培训会计人才和在职会计人员自学提供了大量教材和参考书。均由专家编撰,内容精湛,各校采为教本,各业用作参考。

"立信会计丛书"和会计账册报表,专业性较强,而且在内地又是独家经营,因此业务较发达,经济效益也较高。潘序伦专业办出版,发挥专长办企业,在大后方出版界别具一格。立信会计事业形成了互相联系的三个组成部分:立信会计学校、立信会计师事务所、立信会计图书用品社。

潘致力于会计事业达60年之久,对于我国会计事业的发展做出了较大贡献。主要著作有《簿记及会计学》、《高级商业簿记教科书》、《商业会计制度》、《成本会计教科书》、《会计学》、《审记学教科书》(与顾准合编)、《审记学》(上、下册,与顾准合编)、《会计学教科书》(与王澹如合编)、《股份有限公司会计》(上、下册)、《通用簿记教程》(上、下册,与顾准、张蕙生合编)、《会计学教程》。

潘梓年(1893—1972) 哲学家、逻辑学家。江苏宜兴人。1923年北京大学哲学系毕业。1927年4月在上海加入中国共产党。曾经担任中共宜兴县委宣传委员,《洪荒》杂志、《北新》半月刊主编,上海艺术大学教授,华南大

学教务长,中国社会科学联盟负责人,中国左翼文化总同盟书记,中共江苏省委机关报《真话报》总编辑。1933年5月被国民党逮捕,狱中坚持著译。

1937年6月经党组织营救出狱后,在南京筹办《新华日报》和《群众》周刊。1938年1月《新华日报》在武汉出版,任报社社长。报社既编印报纸,又出版书刊。共产党的书刊在国统区公开出版,给国统区的出版事业带来生机活力。同年10月《新华日报》移重庆出版,1946年《新华日报》总馆迁往上海,前后任报社社长近10年。

1947年抵延安,相继担任过中共中央城市工作部研究室主任、中原人民政府教育部部长、中原大学校长兼党委书记。中华人民共和国成立后,任中南军政委员会教育部部长、中国科学院哲学社会科学部副主任兼哲学研究所所长。主要著作有《逻辑与逻辑学》、《大家来学点哲学》、《辩证法是哲学的核心》等。

薛迪畅(1913—) 江苏常州人。中国共产党党员。1931年起,进上海生活周刊社、生活书店工作。

抗战期间,1938年2月派往兰州,筹建生活书店兰州分店,担任经理。兰州分店从开设至收歇为止,历时两年三个月。兰州地处偏僻,环境困难,书源不足,业务清淡,而查禁搜查之事又时有发生,到后来,重庆邮局经常停止收寄兰州邮包,供应时断时续,故总管理处于1940年4月通知该店停业。薛迪畅调任生活书店昆明分店经理。1941年底到重庆,担任生活书店重庆分店经理,不久,恢复了一度停顿的出版业务,1943—1945年还曾用过"生生出版社"的化名出书,1943年成立新出版业联合总处,1944年创办联营书店,"生活"书店是联营书店核心成员之一。薛迪畅担任"总处"常董,兼任"联营"协理。抗战胜利后任上海生活书店经理。

中华人民共和国成立后,历任北京生活·读书·新知三联书店协理,华北联合出版社经理,新华书店总管理处发行部副主任,中国国际图书贸易总公司(中国国际书店)经理、顾问。

戴伯韬(1907—1981) 江苏丹阳人。曾用名白韬,笔名白桃,中国共产党党员。1928年毕业于晓庄师范学校。曾任全国救国会代理事,《生活教育》杂志编辑。

抗战爆发后,白桃主编《战时教育》半月刊。该刊是陶行知于1937年9月25日在上海创办的综合性教育杂志,后迁汉口、重庆。1939年1月,生活书店在重庆改组和扩大编审委员会,白桃被增补为编审委员。陆续编著出版了《五十七壮士》、《赵老太太》、《抗日小英雄》、《小革命家》、《新女英雄》、《父子英雄》等一批通俗文艺读物。1941年后,曾任苏皖边区政府教育厅副厅长、山东省教育厅厅长等职。

中华人民共和国成立后,历任上海市教育局局长、中共上海市文教委员会副主任、人民教育出版社副社长兼总编辑。他和社长叶圣陶一起主持编写、出版了一套12年制全国通用的中小学各科教材,为中国的中小学教材建立新体系奠定了基础。著有《解放战争初期苏皖边区教育》、《陶行知的生平及其学说》,以及《戴伯韬教育文选》等。

糜文溶(1898—1968) 江苏无锡人。常州中学肄业。1915年到上海,入商务印书馆印刷所照相制版部,跟郁厚培学习铜锌版制版技术,1921年跟美国技师海林格学习彩色照相制版技术,任彩印部部长。1931年,研究传真版的晒版工艺。曾赴日本考察。一·二八淞沪战役,商务印书馆编译所、印刷所及东方图书馆全部焚毁,他参加筹建新厂,被任命为平版厂厂长助理兼彩印股股长,主管全厂技术工作。1937年被任命为香港分厂副厂长兼特种印件股股长。

1941年12月,到重庆中央信托局印制处任襄理,创办重庆印刷厂并任厂长。重庆印刷厂的全名为中央印制厂重庆印刷厂,它的前身是国民党财政部印刷厂。在冯亦代、徐祝三两位副厂长的支持下收购京华印书馆全部产业后,重庆印刷厂不但能印制钞票、印花税票和邮票,而且也有强大的书刊排印设备。

抗日战争胜利后,任中央印刷厂北平厂厂长。1947年,任上海中央印刷厂总管理处协理,该厂是1947年装备起来的全国首屈一指的大型印钞厂。1949年春,秘密进行反搬迁的护厂斗争。1949年冬调北京,先后在出版总署出版处、新华印刷厂总管理处、北京印刷技术研究所工作。1968年在"文化大革命"中含冤去世,中共十一届三中全会后得到平反,恢复名誉。

后　记

在领导的重视和各方面的支持下,《中国抗战大后方出版史》顺利完成。时年99岁高龄的老出版家王仿子先生欣然为本书作序,一大幸事也。我们对王老表示崇高的敬意和衷心的感谢!

从1990年到1999年,我们参与编写了《中国抗日战争时期大后方出版史》[1](简称"大后方出版史")。编写工作是在顾问夏衍、仲秋元,主编熊复和副主编蒋际华、李书敏的直接领导下进行的。在编写过程中,得到了新闻出版界张友渔、王益等老前辈的亲切关怀和编委单位15个省(区、市)新闻出版局[2]的大力支持和帮助。大后方出版史出版后,获得不少赞许和鼓励。应该说,这部大后方出版史一定程度地反映了当时国内这方面的研究成果和水平。

随着时间的推移,特别是进入21世纪以来,《中国近代现代出版通史》[3]等巨著出版,各省(区、市)出版志纷纷问世,出版史研究的新成果、新认识不断涌现,从而显得原大后方出版史存在一些不足。因此,在迎接抗日战争胜利70周年之际,在酝酿组织《中国抗战大后方历史文化丛书》规划时,我们决

---

[1]　熊复主编:《中国抗日战争时期大后方出版史》,重庆出版社,1999年10月。
[2]　《中国抗日战争时期大后方出版史》编委单位:四川省新闻出版局(牵头)、重庆市新闻出版局(牵头)、广西壮族自治区新闻出版局、云南省新闻出版局、贵州省新闻出版局、广东省新闻出版局、湖北省新闻出版局、湖南省新闻出版局、江西省新闻出版局、浙江省新闻出版局、福建省新闻出版局、陕西省新闻出版局、山西省新闻出版局、甘肃省新闻出版局、新疆维吾尔自治区新闻出版局。
[3]　叶再生著:《中国近代现代出版通史》1—4卷,华文出版社,2002年1月。

定将原大后方出版史进行改造提升,以《中国抗战大后方出版史》的新书名纳入"丛书"系列。

《中国抗战大后方出版史》以国共合作、团结抗日为主旨。在复杂的矛盾和斗争中,坚持又团结又斗争,以斗争求团结。不断巩固和扩大以国共合作为主体的抗日民族统一战线,最后取得抗日民族解放战争的完全胜利。

《中国抗战大后方出版史》从抗战初期的武汉、广州、长沙三地说起,全面记述以重庆为中心的西部地区出版业在抗战中的发展变化和取得的成就。

《中国抗战大后方出版史》以原大后方出版史为基础,重新组织布局改写,参考《中国近代现代出版通史》和各有关省(区、市)出版志及其他专著,吸收出版史研究的最新成果。

《中国抗战大后方出版史》的撰稿分工是:概述、第一章、第二章(除第八节外)、第三章及附录为苏朝纲撰写;第二章第八节为王志昆撰写;第四章为陈初蓉撰写。第二章第八节《战时西康、青海、西藏的出版业》,虽然篇幅不大,但资料珍贵,填补了空白。附录《中国抗战大后方出版纪事年表》和《中国抗战大后方出版人物简介》,根据邹光海、苏朝纲合写的原稿作了必要的修改和订正。出版人物略有增补,人物的照片全是新加的。文史爱好者张毅协助搜集出版人物的照片,付出了不少的精力和时间。承蒙中国新闻出版研究院魏玉山院长的关照,该院基础理论研究室冯建辉副主任及部门研究人员热情地搜集和提供了部分补缺的照片和资料。还有一些出版人物的原单位或亲属也应我们的请求,提供了他们收藏的照片。在此,谨向所有关心、支持和帮助我们的单位和个人致以诚挚的谢意!

编　者

2015 年 3 月 24 日